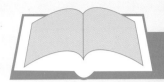

考研英语复习笔记

2010

U0133851

▶ ## 新东方

▶ 考研英语名师倾力之作

▶ 新东方高级副总裁陈向东博士竭力推荐并亲自作序

词汇全攻略

彭仁忠 吴卫平 / 编著

WUHAN UNIVERSITY PRESS
武汉大学出版社

图书在版编目(CIP)数据

词汇全攻略.2010/彭仁忠,吴卫平编著.—武汉:武汉大学出版社,2009.3
考研英语复习笔记
ISBN 978-7-307-06355-6

Ⅰ.词… Ⅱ.①彭… ②吴… Ⅲ.英语—词汇—研究生—入学考试—自学参考资料 Ⅳ.H313

中国版本图书馆 CIP 数据核字(2009)第 025501 号

责任编辑:胡 荣 责任校对:刘 欣 版式设计:詹锦玲

出版发行:**武汉大学出版社** (430072 武昌 珞珈山)
(电子邮件:cbs22@whu.edu.cn 网址:www.wdp.com.cn)
印刷:通山金地印务有限公司
开本:787×1092 1/16 印张:27.25 字数:481千字 插页:1
版次:2009 年 3 月第 1 版 2009 年 3 月第 1 次印刷
ISBN 978-7-307-06355-6/H·637 定价:38.00 元

序

　　每年全国研究生入学考试前两个月,新东方都会组织考研名师进行全国性的考前冲刺免费串讲活动,希望能够对每年参加研究生入学考试的百万学子有所帮助。2007年12月8日下午,我在北京新东方学校水木清华校区检查工作时,碰到了前来参加集团组织的2008年度新东方"走向未来"全国研究生入学考试考前冲刺大串讲活动的张戈。寒暄几句之后,张戈突然问及能否给我提个请求。我随即回答说只要是我能够做的,我肯定会尽力帮助。张戈和武汉新东方学校的几位同事用了几年的时间,准备编辑出版一套能够对考研学子复习备考有所帮助的英语学习用书,他们希望我能够为这套书写个序。

　　说起来,这套书的几位作者,张戈、童玲、刘畅和吴卫平,我都非常熟悉。人的一生有无数记忆,有些会随着时间的流逝而淡忘,有些则不会。好比我与他们四人之间的往事,现在回想起来,仍然历历在目。

　　童玲和张戈是当年我创建武汉新东方学校时招到麾下的第一批天才般的教师。童玲在武汉大学任教,并在当时武汉的国内考试培训领域享有很高的声望,是现任武汉新东方学校校长李杜极力荐举的才女。只一面,就知大家为何称她为"女侠"了,英姿飒爽,为人率真。

　　张戈来应聘的时候虽然大学刚刚毕业,但在大学里他是学生会主席,并且利用业余时间做了几年的教师,富有激情,活力十足。第一次面试的时候他风尘仆仆地从外地赶到武汉,大嗓门,不拘谨,极有做事的欲望和冲动,我非常喜欢,印象颇深。

　　刘畅和吴卫平,应该属于武汉新东方新生代的教师代表,年龄不大,经验不浅,凭借厚实的知识积累和认真踏实的教学态度,在新东方的层层招聘试讲中脱颖而出,短短几年,竟都成为深受学生喜爱的名师。

　　六年时间转眼即逝,如今,他们四位,已经成为武汉新东方最优秀的考研教师代表。童玲的率真,张戈的豪爽,刘畅的内敛,吴卫平的细致,使他们受到武汉几十万名大学生的追捧。童玲和张戈几乎每年都要参加集团举办的全国考研大串讲活动,受到了全国考研学子的喜欢和认可。甚至可以说,在整个中国的考研培训界,他们这个组合也肯定能够荣登于最闪亮的团队之一。

　　我在武汉打拼多年,对武汉的培训行业并不陌生。在武汉市整个培训界,以武汉新东方实力最强;在考研英语培训方面,武汉新东方国内考试部考研团队实力超群,占据了武汉绝大部分的考研市场。武汉新东方学校的成功,其实就是人才的成功,是新东方整体人才战略的成功。

　　我们常说,新东方不缺乏人才,但永远需要更优秀的人才;新东方不缺乏教师,但永远欢迎更优秀的教师。现在,新东方整个集团的业务涵盖短期培训、长期教育、基础教育、职业教育、教育研发、出国咨询、文化产业和科技产业等多个领域,已经成为一个综合性教育科技集团。目前在全国新东方拥有近6 000名教职员工,其中有2 800多名教师。人才是新东方发展的基础,在选拔优秀的管理和教学人才方面,新东方的举措可谓不惜重金、不遗余力。

回想起过去的日子,多少个深夜里,新东方人挑灯夜战,钻研教材,解读考试,探索教育培训的基本规律;多少次会议上,新东方人用心聆听,激情辩论,说细节,说管理,说领导,说人才和市场,说我们应该去用心做的打动人心的服务;多少次培训交流中,新东方人推心置腹,聊家庭,聊生活,聊爱好,聊人情和风俗,聊如何更好地在这个伟大的时代留下我们新东方人的烙印……正是这些共同的文化和理念把众多优秀的人才紧紧地凝聚在新东方,而张戈、童玲、刘畅、吴卫平这个卓越的团队正是他们中的令人骄傲的代表。新东方有幸,有他们这样优秀的人才,考研学子有幸,有他们这样出色的老师。

与张戈老师的匆匆一见引发了对往事的追忆与思考,提笔记录下些许片段,权充序言。祝福这几位老师,祝福所有考研学子。

陈向东

2008 年 3 月于北京

编 者 前 言

　　您是否一直在词汇的海洋中苦苦追寻？您是否每天为记忆太多与考试无关的单词而彷徨？您是否为考试中常遇到从未见过的僻义单词而犯愁？这个时候，《词汇全攻略(2010)》给广大英语学习者带来成功的福音，建议您从今以后，换一种心情、换一种方式去学习记忆英语单词，有的放矢，爱憎分明，35天时间一举突破考研核心词汇、大纲词汇、熟词僻义词汇的记忆，让自己不再因词汇匮乏而自卑，从此做一个有思想、有情感、有爱憎、有自信的英语学习者。

　　《词汇全攻略(2010)》根据教育部最新的全国硕士研究生入学考试非英语专业《英语考试大纲词汇表》(以下简称《大纲词汇表》)编写而成，旨在为准备报考全国硕士研究生入学统一考试的考生精心设计的一本词汇学习工具书，使考生在短时间内英语学习取得事半功倍的效果。

　　《词汇全攻略(2010)》的编写目的是要帮助广大考生突破词汇关，提高考生的词汇学习针对性，尤其本书选用大量真题例句，可帮助考生在背诵词汇的同时了解更多的真题长难句。《词汇全攻略(2010)》的内容主要分为三篇，包括考研核心词汇、大纲词汇、熟词僻义三部分，正所谓"一书在手，词汇无忧"；其内容编排突出重点，注重实用，遵循语言学习的规律。每个词条主要由注音、释义、例句和常考词组等组成：1. 注音：单词记忆关键是要记得准确、牢固、持久，要从音、形、义三方面着手。本书所有词汇均标注国际音标，帮助考生在掌握词义的同时记住正确发音。2. 释义：释义的义项选择主要依据《大纲词汇表》所选定的释义，超出《大纲词汇表》范围的，一律未选，达到让考生词汇备考有针对性，无需背诵超纲词义。3. 例句：例句的编排分为真题例句和经典例句，注重词汇考点分析，所有例句均有译文。4. 常考词组：本书根据历年考题出现的词组，列出常考的词组，并给出释义，有助于考生掌握常考词组。

　　《词汇全攻略(2010)》汇集了笔者多年从事考研英语培训的心血，还有笔者参与考研英语阅卷工作和命题研究工作的实践经验。尤其本书第一篇核心词汇和第三篇熟词僻义部分的编写，确实把握了考研词汇的考试重点，它应该是广大考生的必备英语词汇工具书。同时本书对在职全国英语联考的考生，如 MBA，MPA，GCT，法律硕士，教育硕士等考试也有许多参考价值。当然，编写这样一本词汇学习工具书，难免存在不足之处，敬请广大读者批评指正。本书完稿后承蒙武汉大学出版社责任编辑胡荣女士反复审读，仔细校订，付出了很大的辛苦，编者在此表示由衷的感谢。最后，衷心祝愿考研学子们有志者终成硕士！

"拥有词汇全攻略，英语考试全攻克！"

目　　录

第一篇 15 天考研核心词汇突破

abandon [əˈbændən] *vt.* 离弃，丢弃；遗弃，抛弃；**放弃**

> 真题例句 A lateral move that hurt my pride and blocked my professional progress prompted me to **abandon** my relatively high profile career.【2001 年阅读 5】一次平级的人事调动伤了我的自尊心，并阻断了我的事业发展，这促使我**放弃**了自己地位较高的职业。

abide [əˈbaid] *vi.* (abode, abided)**遵守**；坚持

> 经典例句 Everyone must **abide by** the law. 所有的人都应**遵守**法律。

> 常用词组 abide by 遵守，遵从

ability [əˈbiliti] *n.* **能力**；本领；才能，才干；专门技能，天资

> 真题例句 The **ability** to solve any problem or even to recognize that a problem exists depends on memory.【1995 年阅读 5】解决任何问题或者意识到存在问题的**能力**都要依靠记忆。

abnormal [æbˈnɔːməl] *a.* **反常的，不正常的**；不规则的

> 经典例句 At one time, she is fine, but at another, she is **abnormal.** 有时候，她表现得很好，有时候又比较**反常**。

aboard [əˈbɔːd] *ad./prep.* 在船（飞机、车等）上 *ad.* **上船（飞机、车等）**

> 经典例句 It's time to go **aboard.** 是**上船（飞机、车等）**的时候了。

abolish [əˈbɔliʃ] *vt.* **废除（法律、习惯等）**；取消

> 经典例句 There are many bad customs and laws that ought to be **abolished.** 有许多不良的习俗和法规应予以**废除**。

abound [əˈbaund] *vi.* **大量存在**；(in, with)充满，富于

> 经典例句 Tropical plants **abound** in the jungle. 丛林中**有大量**的热带植物。

abroad [əˈbrɔːd] *ad.* 到国外，**在国外**；在传播，在流传，到处

> 真题例句 This approach, originated **abroad**, offered inventors medals, cash prizes and other incentives.【1996 年阅读 4】这种做法来自**国外**，为发明者颁发奖章、奖金和其他奖励。

abrupt [əˈbrʌpt] *a.* 突然的，出其不意的；（举止、言谈等）唐突的，**鲁莽的**

> 经典例句 It's very unlike him to be so **abrupt.** 他这么**粗鲁**可不像他平时的样子。

absent [ˈæbsənt] *a.* **缺席的**；缺乏的，不存在的；心不在焉的

经典例句 Illness is a valid excuse for being **absent** from work. 生病是**不去上班的正当理由**。

常用词组 be absent from 不在，缺席的

be absent in 没有，外出在某地

absolute [ˈæbsəluːt] *a.* **绝对的**，完全的；确实的，肯定的

真题例句 Curiously, some two-and-a-half years and two novels later, my experiment in what the Americans term "downshifting" has turned my tired excuse into an **absolute** reality.【2001 年阅读5】奇怪的是,当我在两年半的时间里完成了两部小说之后,我的这种美国人叫做"放慢生活节奏"的体验,已经把我当初干巴巴的借口变成了**绝对的**现实。

absorb [əbˈsɔːb] *vt.* 吸收(水、光、蒸汽等)；吸引……的注意；**使全神贯注**

经典例句 His business **absorbs** him. 他全神贯注于他的业务。

常用词组 be absorbed in 全神贯注于……

be absorbed by 被……吞并,为……所吸收

absurd [əbˈsəːd] *a.* **荒谬的**；不合理的

真题例句 The idea of punishing a tiger that kills somebody is **absurd**, for exactly the same reason, so is the idea that tigers have rights.【1997 年英译汉】惩罚一只咬死人的老虎,这种想法是**可笑的**。出于同样的原因,认为老虎有权利的想法也是可笑的。

abundance [əˈbʌndəns] *n.* 丰富，**充裕**，大量

真题例句 By contrast, they saw in the preceding hundred years from 1650 to 1750, when England was still a completely agricultural country, a period of great **abundance** and prosperity.【1998 年完形】相比之下,他们认为在那之前的 100 年,即 1650 年至 1750 年,那时英国依旧还是个完全的农业国,但那是一个**富裕**繁荣的历史时期。

abundant [əˈbʌndənt] *a.* 大量(充足)的；(in)**丰富(富裕)的**

经典例句 Our **abundant** resources and stable policy provide foreigners with the advantages they invest here. 我们丰富的资源和稳定的政策为外商投资提供了有利条件。

abuse [əˈbjuːz] *vt./n.* **滥用**；辱骂；虐待

真题例句 The phrase "substance **abuse**" is often used instead of "drug **abuse**" to make clear that substances such as alcohol and tobacco can be just as harmfully misused as heroin and cocaine.【1997 年阅读3】许多医生和心理学家常使用"物质**滥用**"而不是"药物**滥用**"这一概念,他们想以此说明:滥用像烟酒这样的物质与滥用海洛因和可卡因一样有害。

academic [ˌækəˈdemik] *a.* **学院的**，大学的；学术性的 *n.* 学者

【真题例句】If the preoccupation of schools with **academic work** was lessened, more time might be spent teaching children surer values. 【1995年阅读4】如果学校专注于**教学任务**的职责被减轻，那么他们可能会有更多的时间用来培养孩子更坚定的价值观。Leonard Schlesinger, a Harvard **academic** and former chief executive of Au Bong Pain, a rapidly growing chain of bakery cafes, says that much "re engineering" has been crude. 【1998年阅读2】莱昂纳德·施莱辛格是一位哈佛大学**学者**，同时也是一家发展迅速的面包连锁店 Au Bong Pain 的前任总裁，他说，大多数公司的"重组"都进行得不顺利。

accelerate [æk'seləreit] v. **使加速，使增速**，促进 vi. 加快，增加

【真题例句】According to BT's futurologist, Ian Pearson, these are among the developments scheduled for the first few decades of the new millennium(a period of 1,000 years), when supercomputers will dramatically **accelerate** progress in all areas of life. 【2001年英译汉】根据英国电信的未来学家埃恩·皮尔逊的观点，这些都属于新千年前几十年的发展计划，那时，超级计算机将急剧**加速**生活各个领域的发展。

access ['ækses] n. **进入，接入**；接近(或进入)的方法，入口通路

【真题例句】More and more governments, afraid their countries will be left behind, want to spread Internet **access**. 【2001年阅读2】由于担心自己的国家会落伍，越来越多的政府想扩大互联网的**使用范围**。

accidental [,æksi'dentl] a. **偶然的**；意外的；无意中的

【经典例句】The discovery of how bronze is made was probably **accidental**, but it turned out to be an important event. 发现如何制造青铜可能是**偶然的**，但结果证明这是一项很重要的事情。

acclaim [ə'kleim] v. 向……欢呼，公认 n. 欢呼，喝彩，**称赞**

【经典例句】Her performance won her much critical **acclaim**. 她的表演大获评论界**赞颂**。

accommodate [ə'kɔmədeit] vt. 向……提供住处，供应，供给，留宿，收容；**使适应**，调节

【真题例句】And they also need to give serious thought to how they can best **accommodate** such changes. 【2003年完形】他们还要认真地思考如何最好地**适应**这些变化。

accommodation(s) [ə,kɔmə'deiʃən] n. 住宿，留宿；膳宿供应；适应；**和解**

【经典例句】If labour and management don't reach an **accommodation** there will be a strike. 如果劳资双方达不成**妥协**，就会发生罢工。

accompany [ə'kʌmpəni] v. 陪伴，陪同；**为……伴奏**

【经典例句】The singer was **accompanied** at the piano by his pupil. 演唱者由他的学生担任钢琴**伴奏**。

accomplish [ə'kɔmpliʃ] v. **完成(任务)**

【真题例句】Is this what you intended to **accomplish** with your careers? 【1997年阅读4】这

就是你们要**成就**的事业吗？

accordance [əˈkɔːdəns] *n.* 一致，**符合**

经典例句 He acted **in accordance with** his beliefs. 他**按照**自己的信念行事。

accordingly [əˈkɔːdiŋli] *ad.* **相应地**，照着办，按照；于是，因此

真题例句 At the same time these computers record which hours are busiest and which employees are the most efficient, allowing personnel and staffing assignments to be made **accordingly**.【1994 年阅读2】同时，计算机也能记录下营业的高峰时间，以及哪些雇员的工作效率最高，从而帮助雇主**相应地**作出人事的安排。

account [əˈkaunt] *n.* 叙述，说明；账目，账户；**利益,好处** *vi.* 说明，解释

真题例句 Is it true that the American intellectual is rejected and considered of no **account** in his society?【2006 年阅读 Part C】美国知识分子在其社会中被拒之门外和被认为没有**价值**是真的吗？

accumulate [əˈkjuːmjuleit] *vt.* 堆积，**积累，积聚** *vi.* 累积，聚积

经典例句 By investing wisely she **accumulated** a fortune. 她由于投资精明而**积蓄**了一笔财产。

accuracy [ˈækjurəsi] *n.* 准确(性)；精确；准确度

真题例句 And thanks to the continual miniaturization of electronics and micro-mechanics, there are already robot systems that can perform some kinds of brain and bone surgery with sub-millimeter **accuracy** — far greater precision than highly skilled physicians can achieve with their hands alone.【2002 年阅读2】由于电子器件和微观机械仪器的不断小型化，已经出现了一些机器人系统，能够进行精确到亚毫米的脑部和骨骼手术，其**精确性**远远超过熟练的医生用他们的双手所能达到的水平。

accurate [ˈækjurit] *a.* **准确的**，精确的

经典例句 The sale department makes an **accurate** forecast of sale. 销售部门作了一项**准确的销售预测。**

accuse [əˈkjuːz] *vt.* 控告，**指责** *vi.* 指控，指责

真题例句 The newly described languages were often so strikingly different from the well studied languages of Europe and Southeast Asia that some scholars even **accused** Boas and Sapir of fabricating their data.【2004 年英译汉】这些新近被描述的语言与已被研究得十分透彻的欧洲和东南亚地区的语言相比往往差别显著，以至于有些学者甚至**指责**博厄斯和萨皮尔捏造了资料。

常用词组 accuse sb. of sth./doing sth. 因某事/做某事指控、指责某人

achieve [əˈtʃiːv] *vt.* **实现，完成**；达到，得到 *vi.* 达到预期目的

真题例句 If its message were confined merely to information — and that in itself would be difficult if not impossible to **achieve**, for even a detail such as the choice of the color of a shirt is subtly persuasive — advertising would be so boring that no one would pay any attention.【1995 年阅读 1】如果广告词仅限于提供信息——就其本身而言，即使是可能的，也很难**做到**这一点，因为，即使像衬衫颜色的选择这类细节也都带有一定的说服性——那么广告将会变得枯燥无味以至于没有人会注意它。

acknowledge [əkˈnɔlidʒ] *vt.* **承认**；接受；告知(信件等的)收到；致谢

〔真题例句〕 On another level, many in the medical community **acknowledge** that the assisted-suicide debate has been fueled in part by the despair of patients for whom modern medicine has prolonged the physical agony of dying.【2002 年阅读 4】另一方面，医疗界许多人**承认**，有关医生帮助自杀的争论升温部分是由于病人的绝望引起的，对他们来说，现代医学延长了临终前的痛苦。

〔常用词组〕 acknowledge doing sth. 承认做……

　　　　　　 acknowledge. . . as 认为……是

acquaint [əˈkweint] *vt.* (sb. with)使**认识**，使了解，使熟悉

〔真题例句〕 Ms. Green has been living in town for only one year, yet she seems to be **acquainted** with everyone who comes to the store.【1996 年词汇】格林女士在城里住了仅一年，然而她似乎**认识**每一位来店里的顾客。

acquaintance [əˈkweintəns] *n.* **相识**，熟人

〔真题例句〕 It does not take a lifelong **acquaintance** to pick up various software programs.【1999 年阅读 3】**熟悉**使用各种不同的软件程序不需要一辈子的时间。

acquire [əˈkwaiə] *v.* **取得，获得**；学到(知识等)；养成(习惯)

〔真题例句〕 On the contrary they can help students **acquire** a sense of commitment by planning for roles that are within their capabilities and their attention spans and by having clearly stated rules.【2003 年完形】相反，他们能够帮助学生**获得**一种责任感——这种责任感通过为他们规划能力范围内的职责和他们的注意广度而获得，通过清楚地说明规则而获得。

acquisition [ˌækwiˈziʃən] *n.* 取得，**获得**；获得的东西

〔经典例句〕 Next to acquiring good friends, the best **acquisition** is that of good books. 除了获得好友之外，最好的**收获**就是得到一些好书。

action [ˈækʃən] *n.* 行动，动作；作用；运转；**行为**；战斗

〔真题例句〕 He explores such problems consciously, articulately, and frankly, first by asking factual questions, then by asking moral questions, finally by suggesting **action** which seems appropriate in the light of the factual and moral information which he has obtained.【2006 年阅读 Part C】他自觉地、明白地、直率地探究此类问题，首先提出事实上的问题，然后提出道德问题，最后根据他获得的事实上的以及道德方面的信息建议什么是合适的

行为。

activate ['æktiveit] *vt.* 启动，**激活**；驱动，驱使；使开始起作用

真题例句 Stimulants initially speed up or **activate** the central nervous system, whereas depressants slow it down.【1997 年阅读 3】最初，兴奋剂起加速或**激活**中枢神经系统的作用，而镇静剂则是减缓它的活动。

activity [æk'tiviti] *n.* **活动**；活力；活性；能动性

真题例句 Scattered around the globe are more than 100 small regions of isolated volcanic **activity** known to geologists as hot spots.【1998 年阅读 5】在全球各地，零星分布着 100 多个有火山**活动**的地区，它们被地质学家称为"热点"。

acute [ə'kju:t] *a.* **敏锐的**；精锐的；（疾病）急性的

真题例句 **Acute** foreign observers related American adaptiveness and inventiveness to this educational advantage.【1996 年阅读 4】**敏锐的**外国观察家把美国人的高度适应性和创造性与这种教育上的优势联系起来。

adapt [ə'dæpt] *vt.* **使适应**，使适合；**改编**；改写 *vi.* 适应

经典例句 She **adapted** herself quickly to the new climate. 她很快就**适应**了这种新气候。 This novel has been **adapted** for radio from the Russian original. 这部小说已由俄文原著**改编**成无线电广播节目。

addict [ə'dikt] *v.* 使沉溺；使上瘾 *n.* **沉溺于不良嗜好的人**

经典例句 There are no lengths to which an **addict** will not go to obtain his drug. **瘾君子**为了得到毒品什么事都做得出来。

addition [ə'diʃən] *n.* 增加，加法；附加部分，**增加（物）**

经典例句 Ann will be a very useful **addition** to our team. 安来到我们队给我们**增加**了一员干将。

常用词组 in addition to 除……之外

in addition 又，另外，加之

additional [ə'diʃənl] *a.* 额外的，附加的，**另外的**

真题例句 **Additional** social stresses may also occur because of the population explosion or problems arising from mass migration movements — themselves made relatively easy nowadays by modern means of transport.【2000 年阅读 Part B】人口猛增或大量人口流动（现代交通工具使这种流动比较容易）造成的种种问题也会对社会造成**新的**压力。

adequate ['ædikwit] *adj.* **充足的**，足够的，恰当的

真题例句 The latter (those children) may commit crimes for lack of **adequate** parental control.【2004 年完形】后者(那些儿童)可能是由于父母的管教不足而犯罪。

adhere [əd'hiə] *vi.* (to)粘着；**坚持**，遵守；依附，追随

> 经典例句 We should **adhere** to our opinions. 我们应当**坚持**我们的意见。

adjoin [ə'dʒɔin] *v.* 临近，靠近；贴近，**毗连**

> 经典例句 Our house **adjoins** theirs. 我们的房屋与他们的**毗连**。

adjust [ə'dʒʌst] *vt.* **调节**；整顿，调整 *vi.* (to)适应；使调节

> 真题例句 Intelligence seeks to grasp, manipulate, re-order, and **adjust**, while intellect examines, ponders, wonders, theorizes, criticizes and imagines. 【2004 年阅读 4】智力寻求的是理解、运用、整合和**调节**，而才学是审视、思考、探究、形成理论、批判和想象。

administer [əd'ministə] *v.* 施行，实施；**掌管**，料理……的事务；给予，投(药)

> 经典例句 He **administered** a large pension fund. 他**管理**了一大笔养老金。

administration [ədminis'treiʃən] *n.* 经营，管理；行政，行政机关，管理部门；**政府**

> 真题例句 If the **Administration** won't take the legislative initiative, Congress should help to begin fashioning conservation measures. 【2005 年阅读 2】如果**政府**不争取立法上的主动权，国会就将帮助它开始采取保护措施了。

admission [əd'miʃən] *n.* 允许进入，接纳，收容；**承认**

> 真题例句 Even before Alan Greenspan's **admission** that America's red-hot economy is cooling, lots of working folks had already seen signs of the slowdown themselves. 【2004 年阅读 3】即使在艾伦·格林斯潘**承认**美国过热的经济在降温之前，许许多多的劳动者已经看到了经济减缓的迹象。

adolescent [ˌædəu'lesnt] *n.* **青少年** *a.* 青春期的，青少年的

> 经典例句 Overgrowth is common in **adolescents**. **青少年**成长过快是普遍现象。

adopt [ə'dɔpt] *vt.* **采用**，采纳，通过；收养

> 真题例句 Too many schools **adopt** the "win at all costs" moral standard and measure their success by sporting achievements. 【1995 年阅读 4】有太多的学校**采用**"不惜一切赢取胜利"作为道德标准，并通过夸耀其取得的成就来衡量他们的成功。

adore [ə'dɔ:] *vt.* 崇拜，**敬慕**，爱慕；非常喜欢

> 经典例句 The boys **adore** their mothers. 男孩们**敬慕**他们的母亲。

advanced [əd'vɑːnst] *a.* 超前的，**先进的**；高级的；开明的；前进的

> 真题例句 The most **advanced** computer systems on Earth can't approach that kind of ability, and neuroscientists still don't know quite how we do it. 【2002 年阅读 2】世界上最**先进的**电脑系统也无法达到这种能力，而神经系统科学家目前还不知道我们应该怎样做。

advantage [əd'vɑːntidʒ] *n.* 优点，长处，**有利条件**；利益，好处

> 真题例句 The winner, by a large margin, was a tiny Virginia company called Open-Source

Solutions, whose clear **advantage** was its mastery of the electronic world. 【2003 年阅读 1】以绝对优势领先的赢家是弗吉尼亚一家小公司，叫做"公开来源信息咨询公司"，它的明显**优势**是对电子世界的掌握。

adverse [ˈædvəːs] *a.* **不利的**；有害的

经典例句 An allergy is an **adverse** reaction of the body to certain substances. 过敏是身体对某些物质的**不良**反应。

advisable [ədˈvaizəbl] *a.* 可取的，适当的，**明智的**

真题例句 When a new movement in art attains a certain fashion, it is **advisable** to find out what its advocates are aiming at, for, however farfetched and unreasonable their principles may seem today, it is possible that in years to come they may be regarded as normal. 【2000年阅读 3】当一场新的艺术运动形成某种潮流时，**明智的**做法就是弄清其倡导者的目的所在，因为无论他们的准则在今天看来是多么牵强附会、荒诞不经，将来都有可能被视为正常。

advocate [ˈædvəkit] *n.* 辩护者，**拥护者**，鼓吹者 *vt.* 拥护，提倡，鼓吹

真题例句 I have been transformed from a passionate **advocate** of the philosophy of "having it all", preached by Linda Kelsey for the past seven years in the page of "*She*" magazine, into a woman who is happy to settle for a bit of everything. 【2001 年阅读 5】Linda Kelsey 和她主编的《她》杂志在过去的七年里一直在宣扬"做个面面俱到的女人"，我曾是这种人生观的狂热**支持者**。现在我已经变成了一个乐于对一切浅尝辄止的女人。

affect [əˈfekt] *vt.* **影响**；感动

真题例句 And should one country take upon itself the role of "defending competition" on issues that **affect** many other nations, as in the U. S. vs. Microsoft case? 【2001 年阅读 4】在那些**影响**其他许多国家的问题上，一个国家应不应该自己承担起"保护竞争"的职责呢，就像美国与微软公司的诉讼案那样？

affiliate [əˈfilieit] *v.* **使隶属(或附属)于** *n.* 附属机构，分公司

经典例句 Our club is **affiliated** to a national organization of similar clubs. 我们的俱乐部加入了同类俱乐部的全国组织。

affirm [əˈfəːm] *vt.* **断言**，坚持声称；肯定

经典例句 I **affirm** that what he said is true. 我**断言**他所说的是实情。

agency [ˈeidʒənsi] *n.* **代理(处)**；代办处

真题例句 Manpower Inc., with 560,000 workers, is the world's largest temporary employment **agency**. 【1997 年完形】拥有 56 万员工的劳动力公司是全球最大的临时就业**代理机构**。

agenda [əˈdʒendə] *n.* **议事日程**

【真题例句】And since these messages have an **agenda** — to lure us to open our wallets — they make the very idea of happiness seem unreliable.【2006 年阅读 4】因为这些信息有一个**议程**——引诱我们打开钱包花钱——而这一行径反而使我们更加认为幸福感是不可靠的。

agent ['eidʒənt] *n.* 代理人，代理商，**代表**

【真题例句】Hunting for a job late last year, lawyer Gant Redmon stumbled across CareerBuilder, a job database on the Internet. He searched it with no success but was attracted by the site's "personal search **agent**".【2004 年阅读 1】去年年末，甘特·瑞德曼律师在网上找工作时偶然发现了一个名为"职业建设者"的网站，这也是一个网上求职数据库。虽然没能在该网站上找到合适的职位，但他却被网站中"个人搜索**代理**服务"的功能吸引住了。

aggravate ['æɡrəveit] *vt.* **加重(剧)，使恶化**

【经典例句】The lack of rain **aggravated** the already serious shortage of food. 干旱少雨使得原本就很严重的粮食短缺问题**更加严重**。

aggressive [ə'ɡresiv] *a.* 侵略的，好斗的；有进取心的；**敢作敢为的**

【真题例句】It identifies the undertreatment of pain and the **aggressive** use of "ineffectual and forced medical procedures that may prolong and even dishonor the period of dying" as the twin problems of end-of-life care.【2002 年阅读 4】它(这份报告)确定了临终关怀中存在的两个问题是：一方面是对疼痛的治疗不够，另一方面是**大胆**使用"无效而强制性的医疗手段来延长病人的生命却又让病人临死之前更加痛苦"。

allege [ə'ledʒ] *v.* 断言，**宣称**

【经典例句】The police **alleged** that the man was murdered but they have given no proof. 警方**声称**这名男子是被谋杀的，但未提出任何证据。

alleviate [ə'liːvieit] *v.* **减轻**，缓和，缓解(痛苦等)

【经典例句】The doctor gave her an injection to **alleviate** the pain. 医生给她注射以**减轻**疼痛。

alliance [ə'laiəns] *n.* 同盟，同盟国；**结盟**，联盟；联姻

【经典例句】They made an **alliance** against the common enemy. 他们**联合**起来抵御共同的敌人。

allowance [ə'lauəns] *n.* 补贴，**津贴**

【经典例句】The scholarship includes an **allowance** of 80 dollars for books. 奖学金包括 80 美元的书籍费**津贴**。

ally [ə'lai, æ'lai] *n.* **同盟者**，同盟国；支持者 *vt.* 使结盟；与……有关联

【经典例句】That football team is our **ally**. 那个足球队是我们的**同盟者**。

alter ['ɔːltə] *vt.* **改变**，更改；改做(衣服) *vi.* 改变，变化

经典例句 He **altered** one of the rooms into a bedroom. 他把一间屋子**改建**成了卧室。

alternate [ɔːl'təːnit] *a.* **交替的**，轮流的 *v.* (使)交替，(使)轮流

真题例句 The innovator will search for **alternate** courses, which may prove easier in the long run and are bound to be more interesting and challenging even if they lead to dead ends. 【1994 年阅读 5】而发明家则会寻找其他路径，从长远看来这种可能更加简单，而且即使这种可能让人走入死胡同，也必定是更加有趣和更加富有挑战性的。

alternative [ɔːl'təːnətiv] *n.* **二选一；供选择的东西**，替换物，选择对象 *a.* 二选一的

经典例句 Caught in the act, he had no **alternative** but to confess. 他被当场抓住，除了招供别无出路。

amateur ['æmətə(ː), 'æmətjuə] *a.* **业余的** *n.* **业余活动(爱好)者**

真题例句 Nevertheless, the word "**amateur**" does carry a connotation that the person concerned is not fully integrated into the scientific community and, in particular, may not fully share its value. 【2001 年阅读 1】但是，"业余"一词的确有这样的含义：就是这个人并没有完全融入科学研究的圈子，尤其是，他可能并不完全认同这一团体的价值观。

amaze [ə'meiz] *vt.* 使惊奇，**使惊愕** *vi.* 表现出惊奇

经典例句 He **amazed** me by his audacity. 他的无理让我**惊愕**。

ambiguous [,æm'bigjuəs] *a.* **模棱两可的**

经典例句 He give us an **ambiguous** answer. 他给了我们一个**模棱两可的**答复。

ambition [æm'biʃən] *n.* **野心，雄心**

真题例句 Consequences follow from this, of course, some of which are that **ambition** is driven underground, or made sly. 【2000 年阅读 5】当然，这样一来，**雄心**就在某种程度上被人们赶到了地下，或隐藏在心中了。

ambitious [æm'biʃəs] *a.* **有抱负的，雄心勃勃的；有野心的**

真题例句 For such people and many more perhaps not so exceptional, the proper formulation is, " Succeed at all costs but avoid appearing **ambitious**. "【2000 年阅读 5】对这些人，还有其他很多更平常的一些人来说，合适的表达应该是"不惜一切获得成功，但不要表现得太**有野心**"。

amend [ə'mend] *vt.* 修改，修订，**改进**

经典例句 The judge advised him to **amend** his way of living. 法官奉劝他**改变**生活方式。

amiable ['eimjəbl] *a.* **和蔼可亲的**，友善的，亲切的

经典例句 He is an **amiable** person. 他是个**可亲的**人。

amid [ə'mid] *prep.* 在……中间，**在**……之中，被……围绕

[真题例句] **Amid** the outcry, many conservative leaders are seeking a return to the prewar emphasis on moral education. 【2000 年阅读4】**在**人们的强烈抗议**下**，许多保守党领导人正在力图回复到战前的情况——强调道德教育。

amount [əˈmaunt] *n.* 总额，**数量** *v.* (to)共计，总共达，等同

[真题例句] In a significant tightening of legal controls over the press, Lord Irvine, the Lord Chancellor, will introduce a draft bill that will propose making payments to witnesses illegal and will strictly control the **amount** of publicity that can be given to a case before a trial begins. 【2001 年完形】为了更有效地对新闻界实施合法监控，大法官埃尔文勋爵将草拟法案。该法案将提出，付款给证人是非法的；在审判开始前，对案件的曝光**程度**也要严格控制。

ample [ˈæmpl] *a.* **充分的**，富裕的；宽敞的，宽大的

[经典例句] **Ample** sunshine and rainfall are bringing the crops on nicely. **充足的**阳光和雨水正使庄稼苗壮地生长。

amplify [ˈæmplifai] *vt.* 放大，**增强**

[经典例句] He **amplified** on his remarks with drawings and figures. 他以图表数字**详加**解说。

amuse [əˈmjuːz] *vt.* 向……提供娱乐，**使……消遣**；引人发笑

[经典例句] The boys **amuse** themselves by drawing caricatures of their teacher. 男孩子们以画老师的漫画**取乐**。

analogy [əˈnælədʒi] *n.* 类似，相似，类比，**类推**

[经典例句] He drew this conclusion on the **analogy** of yours. 他根据你的理论**类推**得出这个结论。

analysis [əˈnælisis] *n.* (*pl* . analyses)**分析**；分解

[真题例句] From an **analysis** of the hot spot population it appears that the African plate is stationary and that it has not moved during the past 30 million years. 【1998 年阅读5】从热点地区的人口**分析**，非洲板块是固定的，在过去的 3000 万年里没有移动过。

analyse/analyze [ˈænəlaiz] *vt.* **分析**，分解

[经典例句] Let's **analyse** the problem and see what went wrong. 让我们**分析**一下这道题，看什么地方出错了。

ancestor [ˈænsistə] *n.* 祖宗，**祖先**

[真题例句] However, whether such a sense of fairness evolved independently in capuchins and humans, or whether it stems from the common **ancestor** that the species had 35 million years ago, is, as yet, an unanswered question. 【2005 年阅读1】不过，到目前为止，这种公平意识是否在卷尾猴世界和人类社会独立演化，或者，这种意识是否源于 3500 万年

前生活着的卷尾猴和人类的共同**祖先**，这仍然是一个有待回答的问题。

anchor [ˈæŋkə] *n.* 锚 *v.* **抛锚**，停泊

经典例句 The ship was **anchored** off the shore. 船在海岸处**抛了锚**。

ancient [ˈeinʃənt] *a.* **古代的**，古老的，古式的

经典例句 The **ancient** privilege of sanctuary was transferred to the Christian temple. **古代的**庇护特权转移到了基督教的教堂。

anecdote [ˈænikdəut] *n.* **轶事**，趣闻，短故事

真题例句 There is, as Robert Rubin, the treasury secretary, says, a "disjunction" between the mass of business **anecdote** that points to a leap in productivity and the picture reflected by the statistics. 【1998 年阅读 2】正如财政部长罗伯特·鲁宾所说,有关生产力水平大幅度提高的大量商界**奇闻**与统计数字反映的实际情况"大相径庭"。

angle [ˈæŋgl] *n.* 角；**角度**，方面，观点

经典例句 The rising sun is especially beautiful to look at from this **angle**. 旭日从这个**角度**看起来特别美。

anguish [ˈæŋgwiʃ] *n.* (尤指心灵上的)**极度痛苦**，烦恼

经典例句 The child was badly hurt and was in **anguish** all the evening. 这个孩子受了重伤，整夜都处于极度痛苦之中。

anniversary [ˌæniˈvɜːsəri] *n.* 周年，**周年纪念日**

经典例句 He gave me a necklace as an **anniversary** gift. 他给我一条项链作为**周年纪念**礼物。

annoy [əˈnɔi] *vt.* **使恼怒**，使生气；打扰 *vi.* 招人讨厌

真题例句 Why do so many Americans distrust what they read in their newspapers? Here is a troubled business that keeps hiring employees whose attitudes vastly **annoy** the customers. 【2001 年阅读 3】为什么有那么多的美国人不相信报纸上的内容？新闻界是一个棘手的行业，一直雇用着一些态度令读者**厌烦**的职员。

annual [ˈænjuəl] *a.* **每年的**，一年生的 *n.* 年刊，年鉴

真题例句 Even so, that gain adds up to only 11.4 percent, lowest in American **annual** records except for the Depression years. 【1998 年阅读 4】即便如此，这一增长也不过才达到 11.4%，除了大萧条时期，这在美国**年度**记录中是最低的了。

anonymous [əˈnɔniməs] *a.* **匿名的**，无名的；无特色的

经典例句 It is unpleasant to receive **anonymous** letters. 接到**匿名**信是一件令人不快的事。

anticipate [ænˈtisipeit] *vt.* **预料**；期望；预先考虑；抢先；提前使用

真题例句 Feeling threatened, companies responded by writing ever-longer warning labels, trying to **anticipate** every possible accident. 【1999 年阅读 1】公司感到了威胁，于是作出了反应，写出的警示标签越来越长，力图**预测**任何可能出现的事故。

anxiety [æŋ'zaiəti] *n.* 挂念，**焦虑**，焦急，忧虑；渴望，热望

| 真题例句 | Indeed, when one's memory of an emotionally painful experience lead to serious **anxiety**, forgetting may produce relief. 【1995 年阅读 5】实际上，人们回忆起某段痛苦的情感经历会产生严重的**焦虑不安**，这时遗忘可以缓解痛苦。

anyhow ['enihau] *ad.* 不管怎么说，无论如何；**不论用何种方法**

| 经典例句 | I couldn't think of the name of that man **anyhow**. 我怎么也想不起那人的名字来了。

apart [ə'pɑːt] *ad.* **分离**，离开，隔开，撇开；相距，相隔

| 经典例句 | I can't get these two things **apart**. 我分不开这两样东西。

| 常用词组 | apart from 除开；除……以外

appal/appall [ə'pɔːl] *v.* **使惊骇**，使恐怖

| 经典例句 | The prospect of another war **appalled** *us*. 想到有可能发生另一场战争，我们**不寒而栗**。

apparent [ə'pærənt] *a.* 表面上的，貌似真实的；(to)**显然的**，明明白白的

| 真题例句 | My pain must have been **apparent** the moment I walked into the room, for the first man I met asked sympathetically："Are you feeling all right?"【1996 年词汇】当我走进屋子时，我的疼痛必定是**明显的**，因为我遇到的第一个人就同情地问我："你没事吧?"

appeal [ə'piːl] *vi.* (to)呼吁，恳求，对……有吸引力；**申诉** *n.* (to)呼吁；申诉；吸引力；要求

| 真题例句 | Shippers who feel they are being overcharged have the right to **appeal to** the federal government's Surface Transportation Board for rate relief, but the process is expensive, time consuming, and will work only in truly extreme cases. 【2003 年阅读 3】那些觉得被索价过高的托运人有权向联邦政府的地面交通委员会**投诉**，要求降低费率，但是这种过程费用高，也费时间，只有在极端情况下才采用。

appearance [ə'piərəns] *n.* **出现**，露面，外表，外貌，外观

| 真题例句 | Dependence is marked first by an increased tolerance, with more and more of the substance required to produce the desired effect, and then by the **appearance** of unpleasant withdrawal symptoms when the substance is discontinued. 【1997 年阅读 3】产生物质依赖的初期表现就是人体的抗药能力增强，需要用越来越多的药物才能达到预期的效果。之后，一旦中断使用这种物质，就会**出现**难受的停药症状。

appetite ['æpitait] *n.* **食欲**，胃口；欲望，性欲；爱好，要求

| 经典例句 | The odor of food may be a trigger for man's **appetite**. 食物的香味能引起人的

食欲。

appliance [əˈplaiəns] *n.* **用具**；器具，装置；应用，适用

真题例句 And home **appliances** will also become so smart that controlling and operating them will result in the breakout of a new psychological disorder — kitchen rage. 【2001 年英译汉】家用**电器**会变得如此智能化，以致控制和操作它们会引发一种新的心理疾病——厨房狂躁症。

applicable [ˈæplikəbl] *a.* (to)**可应用(实施)的**；适当的，合适的

经典例句 In order to be able to check and compare price quotation, we need to view the currently **applicable** insurance rates from your company. 为了核查和比较各个报价的高低，我们需要看一下你们公司目前正**在应用的**保险费率资料。

application [ˌæpliˈkeiʃən] *n.* 申请，请求，**申请书**；应用，实施；施用，敷用

经典例句 The manager received twenty **applications** for the post. 经理收到了 20 份求职**申请书**。

apply [əˈplai] *vi.* (for)(以书面形式)**申请**；请求 *vt.* (to)应用；实施

经典例句 I advise that they **apply** to the council for a home improvement grant. 我建议他们向市政会**申请**改善住房的贷款。

appoint [əˈpoint] *vt.* **任命**，委派；指定，约定(时间、地点等)

经典例句 As a top manager, he should **appoint** none but people on their merit. 作为一位总经理，他应该**任人为贤**。

appreciate [əˈpriːʃieit] *vt.* 为……表示感激，**感谢**；欣赏，赏识，正确评价

经典例句 We **appreciate** your helping us. 我们**感谢**你们的帮助。

approach [əˈprəutʃ] *v.* 靠近，接近 *n.* **方法**；途径；探讨

真题例句 For retailers, who last year took in 24 percent of their revenue between Thanksgiving and Christmas, the cautious **approach** is coming at a crucial time. 【2004 年阅读3】去年在感恩节和圣诞节期间零售商的销售收入是全年的24%，对于他们来讲，在关键时期该谨慎**行事**了。

appropriate [əˈprəupriit] *a.* (to)**适当的**，恰当的，恰如其分的

真题例句 If you are part of the group which you are addressing, you will be in a position to know the experiences and problems which are common to all of you and it'll be **appropriate** for you to make a passing remark about the inedible canteen food or the chairman's notorious bad taste in ties. 【2002 年阅读1】如果你是听众中的一员，你就能够了解你们所共有的经历和问题，你就可随意评论食堂饭菜极其难吃或者是评论领导的领带没有品位，这些都是**无可厚非的**。

approval [əˈpruːvəl] *n.* **批准**，认可；赞成，同意

经典例句 We should submit our plans to the council for **approval**. 我们应该向理事会提交计划以求**批准**。

approve [əˈpruːv] *v.* (of)赞成，赞许，同意；**批准**，审议，通过

真题例句 Instead of each province having its own list of **approved** drugs, bureaucracy, procedures and limited bargaining power, all would pool resources, work with Ottawa, and create a national institution. 【2005 年阅读 Part B】各省不需要确定各自**批准**的药品清单、建立办事机构、采取一定的措施以及提高有限的讨价还价能力，所有的省份都应该集中资源，同渥太华政府合作，成立一个国家级机构。

approximate [əˈprɔksimeit] *a.* (-ly) **近似的** *vi.* (to)接近

真题例句 During several years of gambling in that casino, Williams, a state auditor earning $ 35000 a year, lost **approximately** $ 175000. 【2006 年阅读 Part B】国家审计员威廉姆斯在赌场赌博的几年里年薪只有 35000 美元，但却丢了**大约** 175000 美元。

apt [æpt] *a.* 恰当的，适当的；**(习性)易于……的，有……倾向的**

经典例句 Iron is **apt** to rust. 铁**容易**生锈。

arbitrary [ˈɑːbitrəri] *a.* 任意的，任性的，**主观的**；专断的，武断的

真题例句 I was unaware of the critical points involved, so my choice was quite **arbitrary**. 【1998 年词汇】我没有意识到问题的关键所在，所以我的选择是相当**主观的**。

argument [ˈɑːgjumənt] *n.* 争论(吵)，辩论；**论据/点**

真题例句 The centerpiece of the **argument** of a technology-yes, genius-no advocate was an analysis of Galileo's role at the start of the scientific revolution. 【1994 年英译汉】推崇技术否定天才的倡导者的中心**论据**是对伽利略在科学革命开始时所起作用的分析。

arise [əˈraiz] *v.* **出现**，发生；(from)由……引起，由……产生

真题例句 New forms of thought as well as new subjects for thought must **arise** in the future as they have in the past, giving rise to new standards of elegance. 【1996 年英译汉】同过去一样，将来必然会**出现**新的思维方式和新的思维对象，给优雅以新的标准。

arouse [əˈrauz] *vt.* 唤醒，叫醒；唤起，**激起**

经典例句 His sufferings **aroused** our sympathy. 他的痛苦**引起**了我们的同情。

arrange [əˈreindʒ] *v.* 安排，筹划；整理，**排列**，布置

真题例句 The mechanic should sit down among levers, screws, wedges, wheels, etc., like a poet among the letters of the alphabet, considering them as an exhibition of his thoughts, in which a new **arrangement** transmits a new idea. 【1996 年阅读 4】技术人员应该坐在控制杆、螺杆、楔子和轮子中间，如同一位诗人沉浸在字母表中的文字一样，把它们看做是自己思想的一种展示，在这种展示中，每一个新的**组合**都能传达一个新的意念。

array [əˈrei] *n.* 大量；排列；一系列 *v.* 排列

真题例句 Illustrated with an entertaining **array** of examples from both high and low culture, the trend that Mr. McWhorter documents is unmistakable. 【2005 年阅读 4】通过**大量**关于高雅和粗俗文化的有趣例子的阐述，麦克沃特先生对语言发展这一趋势的分析并没有错误。

arrest [əˈrest] *n.* 逮捕，扣留 *vt.* 逮捕，**妨碍**，扣留

经典例句 The treatment **arrested** the growth of the disease. 治疗**抑制**了病情的发展。

arrogant [ˈærəgənt] *a.* 傲慢的，自大的

经典例句 One should never be **arrogant** even when he is at his best. 一个人在最得意时也不应该傲慢。

articulate [ɑːˈtikjulit] *a.* 善于表达的；口齿清晰的 *vt.* 明确有力的表达

经典例句 She's unusually **articulate** for a ten-year-old. 作为一个 10 岁的孩子来说，她的表达力是非常强的。

artificial [ˌɑːtiˈfiʃəl] *a.* 人工的，人造的，人为的；虚伪的，做作的

真题例句 Indeed the quest for true **artificial** intelligence has produced very mixed results. 【2002 年阅读 2】实际上，探索真正的人工智能所产生的结果亦喜亦忧。

artistic [ɑːˈtistik] *a.* 艺术(家)的，美术(家)的

经典例句 He is a man with an **artistic** temperament. 他是一个有艺术家气质的男子。

ascend [əˈsend] *vi.* 渐渐上升，升高 *vt.* 攀登，登上

经典例句 The stairs **ascended** in a graceful curve. 阶梯以优美的曲线向上延伸。

ascertain [ˌæsəˈtein] *vt.* 确定，查明，弄清

经典例句 The detective was trying to **ascertain** exactly who was at the party. 这个侦探试图查明都有谁参加了聚会。

aside [əˈsaid] *ad.* 在旁边，到一边

真题例句 Everyone is very peaceful, polite and friendly until, waiting in a line for lunch, the new arrival is suddenly pushed **aside** by a man in a white coat, who rushes to the head of the line, grabs his food and stomps over to a table by himself. 【2002 年阅读 1】每个人都很安静，有礼貌，非常友好，但是在排队吃午饭的时候，新来的人突然被一个穿白大褂的人推到一边，这个穿白大褂的人挤到队伍最前面，抓起食物，"咚咚咚"跑到桌边自顾自地吃了起来。

aspect [ˈæspekt] *n.* 样子，外表，面貌，(问题等的)方面

真题例句 Successful safety programs may differ greatly in the emphasis placed on certain **aspects** of the program. 【1999 年完形】成功的安全计划因其侧重点不同而存在很大的差异。

aspire [əs'paiə] *vi.* (to, after) **渴望**，追求，有志于

　　真题例句 Nor do they **aspire** to such command themselves. 【2005 年阅读 4】同时他们也不再**苛求**自己达到这样的目标。

assault [ə'sɔːlt] *v.* 猛烈地攻击，袭击 *n.* **突然而猛烈的攻击**

　　真题例句 Last year Japan experienced 2,125 incidents of school violence, including 929 **assaults** on teachers. 【2000 年阅读 4】去年日本发生了 2125 起校园暴力事件，其中包括 929 起**袭击**教师事件。

assemble [ə'sembl] *vt.* 集合，召集；装配，组装；**收集** *vi.* 集合，聚集

　　真题例句 The designer and the inventor are able to **assemble** and manipulate in their minds devices that as yet do not exist. 【1996 年阅读 4】设计人员和发明者能够在他们的脑子里**收集**和应用那些尚不存在的设计。

assembly [ə'sembli] *n.* 集合；会议；**装配**

　　真题例句 Our factories hum to the rhythm of robot **assembly** arms. 【2002 年阅读 2】我们的工厂随着机器人**组装**臂的节奏而轰鸣。

assert [ə'səːt] *vt.* **断言**，宣称

　　真题例句 During the discussion of rock singing verses at last month's stockholders' meeting, Levin **asserted** that "music is not the cause of society's ills". 【1997 年阅读 4】在上个月召开的一场主题为"摇滚音乐的歌词创作"的股东会议上，莱文**断言**："音乐并不是社会问题的根源。"

assess [ə'ses] *vt.* (为征税)评估(财产、收入)；征税；**评价**

　　真题例句 Rather, we have a certain conception of the American citizen, a character who is incomplete if he cannot competently **assess** how his livelihood and happiness are affected by things outside of himself. 【1999 年阅读 3】然而，我们对美国国民有一定的认识，即如果他不能准确**判断**自身的生活和幸福是如何受到外界影响的，他的人格就是不完整的。

asset ['æset] *n.* (*pl.*)**资产**，财产；有价值的物品；天赋

　　经典例句 The business failed because its **assets** were not so great as its liabilities. 这家商行因**资**不抵债而倒闭。

assign [ə'sain] *vt.* **派给**，分配；选定，指定(时间、地点等)

　　真题例句 The standardized educational or psychological test that are widely used to aid in selecting, classifying, **assigning**, or promoting students, employees, and military personnel have been the target of recent attacks in books, magazines, the daily press, and even in Congress. 【1995 年英译汉】标准化教育测试或心理测试现在广泛应用于协助选拔、分类、**委派**或提升学生、雇员和军事人员，这些测试一直是某些人近年来在图书、杂志、日报、甚至国会中抨击的目标。

assignment [əˈsainmənt] *n.* 分配，指派；**(课外)作业**，(分派的)任务

[真题例句] The mother said she would let off her son washing the dishes if he could finish his **assignment** before supper. 【1995 年词汇】那位母亲说，如果她儿子能够在晚饭前完成他的**作业**，她就不让他洗碗。

assimilate [əˈsimileit] *vt.* 吸收，消化；使同化 *vi.* 被吸收；**被同化**

[真题例句] We are obliged to them because some of these languages have since vanished, as the peoples who spoke them died out or became **assimilated** and lost their native languages. 【2004 年英译汉】我们之所以感激他们(两位先驱)，是因为在此之后，这些(土著)语言中有一些已经不复存在了，这是由于说这些语言的部族或是消亡了，或是**被同化**而丧失了自己的本族语言。

assist [əˈsist] *vt.* 协助，**帮助** *vi.* 帮忙，参加

[真题例句] Finding ways to **assist** this growing homeless population has become increasingly difficult. 【2006 年完形】找到**帮助**越来越多的无家可归的人的方法变得越来越困难。

assistance [əˈsistəns] *n.* 协作；援助；**帮助**

[经典例句] Despite his cries no one came to his **assistance**. 尽管他大声喊叫，却没有得到任何人的**帮助**。

associate [əˈsəuʃieit] *vt.* 交往；**使联合** *n.* 合作人，同事，同行，伙伴 *a.* 副的

[真题例句] The author **associates** the issue of global warming with that of smoking. 【2005 年阅读2】作者把全球变暖的问题和吸烟的问题**联系**起来。

association [əˌsəusiˈeiʃən] *n.* 联盟，**协会**，社团；交往，联合；联想

[真题例句] Some have breathed sighs of relief, others, including churches, right to life groups and the Australian Medical **Association**, bitterly attacked the bill and the haste of its passage. 【1997 年阅读1】有些人放心地松了一口气，而另外一些人，包括教会、生存权利组织和澳大利亚医药**协会**，则猛烈抨击这项法案，认为它的通过太草率。

assume [əˈsjuːm] *vt.* 假装；**假定，设想**；承担；呈现，采取

[真题例句] What is harder to establish is whether the productivity revolution that businessmen **assume** they are presiding over is for real. 【1998 年阅读2】但是我们难以确定的是，生意人**认为**他们正在经历的生产力革命是否真实。

assumption [əˈsʌmpʃən] *n.* **假定**，设想；采取；承担

[真题例句] Such behavior is regarded as all too human, with the underlying **assumption** that other animals would not be capable of this finely developed sense of grievance. 【2005 年阅读1】这种行为被看成太人性化了，潜在的**假设**就是其他动物不可能表现出这种受过良好驯养的悲伤意识。

assurance [əˈʃuərəns] *n.* 保证，担保；**确信**，断言

经典例句 They were waiting with **assurance** for me to discover the truth for myself. 他们充满**自信**地等待我自己发现事实真相。

assure [əˈʃuə] *vt.* 使确信，使放心(of)；**向……保证**，担保

真题例句 I apologize if I had offended you, but I **assure** you it was unintentional. 【1998年词汇】如果我得罪过你，我向你道歉，但是我向你**保证**，我不是故意的。

astonish [əsˈtɔniʃ] *vt.* **使惊讶**，使吃惊

经典例句 She **astonished** me with her beautiful handwriting. 她以其秀丽的书法**使我惊异**。

attach [əˈtætʃ] *v.* (to)系上，贴上，装上，**连接**；使成为一部分；使依恋，使依附，使隶属

经典例句 Many major issues are **attached** to this legislation. They gained influence by attaching themselves to prominent city institutions. 许多重要事务同这项立法**相联系**，他们通过与闻名的城市机构之间的联系而获得威望。

常用词组 attach oneself to 依附；依恋

　　　　attach to 认为有(重要性、意义等)；归因于，适用于

　　　　be attached to 连在……上

attain [əˈtein] *vt.* **达到**；完成；获得 *vi.* 达到

经典例句 I'm determined to **attain** my purpose at any cost. 我决心不惜任何代价**达到**目的。

attendance [əˈtendəns] *n.* **出席，到场**

真题例句 The theatre has broken **attendance** records for three years in a row. Last year its 1,431 seats were 94 percent occupied all year long and this year they'll do better. 【2006 年阅读3】剧院已经连续三年打破**上座**纪录，去年全年度1431 个座位保持了94% 的上座率，今年肯定会更好。

attitude [ˈætitjuːd] *n.* (to,toward,about)态度，看法；**姿势**

经典例句 They sat around in easy **attitude**. 他们以舒适的**姿势**围坐在一起。

常用词组 attitude of mind 思想方法；看法，观点

　　　　strike an attitude 摆出一种姿态；装模作样

　　　　take an attitude of 采取……态度

attractive [əˈtræktiv] *a.* **吸引人的**，引人注意的；漂亮的，迷人的

真题例句 It would be a shame to raise prices too much because it would drive away the young people who are Stratford's most **attractive** clientele. 【2006 年阅读3】如果票价提升太多就太丢人了，因为这样会赶走那些年轻人，而他们是斯特拉特福德最**有魅力的**常客。

attribute [əˈtribju(ː)t] *v.* (to)**归因于**，归属于 *n.* 属性，品质，特征

真题例句 Few Americans **attribute** this solely to such obvious causes as a devalued dollar or the turning of the business cycle.【2000 年阅读1】很少有美国人把这仅仅**归结于**像美元贬值或商业周期变化这样显而易见的原因。

audience [ˈɔːdjəns] *n.* **听众**，观众，读者；见面，会见

真题例句 Your humor must be relevant to the **audience** and should help to show them that you are one of them or that you understand their situation and are in sympathy with their point of view.【2002 年阅读1】你的幽默一定要与**听众**相关，而且可以帮助你成为他们中的一员，或者可以让他们感到你能理解他们的处境并且赞同他们的观点。

audit [ˈɔːdit] *v.* **审计**；查账；核对；旁听

经典例句 As usual, the yearly **audit** will take place in December. 跟往常一样，年度**审计**将在 12 月份进行。

augment [ɔːˈgment] *vt.* (使)**增大**，增加，增长，扩张

经典例句 Continuing rains **augmented** the flood waters. 持续的雨水**增大**了洪水水量。

authentic [ɔːˈθentik] *a.* **真的，真正的**；可靠的，可信的，有根据的

真题例句 But the cult of the **authentic** and the personal, "doing our own thing", has spelt the death of formal speech, writing, poetry and music.【2005 年阅读4】但在**真实**和个性的态度流行的今天，"做自己的事情"的崇尚导致了正式演讲、写作、诗歌及音乐的消亡。

authority [ɔːˈθɔriti] *n.* 权力，**权威**；权威人士，有权威性的典籍(*pl.*) 官方，当局

真题例句 Some, however, are less reasonable processes of different growth in which preconception of the form scientific theory ought to take, by persons in **authority**, act to alter the growth pattern of different areas.【1996 年英译汉】然而，在不同的发展过程中，有些不怎么合理，这是因为某些**权威**人士对科学理论研究应采取何种形式有先入为主的想法，从而改变了不同科学领域的发展模式。

automatic [ˌɔːtəˈmætik] *a.* **自动**(装置)的；无意识的 *n.* 自动机械

真题例句 Credit cards give their owners **automatic** credit in stores, restaurants, and hotels, at home, across the country, and even abroad, and they make many banking services available as well.【1994 年阅读2】信用卡可让持有者在商场、饭店、宾馆、家中、国内甚至国外都能**自动**缴款，同时也能提供许多银行业务。

autonomy [ɔːˈtɔnəmi] *n.* 自治，**自治权**

经典例句 If we decentralize, the provinces will have more **autonomy**. 我们把权力下放，各省就有更多的**自主权**。

avail [əˈveil] *n.* [一般用于否定句或疑问句中] 效用，利益，帮助 *vt.* 有用于，**有助于**

经典例句 Nothing could **avail** the dying patient. 没有任何东西**有助于**挽救那个濒临死

亡的人。

【常用词组】avail oneself of 利用

be of no avail（＝without avail）无济于事，毫无用处

available [əˈveiləbl] *a.*（用于物）可利用的；可见到的，随时可来的

【真题例句】Anyone who keeps careful score knows that the information **available** is always incomplete and that the predictions are always subject to error.【1995 年英译汉】任何了解实情的人都知道：可利用的信息总是不完整，所做的预测也总是容易出错。

avoid [əˈvɔid] *vt.* 防止，**避免**；逃避，避开

【真题例句】But NBAC members are planning to word the recommendation narrowly to **avoid** new restrictions on research that involves the cloning of human DNA or cells — routine in molecular biology.【1999 年阅读 4】但 NBAC 小组的成员正在对意见稿的措辞进行仔细的修订，**以免**给克隆人体 DNA 或者细胞研究（这是分子生物学中的常规研究课题）造成新的限制。

await [əˈweit] *vt.* 等候，期待；（事情等）降临于

【经典例句】A warm welcome **awaits** you. 你将**受到**热烈的欢迎。

award [əˈwɔːd] *vt.* **授予**，给予，奖给 *n.* 奖，奖金

【经典例句】She has been **awarded** a scholarship to study at Harvard. 她**获得**了去哈佛大学读书的奖学金。

aware [əˈwɛə] *a.* (of) 知道的，**意识到的**；

【真题例句】Teachers need to be **aware** of the emotional, intellectual, and physical changes that young adults experience.【2003 年完形】教师需要对青少年情感、智力和身体各方面的变化加以注意。

awful [ˈɔːful] *a.* 极度的，极坏的；威严的，**可怕的**

【经典例句】It was **awful** to see him in such pain. 看到他这样痛苦真**可怕**。

awkward [ˈɔːkwəd] *a.* **笨拙的**；尴尬的；使用不便的；难处理的

【真题例句】If you feel **awkward** being humorous, you must practice so that it becomes more natural.【2002 年阅读 1】如果你**不善于**幽默，那就必须练习一下使它更自然。

bachelor [ˈbætʃələ] *n.* **单身汉**；（亦作 B-）学士（学位）

【经典例句】An unmarried man is a **bachelor**. 没有结婚的男人就是**单身汉**。He is awarded a **Bachelor's** degree. 他被授予**学士**学位。

background [ˈbækɡraund] *n.* **背景**，经历

【真题例句】One more reason not to lose sleep over the rise in oil prices is that, unlike the rises in the 1970s, it has not occurred against the **background** of general commodity-price inflation and global excess demand.【2002 年阅读 3】另一个不用因油价上升而失眠的原

因是，这次与 20 世纪 70 年代不同，此次油价上涨并不是发生在物价普遍暴涨和全球需求过剩的**背景**下。

backward ['bækwəd] *a.* **向后的**，倒行的；迟钝的 *ad.* 向后，朝反方向

经典例句 The technology was **backward**, but the system worked. 虽然技术是**落后的**，但制度是有效的。

badly ['bædli] *ad.* **非常**，严重地；坏地，差地，拙劣地

经典例句 I am quite **badly** off recently. 最近我经济上很拮据。

常用词组 be badly off 穷困，景况不佳；(感到)缺少

feel badly about 对……感到遗憾

balance ['bæləns] *v.* 称，(使)平衡 *n.* 天平；**平衡，均衡**；差额，余款

真题例句 There are about 105 males born for every 100 females, but this ratio drops to near **balance** at the age of maturity, and among 70-year-olds there are twice as many women as men. 【2000 年阅读 2】出生时，男女婴儿的比例是 105∶100，但到了成年，这一比例降到几乎**持平**，而在 70 岁的老人中女性人数是男性的两倍。

ballot ['bælət] *n.* (不记名)**投票**；投票总数；投票权 *vi.* 投票

真题例句 Shortlists for job interviews, election **ballot** papers, lists of conference speakers and attendees: all tend to be drawn up alphabetically, and their recipients lose interest as they plough through them. 【2004 年阅读 2】求职面试、选举**投票**、会议发言者或参加会议者等诸多名单，诸如此类均按字母表顺序排列，等拿到名单的人从头至尾费劲地阅读时，他们早已失去了兴趣。

ban [bɑːn] *v.* 取缔，查禁；(from)禁止 *n.* **禁止**，禁令

真题例句 NBAC will ask that Clinton's 90-day **ban** on federal funds for human cloning be extended indefinitely, and possibly that it be made law. 【1999 年阅读 4】NBAC 将要求无限期地延长克林顿总统作出的 3 个月内**禁止**联邦政府资助克隆人**的决定**，并有可能将这一决定立法。

band [bænd] *n.* 等级；条，**带**；**乐队**；波段；约束；一群，一伙 *v.* 缚，绑扎

经典例句 She used a rubber **band** to tie her hair. 她用一根橡皮**筋**扎头发。The **band** drowned our conversation. **乐队**的演奏声把我们的谈话声淹没了。

常用词组 band together 结合在一起，团结起来

a band of 一群

bang [bæŋ] *n.* **砰砰的声音**；猛击 *v.* 砰地关上，猛撞，猛击

经典例句 The door shut with a **bang**. 门"砰"的一声关上了。

bankrupt ['bæŋkrʌpt] *a.* **破产的**

经典例句 I was **bankrupt** and unable to pay his debts. 我**破产**了，不能偿还他的债务。

banquet ['bæŋkwit] *n.* (正式的)宴会 *vi.* 参加宴会 *vt.* **宴请**

真题例句 Hilton is building its own hotel there, which you may be sure will be decorated with Hamlet Hamburger Bars, the Lear Lounge, the Banquo **Banqueting** Room, and so forth, and will be very expensive. 【2006 年阅读2】希尔顿就正在修建自己的酒店, 里面肯定会设有哈姆雷特汉堡吧快餐部、李尔王休闲室、班库尔**宴会**厅等, 价格也肯定非常昂贵。

bar [bɑː(r)] *n.* 条, 杆, 闩; **酒吧**, 餐柜; 栅, 障碍(物) *v.* 闩上, **阻拦**

经典例句 After the bombing, the whole area was **barred** to the public. 轰炸后, 整个地区**禁止公众通行**。 There are several **bars** in the hotel. 这家旅馆里有好几个**酒吧**。

bare [bɛə] *a.* 赤裸的, 空的; 稀少的, 仅有的 *v.* **露出**, 暴露

经典例句 The dog **bared** its teeth. 狗**露出**了牙齿。

常用词组 be bare of 缺少的

barely ['bɛəli] *ad.* 赤裸裸地, 无遮蔽地; 仅仅, 勉强, **几乎没有**

真题例句 The Aswan Dam, for example, stopped the Nile flooding but deprived Egypt of the fertile silt that floods left — all in return for a giant reservoir of disease which is now so full of silt that it **barely** generates electricity. 【1998 年阅读1】以阿斯旺大坝为例, 它阻止了尼罗河的洪水, 但埃及再也得不到洪水留下的肥沃的淤泥——换回来的却是一个疾病滋生的水库。现在这个水库积满了淤泥, **几乎已经无法**发电了。

barrier ['bæriə] *n.* 栅栏, 屏障; **障碍**(物)

真题例句 I believe that the most important forces behind the massive M&A wave are the same that underlie the globalization process: falling transportation and communication costs, lower trade and investment **barriers** and enlarged markets that require enlarged operations capable of meeting customer's demands. 【2001 年阅读4】我相信, 推动这场大规模并购浪潮的最重要的力量和造成全球一体化进程的原因是一样的, 那就是:运输和通讯费用的减少, 贸易和投资**门槛**的降低, 以及不断扩大的市场和为了满足消费者的需求不断扩大的经营规模。

basis ['beisis] *n.* **基础**, 根据

真题例句 By splitting up the subject matter into smaller units, one man could continue to handle the information and use it as the **basis** for further research. 【2001 年阅读1】通过将学科细分为若干小的单元, 个人能够继续处理这些信息并将它们作为进一步研究的**基础**。

beam [biːm] *n.* (横)梁, 桁条; (光线的)束, 柱 *v.* **微笑**; 发光

真题例句 Our magazines feature **beaming** celebrities and happy families in perfect homes. 【2006 年阅读4】我们的杂志是以刊登**满面春风的**名人和美满幸福的家庭为特色的。

bearing ['bɛəriŋ] *n.* 轴承;忍受;关系,影响;**举止**;方向

经典例句 Her dignified **bearing** throughout the trial made everyone believe she was innocent. 在整个审讯的过程中,她那端庄的**举止**使得每个人都相信她是无辜的。

behalf [bi'hɑːf] *n.* **利益**

真题例句 Rather than, say, Quebec, negotiating **on behalf of** seven million people, the national agency would negotiate on **behalf** 31 million people. 【2005 年阅读 Part B】比方说,魁北克省只能**代表** 700 万公民来谈判,而这个国家机构却要**代表** 3100 万加拿大人进行谈判。

常用词组 on behalf of 代表……一方;作为……的代表。

behave [bi'heiv] *v.* **举止**,举动,表现;运转,开动

经典例句 If you **behave** like that, you'll get yourself disliked. 如果你像那样**做**,你会让人厌恶的。

behaviour/behavior [bi'heivjə] *n.* **行为**,举止;(机器的)特性

经典例句 Such **behaviour** is beneath contempt. 这种**行为**令人不齿。

beloved [bi'lʌvd] *a./n.* 受爱戴的,敬爱的;**爱人**,被心爱的人

经典例句 She is my **beloved**. 她是我的**爱人**。

beneath [bi'niːθ] *prep.* 在……下边,**在……之下** *ad.* 在下方

经典例句 The ship sank **beneath** the waves. 轮船沉没于波涛**下面**。

beneficial [beni'fiʃəl] *a.* (to)**有利的**,有益的

真题例句 All these are **beneficial**, not detrimental, to consumers. 【2001 年阅读 4】这些对消费者来说,都是**有利而无害的**。

benefit ['benifit] *n.* 利益,**好处**,恩惠 *v.* 有益于;(from, by)受益

真题例句 Either way, one **benefit** of a national organization would be to negotiate better prices, if possible, with drug manufacturers. 【2005 年阅读 Part B】不管是哪种方式,如果可能的话,一个国家机构的**好处**之一就是能够通过谈判从医药生产商那里获得更优惠的价格。

benign [bi'nain] *a.* (病)良性的,(气候)良好的,仁慈的,**和蔼的**

经典例句 My mother's character is very **benign**. 我妈妈性格很**温和**。

常用词组 benign tumour 良性肿瘤

besides [bi'saidz] *ad.* **此外**;并且 *prep.* 于……之外;除……以外

真题例句 **Besides**, this is unlikely to produce the needed number of every kind of professional in a country as large as ours and where the economy is spread over so many states and involves so many international corporations. 【1999 年阅读 3】**此外**,在一个像我

们这样地域广阔的国家里，在我们这样一个经济发展遍及如此多的州、涉及如此多的跨国公司的国家里，很难保证为各行各业培养出所需的专业人员。

bet [bet] *v.* **赌**，打赌 *n.* 打赌，赌注

【真题例句】And always **bet** with your head, not over it.【2006 年阅读 Part B】要用头脑**赌博**，不能昏了头赌博。

betray [bi'trei] *v.* 背叛，出卖；暴露，**流露**，泄露

【真题例句】Computer-education advocates forsake this optimistic notion for a pessimism that **betrays** their otherwise cheery outlook.【1999 年阅读 3】计算机教育的倡导者们抛弃了乐观主义的看法，而接受了一种悲观主义的观点，而这种观点又**流露**出他们另一方面的积极向上的人生观。

beware [bi'wɛə] *v.* **当心**，谨防

【经典例句】**Beware** of what you do with this dangerous substance. 你处理这些危险品时，可要**当心**。

bewilder [bi'wildə] *v.* **使迷惑**，难住

【经典例句】Big city traffic **bewilders** me. 大城市的交通**使我**晕头转向。

bias ['baiəs] *n. /v.* (使有)**偏见**，偏心，偏袒

【真题例句】But it never seems to get around to noticing the cultural and class **biases** that so many former buyers are complaining about.【2001 年阅读 3】但它似乎从来未注意到那么多以前的顾客所抱怨的文化和阶级**偏见**的问题。

bid [bid] *v.* 祝愿；命令，吩咐；报价，投标 *n.* **出价**，投标

【真题例句】Consider the ＄10.2 billion **bid** by Norfolk Southern and CSX to acquire Conrail this year.【2003 年阅读 3】考虑一下今年南诺弗克公司和 CSX 公司**出资** 102 亿美元购得联合铁路公司的案例。

bind [baind] *v.* 捆，绑，包扎，**束缚**

【真题例句】The Lord Chancellor said introduction of the the Human Rights Bill, which makes the European Convention on Human Rights legally **binding** in Britain.【2001 年完形】大法官说，《人权法案》的实施使得《欧洲人权公约》在英国**有了法律约束力**。

blank [blæŋk] *a.* 空白的，空着的；失色的，无表情的 *n.* 空白；**表格**

【真题例句】It can be referred to in filling out standard application **blanks** and is extremely helpful in personal interviews.【1996 年阅读 1】在填写正式申请**表**时可以作为参照，面试时尤其有用。

blast [blɑːst] *n.* 一阵(风)；**爆炸冲击波**；管乐器声 *v.* 爆炸，爆破

【经典例句】The bomb **blast** killed several harmless passers-by. 炸弹**爆炸**使几个无辜行人受伤。

blaze [bleiz] *n.* 火焰；火光；闪光，光辉 *v.* **燃烧**，冒火焰

经典例句 They fled from the **blazing** house. 他们从**燃烧**的房子里逃了出来。

bleak [bli:k] *a.* 荒凉的；冷酷的；**没有希望的**

经典例句 The future of this firm will be very **bleak** indeed if we keep losing money. 要是我们继续亏本的话，这家公司的前途的确会非常**黯淡**。

bleed [bli:d] *v.* 出血，**流血**

经典例句 All the young soldiers are ready to **bleed** for the country. 所有的年轻战士都愿意为祖国**洒热血**。

blend [blend] *n.* 混合(物) *v.* **混合**，混杂

经典例句 The sea and the sky seemed to **blend** into each another. 大海和蓝天似乎**连成**了一片。

bless [bles] *v.* 祝福，保佑

经典例句 The priest **blessed** the ship before it left port. 牧师在船离港之前为其**祝福**。

blunder ['blʌndə] *v.* (因无知等而)**犯大错**；跟跟跄跄地走 *n.* 大错

经典例句 The police **blundered** badly by arresting the wrong man. 警方抓错了人，**犯了荒唐的大错**。

blunt [blʌnt] *a.* **率直的**；钝的 *v.* (使)钝；(使)迟钝

真题例句 BBDO's AL Rosenshine is **blunter**. 【1998 年阅读 2】BBDO 的艾尔·罗森夏恩是一位**率直的**人。

blush [blʌʃ] *v./n.* **脸红**

经典例句 The student murmured the answer with a **blush**. 那个学生**红着脸**小声说出了答案。

boast [bəust] *v.* (of, about)自夸，**夸耀** *n.* 自夸，大话

真题例句 Given all these disadvantages, central bankers seem to have had much to **boast** about of late. 【1997 年阅读 5】尽管有这些不足之处，但是最近，主要银行家似乎有不少值得**夸耀**的东西。

bold [bəuld] *a.* 大胆的，勇敢的；**冒失的**；黑体的，粗体的

经典例句 You are so **bold** that you never do something on second thought. 你太**鲁莽**，从来不知道深思熟虑后再做事。

bolt [bəult] *n.* 螺栓，(门，窗的)插销 *v.* **闩(门)**，关窗，拴住

经典例句 The frightened boy **bolted** all the doors and windows. 这个吓坏了的孩子**闩上**了所有的门窗。

bond [bɔnd] *n.* 结合(物)，粘结(剂)，**联结**；公债，债券，契约

经典例句 A **bond** of sympathy developed between members of the group. 该组织成员间产生了志同道合的**凝聚力**。

boom ［buːm］ *v.* 迅速发展，**兴旺**；发出隆隆声

经典例句 A business cannot **boom** without good management. 没有良好的经营管理，事业就不会**兴旺发达**。

boost ［buːst］ *n./vt.* **提升**；增加；抬高（价格）；支援

经典例句 Edward is not very cheerful, he needs a holiday to **boost** him up. 爱德华精神欠佳，他需要度假以**振作**起来。

border ［ˈbɔːdə］ *n.* **边界**，国界；边（沿）*v.* 交界，与……接壤；接近

真题例句 An invisible **border** divides those arguing for computers in the classroom on the behalf of students' career prospects and those arguing for computers in the classroom for broader reasons of radical educational reform. 【1999 年阅读 3】有关计算机在课堂上的应用存在一条无形的**界线**——有人争论说，在课堂上应用计算机是出于对学生就业前景的考虑；另一些人则争论说，在课堂上应用计算机更为明显的原因是为了实行激进的教育改革。

bore ［bɔː］ *v.* 钻（孔），挖（洞）；烦扰，使厌烦 *n.* **讨厌的人**，麻烦事

经典例句 She has become an awful **bore** since she got married to him. 自从和他结婚后，她就变成一个非常**令人厌烦的人**。

bound ［baund］ *v./n.* 跳（跃）*a.* 被束缚的，**一定的**，准备（或正在）到……去的，开往……的

真题例句 We are **bound** to see UFOs sooner or later. 【1989 年阅读 1】我们**肯定**迟早会看到不明飞行物的。

常用词组 be bound up with 与……有密切关系

boundary ［ˈbaundəri］ *n.* 分界线，**边界**

经典例句 The river is the **boundary** between the two countries. 这条河是两国的**界河**。

bow ［bau］ *v./n.* **鞠躬**，点头 *n.* 弓（形）；蝴蝶结

经典例句 Everyone **bowed** as the Queen walked into the room. 女王走进房间时，每个人都**鞠躬**致敬。

boycott ［ˈbɔikət］ *n./v.* （联合）**抵制**，拒绝参与

经典例句 The American **boycott** of French products. 美国人民**抵制**法国产品。

brace ［breis］ *v.* 使防备；**支撑**；使（手，足，肩等）绷紧 *n.* 托架，支架

经典例句 He **braced** his foot against the wall and jumped. 他一只脚**抵着**墙跳。

brake ［breik］ *v./n.* 制动（器），闸，**刹车**

真题例句 Much of the language used to describe monetary policy, such as "steering the economy to a soft landing" or "a touch on the **brakes**", makes it sound like a precise science.【1997 年阅读 5】很多用来描述货币政策的词,例如"引导经济软着陆"和"触动经济**刹车**",使得金融政策听起来像是一门严谨的科学。

brand [brænd] *n.* 商标,标记,**牌子** *v.* 使铭记;打火印,打烙印

真题例句 Summer homes, European travel, BMWs — The locations, place names and name **brands** may change, but such items do not seem less in demand today than a decade or two years ago.【2000 年阅读 5】度假别墅、欧洲之旅、宝马轿车——这些场所、地名和**品牌**的名字可能会改变,但对类似东西的追求,在今天和十年前或者两年前相比,并没有减少。

breach [briːtʃ] *n.* **违反,不履行**;破裂 *vt.* 冲破,攻破

经典例句 Union officials denounced the action as a **breach** of the agreement. 工会负责人谴责这一行动**破坏**了协议。

breakdown ['breikdaun] *n.* 崩溃;衰竭;**(关系、计划或讨论等)中断**;损坏,故障,倒塌

真题例句 Proper selection will eliminate one source of likely **breakdown** in the communication cycle.【1994 年阅读 1】适当的选词可以消除交际过程中可能出现的**障碍**。

breed [briːd] *v.* (使)繁殖,生殖;产生;教养,**抚养** *n.* 品种,种类

经典例句 I **breed** some chicks for pets. 我养了一些小鸡当宠物。

breeze [briːz] *n.* 微风

经典例句 We are enjoying the cool **breeze** that comes from the lake. 我们享受着湖面上吹来的凉爽**微风**。

bribe [braib] *n.* 贿赂 *v.* 向……行贿,买通

经典例句 He tried to make me accept a **bribe** I hope I would never stoop so low. 他想让我接受**贿赂**,我但愿我决不至于作出这种低级的事.

brief [briːf] *a.* **简短的,简洁的** *v.* 简短介绍,简要汇报

真题例句 This, **in brief**, is what the Futurist says:for a century, past conditions of life have been conditionally speeding up, till now we live in a world of noise and violence and speed.【2000 年阅读 3】**简单地说**,未来派诗人要表达的是:一个世纪以来,过去的生活条件一直在发生飞速变化,直到现在我们生活在一个充满喧嚣和暴力的世界里,生活的节奏也越来越快。

brilliant ['briljənt] *a.* **光辉的**,灿烂的;卓越的,有才华的

经典例句 Stars are **brilliant** in the clear night sky. 星星在晴朗的夜空**闪烁**。

brisk [brisk] *a.* **轻快的**;生气勃勃的;兴隆的

经典例句 A **brisk** walk in cool weather is invigorating. 在凉爽的天气里**轻松散步**令人心旷神怡。

broadcast ['brɔːdkɑːst] *v. /n.* **广播**(节目)

真题例句 Yet the BBC will have to change, because the **broadcasting** world around it is changing. 【1996 年阅读 2】然而，BBC 将不得不实行改革，因为其周边的**广播业**正在发生变革。

browse [brauz] *vi.* 随意翻阅，**浏览**；(牛、羊等)吃草

经典例句 I spent hours **browsing** in the bookstore. 我花了几个小时在书店里**浏览**图书。

bruise [bruːz] *n.* 青肿，挫伤；伤痕 *vt.* 打青；**挫伤**

经典例句 She fell and **bruised** her knee. 她摔倒在地，膝盖上**起了紫血块**。

budget ['bʌdʒit] *n.* **预算** *v.* 做预算

真题例句 A sketch of the long report by the **budget** committed was submitted to the mayor for approval. 【1995 年词汇】**预算**委员会所写的长篇报告的纲要已经提交给市长批示。

bulk [bʌlk] *n.* 体积，容积；主体，大批，大量，**大块**

真题例句 But many shippers complain that for heavy **bulk** commodities traveling long distances, such as coal, chemicals, and grain, trucking is too costly and the railroads therefore have them by the throat. 【2003 年阅读 3】但许多托运人却抱怨说，对诸如煤炭、化学制品和粮食这类需要长途运输的**大宗货物**，公路运输的成本太高，而铁路作为唯一可行的方式主宰了一切。

bully ['buli] *n.* 恃强欺弱者，小流氓 *vt.* **威胁**，欺侮

经典例句 The manager tried to **bully** his men into working harder by threatening them with dismissal. 经理企图以解雇来**威胁**，迫使职工更卖力气。

bump [bʌmp] *v.* (against, into)碰；**颠簸着前进** *n.* 碰撞；隆起物

经典例句 The old bus **bumped** along the mountain road. 旧公共汽车沿着山路**颠簸行驶**。

bunch [bʌntʃ] *n.* (一)簇，束，捆，串

经典例句 He gave a **bunch** of flowers to his girlfriend. 他送给女友一束鲜花。

burden ['bəːdn] *n.* 担子，重担，**负担**

真题例句 The phenomenon provides a way for companies to remain globally competitive while avoiding market cycles and the growing **burdens** imposed by employment rules, healthcare costs and pension plans. 【1997 年完形】这种现象为这些公司开辟了一条道路，使其既不失国际竞争力，又可以免受市场周期的冲击，避免就业法规、医疗保健和养老金法案带来的日益沉重的**负担**。

bypass/by-pass [baipɑːs] *prep.* 在……旁，靠近；被，由；经，沿，通过；不迟于，到……时

为止；根据，按照；[表示方法，手段]靠，用，通过 *n.* **支路，旁道**

真题例句 We need to make clear the connection between animal research and a grandmother's hip replacement, a father's **bypass** operation, a baby's vaccinations, and even a pet's shots. 【2003 年阅读 2】我们需要解释清楚动物实验与祖母更换髋骨、父亲做**导管手术**、婴儿免疫接种甚至宠物防疫注射之间的关系。

cable ['keibl] *n.* 电报；**电缆**；缆，索，钢丝绳 *v.* 拍电报

真题例句 On the financial front, Levin is under pressure to raise the stock price and reduce the company's mountainous debt, which will increase to $ 17.3 billion after two new **cable** deals close. 【1997 年阅读 4】在财政问题上，莱文的压力很大，他必须提高公司的股价，并减少公司的巨额债务，而这一债务在购买两条**电缆**的交易完成之后将达到 173 亿美元。

calculate ['kælkjuleit] *v.* 计算，推算；计划，**打算**

经典例句 The new regulations are deliberately **calculated** to make cheating impossible. 新的法规**旨在**杜绝诈骗行为。

campaign [kæm'pein] *n.* 战役；**运动**

真题例句 Very few writers on the subject have explored this distinction — indeed, contradiction — which goes to the heart of what is wrong with the **campaign** to put computers in the classroom. 【1999 年阅读 3】很少有作者探究这个不同之处——实际上是矛盾，这个不同之处涉及"将计算机引入课堂的这场**运动**究竟有什么不妥"这一问题的实质。

cancel ['kænsəl] *v.* **取消**，把……作废；删去，画掉

经典例句 The match had to be **cancelled** because of bad weather. 因天气不好，比赛只得**取消**。

candidate ['kændidət] *n.* **候选人，候补者**；报考者

真题例句 Such characteristics make them perfect **candidates** for Dr. Brosnan's and Dr. De Waal's study. 【2005 年阅读 1】这些特点使得它们成为 Brosnan 博士和 De Waal 博士理想的**研究对象**。

capable ['keipəbl] *a.* 有本领的，**有能力的**；(of)可以……的，能……的

经典例句 Only human beings are **capable** of speech. 只有人类才**具有说话的能力**。

capacity [kə'pæsiti] *n.* 容量，容积；能量，**能力**；接受力

真题例句 This in turn requires sympathy and imagination：without there is no **capacity** for moral thought. 【1997 年英译汉】这反过来就需要同情心和想象力：没有同情心与想象力，就没有道德思维**能力**。

captive ['kæptiv] *n.* 俘虏 *a.* **被俘虏的**，被监禁的；被迷住的

真题例句 Railroads typically charge such "**captive**" shippers 20 to 30 percent more than they do when another railroad is competing for the business.【2003 年阅读 3】典型的情况是，铁路公司向这样的"**受制的**"托运人收取的费用比有别的铁路公司竞争时多20% ~ 30%。

capture ['kæptʃə] *v. /n.* 捕获，俘虏 *v.* 夺得，**获得**，攻占

真题例句 While even the modestly educated sought an elevated tone when they put pen to paper before the 1960s, even the most well regarded writing since then has sought to **capture** spoken English on the page.【2005 年阅读 4】在 20 世纪 60 年代以前，只受一点儿教育的人在落笔写东西的时候都会刻意唱高调，但自那以后，所有被看好的作品都是力求**使用**英语口语。

cardinal ['kɑːdinəl] *n.* (天主教的)红衣主教 *a.* **首要的**，基本的

经典例句 The Potala Palace is Tibet's **cardinal** landmark and a structure that deserves a place as one of the wonders of eastern architecture. 布达拉宫是西藏**标志性**的建筑，它被认为是东方建筑的奇迹之一。

career [kə'riə] *n.* (个人的)事业；专业，生涯，**职业**，经历

真题例句 But although a search agent worked for Redmon, **career** experts see drawbacks.【2004 年阅读 1】不过，尽管有一名求职代理人为瑞德曼找到了工作，但是**就业**专家注意到了其中的缺陷。

caress [kə'res] *vt. n.* **爱抚**，抚摸

经典例句 The lonely child is longing for the **caress** of his mother. 这个孤独的孩子渴望母亲的**爱抚**。

carve [kɑːv] *v.* (雕)刻

经典例句 The statue was **carved** out of marble. 这座雕像是用大理石**雕刻**的。

cash [kæʃ] *n.* **现金**，现款 *v.* 兑现，付(或收)现款

真题例句 It is the playgoers, the RSC contends, who bring in much of the town's revenue because they spend the night (some of them four or five nights) pouring **cash** into the hotels and restaurants.【2006 年阅读 2】皇家莎士比亚公司(RSC)声称正是那些戏迷给镇里带来了收入，因为他们即使住一晚(他们中的有些人会住四五个晚上)就会给酒店和餐馆带来**赢利**。

cast [kɑːst] *v.* 投，扔，掷，**抛**；铸造；投票 *n.* 演员表

经典例句 The ship **cast** anchor for the night. 这艘船**抛**锚过夜。

casual ['kæʒjuəl] *a.* 偶然的，碰巧的；**临时的**，非正式的

真题例句 If you feel awkward being humorous, you must practice so that it becomes more natural. Include a few **casual** and apparently off-the-cuff remarks which you can deliver in a relaxed and unforced manner. 【2002 年阅读 1】如果你不擅长应用幽默，你就必须练习，以使你的幽默显得更加自然。内容包括一些**随意的**、看上去像是即兴的评论，你能够轻松自然地发表这些评论。

casualty [ˈkæʒjuəlti] *n.* **伤亡人员；受害人**

真题例句 For a while it looked as though the making of semiconductors, which America had which sat at the heart of the new computer age, was going to be the next **casualty**. 【2000 年阅读 1】不久，这种由美国人发明的、在新电脑时代居于核心地位的半导体制造业，好像即将要成为下一个**牺牲品**。

catalogue/catalog [ˈkætəlɔg] *n.* **目录**(册) *v.* 编目(录)

经典例句 You can look for the book in the library **catalogue**. 你可以在图书馆的图书目录上查找这本书。

cater [ˈkeitə] *vi.* (for/to)满足，**迎合**；(for)提供饮食及服务

真题例句 Instead of intimate shops **catering** to a knowledgeable elite these were stores anyone could enter, regardless of class or background. 【2006 年阅读 1】不同于那些**迎合**社会名流的会员制商店，这些百货商店面向大众，不管你的阶层和社会背景如何，你都可以进去购物。

caution [ˈkɔːʃən] *n.* **谨慎**；注意(事项)，警告，告诫 *vt.* 警告

真题例句 The process is not the road itself, but rather the attitudes and feelings people have, their **caution** or courage, as they encounter new experiences and unexpected obstacles. 【1995 年阅读 2】这个过程指的并不是道路本身，而是人们在遭遇新的体验和预料不到的挫折时的态度和情感，**谨慎**和勇气。

cautious [ˈkɔːʃəs] *a.* (of)小心的，**谨慎的**

经典例句 He is **cautious** in his choice of words. 他措辞很**谨慎**。

cease [siːs] *v./n.* **停止**，中止

真题例句 The casino included a photo of Williams among those of banned gamblers, and wrote to him a "**cease** admissions" letter. 【2006 年阅读 Part B】娱乐城将威廉姆斯的照片放到禁止娱乐的赌博者中，并写给他一封"**禁止进入**"的信。

cement [siˈment] *n.* 水泥；胶泥，胶结剂 *v.* 胶合；**巩固**，加强

真题例句 Egypt's leadership in the Arab world was **cemented** by the Aswan High Dam. 【1998 年阅读 1】埃及由于修建了阿斯旺大坝而**巩固**了它在阿拉伯世界的领导地位。

ceremony [ˈseriməni] *n.* 典礼，**仪式**；礼节，礼仪

经典例句 The queen was enthroned with great pomp and **ceremony**. 女王在隆重的**仪式**上登基。

certainty [ˈsəːtənti] *n.* 必然，**肯定**；必然的事

经典例句 We have no **certainty** of success. 我们没有成功的**把握**。

certificate [səˈtifikit] *n.* 证(明)书，执照

真题例句 After a "cooling off" period of seven days, the patient can sign a **certificate** of request. 【1997 年阅读 1】平静考虑 7 天后，病人可签署一份请求书。

certify [ˈsəːtifai] *vt.* 证明，证实；发证书(或执照)

经典例句 I **certify** that he has received your money. 我**证明**他已经收到了你的钱。

challenge [ˈtʃælindʒ] *n.* **挑战**(书)；艰巨任务，难题 *v.* 向……挑战

真题例句 In dealing with a **challenge** on such a scale, it is no exaggeration to say "Unity we stand, divided we fall" — and if I had to choose a slogan it would be "Unity in our diversity." 【2005 年阅读 Part C】在应付一个如此规模的**挑战**过程中，我们可以毫不夸张地说，"团结，我们就会站起来；分裂，我们就会倒下去"——如果非要让我们选择一个标语的话，那就是"多样性的统一"。

channel [ˈtʃænl] *n.* 海峡，**水道**；信道，波道；路线，途径

真题例句 He may also need money to construct irrigation **channels** and improve his farm in other ways. 【2000 年完形】要修建灌溉**沟渠**，或以其他方式改善农田，他也可能需要钱。

character [ˈkæriktə] *n.* 性格，品质，特性；人物，角色；字符，(汉)字

真题例句 The world's three top central bankers (Greenspan, Duisenberg and Hayami) are all close to the top of the alphabet, even if one of them really uses Japanese **characters**. 【2004 年阅读 2】即使他们中的一位用的是日**文**译音，世界三大中央银行行长（格林斯潘、迪森伯格和河野）姓氏的首字母也都排在字母表的前半部分。

characteristic [ˌkæriktəˈristik] *a.* (of)特有的，独特的 *n.* 特征，**特性**

真题例句 There was a very interesting remark in a book by an Englishman that I read recently giving what he thought was a reason for this American **characteristic**. 【1996 年词汇】最近，我看了一本英国人写的书，书中有一段非常有趣的评论，给出了他所认为的东西具有这样的美国**特征**的理由。

characterise/characterize [ˈkæriktəraiz] *v.* 表示……的特性；**描述**……**特性**

经典例句 The novelist **characterizes** his heroine as capricious and passionate. 这位小说家把女主人公**刻画**成反复无常而又多情的人.

charm [tʃɑːm] *n.* 吸引力，**魅力**；美貌 *v.* 迷人，(使)陶醉；施魔法于

经典例句 Her **charm** of manner made her very popular. 她风度**优雅**，备受欢迎。

charter [ˈtʃɑːtə] *v.* 租船，租车，租用飞机 *n.* 宪章，**特许状**

真题例句 The reason for its inquiry is that the BBC's royal **charter** runs out in 1996 and it must decide whether to keep the organization as it is, or to make changes. 【1996 年阅读 2】

政府做这样的调查的原因是：BBC 持有的皇家**契约**将于 1996 年到期，政府必须决定是维持该公司的原状，还是实行改革。

chase [tʃeis] *v./n.* 追逐，**追求**

经典例句 Why do modern people **chase** material possessions? 为什么现在的人们**追求物**质财富？

cheat [tʃiːt] *v.* **欺骗**；作弊 *n.* 骗子；欺诈，欺骗行为

真题例句 The researchers suggest that capuchin monkeys, like humans, are guided by social emotions, in the wild, they are a co-operative, group-living species. Such co-operation is likely to be stable only when each animal feels it is not being **cheated**. 【2005年阅读1】研究人员暗示，与人类一样，卷尾猴也受社会性情感的支配。在野外，它们是协作、群居的物种。只有在每个动物都觉得它没有受到**欺骗**时，这种协作才有可能稳定。

cherish [ˈtʃeriʃ] *vt.* 抱有，怀有(希望等)；**珍爱**

经典例句 One of our **cherished** privileges is the right of free speech. 我们所**珍视**的权利之一是言论自由。

chip [tʃip] *n.* 切屑，碎片；(土豆等的)薄片；**集成电路块**

真题例句 Children will play with dolls equipped with personality **chips**, computers with in-built personalities will be regarded as workmates rather than tools, relaxation will be in front of smell-television, and digital age will have arrived. 【2001年英译汉】儿童将与装有个性**芯片**的玩具娃娃玩耍，具有个性化内存的电脑将被视为工作伙伴而不是工具，人们将在能够发出气味的电视机前休闲；届时数字化时代就已经来临了。

choke [tʃəuk] *n./v.* 窒息，噎住；阻塞，**堵塞**，阻塞

经典例句 She **choked** with emotion. 她激动得**说不出话来**。

chop [tʃɔp] *v.* **砍**，劈，斩 *n.* 排骨，肉块

真题例句 His colleague, Michael Beer, says that far too many companies have applied re-engineering in a mechanistic fashion, **chopping out** costs without giving sufficient thought to long term profitability. 【1998年阅读2】他的同事迈克·比尔认为，太多的公司采用机械的方式重组机构，没有充分考虑长期赢利能力就**削减**了成本。

常用词组 chop out 削减

circulate [ˈsəːkjuleit] *v.* (使)循环，(使)**流通**

经典例句 Please open a window to allow the air to **circulate**. 打开窗子让空气**流通**。

circumstance [ˈsəːkəmstəns] *n.* (pl.)**环境**，详情，境况，形势；经济情形

真题例句 For example, they do not compensate for gross social inequality, and thus do not tell how able an underprivileged youngster might have been had he grown up under more favorable **circumstances**.【1995 年英译汉】例如，这些测试没有弥补明显的社会不平等；因此，它们证明不了这种情况：如果一名物质条件差的年轻人在更有利的**环境**下成长的话，他可能具有多大的才干。

cite［sait］*v.* **引用**，引证，举（例）

给定　经典例句　It's no use **citing** the Bible to somebody who doesn't believe in God. 对不信上帝的人**引用**圣经的话是没用的。

civil［ˈsivl］*a.* 公民的，市民的；国内的，民间的；民用的；有礼貌的，**文明的**；文职的

给定　真题例句　Continuing along this path, says writer Earl Shorris, "We will become a second-rate country. We will have a less **civil** society. "【2004 年阅读 4】作家 Earl Shorris 说，照这样下去，"我们的国家会变成二流国家，社会**文明**程度会降低"。

civilise/civilize［ˈsivilaiz］*v.* **使文明**，开化

给定　经典例句　His wife has had a **civilizing** influence on him. 他妻子对**改进他的言谈举止**有潜移默化的影响。

claim［kleim］*v.* 要求；**声称**，主张；索赔 *n.* 要求；主张，断言；索赔；权利

给定　真题例句　Equally, in poetry, the highly personal, performative genre is the only form that could **claim** real liveliness. 【2005 年阅读 4】同样，在诗歌中，最具个性的风格、最具表现力的文体是唯一能够**表达鲜活语言**的载体。

classic［ˈklæsik］*n.*（*pl.*）杰作，名著 *a.* 第一流的，不朽的，**古典的**

给定　真题例句　Instead of a plan of action, they continue to press for more research —— a **classic** case of "paralysis by analysis. "【2005 年阅读 2】他们不但没有出台行动计划，相反只是继续要求进行更多的研究——这是一个**经典的**"分析导致麻痹"的案例。

classify［ˈklæsifai］*v.* **分类**，分等（级）

给定　经典例句　We should **classify** these books. 我们应该把这些书**分**一下**类**。

给定　常用词组　be classified as 分成（为）……类

click［klik］*n.* 滴答声 *vi.* **发出滴答声**

给定　真题例句　In the past three or four years, the world wide web has given birth to a whole industry of **point-and-click** spying.【2003 年阅读 1】在过去三四年里，万维网已经衍生了全方位的"**点击谍报**"的产业。

climate［ˈklaimit］*n.* 气候；**风气，社会思潮**

给定　真题例句　The flight from overcrowdedness affects the migration from snow belt to more bearable **climates**.【1998 年阅读 4】从人口过度稠密的地区离开，这种趋势影响了以前那种离开寒冷地带而选择去**气候**更能让人忍受的地区居住的居民。

cling［kliŋ］*v.*（to）粘住；依附；**坚持**

给定　经典例句　She **clung** to the hope that her son was not dead. 她**坚信**她儿子还活着。

clip [klip] *v.* 剪，修剪；钳，夹住 *n.* 夹，钳；**回形针**

经典例句 He give me a diamond **clip**. 他送给我一枚钻石**别针**。

clone [kləun] *n.* 无性繁殖，克隆；复制品 *v.* **克隆**

真题例句 Declaring that he was opposed to using this unusual animal husbandry technique to **clone** humans. 【1999 年阅读 4】他宣称反对利用这种特殊的畜牧技术**克隆**人。

clothe [kləuð] *v.* (给……)穿衣，供给……衣服；**(用语言)表达**；使蒙受(with, in)；使具有权力(或特性)

经典例句 We **clothe** our thoughts in words. 我们用语言**表达**思想。

clue [kluː] *n.* **线索**，暗示

经典例句 There is no **clue** to the identity of the thief. 没有确定窃贼身份的**线索**。

常用词组 give a clue to sth. 提供关于某事的线索

　　　　 not have a clue 毫无头绪，什么也不知道

clumsy ['klʌmzi] *a.* **笨拙的**，愚笨的，笨重的

经典例句 His composition is full of **clumsy** sentences. 他的文章到处都是**冗长**的句子。

常用词组 a clumsy excuse 不妥的借口

cluster ['klʌstə] *n.* **丛**，**群**，串 *v.* 群集，丛生

经典例句 She held out her hand, a small tight **cluster** of fingers. 她举起手，手指紧紧地**握**在一起。

常用词组 in a cluster 成群(团)的，成串的

clutch [klʌtʃ] *v.* **抓住**，攫住，掌握 *n.* 离合器

经典例句 The girl **clutched** her doll to her breast. 这个女孩把她的洋娃娃**紧抱**在怀里。

常用词组 be in sb.'s clutches 在某人掌握之下

coach [kəutʃ] *n.* 长途公共汽车；**教练**，辅导员，私人教师 *vt.* 训练，指导，培训

经典例句 He is our chief **coach** in football. 他是我们的足球主**教练**。

常用词组 a slow coach 动作(头脑)迟钝的人，落后分子

code [kəud] *n.* 代码，代号，密码；法典，法规，**规范**

真题例句 But his primary task is not to think about the moral **code** which governs his activity, any more than a businessman is expected to dedicate his energies to an exploration of rules of conduct in business. 【2006 年阅读 Part C】但是他首要的任务不是思考制约其行为的道德**规范**，就像人们不会指望商人致力于探究商业活动规律一样。

cognitive ['kɔgnitiv] *a.* **认知的**，认识能力的

经典例句 Thinking in terms of dualisms is common in our **cognitive** culture. 我们的**认知**

文化通常具有两重性思考，这一点是普遍的。

coherent [kəu'hiərənt] a. 一致的，协调的；（话语等）**连贯的**，条理清楚的；粘着的

经典例句 The combining of separate elements or substances forms a **coherent** whole. 把各自不同的元素或物质连接在一起，从而成为一个**连贯的**整体。

cohesive [kəu'hiːsiv] a. 粘合性的，**有结合力的**

经典例句 It's a **cohesive** social unit. 这是一个**紧密团结的**社团。

常用词组 cohesive force 凝聚力，内聚力，粘合力

coincide [ˌkəuin'said] vi. 同时发生；巧合；**一致**；相符

经典例句 This story **coincides** with the facts. 这故事与事实**相符合**。

常用词组 coincides with sth 与……一致（相同，相符合）

coincidence [kəu'insidəns] n. **巧合**，一致；同时发生，共同存在；符合，一致

真题例句 Can this merely be **coincidence**? 【2004 年阅读 2】这难道只是一个**巧合**?

collaborate [kə'læbəreit] vi. 协作，合作，**通敌**

经典例句 He **collaborated** with enemy. 他和敌人**勾结**在一起。

常用词组 collaborate on a book with sb. 与某人合著一本书

collapse [kə'læps] v./n. 倒塌；**崩溃**；（价格）暴跌；倒闭，破产；垮台

经典例句 If you work too hard, your health may **collapse**. 如果你工作太累的话，你有可能**病倒**。

collective [kə'lektiv] n. 集体 a. **集体的，共同的**

经典例句 We should respect the **collective** wishes of the people. 我们应该尊重人民的共同愿望。

collide [kə'laid] vi. (with)**互撞**，碰撞；冲突，抵触

经典例句 The bus and the van **collided**. 公共汽车与客货车**相撞**。

常用词组 collide with 与……相撞；冲突；抵触

colonial [kə'ləunjəl] a. **殖民地的**，关于殖民的

真题例句 To take advantage of this tool, some impoverished countries will have to get over their outdated anti-**colonial** prejudices with respect to foreign investment. 【2001 年阅读 2】要想利用这个工具(互联网)，某些贫困国家必须克服那些早已过时的对国外投资所持的反**殖民主义**偏见。

colony ['kɔləni] n. **殖民地**

真题例句 The English, the Germans, the Dutch and the French were investing in Britain's former **colony**. 【2001 年阅读 2】英国、德国、荷兰和法国都曾在这块英国的前**殖民地**上

投资。

column ['kɔləm] *n.* 圆柱，柱状物；列；(报刊中的)**专栏**

真题例句 I acknowledge with thanks the help of my colleagues in the preparation of this new **column**. 【1996 年词汇】对于准备这个新**专栏**的过程中我同事给予我的帮助，我深表感谢。

combat ['kɔmbət] *v./n.* **战斗**，搏斗，格斗

经典例句 We should **combat** diseases. 我们应该与疾病**作斗争**。

常用词组 combat with one's opponents 与对手斗争

single combat 一对一的打斗

combine [kəm'bain] *v.* (with)联合；**结合**；化合

经典例句 The choreography, which **combines** artistry and athletics, is extremely innovative. **兼有艺术和运动的舞蹈艺术是极具创新意义的。**

常用词组 be combined in 化合成

be combined with 与……结合着

command [kə'mɑ:nd] *n./v.* **命令**，指挥，控制 *n.* 掌握，运用能力

真题例句 At twelve months a baby can speak simple words and understand simple **commands**. 【1993 年阅读 1】婴儿 1 岁时会说简单的单词，理解简单的**命令**。

commemorate [kə'meməreit] *vt.* **纪念**，庆祝

经典例句 Christmas **commemorates** the birth of Christ. 圣诞节是为了**纪念耶稣的诞生。**

commend [kə'mend] *v.* **称赞，表扬**；推荐

经典例句 His work was highly **commended**. 他的工作备受**赞赏**。

comment ['kɔment] *n.* 注释，评论，意见 *v.* (on)注释，**发表评论**

真题例句 Levin would not **comment** on the debate last week, but there were signs that the chairman was backing off his hard line stand, at least to some extent. 【1997 年阅读 4】莱文不想对上周的辩论**发表评论**，但有迹象表明，这位董事长正在放弃他的强硬立场，至少在某种程度上是这样。

commerce ['kɔmə(:)s] *n.* 商业，**贸易**

真题例句 Another major shift in the model for Internet **commerce** concerns the technology available for marketing. 【1999 年阅读 2】网络**贸易**的另一个主要的变化是销售技术的进步。

commercial [kə'mə:ʃəl] *a.* **商业的**；商务的

真题例句 The rise of anti-happy art almost exactly tracks the emergence of mass media, and with it, a **commercial** culture in which happiness is not just an ideal but an ideology. 【2006 年阅读 4】反快乐艺术正是伴着传媒业的出现应运而生的。随之而来的是一种**商业**文化，它坚信快乐幸福感不只是个理想，而是一种意识形态。

commit [kə'mit] v. 把……交托给，提交；**犯**(错误)，干(坏事)

真题例句 Theories focusing on the role of society suggest that children **commit** crimes in response to their failure to rise above their socioeconomic status, or as a rejection of middle-class values. 【2004 年完形】归咎于社会的观点认为青少年**犯**罪是由于不能提高自己的社会经济地位或为了表示对中产阶级价值观的叛逆。

communicate [kə'mju:nikeit] v. **传达**，传送；交流；通讯，通话

真题例句 Scientists must **communicate** their message to the public in a compassionate, understandable way — in human terms, not in the language of molecular biology. 【2003 年阅读 2】科学家必须用一种富于同情心、通俗易懂的语言将信息**传达**给公众，应使用一般人能够明白的语言，而不是使用分子生物学的术语。

community [kə'mju:niti] n. 同一地区的全体居民，社会，社区；**共同体**

真题例句 Until recently, the scientific **community** was so powerful that it could afford to ignore its critics — but no longer. 【1998 年阅读 3】以前，科学界(**共同体**)的势力非常强大，那个时候他们可以不理会那些批判他们的人，但是最近他们再也不可能这样了。

commute [kə'mju:t] v. 乘公交车上下班，**乘车**(船等)**往返于两地**

经典例句 He **commutes** from Beijing to Nanjing every week. 他每周**乘车往返于**北京与南京。

compact ['kɔmpækt] a. 紧密的，**结实的**；简明的，紧凑的 v. 使紧凑，压缩

经典例句 He received a **compact** package. 他收到一个**扎得很紧的**包裹。

comparable ['kɔmpərəbl] a. (with, to)**可比较的**，比得上的

真题例句 Properly used, the tests provide a rapid means of getting **comparable** information about many people. 【1995 年英译汉】这些测试如能使用得当，就能为人们提供一种迅速获取有关许多人的**可供比较的**信息的方法。

comparative [kəm'pærətiv] a. **比较的**，相当的

真题例句 Whether to use tests, other kinds of information, or both in a particular situation depends, therefore, upon the evidence from experience concerning **comparative** validity and upon such factors as cost and availability. 【1995 年英译汉】因此，在特定环境下，究竟是采用测试还是采用其他种类的信息，或者两者兼用，取决于从经验中得到的有关**比较**效度的证据，同时也取决于诸如成本和可用性这样的因素。

comparison [kəm'pærisn] n. **比较**，对比，比喻，比拟

真题例句 A **comparison** of British geological publications over the last century and a half reveals not simply an increasing emphasis on the primacy of research, but also a changing definition of what constitutes an acceptable research paper.【2003 年阅读 1】将英国过去一个半世纪的地质出版物进行**比较**，就可以发现人们对研究的重视程度不断增强，而且，人们对什么样的研究论文才可以接受的标准也在不断变化。

compel [kəm'pel] *v.* 强迫，**迫使**

经典例句 The heavy rain **compelled** us to stay indoors. 大雨**迫使**我们呆在室内。

compensate ['kɔmpənseit] *v.* (for) 补偿，**赔偿**

真题例句 Luckily, if the doormat or stove failed to warn of coming disaster, a successful lawsuit might **compensate** you for your troubles.【1999 年阅读 1】幸好，门垫和炉子的使用说明没有提醒你可能的危险，那么你遭受的损失一定会成功得到**赔偿**。

compensation [kɔmpen'seiʃən] *n.* 补偿（或赔偿）的款物；**补偿**，赔偿

经典例句 He didn't get any **compensation** because his insurance policy had lapsed. 他因保险单失效未得到任何**补偿**。

compete [kəm'piːt] *vi.* 比赛；**竞争**；对抗

真题例句 Slaves, women and dishonored persons were not allowed to **compete**.【1987 年阅读 2】奴隶、妇女和名声不好的人都不被准许去**参与竞争**。

competent ['kɔmpitənt] *a.* 有能力的，**能胜任的**；足够的

经典例句 We know you are **competent** in doing this job. 我们知道你**可以胜任**这项工作。

competition [kɔmpi'tiʃən] *n.* **竞争**，比赛；角逐，较量

真题例句 By far the worst form of **competition** in schools is the disproportionate emphasis on examinations.【1995 年阅读 4】到目前为止，学校里最不好的**竞争**方式就是对考试的过分强调。

competitive [kəm'petitiv] *a.* 竞争的；**好竞争的**；（价格等的）有竞争力的；比赛的

真题例句 The current passion for making children compete against their classmates or against the clock produces a two-layer system, in which **competitive** A-types seem in some way better than their B-type fellows.【1995 年阅读 4】目前，要孩子与同学竞争，或要孩子与时间竞争的激情导致了双层体系的形成。在这个体系中，**具有竞争意识的** A 型孩子在某些方面似乎比他们的 B 型伙伴表现得好。

compile [kəm'pail] *vt.* 编辑，**汇编**

真题例句 In 1995, the CIA held a contest to see who could **compile** the most data about Burundi.【2003 年阅读 1】1995 年，美国中央情报局举行了一场比赛，目的是看谁**搜集**到的关于布隆迪的情报最多。

complain [kəm'plein] *v.* (about, of) **抱怨**；申诉

经典例句 They **complained** bitterly about the injustice of the system. 他们愤恨地**抱怨**制度不公平。

complement ['kɔmplimənt] n. 补足物，船上的定员；余数，补语 vt. **补充**，补足

经典例句 His business skill **complements** her flair for design. 他的经营技巧和她的设计**相辅相成**。

complex ['kɔmpleks] a. **复杂的**；合成的，综合的 n. 联合体

真题例句 The growth of specialization in the nineteenth century, with its consequent requirement of a longer, more **complex** training, implied greater problems for amateur participation in science. 【2001 年阅读 1】随着 19 世纪专业化的发展，科研工作要求研究人员经过一个时间更长、过程更**复杂的**培训过程，这就对那些业余人员进入研究领域提出了更大的挑战。

complicate ['kɔmplikeit] v. **使……复杂**

经典例句 Don't **complicate** life for me. 不要为我把生活**搞复杂**了。

complicated ['kɔmplikeitid] a. **错综复杂的**，麻烦的，难解的

真题例句 In such a changing, complex society formerly simple solutions to informational needs become **complicated**. 【1995 年阅读 3】在当今这个复杂多变的社会里，以前对信息需求的那种简单的解决办法已经变得**复杂化**了。

compliment ['kɔmplimənt] n. (pl.) 问候，致意 n. /v. 称赞，**恭维**

经典例句 She gave a coy smile when he paid her a **compliment**. 他**恭维**她时，她忸怩地笑了笑。

comply [kəm'plai] v. (with)遵照，**照做**，应允

经典例句 She was told to pay the fine, but refused to **comply**. 通知她交纳罚款，但她拒不服从。

compose [kəm'pəuz] v. 组成，构成；(of) **由……组成**；创作(诗歌等)

真题例句 Except for Florida and Texas, the top 10 in rate of growth is **composed** of Western states with 7.5 million people — about 9 per square mile. 【1998 年阅读 4】除了佛罗里达和德克萨斯州，人口增长最快的前 10 个州都位于西部，这些州的人口增长了 750 万——大约每平方英里增长 9 个人。

常用词组 be composed of 由……组成；
　　　　　compose oneself 使自己镇定下来

composite ['kɔmpəzit, -zait] a. 混合成的，**综合成的** n. 合成物，复合材料

经典例句 In microwave system the separate input from various sources must be brought together to give a **composite** input which is then transmitted and received by radio. 在微波系统中，来自各处的分散的输入必须被汇集在一起，以形成一个**综合的**输入，然后由

无线电发送和接收。

compound ['kɔmpaund] *n.* 混合物，**化合物** *a.* 混合的，化合的 *vt.* 混合

[真题例句] Vitamins are organic **compounds** necessary in small amounts in the diet for the normal growth and maintenance of life of animals, including man. 【1996 年完形】维生素是有机**化合物**，饮食中少量的维生素是维持动物(包括人类)正常生长和生存必不可少的部分。

comprehend [ˌkɔmpri'hend] *vt.* 理解，**领会**

[经典例句] If you can use a word correctly and effectively you **comprehend** it. 你如果可以正确有效地使用一个词，你就是**领会**它了。

comprehension [ˌkɔmpri'henʃən] *n.* **理解(力)**，领悟

[真题例句] No doubt we will remember a 20th century way of life beyond **comprehension** for its ugliness. 【2000 年阅读 2】毫无疑问，尽管 20 世纪生活方式的丑态难以让人**理解**，我们还是会记住它。

comprehensive [ˌkɔmpri'hensiv] *a.* **内容广泛的**，总括性的，综合的

[真题例句] In spite of the wide range of reading material specially written or adapted for language learning purposes, there is yet no **comprehensive** systematic program for the reading skills. 【1995 年词汇】尽管有广泛的、专门为语言学习而撰写或改编的阅读材料，但是仍然没有培养阅读技巧的**全面**、系统**的**课程。

compress [kəm'pres] *vt.* 压紧，**压缩**；(把思想、文字等)浓缩

[真题例句] Over billions of years, the gas was **compressed** by gravity into galaxies, stars, plants and eventually, even humans. 【1998 年英译汉】数十亿年来，这种气体受引力的**压缩**而形成银河、恒星、植物，并最终演变成人类。

comprise [kəm'praɪz] *vt.* 包含，包括，**由……组成**；构成，组成

[经典例句] Fifteen separate republics **comprised** the Soviet Union. 前苏联由 15 个加盟共和国**组成**。A cricket team **is comprised** of eleven players. 一个板球队**由** 11 名队员**组成**。

compromise ['kɔmprəmaɪz] *n.* 妥协，折衷 *vi.* **妥协**

[经典例句] They refused to **compromise** their principles by doing a deal with the terrorists. 他们拒绝同恐怖分子**妥协**，以免原则受到损害。

compulsory [kəm'pʌlsəri] *a.* 必须做的，强制性的，(课程)必修的；**义务的**

[经典例句] Is military service **compulsory** in your country? 你们国家实行**义务**兵役制吗?

compute [kəm'pjuːt] *v./n.* **计算**，估计

经典例句 Scientists have **computed** the probable course of the rocket. 科学家利用计算机**计算**了火箭可能运行的轨道。

conceal [kən'si:l] *v.* **隐藏**，隐瞒，隐蔽

经典例句 A woman, especially, if she have the misfortune of knowing anything, shall **conceal** it as well as she can. 一个女人，尤其是如果她由于不幸而懂得一些事情的话，就应该尽可能把它**隐藏**起来。

concede [kən'si:d] *vt.* **承认**；容许；（比赛结束前）认输；退让

经典例句 I **concede** that you are right. 我**承认**你是对的。

conceive [kən'si:v] *v.* (of) 设想，构思，**想象**；以为；怀胎，怀有

经典例句 I can't **conceive** of your allowing the child to travel alone. 我**想**不通你怎么会让孩子独自去旅行。

concentrate ['kɔnsentreit] *v.* (on) 集中，**专心**；浓缩 *n.* 浓缩物

真题例句 It is a rare school that allows pupils to **concentrate** on those things they do well. 【1995 年阅读 4】很少有学校允许学生**专注**于自己擅长的事情。

concept ['kɔnsept] *n.* **概念**，观念，设想

真题例句 Sir Edward Tylor's formulation of the **concept** of culture was one of the great intellectual achievements of 19th century science. 【2001 年英译汉】爱德华·泰勒爵士有关文化**观念**的系统说明是 19 世纪科学领域的一个伟大的知识成就。

conception [kən'sepʃən] *n.* 概念，**观念**；设/构想

经典例句 He's got a pretty strange **conception** of friendship. 他对友谊有一种非常独特的**见解**。

concern [kən'sə:n] *v.* 涉及，**关系到** *v.* /*n.* 关心 *n.* (利害) 关系

真题例句 But science does provide us with the best available guide to the future, and it is critical that our nation and the world base important policies on the best judgments that science can provide **concerning** the future consequences of present actions. 【2005 年阅读 2】但是科学确实是对于我们的未来提供了最好的指导作用，而关键是我们的国家和其他各国都应**关注**目前的行为可能在将来产生的后果，并对其做出最科学的判断，以此为依据制定重要的政策。

concise [kən'sais] *a.* 简明的，**简洁的**

经典例句 Teaching content should be **concise**. 教学内容要**少而精**。

conclude [kən'klu:d] *v.* 结束，终止；**断定**，下结论；缔结，议定

真题例句 Some scholars **conclude** that a government with finite resources should simply stop paying for medical care that sustains life beyond a certain age — say 83 or so. 【2003 年阅读 4】有些学者**断定**，由于政府资源有限，对于超过一定年龄的人——比如 83 岁左

右——不应再提供医疗费用以维持其生命。

conclusion [kən'kluːʒən] *n.* **结论**，推论；结束，终结

真题例句 This trend began during the Second World War, when several governments came to the **conclusion** that the specific demands that a government wants to make of its scientific establishment cannot generally be foreseen in detail.【1996 年英译汉】这种趋势始于"二战"，当时，好几个国家的政府得出**结论**：政府希望了解的科研机构的具体要求一般不可能详细预见。

concrete ['kɔnkriːt] *a.* **具体的**，实质性的 *n.* 混凝土 *v.* 用混凝土修筑，浇混凝土

真题例句 Thus, the anthropological concept of "culture," like the concept of "set" in mathematics, is an abstract concept which makes possible immense amounts of **concrete** research and understanding.【2003 年阅读 Part B】因此，人类学中"文化"的概念就像数学中"集"的概念一样，是一个抽象概念，它使大量的**具体**研究和理解成为可能。

condemn [kən'dem] *v.* **谴责**，指责；判刑，宣告有罪

真题例句 Over the past century, all kinds of unfairness and discrimination have been **condemned** or made illegal.【2004 年阅读 2】在过去的一个世纪里，各种各样的不公平和歧视遭到人们的**谴责**或是被视为违法。

condense [kən'dens] *v.* (使)冷凝，(使)**凝结**；浓缩，压缩，简缩

经典例句 Steam **condenses** into water when cooling down. 蒸汽冷却时**凝结**成水。

conduct ['kɔndʌkt, -dəkt] *n.* **行为，品行** *v.* 引导；管理；指挥(乐队)；**传导，传**(热，电等)

经典例句 Copper **conducts** electricity better than iron does. 铜的**导**电性比铁强。

真题例句 They are the possessions of the autonomous (self-governing) man of traditional theory and they are essential to practices in which a person is held responsible for his conduct and given credit for his achievements.【2002 年英译汉】自由和尊严(它们)是传统理论定义的自主人所拥有的，是要求一个人对自己的行为负责并因其业绩而给予肯定的必不可少的前提。

confer [kən'fəː] *v.* 商讨；**授予**，颁给(勋衔，学位等)

经典例句 The Queen **conferred** knighthood on several distinguished men. 女王将爵士头衔**授予**几位杰出人士。

confess [kən'fes] *v.* 供认，**承认**，坦白，忏悔

真题例句 What has happened is that people cannot **confess** fully to their dreams, as easily and openly as once they could, lest they be thought pushing, acquisitive and vulgar.【2000 年阅读 5】有所改变的就是，人们不再像以前那样，会轻易、公开地向别人**坦**言自己的梦想了，唯恐被认为是一个爱出风头、贪得无厌和庸俗不堪的人。

confidence ['kɔnfidəns] *n.* (in)信任；**信心**，自信；秘密，机密

真题例句 Because they are adjusting to their new bodies and a whole host of new intellectual and emotional challenges, teenagers are especially self-conscious and need the **confidence** that comes from achieving success and knowing that their accomplishments are admired by others.【2003 年完形】因为青少年正在使自己适应身体的新变化,适应知识和心理方面的大量新变化,他们的自我意识特别强烈,需要给予他们**信心**。这些信心来自于获得成功并且知道他们的成就受到他人的赞扬。

常用词组 gain sb.'s confidence 取得某人的信任

give one's confidence to sb. 信任某人

place confidence in sb. 信任某人

in confidence 秘密地

in the confidence of 为……的知己;参与……的秘密

confident ['kɔnfidənt] n. (of, in)确信的,**自信的**

经典例句 Your encouragement made me more **confident** of my future. 你的鼓励让我对未来更加有**信心**。

confidential [kɔnfi'denʃəl] a. **秘(机)密的**;表示信任的

经典例句 A doctor who gives away **confidential** information about patients is not behaving professionally. 医生把病人的**私密**资料透露出来是违反职业道德的。

confine [kən'fain] vt. (to, within) **禁闭**

经典例句 The thief was **confined** in a prison. 窃贼被**关押**在监狱里。

confirm [kən'fə:m] v. 使更坚固,使更坚定;(进一步)证实;**确认**,批准

经典例句 He looked around to **confirm** that he was alone. 他四处张望,以**确定**周围没人。

conflict ['kɔnflikt] n. 战斗,斗争;**抵触,冲突** v. (with)抵触,冲突

经典例句 The long drawn-out **conflict** between the employers and workers led to the strike last week. 工人和老板之间旷日持久的**纠纷**导致了上周的罢工。

conform [kən'fɔ:m] vi. (to) **遵守**,适应;相似,一致,符合

经典例句 She refused to **conform to** the normal social conventions. 她拒绝**遵从**正常的社会习俗。

confront [kən'frʌnt] v. 使面临,使遭遇;**面对**(危险等)

真题例句 But not even a great health-care system can cure death — and our failure to **confront** that reality now threatens this greatness of ours.【2003 年阅读4】然而,即使再强大的医疗卫生体系也不能让人们永生——而我们无法**正视**这样一个现实将危及我们这个时代的伟大。

confuse [kən'fju:z] v. 使混乱,**混淆**

经典例句 Please don't **confuse** Australia with Austria. 请别把澳大利亚和奥地利**混淆**了。

confusion [kən'fju:ʒən] *n.* 困惑，糊涂；**混淆**；混乱，骚乱

真题例句 Banking on the **confusion** between educational and vocational reasons for bringing computers into schools, computer advocates often emphasize the job prospects of graduates over their educational achievement. 【1999 年阅读 3】基于将计算机引入课堂的 "教育论"和"职业论"的**混淆**，计算机教育的倡导者常常只强调毕业生的就业前景，而忽略了他们的教育成就。

congratulate [kən'grætjuleit] *v.* (on)**祝贺**，向……致贺词

经典例句 We **congratulated** him **on** having passed the examination. 我们**祝贺**他通过了考核。

connexion/connection [kə'nekʃən] *n.* **联系**，连接

经典例句 I have no **connexion** with the company, farther than giving them, for a certain fee and reward, my poor opinion as a medical man. 我和那个公司没有什么**关系**，只是为了换取一定的报酬和诊费，以一个医务人员的身份把我肤浅的知识贡献给他们。

conquer ['kɔŋkə] *v.* **征服，战胜**，占领；克服，破除(坏习惯等)

真题例句 Being too keen to win can have dangerous consequences: remember that Pheidippides, the first marathon runner, dropped dead seconds after saying: "Rejoice, we **conquer**!"【1995 年阅读 4】对胜利太热衷也会导致危险的结果：还记得第一个马拉松运动员废帝皮兹，在说完"欢庆吧，我们**胜利了**!"之后几秒钟，就倒下死掉了。

conquest ['kɔŋkwest] *n.* **征服**

经典例句 The Normans ruled England by right of **conquest**. 诺曼人**征服**了英格兰成了统治者。

conscious ['kɔnʃəs] *a.* (of)意识到的，自觉的；神志清醒的，**有意识的**

真题例句 Because our **conscious** mind is occupied with daily life we don't always think about the emotional significance of the day's events — until, it appears, we begin to dream.【2005 年阅读 3】因为我们**有意识的**头脑总是被白天的日常生活所占据，而很少在意白天发生事情对情绪的影响，直到我们开始做梦，这种影响才出现。

consensus [kən'sensəs] *n.* (意见等的)**一致**，一致同意，共识

真题例句 In a draft preface to the recommendations, discussed at the 17 May meeting, Shapiro suggested that the panel had found a broad **consensus** that it would be "morally unacceptable to attempt to create a human child by adult nuclear cloning."【1999 年阅读 4】夏皮罗在 5 月 17 日开会讨论的建议草案序言中表示，专家组已经取得广泛的一致**意见**，认为"试图利用成人细胞核克隆技术来创造人是不道德的"。

consent [kən'sent] *v./n.* (to)同意，**赞成**，答应

经典例句 By the common **consent** of critics, Shakespeare is the prince of character delineators. 评论家一致**赞成**莎士比亚是位刻画人物的大师。

consequence ['kɔnsikwəns] *n.* **结果**，后果，影响；重要性

> 真题例句 As a logical **consequence** of this development, separate journals have now appeared aimed mainly towards either professional or amateur readership. 【2001 年阅读 1】这样发展的必然**结果**是出现了针对专业读者和业余读者的不同杂志。

conservative [kən'səːvətiv] *a.* **保守的**，守旧的 *n.* 保守主义者

> 真题例句 Dr. Worm acknowledges that these figures are **conservative**. 【2006 年阅读 4】沃姆博士承认这些数字还是**保守的**。

considerable [kən'sidərəbl] *a.* **相当大(或多)的**，可观的；值得考虑的

> 经典例句 This essay represents a **considerable** improvement on your recent work. 这篇论文说明你最近的工作取得了**相当大的**改进。

considerate [kən'sidərit] *a.* **考虑周到的**，体谅的

> 经典例句 It is **considerate** of you to call on your relatives from time to time. 你时常去拜望亲戚是**考虑得很周到的**。

consideration [kənsidə'reiʃən] *n.* 需要考虑的事，理由；**考虑**，思考；体谅，照顾

> 经典例句 I always take fuel consumption into **consideration** when buying a car. 我买汽车时总要把燃油消耗量**考虑**在内。

consist [kən'sist] *v.* (in)在于，存在于；(of)**由……组成**，由……构成

> 真题例句 More families **consist** of one parent households or two working parents; consequently, children are likely to have less supervision at home than was common in the traditional family structure. 【2004 年完形】由单亲或都工作的双亲**组成**的家庭越来越多，这样一来，在家里儿童所受到的监管就可能比过去传统家庭要少。

consistent [kən'sistənt] *a.* (in)**前后一致的**；(with)一致，符合

> 真题例句 Cosmology, geology, and biology have provided a **consistent**, unified, and constantly improving account of what happened. 【1996 年阅读 5】对于所发生的一切，宇宙学、地质学、生物学已经提出了一套**连贯的**、统一的并且是在不断完善的解释。

conspicuous [kən'spikjuəs] *a.* 显眼的，**明显的**

> 经典例句 Lincoln is a **conspicuous** example of a poor boy who succeeded. 林肯是一个穷苦孩子出身而功成名就的**明显**例子。

constant ['kɔnstənt] *a.* 经常的，不断的，坚定的，**永恒的**，忠实的 *n.* 常数，恒量

> 真题例句 For each dollar of GDP (in **constant** prices) rich economies now use nearly 50% less oil than in 1973. 【2002 年阅读 3】就国内生产总值(用**固定的**价格计算)中的每 1 美元而言，富裕国家所消耗的石油比 1973 年时少了将近 50%。

constituent [kən'stitjuənt] *n.* **成分**，要素 *a.* 组成的，构成的

经典例句 The sentence should be analyzed into its **constituent** parts. 应该把这个句子的**成分**加以分析。

constitute [ˈkɔnstitjuːt] vt. 组成，**构成**，形成

经典例句 Twelve months **constitute** one year. 12 个月**构成** 1 年。

constrain [kənˈstrein] vt. 限制，约束；克制，**抑制**

真题例句 A national drug agency would provide governments more influence on pharmaceutical companies in order to try to **constrain** the ever-increasing cost of drugs. 【2005 年阅读 Part B】国家药品机构会让政府对医药公司施加更大的影响，以便尽力**抑制**持续增长的药价。

construct [kənˈstrʌkt] v. **建设**，建造，构造；创立

经典例句 This factory was **constructed** by our company. 这家工厂是由我们公司**建设**的。

consult [kənˈsʌlt] v. **请教**，向……咨询，找……商量；查阅，查看

经典例句 I **consulted** George about buying a car. 我向乔治**请教**买小轿车的事。

consume [kənˈsjuːm] vt. **消耗**，消费，耗尽；吃完，喝光

经典例句 Each year Americans **consume** a high percentage of the world's energy. 每年美国人**消耗**的能源占世界能源的很大一部分。

consumption [kənˈsʌmpʃən] n. **消费**(量)，消耗

真题例句 People are absorbed into "a culture of **consumption**" launched by the 19th-century department stores that offered "vast arrays of goods in an elegant atmosphere". 【2006 年阅读 1】人们深深地被一种"**消费**文化"所吸引，这一文化源于十九世纪的百货商店，它们"在优美环境下提供了琳琅满目的商品"。

contact [ˈkɔntækt] v./n. (使)**接触**，联系，交往

经典例句 Have the children been in **contact** with disease? 孩子们已经**感染**过这种疾病吗？

contaminate [kənˈtæmineit] v. 弄污，弄脏，传染，**污染**

经典例句 They are **contaminating** the minds of our young people with these subversive ideas. 他们的这些颠覆性的观点对我们年轻人的思想**产生污染**。

contemplate [ˈkɔntempleit] vt. 盘算，计议；**周密考虑**；注视，凝视

经典例句 The doctor **contemplated** the difficult operation he had to perform. 医生对他要进行的棘手的手术进行了**周密考虑**。

contemporary [kənˈtempərəri] a. 现代的，**当代的**；同时代的

经典例句 He had devoted his whole life to the study of **contemporary** art. 他把他的一生都献给了**当代艺术研究**。

contempt [kən'tempt] n. 轻视，**蔑视**

真题例句 Companies such as Virtual Vineyards are already starting to use similar technologies to push messages to customers about special sales, product offerings, or other events. But push technology has earned the **contempt** of many Web users. 【1999 年阅读 2】像 Virtual Vineyards 这样的公司已经开始采用类似的技术，向顾客发送特价促销、产品推广和其他活动的信息。但是这种推销手段受到很多网络用户的**蔑视**。

contend [kən'tend] v. 竞争，**斗争**；坚决主张

经典例句 John has to **contend** with great difficulties. 约翰不得不与那些艰难困苦**作斗争**。

contest ['kɔntest] n. 竞争，**竞赛**，比赛 v. 竞争，比赛，争论

经典例句 She won a gold medal for her fine performance in the **contest**. 她在**竞赛**中成绩优异而获得金牌。

context ['kɔntekst] n. (文章等)前后关系；(事件等发生的)背景；**环境**

真题例句 It was within the computer age that the term "information society" began to be widely used to describe the **context** within which we now live. 【2002 年完形】正是在这个计算机时代，"信息社会"这个词开始广泛地被用来描绘我们所生存的**环境**。

continual [kən'tinjuəl] a. **不断的**，连续的，频繁的

真题例句 In this view, **continual** adjustments are made between learning or memory storage (input) and forgetting (output). 【1995 年阅读 5】根据这种观点，应该**不断**调整学习或记忆的存储(输入)和遗忘(输出)。

continuous [kən'tinjuəs] a. 连续的，**持续的**

经典例句 The patient is seriously ill and is being kept under **continuous** observation. 病人的病情严重，现正在接受**持续**观察。

contract ['kɔntrækt] n. (承包)**合同/契约** v. 订合同/契约；使缩小，缩短

真题例句 On one view of rights, to be sure, it necessarily follows that animals have none. Some philosophers argue that rights exist only within a social **contract**, as part of an exchange of duties and entitlements. 【1997 年英译汉】当然，就一种权利观而言，动物肯定没有权利。有些哲学家认为，权利只存在于社会**契约**中，是义务与权利相交换的一部分。

contradict [kɔntrə'dikt] v. 反驳；同……矛盾，同……**抵触**

真题例句 Sagan is more concerned with those who believe in ghosts, creationism and other phenomena that **contradict** the scientific worldview. 【1998 年阅读 3】萨根更关注的是那些相信鬼怪、上帝造物论和其他**同**科学世界观**相矛盾**的人。

contrary ['kɔntrəri] a. (to)**相反的**，矛盾的 n. 反对，矛盾；相反；(pl.) 对立物

经典例句 My sister's taste in dresses is **contrary** to my own. 在服装方面，我妹妹的爱好和我**完全不同**。

contrast [ˈkɔntræst] *n.* **对比，对照**，差异 *vi.* 形成对比 *vt.* 把……与……对比

真题例句 By **contrast**, the process of personal growth is much more difficult to determine, since by definition it is a journey and not the specific signposts or landmarks along the way. 【1995 年阅读 2】**相比之下**，个人成长的过程却比较难以确定，因为从定义上可以看出，它是一个旅程，而不是途中具体的路标或里程碑。

contribute [kənˈtribjuːt] *v.* (to)贡献，**捐助**，捐献；投稿

真题例句 The townsfolk don't see it this way and the local council does not **contribute** directly to the subsidy of the Royal Shakespeare Company. 【2006 年阅读 2】不过小镇居民并不这么认为，地方自治会也不直接给皇家莎翁剧团**拨款**。

contribution [ˌkɔntriˈbjuːʃən] *n.* **贡献**；捐款，捐献物；投稿

真题例句 New ways of organizing the workplace — all that re-engineering and downsizing — are only one **contribution** to the overall productivity of an economy, which is driven by many other factors such as joint investment in equipment and machinery, new technology, and investment in education and training. 【1998 年阅读 2】组建工厂的新方法——包括重新设计和缩小规模——只在提高经济整合体的生产力中起到一部分作用。其他因素，诸如在新机器设备上的联合投资、新技术发明、对工人的教育和培训投资等在提高生产力方面也起到了不可忽视的作用。

contrive [kənˈtraiv] *vt.* (to)谋划，策划，**图谋**；设法做到

经典例句 The prisoner **contrived** a way to escape. 囚犯**图谋**越狱。

controversial [ˌkɔntrəˈvəːʃəl] *a.* 引起争论的，**有争议的**

真题例句 The communications revolution has influenced both work and leisure and how we think and feel both about place and time, but there have been **controversial** view about its economic, political, social and cultural implications. 【2002 年完形】通信革命对工作、休闲以及我们思考和感受时空的方式都产生了影响，但是也产生了关于其经济、政治、社会及文化含义的**有争议的**看法。

convenience [kənˈviːnjəns] *n.* **便利**，方便；(*pl.*) 便利设备

真题例句 While computers offer these **conveniences** to consumers, they have many advantages for sellers too. 【1994 年阅读 2】当计算机给消费者提供这些**便利**的同时，它们也给商家提供了很多方便。

convention [kənˈvenʃən] *n.* **大会**，会议；惯例，常规，习俗；公约，协定

真题例句 Here is an example, which I heard at a nurses' **convention**, of a story which works well because the audience all shared the same view of doctors. 【2002 年阅读 1】举个例子，在一次护士**大会**上，我听到这样一个故事，讲得非常好，因为讲话人对医生的看法当场获得了每一位听众的认可。

conventional [kənˈvenʃənl] *a.* 惯例的，**常规的**

经典例句 According to **conventional** wisdom, voters usually make their choice on the basis of domestic issues. 按一般人**常规的**看法，选民常常着眼于国内问题来选择候选人。

conversely [ˈkɔnvɜːsli] ad. **相反地**

经典例句 **Conversely**, work in applied science and technology frequently acts as a direct stimulus to the development of pure science. **相反**，应用科学技术的成果在纯科学的发展中经常起到直接的促进作用。

convert [kənˈvəːt] v. (into)**变换，转换**；改变(信仰等)；兑换(钱)

经典例句 The solar cell can **convert** the energy of sunlight into electric energy. 太阳能电池能把阳光的能量**转化**为电能。

convey [kənˈvei] v. 运送，搬运，转运；传达，传播，**表达**

真题例句 As a linguist, he acknowledges that all varieties of human language, including non-standard ones like Black English, can be powerfully expressive — there exists no language or dialect in the world that cannot **convey** complex ideas. 【2005 年阅读 4】作为一名语言学家，他承认，所有类型的人类语言，包括像黑人英语那样的不标准语言，都可以极具表现力——世界上还不存在不能**表达**复杂思想的语言或方言。

convict [kənˈvikt] v. (经审讯)证明……有罪，**宣判**……**有罪** n. 囚犯

经典例句 You can't **convict** a man of a crime on circumstantial evidence alone. 你不能只靠旁证就**判定**一个人有罪。

conviction [kənˈvikʃən] n. **深信，确信**；定罪，判罪；

经典例句 His argument has brought **conviction** to many waverers. 他的论点使许多犹豫不决的人**深信不疑**。

convince [kənˈvins] v. (of)**使信服，使确信**

真题例句 He has put forward unquestioned claims so consistently that he not only believes them himself, but has **convinced** industrial and business management that they are true. 【1999 年阅读 5】他一向提出一些不容质疑的论断，不仅他自己相信这些论断正确，而且**让**工商界的管理者对此**深信不疑**。

cooperate [kəuˈɔpəreit] v. (with)**合作**，协作，相配合

真题例句 Governments may **cooperate** directly in the growing number of international projects related to science, economics and industry. 【2000 年英译汉】政府还可以在越来越多的跨国项目中直接**进行合作**，这些项目涉及科学、经济和工业等方面。

cooperative [kəuˈɔpərətiv] a. 合作的，**协作的** n. 合作社

经典例句 The school was very **cooperative** when we made a film there. 我们到该校拍摄影片时，获得校方的大力**协助**。

coordinate [kəu'ɔːdinit] *a.* 同等的，并列的；坐标的 *n.* 坐标 *vt.* 协作，**协调**

| 真题例句 | Supporters of the new supersystems argue that these mergers will allow for substantial cost reductions and better **coordinated** service. 【2003年阅读3】支持这种新型超级铁路集团的人宣称，这些兼并将带来成本的大幅度降低，以及更好的**协调**服务。

cope [kəup] *v.* (with)竞争，对抗；(with)**对付**，妥善处理

| 经典例句 | I don't know how she **copes** with looking after her family and doing a full-time job. 既要照顾家庭又要全天工作，我不知道她是如何**对付**的。

core [kɔː] *n.* 果核；中心，**核心**

| 经典例句 | The **core** of our appeal is freedom of speech. 我们要求的**核心**是言论自由。

correlate ['kɔrəleit] *n.* 相互关联的事物 *v.* (with, to)(使)**互相关联**

| 经典例句 | The results of this experiment do not **correlate with** the results of earlier ones. 这次试验的结果与以往试验的结果毫不相干。

correspond [kɔris'pɔnd] *v.* 通信，(with)符合，一致；(to)相当于，对应

| 经典例句 | His actions do not **correspond with** his words. 他言行不一。

corresponding [ˌkɔris'pɔndiŋ] *a.* 符合的，**相应的**，对应的

| 真题例句 | Consequently, our feelings, thoughts and emotions have undergone a **corresponding** change. 【2000年阅读3】因此，我们的感觉、思想和情感也经受了**相应**的变化。

corrode [kə'rəud] *v.* (受)**腐蚀**，侵蚀

| 经典例句 | Jealousy **corroded** his character. 嫉妒**损伤**了他的人格。

corrupt [kə'rʌpt] *v.* 贿赂，收买，(使)腐败 *a.* 腐败的，贪污的

| 真题例句 | You have sold your souls, but must you **corrupt** our nation and threaten our children as well? 【1997年阅读4】你们已经出卖了自己的灵魂，难道你们还非要**腐化**我们的国家、威胁我们的孩子吗？

costly ['kɔstli] *a.* **昂贵的**，价值高的，豪华的

| 经典例句 | The **costly** renovation of the old college building was criticized by most teachers. **花费很大的**旧校舍的修复工程受到大多数老师的批评。

couch [kautʃ] *n.* **长沙发**

| 经典例句 | She stretched herself out on the **couch** and fell asleep. 她伸躺在**沙发椅**上睡着了。

counsel ['kaunsəl] *v./n.* 劝告，**忠告** *n.* 法律顾问，辩护人

| 经典例句 | Good **counsel** has no price. 【谚】忠言无价。

counterpart ['kauntəpɑːt] *n.* **对应的人**(或物)

真题例句 Above all, like their female **human counterparts**, they tend to pay much closer attention to the value of goods and services than male【2005 年阅读1】最重要的是,就像人类一样,雌性往往比雄性更关注商品和服务的价值。

crack [kræk] *n.* 裂纹,缝隙;破裂声 *v.* (使)**破裂**,砸开;(使)发出爆破声

真题例句 Hence the analogy that likens the conduct of monetary policy to driving a car with a blackened windscreen, a **cracked** rear-view mirror and a faulty steering wheel. 【1997 年阅读5】因此,有人把货币政策实施过程比作驾驶一辆挡风玻璃污浊、后视镜**破碎**并且方向盘失灵的破车。

crash [kræʃ] *v.*/*n.* **碰撞**,坠落,摔坏 *n.* 失败,瓦解;爆裂声

经典例句 The elephant **crashed** through the forest. 大象**冲进**了森林。

crawl [krɔːl] *v.*/*n.* **爬行**,蠕动;缓慢(地)行进

真题例句 The most elementary form of moral reasoning — the ethical equivalent of learning to **crawl** — is to weigh others' interests against one's own. 【1997 年英译汉】道德推理最基本的形式——相当于人刚学**爬**的阶段,就是权衡他人与自己的利益。

create [kri'eit] *v.* 创造,创作;**引起**,造成,建立

真题例句 Television is one of the means by which these feelings are **created** and conveyed — and perhaps never before has it served so much to connect different peoples and nations as is the recent events in Europe. 【2005 年阅读 Part C】电视是**引发**和传递这些感受的手段之一——在欧洲最近发生的事件中它把不同的民族和国家连在一起,其影响之大,前所未有。

creative [kri(ː)'eitiv] *a.* **有创造力的**,创造性的

真题例句 Highly **creative** individuals really do march to a different drummer. 【1994 年阅读5】具有创新思维的人的确有与众不同的想法。

creep [kriːp] *v.* **爬**,爬行;(植物)蔓延

经典例句 Ivy had **crept** up the castle walls. 常春藤**爬**上了城堡的围墙。

crew [kruː] *n.* **全体人员**;全体船员,全体乘务员

真题例句 We are a happy **crew** in our office. 【1996 年阅读4】我们办公室的一伙人相处得很愉快。

crime [kraim] *n.* **罪行**,犯罪

真题例句 Many theories concerning the causes of juvenile delinquency (**crimes** committed by young people) focus either on the individual or on society as the major contributing influence.【2004 年完形】许多有关青少年犯罪(年轻人所犯的罪行)的理论要么关注于个人,认为主要原因在个人;要么关注于社会,认为主要原因在社会。

criminal ['kriminl] *n.* 罪犯,刑事犯 *a.* **犯罪的**,刑事的

|真题例句| The resulting discontent may in turn lead more youths into **criminal** behavior. 【2004 年完形】因此而导致的不满可能使得更多的年轻人从事**犯罪**行为。

cripple ['kripl] *n.* **跛子**，残疾人 *v.* 使跛，使残疾

|经典例句| We cannot race a horse that is a **cripple**. 我们不能用一匹**跛足**的马进行赛马。

crisis ['kraisis] (*pl.* crises) *n.* **危机**，紧要关头

|真题例句| All of this caused a **crisis** of confidence. 【2000 年阅读 1】所有的这一切引发了信任**危机**。

critical ['kritikəl] *a.* **批评的**，评论的；危急的，紧要的；临界的

|真题例句| Intellect is the **critical**, creative, and contemplative side of the mind. 【2004 年阅读 4】才智是我们思想中**批判的**、创造的和思考的一面。

criticise/criticize ['kritisaiz] *v.* **批评**，评论

|经典例句| He was **criticized** by the committee for failing to report the accident. 他因未对事故进行汇报而受到委员会的**批评**。

criticism ['kritisiz(ə)m] *n.* **评论性的文章，评论**；批评，指责，非难

|真题例句| It applies equally to traditional historians who view history as only the external and internal **criticism** of sources, and to social science historians who equate their activity with specific techniques. 【1999 年英译汉】这种谬误同样涉及传统历史学家和社会科学历史学家：前者认为历史仅仅是史学界外部和内部人士对各种史料来源的**评论**，后者则认为其研究活动是具体方法的研究。

crucial ['kru:ʃiəl, 'kru:ʃəl] *a.* **至关重要的**，决定性的

|真题例句| In science generally, however, the nineteenth century must be reckoned as the **crucial** period for this change in the structure of science. 【2001 年阅读 1】即便如此，纵观科学发展的全过程，19 世纪必然将被人们作为科学结构发生变化的**关键性**时期永远铭记。

crude [kru:d] *a.* 天然的，**未加工的**；未熟的；粗鲁的，粗野的

|真题例句| Since OPEC agreed to supply-cuts in March, the price of **crude** oil has jumped to almost ＄26 a barrel, up from less than ＄10 last December. 【2002 年阅读 3】自从石油输出国组织在 3 月份决定减少原油供应以来，原油的价格上升到了约 26 美元一桶，而去年 12 月的价格还不到 10 美元一桶。

crush [krʌʃ] *n./v.* **压碎**，压坏 *v.* 压服，压垮

|经典例句| This machine **crushes** wheat grain to make flour. 这台机器把麦子**压碎**成面粉。

cultivate ['kʌltiveit] *v.* **耕作**，栽培，养殖；培养，教养，磨炼

|经典例句| The farmer still must cut down trees, clear a lot of land and **cultivate** the soil.

农民们还必须砍倒树木，清理大片土地进行**耕作**。

culture ['kʌltʃə] *n.* **文化**，文明；修养；耕种；栽培，培育

真题例句 Online **culture** thinks highly of the notion that the information flowing onto the screen comes there by specific request.【1999 年阅读 2】网络**文化**所推崇的理念是，信息应该传送给那些有具体要求的客户。

cunning ['kʌniŋ] *a. /n.* **狡猾(的)**，狡诈(的)

真题例句 Since the dawn of human ingenuity, people have devised ever more **cunning** tools to cope with work that is dangerous, boring, burdensome, or just plain nasty.【2002 年阅读 2】自从有了发明创造，人类就在不停地发明更加**精巧的**工具去从事那些危险的、无聊的、繁重的或是令人讨厌的工作。

curb [kə:b] *n.* **路边**，场外证券市场 *vt.* 制止，抑制

经典例句 She got rattled when she saw the policeman and drove the car up over the **curb**. 她一看见警察就紧张起来，结果把车开到**马路边**上了。

curiosity [ˌkjuəri'ɔsiti] *n.* **好奇心**；古董，古玩

真题例句 Humans are thoughtful and creative, possessed of insatiable **curiosity**.【2003 年阅读 Part B】人类既善于思考又善于创造，具有永不满足**的好奇心**。

curl [kə:l] *v.* (使)卷曲，蜷缩 *n.* **卷发**；卷曲状；卷曲物

经典例句 The lovely boy has beautiful blonde **curls**. 这个可爱的小男孩长着漂亮的金黄色**卷发**。

current ['kʌrənt] *n.* 电流，水流；潮流，趋势 *a.* 当前的；流通的，通用的，**流行的**

真题例句 They believe the data support an idea **current** among marine biologists, that of the "shifting baseline."【2006 年阅读 3】他们相信这些数据支持了海洋生物学家中**流行的**一个观点："浮动基线"观点。

curse [kə:s] *n.* 诅咒，咒语，祸因 *vt.* **诅咒**，咒骂，使受罪

经典例句 She **cursed** him for ruining her life. 她**诅咒**他，说他毁了她的一生。

cycle ['saikl] *n.* 自行车；**周期**，循环 *v.* 骑自行车；循环

经典例句 This is the **cycle** of economic booms and slumps. 这是经济繁荣和经济萧条的**周期变化**。

dash [dæʃ] *v. /n.* **冲**，猛冲，突进 *n.* 破折号

经典例句 He **dashed** across the street and ran towards me. 他**冲**过马路，向我跑过来。

deadly ['dedli] *a.* 致命的，**致死的**

真题例句 Under the new Northern Territory law, an adult patient can request death — probably by a **deadly** injection or pill — to put an end to suffering.【1997 年阅读 1】新的北部地区法律规定，成年病人可以要求安乐死——大概是通过注射**致死**药剂或服用致

死药丸——来结束痛苦。

debate [di'beit] *v./n.* **争论**，辩论

真题例句 The Corporation will survive as a publicly-funded broadcasting organization, at least for the time being, but its role, its size and its programs are now the subject of a nation-wide **debate** in Britain.【1996年阅读2】该公司将作为政府基金资助的广播机构而幸存，至少目前是这样，但是它的作用、规模以及它的节目内容成为现阶段整个英国**争论**的话题。

decade ['dekeid] *n.* **十年**

真题例句 Within the next **decade** or two, one to two billion people on the planet will be netted together.【2001年阅读2】未来**十年**或二十年期间，世界上将有10到20亿人由网络连在一起。

decay [di'kei] *v./n.* 腐朽，**腐烂**；衰减，衰退

经典例句 The dentist could detect no sign of **decay** in her teeth. 牙医在她的牙齿上找不到**蛀蚀**的迹象。

deceive [di'si:v] *v.* **欺骗**，蒙蔽

经典例句 He **deceived** me into signing the papers. 他骗我在文件上签了字。

decent ['di:snt] *a.* **体面的**；正派的，合乎礼仪的；合适的

经典例句 He dreamed of living in **decent** conditions. 他梦想着过上**体面的**生活。

decisive [di'saisiv] *a.* **决定性的**

真题例句 Reasoning has played a **decisive** role in the debate.【1996年阅读5】推理在辩论中起了**决定性的**作用。

decline [di'klain] *v.* 下降，衰落；拒绝，谢绝 *n.* **下降**；斜面，倾斜，衰落

真题例句 Energy conservation, a shift to other fuels and a **decline** in the importance of heavy, energy-intensive industries have reduced oil consumption.【2002年阅读3】能源储备、能源替代及重工业和能源密集型工业重要性的**降低**，均减少了发达国家的石油消耗。

decorate ['dekəreit] *v.* **装饰**，装潢，布置

经典例句 We **decorated** the house for Christmas. 我们**装饰**房屋过圣诞节。

decrease [di:'kri:s] *n.* 减少，减小；减少量 *v.* **减少**，变少，降低

经典例句 They are making further efforts to **decrease** military spending. 他们正在做进一步的努力来**减少**军费开支。

dedicate ['dedikeit] *vt.* 奉献；**献身于**

经典例句 She **dedicated** her life to science. 她毕生**致力于**科学。

deduce [di'dju:s] *vt.* (from)演绎，**推断**，推论

经典例句 From this fact we may **deduce** that he is sick. 从这个事实我们可**推断**他生病了。

deduct [di'dʌkt] *vt.* 扣除；演绎（推理）

经典例句 Tax is **deducted** from your salary. 税金从你的薪金中**扣除**。

deem [di:m] *v.* **认为，相信**

真题例句 If ambition is to be well regarded, the rewards of ambition — wealth, distinction, control over one's destiny — must be **deemed** worthy of the sacrifices made on ambition's behalf. 【2000 年阅读 5】如果能正确看待野心，那么它所带来的回报——财富、声誉、对命运的主宰——一定被**认为**是值得为之付出的牺牲。

defect [di'fekt] *n.* 过失；**缺点**；不足

经典例句 If it were not for this **defect**, I shall hire him at once. 如果不是因为这个**缺点**，我会马上雇用他。

deficiency [di'fiʃənsi] *n.* **缺乏**，不足；缺点，缺陷

真题例句 There are thirteen or more of them, and if any is missing a **deficiency** disease becomes apparent. 【1996 年完形】至少有 13 种或更多种类的维生素，若缺少其中一种，患营养**缺乏**疾病的症状便显而易见。

define [di'fain] *v.* **给……下定义**；阐述；阐释；限定，规定

真题例句 Reporters tend to be part of a **broadly defined** social and cultural elite, so their work tends to reflect the conventional values of this elite. 【2001 年阅读 3】记者属于**广义上说**的"社会文化精英"群体的一部分，因此他们的作品倾向于反映这个精英群体的传统价值观念。

definite ['definit] *a.* **明确的；一定的**

经典例句 You have our **definite** support. 我们**绝对**支持您。

defy [di'fai] *v.* （公然）违抗，**反抗**；蔑视

经典例句 The army **defied** the enemy's forces. 这支军队英勇**抗敌**。

degenerate [di'dʒenəreit] *v.* **衰退**，堕落，蜕化 *a.* 堕落的 *n.* 堕落者

经典例句 His health is **degenerating** rapidly. 他的健康状况迅速**恶化**。

delegate ['deligit] *n.* 代表 *vt.* **委派……为代表**；授权；委托

经典例句 The new manager was **delegated** to reorganize the department. **派**这位新经理重新组织该部门。

delete [di'li:t] *vt.* **删除**

经典例句 The normal hackers' attack is to wipe out data, to **delete** files, or to format the hard disk. 黑客常见的攻击方式是消除数据、**删除**文件或者格式化硬盘。

deliberate [di'libəreit] *a.* 深思熟虑的；**故意的**

经典例句 Hearing allegations of cruelty to animals in research settings, many are perplexed that anyone would **deliberately** harm an animal. 【2003 年阅读 2】当人们听到对实验场所虐待动物的指控时，许多人都搞不懂为什么会有人**故意伤害**动物。

delicate ['delikit] *a.* 纤弱的；精致的；**微妙的**；灵敏的

经典例句 The international situation is very **delicate** at present. 目前的国际形势极其**微妙**。

delivery [di'livəri] *n.* **递送**；交付

经典例句 Coupled with the growing quantity of information is the development of technologies which enable the storage and **delivery** of more information with greater speed to more locations than has ever been possible before. 【1995 年阅读 3】伴随着信息量不断增加的是科学技术的发展，它使得人们能够以比以前更快的速度把更多的信息储存并**传递**到更多的地方。

democratic [ˌdemə'krætik] *a.* **民主的**

经典例句 From the beginning of our history, our **democratic** and populist urges have driven us to reject anything that smells of elitism. 【2004 年阅读 4】自我们国家有历史记载之日起，我们对**民主化**和大众化的渴望就驱使我们排斥任何带有精英政治味道的东西。

demonstrate ['demənstreit] *v.* 论证，**证实**；演示，说明

经典例句 This alone **demonstrates** that the television business is not an easy world to survive in a fact underlined by statistics that show that out of eighty European television networks no less than 50% took a loss in 1989. 【2005 年阅读 Part C】仅这一点就**证实**在电视行业里生存不那么容易，这个事实通过统计数字也是一目了然：在 80 家欧洲电视网中，1989 年出现亏损的达 50% 之多。

denote [di'nəut] *vt.* 表示，**意味着**

经典例句 Although the phrase was used by this country's founders to **denote** equality before the law, it has also been interpreted to mean equality of opportunity. 【1994 年阅读 3】尽管这个国家的创始人用这句话来**表明**法律面前人人平等，同时它也意味着机会均等。

denounce [di'nauns] *vt.* **公开指责**，公然抨击；谴责

经典例句 The minister's action was **denounced** in the newspaper. 部长的行为受到了报界的**指责**。

dense [dens] *a.* **浓厚的**，密集的，稠密的

经典例句 **Dense** fog is covering roads in the north and visibility is very poor. **浓雾笼罩了**

北部的公路，能见度很低。

deny [di'nai] *v.* **否认**，否定；拒绝

经典例句 The accused man **denies** that he has ever met her. 被指控的男人**否认**他曾见过她。

depart [di'pɑːt] *vi.* **离开**，起程

经典例句 The train to Beijing will **depart** from platform 3 in half an hour. 开往北京的火车将于半小时后从三站台**开出**。

dependent [di'pendənt] *a.* 依靠的，**依赖的**，从属的；随……而定的

真题例句 Rich economies are also less **dependent** on oil than they were, and so less sensitive to swings in the oil price. 【2002 年阅读 3】发达国家的经济发展不再像从前那样过分**依赖**石油了，所以，他们对油价的变化也不那么敏感了。

depict [di'pikt] *v.* 描绘；**描写**，描述

经典例句 Her novel **depicts** life in modern London. 她的小说**描写**的是伦敦现代的生活。

deposit [di'pozit] *v.* 存放；使沉淀；付（保证金）；**储蓄** *n.* 存款；沉积物；保证金

真题例句 More and more of these credit cards can be read automatically, making it possible to withdraw or **deposit** money in scattered locations, whether or not the local branch bank is open. 【1994 年阅读 2】随着越来越多的信用卡可以自动被读取，无论地方的银行分行是否正在营业，人们在各网点都能够**存**取钱。

deprive [di'praiv] *vt.* 剥夺，**夺去**，使丧失

经典例句 If you do not drive carefully, I shall be obliged to **deprive** you of your licence. 如果您不谨慎驾驶，我将不得不**没收**您的执照。

derive [di'raiv] *v.* **取得**；导出；引申；来自；源自；出自

真题例句 The modern school that hails technology argues that such masters as Galileo, Newton, Maxwell, Einstein, and inventors such as Edison attached great importance to, and **derived** great benefit from, craft information and technological devices of different kinds that were usable in scientific experiments. 【1994 年英译汉】推崇技术的现代学派认为，像伽利略、牛顿、麦克斯韦、爱因斯坦这样的大师以及像爱迪生这样的发明家都非常重视各种各样可用于科学实验的技术信息及技术设施，并从中**受益**颇深。

descend [di'send] *v.* **下来**，下降；遗传（指财产、气质、权利）

经典例句 The sun **descended** behind the hills. 太阳**下山**了。

descendant [di'send(ə)nt] *n.* **子孙**，后代

真题例句 But however amazed our **descendants** may be at how far from Utopia we were, they will look just like us. 【2000 年阅读 2】不过，我们的**子孙后代**可能会惊诧于我们离

乌托邦的理想境界如此遥远，但无论他们感到有多么惊奇，他们还是看起来同我们差不了多少。

deserve [di'zə:v] v. 应受，**值得**

真题例句 The mayor is a woman with great integrity and therefore **deserves** our political and financial support.【2000 年词汇】市长是一位非常正直的女性，因此**值得**我们从政治和经济上给予支持。

designate ['dezigneit] v. **指明**，指出；任命，指派

经典例句 The chairman has **designated** that boy as his successor. 主席已经**指明**那个男孩作他的继承人。

desirable [di'zaiərəbl] a. 合意的，称心的，**值得的**；期望得到的

真题例句 Obviously, it is neither practical nor **desirable** that all A-youngsters change into B's.【1995 年阅读 4】显然，让所有的 A 性格的青少年全部转变为 B 性格的青少年，这样做既不切实际，也不**值得**。

desolate ['desəlit] a. 荒凉的；**孤独的** v. 使荒芜

经典例句 A novel in a style emphasizing the grotesque, mysterious, and **desolate**. 哥特式小说着重描写怪诞、恐怖和**孤寂的**小说。

despair [dis'pɛə] n. **绝望**；失望；令人失望的人(事物) v. (of)绝望

真题例句 On another level, many in the medical community acknowledge that the assisted-suicide debate has been fueled in part by the **despair** of patients for whom modern medicine has prolonged the physical agony of dying.【2002 年阅读 4】另一方面，医疗界许多人承认，有关医生帮助自杀的争论升温部分是由于病人的**绝望**引起的，对他们来说，现代医学延长了临终前的痛苦。

desperate ['despərit] a. **不顾一切的**，铤而走险的；绝望的，危急的

经典例句 He was rifling through her desk in a **desperate** search for the letter. 他**拼命**在她的书桌里搜寻那封信。

despise [dis'paiz] v. **轻视，蔑视**

经典例句 I **despise** his refusing to accept responsibility. 他拒不承担责任，我**鄙视**他。

despite [dis'pait] prep. **不管，不顾**

真题例句 The definition also excludes the majority of teachers, **despite** the fact that teaching has traditionally been the method whereby many intellectuals earn their living.【2006 年阅读 Part C】这个定义也将大部分老师排除在外，**尽管**传统上教书是许多知识分子谋生的方法。

常用词组 despite all that 尽管如此

destiny ['destini] n. **命运**；天数，天命

经典例句 Your **destiny** is interwoven with mine. 你的**命运**已和我的命运结合在一起了。

detach [di'tætʃ] *vt.* 分开，**分离**，分遣，派遣（军队）

真题例句 Such large, impersonal manipulation of capital and industry greatly increased the numbers and importance of shareholders as a class, an element in national life representing irresponsible wealth **detached** from the land and the duties of the landowners; and almost equally detached from the responsible management of business. 【1996 年阅读 3】资金和企业这种大规模的、非个人性质的运作大大促使了股东这一社会阶层的人数的增加，提高了他们的地位，而股东阶层作为社会生活中的一种成分，代表了无须承担责任的财产从地产及土地所有者的权益中**分离**出来；几乎同样也代表了财产从企业经营管理责任中分离出来。

detail ['diːteil, di'teil] *n.* 细节，**详情** *v.* 详述

经典例句 Give me all the **details** of the accident — tell me what happened in **detail**. 给我说说事故发生的**详情**，详细告诉我发生了什么事。

detain [di'tein] *v.* 耽搁；扣押，**拘留**

经典例句 A period of time during which a vehicle, person, or material suspected of carrying a contagious disease is **detained** at a port of entry under enforced isolation to prevent disease from entering a country. 一旦运输工具、人或材料被怀疑带有传染性疾病，就要被**扣留**在港口强行隔离一段时间，以防止疾病入境。

detect [di'tekt] *v.* 察觉，**发觉**，侦察，探测

真题例句 They were, by far, the largest and most distant objects that scientists had ever **detected**：a strip of enormous cosmic clouds some 15 billion light years from earth. 【1998 年阅读 Part B】至今为止，科学家所**发现**的最大、最遥远的物体可能是离地球大约 150 亿光年的一块狭长的、巨大的宇宙云系。

deteriorate [di'tiəriəreit] *v.* （使）**恶化**，（使）变坏

经典例句 The nation's highways are **deteriorating** at a rapid pace. 这个国家的高速公路路况正在迅速**恶化**。

deviate ['diːvieit] *v.* （from）**背离**，偏离

经典例句 The war forced us to **deviate** from the old customs. 战争迫使我们不得不**违背**旧习俗。

device [di'vais] *n.* 装置，设备，仪表；**方法**，设计

经典例句 They use television advertising as a **device** for stimulating demand. 他们利用电视广告作为刺激需求的**方法**。

devise [di'vaiz] *vt.* **设计**；发明

经典例句 The government **devised** a scheme for redeveloping the city center. 政府**制定了**

市中心重建计划。

diagnose [ˈdaiəgnəuz] *vt.* **诊断**(疾病)；判断(问题)

真题例句 The patient must be **diagnosed** as terminally ill by two doctors. 【1997 年阅读 1】那位病人必须由两名医生**诊断**才能确认为晚期病人。

dictate [dikˈteit] *v.* **口授**；(使)听写；指令，指示，命令

经典例句 He was **dictating** a letter to his secretary. 他在向秘书**口授**书信。

differentiate [ˌdifəˈrenʃieit] *v.* 区分，**区别**；(使)不同

经典例句 It is wrong to **differentiate** between people according to their family background. 根据出身不同而**区别**待人是不对的。

diffuse [diˈfjuːz] *v.* 扩散；**传播**，散布 *a.* (文章等)冗长的，漫无边际的；四散的，弥漫的

经典例句 Fashion trends **diffuse** themselves rapidly around the globe. 时装潮流很快就在全世界**流行**起来。

dignity [ˈdignəti] *n.* (举止，态度等的)庄严，端庄；**尊贵**，高贵

经典例句 The real **dignity** of a man lies in what he is, not in what he has. 一个人的真正**尊严**在于他的品格，而非他的财富。

diligent [ˈdilidʒənt] *a.* **勤奋的**，用功的

经典例句 Their students are **diligent** about their studies. 他们的学生**勤奋**学习。

dilute [daiˈljuːt, diˈl-] *vt.* 稀释，**冲淡** *a.* 稀释的，冲淡的

真题例句 Our noses are capable of detecting human smells even when these are **diluted** to far below one part in one million. 【2005 年完形】当人类的气味被**淡化**到远低于一百万分之一时，我们的鼻子也能侦测到这些气味。

diminish [diˈminiʃ] *v.* 缩小，**减少**，递减

真题例句 Again, differences between people and the opportunity for natural selection to take advantage of it have **diminished**. 【2000 年阅读 2】这样一来，人与人之间的差异和利用差异进行自然选择的机会又**减少**了。

dip [dip] *v.* / *n.* 浸，蘸

经典例句 He **dipped** his pen in the ink. 他拿钢笔**蘸**墨水。

常用词组 dip in 浸泡

　　　　　dip into 浏览，稍加研究

directly [diˈrektli, daiˈrektli] *ad.* **直接地**，径直地；马上，立即

真题例句 In the past year, however, software companies have developed tools that allow companies to "push" information directly out to consumers, transmitting marketing messages **directly** to targeted customers. 【1999 年阅读 2】但在去年，微软公司发明了一种新技术，

可以让公司把信息"推"向客户，也就是**直接把营销信息传递给特定的目标客户**。

disable [dis'eibl] *vt.* **使残废**

真题例句 There will be television chat shows hosted by robots, and cars with pollution monitors that will **disable** them when they offend. 【2001 年英译汉】届时，将出现由机器人主持的电视访谈节目以及装有污染监控器的汽车，一旦这些汽车排污超标(违规)，监控器就会**让汽车停止行驶**。

disappear [ˌdisə'piə] *v.* **不见，消失**

经典例句 My wallet has **disappeared** from the table. 我放在桌子上的钱包**不见**了。

disaster [di'zɑːstə] *n.* **灾难，大祸；彻底的失败**

经典例句 After the **disaster** there were many who wanted food and shelter. 这场**灾难**过后，许多人既没有食物又没有住处。

discard [dis'kɑːd] *vt.* 丢弃，**抛弃**，遗弃

真题例句 Physics and biology once followed similar practices and advanced only when they **discarded** them. 【2002 年阅读 Part B】物理学和生物学的研究都有过相似的做法，只有在**抛弃**了这些做法之后，这两门学科才得以向前发展。

discern [di'səːn] *v.* 认出，发现；**辨别**，识别

经典例句 He was just able to **discern** the road from the dark. 他在黑暗中只能勉强**辨认**出道路。

discharge [dis'tʃɑːdʒ] *v./n.* 卸货，排出；发射，放(电)；遣散，解雇，**释放**；解除

经典例句 The judge **discharged** the prisoner. 法官把囚犯**释放**了。

discipline ['disiplin] *n.* 纪律，**学科**

真题例句 Interest in historical methods has arisen less through external challenge to the validity of history as an intellectual **discipline** and more from internal quarrels among historians themselves. 【1999 年英译汉】人们对历史研究的方法论关注程度的提高，主要是因为史学界内部意见不统一，其次，外界对历史作为一门**学科**进行研究的不理解也是原因之一。

disclose [dis'kləuz] *v.* 揭示，**泄露**

经典例句 I have no intention of **disclosing** their names. 我无意**泄露**他们的姓名。

discount ['diskaunt] *n.* **折扣** *vt.* 打折扣

经典例句 We give 10 percent **discount** for cash. 现金付款，我们九**折优惠**。

discourse [dis'kɔːs, 'diskɔːs] *n.* 论文；演说；**谈话**；话语 *vi.* 讲述，著述

真题例句 There is the democratizing uniformity of dress and **discourse**, and the casualness and absence of deference characteristic of popular culture. 【2006 年阅读 1】这里有大众文化的特色:社会成员的衣着**谈吐**民主化的统一，并且具有随意性和不顺从性。

discreet [dis'kri:t] *a.* (言行)**谨慎的**；慎重的；有判断力的

经典例句 Be more **discreet** or you'll get yourself talked about. 要更**谨慎**些，否则你就会成为人们的话柄。

discriminate [dis'krimineit] *v.* **区别**，辨别；(against)有差别地对待，歧视

经典例句 People should not be **discriminated** against. 人们不应该被**区别**对待。

disgrace [dis'greis] *n.* 失宠，**耻辱** *v.* 使失宠；玷辱，使蒙羞

经典例句 He quit in **disgrace** over the bribe. 他因受贿而**不光彩**地辞职了。

disguise [dis'gaiz] *n./v.* 假装，**伪装**

经典例句 It proved difficult to **disguise** his anxiety. 他的焦虑难以**掩饰**。

disgust [dis'gʌst] *n.* **厌恶**，恶心 *v.* 使厌恶

经典例句 He returned downstairs in **disgust**. 他**厌恶**地转身下楼了。

dismay [dis'mei] *n./v.* (使)沮丧；(使)**惊慌**；(使)失望，(使)绝望

经典例句 It **dismayed** us that the project had been canceled. 那个计划取消了，这让我们非常**惊讶**。

dismiss [dis'mis] *v.* 免职，**解雇**，开除，解散

经典例句 If you are late again, you will be **dismissed**. 如果你再迟到，你将被**解雇**。

disorder [dis'ɔ:də] *n.* 混乱，杂乱；骚乱；**失调**，疾病

真题例句 And a significant number of the homeless have serious mental **disorders**. 【2006年完形】另外，大部分无家可归的人都有严重的精神**紊乱**。

disperse [dis'pə:s] *v.* (使)**分散**；(使)散开；疏散

经典例句 The wind **dispersed** the cloud from the sky. 风**吹散**了天上的云。

display [di'splei] *v./n.* 陈列，展览，**显示(器)**

真题例句 As time went by, computers became smaller and more powerful, and they became personal too, as well as institutional, with **display** becoming sharper and storage capability increasing. 【2002年完形】随着时间的推移，电脑体积变得越来越小，其用途却越来越大；随着**显示器**分辨率越来越高，存储量越来越大，电脑已经不只属于机构办公用具，也成了私人用具。

dispose [dis'pəuz] *v.* (of)**处理**，处置；(for)布置，安排

经典例句 His job is not only to **dispose** of problems but (also) to meet unexpected challenges. 他的工作不仅要**处理**难题，而且也要应付突如其来的挑战。

dispute [dis'pju:t] *n.* 争论，争执 *v.* **争论**，辩论；反驳

经典例句 They are **disputing** about the rights and wrongs of the case. 他们正在激烈**争论**这个事件的是非曲直。

disregard [ˌdisriˈɡɑːd] *v./n.* **不管，不顾**

真题例句 But the human mind can glimpse a rapidly changing scene and immediately **disregard** the 98 percent that is irrelevant, instantaneously focusing on the monkey at the side of a winding forest road or the single suspicious face in a big crowd. 【2002 年阅读 2】但是人的大脑在一瞥之间就能发现一个快速变化的场景，随即立刻**忽视**其中98%的无用信息，瞬间把注意力集中在蜿蜒的林间小路旁的猴子身上或一群人中的一张可疑的面孔上。

disrupt [disˈrʌpt] *vt.* **使混乱，使崩溃，使分裂，使瓦解**

经典例句 His speech **disrupted** the meeting. 他的讲演**使**会场陷入混乱。

dissipate [ˈdisipeit] *v.* **驱散**；(使云、雾、疑虑等)消散；挥霍

经典例句 The sun **dissipated** the mist. 太阳**驱散**了雾。

dissolve [diˈzɔlv] *v.* (使)溶解，(使)**融化**；解散，取消

经典例句 Ice **dissolved** in the warm weather. 冰在温暖的天气中**融化**了。

distill [diˈstil] *vt.* **蒸馏**，用蒸馏法提取；吸取，提炼

经典例句 Water can be made pure by **distilling** it. 水可以通过**蒸馏**而提纯。

distinct [disˈtiŋkt] *a.* 清楚的，明显的；(from)**截然不同的**

经典例句 Those two ideas are quite **distinct** from each other. 这两种观点**截然不同**。

distinction [disˈtiŋkʃən] *n.* **区别**，差别

真题例句 No clear-cut **distinction** can be drawn between professionals and amateurs in science: exceptions can be found to any rule. 【2001 年阅读 1】在科研工作中，很难说出专业和业余的研究人员之间有什么显著**区别**：任何一个规则都有例外。

distinguish [disˈtiŋgwiʃ] *v.* (from)**区别**，辨别；**辨认出**；使杰出

真题例句 A boom in neighborhood surveillance cameras will, for example, cause problems in 2010, while the arrival of synthetic lifelike robots will mean people may not be able to **distinguish** between their human friends and the robots. 【2001 年英译汉】比如，到 2010 年时，住宅区附近监视器的增加会引起问题；而人造机器人的出现将意味着人们可能无法**区分**他们的人类朋友和仿真机器人。

distort [disˈtɔːt] *v.* 扭曲；**歪曲**(真理、事实等)

经典例句 The reporter **distorted** the facts. 记者们**歪曲**了事实。

distract [disˈtrækt] *v.* **分散**；使分心；打扰；使心情烦乱

经典例句 The film managed to **distract** me from these problems for a while. 这部影片**分散**了我的注意力，让我暂时忘记了这些难题。

distress [disˈtres] *n.* **苦恼**；危难；不幸 *v.* 使苦恼

经典例句 His wild behavior was a great **distress** to his mother. 他的放荡行为使他的母亲极为**苦恼**。

distribute [dis'tribju(:)t] *v.* **分发**；分配；分布；配(电)；(over)散布

经典例句 The mother **distributed** candy among children. 母亲给孩子们**分发**糖果。

disturb [dis'tə:b] *v.* **扰乱**，妨碍，使不安

经典例句 Don't **disturb** the paper on my desk. 别**乱动**我桌上的文件。

disturbance [dis'tə:bəns] *n.* 动乱，**骚乱**，干扰

经典例句 Those men were charged by the police with causing a **disturbance**. 那些人因制造**骚乱**受到警方的指控。

dive [daiv] *v. /n.* 潜水，跳水，**俯冲**

经典例句 The eagle **dived** down on the rabbit. 那只鹰向兔子**猛扑**下来。

diverse [dai'və:s] *a.* 多种多样的，(from)**不同的**

真题例句 The Greeks assumed that the structure of language had some connection with the process of thought, which took root in Europe long before people realized how **diverse** languages could be. 【2004 年阅读 Part B】希腊人认为，语言结构与思维过程之间存在着某种联系。这一观点在人们尚未认识到语言的**千差万别**以前就早已在欧洲扎下了根。

diversion [dai'və:ʃən] *n.* 转向，转移，**娱乐活动**

真题例句 Strangers and travelers were welcome sources of **diversion**, and brought news of the outside world. 【1997 年阅读2】陌生人和旅行者带来了外面世界的信息，**解除**了生活的**烦闷**。

divert [di'və:t] *vt.* 使转向，使改道；**转移**(注意力)；使娱乐

真题例句 The target is wrong, for in attacking the tests, critics **divert** attention from the fault that lies with ill-informed or incompetent users. 【1995 年英译汉】把这种标准化测试作为抨击的目标是不对的，因为，在抨击这类测试时，批评者**没有考虑**其弊病来自人们对测试不甚了解或使用不当。

division [di'viʒən] *n.* 分，**分割**；部门，科，处；除法

真题例句 A great deal of attention is being paid today to the so called digital divide — the **division** of the world into the info (information) rich and the info poor. 【2006 年阅读2】如今，人们十分关注所谓的信息鸿沟——世界上信息资源丰富的地区和信息资源贫乏地区之间的**差异**。

divorce [di'vɔ:s] *v. /n.* 离婚，分离

真题例句 In the past decade, the Japanese **divorce** rate, while still well below that of the United States, has increased by more than 50 percent, and suicides have increased by nearly one-quarter. 【2000 年阅读 4】在过去十年中，日本的**离婚**率虽然仍远远低于美国，但增长率已超过了 50%，自杀的比率也增长了近 25%。

document [ˈdɔkjumənt] *n.* **公文**，文献

经典例句 Let me see all the official **documents** concerning the sale of this land. 让我看看买卖这块土地的所有官方**文件**。

domain [dəuˈmein] *n.* （活动，思想等）领域，范围；**领地**

经典例句 The kitchen is my wife's **domain**, she doesn't like me going into it. 厨房是我妻子的**领地**，她不愿让我进去。

domestic [dəˈmestik] *a.* 家里的；**本国的**；驯养的

真题例句 Foreign-made cars and textiles were sweeping into the **domestic** market. America's machine-tool industry was on the ropes. 【2000 年阅读 1】外国生产的汽车和纺织品席卷美国**国内**市场，美国的机床产业岌岌可危。

dominant [ˈdɔminənt] *a.* 支配的，统治的，**占优势的**

经典例句 Peace was the **dominant** theme of the conference. 和平是大会的**首要**议题。

dominate [ˈdɔmineit] *v.* 支配，统治，**控制**；占优势

经典例句 He has authority, but he doesn't try to **dominate** others. 他有权威，但并不想**控制**别人。

donate [dəuˈneit] *vt.* **捐赠**（金钱等）；赠与

经典例句 The government calls on the youth to **donate** their blood voluntarily. 政府号召青年义务**献**血。

doom [du:m] *n.* **厄运，劫数** *v.* 注定，命定

真题例句 So where are the headlines warning of gloom and **doom** this time? 【2002 年阅读 3】那么这次警告人们**厄运**来临的头版新闻都跑到哪里去了呢？

dose [dəus] *n.* **剂量，一服，一剂** *v.* （给……）服药

经典例句 Take one **dose** of this cough syrup three times a day. 每天服三次这种止咳糖浆，每次服一**剂量**。

draft [drɑːft] *n.* 草稿，草案，草图 *v.* **起草，草拟**

真题例句 "Important information can get buried in a sea of trivialities," says a law professor at Cornell Law School who helped **draft** the new guidelines. 【1999 年阅读 1】康奈尔大学法学院一位帮助**起草**这份新指南的教授说："重要的信息会淹没在细枝末节的汪洋大海之中。"

drag [dræg] *v.* 拖，拖曳

经典例句 The protesters were **dragged** away by the police. 抗议者被警察拖走了。

drain [drein] *n.* 排水沟，阴沟；消耗，负担 *v.* **排去，放干**

经典例句 This country is being **drained** of its best talents. 这个国家最优秀的人才在不断**外流**。

dramatic [drə'mætik] *a.* 戏剧的，戏剧性的；**剧烈的**

真题例句 As a physician, I know the most costly and **dramatic** measures may be ineffective and painful. 【2003年阅读4】作为一名医生，我深知最昂贵和最**激进的**手段也可能是无效和痛苦的。

dread [dred] *v. /n.* **恐惧**，担心

经典例句 The Jews lived in **dread** of being caught. 这些犹太人生活在可能遭到拘捕的**恐惧**之中。

drift [drift] *v. /n.* 漂，漂流(物)

经典例句 A tiny fishing boat was **drifting** slowly along. 一只小小的渔船在缓缓地漂去。

drip [drip] *v.* **滴下**，漏水 *n.* 滴，水滴，点滴

经典例句 The rainwater **drips** from the eaves. 雨水从屋檐**滴下**。

drought [draut] *n.* 旱灾，干旱

真题例句 Perhaps it is humankind's long suffering at the mercy of flood and **drought** that makes the idea of forcing the waters to do our bidding so fascinating. 【1998年阅读1】也许是因为人类长期遭受洪水和干旱的折磨，所以让水听命于人类这个想法特别有吸引力。

drum [drʌm] *n.* **鼓**；圆桶

经典例句 The beats of the **drum** were steady and slow. **鼓**声平稳而缓慢。

dubious ['djuːbjəs] *a.* **怀疑的**，无把握的；有问题的，靠不住的

经典例句 I remain **dubious** about her motives. 我对她的动机仍心存**疑念**。

dumb [dʌm] *a.* 哑的，无言的

经典例句 We were struck **dumb** with horror and grief. 惊恐和忧伤使我们**哑口无言**。

dump [dʌmp] *v.* **倾倒**，倾卸 *n.* 垃圾场

经典例句 Some people just **dump** their rubbish in the river. 有些人径直往河里**倒**垃圾。

duplicate ['djuːplikeit] *n.* 复制品，副本 *v.* **复写**，使加倍 *a.* 复制的，双重的，双倍的

经典例句 This research merely **duplicates** work already done elsewhere. 这项研究仅仅是**重复**别人已经做过的工作。

durable ['djuərəbl] *a.* 持久的，**耐久的**

经典例句 This pair of shoes is **durable**. 这双鞋很**耐磨**。

duration [djuə'reiʃən] *n.* 持久；**期间**；持续时间

真题例句 Forgetting clearly aids orientation in time, since old memories weaken and the new tend to stand out, providing clues for inferring **duration**. 【1995 年阅读 5】很显然,遗忘有助于时间上的定位,因为旧的记忆会淡忘,而新的记忆会变得更加明显,使我们能够推测事情发生的**时期**。

dwarf [dwɔ:f] *n.* 矮子,**侏儒**,矮小的动植物 *vt.* 使……矮小

经典例句 The kind **dwarf** asked the little princess to have dinner with him. 善良的**小矮人**邀请小公主和他一起吃晚饭。

dwell [dwel] *v.* 住,**居留**

经典例句 He decided to **dwell** on our island. 他决定到我们的岛上**居住**。

dye [dai] *n.* **染料** *v.* 染,染色

经典例句 A good **dye** will not fade. 好的**染料**不会褪色。

dynamic [dai'næmik] *a.* 动力的,**动态的**;有生气的

真题例句 "While we know how to tell a robot to handle a specific error," says Dave Lavery, manager of a robotics program at NASA, "we can't yet give a robot enough 'common sense' to reliably interact with a **dynamic** world." 【2002 年阅读 2】NASA 负责机器人技术的项目经理 Dave Lavery 说:"虽然我们已经知道如何让机器人去处理某个特定的错误,但我们还无法让机器人有足够的'常识',来与这个**动态的**世界进行可靠的互动。"

earnest ['ə:nist] *a.* 热心的,认真的,**诚挚的**

真题例句 Such then, is the way things stand: on the left angry critics, on the right stupid supporters, and in the middle, as usual, the majority of **earnest** people trying to get on in life. 【2000 年阅读 5】于是,情况是这样:左边的是悲愤的批评家,右边的是愚蠢的支持者,而居中的通常是大多数**诚挚的**、努力追求成功的人。

ease [i:z] *v.* 减轻;使舒适,使安心 *n.* 容易;**舒适**,悠闲

经典例句 I don't feel at **ease** in the strange place. 在这个陌生的地方,我觉得很不**舒适**。

eccentric [ik'sentrik] *a.* 古怪的,怪癖的,异乎寻常的 *n.* **古怪的人**

经典例句 The club seemed full of **eccentrics**. 这个俱乐部里好像都是**怪人**。

echo ['ekəu] *v./n.* **回声**,反响,共鸣

经典例句 His voice **echoed** in the big empty hall. 他的声音在空荡的大厅里**发出回声**。

eclipse [i'klips] *n.* 日食,月食 *v.* 引起日蚀,引起月蚀,**使……黯然失色**

经典例句 He has been **eclipsed** by several younger actors. 几名较年轻演员的崛起**使他黯然失色**。

economic [ˌi:kə'nɔmik] *a.* **经济(上)的**,经济学的

真题例句 Some economists argue that powerful structural changes in the world have upended the old **economic** models that were based upon the historical link between growth and inflation.【1997 年阅读 5】一些经济学家认为，世界上强有力的经济结构的改变已经推翻了旧有的**经济**模式，即以经济增长和通货膨胀之间的历史联系为基础的模式。

economical [ˌiːkəˈnɔmikəl] *a.* **节约的**，经济的

经典例句 She is **economical** in her use of salt when cooking. 她烹饪用盐很**节省**。

economics [ˌiːkəˈnɔmiks, ˌekə-] *n.* **经济学**，经济情况

真题例句 Basic **economics** suggests the greater the potential consumers, the higher the likelihood of a better price.【2005 年阅读 Part B】基本**经济学**表明，潜在的客户越多，获得更优惠价格的可能性就越大。

economy [i(ː)ˈkɔnəmi] *n.* 节约；**经济**

真题例句 Even though its **economy** continues to recover, the US is increasingly becoming a nation of part-timers and temporary workers.【1997 年完形】即使美国的**经济**继续恢复，兼职和临时工的人数也还是不断增加。

edit [ˈedit] *v.* **编辑**，校订

经典例句 He had **edited** a daily paper before he came to teach at our college. 他来我们学院任教之前**担任**过一份日报的**编辑**。

editorial [ediˈtɔːriəl] *n.* **社论**

经典例句 The editor got his claws into the opposition in a vicious **editorial**. 那个编辑在一篇**社论**中恶毒地攻击了反对派。

educate [ˈedju(ː)keit] *v.* **教育**，培养，训练

真题例句 With optimism characteristic of all industrialized countries, we came to accept that everyone is fit to be **educated**.【1999 年阅读 3】由于具有工业化国家的乐观主义特性，我们开始接受这样的观念：每个人都适合**接受教育**。

effective [iˈfektiv] *a.* **有效的**，生效的

真题例句 By helping to increase demand the advertisement ensures an increased need for labor, and is therefore an **effective** way to fight unemployment.【1995 年阅读 1】广告不但有助于增加需求，而且还确保了对劳动力需求的增长，因此，广告不失为对抗失业的一种**有效**方法。

efficiency [iˈfiʃənsi] *n.* **效率**；功效

真题例句 The capital intended to broaden the export base and secure **efficiency** gains from international trade was channeled instead into uneconomic import substitution.【2000 年词汇】这笔资金原准备用来扩大出口基地以从国际贸易中获得**效益**，后来被转投到了利润不大的进口贸易上。

efficient [iˈfiʃənt] *a.* **有效的**，效率高的；有能力的，能胜任的

真题例句 In this way these insects show an **efficient** use of their sound — producing ability, organizing two sounds delivered at a high rate as one call.【1997 年词汇】通过这种方式，这些昆虫显示它们对发声本领的**有效**利用——把高速传送的两种声音组合成一种叫声。

eject [i'dʒekt] v. 喷射，排出；**驱逐**

经典例句 The noisy youths were **ejected** from the cinema. 吵闹的年轻人都已从影院被**逐出**去了。

elaborate [i'læbərət] v./a. **精心制作（的）**；详细阐述（的）

真题例句 Russians have a deep love for their own language and carry large chunks of memorized poetry in their heads, while Italian politicians tend to **elaborate** speech that would seem old-fashioned to most English-speakers.【2005 年阅读 4】俄罗斯人对自己的语言深爱有加，每个人都能背诵大段大段的诗歌作品，而意大利的政客们更倾向于使用**富于优美词藻**且古朴幽雅的语言用以区分其与大多数讲英语者的不同。

elapse [i'læps] vi. （时间）溜走；（光阴）**逝去**

经典例句 Three years have **elapsed** since we met last time. 我们上次相见到现在已经**过了三年了**。

elderly ['eldəli] a. 较老的，**年长的** n. （the ~）到了晚年的人

经典例句 Many **elderly** people live an idle life. 许多**老年**人过着悠闲的生活。

elect [i'lekt] v. **选举**，推选；选择，作出选择

真题例句 Countless divorced politicians would have been **elected** out of office years ago had they even thought of a divorce.【2000 年词汇】多年以前，无数想离婚的政治家如果有了离婚的念头，他们在**竞选**中就会失败。

elegant ['eligənt] a. 优雅的；端庄的；**雅致的**

真题例句 Generally, the idea of good science tends to become confused with the capacity of the field in question to generate an **elegant** theory.【1996 年英译汉】通常，人们倾向于把一门科学是否有益同有争议的学术领域是否有能力形成一套**完善的**理论混淆一团。

element ['elimənt] n. **元素**；要素；成分；组成部分

真题例句 They are different in that their **elements** are arranged differently, and each vitamin performs one or more specific functions in the body.【1996 年完形】各种维生素的不同之处在于，不同维生素的**元素**排列不同，同时每种维生素在人体内都有一种或多种特别的作用。

eliminate [i'limineit] vt. 除去；淘汰；**排（删、消）除**；削减（人员）

真题例句 Environmental factors can never be totally **eliminated**; as Hayward points out, "We can't prepare a medicine against cosmic rays."【1994 年阅读 4】环境的因素不能被

完全**排除**；也正如海华德所指出的那样，"我们还不能发明一种药物去抵制射线的辐射"。

elite [ei'li:t] *n.*〈法〉[集合名词] 精华；精锐；中坚分子；**上层人士**，掌权人物，实力集团

真题例句 Instead of intimate shops catering to a knowledgeable **elite** these were stores anyone could enter, regardless of class or background. 【2006 年阅读 1】不同于那些迎合**社会名流**的会员制商店，这些百货商店面向大众，不管你的阶层和社会背景如何，你都可以进去购物。

eloquent ['eləkwənt] *a.* **雄辩的**，有说服力的；善辩的，口才流利的

经典例句 He addressed the audience in an **eloquent** speech. 他向听众发表了**雄辩的演说**。

elsewhere ['els'hwɛə] *ad.* **在别处**，向别处

真题例句 In Europe, as **elsewhere** multi-media groups have been increasingly successful groups which bring together television, radio, newspapers, magazines and publishing houses that work in relation to one another. 【2005 年阅读 Part C】像在其他地方一样，欧洲的多媒体集团日益成功，这些集团把相互关系密切的电视台、电台、报纸、杂志及出版社组合到了一起。

embark [im'bɑ:k] *v.* (使)**上船**(或飞机，汽车等)；着手，从事，开始工作

经典例句 Passengers with cars must **embark** first. 开车的乘客必须先上船。

embarrass [im'bærəs] *vt.* **使困窘**，使局促不安；阻碍，麻烦

经典例句 He was **embarrassed** by many debts. 他被很多债务弄得困窘不安。

embed [im'bed] *vt.* **把……嵌(埋、插)入**，扎牢；使深留脑中

经典例句 The harpoon struck but did not **embed**. 鱼叉击中了但并没有**插入**其中。

embody [im'bɔdi] *vt.* 具体表达，使具体化，**体现**

经典例句 The country's constitution **embodies** the ideals of freedom and equality. 这个国家的宪法**体现**了自由和平等的理想。

embrace [im'breis] *v.* 拥抱；**包含**

真题例句 In the American economy, the concept of private property **embraces** not only the ownership of productive resources but also certain rights, including the right to determine the price of a product or to make a free contract with another private individual. 【1994 年阅读 1】在美国经济中，私人财产的概念不仅**包括**生产资料所有权，而且还包括某些权利，比如产品价格的决定权，以及和其他私营个体自由订立合同的权利。

emerge [i'mə:dʒ] *vt.* **显现**，浮现

经典例句 Large scale industry **emerged** only gradually as technology evolved. 大工业只是随着技术发展而逐渐开始**显现**的。

emergency [i'mə:dʒnsi] *n.* **紧急情况**，突然事件，非常时刻

真题例句 In what amounts to a last minute stay of execution, a council announced that **emergency** funding would keep alive two aging satellites.【1998 年词汇】几乎快到执行任务的最后时刻，一个委员会才宣布**应急基金**将可保证两颗老化的卫星继续运行。

emigrate ['emigreit] *v.* (to, from) **自本国移居他国** (反) immigrate；

经典例句 He **emigrated** from Britain to Australia in order to find a better job. 他从英国**移居**到澳大利亚，想找一份更好的工作。

eminent ['eminənt] *a.* 显赫的；**杰出的**；有名的；优良的

真题例句 This description even fits the majority of **eminent** scholars.【2006 年阅读 Part C】这也可以用来描述大部分**杰出的**学者。

emit [i'mit] *vt.* 放射；**散发**

真题例句 According to the theory, the universe burst into being as a submicroscopic, unimaginable dense knot of pure energy that flew outward in all directions, **emitting** radiation as it went, condensing into particles and then into atoms of gas.【1998 年英译汉】该理论认为，宇宙是这样形成的：一团亚微观的、极稠密的纯能量爆炸后朝四面八方飞散，边飞散边**散发**出射线，再浓缩成分子，最后形成了气态原子。

emphasis ['emfəsis] *n.* **强调**，重点

真题例句 While often praised by foreigners for its **emphasis** on the basics, Japanese education tends to stress test taking and mechanical learning over creativity and self-expression.【2000 年阅读 4】尽管日本**强调**基础知识的教育方针经常受到国外的赞扬，但日本教育往往强调考试和机械的学习，而不重视培养学生的创造力和自我表现的欲望。

emphasise/emphasize ['emfəsaiz] *v.* **强调**

经典例句 He **emphasized** the importance of careful driving/that careful driving was important. 他**强调**小心驾驶的重要性。

enable [i'neibl] *v.* 使能够，**使成为可能**

真题例句 Fortunately, however, the increasing power and organization of the trade unions, at least in all skilled trades, **enabled** the workmen to meet on equal terms the managers of the companies who employed them.【1996 年阅读 3】然而，幸运的是，工会的影响力和组织在不断扩大，至少所有需要技能的行业的工会是这样，这**使得**工人与雇用他们的公司经理的地位平等了。

enclose [in'kləuz] *v.* 围住，**圈起**，封入

经典例句 He **enclosed** the land with a hedge. 他用篱笆把地**圈起来**。

encounter [in'kauntə] *n. /v.* **遇到**，遭遇

经典例句 One rainy night the policeman had a chance **encounter** with a gang of smugglers. 在一个雨夜,那个警察正巧碰上了一伙走私犯。

endeavour/endeavor [in'devə] *v./n.* **努力**,**尽力**,力图

经典例句 I shall **endeavour** to accommodate you whenever possible. 只要有可能,我将**尽力**帮你。

endow [in'dau] *vt.* 资助,**捐赠**;(with)给予,赋予

经典例句 He **endowed** the hospital with a large fortune. 他向这家医院**捐赠**了一笔巨款。

endure [in'djuə] *v.* **忍受**,持久,持续

真题例句 It's never a question of whether you enjoy your job and your life, but only how much you can **endure**.【2000年阅读4】你是否喜欢你的工作和生活向来不是问题,问题是你究竟能**忍受**多少。

enforce [in'fɔ:s] *v.* 实施,**执行**;强制

经典例句 Policemen and judges **enforce** the law. 警察与法官**执行**法律。

engage [in'geidʒ] *v.* (in)**从事**,着手;(使)忙着;约定;使订婚;雇用

真题例句 To see an animal in pain is enough, for most, to **engage** sympathy.【1997年英译汉】对大多数人来说,看到动物痛苦,足以**引起**他们的同情。

enhance [in'hɑ:ns] *v.* **提高**,增强

经典例句 He made many efforts to **enhance** his reputation. 他做了许多努力来**提高**他的声誉。

enlarge [in'lɑ:dʒ] *vt.* 扩大,**放大**,增大

经典例句 I planned to **enlarge** this photograph. 我计划**放大**这张照片。

enlighten [in'laitn] *v.* 启发,**启蒙**,教导

真题例句 They have in common only one thing that they tend to annoy or threaten those who regard themselves as more **enlightened**.【1998年阅读3】它们只是有一点是相同的,那就是会激怒或威胁那些自以为更**开明**的人。

enormous [i'nɔ:məs] *a.* **巨大的**,庞大的

真题例句 But it has **enormous** potential.【2001年阅读2】但它却蕴涵着**巨大的**潜力。

enrich [in'ritʃ] *v.* **使富足**;使肥沃

真题例句 British shareholders were thus **enriched** by the world's movement towards industrialization.【1996年阅读3】英国股票持有者就是在全球工业化的浪潮中**富裕**起来的。

enroll/enrol [in'rəul] *v.* 招收;登记;**入学**

真题例句 The journalists advocate participatory democracy in all phases of life, whose own children are **enrolled** in private schools. 【2000 年阅读 5】鼓吹在生活各方面都应人人共享民主的记者，却让自己的孩子到私立学校**上学**。

ensure [in'ʃuə] v. **确保，保证**

真题例句 Concerns were raised that witnesses might be encouraged to exaggerate their stories in court to **ensure** guilty verdicts. 【2001 年完形】这就引起了人们的关注：证人可能会被怂恿在法庭上夸大他们经历的事情以**确保**作出有罪的判决。

entail [in'teil] vt. **使承担；需要；把(疾病等)遗传给；限定**

真题例句 This **entails** reducing our dependence on the North American market, whose programs relate to experiences and cultural traditions which are different from our own. 【2005 年阅读 Part C】这就**意味着**要减少对北美市场的依赖，该市场规划中包含了和我们不同的经历和文化传统。

enterprise ['entəpraiz] n. **事业，企(事)业单位；事业心，进取心**

真题例句 American companies are evolving from mass-production manufacturing to flexible **enterprises**. 【1997 年词汇】美国的公司正在从大规模生产型企业向灵活型**企业**转化。

entertain [,entə'tein] v. **招待，款待；使娱乐；使欢乐**

真题例句 Families in frontier settlements used to **entertain** strangers to improve their hard life. 【1997 年阅读 2】边疆地区的家庭过去常常通过**款待**陌生的客人来改善他们的艰苦生活。

enthusiastic [in,θju:zi'æstik] a. **热情的，热心的**

经典例句 His idea received an **enthusiastic** response. 他的想法得到**热烈的**响应。

entitle [in'taitl] v. **给以权利(或资格)；给……称号(题名)；授权**

真题例句 Unless you sign a contract with the insurance company for your goods, you are not **entitled** to a repayment for the goods damaged in delivery. 【2000 年词汇】除非你与保险公司签订了货物保险合同，否则你将无**权**对货物在托运中出现的损坏进行索赔。

environment [in'vaiərənmənt] n. **环境，外界**

真题例句 But the **environment** must also have a profound effect, since if competition is important to the parents, it is likely to become a major factor in the lives of their children. 【1995 年阅读 4】但是**环境**肯定也有深刻的影响，因为，如果竞争对父母来说重要的话，那么竞争很可能也在孩子的生活中是一个重要因素。

envy ['envi] v./n. **羡慕，忌妒**

真题例句 Aimlessness has hardly been typical of the postwar Japan whose productivity and social harmony are the **envy** of the United States and Europe. 【2000 年阅读 4】战后日本的生产力和社会和谐令美国和欧洲各国**羡慕**，因此漫无目标不可能是其典型特征。

epidemic [ˌepi'demik] a. 流行性的；传染的 n. **流行病**；传播

真题例句 Asked what will happen when **epidemics** return, she said, "Don't worry, scientists will find some way of using computers." 【2003 年阅读2】当问到如果发生**传染病**怎么办时，她说："不用担心，科学家将会用计算机找到一些解决方法。"

equality [i(ː)'kwɔliti] n. 同等；平等

经典例句 I do not believe in **equality** of capacity, but I do believe in **equality** of opportunity. 我不相信能力均等，但我确实相信机会均**等**。

equip [i'kwip] v. (with)装备，**配备**

经典例句 The room is **equipped** with air conditioning. 这个房间**装有**空调**设备**。

equivalent [i'kwivələnt] a. (to)相等的，**等价的** n. 相等物，等价物

经典例句 He changed his pounds for the **equivalent** amount in dollars. 他把英镑兑换成**等值的**美元。

erase [i'reiz] v. 擦掉；**删去**

经典例句 She couldn't **erase** the incident from her memory. 她难以从记忆中**抹去**那次事件。

erect [i'rekt] v. 树立，建立，**使竖立** a. 直立的，垂直的

经典例句 They **erected** their tent at the foot of the mountain. 他们在山脚下**竖起**了帐篷。

error ['erə] n. 错误，**过失**

真题例句 Inventions and innovations almost always come out of laborious trial and **error**. 【1994 年阅读5】发明创造几乎总是来自于实验中反复的尝试与不断的**失败**。

erupt [i'rʌpt] v. (尤指火山)**爆发**

经典例句 It is many years since the volcano last **erupted**. 火山上次**爆发**至今已有很多年了。

escalate ['eskəleit] v. (使)逐步增长(或发展)，**(使)逐步升级**

经典例句 U.S.A. will be possible to **escalate** the hostilities in the Persian Gulf. 美国将可能**使**波斯湾的战争**逐步升级**。

escort [is'kɔːt] vt. **护送(卫)**；陪同 n. 警卫，护送者；仪仗兵

经典例句 I will **escort** my mom home. 我将**送**我妈妈回家。

essay ['esei, 'esi] n. 文章，短文

真题例句 But surely that does not mean environmentalists concerned about uncontrolled industrial growth are anti-science, as an **essay** in *US News & World Report* last May seemed to suggest. 【1998 年阅读3】但是毫无疑问，这并不意味着那些关注工业无节制增长的环保主义者是反科学的，正如去年5月份《美国新闻和世界报道》刊载的一篇**文章**中所

暗示的那样。

essence ['esns] *n.* **本质**，实质

经典例句 Being an acute observer, he usually sees the **essence** of things at the first sight. 作为一个敏锐的观察家，他通常一眼就可以看出事物的**本质**。

常用词组 in essence 本质上；其实

of the essence 绝对需要的，不可缺少的，极重要的

essential [i'senʃəl] *a.* **本质的**，基本的；(to)**必要的**，必不可少的

真题例句 His mind was ready for the unpredictable. Unpredictability is part of the **essential** nature of research. 【1999 年阅读 5】他的大脑乐于接受那些无法预言的东西。不可预知性是研究探索的**必要特性**的一部分。

establish [is'tæbliʃ] *v.* **建立**，设立；安置，使定居

真题例句 The authors of the United States Constitution attempted to **establish** an effective national government while preserving autonomy for the states and liberty for individuals. 【2001 年词汇】美国宪法的制定者试图**建立**一个有效的中央政府，而同时又保留各州的自治和个人的自由。

establishment [is'tæbliʃmənt] *n.* 建立，设立，**建立的机构(或组织)**

真题例句 It is therefore generally valuable to treat the scientific **establishment** as a resource or machine to be kept in functional order. 【1996 年英译汉】因此，将科研**机构**视为一种资源或一台机器，维持其良好的运行状态，这样做通常是很有价值的。

estimate ['estimeit] *v./n.* 估计，估价；**评估**

真题例句 The **estimates** in *Economic Outlook* show that in rich countries oil price changes have no significant impact on GDP. 【2002 年阅读 3】《经济瞭望》刊载的**评估**数据表明，在富裕国家，油价波动对国民生产总值(GDP)不会有显著的影响。

evacuate [i'vækjueit] *vt.* 撤离，疏散，排泄，**剥夺**

经典例句 Fear **evacuated** their minds of reasons. 恐惧使他们**失去了**理智。

evade [i'veid] *vt.* **逃避**，回避；避开，躲避

经典例句 He could not **evade** the law. 他**逃避**不了法律。

evaluate [i'væljueit] *v.* 估价，**评价**；求……的值

经典例句 I can't **evaluate** his ability without seeing his work. 我没看到他的工作，无法**评价**他的能力。

evident ['evidənt] *a.* **明显的**，明白的

经典例句 It was **evident** that the policy was a failure. **显然**这项政策是失败的。

evoke [i'vəuk] *vt.* **唤起**(回忆、感情等)；引起

经典例句 The incident **evoked** memories of his past sufferings. 这件事**唤起**了他对过去苦难经历的回忆。

evolution [ˌiːvəˈluːʃən, ˌevə-] *n.* **进化**，演变，发展，进展

真题例句 Rumor has it that more than 20 books on creationism/**evolution** are in the publisher's pipelines. 【1996 年阅读 5】据传言，20 多本有关创世论与**进化**论之争的书籍即将出版。

evolve [iˈvɔlv] *v.* (使)发展；(使)**进化**

真题例句 We did not **evolve**, because machines and society did it for us. 【2000 年阅读 2】我们没有**进化**，这是因为机器和社会替我们办了这一切。

exaggerate [igˈzædʒəreit] *v.* **夸大**，夸张

经典例句 The seriousness of the situation has been much **exaggerated** by the press. 形势的严重性被媒体**夸大**了。

exceed [ikˈsiːd] *v.* **超过**，胜过；越出

经典例句 If your liabilities **exceed** your assets, you may go bankrupt. 如果你的负债**超过**你的资产，你就会破产。

exceedingly [ikˈsiːdiŋli] *ad.* 极端地，**非常**

经典例句 He is an **exceedingly** tedious fellow. 他是一个**非常**令人生厌的家伙。

excel [ikˈsel] *vi.* 胜过其他；**擅长** *vt.* 胜过，优于

经典例句 He **excels** in painting. 他**擅长**绘画。

exception [ikˈsepʃən] *n.* **例外**，除外

经典例句 There is always an **exception** to any rule. 任何规律总有**例外**。

exceptional [ikˈsepʃənl] *a.* 例外的，**异常的**

真题例句 **Exceptional** children are different in some significant way from others of the same age. 【1994 年阅读 3】**弱智**儿童和其他同年龄的孩子相比在某些重要的方面是不同的。

excerpt [ˈeksəːpt] *n./vt.* 摘录；**引用**

经典例句 I would like to **excerpt** two paragraphs from the book. 我很想**引用**这本书的两段文字。

excess [ikˈses, ˈekses] *a.* **过量的**，额外的 *n.* 过量；过剩

真题例句 Getting enough vitamins is essential to life, although the body has no nutritional use for **excess** vitamins. 【1996 年完形】吸取足够的维生素对生命是必要的，但**过量的**维生素对人体并无滋养的用处。

excessive [ikˈsesiv] *a.* 过多的；**过分的**

经典例句 The quality of urban living has been damaged by **excessive** noise levels. 城市生活的质量已被**过度的**噪音所破坏。

exchange [iks'tʃeindʒ] *v./n.* (for) **交换**，兑换；交流，交易；交换台，交易所

真题例句 The researchers spent two years teaching their monkeys to **exchange** tokens for food. 【2005 年阅读1】研究人员花了两年时间教他们研究的猴子用代币**换取**食物。

excitement [ik'saitmənt] *n.* 刺激，**激动**，兴奋

经典例句 The **excitement** quickened my pulse. **激动**使我的心跳加快。

exclaim [iks'kleim] *v.* 呼喊，**惊叫**，大声说

经典例句 She **exclaimed** at the beautiful view. 她对这美丽的景色感到**惊奇**。

exclude [iks'klu:d] *v.* 拒绝，**把……排除在外**，排斥

真题例句 This definition **excludes** many individuals usually referred to as intellectuals — the average scientist, for one. 【2006 年阅读 Part C】这个定义**排除**了许多平常提到的知识分子——比如普通科学家。

exclusive [iks'klu:siv] *a.* 独占的，**专有的**，除外的；排他的；唯一的

经典例句 The matter will be given our **exclusive** attention. 此事将引起我们的**专门**关注。

execute ['eksikju:t] *v.* 实行；实施；**执行**

经典例句 Congress makes the laws; the President **executes** them. 国会制定法律，总统**执行法律**。

executive [ig'zekjutiv] *n.* 总经理，董事，**行政负责人** *a.* 执行的，实施的

真题例句 Almost immediately word flashed on the Internet and was picked up, half a world away, by John Hofsess, **executive** director of the Right to Die Society of Canada. He sent it on via the group's on line service, Death NET. 【1997 年阅读1】几乎同时，该消息就出现在互联网上。身处地球另一端的加拿大死亡权利协会**执行主席**约翰·霍夫塞斯在收到该消息后，通过协会的在线服务"死亡之网"发出了通告。

exemplify [ig'zemplifai] *v.* 举例证明；示范；**作……的范例（榜样）**

经典例句 This painting **exemplifies** the artist's early style. 这幅画是该画家早期艺术风格的典范。

exempt [ig'zempt] *a.* **免除的** *v.* 免除 *n.* 免税者；被免除义务者

经典例句 He is **exempt** from military service. 他**免**服兵役。

exert [ig'zə:t] *v.* 尽（力），施加（压力等），努力

经典例句 He **exerted** all his influence to make them accept his plan. 他用尽一切影响力使他们接受他的计划。

exhaust [ig'zɔːst] v. 使筋疲力尽，耗尽；抽完 n. 排气装置；废气

经典例句 The **exhaust** pipe shot sparks. **排气**管中射出了火星。

exhibit [ig'zibit] v. **展出**，陈列

经典例句 She **exhibited** great powers of endurance during the climb. 她在攀登过程中**表现出**极大的耐力。

exile ['eksail, 'egz-] n. **流放**；被流放者 vt. 流放，放逐，把……充军

经典例句 The king was sent into **exile**. 国王遭到**放逐**。

existence [ig'zistəns] n. **存在**，实在；生存，生活(方式)

真题例句 With as many as 120 varieties in **existence**, discovering how cancer works is not easy. 【1994 年阅读4】在**现存**的 120 多种癌症中找出癌症是如何发作的并不是一件容易的事。

exit ['eksit, -zit] n. 出口，通道，**离去**

真题例句 I covered my **exit** by claiming "I wanted to spend more time with my family." 【2001 年阅读5】我用"我想多陪陪家人"作为借口，掩饰自己**辞职**的原因。

exotic [ig'zɔtik] a. 奇异的；**异国情调的**；外(国)来的

经典例句 The film retains much of the book's **exotic** flavour. 这部电影保存了原著的许多**异国情调**。

expand [iks'pænd] v. (使)膨胀，(使)**扩张**；张开，展开

真题例句 Inflation says that very early on, the universe **expanded** in size by more than a trillion trillion trillion trillionfold in much less than a second, propelled by a sort of antigravity. 【1998 年英译汉】宇宙膨胀学说宣称，很久以前，在不到一秒钟内，宇宙的体积被一种反引力驱动而**扩大**了无数万亿倍。

expansion [iks'pænʃən] n. **扩张**，膨胀；张开，伸展

经典例句 His big book is an **expansion** of the little book he wrote before. 他的大部头书是他以前写的小部头的**扩充本**。

expel [iks'pel] v. 把……**开除**；驱逐；排出；发射

经典例句 They **expelled** the student from college for cheating. 他们**开除**了那个作弊的学生的大学学籍。

expend [iks'pend] v. **消费**，花费

经典例句 I had **expended** much time on the work but they told me it was useless. 我**花了**很多时间在这件工作上，他们却告诉我说这是无用的。

expense [ik'spens] n. **花费**，消费，消耗

真题例句 Whether the Government should increase the financing of pure science at the

expense of technology or vice versa often depends on the issue of which is seen as the driving force. 【1994 年阅读 1】政府究竟是以减少对技术**经费**的投入来增加对纯科学的经费投入,还是与此相反,这往往取决于把问题的哪方面看成是驱动力。

expert [ˈekspəːt] *n.* **专家**,能手 *a.* 熟练的,有经验的;专门的

真题例句 He claims to be an **expert** in astronomy, but in actual fact he is quite ignorant on the subject. What little he knows about it is out of date and inaccurate. 【1997 年词汇】他自称是天文学领域的**专家**,但实际上他对天文学了解甚少。他所了解的那么点东西既过时了,又不准确。

expertise [ˌekspəˈtiːz] *n.* **专门知识**(或技能等),专长

真题例句 **Expertise** can be shared world wide through teleconferencing, and problems in dispute can be settled without the participants leaving their homes and/or jobs to travel to a distant conference site. 【1995 年阅读 3】全世界都可以通过远程电信会议共享**专门技术**,与会者不必离家(或放下工作)去一个遥远的会议场所就可以解决有争议的问题。

expire [iksˈpaiə, eks-] *v.* **期满**,(期限)终止;呼气;断气,死亡

经典例句 Our current contract is about to **expire**, and we'll need to discuss a new one. 我们现有的合同快要**期满**了,需要再谈一个新合同。

explicit [iksˈplisit] *a.* 详述的,**明确的**;坦率的;显然的

真题例句 Although both Sapir and Whorf emphasized the diversity of languages, Sapir himself never **explicitly** supported the notion of linguistic determinism. 【2004 年阅读 Part B】虽然萨皮尔和沃夫都强调各种语言之间的差异性,但萨皮尔自己从来没有**明确**表示支持语言决定论的观念。

explode [iksˈpləud] *v.* (使)**爆炸**,(使)爆发

经典例句 The bomb **exploded**. 炸弹爆炸了。

exploit [iksˈplɔit] *v.* 开拓;**开发**;剥削

经典例句 People should read the related regulations before they **exploit** natural resources. 在**开发**自然资源前,人们应该先了解相关的规定。

explore [iksˈplɔː] *v.* 勘探,探测;**探究**,探索

真题例句 Many things make people think artists are weird. But the weirdest may be this: artists' only job is to **explore** emotions, and yet they choose to focus on the ones that feel bad. 【2006 年阅读 4】很多事情促使人们认为艺术家是怪异的,但是最为奇怪的可能就是:艺术家唯一的工作便是**思索**情感,而他们往往选择把注意力放在那些不好的情感上。

explosive [iksˈpləusiv] *a.* **爆炸(性)的**,爆发(性)的 *n.* 爆炸物,炸药

真题例句 This is an **explosive** situation for any industry, particularly a declining one.

【2001 年阅读 3】对任何一个行业来说，这都是一个容易**引起激烈争论的**形势，对于一个正在衰落的行业来说尤其如此。

export ['ekspɔːt] *v./n.* 输出，**出口** *n.* 出口商品

真题例句 The capital intended to broaden the **export** base and secure efficiency gains from international trade was channeled instead into uneconomic import substitution. 【2000 年词汇】这笔资金原准备用来扩大**出口**基地以从国际贸易中获得效益，后来被转投到了利润不大的进口贸易上。

expose [iks'pəuz] *v.* (to)使暴露，**受到**；使曝光

真题例句 People everywhere are feeling new wants and are being **exposed** to new customs and ideas. 【2000 年英译汉】所有人都不断感到有新的需求，并不断**接触到**新的习俗和思想。

常用词组 be exposed to 使暴露

exposure [iks'pəuʒə] *n.* **暴露**，揭露；(to)受到

经典例句 An actor with much recent **exposure** in television is very handsome. 近来经常在电视上**露面**的一位男演员长得非常帅。

exquisite ['ekskwizit] *a.* **优美的**，高雅的，精致的；剧烈的，异常的

经典例句 He plays the piano with **exquisite** technique. 他用**优美的**技巧演奏钢琴。

extend [iks'tend] *v.* **延长**，延伸

真题例句 Researchers lately have begun to **extend** that forecast by decades if not centuries. 【2002 年阅读 2】最近研究人员已经开始将这个预测**延后**，没有数百年，至少也要数十年。

extension [iks'tenʃən] *n.* **延长**，扩大，伸展；电话分机

经典例句 The wire has an **extension** of 50 feet. 电线可**伸长**到 50 英尺。

extensive [iks'tensiv] *a.* **广大的**，广阔的

真题例句 Anthropology is a field-study oriented discipline which makes **extensive** use of the comparative method in analysis. 【2003 年阅读 Part B】人类学是一个重视实地考察的学科，该学科在研究中**大量**使用对比分析法。

extent [iks'tent] *n.* 广度，宽度，长度；**程度**，限度

真题例句 Numbers of physicians seem unconcerned with the pain their patients are needlessly and predictably suffering, to the **extent** that it constitutes systematic patient abuse. 【2002 年阅读 4】很多医生对他们的病人所遭受的多余的、可以想象的巨大痛苦无动于衷，甚至到了有系统地虐待病人的**程度**。

external [eks'təːnl] *a.* **外部的**，外面的

真题例句 People have generally viewed personal growth as an **external** result or product that can easily be identified and measured. 【1995 年阅读 2】人们通常把个人的成长看成是一种可以被轻易识别和衡量的**外在**结果或成果。

extinct [iks'tiŋkt] *a.* **灭绝的**；熄灭了的

真题例句 When prehistoric man arrived in new parts of the world, something strange happened to the large animals: they suddenly became **extinct**. Smaller species survived. 【2006 年阅读 4】当原始人类来到新大陆，很奇怪的事发生在大型动物身上：它们突然**灭绝了**，而小一些的物种则会生存下来。

extinguish [iks'tiŋgwiʃ] *v.* 熄灭；消灭，**扑灭**

真题例句 If good people do nothing there is a real possibility that an uninformed citizenry will **extinguish** the precious embers of medical progress. 【2003 年阅读 2】如果好人不作为，有可能真会使无知的人们**扑灭**医学进步中珍贵的火种。

extract [iks'trækt] *v. / n.* 拔出，抽出；**摘录** *n.* 抽取物；精华；选集

经典例句 He **extracts** several passages from the speech. 他从发言中**摘出**几段话。

extraordinary [iks'trɔ:dnri, iks'trɔ:dinəri] *a.* **非常的**；格外的

经典例句 Her strength of will is **extraordinary**. 她的意志力是**不平常的**。

extreme [iks'tri:m] *a.* 末端的，尽头的；**极度的**，极端的 *n.* 极端；最大程度；极度（状态）

真题例句 In fact, instead, we are **extremely** sensitive to smells, even if we do not generally realize it. 【2005 年完形】但是，实际上，我们对气味是**极为**敏感的，即使我们通常没有意识到这一点。

fabricate ['fæbrikeit] *v.* 捏造，**编造**（谎言、借口等）；建造，制造

经典例句 The reason he gave for his absence was obviously **fabricated**. 他所说的缺席理由显然是**编造**的。The rumor was **fabricated** by the enemy radio station. 这谣言是敌人的广播电台**捏造**出来的。

fabulous ['fæbjuləs] *a.* **极好的**；极为巨大的；寓言中的，传说中的

经典例句 The little boy's performance is **fabulous**. 那个小孩的表演真是**精彩**。

facilitate [fə'siliteit] *v.* 使变得（更）容易；**使便利**

真题例句 Technology has **facilitated** the sharing of information and the storage and delivery of information, thus making more information available to more people. 【1995 年阅读 3】科学技术**便利**了信息的共享、储存和传送，因而使得更多的人能够得到更多的信息。

factor ['fæktə] *n.* **因素**，要素

真题例句 As a result of all these **factors**, governments are becoming increasingly dependent on biologists and social scientists for planning the appropriate programs and putting them into effect. 【2000 年阅读 Part B】正是因为所有这些**因素**，政府越来越依靠

生物学家和社会学家制定适当的计划，并将这些计划付诸实施。

fade [feid] *v.* 褪色；衰减，**消失**

〔真题例句〕Once commercial promotion begins to fill the screen uninvited, the distinction between the Web and television **fades**.【1999 年阅读 2】一旦商业促销肆意充斥电脑屏幕，网络和电视的区别就**消失**了。

failure [ˈfeiljə] *n.* **失败**，不及格；失败者；故障，失灵；未能

〔真题例句〕In the old idea, talented children burn themselves out in the early years, and therefore, are subjected to **failure**.【1990 年阅读 3】在旧的观念里，让天才孩子年幼时筋疲力尽的话，他们会因此而遭受**失败**。

faithful [ˈfeiθful] *a.* 守信的，**忠实的**，如实的，可靠的

〔经典例句〕The dog remained **faithful** to his master. 这条狗始终忠于它的主人。

fake [feik] *n.* 假货，赝品 *a.* 假的，冒充的 *v.* **伪造**；伪装

〔经典例句〕He **faked** his father's signature. 他**伪造**了父亲的签名。

fancy [ˈfænsi] *n.* **爱好**，迷恋 *v.* 想象，幻想 *a.* 花式的，奇特的，异样的

〔经典例句〕The painting took his **fancy**, so he bought it. 他**看中**了这幅画，于是他就把它买了下来。

fantasy [ˈfæntəsi, ˈfæntəzi] *n.* **幻想**，空想；空想的产物，幻想作品

〔经典例句〕The young always live in a world of **fantasy**. 年轻人总是生活在**幻想**中。

fare [fɛə] *n.* **车费**，船费 *v.* 过活；进展

〔经典例句〕He didn't have enough money to pay his train **fare**. 他没有足够的钱来付火车**费**。

fascinate [ˈfæsineit] *v.* **迷住**，强烈吸引

〔真题例句〕The American spymaster who built the Office of Strategic Services in the World War II and later laid the roots for the CIA was **fascinated** with information.【2003 年阅读 1】这位美国间谍首脑曾经在"二战"中建立了战略事务办公室，后来又为中央情报局的成立打下了基础，他对情报**情有独钟**。

fashion [ˈfæʃən] *n.* 流行式样(或货品)，**风尚**，风气；样子，方式

〔真题例句〕More recently, as the Web proved to be more than a **fashion**, companies have started to buy and sell products and services with one another.【1999 年阅读 2】最近，随着人们逐渐证明网络并不仅仅是一种**时尚**，公司之间开始互相购买和销售产品和服务。

fasten [ˈfɑːsn] *v.* 扎牢，**使固定**

〔经典例句〕She **fastened** the notice to the board. 她把通知**贴**到布告板上。

fatal [ˈfeitl] *a.* **致命的**，毁灭性的

真题例句 It has long been known that total sleep deprivation is 100 percent **fatal** to rats, yet, upon examination of the dead bodies, the animals look completely normal. 【1995年完形】人们通过长时间的研究了解到，完全剥夺老鼠的睡眠是对其**具有100%的致命性的**，然而，在检查老鼠尸体时，这些动物看上去完全正常。

faulty [ˈfɔːlti] *a.* 有错误的，**有缺点的**

经典例句 Consumers are encouraged to complain about **faulty** goods. 要鼓励消费者对**劣质商品**投诉。

favourable/favorable [ˈfeivərəbl] *a.* 赞许的，有利的，讨人喜欢的；**良好的**

真题例句 Economists have been particularly surprised by **favorable** inflation figures in Britain and the United States, since conventional measures suggest that both economies, and especially America's, have little productive slack. 【1997年阅读5】美、英两国**良性的**通货膨胀率让经济学家感到尤为吃惊，因为传统的衡量标准显示，这两个国家的经济，尤其是美国的经济，几乎没有多少生产弹性。

favourite/favorite [ˈfeivərit] *n.* 最喜欢的人或物 *a.* **喜爱的，特别喜欢的**

经典例句 It used to be my **favourite** restaurant but the standard of cooking has fallen off recently. 那是我以前**最喜欢的**饭馆，但近来烹饪水平已大不如从前了。

feasible [ˈfiːzəbl] *a.* **可行的**

经典例句 It's quite clear that the electric car is technically **feasible**. 很清楚，电动汽车在技术上是**可行的**。

feast [fiːst] *n.* **节日；宴会**

经典例句 Christmas is an important **feast** for Christians. 圣诞节是基督教徒的一个重要**节日**。

feat [fiːt] *n.* **功绩，伟业，技艺**

经典例句 Apparently impossible **feats** are now accomplished by science. 许多看起来不可能的**伟大业绩**现在已经由科学实现了。

feature [ˈfiːtʃə] *n.* **特征；特色；特写** *v.* 以……为特色

真题例句 The complementary coastlines and certain geological **features** that seem to span the ocean are reminders of where the two continents were once joined. 【1998年阅读5】完全吻合的海岸线以及似乎横跨海洋的引人注目的地质**特征**提示人们：这两块大陆曾经连接在一起。

feeble [ˈfiːbl] *a.* **虚弱的，无力的**

经典例句 This was his fatal defect; he was of **feeble** will. 这是他致命的弱点，他意志**薄弱**。

fertile [ˈfəːtail] *a.* **肥沃的，富饶的；能繁殖的**

经典例句 The rotation of crops keeps the soil healthy and **fertile**. 谷物轮种使土壤保持了高质和**肥沃**。

fiction [ˈfikʃən] *n.* 虚构，编造；**小说**

真题例句 Anna was reading a piece of science **fiction**, completely lost to the outside world. 【1991年词汇】安娜在读一本科幻**小说**，完全忘记了周围的事情。

fierce [fiəs] *a.* 凶猛的，残忍的；狂热的，**激烈的**

真题例句 Any threat of monopoly, they argue, is removed by **fierce** competition from trucks. 【2003年阅读3】他们认为由于公路运输的**激烈**竞争，垄断的威胁已经不复存在了。

figure [ˈfigə] *n.* 体形；**数字**；图形；人物 *v.* (out)算出，估计；推测

真题例句 As a result, California's growth rate dropped during the 1970s, to 18.5 percent—little more than two thirds the 1960s growth **figure** and considerably below that of other Western states. 【1998年阅读4】结果，20世纪70年代，加利福尼亚州的人口增长率下降到18.5%——只比20世纪60年代增长**率**的2/3略高一点，大大低于西部其他州。

finance [faiˈnæns, fi-] *n.* 财政，**金融** *v.* 为……提供资金

真题例句 This also involves the agreements between European countries for the creation of a European bank for Television Production which, on the model of the European Investments Bank, will handle the **finances** necessary for production costs. 【2005年英译汉】这也要求欧洲各国达成共识，并效仿能解决生产所需**资金**的欧洲投资银行的模式，来创立一个欧洲节目制作资源库。

financial [faiˈnænʃəl] *a.* 财政的，**金融的**

真题例句 A bill by Democratic Senator Robert Byrd of West Virginia, which would offer **financial** incentives for private industry, is a promising start. 【2005年阅读2】西弗吉尼亚州民主党议员Robert Byrd提出议案，用**资金**去推动私有企业(进行环保)，这是一个良好的开端。

finite [ˈfainait] *a.* **有限的**

真题例句 We must pour out a large stream of essential words, unhampered by stops, or qualifying adjectives, or **finite** verbs. 【2003年阅读4】我们必须大量使用基本词汇，摆脱句号、修饰性形容词及**限定**动词的限制。

flame [fleim] *n.* 火焰，火苗；热情；**光辉** *v.* 燃烧

经典例句 The moon's **flame** brightened the vast expanse of grassland. 月**光**照亮了广阔的草原。

flap [flæp] *n.* 垂下物，帽沿，袋盖；**焦虑** *n. /v.* 拍打，拍动

真题例句 The **flap** over rap is not making life any easier for him. 【1997 年阅读 4】人们对说唱音乐的**焦虑**并没使他的日子好过一点。

flare [flɛə] *v./n.* **闪耀**，**闪烁**

经典例句 The captain of the sinking ship used **flares** to attract the attention of the coastguard. 轮船正在下沉，船长向海岸巡逻队发出**闪光**信号求救。

flash [flæʃ] *n./a.* 闪光(的) *v.* 发闪光，闪亮；闪现

真题例句 This is no **flash** in the pan; over the past couple of years, inflation has been consistently lower than expected in Britain and America. 【1997 年阅读 5】这不是**昙花一现**。在过去几年里，英国和美国的通货膨胀率始终低于预测水平。

flatter [ˈflætə] *vt.* **奉承**；使高兴

经典例句 Most inferiors **flattered** their superiors with an exception of Mr Park. 大多数下级都**奉承**上级，唯有帕克先生例外。

flaw [flɔː] *n.* 裂缝；**缺陷**

经典例句 It's a pity that her skinhad much flaw with the scar. 很遗憾，这块疤痕在她皮肤上造成了**缺陷**。

flee [fliː] *v.* 逃走；**逃避**

真题例句 Then it sponsors lots of symposiums and a credibility project dedicated to wondering why customers are annoyed and **fleeing** in large numbers. 【2001 年阅读 3】然后它又出资组织研讨会和一个可信度调查项目，去探究顾客们为什么被激怒以及大量**流失**的原因。

fleet [fliːt] *n.* **舰队**，船队

经典例句 The **fleet** is manoeuvring in combination with the air unit. **舰队**正和航空部队进行联合演习。

flexible [ˈfleksəbl] *a.* 柔韧的，易弯曲的，**灵活的**，能变形的

真题例句 Clearly, only the biggest and most **flexible** television companies are going to be able to compete in such a rich and hotly-contested market. 【2005 年阅读 Part C】显然，只有大型化的、**应变能力强的**电视传媒集团才能够在这个精彩纷呈而又竞争激烈的市场中生存。

fling [fliŋ] *v.* (用力地)**扔**，抛，丢

经典例句 She **flung** down her large handbag on the table. 她把那只大手提包**扔**在桌子上。

flock [flɔk] *n.* (一)群，(禽，畜等的)群；大量 *v.* 群集，**成群**

真题例句 Americans **flocked** to these fairs to admire the new machines and thus to renew their faith in the beneficence of technological advance. 【1996 年阅读 4】美国人蜂拥到这

些集市和博览会去欣赏新的机械，这也更坚定了他们对科技进步带来的益处的信心。

flourish [ˈflʌriʃ] *n./v.* **繁荣**，茂盛，兴旺

真题例句 It's a theory to which many economists subscribe, but in practice it often leaves railroads in the position of determining which companies will **flourish** and which will fail. 【2003年阅读3】这种理论得到了多数经济学家的认同，但在实际操作中，它使铁路公司获得了一个决定谁败谁荣的权力。

fluctuate [ˈflʌktjueit] *v.* (使)**波动**；(使)起伏

真题例句 With prices **fluctuating** so much, it's hard for the company to plan a budget. 【1993年词汇】因为价格**波动**太大，公司很难做出预算。

fluent [ˈflu(:)ənt] *a.* **流利的**，流畅的

经典例句 She likes him all the better for his **fluent** spoken English. 正因为他操一口**流利的**英语，她更爱他。

fluid [ˈflu(:)id] *a.* 流动的，液体的 *n.* **流体**，液体

经典例句 Air is a **fluid** but not a liquid, while water is both a **fluid** and a liquid. 空气是**流体**不是液体，而水既是**流体**又是液体.

flush [flʌʃ] *n./v.* **脸红** *v.* 冲洗，奔流 *a.* (with)齐平的，同高的

经典例句 Mary **flushed** crimson with embarrassment. 玛丽羞得**脸红**了。

foam [fəum] *v./n.* **泡沫**，起泡沫

经典例句 The sea was flecked with **foam**. 大海上涌起点点**泡沫**.

focus [ˈfəukəs] *n.* 焦点，(活动，兴趣等的)中心 *v.* (on)使聚集，**集中**

真题例句 Although we **focus** on the needs of exceptional children, we find ourselves describing their environment as well. 【1994年阅读3】尽管我们关注的**焦点**是弱智儿童的需要，但我们发现自己也在描述他们的生活环境。

forbid [fəˈbid] *v.* **禁止**，不许

真题例句 Because current federal law already **forbids** the use of federal funds to create embryos (the earliest stage of human offspring before birth) for research or to knowingly endanger an embryo's life, NBAC will remain silent on embryo research. 【1999年阅读4】因为现行的联邦法律已经**禁止**使用联邦基金克隆研究用的胚胎(人类后代出生前的最早阶段)或有意地危及胚胎的生命，NBAC在胚胎研究这一问题上保持沉默。

forecast [ˈfɔ:kɑ:st] *v./n.* **预测**，预报

真题例句 Despite a spell of initial optimism in the 1960s and 1970s when it appeared that transistor circuits and microprocessors might be able to copy the action of the human brain by the year 2010, researchers lately have begun to extend that **forecast** by decades if not centuries. 【2002年阅读2】虽然在20世纪60年代和70年代人们最初有过一段乐观的

时期——那时候仿佛晶体管电路和微处理器的发展将使它们在 2010 年能够模仿人类大脑的活动——但是最近研究人员已经开始将这个**预测**延后，没有数百年，也需要数十年。

foremost [ˈfɔːməust] *a.* 最先的；最初的；**主要的** *ad.* 首要地

　　真题例句 The **foremost** reason why the BBC has to readjust itself is no other than the urgent necessity to reduce costs and jobs. 【1996 年阅读 2】BBC 不得不重新进行自我调整的**主要**原因不是别的，正是为了降低成本、裁减员工的迫切需要。

foresee [fɔːˈsiː] *v.* **预见**，预知

　　真题例句 Although it ruled that there is no constitutional right to physician-assisted suicide, the Court in effect supported the medical principle of "double effect", a centuries-old moral principle holding that an action having two effects — a good one that is intended and a harmful one that is **foreseen** — is permissible if the actor intends only the good effect. 【2002 年阅读 4】尽管裁决认为，宪法没有赋予医生帮助病人自杀的权利，然而最高法庭实际上却认可了医疗界的"双效"原则，这个存在了好几个世纪的道德原则认为，如果某种行为具有双重效果（希望达到的好效果和可以**预见**到的坏效果），那么，只要行为实施是为了达到好的效果，这个行为就是可以被允许的。

forge [fɔːdʒ] *v.* 锻造，**伪造** *n.* 锻工车间；锻炉

　　经典例句 They **forged** their manager's signature on the cheque. 他们在支票上**伪造**了经理的签名。

formal [ˈfɔːməl] *a.* **正式的**；形式的

　　真题例句 Mr. McWhorter acknowledges that **formal** language is not strictly necessary, and proposes no radical educational reforms — he is really grieving over the loss of something beautiful more than useful. 【2005 年阅读 4】麦克沃特先生认为**正式**语言并非不可或缺，他并没有提出激进的教育改革——其实他只是为了那些非实用的美好事物的消失而哀叹。

format [ˈfɔːmæt, -mɑːt] *n.* （出版物的）开本，版式，**格式**，设计，安排 *v.* 使格式化

　　经典例句 It also incorporate new optimization specific to particular server and local database **format**. 它也把新的优化细节合并到特殊服务器与本地数据库**格式**中。

formation [fɔːˈmeiʃən] *n.* **形成**；构成

　　真题例句 As the dome grows, the plate develops deep fissures (cracks); in at least a few cases the continent may break entirely along some of these fissures, so that the hot spot initiates the **formation** of a new ocean. 【1998 年阅读 5】随着圆顶形的不断增大，板块会出现深深的裂缝。至少有几次，大陆可能会沿着这样的一些裂缝完全裂开，因此这个热点就开始**形成**一个新的海洋。

former [ˈfɔːmə] *a.* **以前的**，在前的 *pron.* 前者

真题例句 Supreme Court Justice Sandra Day O'Connor is in her 70s, and **former** surgeon general C. Everett Koop chairs an Internet start-up in his 80s.【2003 年阅读 4】最高法院的法官 Sandra Day O'Connor 已经 70 多岁了,**前**卫生局医疗主任 C. Everett Koop 80 多岁还出任了一家互联网公司的总裁。

formidable [ˈfɔ:midəbl] *a.* 强大的;令人敬畏的;可怕的;**艰难的**

经典例句 They climbed up the last part of the mountain in **formidable** weather conditions. 他们在**恶劣的**天气条件下登上了山峰。

formula [ˈfɔ:mjulə] (*pl.* formulae) *n.* **公式**;程式

经典例句 It's the **formula** for converting gallons into liters. 这是加仑与升的换算**公式**。

formulate [ˈfɔ:mjuleit] *v.* 构想;规划;**系统地阐述**

真题例句 He reasoned that because it is easier to **formulate** certain concepts and not others in a given language, the speakers of that language think along one track and not along another.【2004 年阅读 Part B】他推断:由于人们更容易**阐明**一种特定语言中的某些概念而不是其他概念,所以讲这种语言的人是按照一种思路而不是另一种思路考虑。

forth [fɔ:θ] *ad.* **向前**;向外,往外

经典例句 He went **forth** into the desert to pray. 他**向前**走到沙漠中祈祷。

forthcoming [fɔ:θˈkʌmiŋ] *a.* **即将到来的**

经典例句 The **forthcoming** talks hold out the hope of real arms reductions. **即将举行的**会谈给实现真正的裁军带来了希望。

foul [faul] *a.* **污秽的**;邪恶的 *v.* 弄脏;妨害;犯规 *n.* 犯规

经典例句 He opened the window to let out the **foul** air. 他打开窗户,释放出**污浊的**空气。

foundation [faunˈdeiʃən] *n.* **基础**,根本,建立,创立;地基,基金,基金会

经典例句 He laid the **foundation** of his success by study and hard work. 他通过学习和努力工作为成功打下了**基础**。

fraction [ˈfrækʃən] *n.* 碎片,小部分,一点儿;分数

真题例句 They have built robots that can recognize the error of a machine panel by a **fraction** of a millimeter in a controlled factory environment.【2002 年阅读 2】他们(研究者)制造的机器人可以在受控的工厂环境中,识别控制面板上毫米以下的**极小误差**。

fragile [ˈfrædʒail] *a.* **易碎的**,脆的,易损坏的;虚弱的,脆弱的

经典例句 This glass plate is very **fragile**. 这个玻璃盘子很**容易碎**。

frame [freim] *n.* **框架**;体格;骨架;组织;机构 *v.* 设计;制定;装框子

真题例句 The significance of hot spots is not confined to their role as a **frame** of reference.

It now appears that they also have an important influence on the geophysical processes that propel the plates across the globe. 【1998 年阅读 5】热点地区的重要性并不仅仅局限于作为参照**体系**这一作用上。现在看来，它们对推动板块在全球移动的地质物理过程也产生了重要影响。

frank [fræŋk] *a.* **坦白的**，直率的

经典例句 To be very **frank**, I think you have very little chance of getting the job. **坦白地**说，我认为你获得这项工作的机会微乎其微。

friction [ˈfrikʃən] *n.* **摩擦**，摩擦力

经典例句 **Friction** against the rock, combined with the weight of the climber, caused his rope to break. 与岩石之间的**摩擦**加上攀登者的重量，使得绳子断了。

fringe [frindʒ] *n.* **边缘**；（窗帘）缘饰；额前垂发 *vt.* 饰……的边

经典例句 Your correspondent had only touched upon the **fringe** of the matter. 你的报道只谈到了问题的**边缘**。

frontier [ˈfrʌntjə] *n.* 国境，边境；尖端，**新领域**

经典例句 The **frontiers** of medical knowledge are being pushed forwards as time goes on. 医学知识的**新领域**正随着时间向前推进。

frown [fraun] *v.* **皱眉**

经典例句 The teacher **frowned** angrily at the noisy class. 老师对那班吵嚷的学生生气地**皱起了眉头**。

frustrate [frʌsˈtreit] *vt.* **挫败**，阻挠，使灰心

经典例句 The terrible weather **frustrated** our hopes of going out. 恶劣的天气使我们外出的愿望**无法实现**。

fulfil [fulˈfil] /**fulfill** [fulˈfil] *v.* **完成**，履行，实践，满足

经典例句 In spite of all the difficulties, we **fulfilled** our task ahead of schedule. 尽管有许多困难，我们还是提前**完成**了任务。

fume [fjuːm] *n.* （浓烈或难闻的）**烟**，气，汽

经典例句 The fireman was suffocated by the **fumes**. 那个消防队员让**浓烟**憋死了。

function [ˈfʌŋkʃən] *n.* 功能，**作用**；（*pl.*）职务，职责；函数 *v.* 起作用

真题例句 His **function** is analogous to that of a judge, who must accept the obligation of revealing in as obvious a manner as possible the course of reasoning which led him to his decision. 【2006 年阅读 Part C】他的**作用**类似于法官，其承担的责任就是必须把他作出决定的推理过程尽可能清楚地揭示出来。

fund [fʌnd] *n.* **资金**，基金

真题例句 This kind of support, like all government support, requires decisions about the appropriate recipients of **funds**.【1996 年英译汉】这种资助就像所有政府资助一样，需要决定**资金**的合适接受对象。

fundamental [ˌfʌndə'mentl] *a.* 基础的，**基本的** *n.* (*pl.*)基本原则，基本原理

经典例句 Over the years, tools and technology themselves as a source of **fundamental** innovation have largely been ignored by historians and philosophers of science.【1994 年英译汉】多年以来，工具和技术本身作为创新**基本的**源泉，在很大程度上被历史学家和哲学家们忽略了。

furious ['fjuəriəs] *a.* 狂怒的，狂暴的，**猛烈的**

经典例句 There was a **furious** knock at the door. 有人在**猛烈地**敲门。

furnish ['fə:niʃ] *v.* **供应**，提供；装备，布置

经典例句 The shop **furnishes** everything that is needed for camping. 这家商店**供应**各种野营用品。

furthermore [fɜ:ðə'mɔ:(r)] *ad.* **而且**，此外

真题例句 A woman's whole period of childbearing may occur within five years. **Furthermore**, with compulsory education from the age of five or six her role as chief educator of her children soon ceases.【1988 年阅读3】女人抚养孩子的全部时间发生在 5 年之内。**而且**，在孩子五六岁接受义务教育之后，女人作为孩子主要教育者的作用不久就中止了。

fuse [fju:z] *n.* **保险丝**，导火线，引信 *v.* 熔化，熔合

经典例句 The **fuse**-box is in the kitchen. **保险丝**盒子在厨房里。

fuss [fʌs] *n./v.* 忙乱，**大惊小怪**

经典例句 Don't make so much **fuss** over losing a pen. 别为了丢失一支笔就这样**大惊小怪**。

futile ['fju:tail,-til] *a.* **无效的**，无用的，无希望的

经典例句 He made a **futile** exercise. 他做了一次**无效的**练习。

gallop ['gæləp] *v./n.* 奔驰，**飞奔**

经典例句 He rode off at a **gallop**. 他骑马**疾驰**而去。

gamble ['gæmbl] *n./v.* 投机，冒险；**赌博**

真题例句 He had never **gambled** before the casino sent him a coupon for ＄20 worth of gambling.【2006 年阅读 Part B】在赌场送给他可以赌博的价值 20 美元的优惠券之前，他从不**赌博**。

gap [gæp] *n.* **缺口**；间隙

真题例句 If a farmer wishes to succeed, he must try to keep a wide **gap** between his consumption and his production.【2000 年完形】如果一个农民希望有收获，他就必须使

其产量远远大于其消费量。

gasp [gɑːsp] *n.* 喘息，气喘 *v.* **喘息**；气吁吁地说

经典例句 I came out of the water and **gasped** for breath. 我钻出水面急切地喘了口气。

gauge [gedʒ] *n.* 标准尺寸；规格；量规，量表 *v.* 测量；**估计**

经典例句 It was difficult to **gauge** how people would respond. 难以**估计**大家的反应如何。

gaze [geiz] *v./n.* 凝视，注视

经典例句 Your intent **gaze** made her uncomfortable. 你的注目**凝视**使她感到不自在。

gear [giə] *n.* 齿轮，传动装置；工具，用具 *v.* (to)调整，使适合

经典例句 The plumber stowed all his **gear** in a canvas bag. 管子工把他所有的**工具**都装进一只帆布袋里。

generalise/generalize ['dʒenərəlaiz] *v.* 归纳，**概括**；推广，普及

经典例句 Perhaps you oughtn't to **generalize** about that. 也许你不该对那事一**概而论**。

generate ['dʒenəˌreit] *vt.* **产生**，发生

真题例句 This may be because some people do not have the genes necessary to **generate** particular smell receptors in the nose. 【2005 年完形】这可能是因为有些人缺少某种基因，这种基因正好用于**产生**鼻子里对某种味道的感受器。

generous ['dʒenərəs] *a.* 宽宏大量的，**慷慨的**

经典例句 She was always very **generous** in her charity. 她行善时总是很**慷慨**。

genius ['dʒiːnjəs] *n.* **天才**

真题例句 Science moves forward, they say, not so much through the insights of great men of **genius** as because of more ordinary things like improved techniques and tools. 【1994 年英译汉】他们说，科学的发展与其说源于**天才**伟人的真知灼见，不如说源于改进了的技术和工具等更为普通的东西。

genuine ['dʒenjuin] *a.* **真正的**，名副其实的

经典例句 He has a **genuine** desire to help us. 他**真心诚意**地愿意帮助我们。

giant ['dʒaiənt] *n.* 巨人 *a.* **巨大的**

真题例句 Few creations of big technology capture the imagination like **giant** dams. 【1998 年阅读 1】没有什么技术发明像**大型**水坝这样能抓得住人们的想象力。

glamour ['glæmə] *n.* (glamor)**魅力**；魔法 *vt.* 迷惑

经典例句 She added a touch of **glamour** by wearing a beautiful dress. 她换上一件漂亮衣服，增添了一分**魅力**。

glare [glɛə] *vi.* **怒目而视**；发射强光 *n.* 强光；怒视；炫耀

经典例句 They stood there, **glaring** at each other. 他们站在那,互相**怒视**着对方。

glide [glaid] *n./v.* 溜,滑行;(时间)消逝

经典例句 Youth **glided** past without our awareness. 青春在不知不觉中**逝去**。

glimpse [glimps] *n./v.* 一**瞥**,瞥见

真题例句 But the human mind can **glimpse** a rapidly changing scene and immediately disregard the 98 percent that is irrelevant, instantaneously focusing on the monkey at the side of a winding forest road or the single suspicious face in a big crowd. 【2002 年阅读 2】但是人类只要**瞥**一下一个快速变化的场景,大脑便能立刻剔除98%的无用信息,立即聚焦在蜿蜒的林间小路旁的那只猴子或人群中那张可疑的面孔上。

glitter [ˈglitə] *n.* 光辉,灿烂 *v.* **闪闪发光**;闪耀

经典例句 The diamond ring on her finger **glittered** in the light. 她手指上的钻石戒指在灯光下**闪闪发光**。

global [ˈgləubəl] *a.* 球形的;**全球的**,全世界的;全面的

真题例句 Both previous shocks resulted in double-digit inflation and **global** economic decline. 【2002 年阅读 3】这两次的石油恐慌都导致了两位数通货膨胀和**全球性的**经济衰退。

gloomy [ˈgluːmi] *a.* 阴暗的,**阴沉的**,令人沮丧的,阴郁的

经典例句 Loneliness in a **gloomy** raining day may be unbearable to him. 对他来说,**阴沉的**雨天里的寂寞感是难以忍受的。

glorious [ˈglɔːriəs] *a.* 壮丽的,辉煌的;**光荣的**

经典例句 The soldiers won the **glorious** victory. 战士们赢得了**光荣的**胜利。

glory [ˈglɔːri] *n.* **光荣**,荣誉

真题例句 Galileo's greatest **glory** was that in 1609 he was the first person to turn the newly invented telescope on the heavens to prove that the planets revolve around the sun rather than around the earth. 【1994 年英译汉】伽利略最**光辉的业绩**在于他在 1609 年第一个把新发明的望远镜对准天空,以证实星星是围绕太阳旋转,而不是围绕地球旋转。

glow [gləu] *v.* 发热,**发光**,发红 *n.* 白热

真题例句 When the United States entered just such a **glowing** period after the end of the Second World War, it had a market eight times larger than any competitor, giving its industries unparalleled economies of scale. 【2000 年阅读 1】"二战"结束后,美国恰好进入了这样一段**辉煌**时期,其市场是任何竞争者的 8 倍,这使其工业经济具有前所未有的经济规模。

gorgeous [ˈgɔːdʒəs] *a.* **华丽的**;灿烂的;美丽的;宜人的;很棒的

经典例句 Children shout when they see the peacock spread his **gorgeous** tail. 当孔雀展

现它**华丽的**尾巴时，孩子们大声叫着。

govern ['gʌvən] v. **统治，管理**；**决定，支配**

经典例句 Britain was mandated to **govern** the former colony of German East Africa. 英国受权**代管**德国在东非的前殖民地。

真题例句 But his primary task is not to think about the moral code which **governs** his activity, any more than a businessman is expected to dedicate his energies to an exploration of rules of conduct in business. 【2006 年英译汉】但是他首要的任务不是思考**制约**其行为道德规范，就像人们不会指望商人致力于探究商业活动规律一样。

grab [græb] v./n. (at) **抓(住)**；**夺(得)**

真题例句 Everyone is very peaceful, polite and friendly until, waiting in a line for lunch, the new arrival is suddenly pushed aside by a man in a white coat, who rushes to the head of the line, **grabs** his food and stomps over to a table by himself. 【2002 年阅读 1】每个人都很安静，有礼貌，非常友好，但是在排队吃午饭的时候，新来的人突然被一个穿白大褂的人推到一边，这个穿白大褂的人挤到队伍最前面，**抓起**食物，"咚咚咚"跑到桌边自顾自地吃了起来。

grace [greis] n. **优美，文雅**；**恩惠，恩泽**

经典例句 She performed on the balance beam with much **grace**. 她在平衡木上表演得非常**优美**。

graceful ['greisful] a. **优美的，文雅的**，大方的

经典例句 She runs up the stairs with a light **graceful** step. 她以轻快**优雅的**步子奔上楼去。

gracious ['greiʃəs] a. 亲切的，**客气的**；宽厚的，仁慈的

经典例句 He is **gracious** to his inferiors. 他对待下级**和蔼可亲**。

gradual ['grædjuəl] a. **逐渐的**，逐步的

经典例句 There has been a **gradual** increase in the number of people owning cars. 拥有汽车的人数在**逐渐**上升。

graduate ['grædjueit, -dʒueit] n. (大学)**毕业生**，获(学士)学位者 v. 使(大学)毕业获学位 a. 毕了业的；研究生的

经典例句 He is a **graduate** in medicine. 他是医科**毕业生**。

grand [grænd] a. **盛大的**，豪华的；重大的，主要的

经典例句 He gave a **grand** party for friends and relations. 他举办**盛大的**宴会招待亲友。

grant [grɑːnt] v. 同意，准予；给予授予 n. **授予物**

经典例句 You can get a **grant** to improve your house. 你可以得到一笔**拨款**来修缮住房。

grasp [grɑːsp] v./n. 抓住，抓紧；掌握，**领会**

真题例句 Intelligence seeks to **grasp**, manipulate, re-order, and adjust, while intellect examines, ponders, wonders, theorizes, criticizes and imagines. 【2004 年阅读 4】智力寻求的是**理解**、运用、整合和调节，而才学寻求的是审视、思考、探究、形成理论、批判和想象。

grateful ['greitful] *a.* (to, for)**感激的**；感谢的

经典例句 He was **grateful** for all you did. 他对你所做的一切表示**感激**。

grave [greiv] *n.* **坟墓** *a.* 严肃的，庄重的

真题例句 Over three decades, some 10 million smokers went to early **graves**. 【2005 年阅读 2】30 年来，大约有 1000 万吸烟者过早**死去**。

gravity ['græviti] *n.* 重力，**引力**；严肃，庄重

真题例句 Sir Isaac Newton supposedly discovered **gravity** through the fall of an apple. 【1999 年阅读 5】人们认为，埃塞克·牛顿爵士是通过观察苹果的坠落而发现**地心引力**的。

graze [greiz] *vi.* **吃青草** *vt.* 放牧；擦伤；掠过 *n.* 擦伤(处)

经典例句 Cattle were **grazing** in the field. 牛在地里**吃草**。

grease [gri:s] *n.* 动物脂，油脂，润滑脂 *v.* **抹油**，润滑

经典例句 If you **grease** the lock it will turn more easily. 如果你给这把锁**抹上油**，转动起来就容易了。

greedy ['gri:di] *a.* **贪吃的**，贪婪的，渴望的

经典例句 He's not hungry. He's just **greedy**. 他不饿，只是**贪吃**而已。

grieve [gri:v] *v.* 使悲伤，**使伤心**

经典例句 She is still **grieving** for her dead husband. 她仍在**为死去的丈夫伤心**。

grin [grin] *n.* / *vi.* 露齿而笑，**咧嘴一笑**

经典例句 He was **grinning** with delight. 他高兴得**咧开嘴笑**。

grind [graind] *v.* 磨(碎)，碾(碎)，**挤压**

经典例句 He **ground** his knee into the man's stomach. 他用膝盖**挤压**那人的肚子。

grip [grip] *v.* / *n.* 紧握，抓紧；掌握

真题例句 Strengthening economic growth, at the same time as winter **grips** the northern hemisphere, could push the price higher still in the short term. 【2002 年阅读 3】同时，稳定的经济增长，北半球**进入冬季**，这些因素会在短期内导致石油价格的进一步上涨。

groan [grəun] *v.* / *n.* **呻吟**

真题例句 They're all **groaning** about soaring health budgets, the fastest-growing component of which are pharmaceutical costs. 【2005 年阅读 2】他们对暴涨的医疗预算**怨气冲天**，其中增长最快的部分要算是药品的费用。

grope [grəup] *n./v.* 摸索，探索

经典例句 He **groped** for the door handle in the dark. 他在黑暗中**摸索**着找门把手。

gross [grəus] *a.* **总的**，毛(重)的；粗鲁的，粗俗的 *n.* 总额

经典例句 The **gross** national product had increased 5 percent last year. 去年的国民生产**总值**提高了5%。

growth [grəuθ] *n.* **生长**，增长，发展

真题例句 By contrast, the process of personal **growth** is much more difficult to determine, since by definition it is a journey and not the specific signposts or landmarks along the way. 【1995 年阅读 2】与之相反，个人的**成长**过程却难以确定得多，因为它是名副其实的一次旅程，而不是沿途的具体路标或里程碑。

guarantee [ˌgærən'tiː] *n.* **保证**，保证书 *v.* 保证，担保

真题例句 And perhaps most important of all, advertising provides a **guarantee** of reasonable value in the products and services you buy. 【1995 年阅读 1】也许最重要的是，广告为你所购买的商品和服务提供了一个合理的价值**保障**。

guilty [ˈgilti] *a.* (of)有罪的，**内疚的**

真题例句 A variety of activities should be organized so that participants can remain active as long as they want and then go on to something else without feeling **guilty** and without letting the other participants down. 【2003 年完形】应组织各种不同的活动，以便让参加者能尽可能长时间地保持积极主动，并让他们能接着做其他事情而不感到**内疚**，也不会让其他参加者感到失望。

habitat [ˈhæbitæt] *n.* (动物的)**栖息地**，(植物的)产地

经典例句 The polar region is the **habitat** of the polar bear. 北极地带为北极熊的**栖息地**。

hail [heil] *v.* **下雹**；欢呼，欢迎 *n.* 雹

经典例句 It **hailed** last night. 昨夜**下冰雹**了。

halt [hɔːlt] *n.* 止步，停步，停止前进 *v.* 止步，(使)**停止**

经典例句 The car **halted** by the house. 汽车停在房屋旁边。

hamper [ˈhæmpə] *v.* 妨碍，**阻碍**，牵制

经典例句 The snow **hampered** my movements. 大雪**阻碍**了我的行动。

handicap [ˈhændikæp] *v.* 妨碍，使不利 *n.* (身体或智力方面的)**缺陷**；不利条件，障碍

经典例句 Blindness is a great **handicap**. 失明是一种重大的**残疾**。

handle [ˈhændl] *n.* 柄，把手，拉手 *v.* **处理**，对待，操纵；触，抚养

真题例句 A history of long and effortless success can be a dreadful handicap, but, if properly **handled**, it may become a driving force. 【2000 阅读 1】毫不费力就可以获得持久

成功的历史可能是一种可怕的障碍，但是，如果**处理**得当，它也能成为一种前进的动力。

handy ['hændi] *a.* 手边的，**近便的**；方便的

经典例句 The shops are quite **handy**. 商店就在**附近**。

harden ['hɑːdn] *v.* (使)**变硬**

经典例句 The earth **hardens** under the hot sun. 土地被炎热的太阳**晒硬**了。

hardly ['hɑːdli] *ad.* **几乎不**，简直不；仅仅

真题例句 This, though it fulfills the laws and requirements of Futurist poetry, can **hardly** be classed as Literature. 【2000 阅读3】这尽管符合未来派诗歌的规则和要求，但却**根本不能**算做文学。

harm [hɑːm] *n./v.* 伤害，损害，**危害**

真题例句 Several giant dam projects threaten to do more **harm** than good. 【1998 年阅读1】几个大型水坝项目对人们的**危害**似乎要大于它们的益处。

harmony ['hɑːməni] *n.* 协调，**和谐**；融洽

真题例句 Man is working in complete **harmony** with the rest of the society. 【1993 年阅读2】社会中人与人之间要在完全**和谐的氛围**中一起工作。

harness ['hɑːnis] *v.* 治理，利用

真题例句 One leading authority says that these intensely powerful mental events can be not only **harnessed** but actually brought under conscious control, to help us sleep and feel better. 【2005 年阅读3】一位权威人士说，这些极强的心理活动不仅可以得到**利用**，而且还可以在意识的驱使下得到控制以便能帮助我们获得更好的睡眠和感觉。

harsh [hɑːʃ] *a.* 粗糙的；(声音)刺耳的；苛刻的，**严酷的**

真题例句 The **harsh** realities of the frontier also shaped this tradition of hospitality. 【1997 年阅读2】边界地区**严酷的**现实也帮助美国人形成了这种好客传统。

haste [heist] *n.* **匆忙**，急速；草率 *v.* 赶快；匆忙

经典例句 In his **haste**, he forgot to bring his glasses with him. **匆忙**之中，他忘了带眼镜。

常用词组 More haste, less speed. 欲速则不达。

hasty ['heisti] *a.* **匆忙的**，仓促的；草率的

经典例句 I don't think it's right to make such a **hasty** decision. 我认为作出如此**仓促的**决定是不正确的。

hatch [hætʃ] *v.* **孵**，孵出；策划，图谋 *n.* 舱口，小门

经典例句 Don't count the chickens before they are **hatched**. [谚] 鸡蛋还未**孵**，别忙数鸡雏。

haul [hɔːl] *v.* 拖曳，拖运，**用力拖**

经典例句 They **hauled** the boat up the beach. 他们把船**拖**上岸。

hazard ['hæzəd] n. 危险，**冒险**，危害 v. 冒险，拼命

经典例句 His life was full of **hazards**. 他的一生是充满**冒险**的一生。

heal [hi:l] v. **治愈**，愈合

经典例句 Time **heals** all sorrows. 时间会**治愈**一切忧伤。

heap [hi:p] n. (一)**堆**，大量，许多 v. (up)堆，堆起

经典例句 We have **heaps** of homework tonight. 今晚我们有一大**堆**作业。

常用词组 a heap of 一大堆，很多，大量

heave [hi:v] v. (用力)举，提，拉；**扔**；拖；呕吐 n. 举起

经典例句 He **hove** a chair through the window. 他把椅子从窗户中**扔**出。

常用词组 heave up 用力举起；呕吐；放弃

hedge [hedʒ] n. 篱笆，**树篱**，障碍物 v. 用树篱围住

经典例句 A **hedge** forms the division between her land and mine. 有一道**树篱**在她的土地和我的土地之间形成了分界线。

heighten ['haitn] v. **提高**，升高

真题例句 In recent years, railroads have been combining with each other, merging into super systems, causing **heightened** concerns about monopoly. 【2003年阅读3】最近几年，各铁路公司一直在进行互相合并而组成超大型的集团，这引起了人们对垄断的**日益**关注。

helpful ['helpful] a. (to)**有帮助的**，有益的，有用的

真题例句 In thinking about the evolution of memory together with all its possible aspects, it is **helpful** to consider what would happen if memories failed to fade. 【1995年阅读5】在考虑记忆的进化以及记忆的所有可能的方面时，如果记忆不减退，那么对考虑一下未来会发生什么情况是**有帮助的**。

hence [hens] ad. 从此，今后；**因此**

真题例句 Under modern conditions, this requires varying measures of centralized control and **hence** the help of specialized scientists such as economists and operational research experts. 【2000年阅读1】在当前形势下，这需要中央实施不同程度的调控措施，**因此**也需要诸如经济学和运筹学等研究领域专家的协助。

henceforth [hens'fɔ:θ] ad. **今后**

经典例句 **Henceforth** it will be more difficult to avoid customs examination. **从此以后**，避免海关检查将会更加困难。

heritage ['heritidʒ] n. **遗产**，继承物；传统

经典例句 We Chinese have a great cultural **heritage**. 我们中国人有伟大的文化**遗产**。

heroic [hi'rəuik] *a.* 英雄的，英勇的，崇高的

经典例句 His **heroic** action has left a deep impression on people's minds. 他的**英雄**行为在人民心里留下了深刻的印象。

hesitate ['heziteit] *v.* 犹豫，踌躇；含糊，支吾

真题例句 Then our sense of timidity can cause us to **hesitate**, to move slowly, and not to take a step until we know the ground is safe. 【1995年阅读2】如果这样，那么胆怯会使我们**犹豫**、行动缓慢，在迈出一步之前总是先要确定路况是否安全。

highlight ['hailait] *v.* 使显著，**使突出**；强调 *n.* 最精彩的部分，最重要的事件

经典例句 We must **highlight** the Party's ideological and theoretical building. 必须把党的思想理论建设摆在更加突出的位置。

highly ['haili] *ad.* 高度地，很，非常；赞许地

经典例句 Our department store has always been very **highly** commended. 我们的百货商店一向受到**高度**赞扬。

hijack ['haidʒæk] *v.* **劫持**

经典例句 The plane is **hijacked** by six armed terrorists. 该飞机被6个武装的恐怖分子所**劫持**。

hike [haik] *n.* 徒步旅行；增加 *vi.* 徒步旅行 *vt.* 提高

经典例句 After the **hike** to the river the soldiers camped for the night. 战士们**行军**到达河边后便支起帐篷过夜。

hinder ['hində] *v.* (from) 阻止，**妨碍**

经典例句 The travelers were **hindered** by storms throughout their journey. 行者们一路上被暴风雨所**阻碍**。

hint [hint] *n.* 暗示，提示，线索 *v.* 暗示，示意

经典例句 I hinted at his imprudence, his folly, but he did not take my **hint**. 我暗示他的轻率，他的愚蠢，但他没有觉察我的**暗示**。

historic [his'tɔrik] *a.* 有历史意义的；历史的

经典例句 I like visiting these **historic sites**. 我喜欢游览**名胜古迹**。

historical [his'tɔrikəl] *a.* 历史的；有关历史的

真题例句 During this transfer, traditional historical methods were augmented by additional methodologies designed to interpret the new forms of evidence in the **historical** study. 【1999年汉译英】在这种转变过程中，在研究**历史**时，历史学家设计的那些用来解释新凭证的新方法充实了传统的历史研究方法。

hitherto [ˌhiðə'tuː] *ad.* 到目前为止，**迄今**

真题例句 They may alter the structure of education, or interfere in order to reduce the wastage of natural resources or tap resources **hitherto** unexploited.【2000 年阅读 2】他们（政府）还可以改变教育结构或对教育进行干预，以便减少自然资源的浪费，开发**至今**尚未被利用的资源。

hollow ['hɔləu] *a.* 空的，中空的；**空洞的**，空虚的 *v.* 挖空，凿空

经典例句 His protests on human rights sound **hollow**. 他就人权问题提出的抗议听来很**空洞**。

holy ['həuli] *a.* 神圣的，**圣洁的**

经典例句 She was a **holy** woman, innocent and chaste. 她是一个**圣洁的**女人，天真而忠贞。

honourable/honorable ['ɔnərəbl] *a.* **可敬的**；荣誉的，光荣的

经典例句 His conduct speaks him **honorable**. 他的行为表明他是**可敬的**。

hook [huk] *n.* 钩，吊钩，钩状物 *v.* **钩住**

真题例句 In the early days of longline fishing, a lot of fish were lost to sharks after they had been **hooked**.【2006 年阅读 3】早些时候靠长线捕鱼，结果很多鱼在**咬钩**之后成了鲨鱼的美味佳肴。

hopeful ['həupful] *a.* 给人希望的，**抱有希望的**

经典例句 I know him to have been a **hopeful** student of intelligence and ability. 我确信在智慧和能力方面他是一个很**有希望的**学生。

horizon [hə'raizn] *n.* **地平线**；眼界，见识

真题例句 For many of us the "cashless society" is not on the **horizon**—it's already here.【1994 年阅读 2】对我们中的许多人来说，一个"没有现金的社会"已经不是**远在天边**——它已经到来了。

horrible ['hɔrəbl] *a.* 令人恐惧的，**可怕的**；极讨厌的，糟透的

经典例句 Everything is in a **horrible** muddle. 一切都陷入**可怕的**混乱。

horror ['hɔrə] *n.* **恐怖**，战栗

经典例句 He was filled with **horror** at the bad news. 听到这个坏消息，他心里充满**恐怖**。

hose [həuz] *n.* 水龙带，**水管**，软管 *v.* 用软管(淋浇、冲洗)

经典例句 On Sundays, he washes his car down with the garden **hose**. 每逢星期天，他就用花园里的**水管**把汽车冲洗干净。

hospitality [ˌhɔspi'tæliti] *n.* **好客**，殷勤，款待

真题例句 Yet, the old tradition of **hospitality** to strangers is still very strong in the US, especially in the smaller cities and towns away from the busy tourist trails. 【1997 年阅读 2】然而，美国仍然有很强的对陌生人**好客**的传统，尤其是在远离繁忙的旅游区的小城镇里。

host [həust] *n.* **主人**；旅店老板；节目主持人；一大群，许多

经典例句 Which country will be the **host country** for the next Olympic Games? 哪个国家将是下届奥运会的主办国？

hostile ['hostail] *a.* **敌对的**，敌方的，敌意的

真题例句 Stratford-on-Avon, as we all know, has only one industry — William Shakespeare — but there are two distinctly separate and increasingly **hostile** branches. 【2006 年阅读 3】众所周知，埃文河上的斯特拉特福德只有一个产业——威廉·莎士比亚，但那里却有截然不同、日益**敌对的**两派。

hover ['hovə] *vi.* (鸟) **盘旋**，翱翔，(人)逗留在附近徘徊

经典例句 The hawk is **hovering** overhead. 鹰在头顶上**盘旋**。

howl [haul] *n.* 怒吼，嗥叫 *vi.* **狂吠**，(风等)怒吼，咆哮

经典例句 The dog **howled** over its master's body. 狗对着主人的尸体**哀嚎**。

huddle ['hʌdl] *n./v.* 拥挤；聚集 *v.* (因寒冷、害怕而)**缩成一团**

经典例句 The boys **huddled** together in the cave to keep warm. 男孩子们在山洞里**挤成一团**取暖。

identity [ai'dentiti] *n.* 身份；本体；**特征**；同一(性)；一致；国籍；等式

真题例句 Creating a "European **identity**" that respects the different cultures and traditions which go to make up the connecting fabric of the Old Continent is no easy task and demands a strategic choice — that of producing programs in Europe for Europe. 【2005 年英译汉】创造一个"欧洲品牌"(即一个尊重不同文化和传统，而这些文化和传统又可以构成旧大洲的联系网络的统一体)不是一项容易的任务，需要策略性的选择——选择在欧洲为欧洲制作节目。

idle ['aidl] *a.* 空闲的，闲置的；懒散的，无用的，无效的 *v.* 空费，**虚度**

经典例句 Don't **idle** away your time. 不要**虚度**光阴。

ignite [ig'nait] *v.* 点火，**引燃**

经典例句 In a modern coal burning electric generating plant the steam may be hot enough to **ignite** wood. 在一个烧煤的现代化发电厂内，蒸汽也许能热到足以把木头**点燃**起来。

ignorance ['ignərəns] *n.* 无知，愚昧；不知道

经典例句 Knowledge makes humble; **ignorance** make proud. 【谚】知识使人谦虚，**无知**使人骄傲。

ignorant ['ignərənt] *a.* 无知的，愚昧的；**不知道的**

真题例句 He claims to be an expert in astronomy, but in actual fact he is quite **ignorant** on the subject. What little he knows about it is out of date and inaccurate. 【1997 年词汇】他自称是天文学领域的专家，但实际上他对天文学一**无所知**。他所了解的一点点东西既过时了，又不准确。

illegal [i'li:gəl] *a.* 不合法的，**非法的**

经典例句 It's **illegal** to carry guns in our country. 在我们国家，携带枪支是**违法的**。

illuminate [i'lju:mineit] *vt.* **照亮**，照明；用灯光装饰；说明，阐释

经典例句 A sudden smile **illuminated** her face. 突然的微笑**使她容光焕发**。

illustrate ['iləstreit] *v.* 举例说明，**阐明**；图解，加插图

真题例句 The trend was naturally most obvious in those areas of science based especially on a mathematical or laboratory training, and can be **illustrated** in terms of the development of geology in the United Kingdom. 【2000 年阅读 1】这种趋势在那些需要以数学或实验训练为基础的学科中尤其明显，这一点可以从英国的地质学发展中**看出来**。

imaginary [i'mædʒinəri] *a.* 想象的，**虚构的**

经典例句 All the characters in this book are **imaginary**. 这本书中的人物都是**虚构的**。

imaginative [i'mædʒinətiv] *a.* **富有想象力的**，爱想象的

真题例句 The novelist is a highly **imaginative** person。【1986 年词汇】这位小说家是一个有丰富**想象力的**人。

imagine [i'mædʒin] *v.* **想象**，设想，料想

真题例句 Yet it is hard to **imagine** that the merger of a few oil firms today could recreate the same threats to competition that were feared nearly a century ago in the U. S. , when the Standard Oil trust was broken up. 【2001 年阅读 4】但是很难**想象**如今几家石油企业的合并能否重新对竞争机制造成威胁，正如一个世纪以前美国人民曾经担心的那样，当时美国的石油托拉斯被迫解体。

imitate ['imiteit] *v.* **模仿**，仿效；仿造，伪造

真题例句 Instead of describing sounds we must make up new words that **imitate** them. 【2000 年阅读 3】我们必须创造出新的词语来**模拟**声音，而不是描绘声音。

immense [i'mens] *a.* 广大的，**巨大的**

经典例句 It's almost impossible to find him in the **immense** ocean. **在无边无际的海洋中**要找到他几乎是不可能的。

immerse [i'mə:s] *v.* **使沉浸在**；使浸没

经典例句 He **immersed** himself totally in his work. 他**埋头**于工作。

immune [i'mju:n] *a.* **免疫的**，有免疫力的；不受影响的；豁免的，免除的

【真题例句】 The rats develop bacterial infections of the blood, as if their **immune** systems — the self-protecting mechanism against disease — had crashed. 【1995 年完形】老鼠的血液受到细菌感染，似乎它们的**免疫**系统(抵抗疾病的自我保护机制)已崩溃。

impact ['impækt] *n.* 冲击，碰撞；**影响**，效果 *v.* 影响；挤入，压紧

【真题例句】 Proper, scientific study of the **impacts** of dams and of the cost and benefits of controlling water can help to resolve these conflicts. 【1998 年阅读1】对大坝的**影响**和治理洪水的成本、利益进行合理、科学的研究有助于解决这些冲突。

impair [im'pɛə] *v.* 损害，损伤；**削弱**，减少

【经典例句】 His illness has **impaired** his efficiency. 生病**降低**了他的效率。

impart [im'pɑːt] *vt.* **传授**，给予；告知，通知

【经典例句】 A teacher's aim is to **impart** knowledge. 教师的作用是**传授**知识。

imperative [im'perətiv] *n.* 命令；需要；**规则**；祈使语气 *a.* 强制的；紧急的

【真题例句】 Social science methodologies had to be adapted to a discipline governed by the primacy of historical sources rather than the **imperatives** of the contemporary world. 【1999 年英译汉】社会科学方法论必须适应历史资料占主导地位的学科需要，而不是受当代世界**规则**的制约。

implement ['implimənt] *n.* (*pl.*) **工具**，器具 *v.* 贯彻，实现

【真题例句】 He must use this surplus in three ways: as seed for sowing, as an insurance against the unpredictable effects of bad weather and as a commodity which he must sell in order to replace old agricultural **implements** and obtain chemical fertilizers to feed the soil. 【2000 年完形】农民必须以如下三种方式来使用这些剩余粮食：留作播种用，留作坏天气造成的不可预测的后果用，留作商品卖掉以更新农具和买化肥给土壤施肥用。

implication [ˌimpli'keiʃən] *n.* **含意**，暗示，暗指；牵连

【真题例句】 The Supreme Court's decisions on physician-assisted suicide carry important **implications** for how medicine seeks to relieve dying patients of pain and suffering. 【2002 年阅读4】最高法院关于医生协助病人自杀问题的裁决，对于医学界寻求如何用药物减轻病危者的痛苦和所受的折磨这一问题，具有重要的**意义**。

implicit [im'plisit] *a.* 含蓄的；(in)**固有的**；无疑问的；绝对的；无保留的

【真题例句】 "None of these programs do that," says another expert. "There's no career counseling **implicit** in all of this." 【2004 年阅读1】另一名专家说："没有一个程序能够做到这一点，所有这些程序中都没有**隐含**职业咨询这部分。"

imply [im'plai] *v.* 意指，含……意思，**暗示**

【经典例句】 I don't wish to **imply** that you are wrong. 我无意**暗示**你错了。

import [im'pɔːt] *v./n.* **进口**，输入，(*pl.*) 进口商品；要旨，含意

真题例句 The capital intended to broaden the export base and secure efficiency gains from international trade was channeled instead into uneconomic **import** substitution.【2000 年词汇】这笔资金原本专门用来扩大出口基地以从国际贸易中获得效益，结果反而被转投到利润不大的**进口**贸易上了。

impose [im'pəuz] v. 征(税)；(on)把……强加给

真题例句 But they were divided on whether to go further by calling for a federal law that would **impose** a complete ban on human cloning.【1999 年阅读 4】但是在是否进一步要求联邦立法**强令**彻底禁止克隆人这一问题上，他们存在分歧。

impress [im'pres] v. (on)印，盖印；**留下印象**，引人注目 n. 印记

经典例句 She **impressed** me as a scholar. 她给我**留下**了学者的**印象**。

impression [im'preʃən] n. **印象**，感想；盖印，压痕

真题例句 History and news become confused, and one's **impressions** tend to be a mixture of skepticism and optimism.【2005 年英译汉】历史和新闻的界线变混淆了，人们(对于大众媒体)的**印象**往往是一种怀疑和乐观情绪的结合。

impressive [im'presiv] a. **给人深刻印象的**，感人的

真题例句 The attacks on ambition are many and come from various angles; its public defenders are few and **unimpressive**, where the are not extremely unattractive.【2000 年阅读 5】对野心的批评比比皆是，并来自不同的角度；公开为之辩解的则少之又少，虽不能说他们是完全没有吸引力的，但却**未能给人们留下深刻印象**。

improvement [im'pru:vmənt] n. **改进**，进步，增进；改进措施

真题例句 But the real hero of the story, according to the new school of scientists, was the long evolution in the **improvement** of machinery for making eyeglasses.【1994 年英译汉】但是，新派科学家们认为真正的英雄是看谁能做到长期不断发展**改进**眼镜的制造。

impulse ['impʌls] v. 推动 n. 推动；冲动，刺激

真题例句 As a result, the support for ambition as a healthy **impulse**, a quality to be admired and fixed in the mind of the young, is probably lower than it has ever been in the United States.【2000 年阅读 5】结果，在现在的美国，把野心看成是一种健康的**冲动**、一种让人羡慕并扎根于青年人心灵的品质的人很可能比以往任何时候都要少。

incentive [in'sentiv] n. 刺激，**动力**；鼓励；诱因；动机

经典例句 He hasn't much **incentive** to work hard. 他没有努力工作的**动力**。

incident ['insidənt] n. **事件**，事变

真题例句 Last year Japan experienced 2,125 **incidents** of school violence, including 929 assaults on teachers.【2000 年阅读 4】去年，日本发生了 2125 起校园暴力**事件**，其中包括 929 起袭击教师事件。

incline [in'klain] *v.* (使)倾斜;(使)**倾向于** *n.* 斜坡,斜面

经典例句 I'm **inclined** to believe him innocent. 我**倾向于**相信他的无辜。

inclusive [in'kluːsiv] *a.* (of)**包括的**,包含的;范围广的

经典例句 The monthly rent is $20 **inclusive** of everything. 月房租总共20美元,**包括**一切费用在内。

incorporate [in'kɔːpəreit] *v.* 合并,纳入,**结合** *a.* 合并的

真题例句 But, in the twentieth century, local geological studies have increasingly become acceptable to professionals only if they **incorporate**, and reflect on, the wider geological picture. 【2001年阅读1】但是到了20世纪,只有当局部的地质研究**结合**并反映更广的地质地貌时才能逐渐被专业的研究人士所接受。

incredible [in'kredəbl] *a.* **不可相信的**,惊人的,不可思议的

经典例句 That's the most **incredible** coincidence I've ever heard of. 那是我听说过的最**难以置信的**巧合。

incur [in'kəː] *v.* 招致,惹起,**遭受**

经典例句 He **incurred** substantial losses during the stock market crash. 他在股票市场剧跌时**蒙受**了巨大的物质损失。

independent [indi'pendənt] *a.* (of)**独立的**,自主的

真题例句 They may teach very well, and more than earn their salaries, but most of them make little or no **independent** reflections on human problems which involve moral judgment. 【2006年阅读Part C】他们可以教得很好,也不只是为了挣钱,但他们当中大多数人几乎没有去**独立**思考人与人之间有关道德评判的问题。

index ['indeks] ([*pl.*] indexes, indices) *n.* 索引,指标,标志,**指数** *v.* 附以索引,编入索引

真题例句 The Economist's commodity price **index** is broadly unchanging from a year ago. 【2002年阅读3】《经济学家》刊登的商品价格**指数**与一年前相比总的来说没有什么变化。

indicate ['indikeit] *v.* 指出,指示;**表明**,暗示

真题例句 If experiments are planned and carried out according to plan as faithfully as the reports in the science journals **indicate**, then it is perfectly logical for management to expect research to produce results measurable in dollars and cents. 【1999年阅读5】如果人们切实按照科学杂志上的实验报告所**表明**的那样计划并完成实验的话,那么管理部门期望研究能够带来的可用美元衡量的成果是完全符合逻辑的。

indicative [in'dikətiv] *a.* (of)指示的,**暗示的**

经典例句 Their failure to act is **indicative** of their lack of interest in the problem. 他们没

有采取行动，**暗示**了他们对这个问题不感兴趣。

indifferent [in'difərənt] *a.* 冷漠的，**不关心的**，不积极的

经典例句 I was so excited to see snow that I was **indifferent** to the cold. 我看到雪激动得连寒冷都**不在乎**了。

indignant [in'dignənt] *a.* 愤慨的，**愤慨不平的**

经典例句 People are **indignant** by their shooting of innocent civilians. 对于他们枪杀无辜平民的行为，人们感到**义愤填膺**。

indispensable [ˌindis'pensəbl] *a.* (to, for)**必不可少的**，必需的

经典例句 The computer is now an **indispensable** tool in many businesses. 目前计算机是很多公司**不可或缺的**工具。

individual [ˌindi'vidjuəl] *a.* 个人的，单独的；独特的 *n.* **个人，个体**

真题例句 Yet the result may be worse qualifications, because they get less **individual** attention, as well as less confidence in speaking publicly. 【2004 年阅读 2】不过，结果可能会造成更严重的结果，由于很少得到**别人**的关注，这些学生在公众面前讲话时会更加没有自信。

induce [in'djuːs] *v.* 引诱，劝使；**引起**，导致；感应

真题例句 The mere presence of a grape in the other chamber (without an actual monkey to eat it) was enough to **induce** resentment in a female capuchin. 【2005 年阅读 1】只要在另一间屋子里出现了葡萄(不管有没有猴子吃它)，就足以**引起**一只雌性卷尾猴的憎恨。

indulge [in'dʌldʒ] *v.* 放任，**纵容**，沉溺；使(自己)纵情享受

经典例句 He **indulged** his children too much. 他太**纵容**他的孩子们了。

industrial [in'dʌstriəl] *a.* **工业的**，产业的

真题例句 By the mid-1980s Americans had found themselves at a loss over their fading **industrial** competitiveness. 【2000 年阅读 1】到了 80 年代中期，美国人发现他们在**工业**上的竞争力日益衰退。

industrialise/industrialize [in'dʌstriəlaiz] *v.* (使)**工业化**

经典例句 Many townships in the coastal area have begin to **industrialise**. 沿海地区的许多乡镇已开始**工业化**。

inevitable [in'evitəbl] *a.* **不可避免的**，必然发生的

真题例句 It was **inevitable** that this primacy should have narrowed as other countries grew richer. 【2000 年阅读 1】随着其他国家的日益强盛，美国的优势**不可避免**地变小了。

infect [in'fekt] *vt.* 传染，**感染**；影响(思想等)

经典例句 The young teacher **infected** the whole class with her enthusiasm. 这位年轻的老师以她的热诚**感染**了全班。

infectious [in'fekʃəs] *a.* 传染的，传染性的，**有感染力的**

经典例句 He expressed **infectious** enthusiasm to his voters. 他对他的选民表现出很**有感染力的**热情。

infer [in'fə:] *v.* 推论，**推断**

经典例句 It is possible to **infer** two completely opposite conclusions from this set of facts. 从这些事实中可能**推断**出两种截然相反的结论。

inferior [in'fiəriə] *a.* (to)下等的，下级的；**劣等的**，差的 *n.* 下级，晚辈

真题例句 This leads some "nature" proponents to conclude that blacks are biologically **inferior** to whites. 【1990 年英译汉】这就导致那些支持"天性"论的人得出这样的结论：黑人从生物学的角度要**劣**于白种人。

infinite ['infinit] *a.* **无限的**，无穷的 *n.* 无限

经典例句 It is difficult to grasp the concept of **infinite** space. 掌握**无限**空间的概念是很难的。

influence ['influəns] *n.* (on)影响，感化；势力，权势 *v.* **影响**，感化

真题例句 This lack of parental supervision is thought to be an **influence** on juvenile crime rates. 【2004 年完形】人们认为缺乏父母管教是**影响**青少年犯罪率的因素。

influential [ˌinflu'enʃəl] *a.* **有影响的**；有权势的

真题例句 The spooks call it "open source intelligence," and as the Net grows, it is becoming increasingly **influential**. 【2003 年阅读 1】间谍们称之为"公开来源的情报"，随着互联网的发展，它正变得越来越具**有影响力**。

inherit [in'herit] *vt.* 继承(金钱等)，**经遗传而得**(性格、特征)

经典例句 She **inherited** all her mother's beauty. 她秉承了她母亲的全部美貌。

inhibit [in'hibit] *vt.* **抑制**，约束

经典例句 I couldn't **inhibit** my anger. 我无法**抑制**我的愤怒。

initial [i'niʃəl] *a.* **最初的**，开头的；词首的 *n.* 词首大写字母

真题例句 In spite of the fact that his **initial** experiments had failed, Prof. White persisted in his research. 【2002 年阅读 2】虽然怀特教授**最初的**实验失败了，他仍然坚持研究。

initiate [i'niʃieit] *vt.* **开始**，创始，发动；启蒙，使入门；引入

经典例句 Europion Union **initiated** trade with developing nations. 欧盟**开始**了与发展中国家进行贸易。

initiative [i'niʃiətiv] *a.* 创始的，起始的 *n.* 第一步，**创始**，主动精神

真题例句 It was moreover a step away from individual **initiative**, towards collectivism and municipal and state-owned business. 【1996 年阅读 3】这也是企业逐渐摆脱了依靠个人的

首创精神，而转向集体所有制企业、市政企业、国有企业的一个步骤。

inject [in'dʒekt] *vt.* 注射(药液等)；**注入**

> 真题例句 Look at your talk and pick out a few words or sentences which you can turn about and **inject** with humor. 【2002 年阅读 1】想想自己的谈话，选出一些词汇和句子，反复琢磨，**注入**一些幽默成分。

injure ['indʒə] *v.* 损害，**损伤**，伤害

> 经典例句 She was **injured** badly in the accident. 她在事故中**受重伤**。

injury ['indʒəri] *n.* **伤害**，损害

> 真题例句 The jury agreed that the nature of the game, not the helmet, was the reason for the athlete's **injury**. 【1999 年阅读 1】陪审员同意了他的说法，认为是比赛的性质而不是头盔导致了这位运动员**受伤**。

innocent ['inəsnt] *a.* (of) **清白的，无罪的**；无害的；单纯的，无知的

> 经典例句 He was charged with murder but found **innocent** later. 他被控谋杀，但后来发现他是**无罪的**。

innovation [ˌinəu'veiʃən] *n.* **改革，革新**

> 真题例句 **Innovation** is like soccer; even the best players miss the goal and have their shots blocked much more frequently than they score. 【1994 年阅读 5】**革新**就像踢足球，即使最好的球员也会失球，并且球被堵射的机会总是比进球的机会要频繁得多。

innumerable [i'njuːmərəbl] *a.* 无数的，**数不清的**

> 真题例句 "In short," a leader of the new school contends, "the scientific revolution, as we call it, was largely the improvement and invention and use of a series of instruments that expanded the reach of science in **innumerable** directions". 【1994 年英译汉】新学派的一位领袖人物坚持说："简而言之，我们所谓的科学革命，在很大程度上是指一系列器具的改进、发明和使用，这些改进、发明和使用使科学发展的范围**无所不及**。"

input ['input] *n./v.* **输入**

> 真题例句 Such data offers gross support of contemporary models of memory that assume an **input**-output balance. 【1995 年阅读 5】这样的资料为当今假设输入与输出保持平衡的记忆模式提供了有力的证据。

inquiry/enquiry [in'kwaiəri] *n.* (of, what) 询问，打听；**调查，查问**

> 真题例句 The mid-1980s brought one **inquiry** after another into the causes of America's industrial decline. 【2000 年阅读 1】80 年代中期，人们对美国工业衰退的原因进行了一次又一次的**调查**。

insert [in'səːt] *v.* **插入**，嵌入

> 经典例句 She **inserted** the key into the lock. 她把钥匙**插入锁中**。

insight [ˈinsait] *n.* 洞察力，**见识**

真题例句 This **insight**, so profound in its simplicity, opened up an entirely new way of perceiving and understanding human life. 【2003 年阅读 Part B】这种简洁而深邃的**见识**为人们感知和领悟人生开创了一个全新的方法。

inspect [inˈspekt] *vt.* **检查**，调查，视察

经典例句 A man employed to **inspect** and repair railroad tracks. 铁路养路工是**检查**和修理铁轨的工人。

inspire [inˈspaiə] *vt.* 鼓舞，**激起**；使产生灵感

经典例句 The sight **inspired** him with nostalgia. 这景象**激起**了他的怀旧之情。

instal/install [inˈstɔːl] *vt.* **安装**，设置，安置；使就职，任命

经典例句 The workers are **installing** a heating system. 工人们正在**安装供暖**系统。

instance [ˈinstəns] *n.* **例子**，事例，例证

真题例句 In Argentina, for **instance**, after the reforms of the early 1990s, multinationals went from 43% to almost 70% of the industrial production of the 200 largest firms. 【2001 年阅读 4】**例如**，阿根廷在 20 世纪 90 年代初改革以后，在 200 家大型企业中，跨国公司的工业产值从 43% 增加到几乎 70%。

instant [ˈinstənt] *a.* **立即的**；紧迫的；（食品）速溶的，方便的 *n.* 瞬间，时刻

真题例句 Satellites have extended the power of communications to report events at the **instant** of occurrence. 【1995 年阅读 3】卫星的通讯能力得到加强，可以进行时事的**现场**报道。

instantaneous [ˌinstənˈteinjəs] *a.* 瞬间的，**即刻的**

经典例句 Death is **instantaneous** in a fatal accident. 在致命的事故中，死亡是**即刻**发生的。

instinct [ˈinstiŋkt] *n.* **本能**，直觉，天性

真题例句 It is mankind's instinct for moral reasoning in action, an **instinct** that should be encouraged rather than laughed at. 【1997 年英译汉】这是人类用道德观念进行推理的本能在起作用。这种**本能**应得到鼓励而不是遭到嘲笑。

instruct [inˈstrʌkt] *v.* **教**，**教授**；命令，指示

经典例句 His uncle **instructed** him in French. 他的叔叔**教**他法语。

instrument [ˈinstrumənt] *n.* 工具，仪器，**器械**；乐器

经典例句 The hospital imported some surgical **instruments**. 医院进口了一些外科**器械**。

insulate [ˈinsjuleit] *vt.* **隔离**，孤立；使绝缘，使绝热

经典例句 It is important to **insulate** the furnace from any neighboring woodwork with brick and asbestos. 用砖和石棉把炉子与周围所有的木制品**隔开**，这很重要。

insult [ˈinsʌlt] *vt/n.* **侮辱**，凌辱

经典例句 She reacted to the **insult** by turning her back on him. 她**受辱**之后就不再理睬他了。

insurance [inˈʃuərəns] *n.* **保险**，保险费，保险业

真题例句 The substantial buying power of such an agency would strengthen the public prescription-drug **insurance** plans to negotiate the lowest possible purchase prices from drug companies. 【2005 年阅读 Part B】这样一个机构的巨大购买力会进一步加强实施公共处方药**保险**计划，以保证以可能的最低价格从药厂买药。

insure [inˈʃuə] *vt.* 保险，给……保险；**保证**

经典例句 His talent and dedication will **insure** his success. 他的才气和执著将**确保**他成功。

intact [inˈtækt] *a.* **完整无缺的**，未经触动的，未受损伤的

经典例句 Despite his misfortunes, his faith and optimism remained **intact**. 虽然他遭到一连串的不幸，他的信心和乐观**丝毫未减**。

integral [ˈintigrəl] *a.* **构成整体所必需的**；完整的

经典例句 The kitchen is an **integral** part of a house. 厨房是房子**不可或缺的**一部分。

integrate [ˈintigreit] *v.* (into, with)(使)成为一体，(使)**结合在一起**

真题例句 Nevertheless, the word "amateur" does carry a connotation that the person concerned is not fully **integrated** into the scientific community 【2001 年阅读 1】但是，"业余"一词的确有这样的含义：就是这个人并没有完全融入科学研究的圈子。

integrity [inˈtegriti] *n.* **正直**，诚实；完整，完全

经典例句 You can trust him; he is a man of complete **integrity**. 你可以相信他，他是一个**刚正不阿的**人。

intellectual [ˌintəˈlektʃuəl] *n.* 知识分子 *adj.* **智力的**，有智力的，显示智力的

真题例句 Teachers need to be aware of the emotional, **intellectual**, and physical changes that young adults experience. 【2003 年完形】教师需要对青少年情绪、**智力**和身体各方面的变化加以注意。

intelligence [inˈtelidʒəns] *n.* **智力**，聪明；理解力；情报，消息，报导

真题例句 Indeed the quest for true artificial **intelligence** has produced very mixed results.

【2002 年阅读 2】实际上，探索真正的人工**智能**所产生的结果亦喜亦忧。

intelligent [inˈtelidʒənt] *a.* 聪明的，**明智的**，理智的

真题例句 So-called **intelligent** behavior demands memory, remembering being a primary requirement for reasoning.【1995 年阅读 5】所谓的**明智的**行为需要记忆，记忆是推理所需要的一个基本条件。

intelligible [in'telidʒəbl] *a.* **可理解的，明白易懂的**，清楚的

经典例句 His theory is not **intelligible** to us. 我们无法**理解**他的理论。

intend [in'tend] *vt.* **想要**，打算，企图

真题例句 If you're a physician, you can risk your patient's suicide as long as you don't **intend** their suicide.【2002 年阅读 4】如果你是个内科医生，你就可以冒险给病人治病，只要你并不是**想要**造成他们的自杀。

intense [in'tens] *a.* 强烈的，**剧烈的**；热烈的，热情的

真题例句 And since the first Internet gambling site was created in 1995, competition for gamblers' dollars has become **intense**.【2006 年阅读 Part B】自从 1995 年第一家因特网赌博网站设立，赚取赌博者金钱的竞争愈发**激烈**了。

intensive [in'tensiv] *a.* 加强的，**集中的**，深入细致的，精耕细作的

真题例句 Energy conservation, a shift to other fuels and a decline in the importance of heavy, energy-**intensive** industries have reduced oil consumption.【2002 年阅读 3】能源储备、能源替代及重工业和能源**密集**型重工业重要性的降低，均减少了发达国家的石油消耗。

intention [in'tenʃən] *n.* **意图**，意向，目的

经典例句 They have no **intention** of getting married at present. 他们目前没有结婚的**打算**。

interact [,intər'ækt] *v.* (with)**互相作用**，互相影响

经典例句 All things are interrelated and **interact** on each other. 一切事物互相联系并**互相作用**。

interfere [,intə'fiə] *v.* (in)**干涉，干预**；(with)妨碍，打扰

真题例句 It also means that governments are increasingly compelled to **interfere** in these sectors in order to step up production and ensure that it is utilized to the best advantage.【2000 年英译汉】这也就意味着政府必须对这些产业部门进行越来越多的**干预**，以便提高生产率，确保发挥最佳效益。

interior [in'tiəriə] *a.* 内部的，里面的 *n.* **内部**，内地

真题例句 On the contrary, many of them lie deep in the **interior** of a plate.【1998 年阅读 5】相反，它们中有许多深深地潜伏在板块的**内部**。

internal [in'tə:nl] *a.* 内部的，内的；**国内的**，内政的

经典例句 He worked in **internal** trade. 他的工作是做**国内**贸易。

interpret [in'tə:prit] *vt.* **解释**，说明；口译

【真题例句】We must speed up our literature too, if we want to **interpret** modern stress.

【2000 年阅读 3】如果想**解释**现代社会的压力，那么我们的文学发展也必须加速。

interrupt [ˌintə'rʌpt] *v.* 中断，遮断，**阻碍**；打断(话)，打扰

【经典例句】Traffic was **interrupted** by a dense fog. 交通因浓雾而受**阻**。

interval ['intəvəl] *n.* **间隔**，间歇；(幕间或工间)休息

【经典例句】There is an hour's **interval** to the next train. 下一班火车还要隔一小时才开。

intervene [ˌintə'vi:n] *v.* (in)**干涉，干预**；插入，介入

【经典例句】I am powerless to **intervene** in the matter. 我对**调停**此事无能为力。

interview ['intəvju:] *v./n.* 接见，会见；**采访**；面试

【真题例句】In a phone **interview**, he said this issue was still "up in the air."【1999 年阅读

4】在电话**采访**中，他透露这一议题仍然"悬而未决"。

intimate ['intimit] *a.* **亲密的**，密切的 *n.* 熟友，熟人

【经典例句】She is my **intimate** friend. 她是我的**密友**。

intimidate [in'timideit] *vt.* **胁迫**，威胁(某人做某事)

【经典例句】The first strike capacity is intended mainly to **intimidate** adversary. 第一次攻击的武力主要是用来**吓阻**敌方的。

intricate ['intrikit] *a.* 复杂的，**错综的**，难以理解的

【经典例句】I was unable to find out the **intricate** windings of the labyrinth. 我无法找出迷宫中**扑朔迷离**的路线。

intrigue [in'tri:g] *n.* 阴谋 *v.* **密谋**，私通；激起……的兴趣；诡计取得

【经典例句】She was **intriguing** with her sister against her mother. 她和妹妹一起**密谋**对付妈妈。

intrude [in'tru:d] *vi.* 闯入，**侵入** *vt.* 把(思想等)强加于人；强挤入

【经典例句】He had no wish to **intrude** on their privacy. 他原本就不想**触犯**他们私人活动的自由。

【常用词组】intrude on sb./sth. 打扰某人/触犯某物

intrude into 强加于

invade [in'veid] *vt.* 入侵，侵略，侵袭，侵扰，**拥入**

【经典例句】The town was **invaded** by reporters. 镇上**涌进**了大批记者。

invaluable [in'væljuəbl] *a.* **非常宝贵的**，无价的

【经典例句】Your help is **invaluable** to us. 你对我们的帮助是**非常宝贵的**。

invariable [in'veəriəbl] *n.* 不变的东西，不变量 *adj.* [数] **不变的**，常数的

经典例句 He came to see me with the **invariable** request for a loan. 他来见我时又提出了他那一**贯**的借钱的要求。

invent [in'vent] v. 发明,创造;**捏造**,虚构

经典例句 We must **invent** an excuse for our absence. 我们必须为缺席**编造**一个借口。

inverse ['in'vəːs] a. **相反的**,倒转的,反转的 n. 相反之物 v. 倒转

经典例句 This is the **inverse** of his earlier proposition. 这和他早些时候提的建议**截然相反**。

invert [in'vəːt] v. **倒置**,倒转,颠倒

经典例句 The chairs were **inverted** on the table. 椅子被**倒置**过来放在了桌子上。

invest [in'vest] vt. **投资**,投入(精力、时间等)

真题例句 The railroad industry as a whole, despite its brightening fortunes, still does not earn enough to cover the cost of the capital it must **invest** to keep up with its surging traffic. 【2003 年阅读 3】总的来说,尽管铁路运输行业拥有巨额资产,其收入仍然不足以支付为维持运输业务量日益增加而**投入**的资本。

investigate [in'vestigeit] v. **调查**,调查研究

经典例句 The company hired a detective to **investigate** the accident. 公司雇用了一名侦探来**调查**这次事故。

investment [in'vestmənt] n. **投资**,投资额

真题例句 And that is why America's Second Wave infrastructure — including roads, harbors, highways, ports and so on — were built with foreign **investment**. 【2001 年阅读 2】因此,那就是为什么美国的第二次基础设施建设浪潮,包括它的公路、港口、高速公路、港口城市等都是利用国外投资**建设**的。

invisible [in'vizəbl] a. 看不见的,**无形的**

真题例句 An **invisible** border divides those arguing for computers in the classroom on the behalf of students' career prospects and those arguing for computers in the classroom for broader reasons of radical educational reform. 【1999 年阅读 3】有关计算机在课堂上的应用存在一条**无形的**界线——有人争论说,在课堂上应用计算机是出于对学生就业前景的考虑;另一些人则争论说,在课堂上应用计算机更为明显的原因是为了实行激进的教育改革。

involve [in'vɔlv] v. 卷入,陷入,连累;包含,含有,**涉及**

真题例句 Almost all our major problems **involve** human behavior, and they cannot be solved by physical and biological technology alone. 【2002 年阅读 Part B】我们面临的所有重要问题几乎都**涉及**人类行为,而这些问题又不能只靠物理学和生物学来解决。

irrigate ['irigeit] *vt.* **灌溉**，修水利 *vi.* 进行灌溉

经典例句 We have **irrigated** the desert area to make it fertile. 我们已经**灌溉**了荒芜地区以使它肥沃。

irritate ['iriteit] *vt.* **激怒**，恼火，使急躁

经典例句 His letter **irritated** me a little. 他的信使我有点**恼怒**。

isolate ['aisəleit] *vt.* **隔离**，孤立

经典例句 Scientists have **isolated** the virus causing the epidemic. 科学家们已**分离**出引起这种流行病的病毒。

issue ['isju:] *n.* **问题**，争端；发行(物)，期号 *vt.* 发行；流出

真题例句 Better to start with another, more fundamental, question: is the way we treat animals a moral **issue** at all?【1997 年英译汉】我们最好再来看另一个更基本的问题：我们对待动物的方式到底属不属于道德**问题**？

jealous ['dʒeləs] *a.* (of) **妒忌的**；猜疑的，警惕的

经典例句 Don't let her make mischief between you. She's only **jealous**. 别让她在你们之间挑拨，她就是太**忌妒**了。

junction ['dʒʌŋkʃən] *n.* 连接，接合，**交叉点**，枢纽站，接头，中继线

经典例句 The accident happened at one of the country's busiest railway **junctions**. 事故发生在该国一个极繁忙的铁路**交叉点**处。

junior ['dʒu:njə] *a./n.* 年少的/者，三年级的/学生，下级(的)

真题例句 So short-sighted Zysman **junior** gets stuck in the back row, and is rarely asked the improving questions posed by those insensitive teachers. 【2004 年阅读2】因此，眼睛近视的 Zysman **小朋友**就一直坐在后排，并且很少被那些粗心的老师提问，而这些提问对孩子的成长有益。

justify ['dʒʌstifai] *v.* 证明……正当(或有理、正确)，**为……辩护**

真题例句 Doctors have used that principle in recent years to **justify** using high doses of morphine to control terminally ill patients' pain, even though increasing dosages will eventually kill the patient. 【2002 年阅读4】近年来，医生们一直在使用这项原则，为自己使用大剂量吗啡来减轻晚期病人的痛苦**找出正当的理由来辩解**，尽管不断增加的剂量最终会导致病人死亡。

keen [ki:n] *a.* 锋利的；**敏锐的**；敏捷的；(on)热心的，渴望的

经典例句 The blind have a **keen** sense of touch. 盲人有**敏锐的**触觉。

kidnap ['kidnæp] *vt.* 诱拐；**绑架**，劫持

经典例句 The mother of the **kidnapped** child was crazy with worry. 那个被**绑架**的孩子的母亲担心得几乎发狂了。

kneel [niːl] v. 跪，下跪

经典例句 She **knelt** down to pray. 她**跪**下祈祷。

knit [nit] v. 编织，**编结**；接合，粘合

经典例句 She often **knits** while watching TV. 她常常一边看电视一边**织毛衣**。

label ['leibl] n. **标签**，标记，符号 v. 把……称为；用标签于；用标签标明

真题例句 The **label** on a child's Batman cape cautions that the toy "does not enable user to fly." 【1999 年阅读 1】儿童蝙蝠侠斗篷的**标签**上也竟然写着警告：本玩具"无法让使用者飞行"。

lace [leis] n. **花边**；带子，鞋带 v. 系带，扎带

经典例句 She wears a dress with delicate **lace**. 她穿了一件带有精致**花边**的裙子。

lag [læg] v./n. **落后**，滞后

经典例句 The children always **lag** behind when we go for a walk. 我们出去散步时，孩子们总是**落在后面**。

lame [leim] a. 跛的，(辩解、论据等)无说服力的，**站不住脚的**，有缺陷的

经典例句 He gave a **lame** excuse for being absent. 他找了个**站不住脚**的理由来解释缺席的原因。

lapse [læps] n. **失误**，流逝，丧失，下降 v. 失效，偏离，流逝

经典例句 I started to eat the peas with my hands, but I don't think anyone noticed my little **lapse**. 我开始用手吃豌豆，但我想没有人注意到我的**小错误**。

largely ['lɑːdʒli] ad. **主要地**，基本上；大量地，大规模地

真题例句 The latest was a panel from the National Academy of Sciences, enlisted by the White House, to tell us that the Earth's atmosphere is definitely warming and that the problem is **largely** man-made. 【2005 年阅读 2】最近一批由白宫召集、来自国家科学院的专家团告诉我们，地球气候毫无疑问正在变暖，而这主要是人为造成的。

lash [læʃ] v. 鞭打，摆动，捆扎 n. **鞭子**，鞭打，睫毛，讽刺

经典例句 He beat the prisoner with a **lash**. 他用**鞭子**抽打囚犯。

lateral ['lætərəl] n. 侧面的，旁边的，**横(向)的**

真题例句 A **lateral** move that hurt my pride and blocked my professional progress prompted me to abandon my relatively high profile career. 【2001 年阅读 5】一次**平级的**人事调动伤了我的自尊心，并阻断了我的事业发展，这促使我放弃自己地位较高的职业。

latter ['lætə] a. **后者的**；后一半的，接近终了的 pron. 后者

经典例句 Many support the former alternative, but personally I favour the **latter** (one). 很多人都赞成前一种办法，但我个人喜欢**后一种**。

launch [lɔːntʃ, lɑːntʃ] *v.* 发射;使(船)下水,发动,开展 *n.* 发射,下水

真题例句 He announced that the company would **launch** a drive to develop standards for distribution and labeling of potentially objectionable music. 【1997 年阅读 4】他宣称:公司将**采取**措施为可能引起异议的音乐发行和标记制定标准。

leading [ˈliːdiŋ] *a.* 领导的,指导的;第一位的;**最主要的**

经典例句 Sarah is very keen on athletics and can trot out the names of all the **leading** runners and their record times. 萨拉非常爱好体育运动,能说出所有**最主要的**赛跑者的姓名和他们的最佳成绩。

leak [liːk] *v.* 漏,泄漏 *n.* **漏洞**,漏隙;泄漏,漏出

经典例句 There is a **leak** in the roof. 屋顶有一个**漏洞**。

常用词组 leak out 泄漏(走漏)

lean [liːn] *v.* 倾斜,屈身;倚,靠,依赖 *a.* **瘦的**,无脂肪的

真题例句 They all seem to look alike (though they come from all over)—**lean**, pointed, dedicated faces, wearing jeans and sandals. 【2006 年阅读 3】他们外表都很相像(尽管他们来自不同的地方)——**消瘦**,棱角分明,表情专注,穿着牛仔裤、凉鞋。

leap [liːp] *v.* 跳,跳跃 *n.* 跳跃,**飞跃**

真题例句 A "disjunction" between the mass of business anecdote that points to a **leap** in productivity and the picture reflected by the statistics. 【1998 年阅读 2】有关生产力水平大幅度**提高**的大量商界奇闻与统计数字反映的实际情况"大相径庭"。

learned [ˈləːnid] *a.* 博学的,**有学问的**

经典例句 I think he is a most **learned** man. 我认为他是个很**有学问的**人。

lease [liːs] *vt.* **出租**,租用 *n.* 租借,租期,租赁物

经典例句 We will **lease** you the house for one year. 我们将把这房子**出租**给你一年。

legal [ˈliːɡəl] *a.* 法律的,法定的;**合法的**,正当的

真题例句 Australia's Northern Territory became the first **legal** authority in the world to allow doctors to take the lives of incurably ill patients who wish to die. 【1997 年阅读 1】澳大利亚北部地区成为世界上第一个允许医生根据绝症病人个人意愿来结束生命的**合法**当局。

legend [ˈledʒənd] *n.* **传说**,传奇

真题例句 Sir Alexander Fleming did not, as **legend** would have it, look at the mold on a piece of cheese and get the idea for penicillin there and then. 【1994 年阅读 5】亚历山大·弗莱明爵士可不是像**传说**中的那样,看了一眼奶酪上的霉菌就立刻想到了青霉素的发明。

legislation [ˌledʒisˈleiʃn] *n.* 法律(规);**立法**,法律的制定(或通过)

真题例句 Publication of the letter came two days after Lord Irvine caused a storm of media protest when he said the interpretation of privacy controls contained in European **legislation** would be left to judges rather than to Parliament. 【2001 年完形】埃尔文勋爵说,对欧洲**立法**中所包含的关于个人隐私监控权的解释将留给法官,而不是议会。这招致了新闻媒体的一片抗议。此后两天,该信被公之于世。

leisure ['leʒə; 'liːʒə] *n.* 空闲,闲暇;悠闲,**安逸**

真题例句 On the other hand "shareholding" meant **leisure** and freedom which was used by many of the later Victorians for the highest purpose of a great civilization. 【1996 年阅读 3】另一方面,"股权"意味着**安逸**和自由——维多利亚时代后期许多人把安逸和自由当作一个伟大的文明社会的最崇高的目标。

length [leŋθ] *n.* 长,长度;一段,一节,程度,范围

经典例句 The room is 15 feet in **length** and 10 feet in breadth. 这房间**长** 15 英尺,宽 10 英尺。

lest [lest] *conj.* 惟恐,**免得**

经典例句 We talked in a low voice **lest** we should wake the baby up. 我们小声说话**以免**吵醒婴儿。

levy ['levi] *n.* 征收,征税,征兵 *v.* **征收**,征集,征用

经典例句 The government **levies** a fine against the factories for polluting the air with smoke. 政府向以烟尘污染空气的工厂**征收**罚金。

常用词组 levy on 扣押

liability [ˌlaiə'biliti] *n.* **责任**,义务;(*pl.*) 债务

真题例句 Many an old firm was replaced by a limited **liability** company with a bureaucracy of salaried managers. 【1996 年阅读 3】许多旧式公司被有限**责任**公司所取代,这些公司雇用拿薪水的经理人来进行管理。

liable ['laiəbl] *a.* (to + inf.) 有……倾向的;可能遭受……的;(for) **有责任的,有义务的**

真题例句 Or so the thinking has gone since the early 1980s, when juries began holding more companies **liable for** their customers' misfortunes. 【1999 年阅读 1】大约从 20 世纪 80 年代初开始,陪审员开始越来越多地裁定公司**必须为其顾客的不幸负责**。

liberal ['libərəl] *a.* 慷慨的,大方的;富足的;**自由的**,思想开放的

真题例句 John McWhorter, a linguist and controversialist of mixed **liberal** and conservative views, sees the triumph of 1960s counter-culture as responsible for the decline of formal English. 【2005 年阅读 4】约翰·麦克沃特,这位语言学家及好争论者结合了**自由**和保守两种观点阐释了 20 世纪 60 年代反文化运动的胜利与正式英语衰亡的直接关系。

liberate ['libəreit] *vt.* **解放**,释放

经典例句 Our army had **liberated** many occupied areas. 我们的军队**解放**了许多地区。

lick [lik] *vt./n.* **舔**

经典例句 He **licked** his fingers. 他**舔**他的手指。

likely [ˈlaikli] *a.* **很可能的**,有希望的 *ad.* 大概,多半

真题例句 The researches suggest that capuchin monkeys, like humans, are guided by social emotions, in the wild, they are a cooperative, group-living species. Such cooperation **is likely to** be stable only when each animal feels it is not being cheated.【2005 年阅读1】研究人员暗示,与人类一样,巷尾猴也受社会情感的支配。在野外,它们是协作、群居的物种。只有在每个动物都觉得它没有受到欺骗时,这种协作才**有可能**稳定。

likewise [ˈlaikˌwaiz] *ad.* **同样地**,照样地;又,也,而且

真题例句 **Likewise**, if you want to find a job, take a sheet of paper, and write a brief account of yourself.【1996 年阅读1】**同样**,如果你想找一份工作,那就拿一张纸,写一份简历吧。

limit [ˈlimit] *n.* 界限,**限度**,范围 *v.* (to)限制,限定

真题例句 Yet there are **limits** to what a society can spend in this pursuit.【2003 年阅读4】然而对于这样的追求,一个社会能够承担的费用是**有限**的。

limited [ˈlimitid] *a.* **有限的**,被限制的

真题例句 The growth of the **limited** liability company and municipal business had important consequences.【1996 年阅读3】**有限**责任公司和市政企业的发展壮大产生了重要的影响。

linger [ˈliŋgə] *v.* 逗留,**徘徊**,拖延

经典例句 The beautiful melody is **lingering** in my mind. 美妙的音乐在我心中回荡。

link [liŋk] *v.* 连接,**联系** *n.* 环节,链环

真题例句 The **link** between dreams and emotions shows up among the patients in Cartwright's clinic.【2005 年阅读3】梦与情感之间的**联系**在卡特莱特门诊部的患者中得到体现。

literally [ˈlitərəli] *ad.* 照字面意义,逐字地;**确实**

真题例句 At university graduation ceremonies, the ABCs proudly get their awards first; by the time they reach the Zysmans most people are **literally** having a ZZZ.【2004 年阅读2】在大学的毕业典礼上,那些姓氏靠前者首先得到奖品;等轮到姓氏靠后者领奖品的时候,大多数人差**不多**都在鼾声大作(ZZZ)了。

literary [ˈlitərəri] *a.* 文学上的,**文学的**;精通文学的,从事写作的

经典例句 He had a **literary** taste and was well read in science. 他有**文学**爱好,也谙熟科学。

loan [ləun] *n.* **贷款**；出借，借出 *v.* 借出

真题例句 He must either sell some of his property or seek extra funds in the form of **loans**. 【2000年完形】他不得不卖掉部分财产或者想办法通过**贷款**筹得更多资金。

local ['ləukəl] *a.* **地方的，当地的**；局部的

真题例句 A rather similar process of differentiation has led to professional geologists coming together nationally within one or two specific societies, whereas the amateurs have tended either to remain in **local** societies or to come together nationally in a different way. 【2001年阅读1】一个类似的分化过程使研究者的队伍形态发生着改变。专业的地质研究者聚集在一起，形成了一两个全国性的研究团体，而那些业余研究者要么留在**当地的**地方性团体中，要么以不同的方式加入了全国性的研究团体中。

locate [ləu'keit] *v.* **查出**，探出，查找……地点，使……坐落于，位于

真题例句 Computer technology makes it possible to store vast amounts of data in machine-readable files, and to program computers to **locate** specific information. 【1995年阅读3】电脑技术能够将大量的数据储存在机器可以阅读的文件里，程序使电脑能够**找到**某条特定的信息。

lodge [lɔdʒ] *v.* 临时住宿，**寄宿**，寄存，容纳

经典例句 I **lodged** at a friend's house. 我**寄宿**在一个朋友家里。

logic ['lɔdʒik] *n.* **逻辑**，逻辑学

真题例句 In dreams, a window opens into a world where **logic** is suspended and dead people speak. 【2005年阅读3】在梦境中，一扇窗户开启，由此进入这样一个世界：在那里，**逻辑**被置之不理，死者开口说话。

logical ['lɔdʒikəl] *a.* 逻辑的，**符合逻辑的**

真题例句 If experiments are planned and carried out according to plan as faithfully as the reports in the science journals indicate, then it is perfectly **logical** for management to expect research to produce results measurable in dollars and cents. 【1999年阅读5】如果人们切实按照科学杂志上的实验报告所表明的那样计划并完成实验的话，那么管理部门期望研究能够带来可用美元衡量的成果是完全**符合逻辑的**。

loom [lu:m] *n.* 织布机，织机 *v.* 隐现，（危险、忧虑等）**迫近**

真题例句 My wife and I lectured about this **looming** danger twenty years ago. 【2001年阅读2】我和妻子20年前就对这个**迫在眉睫**的危险做过演讲。

loose [lu:s] *a.* **（宽）松的**；不精确的；自由的，散漫的

经典例句 Never tell him a secret; he's got a **loose** tongue. 别把秘密告诉他，他的嘴**不严**。

loosen ['lu:sn] *v.* 解开，**放松**

· 120 ·

经典例句 The government's control over the newspapers has **loosened** in recent years. 近年来政府已**放松**了对报纸的控制。

lounge［laundʒ］*n.* 休息室,**起居室**,客厅

经典例句 The children have made an awful mess in the **lounge**. 孩子们把**起居室**弄得凌乱不堪。

loyal［ˈlɔiəl］*a.*（to）**忠诚的,忠贞的**

真题例句 For workers it can mean an end to the security, benefits and sense of importance that came from being a **loyal** employee.【1997 年阅读 4】对雇员而言,这将意味着不再享有保障和福利,不再具有作为一个**忠实**雇员的使命感。

loyalty［ˈlɔiəlti］*n.* **忠诚**,忠心

经典例句 My judgement was frequently faulty, but my **loyalty** to the nation could not be questioned. 我的判断经常出错,但是我对祖国的**忠诚**是无可置疑的。

lump［lʌmp］*n.* 团,块 *v.*（**使**）**成团,**（**使**）**成块**

真题例句 These figures show that, if you **lump** manufacturing and services together, productivity has grown on average by 1.2% since 1987.【1998 年阅读 2】这些数字表明,如果把制造业和服务业**合在一起**,自 1987 年以来,平均生产率提高了 1.2%。

lure［ljuə］*n.* 吸引力,魅力,诱惑物 *vt.* **引诱**,吸引

真题例句 Nevertheless, Williams's suit charges that the casino, knowing he was "helplessly addicted to gambling," intentionally worked to "**lure**" him to "engage in conduct against his will."【2006 年阅读 Part B】但是,威廉姆斯的诉讼提出,赌场在知道他"已无药可救地迷上了赌博"后,还故意"**引诱**"他"参与违背自己意愿的活动"。

luxury［ˈlʌkʃəri］*n.* 奢侈,华贵;奢侈品

真题例句 In the world of capuchins grapes are **luxury** goods (and much preferable to cucumbers). So when one monkey was handed a grape in exchange for her token, the second was reluctant to hand hers over for a mere piece of cucumber.【2005 年阅读 1】在卷尾猴的世界里,葡萄是**奢侈的食物**(比黄瓜受欢迎得多)。所以当一只猴子被要求用葡萄来交换它的代金币时,第二只猴子就不情愿将它手中的代金币仅仅用来交换一根黄瓜。

magic［ˈmædʒik］*n.* **魔术**,魔(魅)力,巫术 *a.* 有魔力的,魔术的

经典例句 The magician thrilled his audience with his feats of **magic**. 魔术师用他的**魔术**技艺使观众们激动。

magnetic［mægˈnetik］*a.* 磁的,有磁性的;**有吸引力的**

经典例句 She has a **magnetic** personality. 她的性格**极具吸引力**。

magnificent［mægˈnifisnt］*a.* 华丽的,高尚的,**宏伟的**

经典例句 These **magnificent** palaces impressed the foreigners deeply. 这些**宏伟的**宫殿给外宾们留下了深刻的印象。

magnify ['mægnifai] *vt.* **放大**,扩大,夸大,夸张

经典例句 The microscope **magnified** the object 100 times. 这台显微镜将物体**放大**了100倍。

magnitude ['mægnitju:d] *n.* 大小,数量;巨大,广大

经典例句 You haven't realized the **magnitude** of her achievement. 你没有认识到她这一成就的**重大意义**。

maintain [men'tein] *v.* 维修,保养;**维持**,供养;坚持,主张,支持

真题例句 Practice (or review) tends to build and **maintain** memory for a task or for any learned material. 【1995年阅读5】练习(或者复习)可以形成并且**保持**对某项任务或任何学到的知识的记忆。

malignant [mə'lignənt] *a.* **恶性的**,致命的;恶意的,恶毒的

经典例句 The tumour is not **malignant**. 这个瘤不是**恶性的**。

management ['mænidʒmənt] *n.* 经营,**管理**;处理,操纵;管理部门

真题例句 Dr. Myers and Dr. Worm argue that their work gives a correct baseline, which future **management** efforts must take into account. 【2006年阅读4】麦尔斯博士和沃姆博士认为他们的研究给出了正确的基线,未来的**管理**必须将此考虑进去。

manifest ['mænifest] *v.* 表明,证明,**显示** *a.* 明白的,明了的

真题例句 These are the substances often called psychedelic (from the Greek word meaning "mind **manifesting**") because they seemed to radically alter one's state of consciousness. 【1997年阅读3】它们常被称做"引起幻觉的药物"(这个词来自希腊语,意思是"**展示思想的**"),因为它们似乎从根本上改变了人的意识状态。

manipulate [mə'nipjuleit] *vt.* (熟练地)**使用**,操作;(巧妙地)处理

真题例句 Intelligence seeks to grasp, **manipulate**, re-order, and adjust, while intellect examines, ponders, wonders, theorizes, criticizes and imagines. 【2004年阅读4】智慧寻求的是理解、**运用**、整合和调节,而才智寻求的是审视、思考、探究、推理、批判和想象。

manner ['mænə] *n.* (pl.)礼貌, 风度;**方式**, 样式;习惯,风俗;规矩;举止

真题例句 Social science is that branch of intellectual enquiry which seeks to study humans and their endeavors in the same reasoned, orderly, systematic, and dispassioned **manner** that natural scientists use for the study of natural phenomena. 【2003年阅读Part B】社会科学是知识探索的一个分支,它力图像自然科学家研究自然现象那样,用理性的、有序的、系统的和冷静的**方式**研究人类及其行为。

manual ['mænjuəl] *a.* 手的,**手工做的**,体力的 *n.* 手册,指南

真题例句 It does not measure character, social adjustment, physical endurance, **manual** skills, or artistic abilities. 【1992 年英译汉】它不能衡量孩子们的个性、社会适应性、体能耐受力、**手工**技能或者艺术才能。

manufacture [ˌmænjuˈfæktʃə] v. **制造**,加工 n. 制造,制造业;产品

真题例句 He is not supposed to cook his experiments, **manufacture** evidence, or doctor his reports. 【2006 年阅读 Part C】他不用烹饪试验,也不用**制造**证据或诊断报告。

manuscript [ˈmænjuskript] n. **手稿**,**原稿**

经典例句 The earliest extant **manuscript** of this poem has been kept in the museum. 这首诗现存最早的**原稿**收藏在这座博物馆里。

margin [ˈmɑːdʒin] n. 页边空白;边缘;余地;**幅度**

真题例句 The winner, by a large **margin**, was a tiny Virginia company called Open-Source Solutions, whose clear advantage was its mastery of the electronic world. 【2003 年阅读 1】以绝对**优势**领先的赢家是弗吉尼亚一家小公司,叫做"公开来源信息咨询公司",它的明显优势是对于电子世界的掌握。

marginal [ˈmɑːdʒinəl] a. 记在页边的,旁注的;(意识)**边缘的**

经典例句 This is a **marginal** issue that had no bearing on the election results. 这是一个和选举结果没有多大关系的**边缘**问题。

mask [mɑːsk] n. 面具,面罩;假面具,**伪装** v. 掩饰,化装

经典例句 They did so under the **mask** of charity. 他们是打着慈善的**幌子**这么做的。

mass [mæs] n. 大量,众多;团,块;(pl.)群众,民众;质量 a. **群众的**,大规模的

真题例句 The **mass** media, advertising and sports are other forces for homogenization. 【2006 年阅读 1】**大众**媒体、广告和体育赛事是促成融合的其他力量。

massacre [ˈmæsəkə] vt. 残杀,集体屠杀 n. 残杀,**大屠杀**

经典例句 The press has reported the **massacre** of thousands of people for their religious beliefs. 新闻界报道了那场因宗教信仰原因而对千万人的**大屠杀**。

massive [ˈmæsiv] a. 大而重的,厚实的,粗大的;**大规模的**,大量的

真题例句 The notion is that people have failed to detect the **massive** changes which have happened in the ocean because they have been looking back only a relatively short time into the past. 【2006 年阅读 3】这个观点就是说人们忽略了海洋所发生的巨大变化,因为他们在回顾历史时只回顾了过去相对很短的一段时间。

masterpiece [ˈmɑːstəpiːs] n. **杰作**,名著

经典例句 This book is his **masterpiece**. 这本书是他的**杰作**。

mate [meit] n. 伙伴,同事,同伴,**配偶** v. 结伴,配对,交配

真题例句 But the great universal of male mortality is being changed. Now, boy babies survive almost as well as girls do. This means that, for the first time, there will be an excess of boys in those crucial years when they are searching for a **mate**.【2000 年阅读 2】但是男性死亡率偏高这种情况正在改变,现在男婴存活率几乎同女婴一样高。这就意味着到了**谈婚论嫁**的关键年龄时,首次会出现男孩过剩的现象。

mature [mə'tjuə] *a.* 成熟的,熟的;成年人的 *v.* (使)成熟

经典例句 She **matured** her novel by constant revision. 她不断修改自己的小说以**使其趋于完善**。

maximum ['mæksiməm] *n.* 最大值,极限 *a.* 最大的,**最高的**

真题例句 There are certain basic ideas that must be used in every program if **maximum** results are to be obtained.【1999 年完形】要想获得**最佳**效果,在每个措施中,都要遵循某些基本的观念。

means [miːnz] *n.* 方法,**手段**

真题例句 Radio and television are important **means** of communication.【1987 年英译汉】无线电和电视是重要的通信**手段**。

常用词组 by means of 通过;用;借助于

by all means (表示同意)当然可以,没问题

meantime ['miːn'taim] *n.* (meanwhile)其间,其时 *ad.* **同时**,当时

经典例句 You buy the fruits, in the **meantime** I'll cook breakfast. 你去买水果,**同时我来做早餐**。

常用词组 in the meantime 同时

mechanical [mi'kænikl] *a.* **机械的**,由机构制成的;机械似的,呆板的

真题例句 While often praised by foreigners for its emphasis on the basics, Japanese education tends to stress test taking and **mechanical** learning over creativity and self-expression.【2000 年阅读 4】虽然外国人经常称赞日本重视基本技能训练,但是日本的教育往往强调的是应试教育和**机械学习**,而不是创造力和个性表现的培养。

mechanism ['mekənizəm] *n.* 机械装置,机构;**机制**

真题例句 An important factor in a market-oriented economy is the **mechanism** by which consumer demands can be expressed and responded to by producers.【1994 年阅读 1】在以市场为导向的经济体制中有一个重要的因素,就是要建立起一个合理的**机制**使消费者的需求得以体现,并传达到生产者那里。

meditate ['mediteit] *v.* 想,考虑,(尤指宗教上的)**沉思**,冥想

经典例句 He **meditates** on his past life. 他陷入了对过去生活的**沉思**。

medium ['miːdjəm] ([*pl.*] media) *n.* **媒体**,方法,媒介,介质;中间,适中 *a.* 中等的,适中的

真题例句 In the West, before mass communication and literacy, the most powerful mass **medium** was the church, which reminded worshippers that their souls were in peril and that they would someday be meat for worms.【2006年阅读4】在西方,在大众传媒和人们读写能力提高之前,最权威的大众**传媒**是教堂,教堂会提醒人们说:他们的灵魂已经很危险,而且他们的肉体终有一天会被毒虫咬噬。

melt [melt] *v.* (使)**融化**,(使)熔化

经典例句 His heart **melted** when he saw the little girl crying. 看到这个小女孩哭起来,他的心**软**了。

常用词组 melt away 融化,消失,消散;使心花怒放;(人)逐渐散去

memorial [mi'mɔːriəl] *a.* 记忆的,**纪念的** *n.* 纪念物,纪念碑,纪念馆

真题例句 There is the Royal Shakespeare Company (RSC), which presents superb productions of the plays at the Shakespeare **Memorial** Theatre on the Avon.【2006年阅读3】这里是皇家莎翁剧团,这一剧团经常在埃文河莎士比亚**纪念**剧院上演剧本的上乘之作。

mercy ['məːsi] *n.* 仁慈,怜悯,**宽恕**

经典例句 The king showed no **mercy** and killed all the prisoners. 这个国王没有**宽容之心**,杀死了所有的犯人。

常用词组 take mercy on 对…表示怜悯

at the mercy of 任由……摆布,在……面前无助

mere [miə] *a.* 纯粹的;**仅仅**,只不过

真题例句 Indeed the **mere** size of operations and the numbers of workmen involved rendered such personal relations impossible.【1996年阅读3】的确,**仅**经营的规模和雇佣工人的数量两方面就使得这种个人关系的建立成为不可能的事。

merge [məːdʒ] *v.* (使)结合,(使)**合并**,(使)合为一体

经典例句 The bank **merged** with its major rival. 该银行与其主要对手**合并**了。

mess [mes] *n.* **混乱**,混杂,脏乱 *v.* 弄脏,弄乱,搞糟

经典例句 The local economy is now in a **mess**. 当地的经济现在很**混乱**。

常用词组 be in a mess 乱七八糟,处境狼狈

get sb. into a mess 使陷入狼狈处境

migrate [mai'greit, 'maigreit] *v.* **迁移**,移居(国外)

经典例句 Some tribes **migrate** with their cattle in search of fresh grass. 有些部落为了寻找新鲜的牧草而带着他们的牲畜**迁移**。

mild [maild] *a.* 温和的,**轻微的**,(烟,酒)味淡的,不含有害物质的;温暖的,暖和的

真题例句 Why has inflation proved so **mild**? The most thrilling explanation is, unfortunately, a little defective.【1997 年阅读 5】为什么通货膨胀的情况如此**轻微**? 可惜的是最令人激动的解释也不是无懈可击的。

常用词组 (as) mild as milk 性情非常温和

militant ['militənt] a. 好战的,富于战斗性的 n. 斗士

经典例句 They say these student disorders have been caused by a few **militants**. 他们说这些学生暴乱是由少数**好斗分子**发动的。

mingle ['miŋgl] v. (使)混合

经典例句 Security men **mingled** with the crowd. 保安人员**混杂**在人群中。

minimise/minimize ['minimaiz] v. 使减少到最少,**使降到最低**

经典例句 He **minimized** the value of her contribution to his research so that he got all the praise. 他**极力贬低**她在那项研究中的贡献,从而独获全部奖励。

minimum ['miniməm] n. 最小值,**最低限度** a. 最小的,最低的

真题例句 When the work is well done, a climate of accident-free operations is established where time lost due to injuries is kept at a **minimum**.【1999 年完形】当这些任务圆满完成的时候,就会创造出一种无事故的作业氛围,在这种作业氛围中因工伤而损失的时间就会被控制在**最低限度**。

minor ['mainə] a. 较少的,**较小的**,较次要的 n. 兼修学科 v. (in)兼修

经典例句 We can only make **minor** concessions, but it might break the deadlock. 我们只能做些**较小的**让步,但这就可能打破僵局。

misery ['mizəri] n. 痛苦,悲惨,**不幸**

真题例句 **Misery** should be enjoyed rather than denied.【2006 年阅读 4】我们应该苦中作乐,而不是抱怨**痛苦**。

misfortune [mis'fɔːtʃən] n. **不幸**,灾祸,灾难

经典例句 **Misfortune** tests the sincerity of friends.【谚】患难识知交。

mislead [mis'liːd] v. 把……带错路,**使误入岐途**

真题例句 Whether the results will be valuable, meaningless, or even **misleading** depends partly upon the tool itself but largely upon the user.【1995 年英译汉】测试的结果无论是有价值,还是无意义,甚至是**带有误导性**,在某种程度上取决于这种工具本身,但主要取决于应用者。

missing ['misiŋ] a. 漏掉的,**失去的**,失踪的

真题例句 John complained to the bookseller that there were several pages **missing** in the dictionary.【1996 年词汇】约翰向书商抱怨说,那部字典**少了**好几页。

mixture ['mikstʃə] *n.* 混合;**混合物**,混合剂

经典例句 Air is a **mixture**, not a compound of gases. 空气是气体的**混合物**,不是化合物。

mould /mold [məuld] *n.* 模子,铸型 *v.* 浇铸,**造型**,塑造

经典例句 The car body is **moulded** in the factory. 汽车车身是在这家工厂里**模压成型**的。

moan [məun] *n.* 呻吟声,悲叹声 *v.* 呻吟,**抱怨**,悲叹

经典例句 He **moaned** about his misfortunes to anyone who would listen. 他向每一个愿意听他讲话的人**抱怨**他的不幸。

mobile ['məubail] *a.* 可动的,**活动的**,运动的

真题例句 Software, consultancy and **mobile** telephones use far less oil than steel or car production. 【2002 年阅读 3】与钢铁和汽车生产业相比,软件业、咨询业以及**移动**电话产业需要的石油要少得多。

mobilise/mobilize ['məubilaiz] *v.* **动员**,赋予可动性

经典例句 They are **mobilizing** their supporters to vote at the election. 他们正在**动员**其支持者向他们拉选票。

mock [mɔk] *v.* 嘲笑,讥笑 *a.* 仿制的,假装的;**模拟的** *n.* (常 *pl.*)模拟考试

经典例句 The army training exercises ended with a **mock** battle. 军事训练演习以一场**模拟**战结束。

mode [məud] *n.* **方式**,式样

经典例句 The country girl was not used to their lavish **mode** of living. 这个乡下姑娘不习惯他们奢侈的生活**方式**。

moderate ['mɔdərit] *a.* 有节制的,**中等的**,适度的,温和的,稳健的

真题例句 If the **moderate** end of the legal community has its way, the information on products might actually be provided for the benefit of customers and not as protection against legal liability. 【1999 年阅读 1】如果该法律团体的这一**适中的**方法能够得以执行,那么产品上提供的警示信息实际上是用来保护消费者利益的,而不是为了保护公司免予承担法律责任的。

modest ['mɔdist] *a.* **谦虚的**,谦让/逊的,适度的

经典例句 A **modest** scholar never professed to have exhausted his subject. 一个**谦虚的**学者从不自称对自己研究的课题已经作了详尽无遗的研究。

modify ['mɔdifai] *v.* 更改,**修改**,修饰

真题例句 In response, schools are **modifying** their programs, adapting instruction to children who are exceptional, to those who cannot profit substantially from regular programs.

【1994 年阅读 3】相应的,学校正在**修改**自身的课程,调整授课方式以适应特殊儿童和那些不能从常规课程中实质受益的儿童。

monetary ['mʌnitəri] *a.* 金融的,**货币的**

经典例句 The **monetary** system of some countries used to be based on gold. 过去有些国家的**货币**制度是金本位制的。

monopoly [mə'nɔpəli] *n.* **垄断**,专卖

经典例句 The telecommunication service is a government **monopoly**. 电信被政府所**垄断**。

monotonous [mə'nɔtənəs] *a.* **单调的**,无变化的

经典例句 I only heard a **monotonous** voice of the singer. 我只听到那个歌唱家**单调的**声音。

mood [muːd] *n.* 心情,**情绪**;语气

真题例句 Drugs (substances) that affect the central nervous system and alter perception, **mood**, and behavior are known as psychoactive substances. Psychoactive substances are commonly grouped according to whether they are stimulants, depressants, or hallucinogens.
【1997 年阅读 3】影响中枢神经系统、改变感知、**情绪**和行为的药物(物质)属于影响心理状态的物质,而这些物质通常分为兴奋剂、镇静剂和幻觉剂。

moral ['mɔrəl] *a.* **道德(上)的**,道义的 *n.* 寓意,教育意义

真题例句 No company likes to be told it is contributing to the **moral** decline of a nation.
【1997 年阅读 4】没有一家公司乐意听到别人说自己引起了社会**道德**的败坏。

morality [mɔ'ræliti] *n.* **道德**,美德

经典例句 Have standards of political **morality** improved in recent years? 近年来政治**道德**标准改进了吗?

moreover [mɔː'rəuvə] *conj./ad.* **再者**,加之,而且

真题例句 **Moreover**, most of the changes that companies make are intended to keep them profitable, and this need not always mean increasing productivity: switching to new markets or improving quality can matter just as much. 【1998 年阅读 2】**此外**,公司企业的改革主要是为了追求更多的利润,而要达到这样的目的并不总是意味着要提高生产力,开发新的市场或改善产品的品质同样可以达到这样的目的。

mortgage ['mɔːgidʒ] *n./v.* **抵押(借款)**

经典例句 He will have to **mortgage** his land for a loan. 他不得不将土地**抵押**来申请贷款。

mostly ['məustli] *ad.* 几乎全部地;主要地,大部分,**基本上**

真题例句 This seems **mostly** effectively done by supporting a certain amount of research

not related to immediate goals but of possible consequence in the future. 【1996 年英译汉】
通过资助一定数量的科研似乎能够基本有效地解决这一问题,这些科研可能与近期目标无关,但将来可能会产生影响。

motion [ˈməuʃən] *n.* **运动**,动;提议,动议 *v.* 提议,动议

真题例句 The wisdom of the day was derived from Ptolemy, an astronomer of the second century, whose elaborate system of the sky put earth at the center of all heavenly **motions**. 【1994 年英译汉】当时人们对天体的认识来自于公元 2 世纪一位叫普托勒密的天文学家。他认为,在复杂的天体系统中所有的天体都围绕着地球**运动**。

motivate [ˈməutiveit] *vt.* **促动**;激励,鼓励,作为……的动机

经典例句 Examinations do not **motivate** a student to seek more knowledge. 考试不能**促使**学生去追求更多的知识。

motive [ˈməutiv] *n.* **动机**,目的 *a.* 发动的,运动的

真题例句 Private businessmen, striving to make profits, produce these goods and services in competition with other businessmen; and the profit **motive**, operating under competitive pressures, largely determines how these goods and services are produced. 【1994 年阅读1】为了追逐利润,私营的商人们生产这些产品和提供这些服务,并与其他商人竞争;而这种竞争压力下的谋利**动机**在很大程度上决定了如何生产这些产品和提供服务。

mount [maunt] *v.* 登上;安装,**装配**,固定,镶嵌 *n.* 支架,底板;[M-](用于山名前)山峰

经典例句 The ship **mounts** eight guns. 这艘军舰**装**有八门大炮。

mourn [mɔːn] *v.* 哀悼,**忧伤**

经典例句 The old woman still **mourns** for her son. 这位老太太还在**为儿子的死伤心**。

multiple [ˈmʌltipl] *a.* **多样的**,多重的 *n.* 倍数

真题例句 A variety of small clubs can provide **multiple** opportunities for leadership, as well as for practice in successful group dynamics. 【2003 年完形】各种小型俱乐部可以为领导才能的锻炼提供**多种多样的**机遇,还有成功的分组互动的锻炼。

multiply [ˈmʌltiplai] *v.* (by)乘,使相乘;**倍增**,增加,繁殖

经典例句 We must **multiply** our efforts to clear up the mystery. 我们必须**加倍努力**来澄清这一神秘的事件。

multitude [ˈmʌltitjuːd] *n.* 众多,**大量**

真题例句 In the United States, **multitudes** of premiums for new devices were awarded at country fairs and at the industrial fairs in major cities. 【1996 年阅读4】在美国的全国博览会和各大城市举办的工业博览会上,**大量**的奖金被颁发给新发明的设备。

municipal [mju(ː)ˈnisipəl] *a.* **市(立,政)的**;地方性的,地方自治的

真题例句 At the same time the great **municipalities** went into business to supply lighting, trams and other services to the taxpayers .【1996 年英译汉】同时,**市政**当局入主企业为纳税人提供电力、交通和其他服务。

murmur [ˈməːmə] *v. /n.* 小声说(话);**小声抱怨**,咕哝

经典例句 An angry **murmur** ran through the crowd. 群众纷纷气愤地**抱怨**着。

mute [mjuːt] *a.* 哑的,**缄默的** *n.* 哑巴;弱音器 *v.* 减弱……的声音

经典例句 He's **mute** on the subject of social system. 他对社会制度的问题保持**沉默**。

mutter [ˈmʌtə] *n.* 喃喃自语,小声低语;抱怨 *v.* 低声说,抱怨,咕哝

经典例句 Actors often **mutter** to themselves when rehearsing their lines. 演员们背台词的时候经常自己喃喃自语。

mutual [ˈmjuːtjuəl, ˈmjuːtʃuəl] *a.* **相互的**,彼此的;共同的,共有的

经典例句 Negotiations between unions and management are made more difficult by **mutual** distrust. 工会和资方之间的谈判由于**相互**不信任而愈加困难。

mysterious [misˈtiəriəs] *a.* **神秘的**,可疑的,难理解的

真题例句 The exact mechanisms involved are still **mysterious**, but the likelihood that many cancers are initiated at the level of genes suggests that we will never prevent all cancers.【1994 年阅读 4】(与癌变相关的)准确的运作机制依旧是很**神秘的**,但很有可能多种癌症的根源在于基因,这表明我们可能永远无法预防所有的癌症。

naked [ˈneikid] *a.* 裸体的,**无遮敝的**,无掩饰的

经典例句 The trees were **naked** during autumn. 秋天里树木都是**光秃秃的**。

namely [ˈneimli] *ad.* **即**,也就是

经典例句 Lydia briefly stated the business in hand, **namely** to choose a secretary and treasurer for the committee. 莉迪亚简单地陈述了马上要做的事,**即**为委员会选出一个秘书和财务管理人。

narrative [ˈnærətiv] *a.* 叙述性的 *n.* **叙述**

经典例句 **Narrative** makes up most of the book. 这本书的大部分篇幅都是**叙述**。

nasty [ˈnæsti] *a.* **肮脏的**,卑劣的,下流的;令人厌恶的

经典例句 He is a person with a **nasty** mind. 他是个思想**肮脏的**人。

naughty [ˈnɔːti] *a.* 顽皮的,**淘气的**

经典例句 The **naughty** boy played a neat trick. 这个**淘气的**小男孩耍了一个巧妙的花招。

nearby [ˈniəbai] *a.* 附近的 *ad.* **在附近** *prep.* 在……附近

经典例句 It happened that there was a telephone booth **nearby**. 碰巧**在附近**有个公用电话亭。

necessitate [ni'sesiteit] *v.* 使成为必要，需要

经典例句 It's an unpopular measure, but the situation **necessitates** it. 这是不得人心的办法，但形势**需要**这样做。

necessity [ni'sesiti] *n.* **必要性**，需要；必然性；(*pl.*) 必需品

真题例句 It is entirely reasonable for auditors to believe that scientists who know exactly where they are going and how they will get there should not be distracted by the **necessity** of keeping one eye on the cash register while the other eye is on the microscope. 【1999 年阅读 5】审计人员完全有理由相信，那些确切地了解自己的目标并知道如何实现这一目标的科学家们根本没有**必要**分心去一只眼盯着科研经费提款机，而另一只眼则盯着显微镜。

negative ['negətiv] *a.* 否定的，**消极的**，阴性的 *n.* 负数；(摄影)底片

真题例句 First of all, most substances taken in excess will produce **negative** effects such as poisoning or intense perceptual distortions. 【1997 年阅读 3】首先，大部分的物质，一旦使用过量，就会产生**负面**影响，比如中毒或导致极度的知觉扭曲。

neglect [ni'glekt] *v.*/*n.* **忽视**；疏忽，漏做，忽略

真题例句 If these sensitive periods are **neglected**, the ideal time for acquiring skills passes and they might never be learned so easily again. 【1993 年阅读 1】如果**忽略**了这些敏感时期，学习技能的最佳时机也就错过了，他们可能将永远不可能如此轻易地被学到。

negligible ['neglidʒəbl] *a.* 可忽略不计的，**微不足道的**

经典例句 The risks were represented as **negligible**. 这些冒险的事被说成是**微不足道的**。

negotiate [ni'gəuʃieit] *v.* 商订；**谈判**，洽谈，交涉

真题例句 Either way, one benefit of a "national" organization would be to **negotiate** better prices, if possible, with drug manufacturers. 【2005 年阅读 Part B】不管是何种含义，如果可能的话，成立一个国家机构的好处之一就是能够通过**谈判**从医药生产商那里获得更优惠的价格。

nerve [nə:v] *n.* **神经**；勇气，胆量

真题例句 What researchers found, in attempting to model thought, is that the human brain's roughly one hundred billion **nerve** cells are much more talented—and human perception far more complicated—than previously imagined. 【2002 年阅读 2】在探索模拟人脑思维的过程中，研究人员发现，事实上人脑比预想的要聪明灵活——大脑中的近一千亿个**神经**细胞蕴藏着无限的才能，而且，人类的感觉器官也比以前想象的更复杂。

network ['netwə:k] *n.* 网状物；广播网，电视网；**网络**

真题例句 Just as the value of a telephone **network** increases with each new phone added to the system, so does the value of a computer system increase with each program that turns out. 【1997 年词汇】正如电话**网络**系统的价值随着每部新电话被加进电话网络系统而

提高一样,计算机网络的价值也随着每一个程序的开发而提高。

neutral ['nju:trəl] *a.* 中立的;**中性的**,中和的

真题例句 This is why the more **neutral** term *substance* is now used by many physicians and psychologists. 【1997 年阅读 3】这就是为什么现在许多内科医生和心理学家要更多地使用一个更加**中性的**词语——"物质"。

nevertheless [ˌnevəðə'les] *conj.* (nonetheless)**然而**,不过 *ad.* 仍然,不过

真题例句 Many people, **nevertheless**, believe in being on the safe side and thus take extra vitamins. 【1996 年完形】**然而**,许多人出于保险的想法摄入过量的维生素。

nominal ['nɔminl] *a.* **名义上的**;(金额,租金)微不足道的

经典例句 The chairman is only the **nominal** ruler of the country. 主席只是那个国家**名义上的**统治者。

nominate ['nɔmineit] *v.* **提名**,任命

经典例句 She had been **nominated** as candidate for the presidency. 她已被**提名**为总统候选人。

常用词组 nominate sb. as... 任命某人为…… nominate sb. for ... 提名某人为……的候选人

nonetheless [ˌnʌnðə'les] *conj.* /*ad.* 虽然如此,**但是**

真题例句 **Nonetheless**, many companies still hesitate to use the Web because of doubts about its reliability. 【1999 年阅读 2】**但是**,由于怀疑网络的可靠性,许多公司仍然对网络的使用犹豫不决。

notable ['nəutəbl] *a.* 值得注意的,**显著的**,著名的

经典例句 The difference contrast is **notable**. 差别对比是**显著的**。

noticeable ['nəutisəbl] *a.* **显而易见的**,值得注意的,重要的

经典例句 There's been a **noticeable** improvement in her handwriting. 她的书法有了**明显的进步**。

notify ['nəutifai] *v.* **通知**,告知,报告

经典例句 We'll **notify** her to draw up a contract. 我们将**通知**她起草一份合同。

notion ['nəuʃən] *n.* 概念,想法,意念,**看法**,观点

真题例句 Computer-education advocates forsake this optimistic **notion** for a pessimism that betrays their otherwise cheery outlook. 【1999 年阅读 3】计算机教育的倡导者们抛弃了乐观主义的**看法**,而接受了一种悲观主义的观点,而这种观点又流露出他们另一方面比较积极向上的人生观。

notorious [nəu'tɔ:riəs] *a.* **臭名昭著的**,声名狼藉的

经典例句 The **notorious** thief will be put up for trial next week. 那个**臭名昭著的**偷窃犯将于下周出庭受审。

notwithstanding [ˌnɒtwɪθˈstændɪŋ] *prep. /ad. /conj.* **尽管**

经典例句 He tried to prevent the marriage but it still took place **notwithstanding**. **虽然**他竭力阻止这桩婚姻，但还是成了事实。

nourish [ˈnʌriʃ] *v.* **提供养分**, 养育, 怀有 (希望, 仇恨等)

经典例句 Milk is all we need to **nourish** a small baby. 我们**供给婴儿营养**只需喂奶就够了。

novel [ˈnɒvəl] *n.* (长篇) **小说** *a.* 新奇的, 新颖的

真题例句 Curiously, some two-and-a-half years and two **novels** later, my experiment in what the Americans term "downshifting" has turned my tired excuse into an absolute reality. 【2001 年阅读 5】奇怪的是，当我在两年半的时间里完成了两部**小说**之后，我的这种美国人叫做"放慢生活节奏"的体验，已经把我当初干巴巴的借口变成了绝对的现实。

nowhere [ˈnəuweə] *ad.* **任何地方都不**, 没有地方

真题例句 **Nowhere** do 1980 census statistics dramatize more the American search for spacious living than in the Far West. 【1998 年阅读 4】1980 年的人口普查戏剧性地表明：在美国边远的西部地区，人们更加追求宽敞的居住条件，而这是其他**任何地方**的美国人**都**比不上的。

nuclear [ˈnjuːkliə] *a.* **核心的, 中心的**; 原子核的, 核能的

真题例句 NBAC members also indicated that they will appeal to privately funded researchers and clinics not to try to clone humans by body cell **nuclear** transfer. 【1999 年阅读 4】NBAC 的成员还表示，他们将呼吁由私人提供资金的研究人员和医疗机构不要试图通过人体细胞**核**转移技术去进行克隆人活动。

numb [nʌm] *a.* 麻木的, 失去感觉的 *v.* **使麻木**

经典例句 His leg was **numbed** by the intense pain. 他的腿因剧痛而**麻木**。

numerous [ˈnjuːmərəs] *a.* **众多的**, 许多的, 大批的

真题例句 **Numerous** other commercial enterprises, from theaters to magazine publishers, from gas and electric utilities to milk processors, bring better and more efficient services to consumers through the use of computers. 【1994 年阅读 2】从剧院到杂志出版商，从气电站到牛奶加工厂，**众多的**其他商业企业通过电脑向消费者提供更好、更高效的服务。

nurture [ˈnəːtʃə] *n. /v.* 养育, **教育**, 教养 *n.* 营养品 *v.* 给与营养物

经典例句 The child got his **nurture** from his loving parents. 这个孩子所受的**教育**来自他慈爱的双亲。

obedient [əˈbiːdjənt, -diənt] *a.* 服从的, **顺从的**

经典例句 My brother is an **obedient** boy. 我弟弟是一个**听话的**男孩。

objective [əb'dʒektiv] *n.* **目标**,目的 *a.* 客观的,真实的

真题例句 In order to achieve these **objectives**, we must concentrate more on co-productions, the exchange of news, documentary services and training.【2005 年英译汉】要达到这些**目标**,我们必须更加注意共同制作、信息的交换、文件服务和培训。

oblige [ə'blaidʒ] *v.* 强迫,**迫使**;责成;(使)**感激**,施恩于

真题例句 Moreover, the integration of the European community will **oblige** television companies to cooperate more closely in terms of both production and distribution.【2005 年英译汉】而且,欧洲共同体**迫使**电视公司在制作和播放方面加强合作。We are **obliged** to them because some of these languages have since vanished, as the peoples who spoke them died out or became assimilated and lost their native languages.【2004 年英译汉】我们**感激**他们,因为在此之后,由于说这些语言的部族或是消亡,或是被同化而丧失了自己的本族语言,因而这些语言中有一些已经消失了。

常用词组 be obliged to sb. 感谢(某人)

be obliged to do sth. 不得不(做某事),必须(做某事)

obscure [əb'skjuə] *a.* 暗的,朦胧的;**模糊的**,晦涩的

真题例句 The environment is obviously important, but its role has remained **obscure**.【2002 年英译汉】虽然环境明显很重要,但其作用仍然**模糊不清**。

observation [ˌɔbzə'veiʃən] *n.* 观察,观测,监视;(*pl.*)**观察资料或报告**,言论

真题例句 **Observations** were made of the children at the beginning and at the end of pre-school and first grade.【1996 年词汇】人们**观察记录**了孩子们上学前班时、学前班结束时以及上小学一年级时的情况。

常用词组 make observation of 对……做观察记录 make observation on 对……发表评论

observe [əb'zə:v] *v.* 观察,观测,**注意到**;监视;遵守;评述

真题例句 It should be **observed**, of course, that no school, vocational or not, is helped by a confusion over its purpose.【1999 年阅读 3】当然我们应该**注意到**的是,不管是职业学校,还是普通学校,如果混淆学校教学的目的,都不会有好结果。

obsolete ['ɔbsəli:t] *a.* 已废弃的,**过时的**

经典例句 Our service is **obsolete**, requiring root and branch reform. 我们的服务已经**过时了**,需要从根本上进行改革。

obstacle ['ɔbstəkl] *n.* **障碍**(物),妨碍,阻碍,干扰

真题例句 The process is not the road itself, but rather the attitudes and feelings people have, their caution or courage, as they encounter new experiences and unexpected **obstacles**.【1995 年阅读 2】这个过程指的并不是道路本身,而是人们在遭遇新的体验

和预料不到的**挫折**时的态度和情感、谨慎和勇气。

obstruct [əb'strʌkt] v. 阻隔,**阻塞**(道路、通道等)n. 阻碍物,障碍物

经典例句 He was charged **obstructing** the highway. 他因**阻碍**公路交通而受控告。

obtain [əb'tein] v. **获得**,得到

真题例句 One difficulty in translation lies in **obtaining** a concept match. By this is meant that a concept in one language is lost or changed in meaning in translation.【2001 年词汇】翻译过程中的一个难点在于**寻求**相对应的概念。也就是说,在翻译的过程中,一种语言中的观念往往会被漏掉或者意义被改变。

obvious ['ɔbviəs, -vjəs] a. **明显的,显而易见的**

真题例句 That experiences influence subsequent behavior is evidence of an **obvious** but nevertheless remarkable activity called remembering.【1995 年阅读 5】过去的经历能影响随后的行为,这表明:存在一种**显而易见**但却不寻常**的**机能,这种机能被称做记忆。

occasion [ə'keiʒən] n. **场合**,时节,时刻;时机,机会

经典例句 His casual clothes were not appropriate for such a formal **occasion**. 他的便服不适宜在这样正式的**场合**穿。

occasional [ə'keiʒənəl] a. **偶然的**,非经常的,特殊场合的;临时的;不时的

经典例句 Her kindness and generosity cancel out her **occasional** flashes of temper. 她为人厚道、慷慨大方,倒也弥补了她**偶尔**发点儿脾气的坏习惯。

occupation [ˌɔkju'peiʃən] n. **占领**,占据;占用;职业,工作

真题例句 Last year Mitsuo Setoyama, who was then education minister, raised eyebrows when he argued that liberal reforms introduced by the American **occupation** authorities after World War II had weakened the "Japanese morality of respect for parents."【2000 年阅读 4】去年,时任教育部长的 Mitsuo Setoyama 对此提出质疑,他申辩说"二战"后美国**占领**当局引进的自由改革削弱了"日本人尊敬父母的道德观"。

occupy ['ɔkjupai] v. 占,占用;**占据**,占领;使忙碌,使从事

经典例句 The striking office workers have **occupied** the whole building. 罢工的办公室人员**占据**了整座楼。

occurrence [ə'kʌrəns] n. 发生,出现;**事件**,事故,发生的事情

真题例句 Satellites have extended the power of communications to report events at the instant of **occurrence**.【1995 年阅读 3】卫星的通讯能力得到加强,可以进行时事**现场**报道。

odd [ɔd] a. 奇数的;**奇怪的**;单只的;临时的;带零头的,余的

真题例句 What is **odd** is that they have perhaps most benefited from ambition—if not always their own then that of their parents and grandparents.【2000 年阅读 5】**奇怪的**是他always their own then that of their parents and grandparents.

们中的大部分人可能已经从抱负中获益——如果不是从他们自己的抱负中获益,那么就是从他们父母和祖父母的身上获益。

offend [əˈfend] *v.* 犯罪,冒犯,**违反**,得罪,使……不愉快

> 真题例句 I don't think it's wise of you to show off your greater knowledge in front of the director, for it may **offend** him. 【1998 年词汇】我认为你在主任面前炫耀你懂得更多的知识很不明智,因为这样做可能会**冒犯**他。

offensive [əˈfensiv] *a.* 冒犯的,攻击的 *n.* **攻势**,进攻

> 经典例句 In meetings she always **takes the offensive** before she can be criticized. 在会上,她总是不等别人批评就**先发制人**。

> 常用词组 take the offensive 进攻;采取攻势

offset [ˈɔːfset] *n.* 分支,补偿 *v.* 抵消,**补偿**

> 经典例句 He raised his prices to **offset** the increased cost of materials. 他提高售价以**补偿**材料增加的成本。

offspring [ˈɔfspriŋ; (US) ˈɔːf-] *n.* **子女,后代**;结果,产物

> 真题例句 Personality is to a large extent inherent —A-type parents usually bring about A-type **offspring**. 【1995 年阅读 4】个性在很大程度上是遗传的——A 型个性的父母通常培养出的是 A 型个性的**后代**。

omit [əˈmit] *v.* 省略,删去;遗漏,**忽略**

> 经典例句 Nor does he **omit** the plagues, famines and diseases which made life a lottery for everyone, rich or poor, until the most recent times. 直到现在,他没有**疏忽**使人人(无论贫富)生活都不得安宁的瘟疫、饥荒和疾病。

opponent [əˈpəunənt] *n.* 对手,**反对者**,敌手 *a.* 对立的,对抗的

> 经典例句 She is one of the strongest **opponents** of tax reform. 她是税收改革最强烈的**反对者**之一。

opportunity [ˌɔpəˈtjuːniti] *n.* **机会**

> 真题例句 She wondered if she could have the **opportunity** to spend some time here so that she could learn more about the city. 【1996 年词汇】她不知道她能否有**机会**在这里呆一段时间,以便更多地了解这座城市。

oppose [əˈpəuz] *v.* **反对**,使对立,使对抗,使相对

> 真题例句 Asked if she **opposed** immunizations, she wanted to know if vaccines come from animal research. 【2000 年阅读 2】如果问她是否**反对**免疫,她想知道疫苗是否来自动物试验。

> 常用词组 oppose...to... 把……与……相对照或相比

oppose oneself to 反对

oppress [ə'pres] *v.* 压迫，压制

经典例句 The king **oppressed** his people with terrible taxes and punishments. 国王以苛捐杂税和严刑来**压迫**人民。

opt [ɔpt] *vi.* 抉择，选择

经典例句 Most people **opt** for buying their own homes rather than renting them. 大多数人**选择**买房子而不选择租房子。

optimistic [ˌɔpti'mistik] *a.* 乐观主义的

真题例句 There are reasons to be **optimistic**. There are technological reasons to hope the digital divide will narrow.【2001 年阅读 2】我们有理由感到**乐观**。这种数字差异有望缩小，这有科技方面的理由。

option ['ɔpʃən] *n.* 选择(权)，(商)选择买卖的特权

真题例句 If railroads charged all customers the same average rate, they argue, shippers who have the **option** of switching to trucks or other forms of transportation would do so, leaving remaining customers to shoulder the cost of keeping up the line.【2003 年阅读 3】他们辩称，如果铁路公司向所有客户收取同样的均价，一些托运人就会转而**选择**通过公路或其他交通工具运输，而由剩下的客户来承担铁路正常运作的开销。

optional ['ɔpʃənəl] *a.* 可以任选的，随意的，非强制的

真题例句 It is said that in England death is pressing, in Canada inevitable and in California **optional** .【2003 年阅读 4】据说，在英国死亡是迫在眉睫的，在加拿大死亡是不可避免的，而在加利福尼亚死亡则是**可以选择的**。

orbit ['ɔːbit] *n.* 轨道 *v.* (使)沿轨道运行

真题例句 But Newton for years had been curious about the cause of the **orbital** motion of the moon and planets.【1999 年阅读 5】但只有牛顿多年来一直对月亮和其他星球**沿轨道运行**的原因感到好奇。

orderly ['ɔːdəli] *a.* 整齐的，有秩序的，有条理的 *n.* 勤务兵

真题例句 While talking to you, your could-be employer is deciding whether your education, your experience, and other qualifications, will pay him to employ you and your "wares" and abilities must be displayed in an **orderly** and reasonably connected manner.【1996 年阅读 1】在与你谈话时，你未来的雇主就在掂量，如果雇用你，你所受的教育、工作经历和其他资格是否会使他受益，因为你的"商品"和能力必须要**有条不紊地**、合情合理地展示出来。

organisation/organization [ˌɔːgənai'zeiʃən] *n.* 组织，团体，机构

真题例句 The American Society of Newspaper Editors is trying to answer this painful question. The **organization** is deep into a long self-analysis known as the journalism credibility project. 【2001 年阅读 3】美国报纸编辑协会正试图回答这一令人痛苦的问题。这一**组织**正在进行深入的自我检查,也就是大家知道的新闻可信度调查。

orient [ˈɔːriənt] *n.* [the O-] 东方,亚洲 *v.* 使朝东,**为……定位**,使适应

真题例句 The American economic system is organized around a basically private-enterprise, market-**oriented** economy in which consumers largely determine what shall be produced by spending their money in the marketplace for those goods and services that they want most. 【1994 年阅读 1】美国的经济体系是围绕一个基本的私营企业进行组织的,它是以市场**为导向**的经济。在这个体系中,由于消费者在市场上花钱购买那些最需要的商品和服务,从而在很大程度上决定了将要生产什么。

oriental [ˌɔ(ː)riˈentl] *a.* **东方的**,东方诸国的 *n.* 东方人

经典例句 China is an **oriental** country with a long history. 中国是一个有着悠久历史的**东方国家**。

orientation [ˌɔ(ː)rienˈteiʃən] *n.* 方向,方位;定位,倾向性,向东方;熟悉,**适应**,认识环境

真题例句 Forgetting clearly aids **orientation** in time, since old memories weaken and the new tend to stand out, providing clues for inferring duration. 【1995 年阅读 5】很显然,遗忘有助于时间上的**调整**,因为旧的记忆会褪色,而新的记忆会变得更加明显,使我们能够推测事情发生的时间先后。

origin [ˈɔridʒin] *n.* **起源**,由来;出身,来历

经典例句 The social unrest has its **origins** in economic problems. 社会动荡**起源**于经济问题。

original [əˈridʒənəl] *a.* **最初的**,原文的;新颖的,有独创性的 *n.* 原物,原作,原文

真题例句 By the third generation, the **original** language is lost in the majority of immigrant families. 【2006 年阅读 2】到第三代,大部分移民家庭都不说母语了。

originate [əˈridʒineit] *v.* (in,from)**起源**,发生;首创,创造

真题例句 This approach, **originated** abroad, offered inventors medals, cash prizes and other incentives. 【1996 年阅读 4】这种做法**来自**国外,为发明者颁发奖章、奖金和其他奖励。

ornament [ˈɔːnəmənt] *v.* 装饰,美化 *n.* 装饰,**装饰物**

经典例句 A bauble is a showy **ornament** of little value. 廉价珠宝是华而不实的**装饰品**。

orthodox [ˈɔːθədɔks] *a.* **传统的**,正统的,习惯的,保守的

经典例句 **Orthodox** Christian churches often have elaborate steeples. **传统的**基督教堂都有精致的尖塔。

outbreak [ˈautbreik] *n.* (战争、愤怒、火灾等的)**爆发**,(疾病的)发作

经典例句 In the years immediately preceding the **outbreak** of war in 1939, Hitler succeeded in annexing various parts of Europe to Germany without firing a shot. 在 1939 年大战**爆发**的前几年,希特勒没开一枪而成功地把欧洲许多地区吞并为德国领土。

outcome ['autkʌm] *n.* **结果**,成果

【真题例句】 " Benefits " have been weighed against " harmful " **outcomes**. And generalizations have proved difficult .【2002 年完形】"益处"要针对**产生的**"害处"来权衡,很难一概而论。

outfit ['autfit] *n.* 用具,机构,**全套装配**,供给 *v.* 配备,(得到)装备

【经典例句】 The company will provide the sports **outfits** for all the players. 这家公司将为所有运动员提供**全套运动服装**。

outline ['autlain] *n.* **轮廓**,略图;大纲,梗概 *v.* 概述,略述

【经典例句】 He saw the **outline** of a building against the sky. 他看到天边一幢建筑物的**轮廓**。

outlook ['autluk] *n.* 景色,风光;观点,**见解**;展望,前景

【真题例句】 If it did, it would open up its diversity program, now focused narrowly on race and gender, and look for reporters who differ broadly by **outlook**, values, education, and class.【2001 年阅读 3】如果它注意到了这一点,就应该广开言路,增加丰富多彩的栏目,而不是仅仅把注意力集中在种族和性别上,应该雇用那些有不同的**见解**、价值观、教育背景和社会阶层的记者。

output ['autput] *n.* 产量,输出(量)

【真题例句】 In this view, continual adjustments are made between learning or memory storage (input) and forgetting (**output**).【1995 年阅读 5】根据这种观点,应该不断调整学习或者记忆的存储(输入)和遗忘(**输出**)。

outrage ['autreidʒ] *n.* **暴行**,侮辱,愤怒 *v.* 凌辱,引起……义愤,强奸

【经典例句】 We should never forget the **outrage** committed by the Japanese invaders. 我们永远都不应该忘记日本侵略者犯下的**暴行**。

outset ['autset] *n.* 开始,开端

【真题例句】 It leads the discussion to extremes at the **outset**: it invites you to think that animals should be treated either with the consideration humans extend to other humans, or with no consideration at all.【1997 年英译汉】这种观点从一**开始**就将讨论引向两个极端,它引导人们这样对待动物:要么像对待人类自身一样关心体谅,要么完全冷漠无情。

outstanding [aut'stændiŋ] *a.* **突出的**,显著的,杰出的

【经典例句】 The firm recognized Tom's **outstanding** work by giving him an extra bonus. 公司发给汤姆一笔额外奖金以表彰他的**出色工作**。

overall ['əuvərɔ:l] *a.* 全面的,**综合的** *n.* (*pl.*)(套头)工作服,工装裤

真题例句 The **overall** result has been to make entrance to professional geological journals harder for amateurs, a result that has been reinforced by the widespread introduction of refereeing, first by national journals in the nineteenth century and then by several local geological journals in the twentieth century.【2001 年阅读 1】这样，**最终的**结果是业余人员越来越难以进入专业性地质学杂志，而审稿制度的全面引进使得这种情况进一步得到加强，到 19 世纪这一制度首先被引入全国性杂志，到了 20 世纪被引入到一些区域性地质杂志。

overcome [ˌəuvəˈkʌm] v. 战胜，**克服**

真题例句 If we do not confront and **overcome** these internal fears and doubts, if we protect ourselves too much, then we cease to grow.【1995 年阅读 2】如果无法面对和**克服**这些内心的恐惧和疑虑，如果我们对自己过分保护，那我们就会停止不前。

overflow [ˈəuvəˈfləu] v. （使）外溢，（使）溢出；**溢出**，流出，漫出

经典例句 River have been **overflow** the bank. 河水已**溢出**了堤岸。

overhear [ˌəuvəˈhiə] v. **偶然听到**，从旁听到

经典例句 I **overhear** that the hearty man heartily yearns for my harness in the barn. 我**无意中听说**那个热忱的人十分向往我的牲口棚中的马具。

overlook [ˌəuvəˈluk] v. 看漏，**忽略**；俯瞰，眺望；宽容，放任

经典例句 They **overlooked** the enormous risks involved. 他们**忽略**了暗含的巨大危险。

overpass [ˌəuvəˈpɑːs] n. **过街天桥**

经典例句 Is that why they're constructing so many underpasses, **overpasses** and highways? 那就是他们建这么多地下通道、**天桥**和高速公路的原因吗？

overseas [ˈəuvəˈsiːz] a. 外国的，**海外的** ad. **在海外**

真题例句 Their sometimes sensational findings were filled with warnings about the growing competition from **overseas**.【2000 年阅读 1】有时，那些耸人听闻的发现在警告人们，来自**海外**的竞争越来越大。

overtake [ˈəuvəˈteik] v. 追上，**超过**；突然降临，压倒，袭击

经典例句 A car **overtook** me although I was going fast. 我虽然开得很快，还是被一辆车**超过**了。

overthrow [ˌəuvəˈθrəu] v. /n. **推翻**，颠覆

经典例句 He revealed their conspiracy to **overthrow** the government. 他泄露了他们**推翻**政府的阴谋。

overtime [ˈəuvətaim] a. 超时的，加班的 ad. **加班**

经典例句 He was cruel to make them work **overtime**. 他要他们**加班**工作，真是残酷。

overturn [ˈəuvəˈtəːn] n. 倾覆，破灭，革命 v. 打翻，**推翻**，颠倒，翻倒

经典例句 The revolutionist planned to **overturn** this puppet regime. 革命者计划**推翻**傀儡政府。

overwhelm [ˌəuvəˈwelm] v. **压倒**,制服

经典例句 If I cannot **overwhelm** with my quality, I will **overwhelm** with my quantity. 如果我不能以质量**压倒**,我就一定要以数量**压倒**。

overwhelming [ˌəuvəˈwelmiŋ] a. 势不可挡的,**压倒的**

经典例句 Our table tennis team has won an **overwhelming** victory. 我们的乒乓球队取得了**压倒性的**胜利。

owing [ˈəuiŋ] a. **欠的**,未付的

经典例句 There is still 2 dollars **owing**. 还欠着 2 美元。

常用词组 owing to 由于

pace [peis] n. 步,**步伐**,步调,速度 v. 踱步,用步测

真题例句 The mergers of telecom companies, such as WorldCom, hardly seem to bring higher prices for consumers or a reduction in the **pace** of technical progress. 【2001 年阅读 4】像世界通讯这样的通讯公司的合并似乎并没有给消费者带来更高的物价,也不会导致技术革新的**步伐**放慢。

pact [pækt] n. **合同**,条约,公约,协定

经典例句 Our **pact** is at an end. 我们的**合约**结束了。

pad [pæd] n. **垫**,衬垫;便笺簿;拍纸簿 v. 加上衬垫,填塞

经典例句 The nurse put a clean **pad** of cotton over his wound. 护士在他的伤口上敷了一块干净的纱布**垫**。

painful [ˈpeinful] a. 疼痛的,**使痛苦的**,费力(心)的,棘手的

真题例句 Indeed, when one's memory of an emotionally **painful** experience lead to serious anxiety, forgetting may produce relief. 【1995 年阅读 5】确实如此,一段情感上的**令人痛苦的**记忆会导致严重的焦虑不安,这时遗忘可以缓解痛苦。

panel [ˈpænl] n. 面,板;控制板,仪表盘;**专门小组**

真题例句 The **panel** has not yet reached agreement on a crucial question, however, whether to recommend legislation that would make it a crime for private funding to be used for human cloning. 【1999 年阅读 4】然而,在一个非常重要的问题上,也就是是否建议立法将私人赞助克隆人视为犯罪这一问题上,**小组**的意见还未达成一致。

panic [ˈpænik] n./a. 恐慌(的),**惊慌**(的) vt. 使惊慌,使害怕

经典例句 She got into a **panic** when she thought she'd forgotten the tickets. 她想起忘记带入场券,顿时**惊慌**起来。

parade [pə'reid] *n./v.* 游行,夸耀 *n.* **检阅**,阅兵式 *v.* 使列队行进

经典例句 The Olympic Games begin with a **parade** of all the competing nations. 奥运会以参赛各国的**列队行进**开始。

parallel ['pærəlel] *a.* (to, with)平行的,并联的;(to)相同的,**类似的** *n.* 平行线,相似物,类似;对比,纬线

经典例句 My experience in this matter is **parallel** to yours. 在这件事情上,我的经验和你的**类似**。

真题例句 On the other, it links these concepts to everyday realities in a manner which is **parallel** to the links journalists forge on a daily basis as they cover and comment on the news.【2007 年英译汉】另一方面,法律以一种方式把这些观念同日常实际联系起来——这种联系类似于新闻记者在报道以及评论新闻时根据日常规则所形成的联系方式。

paralyse/paralyze ['pærəlaiz] *v.* **使瘫痪**(麻痹);使丧失作用

经典例句 The electricity failure **paralysed** the water supply. 停电使水供应陷于**瘫痪**。

partial ['pɑːʃəl] *a.* 部分的,不完全的;偏袒的,**不公平的**,偏爱的

真题例句 In this search the evidence found is always incomplete and scattered; it is also frequently **partial** or partisan.【1999 年英译汉】而在寻找证据的过程中,他们所发现的证据往往是不完整且分散的,通常还带有**偏见**或门派意识。

participate [pɑː'tisipeit] *v.* (in)**参与**,参加;分享,分担

真题例句 Without the ability to think critically, to defend their ideas and understand the ideas of others, they cannot fully **participate** in our democracy.【2004 年阅读 4】如果他们缺乏批评性思考的能力,不能为自己的想法进行辩护,不能理解他人的观念,那么他们就不能充分地**参与**我们的民主。

particle ['pɑːtikl] *n.* 粒子,**微粒**;小品词,虚词

经典例句 We can see the dust **particles** floating in the sunlight clearly. 我们可以很清楚地看到漂浮在阳光下的灰尘**颗粒**。

passion ['pæʃən] *n.* 热情,**激情**,爱好;激怒;强烈感情

经典例句 The poet expressed his burning **passion** for the woman he loved. 诗人表达了他对所爱的女子火一般的**激情**。

passive ['pæsiv] *a.* **被动的**,消极的

真题例句 Do we think we're slow to adapt to change or that we're not smart enough to cope with a new challenge? Then we are likely to take a more **passive** role or not try at all.【1995 年阅读 2】我们是否认为自己调整自我以适应变化很慢,或我们是否认为自己不够聪明,无法迎接新的挑战? 这样的话,我们可能会采取更加**被动的**态度,或者根本就不去尝试新的事物。

passport [ˈpɑːspɔːt] n. **护照**

经典例句 My **passport** is due to expire in two months. 我的**护照**再过两个月就到期了。

paste [peist] n. 糊,浆糊 v. 粘,**贴**

经典例句 She **pasted** the pictures into a scrapbook. 她把图片**贴**在剪贴簿上。

pastime [ˈpɑːstaim] n. 消遣,**娱乐**

真题例句 Swimming is my favorite **pastime**.【2003 年阅读 1】游泳是我最喜欢的一种**娱乐**。

pat [pæt] v./n. **轻拍**,轻打,抚摸

经典例句 The mother **patted** the little girl to make her go to sleep. 母亲**轻拍**小女孩使其入睡。

patch [pætʃ] n. **补丁**,斑点,;碎片;小块 v. 补,修补,掩饰

经典例句 The boy's trousers need a **patch** on the knee. 这孩子的裤子膝盖上需要打个**补丁**。

patent [ˈpeitənt, ˈpætənt] a. **专利的**,特许的 n. 专利(权、品)v. 批准专利,获得专利

真题例句 A further stimulus to invention came from the "premium" system, which preceded our **patent** system and for years ran parallel with it. 【1996 年阅读 4】推动发明的进一步刺激来自"奖励"制度,它产生于我们的专利制度之前,且多年来与后者一起存在。

pathetic [pəˈθetik] a. **可怜的**,悲惨的

经典例句 We saw the **pathetic** sight of starving children. 我们看到了挨饿的儿童**可怜的**样子。

patriotic [ˌpætriˈɔtik] a. **爱国的**

经典例句 His **patriotic** action raised our admiration. 他的**爱国**行为激起了我们的敬佩之情。

pave [peiv] v. 铺砌,**铺(路)**

经典例句 This agreement will **pave** the way for a lasting peace. 这个协议将为持久和平**铺路**。

peak [piːk] n. **山顶**,最高点;峰,山峰 a. 高峰的,最高的

经典例句 The mountain **peaks** are covered with snow all year. **山顶**上终年积雪。

peculiar [piˈkjuːljə] a. 古怪的,异常的;特殊的,**特有的**

真题例句 Furthermore, humans have the ability to modify the environment in which they live, thus subjecting all other life forms to their own **peculiar** ideas and fancies. 【2003 年阅读 Part B】而且,人类还有能力改变自己的生存环境,从而让所有其他形态的生命服从人类自己**独特的**思想和想象。

peel [piːl] v. 削皮,**剥皮** n. 果皮

经典例句 Would you **peel** me an orange? 你给我**剥**一个橘子好吗?

peep [piːp] v. **偷看**,窥视

经典例句 He took a **peep** at the back of the book to find out the answers to the questions. 他**偷偷看**了一下书的后面,想找出那些问题的答案。

peer [piə] n. 同辈,同等地位的人;贵族 v. 凝视,隐约出现

经典例句 She **peers** through the mist, trying to find the right path. 她透过雾**眯着眼看**,想找出正确的路。

penalty ['penlti] n. **处罚**,刑罚,惩罚,罚金

经典例句 Liverpool were given a **penalty** when one of their opponents handled the ball. 利物浦队因对方一队员用手触球而得到一个**罚球**。

penetrate ['penitreit] v. **穿过**,渗入,看穿

经典例句 The headlamps **penetrated** the fog. 车的前灯的光**射进雾**中。

perceive [pə'si:v] v. **察觉**,感知;理解,领悟

真题例句 Do we **perceive** ourselves as quick and curious? If so, then we tend to take more chances and to be more open to unfamiliar experiences. 【1995 年阅读 2】我们是否**认为**自己头脑灵活、好奇心强? 如果是这样,我们会更愿意冒风险,更愿意体验不熟悉的东西。

percentage [pə'sentidʒ] n. 百分数,百分率,**百分比**

真题例句 The homeless make up a growing **percentage** of America's population. Furthermore homelessness has reached such proportions that local governments can't possibly stand. 【2006 年阅读 1】无家可归者在美国人口中占的**比例**日趋增大,而且比例过大以致地方政府已经无法容忍。

perfection [pə'fekʃən] n. 尽善尽美,**完美**

经典例句 The performance approaches **perfection**. 表演近乎**完美**。

performance [pə'fɔːməns] n. 履行,执行;**表演**,演出;性能,特性;成绩

真题例句 Constant practice has such as effect on memory as to lead to skillful **performance** on the piano, to recitation of a poem, and even to reading and understanding these words. 【1999 年阅读 5】不断的练习对记忆产生影响,使我们能够熟练地**演奏钢琴**、背诵诗歌、阅读和理解文字。

periodical [ˌpiəri'ɔdikəl] n. **期刊**,杂志 a. 周期的,定期的

真题例句 As was discussed before, it was not until the 19th century that the newspaper became the dominant pre-electronic medium, following in the wake of the pamphlet and the book and in the company of the **periodical**. 【2002 年完形】正如以前所讨论的那样,直到 19 世纪,继小册子和书本之后,报纸才与**期刊**一起,成为电子时代之前最重要的媒体。

perish ['periʃ] v. 丧生;凋谢;毁灭,**消亡**

真题例句 Death is normal; we are genetically programmed to disintegrate and **perish**, even under ideal conditions. 【2003 年阅读 4】死亡是正常现象。从遗传学来说,即使在最理想

的条件下,人们也是注定要衰老直至**死亡**的。

permanent [ˈpəːmənənt] *a.* **永久的**,持久的

经典例句 He was taken on for a three-month trial period before being accepted as a **permanent** member of staff. 在她被接受为**固定**雇员之前经过了 3 个月的试用期。

permeate [ˈpəːmieit] *v.* **弥漫**,遍布,散布;渗入,渗透

经典例句 The smell of cooking **permeates** (through) the flat. 整个房间都**弥漫**着做菜的气味.

perpetual [pəˈpetjuəl] *a.* 永久的,永恒的,**长期的**

真题例句 But it's not as if earlier times didn't know **perpetual** war, disaster and the massacre of innocents.【2006 年阅读 4】但这不能说明生活在过去的人们就没经历过**无休止的**战争、灾难和对无辜者的屠戮。

perplex [pəˈpleks] *v.* **使困惑**,使费解,使复杂化

经典例句 When new math was introduced into schools, many parents were **perplexed** by it. 当学校开设新的数学课时,许多家长对此感到**迷惑不解**。

persecute [ˈpəːsikjuːt] *v.* 迫害

经典例句 The two parties disprove the theory of the other, but unite in **persecute** the dissenter. 尽管这两党各自不同意他党的理论,在**迫害**持异议者这一点上却是一致的。

persevere [ˌpəːsiˈviə] *v.* **坚持**,坚忍,不屈不挠

经典例句 If you **persevere** with work, you'll succeed in the end. 你如果把工作**坚持下**去,最终会取得成功的。

persist [pə(ː)ˈsist] *v.* (in)坚持,**持续**

经典例句 The cold weather will **persist** for the rest of the week. 这种寒冷的天气将**持续**到本周末。

personality [ˌpəːsəˈnæliti] *n.* **人格**,个性

真题例句 There is one more point I feel I ought to touch on. Recently I heard a well-known television **personality** declare that he was against advertising because it persuades rather than informs.【1995 年阅读 1】还有一点需要指出的是,最近我听说一位著名的电视**人**宣称他反对广告,因为他认为广告并不能提供信息,而是劝人去购买。

personnel [ˌpəːsəˈnel] *n.* 全体人员,全体职员;**人事**(部门)

真题例句 At the same time these computers record which hours are busiest and which employees are the most efficient, allowing **personnel** and staffing assignments to be made accordingly.【1994 年阅读 2】同时,计算机也能记录下营业的高峰时间,以及哪些雇员的工作效率最高,从而帮助雇主有针对性地作出**人事**的安排。

perspective [pəˈspektiv] *n.* 透视画法,透视图;远景,前途;**观点**,看法

真题例句 The emphasis on data gathered first-hand, combined with a cross-cultural **perspective** brought to the analysis of cultures past and present, makes this study a unique and distinctly important social science. 【2003 年阅读 Part B】强调搜集第一手资料,加上在分析过去和现在的文化形态时采用跨文化**视角**,使这一研究成为一门独特并且非常重要的社会科学。

pessimistic [ˌpesiˈmistik] *a.* **悲观(主义)的**

经典例句 She tried to shut all **pessimistic** thoughts out of her mind. 她努力从头脑中排除一切**悲观**的想法。

petition [piˈtiʃən] *n.* 请愿书,**申请书** *v.* (向……)请愿,正式请求

经典例句 They rejected his **petition** for naturalization. 他们拒绝了他的入籍**申请**。

phase [feiz] *n.* 阶段,状态,**时期**;相,相位

真题例句 It is not easy to talk about the role of the mass media in this overwhelmingly significant **phase** in European history. 【2005 年阅读 Part C】在欧洲历史上这个绝对重要的**时期**,讨论大众媒体的作用并不是很容易的事情。

physical [ˈfizikəl] *a.* 物质的;肉体的,**身体的**;自然科学的,物理的

真题例句 For us, this means that evolution is over; the biological Utopia has arrived. Strangely, it has involved little **physical** change. 【2000 年阅读 2】对人类来说,这将意味着进化过程的终止。生物学上的乌托邦已经到来。但奇怪的是,这一过程并没有牵扯到人类**身体上**的改变。

pierce [piəs] *v.* **刺穿**,刺破

经典例句 The cold **pierced** him to the bone. 他感到寒冷**刺**骨。

pinch [pintʃ] *v.* 捏,掐,**拧** *n.* 捏,掐;(一)撮,微量

经典例句 The door **pinched** my finger as it shut. 门关上时**夹**了我的手指。

pirate [ˈpaiərət] *n./v.* 海盗,**盗版**(者)

经典例句 A law was passed to squash pop music **pirates**. 通过了打击流行音乐**盗版**的一个法律。

pitch [pitʃ] *n.* 沥青;掷 *v.* 用沥青覆盖;投掷,**扔**

经典例句 He **pitched** the can out the window. 他往窗外**扔**出一个罐子。

plague [pleig] *n.* 瘟疫,**灾害**;麻烦,苦恼 *vt.* 折磨,使苦恼

真题例句 Often they chose—and still are choosing—somewhat colder climates such as Oregon, Idaho and Alaska in order to escape smog, crime and other **plagues** of urbanization in the Golden State. 【1998 年阅读 4】他们通常会选择——现在也仍然在选择——如俄勒冈、爱达荷州和阿拉斯加这些气候更为寒冷的州借以躲避"金州"的浓雾、犯罪和其他城市化带来的**灾害**。

plastic [ˈplæstik, plɑːstik] *n.* (常 *pl.*)塑料,塑料制品 *a.* 可塑的,塑性的

真题例句 This accounts for our reaction to seemingly simple innovations like **plastic** garbage bags and suitcases on wheels that make life more convenient : "How come nobody thought of that before?"【1994 年阅读 5】这道出了我们对一些发明的反应,如**塑料**垃圾袋和带轮子的行李箱,这些发明看似简单,但使我们的生活更加方便,我们总是想:"为什么以前没有人想到呢?"

plausible [ˈplɔːzəbl] *a.* 似是而非的,似乎合理的,**似乎可信的**

真题例句 Odd though it sounds, cosmic inflation is a scientifically **plausible** consequence of some respected ideas in elementary particle physics, and many astrophysicists have been convinced for the better part of a decade that it is true.【1998 年英译汉】宇宙膨胀说尽管听起来奇特,但它是基本粒子物理学中一些公认的理论在科学上**看起来可信的**推论,许多天体物理学家七八年来一直确信这一说法是正确的。

plea [pliː] *n.* (法律)抗辩;请求,**恳求**,托词,口实

经典例句 Mike spoke out in a **plea** for greater tolerance. 迈克**恳求**更大的宽容。

plead [pliːd] *v.* 恳求,请求;**为……辩护**;提出……为理由

经典例句 Your youth and simplicity **plead** for you in this instance. 在这种情况下你的年轻和单纯**成为有力的辩护**。

pledge [pledʒ] *n.* 誓约;**保证** *v.* 发誓;保证

经典例句 I gave him my **pledge** that I would vote for him. 我向他**保证**我将投他的票。

plentiful [ˈplentiful] *a.* 富裕的,**丰富的**

经典例句 The camp has a **plentiful** supply of food. 营地有**充足的**食品供应。

plight [plait] *n.* 情况,状态,**困境**,盟誓(婚姻) *v.* 保证,约定

经典例句 The television pictures brought home to us all the **plight** of the refugees. 我们从电视上知道了难民所处的一切**困境**。

plot [plɔt] *n.* 秘密计划;情节;小块土地 *v.* 标绘,绘制;**密谋**,策划

经典例句 A **plot** to assassinate the President was uncovered by government agents. 刺杀总统的**阴谋**被政府特工人员发觉了。

plug [plʌg] *n.* 塞子,插头 *v.* 堵,塞,插上,插栓;(俚)借反复宣传使(某事物)为大众所知;**为……作宣传**

真题例句 Most journalists learn to see the world through a set of standard templates (patterns) into which they **plug** each day's events.【2001 年阅读 3】大多数新闻记者学会了以一种标准模式去看世界,并用这种模式来**宣传**每天发生的事件。

plunge [plʌndʒ] *v./n.* (into)(使)**投入**,(使)插进,陷入;猛冲

真题例句 People looking back 5 or 10 years from now may well wonder why so few companies took the online **plunge**.【1999 年阅读 2】回顾过去的五到十年,人们很可能感到奇怪:为什么只有如此少的公司**涉足网上销售**呢?

plus [plʌs] *prep.* **加上** *a.* 正的,加的 *n.* 加号,正号

经典例句 In a recent survey, questionnaires were sent to reporters in five middle-size cities around the country, **plus** one large metropolitan area.【2001 年阅读 3】最近,对国内五个中等城市**及**一个大城市的记者们进行了问卷调查。

poison ['pɔizn] *n.* 毒物,毒药 *v.* 放毒,毒害,**污染**

经典例句 Gases from cars are **poisoning** the air of our cities. 汽车放出的废气在**污染**我们城市的空气。

poisonous ['pɔiznəs] *a.* **有毒的**

真题例句 Immigrants are quickly fitting into this common culture, which may not be altogether elevating but is hardly **poisonous**.【2006 年阅读 1】移民迅速融入大众文化,而这种文化既不能说它可以提升一个人的道德,也不能说**有害**。

poke [pəuk] *n.* 刺,戳;懒汉;袋子 *v.* **戳**,刺,伸出;刺探;闲荡

经典例句 He nearly **poked** me in the eye with his stick. 他的竿子几乎**戳**着我的眼睛。

policy ['pɔləsi] *n.* 政策,**方针**

经典例句 It's the company's **policy** to sacrifice short-term profits for the sake of long-term growth. 为长期发展而牺牲短期利润是公司的**方针**。

polish ['pɔliʃ] *v.* 磨光,擦亮,**使优美**,润饰 *n.* 擦光剂,上光蜡

真题例句 But the 47-year-old manicurist isn't cutting, filling or **polishing** as many nails as she'd like to, either. Most of her clients spend ＄12 to ＄50 weekly, but last month two longtime customers suddenly stopped showing up.【2004 年阅读 3】但这位 47 岁的指甲修剪师剪甲、补甲、美甲的业务也不像她希望的那样多了。她多数的顾客每周要花 12 美元到 50 美元,而上月两名老主顾突然不来了。

poll [pəul] *n.* **民意测验**;(*pl.*)政治选举 *v.* 获得……选票;对……进行民意测验

经典例句 The **poll** reported Labour to be leading. **民意测验**显示工党领先。

pollute [pə'luːt, -'ljuːt] *v.* 弄脏,**污染**

经典例句 The river has been **polluted** by waste products from the factory. 这条河已经受到工厂排放的废料的**污染**。

ponder ['pɔndə] *v.* 沉思,**考虑**

经典例句 He **pondered** his words thoroughly. 他说每一句话都要仔细**掂量**。

pop [pɔp] *a.* 流行的 *n.*(发出)砰的一声 *v.* **突然出现,发生**

经典例句 The rabbits **popped** out as soon as we opened the hutch. 我们一打开兔箱,兔子就**突然跑出来了**。

portable ['pɔːtəbl] *a.* 轻便的，**手提(式)的**，可移动的

经典例句 The documents have been typed into a **portable** computer. 文件已经被输入到一台**便携式**电脑里了。

portion ['pɔːʃən] *n.* **一部分**，一份

真题例句 A sizable **portion** of the world is only just emerging from economic decline. 【2002 阅读 3】世界上相当**一部分**国家才刚刚走出经济衰退。

portray [pɔːˈtrei] *v.* 描写，**描述**；画(人物、景象等)

经典例句 The book **portrays** the life of an actor. 这本书**描述**了一个演员的一生。

pose [pəuz] *n.* 姿势，姿态 *v.* 造成(困难等)，**提出**(问题等)，陈述(观点等)；摆姿势，佯装，冒充

真题例句 But if robots are to reach the next stage of laborsaving utility, they will have to operate with less human supervision and be able to make at least a few decisions for themselves—goals that **pose** a real challenge. 【2002 年阅读 2】但是，如果机器人想要进一步实现节省劳力的作用，它们就要减少对人类监督的依赖，至少有些决定得由自己来做——这一目标**提出**了一个真正的挑战。

position [pəˈziʃən] *n.* 位置；**职位**；姿势，姿态；见解，立场，形势

真题例句 When a number of people cluster together in a conversational knot, each individual expresses his **position** in the group by where he stands. 【1997 年词汇】许多人聚在一起谈话时，每个人站在群体中的位置表明了他在该群体中的**地位**。

possess [pəˈzes] *v.* 占有，**拥有**

经典例句 The police asked me if I **possessed** a gun. 警察问我是否**有枪**。

possibility [ˌpɔsiˈbiliti] *n.* 可能，**可能性**；可能的事，希望

真题例句 How many men would have considered the **possibility** of an apple falling up into the tree? 【1999 年阅读 5】多少人会考虑苹果向上飞到树上的**可能性**呢？

postpone [pəustˈpəun] *v.* 推迟，**延期**

经典例句 The ball game was **postponed** because of rain. 球赛因下雨而**延期**。

posture ['pɔstʃə] *n.* 姿势，姿态，心态，**态度** *v.* 作出某种姿势

经典例句 The government adopted an uncompromising **posture** on the issue of independence. 政府在独立的问题上采取了毫不妥协的**态度**。

potential [pəˈtenʃ(ə)l] *a.* 潜在的，可能的；势的，位的 *n.* **潜能**，潜力

真题例句 Former Colorado governor Richard Lamm has been quoted as saying that the old and infirm "have a duty to die and get out of the way", so that younger, healthier people can realize their **potential**. 【2003 年阅读 4】有人引用科罗拉多州前州长理查德·拉姆的话：老弱病残者"有义务死去，并让出位置"，让更年轻、更健康的人们去发挥其**潜能**。

poverty ['pɔvəti] *n.* **贫穷**，贫困

真题例句 But they insisted that its immediate results during the period from 1750 to 1850 were widespread **poverty** and misery for the bulk of the English population.【1998 年完形】但是,他们坚持认为在 1750 年至 1850 年间,工业革命所造成的直接后果是给大多数英国民众带来了普遍的**贫穷**和困苦。

powerful ['pauəful] *a.* 强大的,**有力的**,有权的

真题例句 A really **powerful** speaker can work up the feelings of the audience to the fever of excitement.【1993 年词汇】真正**有力的**演讲者能把观众的情绪鼓动得激动若狂。

practically ['præktikəli] *ad.* 几乎,**实际上**,简直

经典例句 The old barn we bought to convert into flats was **practically** tumbling down. 我们买下准备改建住房的那个旧谷仓**实际上**已经快塌了。

pray [prei] *v.* 请求,恳求;**祈祷**,祈求

经典例句 She **prayed** silently. 她默默地**祈祷**。

preach [pri:tʃ] *v.* 宣讲(教义),布道;竭力鼓吹,**宣传**;说教,讲道

经典例句 He was always **preaching** exercise and fresh air. 他总是**倡导**运动和呼吸新鲜空气。

precaution [pri'kɔ:ʃən] *n.* 预防,**谨慎**,警惕

经典例句 He took the **precaution** of locking his door when he went out. 他外出的时候**谨慎**地锁上门。

precede [pri(:)'si:d] *v.* 领先(于),在(……之前);**优先**,先于

经典例句 He **preceded** his speech with welcome to the guests. 他在正式讲演前,**先**对来宾表示欢迎。

precedent [pri'si:dənt] *n.* **先例**

经典例句 This decision creates a dangerous **precedent**. 这个决定开创了一个危险的**先例**。

preceding [pri(:)'si:diŋ] *a.* **在前的**,在先的

真题例句 By contrast, they saw in the **preceding** hundred years from 1650 to 1750, when England was still a completely agricultural country, a period of great abundance and prosperity.【1998 年完形】相比之下,他们认为**在那之前的**一百年,即 1650 年至 1750 年,英国依旧还是个完全的农业国,但那是一个富裕繁荣的历史时期。

precise [pri'sais] *a.* **精确的**,准确的

真题例句 The method of scientific investigation is nothing but the expression of the necessary mode of working of the human mind; it is simply the mode by which all phenomena are reasoned about and given **precise** and exact explanation.【1993 英译汉】科学研究的方法不过是人类思维活动的必要表达方式,也就是对一切现象进行思索并给以**精确**而严

谨解释的表达方式。

preclude [pri'klu:d] v. 排除,**阻止**,妨碍

经典例句 That will **preclude** him from escaping. 那将**阻止**他逃走。

predict [pri'dikt] v. 预言,**预测**,预告

真题例句 In Britain and Japan inflation is running half a percentage point below the rate **predicted** at the end of last year. 【1997 年阅读 5】英国和日本的通货膨胀率比去年年底**预测的**要低半个百分点。

predominant [pri'dominant] a. (over)**占优势的**;主要的,突出的

经典例句 Which country is the **predominant** member of the alliance? 哪个国家在联盟中居于**优势**地位?

preface ['prefis] n. **序言**,引言,前言 v. 作序,写前言

真题例句 The president of the National Academy, Bruce Alberts, added this key point in the **preface** to the panel's report:"Science never has all the answers."【2005 年阅读 2】国家科学协会主席布鲁斯·阿尔贝托在观察团报告的**序言**中加上了这一重要论点:"科学不能解答所有的问题。"

preferable ['prefərəbl] a. (to)更可取的,**更好的**

真题例句 In the world of capuchins grapes are luxury goods(and much **preferable** to cucumbers).【2005 年阅读 1】在卷尾猴的世界里,葡萄是奢侈品(比黄瓜**受欢迎**得多)。

preference ['prefərəns] n. (for,to)偏爱,喜爱;优惠;**优先选择**

经典例句 In considering people for jobs, we give **preference** to those with some experience. 对于求职者,我们**优先**考虑有一定经验的人。

pregnant ['pregnant] a. 怀孕的,孕育的,充满的,**意味深长的**

经典例句 His words were followed by a **pregnant** pause. 他说完话,接着是一段**意味深长的停顿**。

prejudice ['predʒudis] n. **偏见**,成见;损害,侵害 v. 使抱偏见,损害

真题例句 Many young women are turning to business because of the growing overall in employment. It is also a fact that today many **prejudices** have disappeared.【1990 年阅读 2】由于就业越来越广,许多年轻的妇女转向经商。事实上,如今对妇女的**偏见**已经消失了。

preliminary [pri'liminəri] a. **预备的**,初步的

经典例句 Our team got beaten in the **preliminary** rounds of the competition. 我们队在这次比赛的**预赛**中遭淘汰。

premise ['premis] n. **前提** v. 提论,预述,假定

经典例句 British justice works on the **premise** that an accused person is innocent until he's proved guilty. 英国司法运作的**前提**是被告在被证明有罪之前是清白的.

【常用词组】on the premise of (that)... 在……前提下

premium ['primjəm] *n.* 额外费用,**奖金**,奖赏,保险费

【真题例句】When all these shaping forces—schools, open attitudes, the **premium** system, genius for spatial thinking—interacted with one another on the rich U. S. mainland, they produced that American characteristic, emulation. 【1996 年阅读 4】当所有这些决定性因素——教育、开放的态度、**奖金**制度以及立体思维的天赋——在美国富饶的土地上相互作用时,就形成了具有美国特征的竞争.

【常用词组】pay a premium for 付佣金

put (offer, place, set) a premium on 奖励;鼓励;促进;重视;助长

preparation [ˌprepəˈreiʃən] *n.* **准备**,预备;制剂,制备品

【经典例句】He didn't do any **preparation** for this exam, so he failed. 他考试前没做任何**准备**,所以不及格.

prescribe [prisˈkraib] *v.* 指示,规定;处(方),开(**药**)

【真题例句】George Annas, chair of the health law department at Boston University, maintains that, as long as a doctor **prescribes** a drug for a legitimate medical purpose, the doctor has done nothing illegal even if the patient uses the drug to hasten death. 【2002 年阅读 4】波士顿大学卫生法系的主任乔治·安那斯主张,只要一个医生**开**的药是为了合法的医疗目的,那么他就没做任何非法的事情,即使病人用他开的药来加速自己的死亡.

presence ['prezns] *n.* 出席,到场,**存在**,在

【真题例句】Indeed, the mere **presence** of a grape in the other chamber (without an actual monkey to eat it) was enough to induce resentment in a female capuchin. 【2005 年阅读 1】事实上,只要在另一间屋子里**出现**了葡萄(即使没有猴子吃它),这就足以引起一只雌性卷尾猴的憎恨.

【常用词组】in the presence of 面临着, 在……面前

lose one's presence of mind 心慌意乱

(with) presence of mind 镇定, 沉着, 方寸不乱

preserve [priˈzəːv] *v.* 保护,维持,**保存**,保藏;腌渍

【真题例句】Mark Twain's Huckleberry Finn exemplified American anti-intellectualism. Its hero avoids being civilized—going to school and learning to read—so he can **preserve** his innate goodness. 【2004 年阅读 4】马克·吐温笔下的哈克贝利·费恩是美国人反学识倾向的例证. 书中的主人公拒绝被文明化,即上学读书之类,因而**保留**了自己善良的天性.

preside [priˈzaid] *v.* (at, over)**主持**

经典例句 The old professor had **presided** over a seminar for theoretical physicists. 老教授**主持**了一次理论物理学家的研讨会。

pressure [ˈpreʃə(r)] *n.* 压,**压力**,压迫,强制,紧迫,困苦,困难;压强

真题例句 They can hope that, if one province includes a drug on its list, the **pressure** will cause others to include it on theirs. 【2005 年阅读 4】它们可能希望,如果一个省销售它们清单上的某种药品的话,这种**压力**将导致其他省也会销售这种药品。

prestige [presˈtiːʒ, -ˈtiːdʒ] *n.* 声望,**威望**,威信

经典例句 The War and Navy departments each accumulated growing **prestige** which fostered the spirit of the old school tie. 陆军部和海军部各自积累了不断增长的**威望**,这种威望培育了小集团主义精神。

presumably [priˈzjuːməbli] *ad.* 推测起来,**大概**

经典例句 **Presumably** the bad weather has delayed the flight. **大概**恶劣的天气使飞机误点了。

presume [priˈzjuːm] *v.* **假定**,假设,认为;揣测

经典例句 The law **presumes** innocence until guilt is proved. 在罪状未证实前,法律**假定**被告无罪。

prevail [priˈveil] *v.* (over,against)取胜,占优势;流行,**盛行**

真题例句 Americans have been migrating south and west in larger number since World War II, and the pattern still **prevails**. 【1998 年阅读 4】"二战"以后,大批的美国人开始向南部和西部移民,这种趋势现在仍在**继续**。

常用词组 prevail over (against)压倒,战胜

prevail upon(on, with)劝说好;说服;诱使

prevalent [ˈprevələnt] *a.* **流行的**,普遍的

经典例句 Eye diseases are **prevalent** in some tropical countries. 在一些热带国家,眼疾很**流行**。

previous [ˈpriːvjəs] *a.* 先前的,**以前的**;(to)在……之前

真题例句 That is somewhat faster than the average during the **previous** decade. 【1998 年阅读 2】这比 10 年**前的**平均生产率增长得更快些。

prey [prei] *n.* **被掠食者**,牺牲者,掠食 *v.* 捕食,掠夺,折磨

真题例句 Today's vessels can find their **prey** using satellites and sonar, which were not available 50 years ago. 【2006 年阅读 4】现在船只通过卫星和声纳来寻找**猎物**,而这些技术 50 年前还没有。

primary [ˈpraiməri] *a.* 最初的,初级的;**首要的**,主要的,基本的

真题例句 Ten years ago young people were hardworking and saw their jobs as their **primary** reason for being, but now Japan has largely fulfilled its economic needs, and young people don't know where they should go next.【2000年阅读4】10年前,日本年轻人工作勤奋,将工作视为他们生存的**首要**理由,但现在日本已经大体上满足了其经济需求,年轻人却不知道他们下一步该做什么。

prime [praim] *a.* **首要的**;最好的,第一流的 *n.* 青春,全盛期,青壮年时期

真题例句 The **prime** difference between innovators and others is one of approach.【1994年阅读5】发明家与其他人的**主要**区别在于方法的不同。

primitive ['primitiv] *a.* **原始的**,远古的,早期的;粗糙的,简单的

经典例句 **Primitive** man made himself **primitive** tools from sharp stones and animal bones. 原始人用尖石块和兽骨为自己制作**原始的**工具。

principal ['prinsəp(ə)l, -sip-] *a.* 最重要的,**主要的** *n.* 负责人,校长;资本,本金

经典例句 The two **principal** political parties have combined to form a government. 两个主要政党已经联合起来组成政府。

prior ['praiə] *a./ad.* 优先的,在前的;(to)**在……之前**

真题例句 In the 10 years **prior** to 1990, 3.1 immigrants arrived for every 1,000 residents; in the 10 years prior to 1890, 9.2 for every 1,000. Now, consider three indices of assimilation —language, home ownership and intermarriage.【2006年阅读2】1990年的**前**10年,每1000个居民中就有3.1个移民进入,而1890年的前10年,每1000个居民中有9.2个移民。现在,参考三个同化参数:语言、住宅拥有和互相通婚。

priority [prai'ɔriti] *n.* 先,前;**优先**,重点,优先权

经典例句 I have **priority** over you in my claim. 我的请求比你的**优先**。

privacy ['praivəsi] *n.* （不受干扰的）独处;自由;**隐私**;私生活

真题例句 Publication of the letter came two days after Lord Irvine caused a storm of media protest when he said the interpretation of **privacy** controls contained in European legislation would be left to judges rather than to Parliament.【2001年完形】埃尔文勋爵说,对欧洲立法中所包含的关于个人**隐私**监控权的解释将留给法官,而不是议会。这招致新闻媒体的一片抗议。此后两天,信被公之于世。

private ['praivit] *a.* **私人的**,个人的,秘密的,私下的

真题例句 The railway companies, though still **private** business managed for the benefit of shareholders, were very unlike old family business.【1996年阅读3】虽然铁路公司还是为股东谋利益的**私营**企业,但是与过去的家族式企业已大不相同了。

privilege ['privəlidʒ] *n.* **特权**,优惠,特许 *v.* 给予优惠,给予特权

真题例句 "Intellect is resented as a form of power or **privilege**," writes historian and professor Richard Hofstadter in *Anti-Intellectualism in American life*, a Pulitzer Prize winning book on the roots of anti-intellectualism in US politics, religion, and education.【2004年阅读4】历史学家兼教授 Richard Hofstadter 在他的《美国生活中的反智主义》中写道:"才学被看成一种权利或**特权**而遭厌恶。"该书探讨美国政治、宗教和教育中的反才智主义根源,曾获普利策奖。

probability [ˌprɔbəˈbiliti] *n.* **可能性**,或然性,概率

真题例句 All these conditions tend to increase the **probability** of a child committing a criminal act, although a direct causal relationship has not yet been established.【2004年完形】所有这些情况往往会增加儿童犯罪的**可能性**,虽然其中的直接因果关系尚未被证实。

probable [ˈprɔbəbl] *a.* 很可能的,大概的;有希望的,**可能的**

经典例句 It's highly **probable** that they will win the match. 他们很**可能**会赢这场比赛。

probe [prəub] *n.* 探针,**探测器** *v.* (以探针等)探查,穿刺,查究

经典例句 Information about Venus obtained by Russian **probes** has been published on some magazines. 许多杂志发表了由俄国航天**探测器**获得的有关金星的信息。

procedure [prəˈsiːdʒə] *n.* **程序**,手续,步骤

真题例句 Failing hips can be replaced, clinical depression controlled, cataracts removed in a 30-minutes surgical **procedure**.【2003年阅读4】髋骨坏了可以换,临床忧郁症可以得到控制,仅用30分钟做**手术**便可切除白内障。

proceed [prəˈsiːd] *v.* **进行**,继续下去;发生

真题例句 Subscribers can customize the information they want to receive and **proceed** directly to a company's Web site.【1999年阅读2】订阅者可以订制希望接受的信息,并直接**进入**公司的网站。

proceeding [prəˈsiːdiŋ] *n.* 行动,**进行**,(*pl.*)会议录,学报

经典例句 What is our best way of **proceeding**? 我们最好的**进行**方式是什么?

process [prəˈses] *n.* **过程**,进程;工序;制作法;工艺 *v.* 加工,处理

真题例句 And this **process** need not be left to the unconscious.【2005年阅读3】但这个**过程**不一定是无意识发生的。

proclaim [prəˈkleim] *v.* **宣告**,声明

真题例句 School remains a place where intellect is mistrusted. Hofstadter says our country's educational system is in the grips of people who "joyfully and militantly **proclaim** their hostility to intellect and their eagerness to identify with children who show the least intellectual promise."【2004年阅读4】学校仍然是一个才智受到怀疑的场所。霍夫斯且说我们国家的教育体系掌控在这样一群人的手里,他们"得意洋洋、充满霸气地公然

宣扬自己对才智的敌视,同时,也宣称他们渴望支持那些表现出最少的智慧潜力的孩子"。

product [ˈprɔdəkt] *n.* **产品**,产物;乘积

真题例句 Such business-to-business sales make sense because business people typically know what **product** they're looking for.【1999 年阅读 2】这种公司间的网上交易之所以行得通,主要是因为商人们都知道他们所需要的**产品**。

productive [prəˈdʌktiv] *a.* 生产(性)的,**能产的**,多产的

真题例句 I would not go that far. Energetic people now routinely work through their 60s and beyond, and remain dazzlingly **productive**.【2003 年阅读 4】我不会把话说得那么过。精力充沛的人现在可以工作到 60 多岁而依然很**活跃**。

productivity [ˌprɔdʌkˈtiviti] *n.* **生产率**

真题例句 As **productivity** grows, the world's wealth increases.【2001 年阅读 4】随着**生产力**的发展,全球的财富也在增加。

professional [prəˈfeʃənl] *a.* **职业的**,专门的 *n.* 自由职业者,专业人员

经典例句 That doctor has been accused of **professional** misconduct. 那位医生被指控违反医德。

proficiency [prəˈfiʃənsi] *n.* (in)熟练,**精通**

经典例句 His **proficiency** in the local languages surprised me. 他对当地语言的如此**精通**令我吃惊。

profile [ˈprəufail] *n.* 侧面(像);轮廓,外形;**人物简介**

经典例句 My boss asked me to write a **profile** for the new tennis champion. 上司让我给这位新网球冠军写篇**小传**。

profit [ˈprɔfit] *n.* **利润**,收益 *v.* (by,from)得利,获益;有利于

经典例句 There is very little **profit** in selling newspapers at present. 现在卖报纸的**利润**很少。

profitable [ˈprɔfitəbəl] *a.* **有利可图的**,有益的

真题例句 With $ 3.5 billion being lost on Internet wagers this year, gambling has passed pornography as the Web's most **profitable** business.【2006 年阅读 6】由于今年有 35 亿美金输在了因特网赌博上,赌博已经超过色情成为网上最**盈利的**产业。

profound [prəˈfaund] *a.* **深刻的**,意义深远的;渊博的,造诣深的

真题例句 But the environment must also have a **profound** effect, since if competition is important to the parents, it is likely to become a major factor in the lives of their children.【1995 年阅读 4】但是环境一定也起了很**重要的**作用,因为如果竞争对父母是重要的,那么竞争在子女的生活中也是一个重要的因素。

progressive [prə'gresiv] *a.* **进步的**,先进的;前进的

经典例句 That famous **progressive** thinker was asked to deliver a speech at the meeting. 那位著名的**进步**思想家被邀请在会议上发表演讲。

prohibit [prə'hibit] *v.* 禁止,不准;**阻止**

经典例句 Rainy weather and fog **prohibited** flying. 雨天和大雾**阻止**了飞行。

project ['prɔdʒekt] *n.* 方案,工程,**项目** *v.* 投射,放映;设计,规划;(使)凸出,(使)伸出

真题例句 But to be fascinated is also, sometimes, to be blind. Several giant dam **projects** threaten to do more harm than good. 【1998 年阅读1】但有时,过于着迷也许就是盲目。几个大型水坝**项目**的建设都是弊大于利。

prolong [prə'lɔŋ] *v.* 拉长,**延长**,拖延

经典例句 How can we endeavor to **prolong** the brevity of human life? 我们怎样才能**延长**短暂的人生?

prominent ['prɔminənt] *a.* 突起的,凸出的;**突出的**,杰出的

真题例句 The government is to ban payments to witnesses by newspapers seeking to buy up people involved in **prominent** cases such as the trial of Rosemary West. 【2001 年完形】政府将要查禁报界付款给那些牵涉到**大案要案**(诸如罗斯玛丽·韦斯特案件)的证人以图收买他们的行为。

promote [prə'məut] *v.* 促进,发扬;提升,提拔;增进,**助长**

真题例句 Apart from the fact that twenty-seven acts of Parliament govern the terms of advertising, no regular advertiser dare **promote** a product that fails to live up to the promise of his advertisements. 【1995 年阅读1】国会有 27 项法案是针对广告的,此外,正式的广告公司不敢**推销**那些无法兑现承诺的商品。

prompt [prɔmpt] *a.* 敏捷的,迅速的,即刻的 *v.* **激起**,促进,推动

真题例句 This does not mean that ambition is at an end, that people no longer feel its stirrings and **promptings**, but only that, no longer openly honored, it is less openly professed. 【2000 年阅读5】但这并不意味着野心已经穷途末路,人们已不再感受到它对人们的**激励**了,只是人们不再公开地以它为荣,也不敢坦然承认。

prone [prəun] *a.* 倾向于;**俯伏的**,倾斜的,陡的

经典例句 They stepped over his **prone** body. 他们从他**俯卧的**身体上踩过去。

常用词组 prone to 易于……的;有……之倾向的

proof [pru:f] *n.* 证据,**证明**;校样,样张

真题例句 If you see an article consistently advertised, it is the surest **proof** I know that the article does what is claimed for it, and that it represents good value. 【1995 年阅读1】如果你看到一种商品一直在做广告,这就是名副其实的最好**证明**,证明它的质量很好。

propel [prəˈpel] *vt.* 推进,**推动**;激励,驱使

真题例句 It now appears that they also have an important influence on the geophysical processes that **propel** the plates across the globe. 【1998 年阅读5】它对**推动**全球板块的物理变化也有重要影响。

property [ˈprɔpəti] *n.* 财产,资产,地产,房地产,**所有物**;性质,特性

真题例句 Redmon chose the keywords legal, intellectual **property**, and Washington, D. C. 【2004 年阅读1】雷德曼键入法律、知识**产权**以及华盛顿哥伦比亚特区这几个关键词。

proportion [prəˈpɔːʃən] *n.* **比例**;部分;均衡,相称

真题例句 Furthermore ,homelessness has reached such **proportions** that local governments can't possibly stand. 【2006 年阅读 1】而且,无家可归者**比例**过大以致政府已经无法容忍。

proposal [prəˈpəuzəl] *n.* 提议,建议;**求婚**

经典例句 Have you accepted his **proposal**? 你答应他的**求婚**了吗?

propose [prəˈpəuz] *v.* **提议**,建议;提名,推荐;求婚

真题例句 When the committee get down to details, the **proposed** plan seemed impractical. 【2000 年词汇】当该委员会开始认真探讨细节时,发现**提出**的规划似乎不切实际。

proposition [ˌprɔpəˈziʃən] *n.* **主张**,建议;陈述,命题

真题例句 All the same, no thinking man can refuse to accept their first **proposition**：that a great change in our emotional life calls for a change of expression. 【2000 年阅读3】同样,尽管任何有思想的人都无法拒绝他们最初的**主张**:我们的感情生活起了巨大的变化,因此我们的表达方式也应有所改变。

prosecute [ˈprɔsikjuːt] *vt.* 实行,从事 *v.* **起诉**,告发 *vi.* 作检察官

经典例句 He vowed that he would **prosecute** them for fraud. 他郑重宣布将**起诉**他们犯有欺诈罪。

prospect [ˈprɔspekt] *n.* 景色;**前景**,前途,展望

真题例句 Consumers seem only mildly concerned, not panicked, and many say they remain optimistic about the economy's long-term **prospects**, even as they do some modest belt-tightening. 【2004 年阅读3】消费者似乎只是稍微有点担心,并没有出现恐慌心理。很多人表示,即使需要他们暂时勒紧裤腰带,他们对于经济的长期**前景**也仍持乐观态度。

prospective [prəsˈpektiv] *a.* **预期的**

经典例句 She is his **prospective** mother-in-law. 她是他未来的岳母。

prosper [ˈprɔspə] *v.* 成功,兴隆,昌盛,使成功,使昌隆,**繁荣**

经典例句 The farm **prospered** through good management. 由于管理有方,农场**兴旺**

发达。

prosperity [prɔs'periti] *n.* **繁荣**,兴旺

真题例句 By contrast, they saw in the preceding hundred years from 1650 to 1750, when England was still a completely agricultural country, a period of great abundance and **prosperity**. 【1998 年完形】相比之下,他们认为在那之前的一百年,即 1650 年至 1750 年,英国依旧还是个完全的农业国,但那是一个富裕**繁荣**的历史时期。

prosperous ['prɔspərəs] *a.* **繁荣的**,兴旺的;茂盛的,顺利的

真题例句 America and Americans were **prosperous** beyond the dreams of the Europeans and Asians whose economies the war had destroyed. 【2000 年阅读 1】美国的**繁荣**是那些经济遭到战争破坏的欧亚诸国做梦也未想到的。

protest [prə'test] *v./n.* 主张,断言,**抗议**,反对

经典例句 They **protested** to the mayor that the taxes were too high. 他们向市长**提出抗议**说税款过高。

provided [prə'vaidid] *conj.* 倘若,**只要**,假如

经典例句 **Provided** that circumstances permit, we shall hold the meeting next week. **只要**情况允许,我们下周将举行会议。

provision [prə'viʒən] *n.* 供应,(一批)供应品;预备;**条款**;(*pl.*)给养,口粮

经典例句 Both sides should act according to the **provisions** of the agreement. 双方都应按**协议条款**办事。

provoke [prə'vəuk] *v.* **挑动**;激发;招惹

经典例句 He tried to **provoke** them into fighting. 他企图**挑拨**他们打架。

prudent ['pruːdənt] *a.* **谨慎的**;智慧的;稳健的;节俭的

真题例句 With the risks obvious and growing, a **prudent** people would take out an insurance policy now. 【2005 年阅读 2】由于风险明显并且在不断增长,**谨慎的**人们就应防患于未然。

publish ['pʌbliʃ] *v.* **出版**,刊印;公布,发布

经典例句 He has **published** quite a lot of articles. 他**发表**了不少文章。

pump [pʌmp] *n.* **泵** *v.* 用(泵)抽(水);打气,泵送

真题例句 In Europe, taxes account for up to four-fifths of the retail price, so even quite big changes in the price of crude have a more muted effect on **pump prices** than in the past. 【2002 年阅读 3】在欧洲,税收高达汽油零售价的 4/5,因此即使原油价格发生很大的波动,**汽油价格**所受的影响也不会像过去那么明显。

punctual ['pʌŋktjuəl] *a.* 严守时刻的,**准时的**,正点的

经典例句 My cat makes a **punctual** appearance at meal times. 我的猫一到用餐时间就会

准时出现。

purchase ['pəːtʃəs] v. 买,购买 n. 购买的物品

经典例句 He managed to secure a loan to **purchase** a house. 他设法弄到一笔贷款买了一栋房子。

purify ['pjuərifai] v. **使纯净**,提纯

经典例句 You can **purify** the water by distilling. 你可以通过蒸馏来**净化水**。

pursue [pə'sjuː] v. 追赶,**追踪**;继续,从事

经典例句 The police are **pursuing** an escaped prisoner. 警方正在**追捕**一名越狱的逃犯。

pursuit [pə'sjuːt] n. 追赶,**追求**;职业,工作

真题例句 The **pursuit** of leisure on the part of the employees will certainly not further their prospect of promotion. 【1998 年词汇】部分雇员**贪图**安逸,这肯定不会促进他们的晋升前景。

puzzle ['pʌzl] n. 难题,谜,迷惑 v. (使)迷惑,**(使)为难**

经典例句 The question **puzzled** me. 这个问题把我**难住了**。

qualify ['kwɔlifai] v. (使)**具有资格**,证明合格;限制,限定;修饰

经典例句 Eighteen-year-olds **qualify** to vote. 年满 18 岁者**有选举权**。

quantify ['kwɔntifai] v. **确定数量**

经典例句 The cost of the flood damage is impossible to **quantify**. 这次水灾的损失是无可**估量的**。

quantitative ['kwɔntitətiv] a. 数量的,**定量的**

经典例句 The **quantitative** and qualitative study is needed in most of publication. 在多数论文发表中都需要**定量的**和定性的研究。

queer [kwiə] a. 奇怪的,**古怪的**

经典例句 Her **queer** way of dressing attracted the attention of the passers-by. 她**古怪的**着装方式引起了过路人的注意。

quench [kwentʃ] v. **熄灭**,扑灭;压制,抑制;止渴

经典例句 Hot steel is **quenched** to harden it. 烧热的钢**淬火**使它坚硬。

quest [kwest] n. 探寻,探求;**寻求**,追求

真题例句 As a nation, we may be overfunding the **quest** for unlikely cures while underfunding research on humbler therapies that could improve people's lives. 【2003 年阅读 4】作为一个民族,我们在**寻求**无效的治疗方法上花钱太多了,而在改善人们生活质量的普通治疗方面花钱又太少了。

quit [kwit] v. 离开,退出;**停止**,放弃,辞职

真题例句 By the time he had lost ＄ 5,000, he said to himself that if he could get back to even, he would **quit**.【2006 年阅读 Part B】等到他输了 5000 美元,他告诉自己如果能扳平,他就再也**不赌**了。

quiver ['kwivə] *v./n.* 颤抖,抖动

经典例句 The old man **quivered** with rage. 这位老人气得**发抖**。

quote [kwəut] *v.* **引用**,援引

真题例句 Premiers love to **quote** Mr. Romanow's report selectively, especially the parts about more federal money.【2005 年阅读 Part B】省长们喜欢有选择地**引用** Romanow 先生的报告,尤其是有关联邦政府提供更多资金的那些部分。

racial ['reiʃəl] *a.* 种的,**种族的**

经典例句 We should not have **racial** discrimination. 我们不该有**种族**歧视。

rack [ræk] *n.* 挂物架,**搁物架** *v.* 使痛苦,折磨

经典例句 He put his shoes on the **rack**. 他把鞋放在**架子**上。

radiate ['reidieit] *v.* 放射,**辐射**;散布,传播

经典例句 Five roads **radiate** from this roundabout. 有五条道路以这个环状交叉路为中**心向各方伸展开**。

radical ['rædikəl] *a.* 基本的,重要的;**激进的**,极端的;根本的

真题例句 The publisher of **radical** books takes his meals in three-star restaurants.【2000 年阅读 5】出版**激进**书籍的出版商经常在三星级饭店用餐。

range [reindʒ] *n.* **范围**,领域;排列,连续;(山)脉,炉灶 *v.* 排列成行

真题例句 In Manhattan, there's a new gold rush happening in the ＄ 4 million to ＄ 10 million **range**, predominantly fed by Wall Street bonuses.【2004 年阅读 3】在曼哈顿地区,由于主要受到华尔街红利的影响,在 400 万到 1000 万美元这样的房价**范围**内出现了新一轮的淘金热。

rank [ræŋk] *n.* 军衔,社会阶层;排,横列 *v.* 分等级,把……分类;**排列**

经典例句 This tennis player **ranked** third in the world. 这位网球运动员**排名**世界第三。

rap [ræp] *n.* 叩击,**轻拍**,斥责 *v.* 敲,拍,打,斥责,使着迷

真题例句 The flap over **rap** is not making life any easier for him.【1997 年阅读 4】人们对**说唱音乐**的焦虑并没使他的日子好过一点。

rape [reip] *n./vt.* **掠夺**,蹂躏,强奸

经典例句 The enemy **raped** the country and killed many villagers. 敌人**掠夺**了这个地区,并且杀害了许多村民。

rare [rɛə] *a.* 稀有的,难得的,**珍奇的**;稀薄的,稀疏的

经典例句 He's devoted his whole life to the protection of the rare animals. 他终生致力于**珍稀**动物的保护。

rarely [ˈrɛəli] *ad.* **很少**,难得,非常地

真题例句 So short-sighted Zysman junior gets stuck in the back row, and is **rarely** asked the improving questions posed by those insensitive teachers. 【2004 年阅读 2】因此,眼睛近视的 Zysman 小朋友就一直坐在后排,并且**很少被**那些粗心的老师提问,而这些提问对孩子的成长有益。

rash [ræʃ] *a.* 轻率的,鲁莽的 *n.* **皮疹**

经典例句 Hot weather makes her come out in a **rash**. 因天气炎热,她起了**皮疹**。

rate [reit] *n.* 速率;**等级**;价格,费用 *v.* 估价;评级,评价

真题例句 Foreign-born Asians and Hispanics have higher **rates** of intermarriage than do U. S. -born whites and blacks. 【2006 年阅读 1】生于外国的亚洲人和西班牙人的异族通婚**率**要比美国出生的白人和黑人的异族通婚**率**高。

ratio [ˈreiʃiəu] *n.* 比,**比率**

经典例句 The **ratio** of schoolboys to schoolgirls is 2 to 1. 男学生和女学生的**比例**是 2 比 1。

rational [ˈræʃənl] *a.* **理性的**,合理的

经典例句 Man is a **rational** being. 人是**有理性的**动物。

raw [rɔː] *a.* 未煮过的,生的;**未加工过的**;未经训练的

经典例句 With the production going up, an increasing supply of **raw** materials is needed. 随着生产量的增长,需要的**原材料**的供应也不断增长。

react [riˈækt] *v.* **反应**,起作用;(against)反对,起反作用

经典例句 An acid can **react** with a base to form a salt. 酸可以和碱**起反应**而生成盐。

常用词组 react against 反抗,反对

react on (upon) 对……起作用, 对……有影响, 对……起反应

react to 对……作出反应

readily [ˈredili] *ad.* **容易地**;乐意地,欣然地

真题例句 Given this optimistic approach to technological innovation, the American worker took **readily** to that special kind of nonverbal thinking required in mechanical technology. 【1996 年阅读 4】有了这种对技术革新的乐观态度,美国工人很**容易**便适应了机械技术需要的那种特别的非语言的思维方式。

reality [ri(ː)ˈæliti] *n.* **现实**,实际;真实

真题例句 In less than 30 year's time the Star Trek holodeck will be a **reality**. 【2001 年英

译汉】不会超过 30 年,"阋克星"号的全甲板就将成为**现实**。

常用词组 bring sb. back to reality 使某人面对现实、不再抱有幻想

in reality 事实上,实际上,其实

make sth. a reality 实现某事,落实

rear [riə] *n.* 后面,背后,后方 *v.* 饲养,抚养,栽培;举起 *a.* **后方/部的**;背后的

经典例句 I got a flat tire of the **rear** wheel of my bicycle. 我自行车的**后轮**车胎没气了。

reasonable ['riːznəbl] *a.* **合理的**,有道理的;通情达理的;适度的

真题例句 Some of these causes are completely **reasonable** results of social needs. Others are reasonable consequences of particular advances in science being to some extent self-accelerating.【1996 年英译汉】在这些原因中,有些完全是来自社会需求的**必然**结果。另一些则是由于科学在一定程度上自我加速而带来某些特定发展所产生的必然结果。

reassure [riːə'ʃuə] *v.* **使安心**,使放心;使消除疑虑

经典例句 The police **reassured** her about the child's safety. 警察**让她放心**,她的孩子很安全。

rebel [ri'bel] *v.* **反抗**,反叛,起义 *n.* 叛逆者,起义者

经典例句 The slaves **rebelled** against their masters and killed them all. 奴隶们起来**反抗**奴隶主并把他们都杀光。

recall [ri'kɔːl] *v.* **回忆**,回想;撤销,收回

真题例句 "I found that work very interesting," he **recalled**, "and when I got out of the service it just seemed natural for me to go into something medical."【1988 年英译汉】他回**忆**说:"我觉得那种工作十分有趣,当我退役时,对我来说,去干某种医务工作似乎是极其自然的。"

recede [ri'siːd] *v.* **退回**,后退;收回,撤回;跌落,缩减,贬值

经典例句 As the tide **receded** we were able to look for shells. 潮水**退去**,我们就能找贝壳了。

recipient [ri'sipiənt] *a.* 接受的,感受性强的 *n.* **接受者**,感受者,容器

经典例句 The **recipients** of prizes had their names printed in the paper. **获奖者**名单登在报上。

reciprocal [ri'siprəkəl] *a.* **相互的**,往复的,互利的

经典例句 They show **reciprocal** affection to each other. 他们表达了**彼此之间的**爱慕之情。

reckless ['reklis] *a.* 不注意的,大意的,卤莽的,**不顾后果的**

经典例句 He's quite **reckless** of his own safety. 他完全**不顾及**自己的安全。

reckon ['rekən] *v.* **计算**,总计,估计,猜想,依赖

经典例句 She **reckoned** the money we owed her. 她**计算出**我们欠她的钱。

reclaim [ri'kleim] v. **要求归还**,收回;开垦

经典例句 You may be entitled to **reclaim** some of the tax you paid last year. 你或许有权**要求退回**去年你交付的部分税金。

recognise/recognize ['rekəgnaiz] v. **认出**,承认,公认,赏识,表扬

真题例句 The role of natural selection in evolution was formulated only a little more than a hundred years ago, and the selective role of the environment in shaping and maintaining the behavior of the individual is only beginning to be **recognized** and studied. 【2002 年阅读 Part B】自然选择在进化中的作用只是在一百多年前才得以阐明,而人们现在才刚刚开始**认识**和研究环境在塑造和保持个体行为方面的选择作用。

recollect [,rekə'lekt] v. 回忆,想起,记起,忆起,**记得**

经典例句 I **recollect** having heard him say so. 我**记得**他这样讲过。

recommend [rekə'mend] v. 推荐,介绍;**劝告**,建议

经典例句 The doctor strongly **recommended** that he take a holiday. 医生竭力劝他去休假。

reconcile ['rekənsail] v. **使和好**,调解,使调和;(to,with)使一致

经典例句 We tried to **reconcile** her with her family. 我们试图让她和她的家人**和好**。

recovery [ri'kʌvəri] n. 痊愈,复元;重获,**恢复**

经典例句 He is well on his way to **recovery**. 他正在顺利**恢复**。

recruit [ri'kru:t] v. 征募(新兵),**吸收**;补充 n. 新成员,新兵

真题例句 Finally, because the ultimate stakeholders are patients, the health research community should actively **recruit** to its cause not only well-known personalities such as Stephen Cooper, who has made courageous statements about the value of animal research, but all who receive medical treatment. 【2003 年阅读 2】因为最后关系到的还是病人的利益,因此医疗科研机构不仅应该积极**争取**像史蒂芬·库柏这样的名人的支持——他勇敢地对动物实验的价值进行了肯定——而且应该争取所有接受治疗的病人的支持。

rectify ['rektifai] v. **纠正**,整顿

经典例句 I made a mistake that can not be **rectified**. 我犯了一个无法**改正**的错误。

recur [ri'kə:] v. (尤指不好的事)一再发生;**重现**

经典例句 Old memories constantly **recurred** to him. 往事经常**浮现**在他的脑海里。

常用词组 recur to 重新提起;(往事等)重新浮现

recycle ['ri:'saikl] v./n. **再循环**,重复利用

经典例句 It also makes the maximum safe use of the environment's natural capacity to absorb and **recycle** wastes. 这制度也尽量安全利用环境本身的吸收及**循环**能力来减低污染。

redundant [riˈdʌndənt] *a.* **多余的**,过剩的;(食物)丰富的;**被解雇的**

经典例句 Skill has been made **redundant** by machine. 由于使用机器,手艺已变得**多余**。

reel [riːl] *n.* 卷筒,线轴 *v.* 卷,绕,**蹒跚**

经典例句 He **reeled** back into the room. 他摇摇摆摆地走回房间。

refer [riˈfəː] *v.* 参考,查询;(to)**提到**,引用,涉及;提交,上呈

真题例句 If you are talking to a group of managers, you may **refer** to the disorganized methods of their secretaries; alternatively if you are addressing secretaries, you may want to comment on their disorganized bosses.【2002年阅读1】如果你在和一群经理谈话,你就可以**谈论**他们的秘书做事没有条理;相反,如果你和一群秘书谈话,你就可以评论她们的老板工作缺乏条理性。

常用词组 refer oneself to 依赖,求助于

refer to 提到,谈到,涉及;参考,查阅;向……打听

reference [ˈrefrəns] *n.* 提及,涉及,**参考**,**参考书目**;证明书(人);介绍(人)

经典例句 He loaded his pages with **references**. 他在文章中引用大量**参考资料**。

refine [riˈfain] *v.* **精炼**,精制,提纯;使文雅,使高尚

经典例句 The oil will be **refined**. 这些石油将被**精炼**。

reflect [riˈflekt] *v.* 反射,**反映**,表现,反省,考虑

真题例句 Nor, if regularity and conformity to a standard pattern are as desirable to the scientist as the writing of his papers would appear to **reflect**, is management to be blamed for discriminating against the "odd balls" among researchers in favor of more conventional thinkers who "work well with the team."【1999年阅读5】如果像科学家们所写论文**反映**的那样,科学家渴求规律性与某种标准模式的一致性,那么管理人员歧视研究人员中的"标新立异者",而赞赏"善于合作"的具有传统思维模式的人,那也是无可指责的。

常用词组 reflect on 回忆,思考,反省

reform [riˈfɔːm] *v./n.* **改革**,改造,改良

真题例句 Ravitch's latest book, *Left Back: A Century of Failed School Reforms*, traces the roots of anti-intellectualism in our schools, concluding they are anything but a counterbalance to the American distaste for intellectual pursuits.【2004年阅读4】Ravitch的最新作品《遗留在后:一个世纪失败的学校**改革**》探究了我们学校中反才智主义的根源,并得出结论:学校根本就不是美国人反感智慧追求的一种抗衡力。

refrain [riˈfrein] *v.* 节制,**避免**,制止

经典例句 Let's hope they will **refrain** from hostile actions. 希望他们**避免**采取敌对行动。

常用词组 refrain from 忍住,抑制,戒除

refresh [ri'freʃ] v. (使)**精神振作**,(使)精力恢复

经典例句 I **refreshed** myself with a cup of coffee. 我喝了一杯咖啡给自己**提提神**。

refreshment [ri'freʃmənt] n. (pl.)点心,饮料;精力恢复,**爽快**

经典例句 A hot bath is a great **refreshment** after a day's work. 在一天工作之后洗个热水澡真是令人**舒畅**。

refund [ri:'fʌnd] n. 归还,偿还额,**退款** v. 退还,偿还,偿付

经典例句 I have been instructed by the company to offer you a **refund**. 公司让我给您**退款**。

refusal [ri'fju:zəl] n. **拒绝**,回绝

经典例句 We interpreted his silence as a **refusal**. 我们认为他的沉默是**拒绝**的表示。

refute [ri'fju:t] v. 反驳,**驳斥**

经典例句 Nothing could **refute** her testimony that the driver was drunk. 她关于那个司机已经喝醉的证词无可**辩驳**。

regarding [ri'gɑ:diŋ] prep. 关于,**有关**

真题例句 Make inquiries as to the details **regarding** the job and the firm.【1996 年阅读1】打听关于这份工作和这个公司的有关细节。

regardless [ri'gɑ:dlis] a./ad. (of)**不管……的,不顾……的**,不注意的,不留心的

经典例句 She is determined to do **regardless** of all consequences. 她**不顾**一切后果,决心这样做。

region ['ri:dʒən] n. **地区**,地带,行政区,(科学等)领域,范围

真题例句 This development—and its strong implications for US politics and economy in years ahead—has enthroned the South as America's most densely populated **region** for the first time in the history of the nation's head counting.【1998 年阅读4】这种发展趋势——及它对未来几年美国政治和经济的强大影响——已经让南部地区第一次登上人口普查史上人口最稠密**地区**的宝座。

register ['redʒistə] n./v. **登记,记录**,注册 v. (仪表等)指示,自动记下,(邮件)挂号

真题例句 Electronic **cash registers** can do much more than simply ring up sales.【1994 年阅读2】电子**收款机**比简单的收款机能做的事情多得多。

regret [ri'gret] v./n. **遗憾**,懊悔,抱歉

经典例句 We informed her with **regret** of our decision. 我们**遗憾**地把我们的决定通知她。

regulate ['regjuleit] v. 管制,**控制**;调节,校准;调整

真题例句 Who is going to supervise, **regulate** and operate as lender of last resort with the gigantic banks that are being created?【2001 年阅读 4】谁将作为最终的借贷者去监督、**规范**和管理那些新生的巨型银行?

reign [rein] *n. /v.* (over)**统治**,支配,盛行 *n.* 统治时期;朝代 *v.* 占优势

真题例句 The existence of the giant clouds was virtually required for the Big Bang, first put forward in the 1920s, to maintain its **reign** as the dominant explanation of the cosmos. 【1998 年英译汉】大爆炸理论在 20 世纪 20 年代首次提出,而巨大宇宙云的存在实际上是保持其宇宙起源论的**统治地位**所需要的。

reinforce [ˌriːinˈfɔːs] *v.* 增援,**加强**

真题例句 The overall result has been to make entrance to professional geological journals harder for amateurs, a result that has been **reinforced** by the widespread introduction of refereeing, first by national journals in the nineteenth century and then by several local geological journals in the twentieth century.【2001 年阅读 1】这样,最终的结果是业余人员越来越难以进入专业性地质学杂志,而审稿制度的全面引进使得这种情况进一步得到**加强**,到 19 世纪这一制度首先被引入全国性杂志,到了 20 世纪被引入到一些区域性地质杂志。

reject [riˈdʒekt] *v.* 拒绝,抵制;丢弃;**排斥**,退掉 *n.* 落选者

真题例句 Until these issues are resolved, a technology of behavior will continue to be **rejected**, and with it possibly the only way to solve our problems.【2002 年阅读 Part B】如果这些问题得不到解决,研究行为的技术就会继续受到**排斥**,解决我们所遇到的问题的唯一方式也可能随之继续受到排斥。

relate [riˈleit] *v.* 叙述,讲述;**使互相关联**

真题例句 Indeed, there is evidence that the rate at which individuals forget is directly **related** to how much they have learned.【1995 年阅读 5】实际上,有证据表明一个人的遗忘速度和他们学得的知识多少是正相关**的**。

relax [riˈlæks] *v.* (使)松弛,**放松**

经典例句 The music will help to **relax** you. 音乐会使你感到**轻松**。

release [riˈliːs] *v.* **释放**,解放;发表,**发行** *n.* 释放,豁免,放松

经典例句 He was **released** from prison after serving his sentence.. 他刑满**获释**。The new film will be **released** next month. 这部新的电影下个月**上映**。

relevant [ˈrelivənt] *a.* (to)**有关的**,相应的;中肯的;实质性的,有重大意义的

真题例句 Arguing from the view that humans are different from animals in every **relevant** respect, extremists of this kind think that animals lie outside the area of moral choice.【1997 年英译汉】那部分人的观点是,人和动物在各种相关方面都是不同的,其中的一些极端

分子甚至认为,对待动物不必考虑道德问题。

reliable [ri'laiəbl] *a.* **可靠的**,可信赖的

经典例句 In respect of financial standing, this firm is **reliable**. 在资信方面, 这家商行还是很**可靠的**。

reliance [ri'laiəns] *n.* **信任**,信心,依靠,依靠的人或物

经典例句 Don't place too much **reliance** on his advice. 别太**相信**他的意见。

relief [ri'li:f] *n.* (痛苦等)减轻,解除;援救,**救济**

经典例句 **Relief** was quickly sent to the sufferers from the great fire. **救济品**很快被送到遭受火灾的灾民手中。

relieve [ri'li:v] *v.* (of)减轻,解除;**援救**,**救济**;换班,换岗

经典例句 The Government acted quickly to **relieve** the widespread distress caused by the earthquake. 地震造成广泛地区的灾难, 政府迅速采取行动**赈济**灾民。

religion [ri'lidʒən] *n.* **宗教**,信仰;信念/条

真题例句 Virtually all scientists and the majority of nonfundamentalist religious leaders have come to regard "scientific" creationism as bad science and bad **religion**. 【1996 年阅读 5】实际上,所有科学家和大多数非原教旨主义宗教领袖们都已将"科学"创世论看做是拙劣的科学和拙劣的**宗教**。

relish ['reliʃ] *n.* 美味,味道,调味品,食欲,**乐趣** *v.* 喜欢,品味

经典例句 He drank up the wine with **relish**. 他津津有味地把酒喝光了。

常用词组 relish one's food 津津有味地吃东西

have no relish for 不喜欢, 对……不感兴趣

reluctant [ri'lʌktənt] *a.* **不愿的**,勉强的

真题例句 Intellect, according to Hofstadter, is different from native intelligence, a quality we **reluctantly** admire. 【2004 年阅读 4】套用霍夫斯旦的观点,才学不同于天生的智力,它是一种我们**不太情愿**去赞赏的品质。

rely [ri'lai] *v.* (on)依赖,**依靠**;信赖,信任

真题例句 "I would not **rely** on agents for finding everything that is added to a database that might interest me," says the author of a job-searching guide. 【2004 年阅读 1】一位求职搜索指南的作者就说过:"我不会完全**依靠**这些搜索工具去了解网站中新添加的对我有吸引力的信息。"

remark [ri'mɑ:k] *n.* (about,on)**评语**,意见 *v.* (on)评论;注意到,察觉

真题例句 If you are part of the group which you are addressing, you will be in a position to know the experiences and problems which are common to all of you and it'll be appropriate for you to make a passing **remark** about the inedible canteen food or the chairman's notorious bad taste in ties.【2002年阅读1】如果你是听众中的一员,你就能够了解你们所共有的经历和问题,你就有理由对食堂极难吃的食物或者总裁在选领带方面的差劲品位**评头论足**了。

remarkable [ri'mɑːkəbl] *a.* 值得注意的;显著的,异常的,**非凡的**

经典例句 He showed **remarkable** courage when he faced the danger. 他在面对危险的时候表现出**非凡的**勇气。

remedy ['remədi] *n.* 药品;治疗措施,补救办法 *v.* 治疗,医治;**纠正**,补救

经典例句 Your faults of pronunciation can be **remedied**. 你在发音上的毛病是可以**纠正**的。

remote [ri'məut] *a.* 远的,遥远的;疏远的;**偏僻的**;细微的

真题例句 Rodriguez notes that children in **remote** villages around the world are fans of superstars like Arnold Schwarzenegger and Garth Brooks.【2006年阅读2】罗得里格斯注意到全世界**偏远**的农村里,孩子们是巨星阿诺·施瓦辛格和高斯·布鲁克斯的崇拜者。

render ['rendə] *v.* **使得**,致使;提出,**提供**,呈报

经典例句 He had to **render** an apology for his rudeness. 他不得不因他的粗鲁作出道歉。

renew [ri'njuː] *v.* (使)更新,**恢复**,重新开始,继续

经典例句 The pilot **renewed** contact with the control tower. 飞行员同指挥塔**恢复**了联系。

renovate ['renəveit] *v.* **更新**,修复

经典例句 There will be extensive **renovations** to the hospital. 这所医院将进行广泛**更新**。

rent [rent] *v.* **租**,租赁 *n.* 租金

经典例句 She **rents** out rooms to students. 她**出租**房间给学生住。

常用词组 rent charge 租费

for rent 出租的

repay [ri(ː)'pei] *v.* 偿还;**报答**

经典例句 I can never **repay** her many kindnesses to me. 我无法**回报**她对我的诸多帮助。

repel [ri'pel] *v.* **击退**,抵制;使厌恶,使不愉快;拒绝,排斥

经典例句 The crew **repelled** the attack. 船员**击退**了进攻。

replace [ri(ː)'pleis] *vt.* 取代,替换,**代替**;把……放回原处

真题例句 Part of the increase comes from drugs being used to **replace** other kinds of treatments.【2005年阅读Part B】部分增长是由于药物使用**代替**了其他的治疗手段。

represent [ˌrepriˈzent] v. 描述,表示;代表,代理;阐明,说明

经典例句 Letters of the alphabet **represent** sounds. 字母表中的字母**意指**发音。

representative [ˌrepriˈzentətiv] n. **代表**,代理人 a. (of)典型的,有代表性的

经典例句 The tiger is a **representative** of the cat family. 老虎是猫科动物的**典型代表**。

常用词组 authorized representative 全权代表

a representative body 代表团

reproach [riˈprəutʃ] v. /n. **责备**,指责

经典例句 His reply sounded to me like a **reproach**. 他的回答在我听来像是**责备**。

requirement [riˈkwaiəmənt] n. (for)**需要**,需要的东西,要求

真题例句 "Knowledge is power" may well be the truest saying and access to information may be the most critical **requirement** of all people.【1995 年阅读 3】"知识就是力量"是真知灼见,获得信息可能成为人们最重要的**需求**。

rescue [ˈreskjuː] v. /n. **营救**,援救

经典例句 The well-drilled crew managed to **rescue** most of the passengers. 训练有素的机组人员设法**营救**出了大部分乘客。

常用词组 go to sb's rescue 进行援救,营救某人

resemble [riˈzembl] v. **像**,类似

经典例句 She **resembles** her sister in appearance but not in character. 她和她姐姐外貌**相似**,但性格不同。

resent [riˈzent] v. 对……表示忿恨,**怨恨**

真题例句 With other audiences you mustn't attempt to cut in with humor as they will **resent** an outsider making disparaging remarks about their canteen or their chairman.【2002 年阅读 1】但面对其他听众时,你就一定不要尝试插入此类幽默,这是因为他们会对外人贬损他们的餐厅或者总裁**感到愤怒**。

reservation [ˌrezəˈveiʃən] n. 保留,**保留意见**;预定,预订

经典例句 Some members of the committee expressed **reservations** about the proposal. 委员会一些成员对这项提议持**保留**态度。

reserve [riˈzəːv] n. 储备(物),储备金;缄默,谨慎;**保留** v. 保留,储备;预定,预约

真题例句 The crime of the corrupt officials must be exposed without any **reserve**.【2005 年阅读 1】对贪官污吏的罪行一定要毫无**保留**地予以揭发。

resign [riˈzain] v. **辞去**,辞职

经典例句 He decided to **resign** his claim to the copyright. 他决定**放弃**对版权的要求。

resist [riˈzist] v. 抵抗,反抗;抗,忍得住,**抵制**

$\boxed{真题例句}$ Writing for the National Immigration Forum, Gregory Rodriguez reports that today's immigration is neither at unprecedented levels nor **resistant** to assimilation. 【2006 年阅读 2】格雷戈里·罗得里格斯是"国家移民论坛"的撰稿人,他报道称,现在移民速度算不上史无前例,移民也没有**抵制**同化。

resistance [ri'zistəns] n. (to)抵抗,反抗;抵抗力,**阻力**;电阻

$\boxed{经典例句}$ The aircraft is streamlined to cut down wind **resistance**. 飞机设计成流线型以减少风的**阻力**。

resolute ['rezəlu:t] a. 坚决的,**果断的**

$\boxed{经典例句}$ We should be true in word and **resolute** in deed. 我们应该言必信,行必**果**。

resolution [ˌrezə'lu:ʃən] n. 坚决,**决心**;决定,决议

$\boxed{经典例句}$ She always makes good **resolutions** but never carries them out. 她总是**决心**很大,却从不见付诸行动。

resolve [ri'zɔlv] v. 决心;(使)分解,溶解;**解决**;决议 n. 决心;决议

$\boxed{真题例句}$ Many of life's problems which were solved by asking family members, friends or colleagues are beyond the capability of the extended family to **resolve**. 【1995 年阅读 3】以前生活中的许多问题都是靠征求家庭成员、朋友或同事的意见来解决的,但现在这些问题已经不是这种靠大家庭的能力能**解决**的了。

resort [ri'zɔ:t] v. (to)**凭借**,求助,诉诸 n. 度假胜地,常去之处;**手段**

$\boxed{真题例句}$ But it is hardly inevitable that companies on the Web will need to **resort** to push strategies to make money. 【1999 年阅读 2】但是,网络公司并不是非得**使用**推销策略来赚钱不可。

resource [ri'sɔ:s] n. (pl.)**资源,财力**;办法,智谋;应变之才

$\boxed{真题例句}$ The important factor in a private-enterprise economy is that individuals are allowed to own productive **resources** (private property), and they are permitted to hire labor, gain control over natural **resources**, and produce goods and services for sale at a profit. 【1994 年阅读 1】在私有企业的经济体制中,一个重要的因素是,个人被允许拥有生产**资料**(个人财产),被允许雇佣劳动力、掌握**自然资源**,并且生产产品和提供服务以获取利润。

response [ris'pɔns] n. 回答;响应,**反应**

$\boxed{真题例句}$ In the American economy, this mechanism is provided by a price system, a process in which prices rise and fall in **response** to relative demands of consumers and supplies offered by seller-producers. 【1994 年阅读 1】在美国经济中,这一机制是由价格体系来提供,就是通过价格的涨落来**反应**供求关系。

$\boxed{常用词组}$ in response to 回答;响应;反应

responsibility [risˌpɔnsəˈbiliti] *n.* **责任**,责任心;职责,任务

真题例句 It's a self-examination that has, at various times, involved issues of **responsibility**, creative freedom and the corporate bottom line.【1997 年阅读 4】这是一种自我反省,在不同的时代,它已经涉及**责任**、创作自由及公司所能做的一切等问题。

responsible [risˈpɔnsəbl] *a.* (for,to) **应负责的**;可靠的;责任重大的,重要的

真题例句 Freedom and dignity are the possessions of the autonomous (self-governing) man of traditional theory, and they are essential to practices in which a person is held **responsible** for his conduct and given credit for his achievements.【2002 年阅读 Part B】传统理论认为,自由和尊严是一个自主行为人所应该具有的,对于一个能**对**自己行为**负责**并因其所取得的成绩受到奖励的人,它们(自由和尊严)是必不可少的品质。

restore [risˈtɔ:] *v.* **恢复**,使回复;归还,交还;修复,重建

经典例句 Drastic measures will have to be taken to **restore** order. 为**恢复**秩序必须采取严厉措施。

restrain [risˈtrein] *v.* (from)**抑制**,制止

经典例句 She tried to **restrain** her sobs. 她设法**抑制**住自己的悲泣。

restraint [risˈtreint] *n.* **抑制**,制止

经典例句 He is a man always speaking with **restraint**. 他是个说话**拘谨**的人。

restrict [risˈtrikt] *v.* **限制**,约束

经典例句 In a move to **restrict** imports, the government raised custom duties. 政府在**限制**进口的措施中提高了关税。

resultant [riˈzʌltənt] *a.* **作为结果而发生的**;合成的

经典例句 His success was **resultant** on his hard work. 他的成功是勤奋工作的**结果**。

resume [riˈzju:m] *n.* **个人简历** *v.* 再继续,重新开始;再用;恢复

真题例句 "I struck gold," says Redmon, who e-mailed his **resume** to the employer and won a position as in-house counsel for a company.【2004 年阅读 1】雷德曼感叹道:"我发现了金子。"他把自己的**简历**用电子邮件发给雇主,得到了一个公司内部法律顾问的职务。

retail [ˈri:teil] *n.* **零售**

真题例句 In Europe, taxes account for up to four-fifths of the **retail** price, so even quite big changes in the price of crude have a more muted effect on pump prices than in the past.【2002 年阅读 3】在欧洲,税收高达汽油**零售价**的 4/5,因此即使原油价格发生很大的波动,汽油价格所受的影响也不会像过去那么明显。

retain [riˈtein] *v.* **保持**,保留

经典例句 I will **retain** my right. 我将**保留**我的权利。

retire [ri'taiə] *v.* **退休**,引退;退却,撤退;就寝

真题例句 Towns like Bournemouth and Eastboune sprang up to house large "comfortable" classes who had **retired** on their incomes, and who had no relation to the rest of the community except that of drawing dividends and occasionally attending a shareholders' meeting to dictate their orders to the management. 【1996 年阅读 3】像布恩茅斯和伊斯顿布恩这样的城镇迅速发展起来,为大批"享乐"阶层提供了住所,这些人**退休**后靠领取退休金过着生活,除了领取红利、偶尔参加股东大会向管理人员发号施令外,他们和社会上的其他人几乎没有什么联系了。

retreat [ri'tri:t] *v.* 撤退,**退却**

真题例句 We won't **retreat** in the face of any threats. 【1997 年阅读 4】我们不会在任何威胁面前**退却**。

retrieve [ri'tri:v] *vt.* **重新得到**,取回;挽回,补救;检索

经典例句 The company is fighting to **retrieve** its market share. 这个公司正在为**恢复**其市场份额(占有率)而奋斗。

retrospect ['retrəuspekt] *v./n.* 回顾,**回想**,追溯,恢复

经典例句 One's school life seems happier in **retrospect** than in reality. 人们的学校生活**回想**起来要比实际上的快乐。

reveal [ri'vi:l] *v.* 展现,**显示**,揭示,揭露,告诉,泄露

真题例句 The 1990 Census **revealed** that "a majority of immigrants from each of the fifteen most common countries of origin spoke English 'well' or 'very well' after ten years of residence." 【2006 年阅读 1】1990 年的人口调查**表明**:在居住 10 年之后,来自 15 个最普通国家的大多数移入美国的原住民的英语表达"不错"或"非常好"。

revenge [ri'vendʒ] *n.* 报复,**复仇** *v.* 替……报仇

经典例句 Thoughts of **revenge** kept running through his mind. 他脑海里时刻萦绕着**复仇**的念头。

revenue ['revənju:] *n.* **财政收入**,税收

真题例句 The worthy residents of Stratford doubt that the theatre adds a penny to their **revenue**. 【2006 年阅读 2】斯特拉特福德一些居民怀疑这个剧院能不能让他们的**收入**增个一分半厘。

reverse [ri'və:s] *n.* 相反,反转,颠倒;背面 *a.* 相反的 *v.* **颠倒,倒转**

真题例句 Yet few seem willing to try to **reverse** it. 【2003 年阅读 4】但是几乎没有人愿意扭转这个趋势。

review [ri'vju:] *v.* 回顾,复习 *n.* 回顾,**复习**;评论

真题例句 The students expected there to be more **reviewing** classes before the final exam.

【1991年词汇】学生们希望在期末考试前有更多的**复习**课。

revise [ri'vaiz] *v.* 修订,**校订**;修正,修改

经典例句 He **revised** the manuscript of his book before sending it to the publisher. 他对自己那本书的手稿先进行**校订**,然后才把它交给出版商。

revive [ri'vaiv] *v.* 恢复;(使)复苏

经典例句 All attempts to **revive** the fishing industry were foredoomed to failure. 千方百计**振兴**渔业注定徒劳无功。

revolt [ri'vəult] *v./n.* **反抗**,起义

经典例句 The colonists **revolted** against their British ruler. 殖民地人民**反抗**他们的英国统治者。

revolution [ˌrevə'luːʃən] *n.* **革命**;旋转,转数

真题例句 What is harder to establish is whether the productivity **revolution** that businessmen assume they are presiding over is for real. 【1998年阅读2】但是我们难以确定,生意人认为的他们正在经历的生产力**革命**是否真实。

revolve [ri'vɔlv] *v.* (使)**旋转**

真题例句 In the first year or so of Web business, most of the action has **revolved** around efforts to tap the consumer market. 【1999年阅读2】在互联网经济的第一个年头,大多数的行动还不只是**围绕**着努力开发消费者市场**展开**的。

reward [ri'wɔːd] *n.* (for)报酬,**赏金** *v.* (for)酬劳;酬谢,报答

真题例句 Refusing a lesser **reward** completely makes these feelings abundantly clear to other members of the group. 【2005年阅读1】拒绝较少的**奖赏**使群体的其他成员明显感到这种愤怒的心情。

ridiculous [ri'dikjuləs] *a.* 荒谬的,**可笑的**

经典例句 That fat woman looked **ridiculous** in her tight golden dress. 那位胖妇人穿着金色的紧身礼服,显得**滑稽可笑**。

rigid ['ridʒid] *a.* 刚性的;**刻板的**;严厉的

真题例句 The coming of age of the postwar baby boom and an entry of women into the male-dominated job market have limited the opportunities of teenagers who are already questioning the heavy personal sacrifices involved in climbing Japan's **rigid** social ladder to good schools and jobs. 【2000年阅读4】随着战后生育高峰期出生的孩子长大成人,再加上妇女如今也进入了由男性统治的职业市场,青少年的机会大大缩小了,他们本来就已经抱怨在日本社会里要想上好学校、找到好工作就必须要爬上**森严**的社会阶梯,所以个人必须作出很多牺牲。

rigorous ['rigərəs] *a.* 严格的,严厉的;严酷的;**严密的**;严谨的

真题例句 Ralph Waldo Emerson and other Transcendentalist philosophers thought schooling and **rigorous** book learning put unnatural restraints on children. 【2004 年阅读 4】Ralph Waldo Emerson 以及其他一些先验主义哲学家认为,学校教育和**僵化的**书本学习会抑制孩子们的天性。

risk [risk] v. 冒……的危险 n. 冒险;**风险**

真题例句 "Celebrate!" commanded the ads for the arthritis drug Celebrex, before we found out it could increase the **risk** of heart attacks. 【2006 年阅读 4】生产治疗关节炎药品的公司 Celebrex 在广告中高喊"此药疗效最佳!"之后我们才发现这种药可能增加心脏病发作的**风险**。

rival ['raivəl] n. 竞争者,对手 v. 竞争,对抗 a. **竞争的**

真题例句 In the last half of the nineteenth century "capital" and "labor" were enlarging and perfecting their **rival** organizations on modern lines. 【1996 年阅读 3】19 世纪后半叶,在现代行业组织中"资方"和"劳方"在不断扩大并完善其相互**竞争的**机构。

roar [rɔː] n./v. 吼叫,怒号;**轰鸣,咆哮**

经典例句 The **roar** of the train reverberated in the tunnel. 火车的**轰隆声**在隧道里回荡。

rob [rɔb] v. (of)**抢劫**,盗取;非法剥夺

经典例句 They knocked him down and **robbed** him of his briefcase. 他们把他打倒在地,**抢走**了他的公文包。

rope [rəup] n. **绳,索**

经典例句 They tied their prisoner up with a piece of **rope**. 他们用**绳索**把犯人捆起来。

rotate [rəu'teit] v. (使)**旋转**

经典例句 Does the earth **rotate** on an axis? 地球是绕轴**旋转**的吗?

rouse [rauz] vt./vi. 唤醒,**唤起**;激励;激起

经典例句 The dog **roused** a deer from the bushes. 狗**惊起**了丛林中的一只鹿。

route [ruːt] n. **路线**,路程

真题例句 Faced with getting from A to B, the average person will automatically set out on the best-known and apparently simplest **route**. 【1994 年阅读 5】普通人在面临 A 到 B 的问题时会自动采取最为人熟悉、并且从表面上看来是最简单的**路线**。

routine [ruː'tiːn] n. 例行公事,常规 a. **常规的**,例行的

真题例句 Each of us is continually making these blueprints in the general **routine** of everyday living. 【1996 年阅读 1】我们每个人都在每天的**日常**生活中不断地规划这些蓝图。

royalty ['rɔiəlti] n. **皇家,皇族**

经典例句 She claims to be descended from **royalty**. 她声称她是**皇室**后裔。

rude [ruːd] *a.* **粗鲁的**;猛烈的,残暴的;粗糙的,粗陋的

真题例句 Small-minded officials, **rude** waiters, and ill-mannered taxi drivers are hardly unknown in the US.【1997年阅读2】在美国,心胸狭窄的政府官员、**粗鲁无礼的**服务员以及态度恶劣的出租车司机并非鲜为人知。

sack [sæk] *n.* **袋**,包,麻袋 *v.* 解雇

经典例句 An empty **sack** cannot stand upright.【谚】空**袋子**,立不直。

sacrifice [ˈsækrifais] *n.* **牺牲**,牺牲品;祭品 *v.* (for,to)牺牲,献出

真题例句 The coming of age of the postwar baby boom and an entry of women into the male-dominated job market have limited the opportunities of teen-agers who are already questioning the heavy personal **sacrifices** involved in climbing Japan's rigid social ladder to good schools and jobs.【2000年阅读4】随着战后生育高峰期出生的孩子长大成人,再加上妇女如今也进入了由男性统治的职业市场,青少年的机会大大缩小了,他们本来就已经抱怨在日本社会里要想上好学校、找到好工作就必须要爬上森严的社会阶梯,所以个人必须作出很多**牺牲**。

sake [seik] *n.* **缘故**,理由

真题例句 Even our schools are where we send our children to get a practical education—not to pursue knowledge **for the sake of** knowledge.【2004年阅读4】甚至学校也成了让孩子接受实用教育的场所,而不是**为了**知识而追求知识。

常用词组 for the sake of 由于,为了

sanction [ˈsæŋkʃən] *n./v.* **批准**,同意,支持,认可 *n.* 处罚,制裁

经典例句 The minister can only act in this matter with the **sanction** of Parliament. 部长只有得到国会**批准**才能就此事采取行动。

satisfactory [ˌsætisˈfæktəri] *a.* **令人满意的**

真题例句 However, the present situation is far from **satisfactory** though some progress has been made.【1990年阅读2】虽然已经取得了一些进步,但是目前的形势不**令人满意**。

saturate [ˈsætʃəreit] *vt.* 使湿透,浸透;**使充满**,使饱和

真题例句 Air existing around the leaf is found to be **saturated**.【1991年阅读3】叶子周围可以发现**充满**着空气。

savage [ˈsævidʒ] *a.* 野蛮的;未开化的;凶恶的,残暴的 *n.* **野人**,未开化的人

经典例句 These civilizations flourished while Europeans were still **savages** living in caves. 当欧洲人还是居住在洞穴中的**野人**时,这些地方的文化早已十分繁荣昌盛。

scale [skeil] *n.* 刻度;天平,磅秤;比例尺;**规模**;音阶;鱼鳞

真题例句 But the weather experts are now paying more attention to West Antarctic, which may be affected by only a few degrees of warming, in other words, by a warming on the **scale** that will possibly take place in the next fifty years from the burning of fuels.【1992 年阅读2】但是气象专家如今更加关注南极圈西部地区,这些地区可能会受到由于气候变暖、温度升高几度的影响,也就是说,由于燃料的使用,在下一个 50 年,变暖的气候很可能会大**规模**出现。

scarce [skɛəs] *a.* 缺乏的,不足的;**稀少的,罕见的**

经典例句 Good fruit is **scarce** in winter and costs a lot. 好的水果冬天**难得见到**,而且价格昂贵。

scare [skɛə] *n.* 惊恐,恐慌 *v.* **惊吓**,受惊

经典例句 The dog **scared** the thief away. 狗把小偷**吓**走了。

scatter ['skætə] *v.* **散开**,驱散;散布,散播

真题例句 In this search the evidence found is always incomplete and **scattered**; it is also frequently partial or partisan.【1999 年英译汉】而在寻找证据的过程中,他们所发现的证据往往是不完整且**分散的**,通常还带有偏见或门派意识。

schedule ['ʃedjuːl; 'skedʒjul] *n.* **时间表**,进度表 *v.* 安排,预定

真题例句 He drove fast and arrived an hour ahead of **schedule**.【1987 年词汇】他车开得很快,比**预计时间**提前一小时到达了。

scope [skəup] *n.* (**活动)范围**;机会,余地

经典例句 Your question is beyond the **scope** of this book. 你所问的问题已超出了这本书的**范围**。

scorn [skɔːn] *v./n.* **轻蔑,藐视**

真题例句 Few would dispute that the term antiscience applies to the Unabomber, those manifesto, published in 1995, **scorns** science and longs for return to a pre-technological utopia.【1998 年阅读3】很少会有人反对把反科学这个词用于反原子弹组织身上。该组织在 1995 年出版的宣言中公开**藐视**科学,渴望回到前技术时代的乌托邦式的完美境界。

scout [skaut] *n.* 侦察员,侦察机(舰) *v.* **搜索**,侦察

经典例句 He **scouted** around to see what he could find. 他四处**寻找**,看看能找到些什么。

scramble ['skræmbl] *vi.* (快速地)爬,攀登;互相争夺,**争先**

经典例句 People were **scrambling** madly for shelter. 人们疯了似地**争先恐后**地往隐蔽处跑。

scrap [skræp] *n.* 碎片;**废料** *v.* 废弃,报废

经典例句 The **scrap** merchant has a machine which crushes cars. 那个**废品**商有个压碎汽车的机器.

scrape [skreip] *v.* **刮(掉)**；(through)擦过,勉强通过 *n.* 刮,擦痕；刮擦声

经典例句 I must have **scraped** some of the paint off when I was parking the car. 我准是停放汽车的时候**刮掉**了一些油漆。

scratch [skrætʃ] *v.* 抓,搔,扒 *n.* 抓,搔,**抓痕**；起跑线

经典例句 He **scratched** his name on the wall with a knife. 他用一把小刀把自己的名字**刻**在了墙上。

screen [skriːn] *n.* **屏幕**,屏风；帘 *v.* 掩蔽,包庇；筛选

真题例句 Most notably, the Pointcast Network uses a **screen** saver to deliver a continually updated stream of news and advertisements to subscribers' computer monitors. 【1999 年阅读 2】其中最有名的有 Pointcast 网络公司,他们使用一种**屏幕保护程序**,不断将一系列最新的信息和广告传递到订阅者的电脑上。

script [skript] *n.* 剧本(原稿)；**手稿**,原稿；笔迹,手迹

经典例句 The authenticity of the **script** is beyond doubt. **手稿**的真实性是毋庸置疑的。

seal [siːl] *n.* 封铅,**封条**；印,图章；海豹 *v.* 封,密封

经典例句 The **seal** on this bottle is broken. 这个瓶上的**密封**纸破开了。

secondary ['sekəndəri] *a.* **次要的**,二级的；中级的,第二的

经典例句 All other considerations are **secondary** to his safety. 现在首先要考虑的是他的安全,其他事都是**次要的**。

secure [si'kjuə] *a.* (from,against)安全的,放心的 *v.* **得到**；防护,保卫

真题例句 The capital intended to broaden the export base and **secure** efficiency gains from international trade was channeled instead into uneconomic import substitution. 【2000 年词汇】这笔资金原本专门用来扩大出口基地以从国际贸易中**获得**效益,结果反而被转投到利润不大的进口贸易上了。

security [si'kjuəriti] *n.* **安全(感)**；防御(物)；保证(人)；(*pl.*)证券

真题例句 The examples of Virtual Vineyards, Amazon.com, and other pioneers show that a Web site selling the right kind of products with the right mix of interactivity, hospitality, and **security** will attract online customers. 【1999 年阅读 2】沃特·雅温德、亚马逊网站及其他先驱者的例子表明：如果一个网站销售的产品适销对路,而且它能综合利用好互动性强、服务周到、**安全可靠**等优势,肯定可以吸引网上用户。

segment ['segmənt] *n.* 段,片,节,**部分**

真题例句 International affiliates account for a fast-growing **segment** of production in economies that open up and welcome foreign investment【2001 年阅读 4】在对外开放、鼓励

外资的国家经济中,国际子公司正成为一个快速增长的生产**部门**。

segregate [ˈsegrigeit] *vt.* **使分开**,隔离(病患等)

　经典例句　Why should the handicapped be **segregated** from the able-bodied? 为什么要把伤残人士和身体健康的人**分开**?

select [siˈlekt] *v.* **选择**,挑选 *a.* 精选的,选择的

　真题例句　Environment does not push or pull, it **selects**, and this function is difficult to discover and analyze.【2001 年完形】环境并不具备推动或拉动的作用,它具有**选择**的作用,而这一作用很难发现也很难对其进行分析。

senior [ˈsiːnjə] *a.* 年长的;地位较高的,**资格老的** *n.* (大学)四年级学生

　真题例句　"Businesses need to feel they can trust the pathway between them and the supplier, " says **senior** analyst Blane Erwin of Forrester Research.【1999 年阅读 2】福里斯特研究所的**资深**分析家布兰·欧文说,"商家需要认识到他们可以信赖销售商和供应商之间的沟通渠道"。

sensation [senˈseiʃən] *n.* **感觉**,知觉;激动,轰动,轰动一时的事情

　经典例句　I knew the train had stopped, but I had the **sensation** that it was moving backwards. 我知道火车已经停了,但我**觉得**火车在倒退。

sensible [ˈsensəbl] *a.* **明智的**,达理的;可觉察的,明显的

　经典例句　Some engineers take the view that since so much effort has been put into making this system work it would be **sensible** in the short term to continue the same line rather than start afresh. 有些工程师认为,既然为这一系统起作用已付出如此巨大的努力,**明智的**做法是短期内将这项工作继续下去,而不是从头再来。

sensitive [ˈsensitiv] *a.* (to)**敏感的**,易受伤害的;灵敏的

　真题例句　If these **sensitive** periods are neglected, the ideal time for acquiring skills passes and they might never be learned so easily again.【1993 年阅读 1】在获得技能方面,如果不注意这些**敏感**时期,学习的黄金时间过去之后就很难再学好了。

sequence [ˈsiːkwəns] *n.* 先后,**次序**;连续,数列

　经典例句　We will deal with events in historical **sequence**. 我们将按照历史上的**先后顺序**研究这些事件。

series [ˈsiəriːz] *n.* **一系列**,连续;丛书

　真题例句　But specialization was only one of a **series** of related developments in science affecting the process of communication.【2001 年阅读 1】但是专门化仅是科学领域内相关科学发展**诸多**方面中的一个,而这些会影响交流过程。

session [ˈseʃən] *n.* (一届)**会议**,一段时间

　经典例句　Several bills were enacted at the end of this **session** of Parliament. 这届**国会**结

束时,好几个议案都被制定成了法律。

settlement [ˈsetlmənt] *n.* 解决,决定,调停;居留区,**住宅区**

真题例句 Someone traveling alone, if hungry, injured, or ill, often had nowhere to turn except to the nearest cabin or **settlement**.【1997年阅读2】一个孤独的旅行者如果饥饿、受伤或生病自然求助于路边最近的居住点。

severe [siˈviə] *a.* 严厉的;剧烈的,**严重的**,严峻的,艰难的

真题例句 Yet there are good reasons to expect the economic consequences now to be less **severe** than in the 1970s.【2002年阅读3】然而,我们有充分的理由预期这次(油价暴涨)给经济带来的影响不会像20世纪70年代那么**严重**。

shallow [ˈʃæləu] *a.* 浅的,**浅薄的** *n.* 浅滩,浅处

真题例句 This view which holds that torturing a monkey is morally equivalent to chopping wood, may seem bravely "logical", In fact it is simply **shallow**.【1997年英译汉】按照这种观点,折磨猴子从道德上讲相当于砍柴。这种观点看起来很"符合逻辑",但事实上却很**肤浅**。

shave [ʃeiv] *v.* 剃,**刮**,刨,削 *n.* 刮脸

经典例句 He had a **shave** and a bath. 他**刮**了脸,又洗了澡。

shed [ʃed] *v.* **流出**;发散,散发,脱落,脱去 *n.* 棚,小屋

经典例句 It's too late to change your mind now; so there is no point in **shedding** tears. 你现在改变主意已经太迟了,所以为此而伤心**落泪**是毫无用处的。

sheer [ʃiə] *a.* **纯粹的**,十足的,全然的;陡峭的,险峻的

经典例句 It's a **sheer** waste of time. 这**纯粹**是浪费时间。

shelter [ˈʃeltə] *n.* 掩蔽处;掩蔽,保护 *v.* **遮蔽**,躲避,庇护

经典例句 These plants must be **sheltered** from direct sunlight. 这种植物必须**遮**起来,免受阳光直射。

shield [ʃiːld] *n.* 防护物,护罩;盾,盾状物 *v.* **保护**,防护

真题例句 Nancy Dubler, director of Montefiore Medical Center, contends that the principle will **shield** doctors who "until now have very, very strongly insisted that they could not give patients sufficient mediation to control their pain if that might hasten death."【2002年阅读4】蒙特非奥里医疗中心主任南希·达布勒认为,该原则将是**保护**医生——这些医生"到现在还坚定地认为如果大剂量的药物可能加速病人的死亡的话,他们就不能够给病人开大剂量的药物以便抑制病人的痛苦"。

shift [ʃift] *v.* 替换;转移,移动 *n.* 转换,**转变**;(轮)班,(换)班

真题例句 Not all that **shift** can be attributed to the movement out of the snow belt, census officials say, nonstop waves of immigrants played a role, too, and so did bigger crops of babies as yesterday's "baby boom" generation reached its child bearing years. 【1998 年阅读 4】普查官员说,并非所有这些**人口迁移者**都归因于人们要离开寒冷地带。没有间断的移民潮起了作用,还有以前的"生育高峰期"出生的那些孩子也已经到了生育年龄,这些人生育了大批婴儿,这也起了作用。

shiver [ˈʃivə] v. /n. **战栗**,发抖

经典例句 I could not repress a **shiver** whenever I thought of him. 我一想到他就忍不住**颤抖**。

shock [ʃɔk] n. 震动,冲击;电击,触电;休克,震惊 v. (使)**震动/震惊**;(使)休克

真题例句 The scientist has been **shocked** at having even been asked to speculate.【1999 年阅读 5】对于有人竟然要求他作出推测这种事情让这位科学家感到大为**震惊**。

shortage [ˈʃɔːtidʒ] n. **不足**,缺少

经典例句 The war was lost because of a **shortage** of munitions. 这场战争因军火供应**不足而失败**。

shortly [ˈʃɔːtli] ad. **立刻**,不久;简略地,简言之

真题例句 Telecommunications developments enable the sending of messages via television, radio, and very **shortly**, electronic mail to bombard people with multitudes of messages.【1995 年阅读 3】电讯技术的发展使信息可以通过电视、收音机来传递,**很快**电子邮件的出现会让人们受到无数信息的狂轰滥炸。

shove [ʃʌv] vt. 乱推;**乱塞** vi. 用力推,挤 n. 猛推

经典例句 He started **shoving** clothes into drawers. 他开始把衣服**乱塞**在抽屉里。

shrewd [ʃruːd] a. 机灵的,敏锐的;**精明的**

经典例句 He is a **shrewd** and sometimes ruthless adversary. 他是个**精明的**、有时候冷酷无情的对手。

shrink [ʃriŋk] v. 起皱,收缩;**退缩**,畏缩

经典例句 He had a tendency to **shrink** up whenever attention was focused on him. 当别人注意他时,他就会**退缩一旁**。

shuttle [ˈʃʌtl] n. 往返汽车/列车/飞机;穿梭 v. **往返穿梭般地运送**

经典例句 We **shuttled** the passengers to the city center by helicopter. 我们**来来回回地**用直升机把旅客**运送**到市中心。

siege [siːdʒ] n. **包围**,围攻,围困

经典例句 The army has laid **siege** to the city several months. 部队**包围**了这城市好几个月。

signal [ˈsignl] n. 信号,暗号 v. **发信号**,用信号通知

经典例句 The police **signalled** the traffic to move forward slowly. 警察向来往车辆**打信**

号,示意其缓慢前行。

significance [sig'nifikəns] *n.* **意义**,含义;重要性,重要的

> 经典例句 This new discovery of oil is of great **significance** to this area's economy. 这次新发现的石油对这个地区的经济有着重大的**意义**。

significant [sig'nifikənt] *a.* 有意义的;重大的,重要的

> 经典例句 Few people realized the discovery was **significant**. 很少有人认识到这一发现的**重要性**。

signify ['signifai] *v.* **表示**,意味;要紧,有重要性

> 经典例句 What do these marks **signify**? 这些符号表示什么意思?

simplicity [sim'plisiti] *n.* **简单**,简易;朴素;直率,单纯

> 真题例句 This insight, so profound in its **simplicity**, opened up an entirely new way of perceiving and understanding human life. 【2003 年阅读 Part B】这种深邃而**简洁**的见识为人们感知和领悟人生开创了一个全新的方法。

simplify ['simplifai] *v.* **简化**,使单纯

> 真题例句 There are a number of best-selling downshifting self-help books for people who want to **simplify** their lives. 【2001 年阅读 5】市面上有许多关于减缓节奏的畅销自助书籍,这些书主要针对的是那些想要生活**简化**的人。

simulate ['simjuleit] *v.* **模仿**,模拟;假装,冒充

> 真题例句 "By linking directly to our nervous system, computers could pick up what we feel and, hopefully, **simulate** feeling too so that we can start to develop full sensory environments, rather like the holidays in Total Recall or the Star Trek holodeck," Pearson says. 【2001 年英译汉】皮尔森说:"通过与人的神经系统直接相连,电脑能够感知人类感受到的东西,但愿它可以**模仿**我们的感受,这样我们就可以开发出全方位的传感环境,就像《完全回忆》的那些假日或《阅克星号》上全甲板一样。"

simultaneous [ˌsiməl'teinjəs] *a.* **同时的**,同时发生的

> 经典例句 The **simultaneous** demonstrations are held in London and New York. 在伦敦和纽约**同时**举行示威游行。

site [sait] *n.* 位置,场所,地点

> 真题例句 Until recently, Internet marketing activities have focused on strategies to "pull" customers into **sites**. 【1999 年阅读 2】直到最近,网上销售主要是集中于把顾客"拉"进**站点**里。

situated ['sitʃueitid] *a.* 坐落在……的

> 经典例句 The school is **situated** just outside the town. 学校位于镇子的外面。

skeptical ['skeptikəl] *a.* 怀疑的

|真题例句| You could argue that art became more **skeptical** of happiness because modern times have seen so much misery.【2006年阅读5】你可以说艺术变得**怀疑**快乐是因为现代社会有太多的不幸。

sketch [sketʃ] *n.* 素描;略图,草图;**梗概** *v.* 绘略图,速写,写生

|真题例句| This account of yourself is actually a **sketch** of your working life and should include education, experience and references.【1996年阅读1】你的简历实际上是对你的职业生涯的**简单描述**,它应包括教育背景、工作经历和证明材料。

skillful [ˈskilful] *a.* (in,at)灵巧的,**娴熟的**

|真题例句| Constant practice has such as effect on memory as to lead to **skillful** performance on the piano, to recitation of a poem, and even to reading and understanding these words.【1995年阅读5】不断的练习对记忆产生影响,使我们能够**熟练**地演奏钢琴、背诵诗歌、阅读和理解文字。

skilled [skild] *a.* (in)**熟练的**,有技能的;需要技能的

|真题例句| Its scientists were the world's best, its workers the most **skilled**.【2000年阅读1】(美国的)科学家是世界上最优秀的,工人也是技术最为**娴熟的**。

skip [skip] *vi.* 略过,**跳过** *n.* 跳跃 *vt.* 故意忽略;略过

|经典例句| Lambs **skipped** in the field. 小羊在田野里**跳跃**。

|常用词组| skip school 逃学

slack [slæk] *a.* **懈怠的**,松弛的;萧条的 *n.* 淡季;萧条(*pl.*)便裤;运动裤

|真题例句| Indeed, if he has a reputation for **slacking**, you might even be outraged.【2005年阅读1】事实上,如果他还有**懒散**的名声的话,你甚至可能会怒不可遏。

slide [slaid] *v.* (使)**滑动** *n.* 滑坡,滑道;滑,滑动;幻灯片

|经典例句| The book **slid** off my knee. 书从我膝上**滑落**。

slight [slait] *a.* **轻微的**,微小的;纤细的;瘦弱的

|真题例句| Average inflation in the big seven industrial economies fell to a mere 2.3% last year, close to its lowest level in 30 years, before rising **slightly** to 2.5% this July.【1997年阅读5】去年,西方七大工业国的平均通货膨胀率下降至只有2.3%,接近30年来的最低水平,到今年7月,这个数字**略微**上升到2.5%。

slip [slip] *v.* 滑,滑倒;**滑掉**;溜走 *n.* 疏忽,小错,口误,笔误

|经典例句| The soap **slipped** out of my hand. 肥皂从我手上**滑落**了。

slogan [ˈsləugən] *n.* 标语,口号

|真题例句| Defenders of the Corporation are fond of quoting the American **slogan** "If it doesn't broke, don't fix it."【1996年阅读2】公司的捍卫者们喜欢引用美国的广告口

号:"如果没坏,就不要修。"

slope [sləup] *n.* 斜坡,斜面;倾斜,斜度 *v.* (使)**倾斜**

经典例句 The floor **slopes** badly here. 地板在这里倾斜得很厉害。

smash [smæʃ] *v./n.* **打碎,粉碎**

经典例句 The lock was rusty, so we had to **smash** the door open. 锁锈住了,我们得把门砸开。

smuggle [ˈsmʌgl] *v.* 走私;偷运

经典例句 They **smuggled** Swiss watches into China. 他们走私瑞士表进入中国。

snatch [snætʃ] *n./v.* 攫取,抢夺

经典例句 The hawk **snatched** the chicken and flew away. 老鹰抓住小鸡飞走了。

sneak [sniːk] *vi.* 偷偷地走,溜 *vt.* 偷偷地做(或拿、吃)

经典例句 He **sneaked** a chocolate from the box. 他从盒子里偷偷拿了一块巧克力。

sneeze [sniːz] *vi.* 打喷嚏,发喷嚏声 *n.* 喷嚏

经典例句 The dust made him **sneeze**. 灰尘使他打了个喷嚏。

sniff [snif] *vi.* 嗅……味道;抽鼻涕;对嗤之以鼻,蔑视

经典例句 We shouldn't **sniff** at this opportunity—we any longer get another like it. 我们不可小看这个机会——也许我们再也找不到这样的机会了。

soak [səuk] *v.* 浸泡,浸湿,浸透,养成

真题例句 One place where children **soak** up A-characteristics is school, which is, by its very nature, a highly competitive institution. 【1995 年阅读 4】培养孩子成为 A 类性格的一个地方就是学校,从本质上说,学校是一个极具竞争性的机构。

sociable [ˈsəuʃəbl] *a.* **好交际的**,友好的,合群的

真题例句 We live a society in which the medicinal and social use of substances (drugs) is pervasive: an aspirin to quiet a headache, some wine to be **sociable**, coffee to get going in the morning, a cigarette for the nerves. 【1997 年阅读 3】我们居住的社会里,不论是医疗还是在日常生活中,滥用物质(药物)的现象都十分普遍:吃片阿司匹林来缓解头痛,喝杯酒来促进交际,早起喝杯咖啡来打精神,抽支烟来缓解紧张。

social [ˈsəuʃəl] *a.* **社会的**;交际的

真题例句 As is true of any developed society, in America a complex set of cultural signals, assumptions, and conventions underlies all **social** interrelationships. 【1997 年阅读 2】任何发达国家的情况都是一样,在美国,一系列复杂的文化信号、诸多设想和传统习俗构成了社会相互关系的基础。

sole [səul] *a.* 单独的,唯一的 *n.* 脚垫,鞋底

经典例句 Carelessness is the **sole** cause of the accident. 粗心大意是失事的唯一原因。

经典例句 I'm having my shoes **soled** and heeled. 我要叫人给鞋子换鞋底和鞋跟。

solitary [ˈsɔlitəri] *a.* (好)**孤独的**;偏僻的;单一的,唯一的

经典例句 His childhood was repressed and **solitary**. 他的童年是压抑而**孤独的**。

solution [səˈljuːʃən] *n.* 解答,**解决办法**;溶解,溶液

真题例句 I have excluded him because, while his accomplishments may contribute to the **solution** of moral problems, he has not been charged with the task of approaching any but the factual aspects of those problems. 【2006 年阅读 Part C】我将他排除在外的理由是他的成就虽然可能有助于**解决**道德问题,但他被认为是只触及到这些问题的事实方面。

solve [sɔlv] *v.* **解决**,解答

真题例句 With the majority of the people living in urban areas, the problem of the cities must be **solved**.【1987 年英译汉】由于绝大多数人居住在市区,所以城市问题必须**解决**。

somehow [ˈsʌmhau] *ad.* 以某种方式,用某种方法;**不知怎么地**

真题例句 Rodriguez notes that children in remote villages around the world are fans of superstars like Arnold Schwarzenegger and Garth Brooks, yet "some Americans fear that immigrants living within the United States remain **somehow** immune to the nation's assimilative power."【2006 年阅读 1】罗得里格斯注意到在全世界范围内,即使居住在偏远农村的孩子们也是诸如巨星阿诺·施瓦辛格和高斯·布鲁克斯的崇拜者,但是也有"一些美国人担心在美国居住的移民**不知为什么**会抵触这个国家对他们施加的同化影响。"

somewhat [ˈsʌm(h)wɔt] *ad.* **一点儿**,几分,稍微

真题例句 The merits of competition by examination are **somewhat** questionable, but competition in the certain knowledge of failure is positively harmful.【1995 年阅读 4】通过考试来竞争的好处在**某种程度**上是值得怀疑的,但是明知道会失败还要参加竞争,这对学生的影响肯定是非常不好的。

sophisticated [səˈfistikeitid] *a.* **尖端的,复杂的,先进的**;老练的,老于世故的

经典例句 As far as defense is concerned, we need to buy more **sophisticated** weapons. 就防御的观点来说,我们需要购买更多精密的武器。

source [sɔːs] *n.* **源,源泉;来源**,出处

真题例句 But the **sources** of distrust go way deeper. Most journalists learn to see the world through a set of standard templates (patterns) into which they plug each day's events.【2001 年阅读 3】但是,读者不相信报刊有更深层的**原因**。大多数新闻记者学会了以一种标准模式去看世界,并用这种模式来宣传每天发生的事件。

spacious [ˈspeiʃəs] *adj.* 广阔的,**宽敞的**

真题例句 1980 census statistics reveals the Americans' new pursuit of **spacious** living.

【1998 年阅读 4】1980 年的人口普查表明美国人更加追求**宽敞的**居住条件。

span [spæn] *n.* **跨度,跨距**

真题例句 In these activities, it is important to remember that the young teens have short attention **spans**.【2003 年完形】在这些活动中,重要的是应记得年轻人注意力保持集中的**时间较短**。

sparkle ['spɑːkl] *v.* 发火花,**闪耀**

经典例句 The wet grass **sparkles** in the sun. 阳光使湿草**闪闪发光**。

specialise/specialize ['speʃəˌlaiz] *v.* (in)专攻,专门研究,**专业化**

经典例句 This shop **specializes** in chocolates. 这个商店**专门**出售巧克力。

specific [spi'sifik] *a.* **明确的**,具体的;特定的,特有的

真题例句 The speaker who does not have **specific** words in his working vocabulary may be unable to explain or describe in a way that can be understood by his listeners.【1994 年完形】说话人的常用词汇中如没有**详细而精确的**词汇的话,就不可能用听话人能理解的方式进行解释或描述。

specify ['spesifai] *v.* **指定**,详细说明

经典例句 The regulations **specify** that you may use a dictionary in the examination. 规则**指明**考试时可用词典。

spectacle ['spektəkl] *n.* (*pl.*)眼镜;场面,**景象**;奇观,壮观

真题例句 Instead, we are treated to fine hypocritical **spectacles**, which now more than ever seem in ample supply.【2000 年阅读 5】于是,我们现在看到的虚伪**现象**似乎比以前任何时候都多。

spectacular [spek'tækjulə] *a.* **壮观的,引人注目的** *n.* 壮观的演出

经典例句 The new play was a **spectacular** success. 这出新戏获得了**巨大的**成功。

spill [spil] *v.* **溢出**,溅出 *n.* 摔下,跌下

经典例句 Put the cap back on the bottle, otherwise the juice will **spill**. 把瓶盖儿盖好,要不汁液就**洒出来了**。

spin [spin] *v.* **旋转**;纺纱;织网,吐丝 *n.* 旋转;自转

经典例句 The collision sent the car **spinning** across the road. 汽车被撞得**转着圈儿**冲到路的另一边。

spiritual ['spiritʃuəl] *a.* **精神(上)的,心灵的**

真题例句 I'm not afraid of dying from a **spiritual** point of view, but what I was afraid of was how I'd go, because I've watched people die in the hospital fighting for oxygen and clawing at their masks.【1997 年阅读 1】从**精神上**讲,我并不怕死,但是,我怕的是如何死去,因为我曾亲眼目睹过医院的病人死时由于缺氧而挣扎并抓挠氧气罩的情景。

spit ［spit］ v. **吐(唾沫)**,吐痰 n. 唾液

经典例句 The boys were **spitting** out of the train window. 那些男孩子向火车窗外吐口水。

spite ［spait］ n. **恶意;怨恨**

经典例句 I'm sure he took my parking space just out of **spite**. 我认为他侵占我的停车位肯定是有意和我作对。

常用词组 in spite of 不顾,不管

splash ［splæʃ］ v. 溅,泼 n. **溅,飞溅声**

经典例句 He jumped into the swimming pool with a **splash**. 他扑通一声跳进游泳池中。

常用词组 make a splash (口,喻)炫耀(尤指)财富;摆阔;摆排场

split ［split］ v. 裂开,分开,劈开;分裂,**分离** n. 分化,分裂,裂口

真题例句 Dozens of scientific groups all over the world have been pursuing the goal of a practical and economic way to use sunlight to **split** water molecules. 【1996 年词汇】全世界许多科研小组一直追求利用阳光来**分解**水分子的实用、经济的方法的目标。

spoil ［spoil］ v. 损坏,搞错;**宠坏,溺爱**

经典例句 The child was **spoiled** by his grandfather. 这个孩子被他的爷爷给**惯坏**了。

sponsor ［'sponsə］ n. 发起人,主力者,保证人 v. **发起**,主办

真题例句 However, the typical teenage lifestyle is already filled with so much competition that it would be wise to plan activities in which there are more winners than losers, for example, publishing newsletters with many student-written book reviews, displaying student artwork, and **sponsoring** book discussion clubs.【2003 年完形】然而,青少年的生活已经充满竞争,所以为他们安排赢家多于输家的各种活动是明智的。例如,出版由学生自己编写书评的新闻小册子,展出学生的艺术品和**赞助**成立读书俱乐部等。

spot ［spot］ n. 斑点;**地点**,场所 v. 认出,认清,发现;玷污,弄脏;用点作记号

真题例句 Thus just as earlier theories have explained the mobility of the continents, so hot **spots** may explain their mutability (inconstancy).【1998 年阅读 5】因此,正如早期的理论解释了大陆的移动那样,热点或许可以解释大陆的易变性(不稳定性)。

spur ［spə:］ n. 靴刺,马刺;**刺激,刺激物** v. 刺激,激励

经典例句 International competition was a **spur** to modernization. 国际竞争是实现现代化的**动力**。

spy ［spai］ n. 间谍 v. 当间谍,**刺探**;察觉,发现

真题例句 That kind of electronic **spying** has been going on for decades.【2003 年阅读 1】那种电子**侦察**到目前已经持续了数十年。

squeeze [skwi:z] *v.* **压榨**,挤 *n.* 榨取,勒索

真题例句 Oil-importing emerging economies—to which heavy industry has shifted—have become more energy-intensive, and so could be more seriously **squeezed**.【2002 年阅读 3】那些靠石油进口的新兴国家——重工业也转向这些国家了——对能源的需求越来越大,因此他们的**压力**会更大。

stability [stə'biliti] *n.* **稳定**,安定

真题例句 This phenomenon has created serious concerns over the role of smaller economic firms, of national businessmen and over the ultimate **stability** of the world economy.【2001 年阅读 4】这个现象引起了人们对小公司和民族企业的作用以及世界经济基本**稳定性**的极大关注。

stable ['steibl] *a.* **稳定的**,安定的 *n.* 马厩,马棚

真题例句 As families move away from their **stable** community, their friends of many years, their extended family relationships, the informal flow of information is cut off, and with it the confidence that information will be available when needed and will be trustworthy and reliable.【1995 年阅读 3】当人们搬离他们**稳定的**社区、离开相交多年的朋友、离开他们社区大家庭的时候,非正式信息交流渠道被切断了,他们也没有了"在需要时就能获得信息,而且所获信息值得相信并且可靠"这样的信心。

stack [stæk] *n.* **堆**,一堆 *v.* 堆积,堆起

经典例句 There is a **stack** of dishes to be washed in the kitchen. 厨房里还有一**大堆**盘子要洗。

staff [stɑ:f] *n.* **全体职工**;杠,棒;参谋部 *v.* 配备工作人员

真题例句 Friedman relies on a lean **staff** of 20 members in Austin. Several of his staff members have military-intelligence backgrounds.【2003 年阅读 1】弗莱德曼在奥斯汀市仅雇佣了 20 个**雇员**,其中几人具有军事情报工作背景。

stake [steik] *n.* **桩**,标桩;赌注,利害关系

经典例句 He drove a **stake** into the ground. 他向地里打了一根**桩子**。

stale [steil] *n.* 变质的,不新鲜的;**陈旧的**,陈腐的

经典例句 They had nothing to eat but **stale** bread. 除了**陈**面包外,他们没有别的东西可吃。

stall [stɔ:l] *n.* 货摊;畜栏,厩 *v.* (使)**停转**,(使)停止

经典例句 The car has an inclination to **stall** on cold mornings. 这辆汽车天冷时早晨常常**熄火**。

standpoint ['stændpɔint] *n.* **立场**,观点

经典例句 Has the matter been viewed from the taxpayers' **standpoint**? 这个问题是否从纳

税人的立场上考虑过?

staple ['steipl] *n.* **主要产品**;名产;纤维;主要成分,主食

经典例句 Cotton is one of the **staples** of Egypt. 棉花是埃及主要产品之一。

startle ['stɑːtl] *v.* **惊吓,使吃惊**

真题例句 When a Scottish research team **startled** the world by revealing 3 months ago that it had cloned an adult sheep, President Clinton moved swiftly.【1999 年阅读4】当苏格兰一个研究小组 3 个月前透露他们克隆了一只成年羊时,消息震动了世界,克林顿总统立即作出了反应。

starve [stɑːv] *v.* (使)**饿死**,饿得慌,挨饿

经典例句 They tried to **starve** him into submission. 他们试图用**饥饿**来使他就范。

statement ['steitmənt] *n.* 声明,**陈述**

真题例句 Finally, because the ultimate stakeholders are patients, the health research community should actively recruit to its cause not only well-known personalities such as Stephen Cooper, who has made courageous **statements** about the value of animal research, but all who receive medical treatment.【2003 年阅读2】因为最后关系到的还是病人的利益,因此医疗科研机构不仅应该积极争取像史蒂芬·库柏这样的名人的支持——他勇敢地对动物实验的价值进行了肯定——而且应该争取所有接受治疗的病人的支持。

static(al) ['stætik] *a.* **静态的**,静力的

经典例句 House prices, which have been **static** for several months, are now rising again. 房价**稳定**了几个月,现在又上涨了。

stationary ['steiʃ(ə)nəri] *a.* **静止的**,固定的

真题例句 It is not possible to determine whether both continents are moving in opposite directions or whether one continent is **stationary** and the other is drifting away from it.【1998 年阅读5】人们不能确定两个大陆是否在朝反方向运动,也不能确定是否一个大陆**停止不动**,而另一个漂移开去。

status ['steitəs] *n.* **地位**,身份;情形,状况

真题例句 He sees the firm's outsider **status** as the key to its success.【2003 年阅读1】他把公司的"局外人"**地位**视为其成功的关键。

steady ['stedi] *a.* **稳定的**,不变的;坚定的,扎实的 *v.* (使)稳固/稳定

真题例句 Home prices are holding **steady** in most regions.【2004 年阅读3】多数地区的房价保持**平稳**。

steer [stiə] *vt.* 驾驶,**为……操舵**;引导 *vi.* 驾驶

真题例句 Hence the analogy that likens the conduct of monetary policy to driving a car with a blackened windscreen, a cracked rear-view mirror and a faulty **steering** wheel.【1997 年

阅读5】因此,有人把货币政策的实施过程比做驾驶一辆挡风玻璃污浊、后视镜破碎并且**方向盘**失灵的破车。

stem [stem] *n.* 茎,干;词干 *v.* 堵住,阻止,**起源于**

真题例句 Shapiro explained during the meeting that the moral doubt **stems** mainly from fears about the risk to the health of the child.【1999 年阅读4】夏皮罗解释说在与会期间,对伦理道德的怀疑**主要源于**给婴儿健康带来危害的担忧。

stern [stə:n] *a.* **严厉的**;苛刻的;坚决的,坚定的 *n.* 船尾,舟尾

经典例句 **Stern** as he is, he is full of sympathy. 虽然他很**严厉**,却富有同情心。

stimulate ['stimjuleit] *v.* 刺激,使兴奋;**激励**,鼓舞

经典例句 I hoped my warning would **stimulate** her to greater efforts. 我希望我的告诫会**激励**她作出更大的努力。

stitch [stitʃ] *n.* 一针;针脚,**缝**

经典例句 The doctor put three **stitches** in my head. 医生在我头上**缝**了三针。

stock [stɔk] *n.* 备料,**库存**,现货;股票,公债 *v.* 储存

真题例句 Computers keep track of goods in **stock**, of raw materials on hand, and even of the production process itself.【1994 年阅读2】电脑能够记录**库存**情况、原材料多少,甚至生产过程本身。

storage ['stɔridʒ] *n.* **贮藏(量)**,保管;库房

真题例句 Another line of thought assumes a memory **storage** system of limited capacity that provides adaptive flexibility specifically through forgetting.【1995 年阅读5】另一种猜想是**存储**记忆的系统**的容量**是有限的,它可以通过遗忘灵活地进行调整。

strain [strein] *v.* 拉紧;紧张;扭伤;竭尽全力 *n.* 拉紧;负担;过多的疲劳,**紧张**;张力,应变

真题例句 Nothing could persuade me to return to the kind of life Kelsey used to advocate and I once enjoyed:12 hour working days, pressured deadlines, the fearful **strain** of office politics and the limitations of being a parent on "quality time."【2001 年阅读5】什么也说服不了我回到凯尔西过去倡导的、我曾喜爱的那种生活了,就是每天工作 12 小时、让人觉得压抑的最后期限、办公室政治中可怕的**紧张**气氛以及在人生黄金时间为人父母的种种限制。

strap [stræp] *n.* 皮带,带子 *v.* 用带扣住,**束牢**;用绷带包扎

经典例句 All the luggage has been **strapped** up. 所有行李都已**捆扎**好。

strategy ['strætidʒi] *n.* 战略,**策略**

真题例句 Instead, the best **strategy** is to use the agent as a kind of tip service to keep abreast of jobs in a particular database.【2004 年阅读1】相反,最佳**策略**是把这种搜索工具当做提示服务,以便与某个数据库中的职业信息保持同步。

stream［striːm］n. 小河，溪流；**流**，一股，一串 v. 流出，涌

经典例句 Visitors to the exhibition came in an endless **stream**. 参观展览会的人**络绎不绝**。

strength［streŋθ］n. 力，力量；实力；**长处**，优点

真题例句 In that minor we can see the **strengths**, the weaknesses, the hopes, the prejudices, and the central values of the culture itself.【1994 年阅读 3】从这面镜子里，我们可以看到一个文化自身的**长处**、弱点、希望、偏见和核心价值观。

stress［stres］n. **压力**；重要性；应力；重音 vt. 强调，重读

真题例句 We must speed up our literature too, if we want to interpret modern **stress**.【2000 年阅读 3】如果想解释现代社会的**压力**，那么我们的文学发展也必须加速。

stretch［stretʃ］v. 伸展，延伸 n. 拉长；伸展；**一段时间/路程**

真题例句 It is a remarkable record, **stretching** back over 70 years—yet the BBC's future is now in doubt.【1996 年阅读 2】**在过去的** 70 年里，这是一项相当了不起的成绩，但是 BBC 的未来却前景不明。

stride［straid］vi. **大踏步走**；跨越 n. 一大步；迈/阔步；(pl.) 长足进步

经典例句 China is **striding** ahead in her economic construction. 中国正在经济建设方面**大踏步前进**。

striking［'straikiŋ］a. 显著的；**惹人注目的**，容貌出众的

真题例句 Even more **striking**, six of the seven heads of government of the G7 rich countries are alphabetically advantaged.【2004 年阅读 2】更加**惹人注目的**是七大富裕强国政府首脑中有六位在其姓氏按字母表顺序排列时靠前。

string［striŋ］n. 弦，线，细绳；(一)串，(一)行 v. 缚，捆

经典例句 We have had a **string** of complaints about the program. 我们已经收到了对该节目的一连串投诉。

strip［strip］v. 剥，**剥去** n. 窄条，条纹

经典例句 We'll have to **strip** the engine down to find the fault. 我们得把发动机**拆卸**开来找出毛病。

stripe［straip］n. 长条，条纹

经典例句 Which do you want for your new dress, a **stripe** or a check? 你要哪种料子来做新连衣裙，**条子**的还是方格的？

strive［straiv］v. 奋斗，**努力**

经典例句 The scientists **strive** for a breakthrough in cancer research. 科学家们**力争**在癌症研究方面有所突破。

stroke［strəuk］n. 击；报时的钟声；一击/划/笔；中风；一次努力；抚摸 v. **抚摸**

经典例句 That was a good **stroke of business**. 那是一笔好**买卖**。

经典例句 The cat likes being **stroked**. 猫喜欢让人**抚摸**。

stroll [strəul] *n. /v.* **漫步**;散步;游荡

经典例句 My sister and I **strolled** through the streets after supper. 晚饭后,我妹妹和我在街上**散步**。

structure [ˈstrʌktʃə] *n.* **结构**,构造;建筑物 *v.* 构造,建造

真题例句 In science generally, however, the nineteenth century must be reckoned as the crucial period for this change in the **structure** of science.【2001 年阅读 1】即便如此,纵观科学发展的全过程,19 世纪必然将被人们作为科学**结构**发生变化的关键性时期永远铭记。

stumble [ˈstʌmbl] *n.* 跌倒,绊倒 *vi.* **绊(摔)倒**;结结巴巴说

经典例句 I **stumbled** over a tree root. 我在一个树根上**绊了一跤**。

常用词组 stumble into 同……相碰;无意中卷入

stumble upon 偶然找到,无意中发现

sturdy [ˈstəːdi] *a.* **强健的**,结实的

经典例句 I was surprised to find that the **sturdy** man liked to eat conserves. 我很惊讶地发现这个**强健**的男人喜欢吃蜜饯。

style [stail] *n.* **风格**,文体;式样,时式,类型

经典例句 The museum had several paintings representing the artist's early **style**. 博物馆藏有几幅代表这个艺术家早期**风格**的油画。

subjective [sʌbˈdʒektiv] *a.* **主观(上)的**,个人的

经典例句 School of psychology confines itself to the study of observable and quantifiable aspects of behavior and excludes **subjective** phenomena, such as emotions or motives. 行为科学主义心理学的一个流派着重研究行为中可以观察到的、可以量化的方面,排除**主观**现象,如感情或动机。

submerge [səbˈməːdʒ] *v.* 沉没,淹没;**潜入**

经典例句 At the first sign of danger the submarine will **submerge**. 一有危险迹象,潜艇就会**潜入水中**。

submit [səbˈmit] *v.* (to)使服从,屈服;(to)呈送,**提交**

经典例句 We should **submit** our plans to the council for approval. 我们应该向理事会**提交计划**,请求批准。

subordinate [səˈbɔːdinit] *a.* (to)次要的,**从属的**;下级的

经典例句 All the other issues are **subordinate** to this one. 所有问题都要**从属**于这一问题。

subscribe [səb'skraib] *vi.* (to)订阅,订购;同意 *vt.* **捐助,赞助**

经典例句 We **subscribe** to an animal protection society. 我们**捐款**给一个动物保护基金会。

subsequent ['sʌbsikwənt] *a.* **随后的**,后来的

经典例句 He confessed to other crimes **subsequent** to the bank robbery. 他供认抢劫银行案**后**,又坦白了其他罪行。

substance ['sʌbstəns] *n.* **物质**;实质,本质;主旨;财产,资产

真题例句 Technically, any **substance** other than food that alters our bodily or mental functioning is a drug.【1997 年阅读 3】从技术角度来说,除食品外,任何能改变我们生理和心理机能的**物质**都是药物。

substantial [səb'stænʃəl] *a.* 实质的;**相当的**;显著的;坚固的;富裕的

真题例句 The **substantial** buying power of such an agency would strengthen the public prescription-drug insurance plans to negotiate the lowest possible purchase prices from drug companies.【2005 年阅读 Part B】这样一个机构的巨大购买力会进一步加强实施公共处方药保险计划,以保证以可能的最低价格从药厂买药。

substitute ['sʌbstitjuːt] *n.* **代替者**;替身;代用品 *v.* (for)代替,替换

真题例句 In talking to some scientists, particularly younger ones, you might gather the impression that they find the "scientific method" a **substitute** for imaginative thought.【1999 年阅读 5】在和一些科学家交谈,尤其是和年轻科学家交谈时,你可能会得到这样的印象:他们发现"科学的方法"可以**代替**创造性思维。

subtle ['sʌtl] *a.* 精巧的,巧妙的;细微的,**微妙的**

经典例句 There were **subtle** hints in his letter. 他的信中有些**微妙的**暗示。

subtract [səb'trækt] *v.* (from)**减(去)**

经典例句 At this age, he should be able to **subtract** one fraction from another. 在他这个年龄,他应该会演算分数**减**法了。

successive [sək'sesiv] *a.* 接连的,**连续的**

经典例句 The school team won five **successive** games. 校队**连续**获得五场比赛的胜利。

sue [sjuː, suː] *v.* 控告,对……提出诉讼,起诉;**要求**

经典例句 He had the gall to **sue** for damages. 他居然有脸**要求**赔偿。

suffice [sə'fais] *vi.* **足够**,有能力 *vt.* (食物等)使(某人)满足

经典例句 Fifty dollars will **suffice** me. 50 美元**足够**我用了。

sufficient [sə'fiʃənt] *a.* (for)足够的,**充分的**

真题例句 His colleague, Michael Beer, says that far too many companies have applied reengineering in a mechanistic fashion, chopping out costs without giving **sufficient** thought to long-term profitability.【1998 年阅读 2】他的同事迈克·比尔说:"太多的公司以一种机械化的方式进行重组,降低了成本却没有**充分**考虑到长期效益。"

suggestion [sə'dʒestʃən] n. **建议**,意见;细微的迹象;暗示,联想

|经典例句| I hope you will give favorable consideration to my **suggestion**. 我希望你对我的**建议**作出肯定的表示。

suicide ['sjuːisaid] n. **自杀**;给自己带来恶劣后果的行为

|真题例句| There is another way to commit evolutionary **suicide**:stay alive, but have fewer children.【2000 年阅读 2】另一种进化**自杀**的方式就是:人们生存下去,但养育的子女减少了。

summarise/summarize ['sʌməraiz] v. 概括,**总结**

|经典例句| A good student usually knows how to **summarise** knowledge in good time. 好学生通常都知道如何及时迅速地**总结**知识。

summit ['sʌmit] n. 顶,最高点;巅峰,高峰;**最高级会议**

|经典例句| The news is all about the latest **summit** meeting. 这条消息是关于最近的**首脑级会议**的。

summon ['sʌmən] v. 召唤,**召集**;传讯,传唤;鼓起(勇气),振作(精神)

|经典例句| The shareholders were **summoned** to a general meeting. 那些股东被**召集**去参加股东大会。

superficial [sjuːpə'fiʃəl] a. 表面的;**肤浅的**,浅薄的

|真题例句| The casual friendliness of many Americans should be interpreted neither as **superficial** nor as artificial, but as the result of a historically developed cultural tradition.【1997 年阅读 2】很多美国人随意的友善行为并不应被看成是**肤浅的**或做作的举动,而应该看成是有历史根源的文化传统。

superfluous [ˌsjuː'pəːfluəs] a. **多余的**,过剩的

|经典例句| He has already been told, so our comments are **superfluous**. 早就有人同他说过,所以我们的意见是**多余的**。

superior [sjuː'piəriə] a. 优良的,卓越的;上级的;(to)较……多的,优于 n. **上级**;长者;高手

|经典例句| He always does what his **superiors** tell him. 他唯**上级**之命是从。

supervise ['sjuːpəvaiz] v. 管理,**监督**

|经典例句| The manager **supervises** the work of the department. 经理负责**监督**该部门的工作。

supplement ['sʌplimənt] n. 补遗;增刊;附录 v. 增刊,**补充**

|经典例句| The most intelligent students do additional reading to **supplement** the material in

the textbook. 最聪明的学生用增加阅读量来**补充**课本的内容。

suppress [sə'pres] *v.* **镇压**,压制;抑制,忍住;查禁

经典例句 The revolt was **suppressed** in a matter of hours. 叛乱在几小时之内就**镇压**下去了。

supreme [sju:'pri:m] *a.* 极度的,最重要的;至高的,**最高的**

真题例句 **Supreme** Court Justice Sandra Day O'Connor is in her 70s.【2003 年阅读 4】最高法院法官桑德拉·戴·欧康娜现在已 70 多岁了。

surge [sə:dʒ] *vi.* 汹涌;彭湃;蜂拥而至 *n.* 巨浪,**汹涌**;彭湃

经典例句 A **surge** of anger rushed over him. 一阵怒火**涌**上他的心头。

surgeon ['sə:dʒən] *n.* **外科医生**

经典例句 A proficient **surgeon** is the product of lengthy training and experience. 技术纯熟的**外科医生**是长期训练和实践经验的产物。

surpass [sə:'pɑ:s] *vt.* **超过**,胜过

经典例句 Men **surpass** women in strength. 男人**比**女人力气大。

surplus ['sə:pləs] *n.* **过剩,剩余**;余款,余额 *a.* 过剩的,剩余的

真题例句 He can continue to support himself and his family only if he produces a **surplus**. 【2000 年英译汉】他(一个农民)必须要有**余粮**才能持续养活自己和家人。

surrender [sə'rendə] *vi.* **投降**,屈服 *vt.* 放弃,交出 *n.* 投降,认输

经典例句 We would rather die than **surrender**. 我们宁死也不**投降**。

surround [sə'raund] *vt.* **包围**,环绕

真题例句 People in earlier eras were **surrounded** by reminders of misery.【2006 年阅读 5】早期的人们处处都被苦痛的回忆**包围**着。

survey [sə:'vei] *v./n.* 俯瞰,眺望;全面审视,**调查**;测量图,勘定

真题例句 In addition, far more Japanese workers expressed dissatisfaction with their jobs than did their counterparts in the 10 other countries **surveyed**.【2000 年阅读 4】此外,与其他 10 个被**调查**的国家相比,日本有更多的工人对自己现在的工作表示不满。

survival [sə'vaivəl] *n.* 幸存,**生存**;幸存者,残存物

真题例句 This forgetting seems to serve that **survival** of the individual and the species. 【1995 年阅读 5】这样看来,遗忘似乎有助于个人和整个人类的**生存**。

survive [sə'vaiv] *v.* 幸免于,幸存;比……长命

真题例句 Nevertheless, an evolutionary interpretation might make it difficult to understand how the commonly gradual process of forgetting **survived** natural selection.【1995 年阅读 5】然而,进化论的解释可能会使人难以理解常见的逐渐遗忘过程是如何在自然选择中保

存下来的。

suspect [səs'pekt] *v.* 猜想;**怀疑**;察觉 *n.* 嫌疑犯,可疑分子

真题例句 Now researchers **suspect** that dreams are part of the mind's emotional thermostat, regulating moods while the brain is "off-line." 【2005年阅读3】现在,研究人员**怀疑**,梦是大脑情感调节装置的一部分,在大脑处于"脱机"状态时调节情绪。

suspend [səs'pend] *v.* 悬(浮),挂;**暂停**,取消;推迟

真题例句 The oil price was given another push up this week when Iraq **suspended** oil exports.【2002年阅读3】本周伊拉克**暂停**了石油出口,这又把油价向上推了一把。

suspicion [səs'piʃən] *n.* **怀疑**,猜疑

经典例句 The talks have resulted in a lessening of **suspicion**. 谈话消减了彼此的**怀疑**。

suspicious [səs'piʃəs] *a.* (of)可疑的,多疑的,**疑心的**

真题例句 Certainly you should not change jobs constantly or people will become **suspicious** of your ability to hold any job.【1986年阅读1】当然,你不应该频繁地更换工作,否则,人们就会**怀疑**你的工作能力。

sustain [səs'tein] *vt.* 支撑,撑住;维持,持续,**经受**,忍耐

经典例句 The sea wall **sustains** the shock of the waves. 海堤能**抵挡**海浪的冲击。

swamp [swɔmp] *n.* **沼泽**;湿地

经典例句 The heavy rain has turned the small garden into a **swamp**. 大雨使这小花园变成了一块**沼泽地**。

swarm [swɔ:m] *n.* 蜂群;一大群 *vi.* **涌往**;挤满;云集;成群移动

真题例句 Every morning, its people **swarm** into the offices and factories of America, seeking a day's work for a day's pay.【1997年完形】每天早上,它的人们都**涌进**美国的办公室和工厂为了一天的报酬寻求一天的临时工作。

常用词组 a swarm of 一群,一堆

swarm into 蜂拥而入
swarm with 充满着,拥挤着

sway [swei] *vi.* **摇动**;倾斜 *vt.* 使摇动 *n.* 摇动;**影响力**

经典例句 The branches of the trees were **swaying** in the wind. 树枝在风中**摇动**。

swear [sweə] *v.* (at)诅咒,骂人;**宣誓**,发誓

经典例句 After **swearing** the oath of allegiance, when Jean rose in the crowded senate Chamber to address her audience and the nation, she could barely contain the emotions stirred by the momentous day's events. **宣誓**效忠后,珍走进拥挤的参议院房间,向听众和全体国民发表演讲,因为当天发生的大事让她大为震惊,她几乎不能控制住自己的情绪。

swell [swel] *n./v.* 肿胀;膨胀;**增大**;增加;

经典例句 The wind **swelled** out the sail. 风吹得船帆**鼓**了起来。

swift [swift] *a./ad.* **快的(地)**;**敏捷的(地)** *a.* 立刻的

经典例句 They've been very **swift** to deny these rumors. 他们在辟谣方面反应**迅速**。

swing [swiŋ] *v.* 摇摆,摇荡,回转,旋转 *n.* 秋千;**摇摆**,摆动

真题例句 Many consumers seem to have been influenced by stock-market **swings**, which investors now view as a necessary ingredient to a sustained boom. 【2004 年阅读 3】尽管很多消费者似乎一直受到股票市场**波动**的影响,投资者却认为这是股市持续繁荣不可缺少的因素。

switch [switʃ] *n.* 开关;转换;鞭子 *v.* **转变**,**转换**;抽打;(off)关断;(on)接通

真题例句 If railroads charged all customers the same average rate, they argue, shippers who have the option of **switching** to trucks or other forms of transportation would do so, leaving remaining customers to shoulder the cost of keeping up the line. 【2003 年阅读 3】他们辩称,如果铁路公司向所有客户收取同样的均价,一些托运人就会**转而**选择通过公路或其他交通工具运输,而由剩下的客户来承担铁路正常运作的开销。

symbol ['simbəl] *n.* 符号,标志;**象征**

真题例句 The lesson from dams is that big is not always beautiful. It doesn't help that building a big, powerful dam has become a **symbol** of achievement for nations and people striving to assert themselves. 【1998 年阅读 1】建造大坝的教训是:大的未必是美的。但这个教训也无法阻止修建高大雄伟的大坝,这是因为那些大坝已成为一个努力展示自我的国家和人民伟大成就的**象征**。

sympathetic [ˌsimpə'θetik] *a.* **有同情心的**;赞同的

经典例句 He was enormously **sympathetic** when my father died. 我父亲去世时他深为**同情**。

sympathise/sympathize ['simpəθaiz] *v.* (with)**同情**;共鸣,同感;赞成

经典例句 I **sympathize** with you; I've had a similar unhappy experience myself. 我很**同情**你,我自己也有过类似的不幸遭遇。

sympathy ['simpəθi] *n.* **同情**,同情心;赞同,同感

真题例句 Perhaps selection for the caring professions, especially medicine, could be made less by good grades in chemistry and more by such considerations as sensitivity and **sympathy**. 【1995 年阅读 4】也许挑选护理专业(尤其是医药专业)的从业人员时,可以更少地考虑化学成绩的高低,而更多地考虑细心和**同情心**这样的因素。

symposium [sim'pəuziəm, -'pɔ-] *n.* **讨论会**,专题报告会;专题论文集

经典例句 The **symposium** meandered on for hours. **讨论会**漫无边际地进行了几小时。

symptom ['simptəm] *n.* (疾病的)**症状**;(不好事情的)征兆,表征

真题例句 Dependence is marked first by an increased tolerance, with more and more of the substance required to produce the desired effect, and then by the appearance of unpleasant withdrawal **symptoms** when the substance is discontinued. 【1997 年阅读 3】产生物质依赖的初期表现就是人体的抗药能力增强,需要用越来越多的药物才能达到预期的效果。之后,一旦中断使用这些药物,就会出现难受的停药**症状**。

synthetic [sin'θetic] *a.* 合成的,**人造的**;综合的

真题例句 A boom in neighborhood surveillance cameras will, for example, cause problems in 2010, while the arrival of **synthetic** lifelike robots will mean people may not be able to distinguish between their human friends and the robots. 【2001 年英译汉】比如,到 2010 年时,住宅区附近监视器的增加会引起问题;而**人造**机器人的出现将意味着人们可能无法区分他们的人类朋友和仿真机器人。

system ['sistəm] *n.* **系统**,体系;制度;方法,方式,步聚

真题例句 Hence, the transmission-reception **system** breaks down. 【1994 年完形】因此,这个传输—接受信息的**系统**就会中断。

systematic(al) [ˌsistə'mætik(əl)] *a.* **系统的**,**有组织的**

真题例句 Therefore, it is important to study humans in all their richness and diversity in a calm and **systematic** manner, with the hope that the knowledge resulting from such studies can lead humans to a more harmonious way of living with themselves and with all other life forms on this planet Earth. 【2002 年阅读 4】因此,冷静而**系统**地研究人类的丰富性和多样性显得尤为重要。人们希望这些研究的成果能使人类与他们自己也与地球上其他生命形态和睦相处。

tackle ['tækl] *n.* 滑车;用具,器械 *v.* **处理**,解决;抱住,抓住;对付

经典例句 I suggested to him that we should **tackle** the problem another way. 我向他建议我们用另一种方式**处理**这个问题。

tactic(s) ['tæktik(s)] *n.* **策略**,战术

真题例句 He describes their programs and **tactics**, and, for those unfamiliar with the ways of creationists, the extent of their deception and distortion may come as an unpleasant surprise. 【1996 年阅读 5】他描述了这些人的**手法**,对那些不熟悉创世论者的人来说,这些人欺骗和歪曲事实的程度让人不快和震惊。

tag [tæg] *n.* **标签**,货签; *vt.* 加标签于;附加 *vi.* 紧随

真题例句 A survey of news stories in 1996 reveals that the anti-science **tag** has been attached to many other groups as well, from authorities who advocated the elimination of the last remaining stocks of smallpox virus to Republicans who advocated decreased funding for basic research. 【1998 年阅读 3】1996 年的一项新闻调查显示,"反科学"的**标签**也被贴

在了很多人和组织身上,其中既包括提倡根除残余天花病毒的权威机构,也包括提倡削减基础科学研究资金的共和党人。

tame [teim] *a.* 驯服的,温顺的;沉闷的,乏味的 *vt.* **驯服**

经典例句 Many kinds of squirrels are easy to **tame**. 很多种类的松鼠都很容易**驯养**。

target ['tɑ:git] *n.* **目标**,对象,靶子

真题例句 The standardized educational or psychological test that are widely used to aid in selecting, classifying, assigning, or promoting students, employees, and military personnel have been the **target** of recent attacks in books, magazines, the daily press, and even in congress.【1995 年英译汉】标准化教育测试或心理测试现在广泛应用于协助选拔、分类、委派或提升学生、雇员和军事人员,这些测试一直是某些人近年来在图书、杂志、日报、甚至国会中抨击的**目标**。

tax [tæks] *n.* **税**(款),负担 *v.* 对……征税,**使负重担**

真题例句 In Europe, **taxes** account for up to four-fifths of the retail price, so even quite big changes in the price of crude have a more muted effect on pump prices than in the past.【2002 年阅读 3】在欧洲,**税收**高达汽油零售价的 4/5,因此即使原油价格发生很大的波动,汽油价格所受的影响也不会像过去那么明显。

tease [ti:z] *v.* 戏弄,取笑;挑逗,撩拨 *n.* **(爱)戏弄他人者**;戏弄,挑逗

经典例句 She is a big **tease**, but she do not mean anything by it. 她很**爱戏弄人**,但她并没有什么恶意。

technology [tek'nɔlədʒi] *n.* **技术**;工业技术;应用科学

真题例句 Discoveries in science and **technology** are thought by "untaught minds" to come in blinding flashes or as the result of dramatic accidents.【1994 年阅读 5】一些不了解情况的人认为科学**技术**的发现来自盲目的灵感或者是戏剧性的意外事故的结果。

tedious ['ti:diəs] *a.* 乏味的,单调的,**冗长的**

经典例句 His long **tedious** story made me yawn. 他**冗长的**故事听得我直打呵欠。

telegraph ['teligrɑ:f] *n.* 电报机,**电报** *v.* 打电报,发电报

真题例句 What accounts for the great outburst of major inventions in early America—breakthroughs such as the **telegraph**, the steamboat and the weaving machine?【1996 年阅读 4】在早期美国,像**电报**、汽船和织布机这样的重大发明纷纷涌现,这是什么原因呢?

temper ['tempə] *n.* **脾气**;韧度,回火度 *vt.* 调和,使缓和;使回火

经典例句 His hasty **temper** made him offensive. 他急躁的**脾气**使他令人讨厌。

temporary ['tempərəri] *a.* 暂时的,**临时的**

经典例句 The boss hired some **temporary** workers. 老板雇用了一些**临时工**。

tempt [tempt] *v.* **诱惑**,引诱;吸引,使感兴趣

真题例句 Some sites design their agents to **tempt** job hunters to return.【2004 年阅读 1】一些网络策划让代理**诱惑**求职者成为回头客。

tend [tend] v. **趋向**,往往是;照料,看护

真题例句 The children of immigrants **tend** to be bilingual and proficient in English. "By the third generation, the original language is lost in the majority of immigrant families."【2006 年阅读 1】移民的孩子**倾向于**讲双语,而且精通英语。"到第三代,大部分移民家庭都不说原语了"。

tendency ['tendənsi] n. **趋势**,趋向;倾向

经典例句 There is a growing **tendency** for people to work at home instead of in offices. 人们在家里而不是在办公室里工作的**趋势**日益增长。

tense [tens] n. 时态 v. 拉紧,(使)紧张 a. 绷紧的,**紧张的**

经典例句 It is difficult to be natural when one is **tense**. 人在**紧张的**时候很难泰然自若。

tension ['tenʃən] n. (紧张)状态;拉(绷)紧;**张力**,拉力

经典例句 This wire will take 50 pounds **tension** before breaking. 这根金属线在断裂之前能承受 50 磅的**张力**。

tentative ['tentətiv] a. **试探性的**,暂时的;试验(性)的

真题例句 All theories, however, are **tentative** and are subject to criticism.【2004 年完形】不过,所有的理论都是**试探性的**,并且都遭到了批评。

terminal ['tə:minl] a. 晚期的;终点的;期末的 n. **终点(站)**;终端,接线端;计算机终端

经典例句 A record message is played when the airport bus approaches the **terminal**. 当机场班车接近**终点**时,播放了注意事项录音。

terminate ['tə:mineit] vi. (使)结束,**(使)停止**

经典例句 Your contract has been **terminated**. 你的合同已经**终止**了。

terrify ['terifai] v. **使害怕**,使惊恐

经典例句 It **terrified** me to contemplate the consequence of your action. 想到你行动的后果,我就感到**害怕**。

territory ['teritəri] n. 领土;版图;**领域,范围**

真题例句 After six months of arguing and final 16 hours of hot parliamentary debates, Australia's Northern **Territory** became the first legal authority in the world to allow doctors to take the lives of incurably ill patients who wish to die.【1997 年阅读 1】经过半年的争论和最后 16 个小时的国会激烈辩论,澳大利亚北部**地区**成为世界上第一个合法当局,允许医生根据绝症病人的个人意愿来结束生命。

testify ['testifai] v. 作证,**证明**;(to)表明,说明

经典例句 All kinds of human experience **testify** to the close link between love and fear. 人类的种种经验都**证明**了爱与恐惧之间的紧密联系。

textile [ˈtekstail] *n.* **纺织品** *a.* 纺织的

经典例句 Their main exports are **textiles**, especially silk and cotton. 他们的主要出口货物是**纺织品**,特别是丝绸和棉布。

theory [ˈθiəri] *n.* **理论**,原理;学说,见解,看法

真题例句 The non-specialist will be able to obtain at least a notion of the sorts of data and argument that support evolutionary **theory**.【1996年阅读5】非专业人士起码可以了解支持进化**理论**的各种数据和观点。

thereby [ˈðɛəˈbai] *ad.* **因此,从而**

真题例句 Scientists need to respond forcefully to animal rights advocates, whose arguments are confusing the public and **thereby** threatening advances in health knowledge and care.【2003年阅读2】科学家应该对动物权利鼓吹者作出有力的回应,这是因为他们的言论混淆了公众的视听,**从而**威胁到卫生知识和保健知识的进步。

thirst [θəːst] *n.* 渴,口渴;(for)**渴望**,热望

经典例句 Many boys have a **thirst** for adventure. 许多男孩都**渴望**冒险。

thorough [ˈθʌrə] *a.* **彻底的**,完全的;精心的

真题例句 As a member of a British commission visiting here in 1853 reported, "With a mind prepared by **thorough** school discipline, the American boy develops rapidly into the skilled workman."【1996年阅读4】正如1853年访美的一个英国访问团成员所报道的那样,"由于有了学校**彻底**训练过的头脑,美国孩子迅速地成为技术熟练的工人。"

thoughtful [ˈθɔːtful] *a.* **认真思考的**,沉思的;体贴的,关心的

经典例句 This is a very **thoughtful** book. 这是一本很**有思想性的**书。

threat [θret] *n.* 恐吓,**威胁**;坏兆头,危险迹象

经典例句 Pollution poses a **threat** to the continued existence of this species. 污染对这一物种的继续生存造成了**威胁**。

threaten [ˈθretn] *v.* 恐吓,**威胁**;有……危险,快要来临

真题例句 The river is already flush with its banks because of excessive rainfall; and the city is **threatened** with a likely flood.【1995年词汇】由于降雨过多,河水已经与堤岸齐平;该城市可能遭受洪水的**威胁**。

thrift [θrift] *a.* **节约,节俭**

真题例句 While in America the trend started as a reaction to the economic decline-after the mass redundancies caused by downsizing in the late 80s and is still linked to the politics of **thrift**, in Britain, at least among the middle-class down-shifters of my acquaintance, we have different reasons for seeking to simplify our lives.【2001 年阅读 5】虽然在美国,这种趋势一开始是对经济衰退所作出的一种反应,它出现于 80 年代后期企业缩小规模导致人员大量富余之后,现在仍同**节俭**政策相关联。在英国,至少在我所认识的中产阶级的简化生活者中,寻求简朴的生活却有着不同的原因。

thrill [θril] *n.* **一阵激动**(恐惧)*v.* 激动;(使)毛骨悚然

真题例句 The fourth edition of the *Diagnostic and Statistical Manual of Mental Disorders* says "pathological gambling" involves persistent, recurring and uncontrollable pursuit less of money than of the **thrill** of taking risks in quest of a windfall.【2006 年阅读 Part B】《心理失常诊断和统计手册》第四版称"病态赌博"包括持续、重复、不能控制的追求,但并不是追求金钱,而是追求飞来横财冒险的**激动**。

thrive [θraiv] *v.* 兴旺,**繁荣**

真题例句 But one insidious form continues to **thrive**:alphabetism.【2004 年阅读 2】但是仍有一种隐秘的形式在继续**盛行**:按字母排序。

thrust [θrʌst] *vi.* **刺**,戳,冲 *vt.* 插入;猛推 *n.* 插入;推力

经典例句 The murderer killed her by **thrusting** a knife in her back. 凶手把刀**刺**进她的背部,杀害了她。

tide [taid] *n.* 潮,潮汐;潮流,**趋势**

真题例句 Now the **tide** appears to be turning.【1999 年阅读 1】这种**趋势**现在正在转变。

timely ['taimli] *a.* **及时的**,适时的

经典例句 What we expected is nothing less than a **timely** payment. **及时**付款正是我们所盼望的。

title ['taitl] *n.* 书名,标题;**头衔**,称号

真题例句 It's an interactive feature that lets visitors key in job criteria such as location, **title**, and salary, then E-mails them when a matching position is posted in the database.【2004 年阅读 1】这种服务具有互动特征——让访问者输入求职标准,比如工作的场所、**工作职位**以及薪水等,然后,当资料库贴出一个合适的职位时,你就通过电子邮件给这些人寄去相关的资料。

toast [təust] *n.* **烤面包**,吐司;祝酒(词)*v.* 烘,烤;(向……)祝酒

经典例句 I had two slices of **toast** as breakfast. 我吃了两片**烤面包**当早餐。

token ['təukən] *n.* 表示;标志;记号;**代用硬币**,礼券,代价券;信物;纪念品;筹码 *a.* 象征性的

真题例句 And if one received a grape without having to provide her **token** in exchange at all, the other either tossed her own token at the researcher or out of the chamber, or refused to accept the slice of cucumber.【2005 年阅读 1】如果一只猴子根本无需用**代币**就能够得

到一颗葡萄的话,那么另一只猴子要么将代币掷向研究人员,要么将它的代币扔出笼舍之外,或者干脆拒绝接受黄瓜。

tolerance ['tɔlərəns] *n.* **宽容**;容忍,忍受;耐药力;公差

经典例句 In ordinary living there can be some **tolerance** of unpunctuality. 在平常的生活中,对不准时的行为可以给予一些**宽容**。

tone [təun] *n.* 音调,音色;风气,气氛;**腔调**,语气;色调

真题例句 While even the modestly educated sought an elevated **tone** when they put pen to paper before the 1960s, even the most well regarded writing since then has sought to capture spoken English on the page. 【2005 年阅读 4】在 20 世纪 60 年代以前,只受一点儿教育的人在落笔写东西的时候都会刻意唱高**调**,但自那以后,所有被看好的作品都是力求使用英语口语。

torture ['tɔ:tʃə] *v.* 拷问,**拷打**;折磨,磨难 *n.* 拷问;折磨,痛苦

经典例句 **Torture** always dehumanizes both the torturer and his victim. 严刑**拷打**往往使施刑者和受刑者都丧失人性。

tough [tʌf] *a.* 坚韧的,**不屈不挠的**,棘手的;强健的,吃苦耐劳的;粗暴的,凶恶的

经典例句 We won the contract but only through a lot of **tough** negotiating. 我们赢得了合同,但是却经过了多次**不屈不挠的**谈判才达到目的。

trace [treis] *n.* 痕迹,踪迹;极少量,微量 *v.* 描绘;跟踪,**追踪**

经典例句 He **traces** his descent back to an old Norman family. 他**追踪**自己的世系上溯至一个古老的诺尔曼家族。

trail [treil] *n.* **踪迹**,痕迹;小路 *v.* 追踪,跟踪;拖,拖曳

经典例句 The dogs found the **trail** of the rabbit. 猎狗发现了兔子的**踪迹**。

trait [treit] *n.* 特征,**特点**,特性

经典例句 One of his less attractive **traits** is criticizing his wife in public. 他有个不大讨人喜欢的**特点**,就是爱当众责备妻子。

tramp [træmp] *n.*/*v.* 步行;沉重的脚步声(走) *v.* 践踏 *n.* 流浪者;步行,**跋涉**

经典例句 We went for a **tramp** over the hill. 我们**徒步**翻过了山头。

transaction [træn'zækʃən] *n.* 办理,处理;**交易**,事务;(*pl.*)会报,学报

真题例句 Our banking is done at automated teller terminals that thank us with mechanical politeness for the **transaction**. 【2002 年阅读 2】我们的工厂随着机器人组装臂的节奏而轰鸣,银行业务由自动柜员机处理,业务完成后,他们还会以机器语言礼貌地感谢我们进行**交易**。

transcend [træn'send] *vt.* **超出**,超越(经验、知识、能力的范围等),跨越

经典例句 She far **transcends** the others in beauty and intelligence. 她才貌**出众**。

transfer [træns'fə:] *vt./n.* 转移;转换;转让;过户;迁移;改乘;**调动工作**;转学,转业;转账

经典例句 He was soon **transferred** to another post. 他很快被**调职**。

transform [træns'fɔ:m] *vt.* 改变,变换;变压;**转化**;改造,改革

经典例句 His plans were **transformed** overnight into reality. 他的计划迅速**转化**为现实。

transient ['trænziənt] *a.* **短暂的**,转瞬即逝的;临时的,暂住的

经典例句 Life is **transient**, so we have to cherish every day. 人生是**短暂的**,因此我们要珍惜每一天。

transition [træn'ziʒən, -'siʃən] *n.* 转变,变迁,**过渡**(时期)

经典例句 We hope there will be a peaceful **transition** to the new system. 我们希望能够和平**过渡**到新的制度。

transmission [trænz'miʃən] *n.* 播送,发射;传动,**传送**

真题例句 The words used by the speaker may stir up unfavorable reactions in the listener which interfere with his comprehension; hence, the **transmission**-reception system breaks down.【1994年阅读1】说话人使用的词汇可能引起听话人的反感,从而干扰其理解。因此,这一**传送**－接受信息的系统就会中断。

transmit [trænz'mit] *vt.* 传输/导;转送;发射 *vi.* **发射信号**;发报

经典例句 The World Cup final is being **transmitted** live to over fifty countries. 世界杯决赛现在正向50多个国家现场**转播**。

transplant [træns'plɑ:nt] *n./v.* **移植**(植物;组织,器官等);迁移;

经典例句 She had a bone-marrow **transplant**. 她接受了骨髓**移植**手术。

transport [træns'pɔ:t] *v.* **运输**,运送,搬运 *n.* 运输,运送;运输系统,运载工具

真题例句 It was during the same time that the communications revolution speeded up, beginning with **transport**, the railway, and leading on through the telegraph, the telephone, radio, and motion pictures into the 20th-century world of the motor car and the air plane.【2002年阅读1】正是与此同时,通信革命加速发展,从铁路**运输**开始,发展到电报、电话、无线电和电影,直到20世纪的汽车和飞机。

trap [træp] *n.* 陷阱,圈套 *vt.* 诱捕;**使中圈套** *vi.* 设圈套

真题例句 The old workers, **trapped** by their limited skills, often never regain their old status and employment.【1989年英译汉】由于**中了**被公司认为他们技能有限的**圈套**,老工人们再也得不到原来的待遇和工作了。

trash [træʃ] *n.* **垃圾**;拙劣的作品;渣滓,败类

经典例句 Sue was troubled to see **trash** everywhere. 苏看到到处是**垃圾**很苦恼。

tremble ['trembl] *n.* 战栗,颤抖 *v.* 发抖,**颤抖**;摇动;焦虑

经典例句 The whole house **trembled** when the train went by. 火车经过时,整座房子都在**震颤**。

tremendous [tri'mendəs] *a.* **巨大的**,极大的

经典例句 The explosion gave forth a **tremendous** sound. 爆炸发出**巨大的**声响。

trench [trentʃ] *n./v.* (挖)**沟**,(挖)战壕

经典例句 I forgot to dig a **trench** around the tent. 我忘了在帐篷四周挖一条**沟**。

trend [trend] *n.* 倾向,**趋势** *vi.* 伸向,倾向

真题例句 In America, the move away from juggling to a simpler, less materialistic lifestyle is a well-established **trend**.【2001 年阅读 5】在美国,摆脱忙碌的生活,转向一种更简单、更少注意物质利益的生活方式,已经逐渐形成一种人们广泛接受的**时尚**。

trial ['traiəl] *n.* 讯问,**审讯**;试验;试用;尝试

真题例句 In a significant tightening of legal controls over the press. Lord Irvine, the Lord Chancellor, will introduce a draft bill that will propose making payments to witnesses illegal and will strictly control the amount of publicity that can be given to a case before a **trial** begins.【2001 年完形】为了更有效地对新闻界实施合法监控,大法官埃尔文勋爵将草拟法案。该法案将提出,付款给证人是非法的;在**审判**开始前,对案件的曝光程度也要严格控制。

tribute ['tribjuːt] *n.* 贡品;颂词,**称赞**,(表示敬意的)礼物

经典例句 The musician gave full **tribute** to his former teacher. 这位音乐家盛**赞**了他以前的老师。

trifle ['traifl] *n.* 少量;小事,**琐事** *v.* (with)玩弄;嬉耍

经典例句 He told her not to pester him with **trifles**. 他叫她别拿些**琐事**来烦他。

常用词组 trifle with 玩弄,嬉耍

trigger ['trigə] *n.* 扳机 *vt.* **触发**,引起

真题例句 The explanation for insensitivity to smell seems to be that brain finds it inefficient to keep all smell receptors working all the time but can **trigger** new receptors if necessary.【2005 年完形】对气味不敏感作出的解释认为:大脑无法让所有气味接受器官始终有效地工作,但是,万一需要的话,大脑也可以**触发**新的气味接受器官工作。

triple ['tripl] *n.* 三倍数 *a.* 三倍的,三重的,三方的;三部分构成的 *v.* **使成三倍**

真题例句 This near-tripling of oil prices calls up scary memories of the 1973 oil shock, when prices quadrupled, and 1979-80, when they also almost **tripled**.【2002 年阅读 3】这次原油的价格涨了近三倍,这令人想起了 1973 年的石油恐慌,当时油价翻了四倍。而在 1979 年至 1980 年的石油恐慌中,油价也**翻了近三倍**。

triumph ['traiəmf] *n.* **胜利**,成功 *v.* 得胜,战胜

真题例句 If the small hot spots look as expected, that will be a **triumph** for yet another scientific idea, a refinement of the Big Bang called the inflationary universe theory.【1998 年英译汉】假如那些小热点看上去如同预料的那样,那将是另一种科学思想的**胜利**,这一科学思想就是精炼的大爆炸理论,亦称为宇宙膨胀学说。

trivial [ˈtriviəl] *a.* **琐碎的**;无足轻重的

经典例句 Don't be angry over such **trivial** matters. 别为这些**琐**事生气。

troop [truːp] *n.* (*pl.*) 部队,**军队**;(一)群/队 *v.* 群集,集合

真题例句 This week, in the heart of civilized Europe, Slovaks and Hungarians stopped just short of sending in the **troops** in their contention over a dam on the Danube.【1998 年阅读 1】本周,在欧洲文明的中心地区,斯洛伐克人和匈牙利人因为在多瑙河上修建水坝的问题发生了争端,差点动用了**军队**。

tropical [ˈtrɔpikl] *a.* **热带的**

经典例句 These **tropical** flowers have bright colors. 这些**热带**花卉的颜色很艳丽。

tumble [ˈtʌmbl] *v.* (使)摔倒;**打滚**,翻腾 *n.* 摔跤,跌倒

经典例句 She **tumbled** down the stairs. 她**滚**下了楼梯。

tune [tjuːn] *n.* 调子,曲调;和谐,协调 *vt.* **调音**,**调节**,调整

真题例句 Of course in Britain listeners and viewers can **tune in** to two BBC television channels, five BBC national radio services and dozens of local radio station.【1996 年阅读 2】当然,英国的观众和听众可以**收到**两个 BBC 电视频道、五个 BBC 全国广播电台和几十个地方电台。

turnover [ˈtəːnˌəuvə] *n.* 翻倒(物);人员调整;(资金等)**周转**;营业额

经典例句 We aim for a quick **turnover** of stock in our stores. 我们的目的是要加快我们百货店的库存**周转**.

tutor [ˈtjuːtə] *n.* 导师;**家庭教师** *v.* 辅导;当导师;当家庭教师

经典例句 His parents employed a **tutor** to teach him Greek. 他父母雇用了一位**家庭教师**来教他希腊语。

twinkle [ˈtwiŋkl] *vi.* (星等)**闪烁**,(眼睛)发亮 *n.* 闪烁,闪光

经典例句 He stared up at the stars **twinkling** in the sky above him. 他抬眼凝视着头顶上方星光**闪烁**的天空。

twist [twist] *v.* 捻;拧;扭曲;蜿蜒曲折而行 *n.* 拧;歪曲;曲折

真题例句 Look for the humor. It often comes from the unexpected. **A twist** on a familiar quote "If at first you don't succeed, give up" or a play on words or on a situation.【2002 年阅读 1】要寻找幽默。幽默常常来自于意料之外。幽默也可以是对人们熟知的引语的**歪曲**,比如"如果你起初没有成功,放弃算了",或者拿言辞和场景当笑料。

typical [ˈtipikəl] *a.* (of)**典型的**,有代表性的

$\boxed{\text{真题例句}}$ However, the **typical** teenage lifestyle is already filled with so much competition that it would be wise to plan activities in which there are more winners than losers.【2003年完形】不过,**典型的**青少年的生活方式已经充斥着太多的竞争,明智的做法就是开发一些获胜者多于失败者的活动。

ultimate [ˈʌltimit] *a.* 最后的,最终的;**根本的**

$\boxed{\text{经典例句}}$ The sun is the **ultimate** source of energy. 太阳是能量的**最基本来源**。

unanimous [ju(ː)ˈnæniməs] *a.* 全体一致的,一致同意的

$\boxed{\text{经典例句}}$ The committee were **unanimous** that the application should be turned down. 委员会**一致同意**拒绝这项申请。

uncover [ʌnˈkʌvə] *v.* 揭开,**揭露**

$\boxed{\text{经典例句}}$ It was two young reporters who **uncovered** the whole plot. 是两名年轻记者**揭露**了全部阴谋。

underestimate [ˈʌndərˈestimeit] *vt.* **低估**,看轻

$\boxed{\text{真题例句}}$ In the early days, too, longlines would have been more saturated with fish. Some individuals would therefore not have been caught, since no baited hooks would have been available to trap them, leading to an **underestimate** of fish stocks in the past.【2006年阅读3】早先,长线或许就可以捕到更多的鱼。因此,不是所有的海洋生物都会被捕捉到,因为没有饵料使它们上钩。这些都导致了过去对鱼类储量的**低估**。

undergo [ˌʌndəˈgəu] *vt.* 遭受,**经历**,承受

$\boxed{\text{真题例句}}$ In the early industrialized countries of Europe the process of industrialization—with all the far-reaching changes in social patterns that followed—was spread over nearly a century, whereas nowadays a developing nation may **undergo** the same process in a decade or so.【2000年阅读Part B】在早期实现了工业化的欧洲国家中 —— 工业化及其带来的一系列的社会模式的变化 —— 几乎延续了一个世纪,而如今一个发展中国家**经历**同样的进程却只需要10年左右的时间。

underlie [ˌʌndəˈlai] *vt.* 位于……之下;**成为……的基础**

$\boxed{\text{真题例句}}$ As is true of any developed society, in America a complex set of cultural signals, assumptions, and conventions **underlies** all social interrelationships.【1997年阅读2】任何发达国家的情况都这样,在美国,一个由文化信号、设想和习俗组成的复合体构成了所有社会相互关系**的基础**。

undertake [ˌʌndəˈteik] *v.* **承担**,担任;许诺,保证;着手,从事

$\boxed{\text{经典例句}}$ We could **undertake** the work for the time being. 我们可暂时**担当**这项工作。

undo [ˈʌnˈduː] *v.* 松开,**解开**

经典例句 The knot was fastened in such a way that it was impossible to **undo**. 这个结系得那么紧,根本不可能**解开**。

uneasy [ʌn'iːzi] a. 不安的,焦虑的,**不稳定的**

真题例句 Science has long had an **uneasy** relationship with other aspects of culture.【1998年阅读3】长期以来,自然科学与文化其他方面的关系一直是**不稳定的**。

unemployment ['ʌnim'plɔimənt] n. **失业**,失业人数

真题例句 Changes in the economy lead to fewer job opportunities for youth and rising **unemployment** in general make gainful employment increasingly difficult to obtain.【2004年完形】经济领域让年轻人工作机会更少、**失业**率上升的变革使得能挣钱的工作越来越难找到。

unexpected ['ʌniks'pektid] a. 想不到的,**意外的**,未预料到的

经典例句 The engineers and technicians are still conferring on the **unexpected** accident. 工程师和技术员们还在讨论此次**意外**事故。

unfold [ʌn'fəuld] vt. **打开**;显露,展示 vi. 呈现;显示,展示

经典例句 The eagle **unfolded** its wings. 雄鹰**展开**双翅。

unify ['juːnifai] v. 使联合,**统一**;使相同,使一致

经典例句 Is it possible to **unify** such scattered islands into a nation? 有可能把这样一些零散的岛屿**统一**成一个国家吗?

union ['juːnjən] n. 联合,团结;联盟,联邦;**协会,社团**;和谐,一致,融洽

经典例句 The **union** leaders are trying to dictate their demands to the employer. **工会**领导人正设法迫使雇主接受他们的要求。

unique [juː'niːk] a. 唯一的,**独一无二的**

经典例句 That building is **unique** because all the others like it were destroyed. 那座建筑很**独特**,因为所有像它那样的其他建筑都被毁坏了。

universal [ˌjuːni'vəːsəl] a. **普遍的**,全体的,通用的;宇宙的,世界的

真题例句 The modern world is increasingly populated by intelligent gizmos whose presence we barely notice but whose **universal** existence has removed much human labor.【2002年阅读2】现代的世界出现了越来越多的智能新玩意儿,虽然我们几乎没有注意到他们的出现,但是它们**普遍的**存在减少了我们大量的劳动。

unlike ['ʌn'laik] a. 不同的,不相似的 prep. 不像,**和……不同**

真题例句 Fortunately, my friend's handwriting was quite **unlike** the thief's.【1987年完形】庆幸的是,我朋友的笔迹和小偷的完全**不相同**。

unlikely [ʌn'laikli] a. **未必的**,靠不住的

境真题例句 But the tide is **unlikely** to turn back.【1997 年阅读 1】但是潮流**不可能**再逆转了。

upgrade [ˈʌpgreid] v. **提升**,使升级

经典例句 She was **upgraded** to sales director. 她已**提升**为销售部主任。

uphold [ʌpˈhəuld] vt. **支持**,赞成;举起;坚持

经典例句 The President swore to **uphold** the constitution. 总统宣誓**维护**宪法。

upper [ˈʌpə] a. 上面的;**上部的,较高的**

真题例句 The grand mediocrity of today everyone being the same in survival and number of offspring means that natural selection has lost 80% of its power in **upper**-middle-class India compared to the tribes.【2000 年阅读 2】今天这种极其显著的平均化——每个人的生存机会和子女数量都相同——意味着,与部落相比较,自然选择在印度中上阶层已经失去了 80% 的效力。

upright [ˈʌpˈrait] a. 垂直的,**直立的**;正直的,诚实的 ad. 竖立着

真题例句 Humans are often thought to be insensitive smellers compared with animals, while this is largely because, unlike animals, we stand **upright**.【2005 年完形】相对与动物来说,人们通常认为,人类的嗅觉不灵敏,但是这在很大程度上是因为人类与动物不同,我们是**直立的**。

upset [ʌpˈset] v. 使……心烦意乱;打翻,推翻 a. 难过的;**不安的**

真题例句 There are **upsetting** parallels today, as scientists in one wave after another try to awaken us to the growing threat of global warming.【2005 年阅读 2】如今,一波接一波的科学家在唤醒我们要意识到全球气候变暖给我们带来日益严重的威胁,而同时总会有**让人不安的声音伴随出现**。

up-to-date [ˈʌptəˈdeit] a. 现代化的,**最新的**;跟上时代的

真题例句 Those people who have accurate, reliable **up-to-date** information to solve the day-to-day problems, the critical problems of their business, social and family life, will survive and succeed.【1995 年阅读 3】那些能够利用准确、可靠的**最新**信息解决日常问题、解决其生意上、社会和家庭中的关键问题的人们将会生存下来并会取得成功。

urge [əːdʒ] vt. 催促;怂恿;强调;强烈愿望;鼓励,促进 n. 强烈欲望,迫切要求

经典例句 He **urged** the horses on with a whip. 他用鞭子策马前行。

urgent [ˈəːdʒnt] a. 急迫的,紧要的,**紧急的**

经典例句 This work is not **urgent**; we can do it tomorrow. 这项工作不急,我们可以明天再做。

utilise/utilize [ˈjuːtilaiz] vt. 利用

经典例句 It is hoped that in her new job her talents will be better **utilised** than before. 希

望在新的工作岗位上,她能比以往更好地**发挥**她的才干。

underlying [ˌʌndəˈlaiiŋ] *a.* 含蓄的,**潜在的**;在下面的

真题例句 The trouble is that part of the recent acceleration is due to the usual rebound that occurs at this point in a business cycle, and so is not conclusive evidence of a revival in the **underlying** trend.【1998 年阅读 2】问题是由于经济周期运行中出现的常见反弹而引起的近期部分的增长现象,由此,还没有确凿证据证明在这一**潜在趋势**中会出现经济复苏迹象。

utmost [ˈʌtməust] *a.* 最远的;**极度的** *n.* 极限,极度,最大可能

真题例句 In speaking, the choice of words is of the **utmost** importance.【1994 年阅读 1】说话时,选词是**最重要的**。

常用词组 at the utmost 至多
do one's utmost 尽全力
make the utmost of 充分利用
to the utmost 竭力;尽力

vacant [ˈveikənt] *a.* **空的,未占用的**;空缺的;神情茫然的

经典例句 He does not know what to do with his **vacant** time. 他不知道**空闲**时间该干点什么。

vague [veig] *a.* **不明确的**,含糊的,暧昧的

经典例句 At the back of his mind was the **vague** idea that he had met her before. 他**隐隐约约**地记得以前曾经见过她。

vain [vein] *a.* 徒劳的,徒然的;自负的,爱虚荣的 *n.* **徒劳,白费**

经典例句 He tried in **vain** to catch the butterfly on the flower. 他想抓住停在花上的蝴蝶,但一切努力都是**白费**的。

常用词组 in vain 无益,徒然

valid [ˈvælid] *a.* 有效的;**有根据的**;正当的

真题例句 The goal of all books will be to try to explain to a confused and often unenlightened citizenry that there are not two equally **valid** scientific theories for the origin and evolution of universe and life.【1996 年阅读 5】所有这些书的目的都是试图在向那些感到困惑的、常常未经启蒙的芸芸众生解释:就宇宙和生命的起源与进化问题而言,不可能存在两种都站得住脚的科学理论。

vanish [ˈvæniʃ] *vi.* 突然不见;**消失**,消散

真题例句 Some huge American industries, such as consumer electronics, had shrunk or **vanished** in the face of foreign competition.【2000 年阅读 1】在国外公司的竞争之下,美国一些大型工业,如消费电子产业,已经萎缩或**消亡**。

variable ['vɛəriəbl] a. 易变的;**可变的**;变量的 n. 变量

真题例句 And there are long, **variable** lags before policy changes have any effect on the economy.【1997年阅读5】政策变化对经济产生影响之前,会有一段长时间的**变化不定**的后滞期。

variation [ˌvɛəri'eiʃən] n. 变化,变动;变种,**变异**

真题例句 Since much of the **variation** is due to genes one more agent of evolution has gone.【2000年阅读2】因为大部分**差异**是由基因引起的,所以又一个影响进化的因素消失了。

vary ['vɛəri] vt. 改变,**变化**;使多样化

真题例句 Forty-four states have lotteries, 29 have casinos, and most of these states are to **varying** degrees dependent on-you might say addicted to revenues from wagering.【2006年阅读Part B】44个州发行彩票,29个州有赌场,这些州大部分在**不同程度**上都依赖(你可以叫沉溺于)赌博的收入。

vehicle ['viːikl] n. 车辆,交通工具;**媒介**,载体

经典例句 Television has become an important **vehicle** for spreading political ideas. 电视已成为传播政治思想的重要**媒介**。

veil [veil] n. 面纱,遮蔽物 v. 用面纱掩盖,**掩饰**

经典例句 He tried to **veil** his contempt at my ignorance. 他试图**掩饰**对我的无知的蔑视。

常用词组 under the veil of 借……为名

ventilate ['ventileit] vt. **使通风**;给……装通风设备

经典例句 They are **ventilating** the sap of a coal mine. 他们正在使煤矿坑道**通风**。

venture ['ventʃə] v. 冒险,拼;大胆表示;**敢于** n. 冒险事业,拼,闯

经典例句 I **venture** to say that by the year 2, 500 there will be men living on the moon. 我**敢大胆地说**,到公元2500年会有人住在月球上。

verdict ['vəːdikt] n. (陪审团的)**裁决,判决**;判断;定论

真题例句 Concerns were raised that witnesses might be encouraged to exaggerate their stories in court to ensure guilty **verdicts**.【2001年完形】这就引起了人们的关注:证人可能会被怂恿在法庭上夸大他们经历的事情以确保作出有罪的**判决**。

verge [vəːdʒ] n. 边,**边缘** v. 濒临,接近

经典例句 Had it not been for your timely help, our company would have been on the **verge** of bankruptcy. 若不是你及时伸出援助之手,我们的公司将会濒临破产的**边缘**。

常用词组 on the verge of 在……的边缘

verify ['verifai] vt. 证实,查证;**证明**

经典例句 The truth **verified** the allegations. 事实**证明**了这些说法。

versatile [ˈvəːsətail] *a.* 通用的;**多才多艺的**,多方面的

经典例句 He's a very **versatile** performer; he can act, sing, dance, and play the piano. 他是个**多才多艺的**演员,会演戏、唱歌、跳舞,还会弹钢琴。

version [ˈvəːʃən] *n.* **版本**;译本,译文;说法,看法

真题例句 And if scientists have yet to create the mechanical **version** of science fiction, they have begun to come close. 【2002年阅读2】科学家已经开始接近创造出机器**版**的科幻小说了。

vertical [ˈvəːtikəl] *a.* **垂直的**,竖的 *n.* 垂线

经典例句 The northern face of the mountain is almost **vertical**. 这座山向北的一面几乎是**垂直的**。

via [ˈvaiə, ˈviːə] *prep.* 经;**通过**;凭借

真题例句 He sent it on **via** the group's on line service, Death NET. Says Hofsess:"We posted bulletins all day long, because of course this isn't just something that happened in Australia. It's world history."【1997年阅读1】哈弗森**通过**协会的在线服务"死亡之网"发出了通告。他说"我们一整天都在发布通告,因为这件事情不仅仅是在澳大利亚发生的事情,而是影响世界历史进程的一件大事"。

vibrate [vaiˈbreit] *v.* (使)**振动**,(使)摇摆

经典例句 His voice **vibrate** with passion. 他**激动**得声音**发颤**。

vice [vais] *n.* 邪恶;坏事;恶习;(*pl.*) 台钳,老虎钳 *a.* **副的**

真题例句 "On the day after we send our messages, we see a sharp increase in our traffic," says Seth Peets, **vice** president of marketing for Career Site. 【2004年阅读1】求职网销售部**副总裁**塞斯·皮茨说:"我们发送这些信息的当天网站的访问量就急剧增加。"

vicious [ˈviʃəs] *a.* **恶毒的**,凶残的,邪恶的

经典例句 The editor got his claws into the opposition in a **vicious** editorial. 那个编辑在一篇社论中**恶毒**地攻击了反对派。

victim [ˈviktim] *n.* **牺牲品**,受害者

真题例句 Historians, especially those so blinded by their research interests that they have been accused of "tunnel method", frequently fall **victim** to the "technicist fallacy."【1999年英译汉】历史学家常常沦为"技术谬误"的**牺牲品**,尤其是那些因被研究兴趣蒙蔽失去判断力、被指责为"井蛙之见"的人。

view [vjuː] *n.* 视野;风景;观察;见解;照片;眼界 *vt.* **观察**;认为;考虑

真题例句 But particularly when **viewed** against America's turbulent past, today's social indices hardly suggest a dark and deteriorating social environment.【2006年阅读1】但是特

别**审视**美国动荡不安的过去,如今的社会指数则几乎不能说明现今的社会环境是黑暗、堕落的。

vigorous [ˈvigərəs] a. 朝气蓬勃的,**精力旺盛的**

经典例句 He never ceased to chase after his dream in his **vigorous** youth. 在**精力充沛的**年轻时代他从未停止过追求自己的梦想。

violate [ˈvaiəleit] vt. **违背**;冒犯;妨碍;侵犯

经典例句 The country **violated** the international agreement. 这个国家**违反**了国际协议。

violence [ˈvaiələns] n. 猛烈,强烈;**暴力**,暴行;强暴

经典例句 The young man was charged with robbery with **violence**. 这个年轻人被控**暴力**抢劫。

violent [ˈvaiələnt] a. **猛烈的**,激烈的;暴力引起的,强暴的

经典例句 Tornadoes are **violent** whirlwinds which vary in their width from a few yards to 1, 300 feet. 龙卷风是一种**猛烈的**旋风,其直径从几码到 1300 英尺。

virtual [ˈvəːtjuəl, -tʃuəl] a. 实际上的,事实上的;**虚拟的**

真题例句 Direct links between the brain's nervous system and a computer will also create full sensory **virtual** environments, allowing **virtual** vacations like those in the film *Total Recall*. 【2001 年英译汉】大脑神经系统和计算机之间建立起直接的联系,这将创造出全方位感受**虚拟**环境,使**虚拟**假日就像电影《全部回忆》中的那些假日一样。

virtue [ˈvəːtju:] n. 德行,**美德**;贞操;优点;功效,效力

真题例句 Yet, being friendly is a **virtue** that many American value highly and expect from both neighbors and strangers. 【1997 年阅读 2】但是友善好客是备受美国人珍视的美德,他们同样希望邻国人和其他外国人也表现出这种美德。

visible [ˈvizəbl] a. 看得见的;**明显的**,显著的

真题例句 What was less **visible** then, however, were the new, positive forces that work against the digital divide. 【2001 年阅读 2】然而,现在一些防止数字化差异的新的积极因素在当时还不太**明显**。

vision [ˈviʒən] n. **视力,视觉**;远见;洞察力;幻想,幻影;想象力

经典例句 I've had my eyes tested and the report says that my **vision** is perfect. 我检查了我的眼睛,检查报告说我的**视力**非常好。

visual [ˈviʒuəl] a. 看的,**看得见的**;视觉的

真题例句 A technologist thinks about objects that cannot be reduced to unambiguous verbal descriptions; they are dealt with in his mind by a **visual**, nonverbal process. 【1996 年阅读 4】一位技术专家所考虑的东西不可能用语言加以确切的描述;他在大脑中通过**直观的**、非语言的过程处理这些东西。

vital [ˈvaitl] *a.* **生死攸关的,重大的**;生命的,生机的

经典例句 Perseverance is **vital** to success. 毅力对于成功是**极为重要的**。

vivid [ˈvivid] *a.* 鲜艳的;**生动的,栩栩如生的**

真题例句 "The brain is as active during REM (rapid eye movement) sleep—when most **vivid** dreams occur-as it is when fully awake," says Dr, Eric Nofzinger at the University of Pittsburgh. 【2005 年阅读 3】匹兹堡大学的艾瑞克·诺夫兹尼格博士解释说,"在 REM (快速眼睛运动)过程中人的大脑会十分活跃。即便大脑保持清醒状态,**千奇百怪的梦**会频频出现"。

void [vɔid] *a.* 空虚的;(of) **没有的,缺乏的**;无效的

经典例句 His suggestions are totally **void** of common sense. 他的建议完全**缺乏常识**。

voluntary [ˈvɔləntəri;-teri] *a.* **自愿的**,志愿的

真题例句 Downshifting—also known in America as "**voluntary** simplicity" has, ironically, even bred a new area of what might be termed anti-consumerism.【2001 年阅读 5】具有讽刺意味的是,放慢生活节奏——也就是美国所知的"**甘愿简朴**"——甚至为所谓的"反消费主义"开辟了新领域。

volunteer [vɔlənˈtiə(r)] *n./v.* **自愿(者,兵)**;自愿(提供)

经典例句 We want some **volunteers** to help paint the house. 我们想要几个**自愿者**帮助给房子刷油漆。

vote [vəut] *n.* **投票,表决**;选票,选票数 *v.* 投票,表决

真题例句 It was 3:45 in the morning when the **vote** was finally taken.【1997 年阅读 1】凌晨 3:45 进行了最终表决。

vulgar [ˈvʌlgə(r)] *a.* **粗俗的,庸俗的**;本土的;通俗的,普通的

经典例句 Her taste in clothing is rather **vulgar**. 她的穿着相当**俗气**。

vulnerable [ˈvʌlnərəb(ə)l] *a.* **易受攻击的**

真题例句 Encouraging kids to reject the life of the mind leaves them **vulnerable** to exploitation and control.【2004 年阅读 4】鼓励孩子放弃精神上的追求会使他们**容易被利用和控制**。

wage [weidʒ] *n.* (常 *pl.*)**工资**,报酬 *vt.* 进行,开展

真题例句 To help homeless people with independence, the federal government must support job training programs, raise the minimum **wage**, and fund more low-cost housing.【2006 年阅读 1】为了帮助无家可归的人自立,联邦政府必须支持就业培训计划,提高最低**工资**,投资建设经济适用房。

waken [ˈweikən] *v.* **醒,弄醒,唤醒**

经典例句 He asks to be **wakened** at 7.00. 他要求 7 点钟**叫醒**他。

wander [ˈwɔndə] v. **漫步**,徘徊;迷路,迷失方向;离题

经典例句 The children **wandered** in the woods. 孩子们在森林里漫步。

wealthy [ˈwelθi] a. **富有的**,丰裕的,充分的 n. 富人,有钱人

经典例句 If we want everyone to be healthy, **wealthy** and happy, strict birth control is quite essential. 如果我们想使每个人都能过上健康富裕和幸福的生活,就必须实行严格的计划生育。

weary [ˈwiəri] a. **疲倦的**;令人厌烦的 v. 使疲倦,使厌倦

真题例句 Today there are many charitable organizations which specialize in helping the **weary** traveler.【1997 年阅读2】如今,有许多慈善机构专门帮助那些疲倦的旅行者。

weave [wiːv] v. **编(织)** n. 编织法,编织式样

经典例句 The women earn their living by **weaving**. 这些女子以纺织为生。

wedge [wedʒ] n. 楔,楔形 vt. 楔牢,楔入,**挤进**

经典例句 I was so tightly **wedged** between two fat women that it was difficult for me to get up and leave the bus. 我被两个肥胖的女人紧紧地挤在中间,以至于要站起来下公共汽车都很难。

weep [wiːp] v. (over)**为……哭泣**,**流泪**;滴下 n. 哭泣;(for)悲叹,哀悼,为……伤心

经典例句 She **wept** when she heard the bad news. 当她听到这个坏消息时哭了。

weld [weld] v. 焊接 n. **焊接**,焊缝

经典例句 Before applying heat for a **weld**, the plates should be clamped together. 在加热进行焊接之前,必须把金属板紧紧地夹在　起。

welfare [ˈwelfeə] n. **福利**;幸福;福利事业

真题例句 Governments throughout the world act on the assumption that the **welfare** of their people depends largely on the economic strength and wealth of the community.【2000 年英译汉】世界各国的政府都认为,他们国家人民的福利主要取决于经济实力和社会财富。

whatsoever [wɔtsəuˈevə(r)] ad. (用于否定句中以加强语气)**任何**

经典例句 The police found no suspicious document **whatsoever**. 警察未发现任何可疑的文件。

whereas [(h)wɛərˈæz] conj. **而**,却,反之

真题例句 Strangely, some people find that they can smell one type of flower but not another, **whereas** others are sensitive to the smells of both flowers.【2005 年完形】奇怪的是,有些人发觉他们可以闻出一种花香,却闻不出另一种,而其他一些人却对两种花香都很敏感。

whip [(h)wip] n. **鞭子**;车夫 v. 鞭打,抽打;突然移动;搅打,打成泡沫

经典例句 He cracked his **whip** and the horses began to trot. 他噼噼啪啪地挥鞭策马狂跑。

whirl [(h)wə:l] v. (使)**旋转**,打转 n. 旋转;一连串快速的活动

经典例句 The wind **whirled** the dead leaves about. 风吹得枯叶在四处**旋转**。

wholesome ['həulsəm] a. 卫生的;有益的;健康的,**有益健康的**

经典例句 In order to maintain physical well-being, a person should eat **wholesome** food and get sufficient exercise. 为了保持身体健康,应该吃**有益健康的**食品,并经常锻炼身体。

wholly ['həuli] ad. **完全地**,全部,一概

真题例句 Darwin had a phrase to describe those ignorant of evolution: they "look at an organic being as a savage looks at a ship, as at something **wholly** beyond his comprehension." 【2000 年阅读2】达尔文曾用这样一句话描述那些对进化一无所知的人:他们"看待一个生命有机体就像野人看一艘船一样,就好像看待某种它**完全**不理解的东西一样"。

widespread ['waidspred, -'spred] a. 分布广泛的,**普遍的**

真题例句 The use of the motor is becoming more and more **widespread** in the twentieth century. 【1989 年阅读2】20 世纪使用汽车越来越**普及**。

wisdom ['wizdəm] n. 智慧,**明智**;名言,格言

真题例句 That group—the National Bioethics Advisory Commission (NBAC) —has been working feverishly to put its **wisdom** on paper, and at a meeting on 17 May, members agreed on a near-final draft of their recommendations. 【1999 年阅读4】该小组 ——"国家生物伦理学咨询委员会"(NBAC)——以极大的热情投入工作,将其**明智的看法**写成公文,并在 5 月 17 日举行的会议上,委员们就最后定稿的建议书达成了共识。

wit [wit] n. **智力**,才智,智慧

经典例句 He hadn't the **wit** to say no. 他笨(不**聪明**)得连"不"都不会说。

withdraw [wið'drɔ:] v. 收回,撤销;缩回,**退出**;提取(钱)

经典例句 The troops have been **withdrawn** from the danger area. 部队已经**撤出**危险地带。

withstand [wið'stænd] vt. 抵抗,**经受住**

经典例句 Children's furniture must **withstand** kicks and blows. 孩子用的家具必须**经得**起拳打脚踢。

witness ['witnis] n. 目击者,**证人**;证据,证明 v. 目击,目睹;作证

真题例句 **Witness** payments became an issue after West was sentenced to 10 life sentences in 1995. 【2001 年完形】1995 年维斯特被判 10 项无期徒刑,此后,给**证人**付报酬的做法

成为一个人们关注的问题。

worship ['wəːʃip] *n.* 礼拜,礼拜仪式;崇拜 *v.* 崇拜,敬仰;做礼拜

经典例句 She was blind to the silent **worship** in his eyes. 她没有发觉他眼里流露出默默的**敬慕**之情。

worthwhile ['wəːθ'(h)wail] *a.* **值得(做)的**

真题例句 Thus, in the nineteenth century, local geological studies represented **worthwhile** research in their own right. 【2001 年阅读 1】因此,19 世纪局部的地质研究代表的是一种**有价值的**研究。

worthy ['wəːði] *a.* (of)**值得……的**,配得上……的;有价值的,可尊敬的

经典例句 We esteem him to be **worthy** of trust. 我们认为他**值得**信任。

wrap [ræp] *v.* 裹,缠,卷,**包** *n.* 披肩,围巾

经典例句 I **wrapped** the rug around the sick man's legs to keep him warm. 我用毯子把病人的腿**包**了起来,让他暖和一点儿。

wreck [rek] *n.* 失事船(或飞机),**残骸**;失事 *v.* (船等)失事,遇难;破坏,拆毁

经典例句 Have they found the **wreck** of the ship? 他们找到那艘船的**残骸**了吗?

wrench [rentʃ] *v.* **猛拧**;挣脱;使扭伤 *n.* 扳手;痛苦,难受

经典例句 He closed the door so hard that he **wrenched** the handle off. 他关门时用力过猛,连门把手都**拧**了下来。

wrinkle ['rinkl] *n.* **皱纹** *v.* 起皱,皱眉

经典例句 She's beginning to get **wrinkles** round her eyes. 她的眼角开始有**皱纹**了。

yield [jiːld] *v.* 出产,生长;(to)屈服,服从 *n.* 产量,**收获**

经典例句 These trees gave a high **yield** of fruit this year. 这些果树今年获得了大丰**收**。

zeal [ziːl] *n.* 热心,热忱,**热情**

经典例句 **Zeal** without knowledge is fire without light. 【谚】**热情**而无知,犹如无光之火。

zone [zəun] *n.* **地区**,区域 *v.* 分区,划分地带

经典例句 The Norwegians live in a comparatively cold **zone**. 挪威人生活在比较寒冷的**地区**。

zoom [zuːm] *vi.* (飞机)**陡升** *n.* 陡升;嗡嗡声

经典例句 Overnight trading caused share prices to **zoom** (up). 一夜之间的交易让股票价格直线攀**升**。

第二篇 10 天考研大纲词汇突破

A

a/an [ei /æn; ən]	art. 一(个);每一(个);(同类事物中)任一个
abandon [ə'bændən]	vt. 离弃,丢弃;遗弃,抛弃;放弃
abdomen ['æbdəmən]	n. 腹,下腹(胸部到腿部的部分)
abide [ə'baid]	vi. (abode,abided)(by)遵守;坚持
ability [ə'biliti]	n. 能力;本领;才能,才干;专门技能,天资
able ['eibl]	a. 有(能力、时间、知识等)做某事,有本事的
abnormal [æb'nɔ:məl]	a. 反常的,不正常的,不规则的
aboard [ə'bɔ:d]	ad./prep. 在船(飞机、车)上 ad. 上船(飞机、车)
abolish [ə'bɔliʃ]	vt. 废除(法律、习惯等);取消
abound [ə'baund]	vi. 大量存在;(in,with)充满,富于
about ['əbaut]	ad. 在周围;大约 prep. 关于;在周围 a. 准备
above [ə'bʌv]	a. 上述的 ad. 在上面 prep. 在……之上,高于,超过
abroad [ə'brɔ:d]	ad. 到国外,在国外;在传播,在流传,到处
abrupt [ə'brʌpt]	a. 突然的,出其不意的;(举止、言谈等)唐突的,鲁莽的
absence ['æbsəns]	n. 缺乏,不存在;缺席,不在场;缺席的时间
absent ['æbsənt]	a. 缺席的;缺乏的,不存在的;心不在焉的
absolute ['æbsəlu:t]	a. 绝对的,完全的;确实的,肯定的
absorb [əb'sɔ:b]	vt. 吸收(水、光、蒸汽等);使全神贯注
abstract ['æbstrækt]	a. 抽象的 n. 摘要,梗概 vt. 提取;摘录要点
absurd [əb'sə:d]	a. 荒谬的;不合理的
abundance [ə'bʌndəns]	n. 丰富,充裕,大量
abundant [ə'bʌndənt]	a. 大量(充足)的;(in)丰富(富裕)的
abuse [ə'bju:z]	vt./n. 滥用;辱骂;虐待
academic [ˌækə'demik]	a. 学院的,大学的;学术性的 n. 学者
academy [ə'kædəmi]	n. (高等)专科院校;学术社团,协会,研究院
accelerate [æk'seləreit]	v. 使加速,使增速,促进 vi. 加快,增加
accent ['æksənt]	n. 口音,腔调;重音(符号)
accept [ək'sept]	vt. 接受,领受;认可,同意 vi. 同意,认可

acceptance [ək'septəns]	n.	接受,接收,验收,接纳;承认,认可
access ['ækses]	n.	进入,接入;接近(或进入)的方法,入口通路
accessory [æk'sesəri]	n.	附件,附属品;(为全套衣服增加美感的)服饰
accident ['æksidənt]	n.	意外遭遇,事故;意外(因素)
accidental [ˌæksi'dentl]	a.	偶然的;意外的;无意中的
acclaim [ə'kleim]	v.	向……欢呼,公认 n. 欢呼,喝彩,称赞
accommodate [ə'kɔmədeit]	vt.	向……提供住处;供应,供给;留宿,收容;使适应, 使符合
accommodation(s) [əˌkɔmə'deiʃən]	n.	住宿,留宿;膳宿供应
accompany [ə'kʌmpəni]	v.	陪伴,陪同;为……伴奏
accomplish [ə'kɔmpliʃ]	v.	完成(任务)
accord [ə'kɔːd]	vt.	给予(欢迎、称颂等) vi./n. 符合,一致
accordance [ə'kɔːdəns]	n.	一致
according [ə'kɔːdiŋ]	prep.	(to)据/照……(所说、所写);按……,视……
accordingly [ə'kɔːdiŋli]	ad.	相应地,照着办,按照;于是,因此
account [ə'kaunt]	n.	叙述,说明;账目,账户;利益,好处 vi. 说明,解释
accountant [ə'kauntənt]	n.	会计人员,会计师
accumulate [ə'kjuːmjuleit]	vt.	堆积,积累,积聚 vi. 累积,聚积
accuracy ['ækjurəsi]	n.	准确(性);精确;准确度
accurate ['ækjurit]	a.	准确的,精确的
accuse [ə'kjuːz]	vt.	控告,指责 vi. 指控,指责
accustomed [ə'kʌstəmd]	a.	惯常的, 习惯的
ache [eik]	vi.	痛;哀怜 n. (指连续)疼痛、酸痛
achieve [ə'tʃiːv]	vt.	实现,完成,达到,得到 vi. 达到预期目的
acid ['æsid]	n.	酸,酸性物质 a. 酸的,酸味的;尖刻的
acknowledge [ək'nɔlidʒ]	vt.	承认;接受;告知(信件等的)收到;致谢
acquaint [ə'kweint]	vt.	(sb. with)使认识,使了解,使熟悉
acquaintance [ə'kweintəns]	n.	相识,熟人
acquire [ə'kwaiə]	v.	取得,获得;学到(知识等);养成(习惯)
acquisition [ˌækwi'ziʃən]	n.	取得,获得;获得的东西
acre ['eikə]	n.	英亩
acrobat ['ækrəbæt]	n.	特技演员,杂技演员
across [ə'krɔs]	prep.	横过,越过;在……的对面 ad. 横过,穿过
act [ækt]	v.	表演;行动,做事(on);起作用;(for)代表,代替
	n.	行为动作,法令,条例;(一)幕
action ['ækʃən]	n.	行动,动作;作用;运转;行为;战斗

activate [ˈæktiveit]	vt.	启动,激活;驱动,驱使;使开始起作用
active [ˈæktiv]	a.	活跃的,敏捷的,积极的;在活动中的
activity [ækˈtiviti]	n.	活动;活力活性;能动性
actor [ˈæktə]	n.	男演员
actress [ˈæktris]	n.	女演员
actual [ˈæktjuəl]	a.	实际的;现实的
acute [əˈkjuːt]	a.	敏锐的;精锐的;(疾病)急性的
adapt [əˈdæpt]	vt.	使适应,使适合;改编;改写 vi. 适应
add [æd]	vt.	加,增加(进);进一步说/写 vi. (to)增添
addict [əˈdikt]	v.	使沉溺;使上瘾 n. 沉溺于不良嗜好的人
addition [əˈdiʃən]	n.	增加,加法;附加部分,增加(物)
additional [əˈdiʃənl]	a.	额外的,附加的,另外的
address [əˈdres]	n.	地址通讯处;致词 v. 向……讲话;致函,写姓名地址;处理
adequate [ˈædikwit]	adj.	充足的,足够的,恰当的
adhere [ədˈhiə]	vi.	(to)粘着;坚持,遵守;依附,追随
adjacent [əˈdʒeisnt]	a.	(to)(时间上)紧接着的;邻近的,毗邻的
adjective [ˈædʒiktiv]	n.	形容词 a. 形容词的,用做形容词的
adjoin [əˈdʒɔin]	v.	临近,靠近;贴近,毗连
adjust [əˈdʒʌst]	vt.	调节;整顿,调整 vi. 适应(to);使调节
administer [ədˈministə]	v.	施行,实施;掌管,料理……的事务;给予;投(药)
administration [ədminisˈtreiʃən]	n.	经营,管理;行政,行政机关,管理部门;政府
admire [ədˈmaiə]	vt.	钦佩,赞赏,羡慕;称赞,夸奖
admission [ədˈmiʃən]	n.	允许进入,接纳,收容;承认
admit [ədˈmit]	vt.	承认,供认;准许……进入,准许……加入
adolescent [ˌædəuˈlesnt]	n.	青少年 a. 青春期的,青少年的
adopt [əˈdɔpt]	vt.	采用,采纳,通过;收养
adore [əˈdɔː]	vt.	崇拜,敬慕,爱慕;非常喜欢
adult [əˈdʌlt, ˈædʌlt]	n.	成年人 a. 成年的,充分长成的,成熟的
advance [ədˈvɑːns]	n.	前进,预付 vt. 提前;前进,进展;推进,促进,提出(建议等)
advanced [ədˈvɑːnst]	a.	超前的,先进的;高级的;开明的;前进的
advantage [ədˈvɑːntidʒ]	n.	优点,长处,有利条件;利益,好处
advent [ˈædvənt]	n.	(重要事件等的)到来,来临
adventure [ədˈventʃə]	n.	冒险,冒险活动,奇遇
adverb [ˈædvəːb]	n.	副词
adverse [ˈædvəːs]	a.	不利的;有害的

advertise ['ædvətaiz]   vt. 公告,公布;为……做广告　vi. 登广告

advice [əd'vais]   n. 劝告,忠告,(医生等的)意见

advisable [əd'vaizəbl]   a. 可取的,适当的,明智的

advise [əd'vaiz]   vt. 忠告,劝告;建议;通知,告知

advocate ['ædvəkit]   n. 辩护者,拥护者,鼓吹者　vt. 拥护,提倡,鼓吹

aerial ['ɛəriəl]   a. 空中的,航空的　n. 天线

aeroplane ['ɛərəplein]/airplane ['ɛə,plein]   n. (英)飞机

aesthetic [i:s'θetik]/esthetic [i:s'θetik]   a. 美学的,艺术的;审美的

affair [ə'fɛə]   n. (pl.)事务;事情(件);(个人的)事

affect [ə'fekt]   vt. 影响;感动

affection [ə'fekʃən]   n. 爱,喜爱;爱慕之情;感情;影响

affiliate [ə'filieit]   v. 使隶属(或附属)于　n. 附属机构,分公司

affirm [ə'fə:m]   vt. 断言,坚持声称;肯定

affluent ['æfluənt]   a. 富裕的,富有的,丰富的,富饶的

afford [ə'fɔ:d]   vt. 担负得起(损失、费用、后果等),买得起,花得起(时间);供给,给予

afraid [ə'freid]   adj. 害怕的,恐惧的;犯愁的,担心的

after ['ɑ:ftə]   prep. 在……以后;在……后面　adv. 以后,后来　conj. 在……后

afternoon ['ɑ:ftə'nu:n]   n. 下午,午后

afterward(s) ['ɑ:ftəwədz]   ad. 以后,后来

again [ə'gein]   ad. 又,再次,另一次;重新

against [ə'genst]   prep. 对着,逆;反对;违反;靠近,倚在;对比

age [eidʒ]   n. 年龄;时代,期　v. (使)变老,老化

agency ['eidʒənsi]   n. 代理(处);代办处

agenda [ə'dʒendə]   n. 议事日程

agent ['eidʒənt]   n. 代理人,代理商,代表

aggravate ['ægrəveit]   vt. 加重(剧),使恶化

aggressive [ə'gresiv]   a. 侵略的,好斗的;有进取心的;敢作敢为的

agitate ['ædʒiteit]   v. 鼓动,煽动;搅拌

ago [ə'gəu]   ad. (常和一般过去时的动词连用)以前,……前

agony ['ægəni]   n. (精神或肉体的)极大痛苦,创伤

agree [ə'gri:]   vi. 答应,赞同;适合,一致

agreeable [ə'griəbl]   a. 易相处的;同意的;令人愉快的,惬意的

agreement [ə'gri:mənt]   n. 协定;协议;同意,一致

agriculture ['ægrikʌltʃə]   n. 农业

ahead [ə'hed]	ad.	在前面(头);向(朝)前;提前
aid [eid]	n.	援助,救护;助手,辅助物　vi. 援助,救援,帮助
aim [eim]	n.	目的　vi. (at)目的在于,旨在　vt. 把……瞄准
air [ɛə]	n.	空气,大气,天空;(复数)神气,架子　vt. (使)通风;晾干
air-conditioning[ˈɛə-kənˈdiʃəniŋ]	n.	空调设备,空调系统
aircraft [ˈɛəkrɑːft]	n.	飞机,航空器
airline [ˈɛəlain]	n.	(飞机)航线,航空公司
airport [ˈɛəpɔːt]	n.	机场,航空站,航空港
aisle [ail]	n.	(教堂、教室、戏院等内)过道,通道
alarm [əˈlɑːm]	n.	惊恐,惊慌;警报(器)　vt. 惊动,惊吓;向……报警
album [ˈælbəm]	n.	(同一表演者的)集锦密纹唱片;集邮册,相册
alcohol [ˈælkəhɔl]	n.	酒精,乙醇
alert [əˈləːt]	a.	机警的,警觉的;机灵的
alien [ˈeiljən]	n.	外侨,外国人;外星人　a. 外国的;(from)相异的;(to) 不相容的
alike [əˈlaik]	a.	同样的,相像　ad. 一样地;同程度地
alive [əˈlaiv]	a.	活着的;活跃的,热闹的
all [ɔːl]	a.	全部的;所有的　ad. 完全地,很　pron. 全部,一切
allege [əˈledʒ]	v.	断言,宣称
alleviate [əˈliːvieit]	v.	减轻,缓和,缓解(痛苦等)
alliance [əˈlaiəns]	n.	同盟,同盟国;结盟,联盟;联姻
allocate [ˈæləukeit]	v.	分配,分派;拨给
allow [əˈlau]	vt.	允许,准许;承认;让……得到;(for)考虑到
allowance [əˈlauəns]	n.	补贴,津贴
alloy [ˈælɔi]	n.	合金　vt. 将……铸成合金
ally [əˈlai, æˈlai]	n.	同盟者,同盟国;支持者　vt. 使结盟;与……有关联
almost [ˈɔːlməust]	adv.	几乎,差不多
alone [əˈləun]	a.	单独的,孤独的;独一无二的　ad. 单独地,独自地;仅仅,只
along [əˈlɔŋ]	ad.	向前;和……一起,一同　prep. 沿着,顺着
alongside [əˈlɔŋˈsaid]	ad.	并排/肩地　prep. 在……旁边,横靠,与……并肩
aloud [əˈlaud]	adv.	出声地,大声地
alphabet [ˈælfəbit]	n.	字母表
already [ɔːlˈredi]	ad.	已,已经,早已
also [ˈɔːlsəu]	ad.	而且(也),此外(还);同样地
alter [ˈɔːltə]	vt.	改变,更改;改做(衣服)　vi. 改变,变化
alternate [ɔːlˈtəːnit]	a.	交替的,轮流的　v. (使)交替,(使)轮流

alternative [ɔːlˈtəːnətiv]	n.	二选一；供选择的东西,替换物,选择对象
	a.	二选一的
although [ɔːlˈðəu]	conj.	尽管,虽然,即使
altitude [ˈæltitjuːd]	n.	高度,海拔
altogether [ˌɔːltəˈgeðə]	ad.	完全,总之,全部地；总共；总而言之
aluminium[ˌæljuˈminjəm] /aluminum [əˈljuːminəm]	n.	铝
always [ˈɔːlwəz, ˈɔːlweiz]	ad.	总是,无例外地；永远,始终
amateur [ˈæmətə(ː), ˈæmətjuə]	a.	业余的 n. 业余活动(爱好)者
amaze [əˈmeiz]	vt.	使惊奇,使惊愕 vi. 表现出惊奇
ambassador [æmˈbæsədə]	n.	大使
ambiguous [ˌæmˈbigjuəs]	a.	模棱两可的
ambition [æmˈbiʃən]	n.	野心,雄心
ambitious [æmˈbiʃəs]	a.	有抱负的,野心勃勃的；有野心的
ambulance [ˈæmbjuləns]	n.	救护车
amend [əˈmend]	vt.	修改,修订,改进
amiable [ˈeimjəbl]	a.	和蔼可亲的,友善的,亲切的
amid [əˈmid]	prep.	在……中间,在……之中,被……围绕
among(st) [əˈmʌŋst]	prep.	在……之中；于……之间
amount [əˈmaunt]	n.	总额,数量 v. (to)共计,总共达,等同
ample [ˈæmpl]	a.	充分的,富裕的；宽敞的,宽大的
amplifier [ˈæmpliˌfaiə]	n.	放大器,扩音机
amplify [ˈæmplifai]	vt	放大,增强
amuse [əˈmjuːz]	vt.	向……提供娱乐,使……消遣；引人发笑
analog(u)e [ˈænəlɒg]	n.	类似物；相似体；模拟
analogy [əˈnælədʒi]	n.	类似,相似,类比,类推
analysis [əˈnælisis]	n.	(pl. analyses)分析；分解
analytic(al) [ˌænəˈlitikəl]	a.	分析的；分解的
analyse/analyze [ˈænəlaiz]	vt.	分析,分解
ancestor [ˈænsistə]	n.	祖宗,祖先
anchor [ˈæŋkə]	n.	锚；新闻节目主持人 v. 抛锚,停泊
ancient [ˈeinʃənt]	a.	古代的,古老的,古式的
and [ænd]	conj.	和,与,而且；那么；接连,又
anecdote [ˈænikdəut]	n.	轶事,趣闻,短故事
angel [ˈeindʒəl]	n.	天使
anger [ˈæŋgə]	n.	愤怒,气愤 vt. 使发怒,激怒 vi. 发怒
angle [ˈæŋgl]	n.	角；角度,方面,观点

angry ['æŋgri]	a.	生气的,愤怒的;(天气)风雨交加的
anguish ['æŋgwiʃ]	n.	(尤指心灵上的)极度痛苦,烦恼
animal ['æniməl]	n.	动物,野兽,牲畜 a. 动物的,野兽的
ankle ['æŋkl]	n.	足踝,踝关节
anniversary [ˌæni'vɜːsəri]	n.	周年,周年纪念日
announce [ə'nauns]	v.	正式宣布;发表;通告;报告……的到来
annoy [ə'nɔi]	vt.	使恼怒,使生气;打扰 vi. 招人讨厌
annual ['ænjuəl]	a.	每年的,一年生的 n. 年刊,年鉴
anonymous [ə'nɔniməs]	a.	匿名的,无名的;无特色的
another [ə'nʌðə]	a.	另一个,又,再,别的,不同的 pron. 另一个,类似的一个
answer ['ɑːnsə]	vt.	回答,答复,响应 v. (for)负责,保证;(to)符合,适合
ant [ænt]	n.	蚁,蚂蚁
antenna [æn'tenə]	n.	天线
anticipate [æn'tisipeit]	vt.	预料;期望;预先考虑;抢先;提前使用
antique [æn'tiːk]	a.	古式的,过时的 n. 有价值的古物,古董
anxiety [æŋg'zaiəti]	n.	挂念,焦虑,焦急,忧虑;渴望,热望
anxious ['æŋkʃəs]	a.	(about)焦虑的,担心的;急于(得到的),渴望的
any ['eni]	a.	(用于否定句、疑问句等)什么,一些;任何的 pron. 无论哪个/些;一个/些 ad. 稍,丝毫
anybody ['eniˌbɔdi]	pron.	(否定句)任何人;(肯定句)随便哪个人;重要人物
anyhow ['enihau]	ad.	不管怎么说,无论如何;不论用何种方法
anyone ['eniwʌn]	pron.	(用于疑问句,否定式)任何人
= anybody ['eniˌbɔdi]		
anything ['eniθiŋ]	pron.	任何东西(事物);无论什么东西(事物)
anyway ['eniwei]	ad.	无论如何
= anyhow ['enihau]		
anywhere ['eniwɛə]	ad.	无论哪里;(用于否定、疑问等)任何地方
apart [ə'pɑːt]	ad.	分离,离开,隔开,撇开;相距,相隔
apartment [ə'pɑːtmənt]	n.	[英]房间,套间;[美]公寓
apologise/apologize [ə'pɔlədʒaiz]	v.	(to,for)道歉,认错
apology [ə'pɔlədʒi]	n.	道歉,认错,歉意
appal/appall [ə'pɔːl]	v.	使惊骇,使恐怖
apparatus [ˌæpə'reitəs]	n.	器械,器具,仪器,装置;机构,组织
apparent [ə'pærənt]	a.	表面上的,貌似真实的;(to)显然的,明明白白的
appeal [ə'piːl]	vi.	(to)呼吁,恳求,对……有吸引力;申诉 n. (to)呼吁;申诉;吸引力;要求

appear [ə'piə]	*vi.*	出现;出场;问世;仿佛,好像是
appearance [ə'piərəns]	*n.*	出现,露面,外表,外貌,外观
appendix [ə'pendiks]	*n.*	附录,附属物
appetite ['æpitait]	*n.*	食欲,胃口;欲望,性欲;爱好,要求
applaud [ə'plɔːd]	*vt.* 鼓掌欢迎;赞同 *vi.* 鼓掌欢迎,欢呼
applause [ə'plɔːz]	*n.*	鼓掌,欢迎,欢呼
apple ['æpl]	*n.*	苹果,苹果树
appliance [ə'plaiəns]	*n.*	用具;器具,装置;应用,适用
applicable ['æplikəbl]	*a.*	(to)可应用(实施)的;适当的,合适的
application [ˌæpli'keiʃən]	*n.*	申请,请求,申请书;应用,实施;施用,敷用
apply [ə'plai]	*vi.* (for)(以书面形式)申请;请求 *vt.* (to)应用;实施
appoint [ə'pɔint]	*vt.*	任命,委派;指定,约定(时间、地点等)
appointment [ə'pɔintmənt]	*n.*	约会,约定;任命,委派
appraisal [ə'preizəl]	*n.*	对……作出的评价,评价;估计,估量
appreciate [ə'priːʃieit]	*vt.*	为……表示感激,感谢;欣赏,赏识,正确评价
approach [ə'prəutʃ]	*v.* 靠近,接近 *n.* 方法;途径;探讨
appropriate [ə'prəupriit]	*a.*	(to)适当的,恰当的,恰如其分的
approval [ə'pruːvəl]	*n.*	批准,认可;赞成,同意
approve [ə'pruːv]	*v.*	(of)赞成,赞许,同意;批准,审议,通过
approximate [ə'prɔksimeit]	*a.* 近似的 *vi.* (to)接近
April ['eiprəl]	*n.*	四月
apt [æpt]	*a.*	恰当的,适当的;(习性)易于……的,有……倾向的
arbitrary ['ɑːbitrəri]	*a.*	任意的,任性的,主观的;专断的,武断的
arch [ɑːtʃ]	*n.* 拱门,桥拱洞,弓形结构 *v.* 拱起,(使)变成弓形
architect ['ɑːkitekt]	*n.*	建筑师
architecture ['ɑːkitektʃə]	*n.*	建筑,建筑学;建筑式样或风格,建筑物
area ['ɛəriə]	*n.*	面积;地区,地域;领域,范围
argue ['ɑːgjuː]	*vi.* 辩论,争论;认为,主张 *vt.* 辩论,论证;说服,劝说
argument ['ɑːgjumənt]	*n.*	争论(吵),辩论;论据/点
arise [ə'raiz]	*v.*	出现,发生;(from)由……引起,由……产生
arithmetic [ə'riθmətik]	*n.*	算术
arm [ɑːm]	*n.*	手臂,扶手,臂状物,衣袖;(*pl.*)(总称)武器,武装 *v.* 武装;配备
army ['ɑːmi]	*n.*	军队,陆军,军;大群,大批
around [ə'raund]	*ad.* 在……周围;到处;大约 *prep.* 在……四周(或附近),在……各地
arouse [ə'rauz]	*vt.*	唤醒,叫醒;唤起,激起

arrange [ə'reindʒ]	*v.*	安排,筹划;整理,排列,布置
array [ə'rei]	*n.*	大量;排列;一系列 *v.* 排列
arrest [ə'rest]	*n.*	逮捕,扣留 *vt.* 逮捕,扣留
arrival [ə'raivəl]	*n.*	到达,到来;到达者,到达物
arrive [ə'raiv]	*vi.*	到达;(时间、事件)到来,发生;达到
arrogant ['ærəgənt]	*a.*	傲慢的,自大的
arrow ['ærəu]	*n.*	箭,矢,箭状物;箭头符号
art [ɑːt]	*n.*	艺术,美术;技术,技艺;(*pl.*)文科,人文科学
artery ['ɑːtəri]	*n.*	动脉;干线,要道
article ['ɑːtikl]	*n.*	文章,论文;项目条款;物品,商品;冠词
articulate [ɑː'tikjulit]	*a.*	善于表达的;口齿清晰的 *vt.* 明确有力地表达
artificial [ˌɑːti'fiʃəl]	*a.*	人工的,人造的,人为的;虚伪的,做作的
artist ['ɑːtist]	*n.*	艺术家,美术家
artistic [ɑː'tistik]	*a.*	艺术(家)的,美术(家)的
as [æs]	*ad.*	同样地,一样 *conj.* 由于;像……一样,正当,以致;虽然,尽管 *prep.* 作为
ascend [ə'send]	*vi.*	渐渐上升,升高 *vt.* 攀登,登上
ascertain [ˌæsə'tein]	*vt.*	确定,查明,弄清
ash [æʃ]	*n.*	灰,灰末
ashamed [ə'ʃeimd]	*a.*	(of)惭愧的,羞耻的,害臊的
ashore [ə'ʃɔː]	*ad.*	上岸;在岸上,向岸上
aside [ə'said]	*ad.*	在旁边,到一边
ask [ɑːsk]	*vt.*	问,询问;请求,要求;邀请,约请
asleep [ə'sliːp]	*a.*	睡着的(用做表语)
aspect ['æspekt]	*n.*	样子,外表,面貌,(问题等的)方面
aspire [əs'paiə]	*vi.*	(to,after)渴望,追求,有志于
assassinate [ə'sæsineit]	*vt.*	暗杀,行刺;中伤
assault [ə'sɔːlt]	*v.*	猛烈地攻击,袭击 *n.* 突然而猛烈的攻击
assemble [ə'sembl]	*vt.*	集合,召集;装配,组装;收集 *vi.* 集合,聚集
assembly [ə'sembli]	*n.*	集合;会议;装配
assert [ə'səːt]	*vt.*	断言,宣称
assess [ə'ses]	*vt.*	(为征税)评估(财产、收入);征税;评价
asset ['æset]	*n.*	(*pl.*)资产,财产;有价值的物品;天赋
assign [ə'sain]	*vt.*	派给,分配;选定,指定(时间、地点等)
assignment [ə'sainmənt]	*n.*	分配,指派;(课外)作业,(分派的)任务
assimilate [ə'simileit]	*vt.*	吸收,消化;使同化 *vi.* 被吸收;被同化
assist [ə'sist]	*vt.*	协助,帮助 *vi.* 帮忙,参加

assistance [ə'sistəns]	n. 协作;援助;帮助
assistant [ə'sistənt]	a. 帮助的,辅助的 n. 助手,助教
associate [ə'səuʃieit]	vt. 交往;使联合 n. 合作人,同事,同行,伙伴 a. 副的
association [əˌsəusi'eiʃən]	n. 联盟,协会,社团;交往,联合;联想
assume [ə'sjuːm]	vt. 假装;假定,设想;承担;呈现,采取
assumption [ə'sʌmpʃən]	n. 假定,设想;采取;承担
assurance [ə'ʃuərəns]	n. 保证,担保;确信,断言
assure [ə'ʃuə]	vt. 使确信,使放心(of);向……保证,担保
astonish [əs'tɔniʃ]	vt. 使惊讶,使吃惊
astronaut ['æstrənɔːt]	n. 宇航员
astronomy [ə'strɔnəmi]	n. 天文学
at [æt, ət]	prep. (表示价格、速度等)以,达;在……方面;(表示地点,位置,场合)在,于,到……处;(表示时刻、时节、年龄)在……时,当;(表示目标、方向)对着,向
athlete ['æθliːt]	n. 运动员
atmosphere ['ætməsfiə]	n. 大气(层);空气;气氛,环境;大气压(压力单位)
atom ['ætəm]	n. 原子;微粒,微量
attach [ə'tætʃ]	v. (to)系上,贴上,装上,连接;使成为一部分;使依恋,使依附,使隶属;附加,附带;认为有;使与…相关联
attack [ə'tæk]	v./n. 攻击,抨击;着手,开始 n. (病)发作
attain [ə'tein]	vt. 达到;完成;获得 vi. 达到
attempt [ə'tempt]	vt. 企图,试图 n. (at)努力,尝试,企图
attend [ə'tend]	vt. 出席,参加;(to)照顾,护理
attendance [ə'tendəns]	n. 出席,到场
attendant [ə'tendənt]	n. 护理人员;服务员,值班员
attention [ə'tenʃən]	n. 注意,注意力,留心;立正
attitude ['ætitjuːd]	n. (to, toward, about)态度,看法;姿势
attorney [ə'təːni]	n. 律师
attract [ə'trækt]	vt. 引起的注意(或兴趣等),吸引;引起(注意等);激起
attractive [ə'træktiv]	a. 吸引人的,引人注意的;漂亮的,迷人的
attribute [ə'tribju(ː)t]	v. (to)归因于,归属于 n. 属性,品质,特征
auction ['ɔːkʃən]	n./vt. 拍卖
audience ['ɔːdjəns]	n. 听众,观众,读者;见面,会见
audio ['ɔːdiəu]	n./a. 音频(响)(的);声音(的),听觉(的)
audit ['ɔːdit]	v. 审计;查账;核对;旁听
auditorium [ˌɔːdi'tɔːriəm]	n. 观众席,听众席;会堂,礼堂
augment [ɔːg'ment]	vt. (使)增大,增加,增长,扩张

August [ˈɔːgəst]	n.	八月
aunt [ɑːnt]	n.	姨母,姑母,伯母,婶母,舅母,阿姨
aural [ˈɔːrəl]	a.	听觉的
authentic [ɔːˈθentik]	a.	真的,真正的;可靠的,可信的,有根据的
author [ˈɔːθə]	n.	作者,作家,著作人;创始人,发起人
authority [ɔːˈθɔriti]	n.	权力,权威;权威人士,有权威性的典籍;(pl.)官方,当局
auto [ˈɔːtəu] /automobile [ˈɔːtəməubiːl]	n.	(口语)汽车
automatic [ˌɔːtəˈmætik]	a.	自动(装置)的;无意识的 n. 自动机械
automation [ˌɔːtəˈmeiʃən]	n.	自动,自动化
autonomy [ɔːˈtɔnəmi]	n.	自治,自治权
autumn [ˈɔːtəm]	n.	秋,秋季
auxiliary [ɔːgˈziljəri]	a.	辅助的,补助的
avail [əˈveil]	n.	(一般用于否定句或疑问句中)效用,利益,帮助
	vt.	有用于,有助于
available [əˈveiləbl]	a.	(用于物)可利用的;可见到的,随时可来的
avenue [ˈævinjuː]	n.	林荫路,大街;(比喻)途径,渠道,方法
average [ˈævəridʒ]	n.	平均,平均数 a. 平均的;普通的 v. 平均
avert [əˈvəːt]	v.	防止,避免;转移(目光、注意力等)
aviation [ˌeiviˈeiʃən]	n.	航空,飞行
avoid [əˈvɔid]	vt.	防止,避免,逃避,避开
await [əˈweit]	vt.	等候,期待;(事情等)降临于
awake [əˈweik]	a.	醒着的,警觉的 vt. 唤醒,使觉醒 vi. 醒来,醒悟到,认识到
award [əˈwɔːd]	vt.	授予,给予,奖给 n. 奖,奖金
aware [əˈwɛə]	a.	(of)知道的,意识到的;
away [əˈwei]	ad.	离开,远离;……去,……掉;不断……下去
awe [ɔː]	n.	敬畏,惊惧 vt. 使敬畏,使惊惧
awful [ˈɔːful]	a.	极度的,极坏的;威严的,可怕的
awkward [ˈɔːkwəd]	a.	笨拙的;尴尬的;使用不便的;难处理的
axe/ax [æks]	n.	斧子
axis [ˈæksis]	n.	轴,轴(线),构图,中心线

B

baby [ˈbeibi]	n.	婴儿,孩子
bachelor [ˈbætʃələ]	n.	单身汉;[B-]学士(学位)

back [bæk]	a.	后面的 *ad.* 向后,在后;回,回复;以前 *v.* 倒退;支持 *n.* 背;后面
background ['bækgraund]	n.	背景,经历
backward ['bækwəd]	a.	向后的,倒行的;迟钝的 *ad.* 向后,朝反方向
bacon ['beikən]	n.	咸猪肉,熏猪肉
bacterium [bæk'tiəriəm]	n.	(*pl.* bacteria)细菌
bad [bæd]	a.	坏的;低劣的;不舒服的;腐败的;严重的
badge [bædʒ]	n.	徽章
badly ['bædli]	ad.	非常,严重地;坏地,差地,拙劣地
badminton ['bædmintən]	n.	羽毛球
bag [bæg]	n.	袋,提包
baggage ['bægidʒ]	n.	行李
bait [beit]	n.	饵,引诱物 *vt.* 用饵引诱;折磨,奚落
bake [beik]	v.	烤,烘,焙;烧硬,焙干
balance ['bæləns]	v.	称,(使)平衡 *n.* 天平;平衡,均衡;差额,余款
balcony ['bælkəni]	n.	阳台;(电影院等的)楼厅,楼座
bald [bɔːld]	a.	秃的,秃头的
ball [bɔːl]	n.	球(状物);(正式的)舞会
ballet ['bælei, bæ'lei]	n.	芭蕾舞,芭蕾舞剧;芭蕾舞团
balloon [bə'luːn]	n.	气球
ballot ['bælət]	n.	(不记名)投票;投票总数;投票权 *vi.* 投票
ban [bɑːn]	v.	取缔,查禁;(from)禁止 *n.* 禁止,禁令
banana [bə'nɑːnə]	n.	香蕉
band [bænd]	n.	等级;条,带;乐队;波段;一群,一伙 *v.* 缚,绑扎
bandage ['bændidʒ]	n.	绷带 *v.* 用绷带扎缚
bang [bæŋ]	n.	砰砰的声音;猛击 *v.* 砰地关上,猛撞,猛击
bank [bæŋk]	n.	银行;岸,堤 *vi.* 存入(经营)银行
bankrupt ['bæŋkrʌpt]	a.	破产的
banner ['bænə]	n.	旗(帜)
banquet ['bæŋkwit]	n.	(正式的)宴会 *vi.* 参加宴会 *vt.* 宴请
bar [bɑː(r)]	n.	条,杆,闩;酒吧,餐柜;栅,障碍(物) *v.* 闩上,阻拦
barbecue ['bɑːbikjuː]	n.	烤肉;烤肉用的台架 *vt.* 炙烤(肉等)
barber ['bɑːbə]	n.	理发师
bare [bɛə]	a.	赤裸的,空的;稀少的,仅有的 *v.* 露出,暴露
barely ['bɛəli]	ad.	赤裸裸地,无遮蔽地;仅仅,勉强,几乎没有
bargain ['bɑːgin]	n.	廉价货;交易,契约,合同 *v.* 议价,成交
bark [bɑːk]	vi.	(狗等)吠,叫 *n.* 吠声,叫声

barn [bɑːn]	n. 谷仓,仓库
barrel ['bærəl]	n. 桶;枪管,炮管
barren ['bærən]	a. 贫瘠的;不育的;(植物)不结果的;无用的
barrier ['bæriə]	n. 栅栏,屏障;障碍(物)
base [beis]	n. 基础,底部;根据地 v. (on)把……基于,以……为根据
baseball ['beisbɔːl]	n. 棒球
basement ['beismənt]	n. 建筑物的底部,地下室,地窖
basic ['beisik]	a. 基本的,基础的
basin ['beisn]	n. 盆,脸盆;内海,盆地
basis ['beisis]	n. 基础,根据
basket ['bɑːskit]	n. 筐,篮,篓
basketball ['bɑːskitbɔːl]	n. 篮球
bat [bæt, bɑːt]	n. 球拍,球棒,短棒;蝙蝠
batch [bætʃ]	n. 一批,一组,一群
bath [bɑːθ]	n. 沐浴,洗澡;浴室(池,盆) v. (给……)洗澡
bathe [beið]	v. 游泳,洗澡,浸,弄湿
bathroom ['bɑːθruːm]	n. 浴室;盥洗室,卫生间
battery ['bætəri]	n. 电池(组);炮兵连,炮组
battle ['bætl]	n. 战役,战斗;斗争 v. 战斗,斗争,搏斗
bay [bei]	n. 海湾,(港)湾
be [biː; bi]	v. (就)是,等于;(存)在;到达,来到,发生
beach [biːtʃ]	n. 海滩,湖滩,河滩
beam [biːm]	n. (横)梁,桁条;(光线的)束,柱 v. 微笑;发光
bean [biːn]	n. 豆;菜豆,蚕豆
bear [bɛə]	n. 熊 v. 忍受,容忍;负担,负荷;结果实,生子女
beard [biəd]	n. 胡须
bearing ['bɛəriŋ]	n. 轴承;忍受;关系,影响;举止;方向
beast [biːst]	n. 兽,牲畜;凶残的人,举止粗鲁的人
beat [biːt]	n. 敲打;(心脏等)跳动 v. 打败;(心脏等)跳动;打,敲
beautiful ['bjuːtəful]	a. 美(好)的
beauty ['bjuːti]	n. 美,美丽;美人,美丽的事物
because [bi'kɔz]	conj. 因为,由于
become [bi'kʌm]	vi. 变成,开始变得 vt. 适合,同……相称
bed [bed]	n. 床,床位;(苗)床,花坛;河床,(湖、海的)底,矿床
bee [biː]	n. 蜂,蜜蜂
beef [biːf]	n. 牛肉

beer [biə]	n. 啤酒
before [bi'fɔː]	prep. (指时间)在……以前,在……前面 conj. 在……之前 ad. 前面,从前,早些时候
beforehand [bi'fɔːhænd]	ad. 预先,事先
beg [beg]	vt. 请求,乞求 vi. 恳请,行乞
begin [bi'gin]	v. (began,begun)开始,着手
beginning [bi'giniŋ]	n. 开始,开端
behalf [bi'hɑːf]	n. 利益
behave [bi'heiv]	v. 举止,举动,表现;运转,开动
behaviour/behavior [bi'heivjə]	n. 行为,举止;(机器的)特性
behind [bi'haind]	prep. 在……的背后,(遗留)在……后面;落后于 ad. 向后,落后
being ['biːiŋ]	n. 生物,生命,存在,生存
belief [bi'liːf]	n. 相信,信念;信仰,信条
believe [bi'liːv]	vt. (in)相信,信仰;认为 vi. 相信,信任,信奉
bell [bel]	n. 钟,铃
belly ['beli]	n. 肚子,腹部;(像肚子一样)鼓起的部分,膛
belong [bi'lɔŋ]	v. (to)属于,附属,隶属;应归入(类别,范畴等)
beloved [bi'lʌvd]	a./n. 受爱戴的,敬爱的;爱人,被心爱的人
below [bi'ləu]	prep. 在……下面,在……以下 ad. 在下面,向下
belt [belt]	n. (皮)带,腰带;地带
bench [bentʃ]	n. 长凳,条凳;(工作)台,座
bend [bend]	v. (使)弯曲;屈从,屈服 n. 弯曲(处),曲折处
beneath [bi'niːθ]	prep. 在……下边,在……之下 ad. 在下方
beneficial [beni'fiʃəl]	a. (to)有利的,有益的
benefit ['benifit]	n. 利益,好处,恩惠 v. 有益于;(from,by)受益
benign [bi'nain]	a. (病)良性的,(气候)良好的,仁慈的,和蔼的
beside [bi'said]	prep. 在……旁边,在……附近;和……相比
besides [bi'saidz]	ad. 此外;并且 prep. 于……之外;除……以外
best [best]	a. 最好的(good 和 well 最高级) ad. 最好地;最
bet [bet]	v. 赌,打赌 n. 打赌,赌注
betray [bi'trei]	v. 背叛,出卖;暴露,流露,泄露
better ['betə]	a. 较好的 ad. 更好(地) v. 改良 n. 较佳者
between [bi'twiːn]	prep. 在……之间,在(两者)之间 ad. 在中间
beverage ['bevəridʒ]	n. (水,酒等之外的)饮料
beware [bi'wɛə]	v. 当心,谨防
bewilder [bi'wildə]	v. 使迷惑,难住

beyond [bi'jɔnd]	*prep.* 在(或向)……的那边,远于;超出;迟于　*ad.* 在那边,在远处
bias ['baiəs]	*n./v.* (使有)偏见,偏心,偏袒
bible ['baibl]	*n.* 圣经
bibliography [ˌbibli'ɔgrəfi]	*n.* (有关某一专题的)书目;参考书目
bicycle ['baisikl]/bike [baik]	*n.* 自行车
bid [bid]	*v.* 祝愿;命令,吩咐;报价,投标　*n.* 出价,投标
big [big]	*a.* 大的;重要的,重大的
bill [bil]	*n.* 账单;招贴,广告;(人员,职称等的)表;钞票;单子,清单
billion ['biljən]	*num./n.* [美]十亿,[英]万亿
bin [bin]	*n.* (贮藏食物等用的)箱子
bind [baind]	*v.* 捆,绑,包扎,束缚
biography [bai'ɔgrəfi]	*n.* 传记
biology [bai'ɔlədʒi]	*n.* 生物学
bird [bəːd]	*n.* 鸟,禽
birth [bəːθ]	*n.* 出生,诞生;出身,血统
birthday ['bəːθdei]	*n.* 生日
biscuit ['biskit]	*n.* 饼干,点心
bit [bit]	*n.* 一点,一些,一片
bite [bait]	*v./n.* 咬,叮　*n.* 一口
bitter ['bitə]	*a.* (有)苦(味)的;痛苦的,厉害的
bizarre [bi'zɑː]	*a.* 异乎寻常的,稀奇古怪的
black [blæk]	*a.* 黑(色)的;黑暗的　*n.* 黑(色);黑人
blackboard ['blækbɔːd]	*n.* 黑板
blackmail ['blækmeil]	*n.* 讹诈,敲诈,勒索;胁迫,恫吓
blade [bleid]	*n.* 刀刃,刀片;桨叶;草叶,叶片
blame [bleim]	*v.* 责备,怪,把……归咎于　*n.* 责任,过错;责备
blank [blæŋk]	*a.* 空白的,空着的;失色的,无表情的　*n.* 空白;表格
blanket ['blæŋkit]	*n.* [可数]毯子,毛毯
blast [blɑːst]	*n.* 一阵(风);爆炸冲击波;管乐器声　*v.* 爆炸,爆破
blaze [bleiz]	*n.* 火焰;火光;闪光,光辉　*v.* 燃烧,冒火焰
bleak [bliːk]	*a.* 荒凉的;冷酷的;没有希望的
bleed [bliːd]	*v.* 出血,流血
blend [blend]	*n.* 混合(物)　*v.* 混合,混杂
bless [bles]	*v.* 祝福,保佑
blind [blaind]	*a.* 盲的,瞎的;盲目的　*vt.* 使失明;蒙蔽　*n.* 百叶窗

block [blɔk]	n.	大块木(石)料;街区;障碍物,阻塞 v. 阻塞,拦阻
blood [blʌd]	n.	血液,血;血统,宗族,门第,血亲;血气,气质
bloody ['blʌdi]	a.	流血的,血腥的
bloom [bluːm]	n.	花(朵);开花(期) v. 开花
blossom ['blɔsəm]	n.	花 vi. 开花
blouse [blauz]	n.	女衬衣,短上衣,宽阔的罩衫
blow [bləu]	vi.	吹,吹气,打气;吹奏;爆炸,爆裂 n. 打,打击,殴打,一击
blue [bluː]	a.	蓝色的;青灰色的;沮丧的,阴郁的 n. 蓝色
blueprint ['bluːˌprint]	n.	蓝图,设计图,计划 vt. 制成蓝图,计划
blunder ['blʌndə]	v.	(因无知等而)犯大错;跟跟跄跄地走 n. 大错
blunt [blʌnt]	a.	率直的;钝的 v. (使)钝;(使)迟钝
blur [bləː]	n.	模糊不清的事物;污点 vt. 使模糊;玷污
blush [blʌʃ]	v./n.	脸红
board [bɔːd]	n.	板,木板;全体委员;伙食;船舷 v. 上船(车,飞机)
boast [bəust]	v.	(of,about)自夸,夸耀 n. 自夸,大话
boat [bəut]	n.	小船,艇
body ['bɔdi]	n.	身体,本体;主体;尸体;物体;(一)群,批,堆
boil [bɔil]	v.	(使)沸腾,煮(沸)
bold [bəuld]	a.	大胆的,勇敢的;冒失的;黑体的,粗体的
bolt [bəult]	n.	螺栓,(门,窗的)插销 v. 闩(门),关窗,拴住
bomb [bɔm]	n.	炸弹 v. 投弹于,轰炸
bond [bɔnd]	n.	结合(物),粘结(剂),联结;公债,债券,契约
bone [bəun]	n.	骨(骼)
bonus ['bəunəs]	n.	奖金,红利
book [buk]	n.	书,书籍;卷,篇,册 vt. 订(票,座位,房间等),预定
boom [buːm]	v.	迅速发展,兴旺;发出隆隆声
boost [buːst]	n./vt.	提升;增加;抬高(价格);支援
boot [buːt]	n.	长统靴;(汽车后部的)行李箱
booth [buːθ]	n.	电话亭,货摊
border ['bɔːdə]	n.	边界,国界;边(沿) v. 交界,与……接壤;接近
bore [bɔː]	v.	钻(孔),挖(洞);烦扰,使厌烦 n. 讨厌的人,麻烦事
born [bɔːn]	a.	出生的,产生的;天生的,生来的
borrow ['bɔrəu]	vt.	借,借用
bosom ['buzəm]	n.	胸,胸部;胸怀;内心 a. 亲密的
boss [bɔs]	n.	老板,上司 vt. 指挥,控制,发号施令
both [bəuθ]	pron.	两者(都),双方(都) adj. 两个……(都)

bother [ˈbɔðə]	*vt.* 打扰,麻烦 *vi.* 担心,烦恼 *n.* 烦恼,焦急
bottle [ˈbɔtl]	*n.* 瓶(子) *v.* 装瓶
bottom [ˈbɔtəm]	*n.* 底(部);基础,根基;海底,湖底,河床
bounce [bauns]	*n./vi.* (球)弹起,弹回;弹起,跳起; *n.* (球)跳起,弹回
bound [baund]	*v./n.* 跳(跃) *a.* 被束缚的,一定的,准备(或正在)到……去的,开往……的
boundary [ˈbaundəri]	*n.* 分界线,边界
bow [bau]	*v./n.* 鞠躬,点头 *n.* 弓(形);蝴蝶结
bowel [ˈbauəl]	*n.* 肠;(*pl.*)内部,深处
bowl [bəul]	*n.* 碗(状物),钵
bowling [ˈbəuliŋ]	*n.* 保龄球运动
box [bɔks]	*n.* 盒(子),箱(子);包厢 *v.* 把……装箱;拳击;打耳光
boy [bɔi]	*n.* 男孩子,儿子;男性服务员,男仆
boycott [ˈbɔikət]	*n./v.* (联合)抵制,拒绝参与
brace [breis]	*v.* 使防备;支撑;使(手,足,肩等)绷紧 *n.* 托架,支架
bracket [ˈbrækit]	*n.* (方)括号
brain [brein]	*n.* (大)脑,骨髓;(*pl.*)脑力,智能
brake [breik]	*v./n.* 制动(器),闸,刹车
branch [brɑːntʃ]	*n.* (树)条,分支;分店,分部;(学科)分科,部门;支流,支脉,支线
brand [brænd]	*n.* 商标,标记,牌子 *v.* 使铭记;打火印,打烙印
brandy [ˈbrændi]	*n.* 白兰地酒
brass [brɑːs]	*n.* 黄铜,铜器
brave [breiv]	*a.* 勇敢的
breach [briːtʃ]	*n.* 违反,不履行;破裂 *vt.* 冲破,攻破
bread [bred]	*n.* 面包
breadth [bredθ]	*n.* 宽度,幅
break [breik]	*vt.* 打破;中止;违反 *vi.* 破(裂) *n.* 休息时间;打断,中止
breakdown [ˈbreikdaun]	*n.* 崩溃;衰竭;(关系、计划或讨论等的)中断;损坏,故障,倒塌
breakfast [ˈbrekfəst]	*n.* 早餐 *v.* (给某人)吃早餐
breast [brest]	*n.* 胸膛,乳房
breath [breθ]	*n.* 呼吸,气息
breathe [briːð]	*v.* 呼吸,吸入
breed [briːd]	*v.* (使)繁殖,生殖;产生;教养,抚养 *n.* 品种,种类
breeze [briːz]	*n.* 微风

bribe [braib]	n.	贿赂 v. 向……行贿,买通
brick [brik]	n.	砖块,砖
bride [braid]	n.	新娘
bridge [bridʒ]	n.	桥 vt. 架桥;建桥
brief [briːf]	a.	简短的,简洁的 v. 简短介绍,简要汇报
briefcase ['briːfkeis]	n.	手提箱,公事皮包
bright [brait]	a.	明亮的,辉煌的;聪明的;欢快的,美好的
brilliant ['briljənt]	a.	光辉的,灿烂的;卓越的,有才华的
brim [brim]	n.	边缘,帽沿
bring [briŋ]	v.	拿来,带来;产生,引起;使处于某种状态
brisk [brisk]	a.	轻快的;生气勃勃的;兴隆的
brittle ['britl]	a.	易碎的;脆弱的
broad [brɔːd]	a.	宽的,广阔的;广大的,广泛的;宽宏的,豁达的
broadcast ['brɔːdkɑːst]	v./n.	广播(节目)
brochure [brəu'ʃuə]	n.	小册子
bronze [brɔnz]	n.	青铜;青铜色,古铜色;青铜制品,铜牌
brook [bruk]	n.	小溪,小河
broom [bruːm]	n.	扫帚
brother ['brʌðə]	n.	兄弟;同胞;教友
brow [brau]	n.	眉(毛);额
brown [braun]	n./a.	褐色(的),棕色(的)
browse [brauz]	vi.	随意翻阅,浏览;(牛、羊等)吃草
bruise [bruːz]	n.	青肿,挫伤;伤痕 vt. 打青;挫伤
brush [brʌʃ]	n.	刷(子),毛刷;画笔 v. 刷,擦,掸,拂,掠过,擦过
brutal ['bruːtl]	a.	残忍的;严峻的;严酷的
bubble ['bʌbl]	n.	泡,水泡,气泡 v. 冒泡,起泡,沸腾
bucket ['bʌkit]	n.	水桶,吊桶
bud [bʌd]	n.	芽,花苞 v. 发芽,含苞欲放
budget ['bʌdʒit]	n.	预算 v. 做预算
buffet ['bʌfit]	n.	自助餐
bug [bʌg]	n.	臭虫;小毛病;窃听器 v. 窃听
build [bild]	vt.	建造,建筑;建设,建立 vi. 增大,增强
building ['bildiŋ]	n.	建筑(物),房屋,大楼
bulb [bʌlb]	n.	灯泡,球状物
bulk [bʌlk]	n.	体积,容积;主体,大批,大量,大块
bull [bul]	n.	公牛
bullet ['bulit]	n.	子弹,枪弹

bulletin [ˈbulitin]	n.	公报,公告,告示
bully [ˈbuli]	n.	恃强欺弱者,小流氓　vt. 威胁,欺侮
bump [bʌmp]	v.	(against,into)碰;颠簸着前进　n. 碰撞;隆起物
bunch [bʌntʃ]	n.	(一)簇,束,捆,串
bundle [ˈbʌndl]	n.	捆,包,束
burden [ˈbəːdn]	n.	担子,重担,负担
bureau [bjuəˈrəu, ˈbjuərəu]	n.	署,局,司,处
bureaucracy [bjuəˈrɔkrəsi]	n.	官僚主义,官僚机构;(非民选的)委任官员
burglar [ˈbəːglə]	n.	(入室行窃的)盗贼
burn [bəːn]	v.	燃烧,烧着;烧毁;灼伤　n. 烧伤,灼伤
burst [bəːst]	v.	爆裂,炸破;突然发生　n. 突然破裂,爆发
bury [ˈberi]	v.	埋(葬),安葬;埋藏,遮盖
bus [bʌs]	n.	公共汽车
bush [buʃ]	n.	灌木(丛)
business [ˈbiznis]	n.	商业,生意;事务,业务,职责
busy [ˈbizi]	a.	忙,忙碌的;热闹的,繁忙的;(电话)占线;(with)忙于……的　v. 使忙于
but [bət, bʌt]	conj.	但是;除……之外　prep. 除……以外　ad. 只,才,仅仅
butcher [ˈbutʃə]	n.	屠夫,卖肉者
butter [ˈbʌtə]	n.	黄油,奶油　v. 涂黄油于……上
butterfly [ˈbʌtəflai]	n.	蝴蝶
button [ˈbʌtn]	n.	纽扣,按钮(开关)　v. 扣紧;扣上纽扣
buy [bai]	vt.	买,买得;向……行贿,收买　vi. 购买东西　n. 购买,买卖
by [bai]	prep.	被;凭借;经由;由于　ad. 在近旁;经过
bypass [ˈbaipaːs] /by-pass [bai-paːs]	prep.	在……旁,靠近;被,由;经,沿,通过;不迟于,到……时为止;根据,按照;(表示方法,手段)靠,用,通过

C

cab [kæb]	n.	出租车,出租马车;驾驶室　vi. 乘出租马车
cabbage [ˈkæbidʒ]	n.	洋白菜,卷心菜
cabin [ˈkæbin]	n.	客舱,机舱;小(木)屋
cabinet [ˈkæbinit]	n.	内阁,内阁会议;(带玻璃门存物品的)橱柜
cable [ˈkeibl]	n.	电报;电缆;缆,索,钢丝绳　v. 拍电报
café [kæˈfi]	n.	咖啡馆,(小)餐馆
cafeteria [ˌkæfiˈtiəriə]	n.	自助食堂

cage [keidʒ]	n.	鸟笼
cake [keik]	n.	饼,糕,蛋糕
calcium ['kælsiəm]	n.	钙(化学符号 Ca)
calculate ['kælkjuleit]	v.	计算,推算;计划,打算
calendar ['kælində]	n.	日历,月历
call [kɔ:l]	vt.	叫,喊;打电话 vi. 叫;(on, at)访问 n. 叫喊;号召;(电话)通话
calm [kɑ:m]	a.	(天气,海洋等)平静的,镇静的,沉着的 n. 平静 v. (使)平静,使镇定
calorie ['kæləri]	n.	卡路里(食物所产生的热量或能量单位)
camel ['kæməl]	n.	骆驼
camera ['kæmərə]	n.	照相机,摄影机
camp [kæmp]	n.	野营,营地;帐篷,阵营 v. 设营,宿营
campaign [kæm'pein]	n.	战役;运动
campus ['kæmpəs]	n.	(大学)校园
can [kæn, kən]	aux./v.	能;可以 n. 罐头;容器 vt. 把……装罐
canal [kə'næl]	n.	运河;(沟)渠
cancel ['kænsəl]	v.	取消,把……作废;删去,划掉
cancer ['kænsə]	n.	癌
candidate ['kændidət]	n.	候选人,候补者;报考者
candle ['kændl]	n.	蜡烛
candy ['kændi]	n.	糖果
cannon ['kænən]	n.	大炮,火炮
canoe [kə'nu:]	n.	独木舟,小游艇
canteen [kæn'ti:n]	n.	食堂
canvas ['kænvəs]	n.	帆布;帆布画布,(帆布)油画
cap [kæp]	n.	便帽,军帽;盖,罩,套 v. 覆盖于……顶端
capable ['keipəbl]	a.	有本领的,有能力的;(of)可以……的,能……的
capacity [kə'pæsiti]	n.	容量,容积;能量,能力;接受力
cape [keip]	n.	海角,岬;披肩,短披风
capital ['kæpitəl]	n.	首都;大写字母;资本 a. 主要的,最重要的,基本的
capitalism ['kæpitəlizəm]	n.	资本主义
capsule ['kæpsju:l]	n.	胶囊;太空舱
captain ['kæptin]	n.	首领,队长;船长;上尉 v. 做……的首领,指挥
captive ['kæptiv]	n.	俘房 a. 被俘房的,被监禁的
capture ['kæptʃə]	v./n.	捕获,俘房 v. 夺得,攻占
car [kɑ:]	n.	汽车,车辆,车;(火车)车厢

carbohydrate [ˈkɑːbəuˈhaidreit]	n.	碳水化合物,糖类;(pl.)淀粉质或糖类
carbon [ˈkɑːbən]	n.	碳
card [kɑːd]	n.	卡片,名片;纸牌;纸片
cardinal [ˈkɑːdinəl]	n.	(天主教的)红衣主教　a. 首要的,基本的
care [kɛə]	n.	小心;关怀,照料　v. (about)关心,介意,计较
career [kəˈriə]	n.	(个人的)事业;专业,生涯,职业,经历
careful [ˈkɛəful]	a.	小心的,仔细的;细致的,精心的
caress [kəˈres]	vt. /n.	爱抚,抚摸
cargo [ˈkɑːgəu]	n.	船货,货物
carpenter [ˈkɑːpintə]	n.	木工,木匠
carpet [ˈkɑːpit]	n.	地毯
carriage [ˈkæridʒ]	n.	(四轮)马车;(火车)客车厢
carrier [ˈkæriə]	n.	搬运人;载体
carrot [ˈkærət]	n.	胡萝卜
carry [ˈkæri]	v.	运送,搬运;传送,传播;领,带
cart [kɑːt]	n.	(二轮货运)马车,手推车
cartoon [kɑːˈtuːn]	n.	漫画,幽默画;动画片
carve [kɑːv]	v.	(雕)刻
case [keis]	n.	箱,盒,容器;情况,事实;病例;案件
cash [kæʃ]	n.	现金,现款　v. 兑现,付(或收)现款
cashier [kæˈʃiə]	n.	收银员,出纳员
cassette [kɑːˈset]	n.	盒子;盒式磁带
cast [kɑːst]	v.	投,扔,掷,抛;铸造;投票　n. 演员表
castle [ˈkɑːsl]	n.	城堡
casual [ˈkæʒjuəl]	a.	偶然的,碰巧的;临时的,非正式的
casualty [ˈkæʒjuəlti]	n.	伤亡人员;受害人
cat [kæt]	n.	猫
catalogue /catalog [ˈkætələg]	n.	目录(册)　v. 编目(录)
catastrophe [kəˈtæstrəfi]	n.	大灾难;(悲剧)结局
catch [kætʃ]	v.	捕捉,捕获;赶上;感染;理解,听到
category [ˈkætigəri]	n.	种类,部属,类目;范畴,类型
cater [ˈkeitə]	vi.	(for/to)满足,迎合;(for)提供饮食及服务
cathedral [kəˈθiːdrəl]	n.	大教堂
Catholic [ˈkæθəlik]	a.	天主教的　n. 天主教徒
cattle [ˈkætl]	n.	牛;牲口,家畜
cause [kɔːz]	n.	原因;事业,事件,奋斗目标　v. 使产生,引起
caution [ˈkɔːʃən]	n.	谨慎;注意(事项),警告,告诫　vt. 警告

cautious [ˈkɔːʃəs]	a.	(of)小心的,谨慎的
cave [keiv]	n.	洞,穴
cease [siːs]	v./n.	停止,中止
ceiling [ˈsiːliŋ]	n.	天花板
celebrate [ˈselibreit]	vt.	庆祝
celebrity [siˈlebriti]	n.	名人,名流;著名,名声,名望
cell [sel]	n.	细胞;小囚房;蜂房;电池
cellar [ˈselə]	n.	地窖,地下室
cement [siˈment]	n.	水泥;胶泥,胶接剂　v. 胶合;巩固,加强
cemetery [ˈsemitri]	n.	坟墓,墓地,坟场
census [ˈsensəs]	n.	人口普查(调查)
cent [sent]	n.	(货币单位)分,分币;百
centigrade [ˈsentigreid]	n./a.	摄氏温度计(的);百分度(的)
centimetre /centimeter [ˈsentimiːtər(r)]	n.	厘米
central [ˈsentrəl]	a.	中心的,中央的,中枢的;主要的
centre /center [ˈsentə]	n.	中心,中央,中间　vt. 集中　vi. 以……为中心
century [ˈsentʃuri, -tʃəri]	n.	世纪,(一)百年
cereal [ˈsiəriəl]	n.	加工而成的谷类食物;谷类植物,谷物
ceremony [ˈseriməni]	n.	典礼,仪式;礼节,礼仪
certain [ˈsəːtən]	a.	某,某一,某些;(of)一定的,确信的,可靠的
certainly [ˈsəːtənli]	ad.	一定,必定,无疑;当然,行
certainty [ˈsəːtənti]	n.	必然,肯定;必然的事
certificate [səˈtifikit]	n.	证(明)书,执照
certify [ˈsəːtifai]	vt.	证明,证实;发证书(或执照)
chain [tʃein]	n.	链(条);(pl.)镣铐,一连串,一系列,连锁
	v.	用链条拴住
chair [tʃeə]	n.	椅子;(会议的)主席　vt. 主持,担任
chairman [ˈtʃeəmən]	n.	主席,议长,会长,董事长
chalk [tʃɔːk]	n.	粉笔,白垩
challenge [ˈtʃælindʒ]	n.	挑战(书);艰巨任务,难题　v. 向……挑战
chamber [ˈtʃeimbə]	n.	房间,室
champagne [ʃæmˈpein]	n.	香槟酒;微黄色
champion [ˈtʃæmpjən]	n.	冠军,得胜者;拥护者,斗士
chance [tʃɑːns]	n.	机会;可能性;偶然性,运气　v. 碰巧,偶然发生
chancellor [ˈtʃɑːnsələ]	n.	[英]大臣;法官;[德、奥]总理;大学校长
change [tʃeindʒ]	n.	改变,变化;零钱　v. 更换,调换,交换;改变,变化

channel [ˈtʃænl]	n.	海峡,水道;信道,波道;路线,途径
chaos [ˈkeiɔs]	n.	混乱,紊乱
chap [tʃæp]	n./v.	(皮肤)变粗糙;发痛 n. 小伙子
chapter [ˈtʃæptə]	n.	章;回,篇
character [ˈkæriktə]	n.	性格,品质,特性;人物,角色;字符,(汉)字
characteristic [ˌkæriktəˈristik]	a.	(of)特有的,独特的 n. 特征,特性
characterise /characterize [ˈkæriktəraiz]	v.	表示……的特性;描述……特性
charge [tʃɑːdʒ]	v.	索(价);控告;充电;~ with 交付责任;交…负责照料 n. (pl.)费用,代价;电荷,负荷
charity [ˈtʃæriti]	n.	慈善(团体),仁慈,施舍
charm [tʃɑːm]	n.	吸引力,魅力;美貌 v. 迷人,(使)陶醉;施魔法于
chart [tʃɑːt]	n.	图表
charter [ˈtʃɑːtə]	v.	租船,租车,租用飞机 n. 宪章
chase [tʃeis]	v./n.	追逐,追求
chat [tʃæt]	v./n.	闲谈,聊天
cheap [tʃiːp]	a.	便宜的;低劣的,不值钱的
cheat [tʃiːt]	v.	欺骗;作弊 n. 骗子;欺诈,欺骗行为
cheek [tʃiːk]	n.	面颊,脸
cheer [tʃiə]	v.	(使)振奋,(使)高兴 v./n. 喝彩,欢呼
cheese [tʃiːz]	n.	干酪,乳酪
chef [ʃef]	n.	(餐馆等的)厨师长,厨师
chemical [ˈkemikəl]	a.	化学的 n. (pl.)化学制品,化学药品
chemist [ˈkemist]	n.	化学家;药剂师
chemistry [ˈkemistri]	n.	化学
cheque/check [tʃek]	n.	支票,空白支票;总收入
cherish [ˈtʃeriʃ]	vt.	抱有,怀有(希望等);珍爱
cherry [ˈtʃeri]	n.	樱桃(树)
chess [tʃes]	n.	棋,国际象棋
chest [tʃest]	n.	胸腔,胸膛;箱,柜
chew [tʃuː]	v.	咀嚼;思量
chicken [ˈtʃikin]	n.	鸡(肉);鸡,小鸡,小鸟
chief [tʃiːf]	a.	主要的,首要的 n. 首领,领袖
child [tʃaild]	n.	(pl. children)小孩,儿童,儿女
childhood [ˈtʃaildhud]	n.	幼年,童年
chill [tʃil]	n.	寒冷,寒气,寒战 v. 使寒冷
chimney [ˈtʃimni]	n.	烟囱

chin [tʃin]	n.	下巴,颏
china ['tʃainə]	n.	瓷器
chip [tʃip]	n.	切屑,碎片;(土豆等的)薄片;集成电路块,芯片
chocolate ['tʃɔkəlit]	n.	巧克力(糖);赭色
choice [tʃɔis]	n.	选择(机会),抉择;选择项;入选者,精华　a. 精选的,上/优等的
choke [tʃəuk]	n./v.	窒息,噎住;闷塞,堵塞,阻塞
choose [tʃuːz]	v.	选择,挑选;甘愿
chop [tʃɔp]	v.	砍,劈,斩　n. 排骨,肉块
chorus ['kɔːrəs]	n.	合唱队;合唱　v. 异口同声地说,随声附和
Christ [kraist]	n.	基督,救世主,耶稣
Christian ['kristjən]	n.	基督教徒　a. 基督教徒的
Christmas ['krisməs]	n.	圣诞节
chronic ['krɔnik]	a.	(疾病)慢性的;积习难改的;严重的,坏的
church [tʃəːtʃ]	n.	教堂;[C-]教会,教派
cigar [si'gɑː]	n.	雪茄烟
cigaret/cigarette [sigə'ret]	n.	香烟,纸烟,卷烟
cinema ['sinimə]	n.	电影院;电影,影片
circle ['səːkl]	n.	圆,圆周;集团;周期,循环　v. 环绕,旋转
circuit ['səːkit]	n.	环行,周线,巡回;电路,线路
circular ['səːkjulə]	a.	圆(形)的,环形的;循环的　n. 传单,通报
circulate ['səːkjuleit]	v.	(使)循环,(使)流通
circumstance ['səːkəmstəns]	n.	(pl.)环境,详情,境况,形势;经济情形
circus ['səːkəs]	n.	马戏团,杂技团;马戏场,杂技场
cite [sait]	v.	引用,引证,举(例)
citizen ['sitizn]	n.	公民;市民,居民
city ['siti]	n.	城市;都市
civil ['sivl]	a.	公民的,市民的;国内的,民间的;民用的;有礼貌的,文明的;文职的
civilian [si'viljən]	n.	平民　a. 平民的;民用的
civilisation/civilization ['sivilai'zeiʃən]	n.	文明,文化
civilise/civilize ['sivilaiz]	v.	使文明,开化
claim [kleim]	v.	要求;声称,主张;索赔　n. 要求;主张,断言;索赔;权利
clap [klæp]	v.	拍手,拍,轻拍　n. 拍(手),掌声,霹雳声
clarify ['klærifai]	v.	澄清,阐明
clarity ['klæriti]	n.	清晰,明晰

clash [klæʃ]	v./n. 碰撞 n. 碰撞声
clasp [klɑːsp]	n. 扣子,钩子;握手,拥抱 v. 扣住,钩住;紧握,紧抱
class [klɑːs]	n. 班级,年级;种类,等级,阶级;(一节)课
classic ['klæsik]	n. (pl.)杰作,名著 a. 第一流的,不朽的,古典的
classical ['klæsikəl]	a. 经典的,古典(文学)的
classification [ˌklæsifi'keiʃən]	n. 分类,分级
classify ['klæsifai]	v. 分类,分等(级)
classmate ['klɑːsmeit]	n. 同班同学
classroom ['klɑːsrum]	n. 教室,课堂
clause [klɔːz]	n. (正式文件或法律文件的)条款;从句,分句
claw [klɔː]	n. 爪,脚爪
clay [klei]	n. 粘土,泥土
clean [kliːn]	a. 清洁的,干净的,洁白的 v. 除去……污垢,把……弄干净
clear [kliə]	a. 清晰的,明白的,晴朗的,清澈的,明亮的;畅通的,无阻的 ad. 清楚地,清晰地,明白地 vt. 清除;使清楚 vi. 变清澈
clergy ['kləːdʒi]	n. (总称)牧师,神职人员
clerk [klɑːk; kləːk]	n. 职员,办事员;店员
clever ['klevə]	a. 聪明的,伶俐的,机敏的,精巧的
click [klik]	n. 滴答声 vi. 发出滴答声
client ['klaiənt]	n. 律师等的当事人,委托人;商店的顾客
cliff [klif]	n. 悬崖;峭壁
climate ['klaimit]	n. 气候;风气,社会思潮
climax ['klaimæks]	n. 顶点,高潮
climb [klaim]	v./n. 攀登,爬
cling [kliŋ]	v. (to)粘住;依附;坚持
clinic ['klinik]	n. 诊所
clip [klip]	v. 剪,修剪;钳,夹住 n. 夹,钳;回形针
cloak [kləuk]	n. 斗蓬,外套 vt. 掩盖,掩饰
clock [klɔk]	n. 钟
clockwise ['klɔkwaiz]	ad. 顺时针方向
clone [kləun]	n. 无性繁殖,克隆;复制品 v. 克隆
close [kləuz]	v./n. 关;结束 ad. 近地;紧密地 a. (to)近的,接近的;关闭着的,秘密的,不公开的;严密的,紧密的
closet ['klɔzit]	n. (壁)橱 a. 私下的 vt. 把……引进密室会谈
cloth [klɔ(ː)θ]	n. (一块)布,织物,衣料

clothe [kləuð]	v.	(给……)穿衣,供给……衣服
clothes [kləuðz]	n.	衣服(虽为复数,亦不可数)
clothing ['kləuðiŋ]	n.	服装,被褥
cloud [klaud]	n.	云(状物);遮暗物,阴影;一大群
cloudy ['klaudi]	a.	多云的,阴(天)的;混浊的,模糊的
club [klʌb]	n.	俱乐部,夜总会;社团;棍棒,球棒
clue [kluː]	n.	线索,暗示
clumsy ['klʌmzi]	a.	笨拙的,愚笨的
cluster ['klʌstə]	n.	丛,群,串 v. 群集,丛生
clutch [klʌtʃ]	v.	抓住,攥住,掌握 n. 离合器
coach [kəutʃ]	n.	长途公共汽车;教练,辅导员,私人教师 vt. 训练, 指导,培训
coal [kəul]	n.	煤,煤块
coalition [ˌkəuə'liʃən]	n.	结合体,同盟;结合,联合
coarse [kɔːs]	a.	粗糙的,粗劣的;粗鲁的,粗俗的
coast [kəust]	n.	海岸,海滨
coat [kəut]	n.	上衣,外套;表皮,皮毛;层,覆盖物 v. 涂(盖)上,包上
cocaine [kə'kein]	n.	可卡因,古柯碱(用做局部麻醉剂)
cock [kɔk]	n.	公鸡,雄鸡;龙头,开关
code [kəud]	n.	代码,代号,密码,法典,法规,规划;(社会或某阶层 所遵守的)礼法,惯例,道德律
coffee ['kɔfi]	n.	咖啡(色)
cognitive ['kɔgnitiv]	a.	认知的,认识能力的
coherent [kəu'hiərənt]	a.	一致的,协调的;(话语等)条理清楚的;粘着/附的
cohesive [kəu'hiːsiv]	a.	粘合性的,有结合力的
coil [kɔil]	v.	卷,盘绕 n. (一)卷,(一)圈;线圈,绕组
coin [kɔin]	n.	硬币,货币 v. 铸造(硬币),创造(新词)
coincide [ˌkəuin'said]	vi.	同时发生;巧合;一致;相符
coincidence [kəu'insidəns]	n.	巧合,一致;同时发生,共同存在;符合,一致
coke [kəuk]	n.	焦炭;可口可乐(coca-cola)的缩写
cold [kəuld]	a.	冷的,寒冷的;冷淡的 n. 冷,寒冷;伤风,感冒
collaborate [kə'læbəreit]	vi.	协作,合作
collapse [kə'læps]	v./n.	倒塌;崩溃;(价格)暴跌;倒闭,破产;垮台
collar ['kɔlə]	n.	衣领;环状物
colleague ['kɔliːg]	n.	同事,同僚
collect [kə'lekt]	v.	收集,搜集;领取;接走;收(税等);聚集,堆积
collection [kə'lekʃən]	n.	收藏(品),收集(物)

collective [kə'lektiv]	n.	集体　a. 集体的,共同的
college ['kɔlidʒ]	n.	学院,高等专科学校,大学
collide [kə'laid]	vi.	(with)互撞,碰撞;冲突,抵触
collision [kə'liʒən]	n.	碰撞;(利益,意见等的)冲突,抵触
colonel ['kə:nl]	n.	(陆军)上校
colonial [kə'ləunjəl]	a.	殖民地的,关于殖民的
colony ['kɔləni]	n.	殖民地
colour/color ['kʌlə]	n.	颜色;颜料;肤色　v. 给……着色,染
column ['kɔləm]	n.	圆柱,柱状物;列;(报刊中的)专栏
comb [kəum]	n.	梳子　v. 梳(理)
combat ['kɔmbət]	v./n.	战斗,搏斗,格斗
combination [ˌkɔmbi'neiʃən]	n.	结合,联合,合并;化合;团体
combine [kəm'bain]	v.	(with)联合;结合;化合
come [kʌm]	v.	来;出现于,产生;是,成为;开始,终于
comedy ['kɔmidi]	n.	喜剧;喜剧性事件
comfort ['kʌmfət]	n.	舒适,安逸;安慰,慰问　v. 安慰,使舒适
comfortable ['kʌmfətəbl]	a.	舒适的,舒服的;感到舒适的,安逸的,自在的
comic ['kɔmik]	a.	喜剧的,滑稽的　n. 连环漫画杂志;喜剧演员
command [kə'mɑ:nd]	n./v.	命令,指挥,控制　n. 掌握,运用能力
commemorate [kə'meməreit]	vt.	纪念,庆祝
commence [kə'mens]	vt.	开始　vi. 获得学位
commend [kə'mend]	v.	称赞,表扬;推荐
comment ['kɔment]	n.	注释,评论,意见　v. (on)注释,评论
commerce ['kɔmə(:)s]	n.	商业,贸易
commercial [kə'mə:ʃəl]	a.	商业的;商务的
commission [kə'miʃən]	n.	委员会;委任,委托(书),代办;佣金,手续费
commit [kə'mit]	v.	把……交托给,提交;犯(错误),干(坏事)
committee [kə'miti]	n.	委员会,全体委员
commodity [kə'mɔditi]	n.	日用品;商品;物品
common ['kɔmən]	a.	普通的(to);共同的;一般的
commonplace ['kɔmənpleis]	a.	普通的,平庸的　n. 寻常的事物,平庸的东西
commonwealth ['kɔmənwelθ]	n.	共和国,联邦,共同体
communicate [kə'mju:nikeit]	v.	传达,传送;交流;通讯,通话
communication [kəˌmju:ni'keiʃn]	n.	通讯,传达;(pl.)通讯系统;(pl.)交通(工具)
communism ['kɔmjunizəm]	n.	共产主义
community [kə'mju:niti]	n.	同一地区的全体居民,社会,社区;共同体
commute [kə'mju:t]	v.	乘公交车上下班,乘车(船等)往返于两地

compact ['kɔmpækt]	a.	紧密的,结实的;简明的,紧凑的　v. 使紧凑,压缩
companion [kəm'pænjən]	n.	同伴,共事者;伴侣
company ['kʌmpəni]	n.	公司;陪伴;宾客;连(队),(一)群,队,伙
comparable ['kɔmpərəbl]	a.	(with,to)可比较的,比得上的
comparative [kəm'pærətiv]	a.	比较的,相当的
compare [kəm'pɛə]	vt.	(to,with)比较;(to)把……比做　vi. 相比
comparison [kəm'pærisn]	n.	比较,对比,比喻,比拟
compartment [kəm'pɑːtmənt]	n.	卧车包房,(客车车厢内的)隔间;分隔的空间
compass ['kʌmpəs]	n.	罗盘,指南针;(pl.)圆规
compassion [kəm'pæʃən]	n.	同情;怜悯(for)
compatible [kəm'pætəbl]	a.	能和睦相处的,合得来的;兼容的
compel [kəm'pel]	v.	强迫,迫使
compensate ['kɔmpənseit]	v.	(for)补偿,赔偿
compensation [kɔmpen'seiʃən]	n.	补偿(或赔偿)的款物;补偿,赔偿
compete [kəm'piːt]	vi.	比赛;竞争;对抗
competent ['kɔmpitənt]	a.	有能力的,能胜任的;足够的
competition [kɔmpi'tiʃən]	n.	竞争,比赛;角逐,较量
competitive [kəm'petitiv]	a.	竞争的;好竞争的;(价格等的)有竞争力的;比赛的
compile [kəm'pail]	vt.	编辑,汇编
complain [kəm'plein]	v.	(about,of)抱怨;申诉
complaint [kəm'pleint]	n.	抱怨,诉苦,怨言,控告;疾病
complement ['kɔmplimənt]	n.	补足物,船上的定员;余数,补语　vt. 补充,补足
complete [kəm'pliːt]	a.	完全的,圆满的　v. 完成,结束,使完满
complex ['kɔmpleks]	a.	复杂的;合成的,综合的　n. 联合体
complicate ['kɔmplikeit]	v.	使……复杂
complicated ['kɔmplikeitid]	a.	错综复杂的,麻烦的,难解的
complication [ˌkɔmpli'keiʃ(ə)n]	n.	复杂,纠纷;并发症
compliment ['kɔmplimənt]	n.	(pl.)问候,致意　n./v. 称赞,恭维
comply [kəm'plai]	v.	(with)遵照,照做,应允
component [kəm'pəunənt]	n.	组成部分,成分,元件,部件　a. 组成的,合成的
compose [kəm'pəuz]	v.	组成,构成;(of)由……组成;创作(诗歌等)
composite ['kɔmpəzit, -zait]	a.	混合成的,综合成的　n. 合成物,复合材料
composition [kɔmpə'ziʃən]	n.	作品,作文,乐曲;写作,作曲;结构,组成,成分
compound ['kɔmpaund]	n.	混合物,化合物　a. 混合的,化合的　vt. 混合
comprehend [ˌkɔmpri'hend]	vt.	理解,领会
comprehension [ˌkɔmpri'henʃən]	n.	理解(力),领悟
comprehensive [ˌkɔmpri'hensiv]	a.	内容广泛的,总括性的,综合的

compress [kəm'pres]	*vt.*	压紧,压缩;(把思想、文字等)浓缩
comprise [kəm'praiz]	*vt.*	包含,包括,由……组成;构成,组成
compromise ['kɔmprəmaiz]	*n.*	妥协,折衷 *vi.* 妥协
compulsory [kəm'pʌlsəri]	*a.*	必须做的,强制性的,(课程)必修的;义务的
compute [kəm'pju:t]	*v./n.*	计算,估计
computer [kəm'pju:tə]	*n.*	计算机,电脑;计算者
comrade ['kɔmrid]	*n.*	同志,同事,同伴,朋友
conceal [kən'si:l]	*v.*	隐藏,隐瞒,隐蔽
concede [kən'si:d]	*vt.*	承认;容许;(比赛结束前)认输;退让
conceive [kən'si:v]	*v.*	(of)设想,构思,想象;以为;怀胎,怀有
concentrate ['kɔnsentreit]	*v.*	(on)集中,专心;浓缩 *n.* 浓缩物
concept ['kɔnsept]	*n.*	概念,观念,设想
conception [kən'sepʃən]	*n.*	概念,观念;设/构想
concern [kən'sə:n]	*v.*	涉及,关系到 *v./n.* 关心 *n.* (利害)关系
concerning [kən'sə:niŋ]	*prep.*	关于,论及
concert ['kɔnsət]	*n.*	音乐会,演奏会;一齐,一致
concession [kən'seʃən]	*n.*	让步,妥协;特许(权)
concise [kən'sais]	*a.*	简明的,简洁的
conclude [kən'klu:d]	*v.*	结束,终止;断定,下结论;缔结,议定
conclusion [kən'klu:ʒən]	*n.*	结论,推论;结束,终结
concrete ['kɔnkri:t]	*a.*	具体的,实质性的 *n.* 混凝土 *v.* 用混凝土修筑,浇混凝土
condemn [kən'dem]	*v.*	谴责,指责;判刑,宣告有罪
condense [kən'dens]	*v.*	(使)冷凝,(使)凝结;浓缩,压缩,简缩
condition [kən'diʃən]	*n.*	条件,状况;(pl.)形势,条件,环境
conduct ['kɔndʌkt, -dəkt]	*n.*	行为,品行 *v.* 引导;管理;指挥(乐队);传导,传(热,电等)
conductor [kən'dʌktə]	*n.*	管理者;(汽车)售票员;领队,指挥;导体,导线
confer [kən'fə:]	*v.*	商讨;授予,颁给(勋衔,学位等)
conference ['kɔnfərəns]	*n.*	(正式)会议;讨论,商谈
confess [kən'fes]	*v.*	供认,承认,坦白,忏悔
confidence ['kɔnfidəns]	*n.*	(in)信任;信心,自信;秘密,机密
confident ['kɔnfidənt]	*a.*	(of, in)确信的,自信的
confidential [kɔnfi'denʃəl]	*a.*	秘(机)密的;表示信任的
confine [kən'fain]	*vt.*	(to, within)禁闭
confirm [kən'fə:m]	*v.*	使更坚固,使更坚定;(进一步)证实;确认,批准
conflict ['kɔnflikt]	*n.*	战斗,斗争;抵触,冲突 *v.* (with)抵触,冲突

conform [kənˈfɔːm]	vi.	(to)遵守,适应;相似,一致,符合
confront [kənˈfrʌnt]	v.	使面临,使遭遇;面对(危险等)
confuse [kənˈfjuːz]	v.	使混乱,混淆
confusion [kənˈfjuːʒən]	n.	困惑,糊涂;混淆;混乱,骚乱
congratulate [kənˈɡrætjuleit]	v.	(on)祝贺,向……致贺词
congratulation [kənˌɡrætjuˈleiʃən]	n.	(on)祝贺,(pl.)祝贺词
congress [ˈkɔŋɡres]	n.	(代表)大会;(美国等国的)国会,议会
conjunction [kənˈdʒʌŋkʃən]	n.	接合,连接,联合;连(接)词
connect [kəˈnekt]	vt.	连接;与……联系,接通(电话) vi. 连接
connexion/connection [kəˈnekʃən]	n.	联系,连接
conquer [ˈkɔŋkə]	v.	征服,战胜,占领;克服,破除(坏习惯等)
conquest [ˈkɔŋkwest]	n.	征服
conscience [ˈkɔnʃəns]	n.	良心,良知
conscientious [ˌkɔnʃiˈenʃəs]	a.	审慎正直的,认真的,本着良心的
conscious [ˈkɔnʃəs]	a.	(of)意识到的,自觉的;神志清醒的,有意识的
consecutive [ˈkənˈsekjutiv]	a.	连续的;连贯的;顺序的
consensus [kənˈsensəs]	n.	(意见等的)一致,一致同意,共识
consent [kənˈsent]	v./n.	(to)同意,赞成,答应
consequence [ˈkɔnsikwəns]	n.	结果,后果,影响;重要性
consequently [ˈkɔnsikwəntli]	ad.	结果,因此,所以
conservation [ˌkɔnsə(ː)ˈveiʃən]	n.	保存,保护,保守;守恒,不灭
conservative [kənˈsəːvətiv]	a.	保守的,守旧的 n. 保守主义者
consider [kənˈsidə]	v.	考虑,细想;体谅,顾及;认为,把……看做
considerable [kənˈsidərəbl]	a.	相当大(或多)的,可观的;值得考虑的
considerate [kənˈsidərit]	a.	考虑周到的,体谅的
consideration [kənsidəˈreiʃən]	n.	需要考虑的事,理由;考虑,思考;体谅,照顾
consist [kənˈsist]	v.	(in)在于,存在于;(of)由……组成,由……构成
consistent [kənˈsistənt]	a.	(in)前后一致的;(with)一致,符合
console [kənˈsəul]	n.	控制台,仪表板;落地柜 vt. 安慰,慰问
consolidate [kənˈsɔlideit]	v.	使加固,使加强;(把……)联为一体,合并
conspicuous [kənˈspikjuəs]	a.	显眼的,明显的
conspiracy [kənˈspirəsi]	n.	阴谋,密谋,共谋
constant [ˈkɔnstənt]	a.	经常的,不断的,坚定的,永恒的,忠实的 n. 常数,恒量
constituent [kənˈstitjuənt]	n.	成分,要素 a. 组成的,构成的
constitute [ˈkɔnstitjuːt]	vt.	组成,构成,形成
constitution [ˌkɔnstiˈtjuːʃən]	n.	构成,构造,组成(方式),成分;体格;宪法

constrain [kən'strein]	vt.	限制,约束;克制,抑制
construct [kən'strʌkt]	v.	建设,建造,构造;创立
construction [kən'strʌkʃən]	n.	建造,构造;建筑物,结构;释义,解释
consult [kən'sʌlt]	v.	请教,向……咨询;找……商量;查阅,查看
consultant [kən'sʌltənt]	n.	会诊医师,顾问医生;顾问
consume [kən'sjuːm]	vt.	消耗,消费,耗尽;吃完,喝光
consumption [kən'sʌmpʃən]	n.	消费(量),消耗
contact ['kɔntækt]	v./n.	(使)接触,联系,交往
contain [kən'tein]	v.	包含,容纳;容忍,抑制
container [kən'teinə]	n.	容器;集装箱
contaminate [kən'tæmineit]	v.	弄污,弄脏,传染,污染
contemplate ['kɔntempleit]	vt.	盘算,计议;周密考虑;注视,凝视
contemporary [kən'tempərəri]	a.	现代的,当代的;同时代的
contempt [kən'tempt]	n.	轻视,藐视
contend [kən'tend]	v.	竞争,斗争;坚决主张
content [kən'tent]	n.	容量,内容,(pl.)目录,满足,愿意 a. (with)满足的,愿意的
contest ['kɔntest]	n.	竞争,竞赛,比赛 v. 竞争,比赛,争论
context ['kɔntekst]	n.	(文章等)前后关系;(事件等发生的)背景
continent ['kɔntinənt]	n.	大陆,洲
continual [kən'tinjuəl]	a.	不断的,连续的,频繁的
continue [kən'tinjuː]	v.	继续,连续,延伸
continuous [kən'tinjuəs]	a.	连续的,持续的
contract ['kɔntrækt]	n.	(承包)合同/契约 v. 订合同/契约;使缩小,缩短
contradict [kɔntrə'dikt]	v.	反驳;同……矛盾,同……抵触
contradiction [kɔntrə'dikʃən]	n.	反驳,否认;矛盾,不一致
contrary ['kɔntrəri]	a.	(to)相反的,矛盾的 n. 反对,矛盾;相反;(pl.)对立物
contrast ['kɔntræst]	n.	对比,对照,差异 vi. 形成对比 vt. 把……与……对比
contribute [kən'tribjuːt]	v.	(to)贡献,捐助,捐献;投稿
contribution [kɔntri'bjuːʃən]	n.	贡献;捐款,捐献物;投稿
contrive [kən'traiv]	vt.	谋划,策划;设法做到
control [kən'trol]	n.	(over)控制,支配 v. 控制,支配
controversial [kɔntrə'vəːʃəl]	a.	引起争论的,有争议的
controversy ['kɔntrəvəːsi]	n.	争论,辩论,争吵
convenience [kən'viːnjəns]	n.	便利,方便;(pl.)便利设备

convenient [kən'viːnjənt]	a.	(to)便利的,方便的
convention [kən'venʃən]	n.	大会,会议;惯例,常规,习俗;公约,协定
conventional [kən'venʃnl]	a.	惯例的,常规的
conversation [ˌkɔnvə'seiʃən]	n.	会话,谈话
conversely ['kɔnvəːsli]	ad.	相反地
conversion [kən'vəːʃən]	n.	转变,转换;信仰的改变
convert [kən'vəːt]	v.	变换,转换;改变(信仰等);兑换(钱)
convey [kən'vei]	v.	运送,搬运,转运;传达,传播
convict [kən'vikt, 'kɔnvikt]	v.	(经审讯)证明……有罪,宣判……有罪　n. 囚犯
conviction [kən'vikʃən]	n.	深信,确信;定罪,判罪
convince [kən'vins]	v.	(of)使信服,使确信
cook [kuk]	n.	厨师　v. 烹调,烧煮;伪造
cool [kuːl]	a.	凉的;冷静的,沉着的;冷淡的　v. 使变凉,使镇静
cooperate [kəu'ɔpəreit]	v.	(with)合作,协作,相配合
cooperative [kəu'ɔpərətiv]	a.	合作的,协作的　n. 合作社
coordinate [kəu'ɔːdinit]	a.	同等的,并列的;坐标的　n.坐标　vt. 协作,协调
cop [kɔp]	n.	[slang 俚语]警察
cope [kəup]	v.	(with)竞争,对抗;(with)对付,妥善处理
copper ['kɔpə]	n.	铜;铜币,铜制器
copy ['kɔpi]	n.	抄本,摹本;(一)本　vt. 抄写;考试中抄袭;临摹,复制
copyright ['kɔpirait]	n./a.	版权(的)
cord [kɔːd]	n.	绳,索
cordial ['kɔːdiəl; 'kɔːdʒəl]	a.	诚恳的,亲切的,热诚的
core [kɔː]	n.	果核;中心,核心
corn [kɔːn]	n.	谷物,庄稼,玉米
corner ['kɔːnə]	n.	角,街角;偏僻处
corporation [ˌkɔːpə'reiʃən]	n.	法人;公司,企业
correct [kə'rekt]	a.	正确的,恰当的,端正的　v. 改正,纠正,矫正
correlate ['kɔrileit]	n.	相互关联的事物　v. (with, to)(使)互相关联
correspond [kɔris'pɔnd]	v.	通信,(with)符合,一致;(to)相当于,对应
correspondence [ˌkɔris'pɔndəns]	n.	通信,信件;(with)符合;(to)相当于,对应
correspondent [ˌkɔris'pɔndənt]	n.	记者,通讯员;通信者
corresponding [ˌkɔris'pɔndiŋ]	a.	符合的,相应的,对应的
corridor ['kɔridɔː]	n.	走廊,通路
corrode [kə'rəud]	v.	(受)腐蚀,侵蚀
corrupt [kə'rʌpt]	v.	贿赂,收买,(使)腐败　a. 腐败的,贪污的

cosmic [ˈkɔzmik]	a.	宇宙的;无比巨大的,无穷尽的
cost [kɔst]	n.	成本,费用,代价 v. 价值为,花费
costly [ˈkɔstli]	a.	昂贵的,价值高的,豪华的
costume [ˈkɔstjuːm, -ˈtjuːm]	n.	(流行的)服饰;戏装,(特定场合的)套装
cosy [ˈkəuzi]	a.	暖和舒服的;舒适的 [反] uncomfortable
cottage [ˈkɔtidʒ]	n.	村舍,小屋,别墅
cotton [ˈkɔtn]	n.	棉花;棉线,棉纱;棉制品
couch [kautʃ]	n.	长沙发
cough [kɔːf]	v./n.	咳嗽
could [kud]	v./aux.	[口语](表示许可或请求)可以……,行
council [ˈkaunsil]	n.	理事会,委员会,议事机构
counsel [ˈkaunsəl]	v./n.	劝告,忠告 n. 法律顾问,辩护人
count [kaunt]	v.	数,计算;算入;看做,认为 n. 计数,总数
counter [ˈkauntə]	n.	柜台;计数器 a./ad. 相反(的) v. 反对,反击
counterpart [ˈkauntəpɑːt]	n.	对应的人(或物)
country [ˈkʌntri]	n.	国家;农村,乡下
countryside [ˈkʌntrisaid]	n.	乡下,农村
county [ˈkaunti]	n.	[英国]郡,[美国]县
couple [ˈkʌpl]	n.	(一)对,双;夫妇,力偶,电偶 v. 连接,结合
coupon [ˈkuːpɔn]	n.	证明持券人有某种权利的卡片,票证,赠券
courage [ˈkʌridʒ]	n.	勇气,胆量
course [kɔːs]	n.	课程,教程,过程,进程;路程,路线;一道菜
court [kɔːt]	n.	法院,法庭;宫廷,朝廷;院子;球场
courtesy [ˈkəːtisi, ˈkɔː-]	n.	谦恭有礼;有礼貌的举止(或言词)
courtyard [ˈkɔːtjɑːd]	n.	院子,庭院,天井
cousin [ˈkʌzn]	n.	堂(或表)兄弟,堂(或表)姐妹
cover [ˈkʌvə]	v.	覆盖,包括,涉及 n. 盖子,套子;(书的)封面
cow [kau]	n.	母牛,奶牛
coward [ˈkauəd]	n.	懦夫,胆怯者
crab [kræb]	n.	螃蟹,蟹肉
crack [kræk]	n.	裂纹,缝隙;破裂声 v. (使)破裂,砸开;(使)发出爆破声(get ~ing)开始
cradle [ˈkreidl]	n.	摇篮;发源地
craft [krɑːft]	n.	工艺,手艺,技巧;飞机,飞船;行业
crane [krein]	n.	起重机,鹤
crash [kræʃ]	v./n.	碰撞,坠落,摔坏 n. 失败,瓦解;爆裂声
crawl [krɔːl]	v./n.	爬行,蠕动;缓慢(的)行进

crazy [ˈkreizi]	*a.*	疯狂的,古怪的,蠢的;(about)狂热的,热衷的
cream [kriːm]	*n.*	乳脂,(鲜)奶油;奶油色
create [kriˈeit]	*v.*	创造,创作;引起,造成,建立
creative [kri(ː)ˈeitiv]	*a.*	有创造力的,创造性的
creature [ˈkriːtʃə]	*n.*	人,动物;生物
credentials [kriˈdenʃəlz]	*n.*	凭证;(*pl.*)国书,证明书
credit [ˈkredit]	*v./n.*	信用,信任 *n.* 信用贷款,赊欠;名誉,名望;光荣,功劳;学分
creep [kriːp]	*v.*	爬,爬行;(植物)蔓延
crew [kruː]	*n.*	全体船员,全体乘务员
cricket [ˈkrikit]	*n.*	板球;蟋蟀
crime [kraim]	*n.*	罪行,犯罪
criminal [ˈkriminl]	*n.*	罪犯,刑事犯 *a.* 犯罪的,刑事的
cripple [ˈkripl]	*n.*	跛子,残疾人 *v.* 使跛,使残疾
crisis [ˈkraisis]	*n.*	(*pl.* crises)危机,紧要关头
crisp [krisp]	*a.*	脆的,易碎的
criterion [kraiˈtiəriən]	*n.*	(*pl.* criteria)标准,尺度
critic [ˈkritik]	*n.*	批评家,评论家
critical [ˈkritikəl]	*a.*	批评的,评论的;危急,紧要的;临界的
criticise/criticize [ˈkritisaiz]	*v.*	批评,评论
criticism [ˈkritisiz(ə)m]	*n.*	评论性的文章,评论;批评,指责,非难
crop [krɔp]	*n.*	作物,庄稼;(谷类等的)一熟收成;一批,大量
cross [krɔs]	*n.*	十字(架);苦难 *a.* 交叉的;发怒的 *v.* 穿过,越过;(使)交叉,(使)相交
crow [krəu]	*n.*	乌鸦 *v./n.* 鸡啼,鸣叫
crowd [kraud]	*n.*	人群;一群,一伙 *v.* 聚集,群集;挤满,拥挤
crown [kraun]	*n.*	王冠,冕;君权,君王 *v.* 为……加冕
crucial [ˈkruːʃiəl, ˈkruːʃəl]	*a.*	至关重要的,决定性的
crude [kruːd]	*a.*	天然的,未加工的;未熟的;粗鲁的,粗野的
cruel [ˈkruəl]	*a.*	残忍的,残酷的
cruise [kruːz]	*v.*	巡航 *n.* 乘船巡游
crush [krʌʃ]	*n./v.*	压碎,压坏 *v.* 压服,压垮
crust [krʌst]	*n.*	外皮,壳;地壳
cry [krai]	*vi.*	哭,流泪 *v.* 叫,喊 *n.* 哭泣,哭声,叫喊,喊声
crystal [ˈkristl]	*n.*	水晶,水晶饰品;结晶 *a.* 水晶的,透明的
cube [kjuːb]	*n.*	立方形,立方体;立方,三次幂
cucumber [ˈkjuːkʌmbə]	*n.*	黄瓜

cue [kju:]	n.	暗示,提示,信号
cultivate [ˈkʌltiveit]	v.	耕作,栽培,养殖;培养,教养,磨炼
culture [ˈkʌltʃə]	n.	文化,文明;修养;耕种,栽培,培育;
cunning [ˈkʌniŋ]	a./n.	狡猾(的),狡诈(的)
cup [kʌp]	n.	杯子;奖杯,优胜杯;(一)杯,一杯的容量
cupboard [ˈkʌbəd]	n.	碗柜,小橱
curb [kə:b]	n.	路边,场外证券市场 vt. 制止,抑制
cure [kjuə]	v.	(of)治愈,医治;矫正 n. 治愈,痊愈;良药,疗法
curiosity [ˌkjuəriˈɔsiti]	n.	好奇心;古董,古玩
curious [ˈkjuəriəs]	a.	好奇的,求知的,古怪的
curl [kə:l]	v.	(使)卷曲,蜷缩 n. 卷发;卷曲状;卷曲物
currency [ˈkʌrənsi]	n.	通货,货币
current [ˈkʌrənt]	n.	电流,水流;潮流,趋势 a. 当前的;流通的,通用的,流行的
curriculum [kəˈrikjuləm]	n.	(pl. curricula)课程,(学校等的)全部课程
curse [kə:s]	n.	诅咒,咒语,祸因 vt. 诅咒,咒骂,使受罪
curtain [ˈkə:tən]	n.	窗帘,门帘;幕(布)
curve [kə:v]	n.	曲线,弯曲(物) v. 弄弯,成曲形
cushion [ˈkuʃən]	n.	垫子,软垫
custom [ˈkʌstəm]	n.	习惯,风俗,惯例;(pl.)海关,关税
customary [ˈkʌstəməri]	a.	习惯的,惯例的
customer [ˈkʌstəmə]	n.	顾客,主顾
cut [kʌt]	n./v.	切,割,削;削减,删节 n. 切口,伤口
cyberspace [ˈsaibəspeis]	n.	虚拟信息空间;网络空间
cycle [ˈsaikl]	n.	自行车;周期,循环 v. 骑自行车;循环
cylinder [ˈsilində]	n.	圆筒,圆锥体;汽缸

D

daily [ˈdeili]	a.	每日的 ad. 每日,天天 n. 日报
dairy [ˈdɛəri]	n.	牛奶场,奶店
dam [dæm]	n.	水坝,水闸
damage [ˈdæmidʒ]	v./n.	损害,毁坏 n. (pl.)损害赔偿费
damn [dæm]	int.	该死 vt. 谴责;使失败 a. 十足的 ad. 极
damp [dæmp]	n.	潮湿 a. 潮湿的,有湿气的
dance [ˈdɑ:ns]	n.	舞(蹈);舞曲,舞会 v. 跳舞;跳动
danger [ˈdeindʒə]	n.	危险;威胁;危险事物
dangerous [ˈdeindʒrəs]	a.	危险的,不安全的

dare [dɛə]	v.	敢,胆敢
dark [daːk]	a.	黑暗的,深(色)的;隐秘的 n. 无光,黑暗
darling ['daːliŋ]	n.	心爱的人,亲爱的
dash [dæʃ]	v./n.	冲,猛冲,突进 n. 破折号
data ['deitə]	n.	(datum 的复数)资料,数据
database ['deitəbeis]	n.	(databank)数据库
date [deit]	n.	日期,年代 v. 注明……的日期 n./v. 约会
daughter ['dɔːtə]	n.	女儿
dawn [dɔːn]	n.	黎明,拂晓 v. 破晓;开始现出
day [dei]	n.	天,一昼夜;白昼,白天
daylight ['deilait]	n.	日光,白昼,黎明
daytime ['deitaim]	n.	白天,日间
dazzle ['dæzl]	v.	使惊奇,使倾倒;耀(眼) n. 耀眼的光;令人赞叹的东西
dead [ded]	a.	死的;无生命的;死气沉沉的;无感觉的
deadline ['dedlain]	n.	最后期限
deadly ['dedli]	a.	致命的,致死的
deaf [def]	a.	聋的;不愿听的
deal [diːl]	v.	处理;做买卖,经营;分配;对待 n. 交易;数量,程度
dealer ['diːlə]	n.	商人,贩子
dean [diːn]	n.	(大学)院长;主持牧师(基督教)教长
dear [diə]	a.	昂贵的;亲爱的;(to)珍贵的 int. 呵!哎呀!
death [deθ]	n.	死,死亡;灭亡,毁灭
debate [di'beit]	v./n.	争论,辩论
debt [det]	n.	债,债务
decade ['dekeid]	n.	十年
decay [di'kei]	v./n.	腐朽,腐烂;衰减,衰退
deceit [di'siːt]	n.	欺骗,欺骗行为
deceive [di'siːv]	v.	欺骗,蒙蔽
December [di'sembə]	n.	十二月
decent ['diːsnt]	a.	体面的;正派的,合乎礼仪的;合适的
decide [di'said]	v.	决定,下决心;解决,裁决
decimal ['desiməl]	a.	十进的,小数的,十进制的 n. 小数
decision [di'siʒən]	n.	决定,决心;决议;决策
decisive [di'saisiv]	a.	决定性的
deck [dek]	n.	甲板

declaration [ˌdekləˈreiʃən]	n.	宣言,宣布,声明
declare [diˈklɛə]	v.	宣布,宣告,声明;断言,宣称
decline [diˈklain]	v.	下降,衰落,拒绝,谢绝 n. 下降;斜面,倾斜,衰落
decorate [ˈdekəreit]	v.	装饰,装潢,布置
decrease [diːˈkriːs]	n.	减少,减小;减少量 v. 减少,变少,降低
dedicate [ˈdedikeit]	vt.	奉献;献身于
deduce [diˈdjuːs]	vt.	(from)演绎,推断,推论
deduct [diˈdʌkt]	vt.	扣除;演绎(推理)
deed [diːd]	n.	行为,行动,功绩,事迹
deem [diːm]	v.	认为,相信
deep [diːp]	a.	深的,深长的;深奥的;强烈的 ad. 深入的
deer [diə]	n.	鹿
defeat [diˈfiːt]	n.	击败,战胜,失败 v. 击败,战胜;使失败
defence/defense [diˈfens]	n.	防御,保卫;(pl.)防务工事;辩护,答辩
defect [diˈfekt]	n.	过失;缺点;不足
defend [diˈfend]	v.	防守,保卫;为……辩护,为……答辩
deficiency [diˈfiʃənsi]	n.	缺乏,不足,缺点,缺陷
deficit [ˈdefisit]	n.	赤字,逆差;亏损,亏空
define [diˈfain]	v.	给……下定义;阐述;阐释;限定,规定
definite [ˈdefinit]	a.	明确的;一定的
definition [ˌdefiˈniʃən]	n.	定义,解释
defy [diˈfai]	v.	(公然)违抗,反抗;蔑视
degenerate [diˈdʒenəreit]	v.	衰退,堕落,蜕化 a. 堕落的 n. 堕落者
degree [diˈgriː]	n.	程度;度数;学位;等级
delay [diˈlei]	v./n.	耽搁,延迟
delegate [ˈdeligit]	n.	代表 vt. 委派……为代表;授权;委托
delete [diˈliːt]	vt.	删除
deliberate [diˈlibəreit]	a.	深思熟虑的;故意的
delicate [ˈdelikit]	a.	纤弱的;精致的;微妙的;灵敏的
delicious [diˈliʃəs]	a.	美味的;美妙的;使人愉快的
delight [diˈlait]	n.	快乐,高兴 v. (使)高兴,(使)欣喜
deliver [diˈlivə]	v.	交付,递送;发表,表达;释放;接生
delivery [diˈlivəri]	n.	递送;交付
demand [diˈmaːnd]	n./v.	要求,请求,需要(量) v. 查问
democracy [diˈmɔkrəsi]	n.	民主,民主制,民主国家
democratic [ˌdeməˈkrætik]	a.	民主的
demonstrate [ˈdemənstreit]	v.	论证,证实;演示,说明

denial [di'naiəl]　　　　　　　　　*n.*　否认;拒绝;拒绝给予

denote [di'nəut]　　　　　　　　　*vt.*　表示,意味着

denounce [di'nauns]　　　　　　　*vt.*　公开指责,公然抨击;谴责

dense [dens]　　　　　　　　　　*a.*　浓厚的,密集的,稠密的

density ['densiti]　　　　　　　　*n.*　密集,密度,浓度

dental ['dentl]　　　　　　　　　*a.*　牙齿的;牙科(用)的

dentist ['dentist]　　　　　　　　*n.*　牙医

deny [di'nai]　　　　　　　　　　*v.*　否认,否定;拒绝

depart [di'pɑ:t]　　　　　　　　　*vi.*　离开,起程

department [di'pɑ:tmənt]　　　　　*n.*　部,局,处,科,部门;系,学部

departure [di'pɑ:tʃə]　　　　　　*n.*　离开,起程

depend [di'pend]　　　　　　　　*v.*　(on)取决于,依靠,信赖,相信

dependent [di'pendənt]　　　　　*a.*　依靠的,依赖的,从属的;随……而定的

depict [di'pikt]　　　　　　　　　*v.*　描绘;描写,描述

deposit [di'pɔzit]　　　　　　　　*v.*　存放;使沉淀;付(保证金);储蓄　*n.* 存款;沉积物;
　　　　　　　　　　　　　　　　　保证金

depress [di'pres]　　　　　　　　*v.*　压抑,降低;使沮丧,压下

deprive [di'praiv]　　　　　　　　*vt.*　剥夺,夺去,使丧失

depth [depθ]　　　　　　　　　　*n.*　深,深度,深奥,深刻

deputy ['depjuti]　　　　　　　　*n.*　代理人,代表　*a.* 副的,代理的

derive [di'raiv]　　　　　　　　　*v.*　取得;导出;引申;来自;源自;出自

descend [di'send]　　　　　　　　*v.*　下来,下降;遗传(指财产、气质、权利)

descendant [di'send(ə)nt]　　　　*n.*　子孙,后代

descent [di'sent]　　　　　　　　*n.*　下降,降下;斜坡;血统,家世

describe [dis'kraib]　　　　　　　*v.*　描述,形容

description [dis'kripʃən]　　　　　*n.*　描写,形容;种类

desert [di'zə:t]　　　　　　　　　*n.*　沙漠,不毛之地　*v.* 抛弃,遗弃;擅离,开小差

deserve [di'zə:v]　　　　　　　　*v.*　应受,值得

design [di'zain]　　　　　　　　　*v.*　设计;构思;绘制　*n.* 设计,图样

designate ['dezigneit]　　　　　　*v.*　指明,指出;任命,指派

desirable [di'zaiərəbl]　　　　　　*a.*　合意的,称心的;期望得到的

desire [di'zaiə]　　　　　　　　　*v./n.*　愿望,欲望,要求

desk [desk]　　　　　　　　　　*n.*　书桌,办公桌,服务台

desolate ['desəlit]　　　　　　　　*a.*　荒凉的;孤独的　*v.* 使荒芜

despair [dis'pɛə]　　　　　　　　*n.*　绝望;失望;令人失望的人(事物)　*v.* (of)绝望

despatch/dispatch [dis'pætʃ]　　*n./v.*　派遣;发送　*n.* 急件;新闻报道

desperate ['despərit]　　　　　　*a.*　不顾一切的,铤而走险的;绝望的,危急的

despise [dis'paiz]	v.	轻视,蔑视
despite [dis'pait]	prep.	不管,不顾
dessert [di'zə:t]	n.	正餐后的水果或甜食
destination [ˌdesti'neiʃən]	n.	目的地,终点
destiny ['destini]	n.	命运;天数,天命
destroy [dis'trɔi]	v.	破坏,摧毁,消灭
destruction [dis'trʌkʃən]	n.	毁坏,毁灭(的原因)
destructive [dis'trʌktiv]	a.	破坏性的
detach [di'tætʃ]	vt.	分开,分离,分遣,派遣(军队)
detail ['di:teil, di'teil]	n.	细节,详情 v. 详述
detain [di'tein]	v.	耽搁;扣押,拘留
detect [di'tekt]	v.	察觉,发觉,侦察,探测
detective [di'tektiv]	n.	侦探
detector [di'tektə]	n.	探测器
deteriorate [di'tiəriəreit]	v.	(使)恶化,(使)变坏
determine [di'tə:min]	v.	决心,决定;确定,限定
develop [di'veləp]	v.	发展,开发,研制;显现,显影;发育,生长
deviate ['di:vieit]	v.	(from)背离,偏离
device [di'vais]	n.	装置,设备,仪表;方法,设计
devil ['devl]	n.	魔鬼
devise [di'vaiz]	vt.	设计;发明
devote [di'vəut]	v.	(to)奉献,致力
dew [dju:]	n.	露水
diagnose ['daiəgnəuz]	vt.	诊断(疾病);判断(问题)
diagram ['daiəgræm]	n.	图表;图解
dial ['daiəl]	n.	钟(表)面,刻度盘,拨号盘 v. 拨号,打电话
dialect ['daiəlekt]	n.	方言
dialogue/dialog ['daiəlɔg]	n.	对话,对白
diameter [dai'æmitə]	n.	直径
diamond ['daiəmənd]	n.	金刚石,钻石;菱形
diary ['daiəri]	n.	日记,日记簿
dictate [dik'teit]	v.	口授;(使)听写;指令,指示,命令
dictation [dik'teiʃən]	n.	听写,口述;命令
dictionary ['dikʃənəri]	n.	词典,字典
die [dai]	vi.	死,死亡;(草木)枯萎,凋谢;渴望
diet ['daiət]	n.	饮食,食物
differ ['difə]	v.	(from)与……不同;(with)与……意见不同

difference [ˈdifərəns]	n.	差别,差异,分歧
different [ˈdifrənt]	a.	各种的,差异的,不同的
differentiate [ˌdifəˈrenʃieit]	v.	区分,区别;(使)不同
difficult [ˈdifikəlt]	a.	困难的,艰难的
difficulty [ˈdifikəlti]	n.	困难,困境,难题
diffuse [diˈfjuːz]	v.	扩散;传播,散布　a.(文章等)冗长的,漫无边际的;四散的,弥漫的
dig [dig]	v.	挖,掘
digest [diˈdʒest; daiˈdʒest]	vt.	消化;领会,融会贯通　n. 文摘,摘要
digital [ˈdidʒitl]	a.	数字的
dignity [ˈdignəti]	n.	(举止,态度等的)庄严,端庄;尊贵,高贵
dilemma [diˈlemə, dai-]	n.	(进退两难的)窘境,困境
diligent [ˈdilidʒənt]	a.	勤奋的,用功的
dilute [daiˈljuːt, diˈl-]	vt.	稀释,冲淡　a. 稀释的,冲淡的
dim [dim]	a.	暗淡的,模糊的
dimension [diˈmenʃən]	n.	尺寸,尺度,维(数),度(数),元
diminish [diˈminiʃ]	v.	缩小,减少,递减
dine [dain]	v.	吃饭,进餐
dinner [ˈdinə]	n.	正餐,宴会
dip [dip]	v./n.	浸,蘸
diploma [diˈpləumə]	n.	毕业文凭,学位证书
diplomatic [ˌdipləˈmætik]	a.	外交的,从事外交的;策略的,有手腕的
direct [diˈrekt, daiˈrekt]	a./ad.	径直的(地),直接的(地)　v. 管理,指导;(at, to)指向,针对
direction [diˈrekʃən, daiˈrekʃən]	n.	方向,方位;指令,说明
directly [diˈrektli, daiˈrektli]	ad.	直接地,径直地;马上,立即
director [diˈrektə, daiˈrektə]	n.	指导者,主任,导演
directory [diˈrektəri]	n.	人名地址录,(电话)号码簿
dirt [dəːt]	n.	污物,污垢
dirty [ˈdəːti]	a.	弄脏的;下流的　v. 弄脏,玷污
disable [disˈeibl]	vt.	使残废
disappear [ˌdisəˈpiə]	v.	不见,消失
disappoint [ˌdisəˈpɔint]	vt.	失望;(希望等)破灭,挫败(计划等);使扫兴
disaster [diˈzaːstə]	n.	灾难,大祸,彻底的失败
disastrous [diˈzaːstrəs]	a.	灾难性的
disc/disk [disk]	n.	圆盘,圆面,盘状物
discard [disˈkaːd]	vt.	丢弃,抛弃,遗弃

discern [di'sə:n]	v.	认出,发现;辨别,识别
discharge [dis'tʃɑ:dʒ]	v./n.	卸货,排出;发射,放(电);遣散,解雇,释放;解除
discipline ['disiplin]	n.	纪律;学科;训练,训导;惩罚,处罚 v.训练,训导, 惩罚,约束
disclose [dis'kləuz]	v.	揭示,泄露
discount ['diskaunt]	n.	折扣 vt. 打折扣
discourage [dis'kʌridʒ]	v.	使泄气,使失去信心
discourse [dis'kɔ:s, 'diskɔ:s]	n.	论文;演说;谈话;话语 vi. 讲述,著述
discover [dis'kʌvə]	v.	发现,显示
discovery [dis'kʌvəri]	n.	发现;被发现的事物
discreet [dis'kri:t]	a.	(言行)谨慎的;慎重的;有判断力的
discrepancy [dis'krepənsi]	n.	相差;差异;矛盾
discriminate [dis'krimineit]	v.	区别,辨别;(against)有差别地对待,歧视
discuss [dis'kʌs]	vt.	讨论,商议
disease [di'zi:z]	n.	疾病
disgrace [dis'greis]	n.	失宠,耻辱 v. 使失宠;玷辱,使蒙羞
disguise [dis'gaiz]	n./v.	假装,伪装
disgust [dis'gʌst]	n.	厌恶,恶心 v. 使厌恶
dish [diʃ]	n.	碟子,盘子,菜肴
dislike [dis'laik]	n./v.	不喜欢,厌恶
dismay [dis'mei]	n./v.	(使)沮丧;(使)惊慌;(使)失望,(使)绝望
dismiss [dis'mis]	v.	免职,解雇,开除,解散;不理会,不考虑
disorder [dis'ɔ:də]	n.	混乱,杂乱;骚乱;失调,疾病
disperse [dis'pə:s]	v.	(使)分散;(使)散开;疏散
displace [dis'pleis]	v.	移置,转移;取代,置换
display [di'splei]	v./n.	陈列,展览,显示(器)
disposal [dis'pəuzəl]	n.	处理,处置;布置,安排
dispose [dis'pəuz]	v.	(of)处理,处置;(for)布置,安排
disposition [dispə'ziʃən]	n.	排列,部署;性格倾向;倾向,意向
dispute [dis'pju:t]	n.	争论,争执 v. 争论,辩论;反驳
disregard [ˌdisri'gɑ:d]	v./n.	不管,不顾
disrupt [dis'rʌpt]	vt.	使混乱,使崩溃,使分裂,使瓦解
dissipate ['disipeit]	v.	驱散;(使云、雾、疑虑等)消散;挥霍
dissolve [di'zɔlv]	v.	(使)溶解,(使)融化;解散,取消
distance ['distəns]	n.	距离,间隔,远方,路程
distant ['distənt]	a.	远的;遥远的;疏远的;不亲近的
distill [di'stil]	vt.	蒸馏,用蒸馏法提取;吸取,提炼

distinct [dis'tiŋkt]	*a.*	清楚的,明显的;(from)截然不同的
distinction [dis'tiŋkʃən]	*n.*	区别,差别
distinguish [dis'tiŋgwiʃ]	*v.*	(from)区别,辨别;辨认出;使杰出
distort [dis'tɔ:t]	*v.*	扭曲,歪曲(真理、事实等)
distract [dis'trækt]	*v.*	分散;使分心;打扰;使心情烦乱
distress [dis'tres]	*n.*	苦恼;危难;不幸 *v.* 使苦恼
distribute [dis'tribju(:)t]	*v.*	分发;分配;分布;配(电);(over)散布
district ['distrikt]	*n.*	地区,行政区
disturb [dis'tə:b]	*v.*	扰乱,妨碍,使不安
disturbance [dis'tə:bəns]	*n.*	动乱,骚乱,干扰
ditch [ditʃ]	*n.*	沟,沟渠,水沟
dive [daiv]	*v./n.*	潜水,跳水,俯冲
diverse [dai'və:s]	*a.*	多种多样的,(from)不同的
diversion [dai'və:ʃən]	*n.*	转向,转移
divert [di'və:t]	*vt.*	使转向,使改道;转移(注意力);使娱乐
divide [di'vaid]	*v.*	分,划分,分开;分配;(by)除
dividend ['dividend]	*n.*	红利,股息;回报,效益;被除数
divine [di'vain]	*a.*	神的,神授的,天赐的;极好的,极美的
division [di'viʒən]	*n.*	分,分割;部门,科,处;除法
divorce [di'vɔ:s]	*v./n.*	离婚,分离
dizzy ['dizi]	*a.*	头晕目眩的,眩晕的;(可能)使人头晕的,极高的
do [dəu]	*aux./v./vt.*	做,干,办,从事;引起 *vi.* 行动;行,合适
dock [dɔk]	*n.*	船坞,码头
doctor ['dɔktə]	*n.*	医生;博士 *v.* 伪造,篡改
doctrine ['dɔktrin]	*n.*	教条,学说,主义
document ['dɔkjumənt]	*n.*	公文,文献 *vt.* 记载,证明
documentary [,dɔkju'mentəri]	*a.*	文献的 *n.* 记录片
dog [dɔg]	*n.*	狗
doll [dɔl]	*n.*	玩偶,玩具娃娃
dollar ['dɔlə]	*n.*	(美国,加拿大等国货币单位)美元,加元
domain [dəu'mein]	*n.*	(活动,思想等)领域,范围;领地
dome [dəum]	*n.*	圆屋顶
domestic [də'mestik]	*a.*	家里的;本国的;驯养的
dominant ['dɔminənt]	*a.*	支配的,统治的,占优势的
dominate ['dɔmineit]	*v.*	支配,统治,控制;占优势
donate [dəu'neit]	*vt.*	捐赠(金钱等);赠与
donkey ['dɔŋki]	*n.*	驴子;蠢人;顽固的人

doom [du:m]	n. 厄运,劫数 v. 注定,命定
door [dɔ:, dɛə]	n. 门
doorway ['dɔ:wei]	n. 门口
dorm [dɔ:m]/dormitory ['dɔ:mitri]	n. [美][口语]集体宿舍
dose [dəus]	n. 剂量,一服,一剂 v. (给……)服药
dot [dɔt]	n. 点,圆点 v. 在……上打点
double ['dʌbl]	adj. 两倍的,双重的 vt. 使加倍 vi. 加倍
doubt [daut]	n./v. 怀疑,疑虑
dove [dəuv]	n. 鸽子
down [daun]	ad. 下;由大到小;平息下去;处于低落状态;(to)直到 prep. 沿着……而下
downstairs [daun'stɛəz]	ad. 在楼下,往楼下
downtown ['dauntaun]	ad. 在城市的商业区 n./a. 城市商业区(的)
downward ['daunwəd]	a. 向下的 ad. (also: downwards)向下,往下
doze [dəuz]	v./n. 瞌睡;假寐
dozen ['dʌzn]	n. 一打,十二个
draft [drɑ:ft]	n. 草稿,草案,草图 v. 起草,草拟
drag [dræg]	v. 拖,拖曳
dragon ['drægən]	n. 龙
drain [drein]	n. 排水沟,阴沟;消耗,负担 v. 排去,放干
drama ['drɑ:mə]	n. 剧本,戏剧;戏剧性事件或场面
dramatic [drə'mætik]	a. 戏剧的,戏剧性的;剧烈的;激进的;显著的,令人注目的
drastic ['dræstik]	a. 激烈的,严厉的
draw [drɔ:]	v. 拉;画;汲取;引出;(to,towards)挨近 n. 平局
drawback ['drɔ:bæk]	n. 欠缺,缺点
drawer ['drɔ:ə]	n. 抽屉
drawing ['drɔ:iŋ]	n. 绘图,图样
dread [dred]	v./n. 恐惧,担心
dream [dri:m]	n./v. 梦,梦想,幻想
dress [dres]	n. 服装,童装,女装 v. 穿衣,打扮
drift [drift]	v./n. 漂,漂流(物)
drill [dril]	v. 练习;操练;钻孔 n. 操练;练习;钻孔(机)
drink [driŋk]	v. (drank, drunk)喝,饮 n. 饮料
drip [drip]	v. 滴下,漏水 n. 滴,水滴,点滴
drive [draiv]	v. 开(车);驱;驱动,把(钉,桩)打入 n. 驾驶,驱车旅行
driver ['draivə]	n. 驾驶员
drop [drɔp]	n. 滴;落下;微量 v. 落下;下降;失落

drought [draut]	n.	旱灾,干旱
drown [draun]	v.	溺死,淹没
drug [drʌg]	n.	药物;麻醉品;毒品;滞销货 v. 下麻药;吸毒
drum [drʌm]	n.	鼓;圆桶
drunk [drʌŋk]	a.	醉酒的
dry [drai]	a.	干(旱)的;干渴的;枯燥 vt. 使干燥,晒干
dubious ['djuːbjəs]	a.	怀疑的,无把握的;有问题的,靠不住的
duck [dʌk]	n.	鸭,鸭肉 v. 迅速俯身;快速低头;躲避
due [djuː]	a.	(to)应支付的;(车,船等)预定应到达的;应有的
dull [dʌl]	a.	单调的;迟钝的,愚笨的;不锋利的
dumb [dʌm]	a.	哑的,无言的
dump [dʌmp]	v.	倾倒,倾卸 n. 垃圾场
duplicate ['djuːplikeit]	n.	复制品,副本 v. 复写,使加倍 a. 复制的,双重的,双倍的
durable ['djuərəbl]	a.	持久的,耐久的
duration [djuə'reiʃən]	n.	持久;期间;持续时间
during ['djuəriŋ]	prep.	在……期间
dusk [dʌsk]	n.	薄暮,黄昏
dust [dʌst]	n.	灰尘,尘土 v. 拂,掸
duty ['djuːti]	n.	义务,责任;职务;税
dwarf [dwɔːf]	n.	矮子,侏儒,矮小的动植物 vt. 使……矮小
dwell [dwel]	v.	住,居留
dwelling ['dweliŋ]	n.	住宅,寓所
dye [dai]	n.	染料 v. 染,染色
dynamic [dai'næmik]	a.	动力的,电动的;有生气的
dynasty ['dinəsti]	n.	王朝,朝代

E

each [iːtʃ]	a./pron.	各,各自的,每
eager ['iːgə]	a.	(for)渴望的,热切的
eagle ['iːgl]	n.	鹰
ear [iə]	n.	耳,耳朵;听力,听觉;穗
early ['əːli]	a.	早的,早期的,及早的 ad. 早,在初期
earn [əːn]	v.	赚得,挣得,获得
earnest ['əːnist]	a.	热心的,诚挚的
earth [əːθ]	n.	地球;陆地;泥土,土壤;尘世,人间
earthquake ['əːθkweik]	n.	地震

ease [i:z]	v.	减轻;使舒适,使安心 n. 容易;舒适,悠闲
east [i:st]	n.	东,东方,东部 a. 东方的,东部的
Easter ['i:stə]	n.	复活节
eastern ['i:stən]	a.	东方的,东部的
easy ['i:zi]	a.	容易的,不费力的,安逸的,宽裕的
eat [i:t]	vt.	吃,喝 vi. 吃饭,吃东西
ebb [eb]	vi.	衰退,减退 n. 处于低潮,处于衰退状态
eccentric [ik'sentrik]	a.	古怪的,怪癖的,异乎寻常的 n. 古怪的人
echo ['ekəu]	v./n.	回声,反响,共鸣
eclipse [i'klips]	n.	日食,月食
ecology [i(:)'kɔlədʒi]	n.	生态学
economic [,i:kə'nɔmik]	a.	经济(上)的,经济学的
economical [,i:kə'nɔmikəl]	a.	节约的,经济的
economics [,i:kə'nɔmiks, ,ekə-]	n.	经济学,经济情况
economy [i(:)'kɔnəmi]	n.	节约;经济
edge [edʒ]	n.	边,棱;刀口,刃;优势 v. 侧身移动,挤进
edible ['edəbl]	a.	可食用的
edit ['edit]	v.	编辑,校订
edition [i'diʃən]	n.	版,版本,版次
editor ['editə]	n.	编辑,编者
editorial [edi'tɔ:riəl]	n.	社论
educate ['edju(:)keit]	v.	教育,培养,训练
education [,edju(:)'keiʃən]	n.	教育,培养,训练
effect [i'fekt]	n.	结果;效果;(on)影响;印象 vt. 招致,产生
effective [i'fektiv]	a.	有效的,生效的
efficiency [i'fiʃənsi]	n.	效率;功效
efficient [i'fiʃənt]	a.	有效的,效率高的;有能力的,能胜任的
effort ['efət]	n.	努力;艰难的尝试
egg [eg]	n.	蛋,卵,卵形物
ego ['i:gəu]	n.	自我,自负,利己主义;(心理学)自我意识
eight [eit]	num.	八 pron. 八(个,只……)
eighteen ['ei'ti:n]	num.	十八,十八个
eighty ['eiti]	num./a.	八十 pron. 八十(个,只……)
either ['aiðə(r)]	ad.	也(不) pron. 两者之一 a. (两者中)任一的
eject [i'dʒekt]	v.	喷射,排出;驱逐
elaborate [i'læbərət]	v./a.	精心制作(的);详细阐述(的)
elapse [i'læps]	vi.	(时间)溜走;(光阴)逝去

elastic [i'læstik]	a.	弹性的　n. 松紧带,橡皮圈
elbow ['elbəu]	n.	肘,(衣服的)肘部,弯头　vt. 用肘推,用肘挤
elder ['eldə(r)]	a.	年长的,资格老的　n. 长辈
elderly ['eldəli]	a.	较老的,年长的　n. (the ~)到了晚年的人
elect [i'lekt]	v.	选举,推选;选择,作出选择
electric [i'lektrik]	a.	电的,导电的,电动的
electrical [i'lektrik(ə)l]	a.	电的,电学的
electrician [ilek'triʃ(ə)n]	n.	电学家,电工
electricity [ilek'trisiti]	n.	电,电流;电学
electron [i'lektrɔn]	n.	电子
electronic [ilek'trɔnik]	a.	电子的
elegant ['eligənt]	a.	优雅的;端庄的;雅致的
element ['elimənt]	n.	元素;要素;成分;组成部分;人员,分子
elementary [ˌeli'mentəri]	a.	初步的;基本的
elephant ['elifənt]	n.	(动物)象
elevate ['eliveit]	vt.	举起,提拔,振奋,提升……的职位
elevator ['eliveitə]	n.	电梯,升降机
eleven [i'levən]	num.	十一　pron. /a. 十一(个,只……)
eligible ['elidʒəbl]	a.	符合条件的;(尤指婚姻等)合适(意)的
eliminate [i'limineit]	vt.	除去;淘汰;排(删,消)除;削减(人员)
elite [ei'liːt]	n.	[法][集合名词]精华;精锐;中坚分子;上层人士, 掌权人物,实力集团
eloquent ['eləkwənt]	a.	雄辩的,有说服力的;善辩的,口才流利的
else [els]	ad.	其他,另外,别的;(与 or 连用)否则　a. 其他的,别 的
elsewhere ['els'hwɛə]	ad.	在别处,向别处
e-mail [i'meil]	n.	(electronic mail)电子信函,电子邮件
embark [im'baːk]	v.	(使)上船(或飞机,汽车等);着手,从事,开始工作
embarrass [im'bærəs]	vt.	使困窘,使局促不安;阻碍,麻烦
embassy ['embəsi]	n.	大使馆
embed [im'bed]	vt.	把……嵌(埋、插)入,扎牢;使深留脑中
embody [im'bɔdi]	vt.	具体表达,使具体化,体现
embrace [im'breis]	v.	拥抱;包含
emerge [i'məːdʒ]	vt.	显现,浮现
emergency [i'məːdʒnsi]	n.	紧急情况,突然事件,非常时刻
emigrate ['emigreit]	v.	(to,from)自本国移居他国　[反]immigrate
eminent ['eminənt]	a.	显赫的;杰出的;有名的;优良的

emit [i'mit]	vt.	放射;散发
emotion [i'məuʃən]	n.	情绪,情感,感情
emperor ['empərə]	n.	皇帝
emphasis ['emfəsis]	n.	强调,重点
emphasise/emphasize ['emfəsaiz]	v.	强调
empire ['empaiə]	n.	帝国
empirical [em'pirikəl]	a.	凭经验(或观察)的,经验主义的
employ [im'plɔi]	n./v.	雇用;用,使用
employee [ˌemplɔi'iː, im'plɔii]	n.	雇工,雇员
employer [im'plɔiə]	n.	雇主
employment [im'plɔimənt]	n.	雇用;使用;工作,职业
empty ['empti]	a.	空的;空洞的 v. 倒空,使成为空的
enable [i'neibl]	v.	使能够,使成为可能
enclose [in'kləuz]	v.	围住,圈起,封入
enclosure [in'kləuʒə]	n.	围住,圈起,封入,附件
encounter [in'kauntə]	n./v.	遇到,遭遇
encourage [in'kʌridʒ]	v.	鼓励,怂恿
encyclopaedia /encyclopedia [enˌsaiklə'piːdiə]	n.	百科全书
end [end]	n.	末端,端,梢 v. 终止,结束
endeavour/endeavor [in'devə]	v./n.	努力,尽力,力图
ending ['endiŋ]	n.	结尾,结局
endow [in'dau]	vt.	资助,捐赠;(with)给予,赋予
endurance [in'djurəns]	n.	忍耐(力),持久(力),耐久(性)
endure [in'djuə]	v.	忍受,持久,持续
enemy ['enimi]	n.	敌人,仇敌,反对者;敌人,敌军,敌国
energetic [ˌenə'dʒetik]	a.	精力旺盛的;积极的;有力的
energy ['enədʒi]	n.	活力,精力;能,能量
enforce [in'fɔːs]	v.	实施,执行;强制
engage [in'geidʒ]	v.	(in)从事,着手;(使)忙着;约定;使订婚;雇用;吸引
engagement [in'geidʒmənt]	n.	约会,约定;婚约,订婚
engine ['endʒin]	n.	发动机,引擎;火车头
engineer [ˌendʒi'niə]	n.	工程师
engineering [ˌendʒi'niəriŋ]	n.	工程学
enhance [in'hɑːns]	v.	提高,增强
enjoy [in'dʒɔi]	vt.	享受……的乐趣;欣赏;喜爱
enlarge [in'lɑːdʒ]	vt.	扩大,放大,增大

enlighten [in'laitn]	*v.*	启发,启蒙,教导
enormous [i'nɔːməs]	*a.*	巨大的,庞大的
enough [i'nʌf]	*a.*	(for)足够的　*n.* 足够,充分　*ad.* 足够地,充分地
enquire/inquire [in'kwaiə]	*v.*	询问,打听;调查;查问
enrich [in'ritʃ]	*v.*	使富足;使肥沃
enroll/enrol [in'rəul]	*v.*	招收;登记;入学
ensure [in'ʃuə]	*v.*	确保,保证
entail [in'teil]	*vt.*	使承担;需要;把(疾病等)遗传给;限定
enter ['entə]	*vt.*	进入;参加,加入;写入　*vi.* 进去,进来
enterprise ['entəpraiz]	*n.*	事业,企(事)业单位;事业心,进取心
entertain [ˌentə'tein]	*v.*	招待,款待;使娱乐;使欢乐
entertainment [entə'teinmənt]	*n.*	招待,款待;表演文娱节目
enthusiasm [in'θjuːziæzəm]	*n.*	热情,热心
enthusiastic [inˌθjuːzi'æstik]	*a.*	热情的,热心的
entire [in'taiə]	*a.*	完全的,全部的,完整的
entitle [in'taitl]	*v.*	给予权利(或资格);给……称号(题名);授权
entity ['entiti]	*n.*	实体;存在(物);组织,机构;本质
entrance [in'trɑːns]	*n.*	入口,门口;进入;入学,入会
entrepreneur [ˌɔntrəprə'nəː]	*n.*	[法]企业家,主办人
entry ['entri]	*n.*	进入,入口;通道;记载,条目
envelope ['enviləup]	*n.*	信封,信皮;封套
environment [in'vaiərənmənt]	*n.*	环境,外界
envisage [in'vizidʒ, en-]	*v.*	想象,设想,展望,正视
envy ['envi]	*v. /n.*	羡慕,忌妒
epidemic [ˌepi'demik]	*a.*	流行性的;传染的　*n.* 流行病;传播
episode ['episəud]	*n.*	一段情节;片断;(连续剧的)一集
epoch ['iːpɔk, 'epɔk]	*n.*	新纪元;时代;时期
equal ['iːkwəl]	*a.*	(to)相等的;(to)胜任的　*n.* 相等的事务;(地位)相等的人　*v.* 等于
equality [i(ː)'kwɔliti]	*n.*	同等;平等
equation [i'kweiʃən]	*n.*	(数学)等式,方程式;(with)相等;均衡
equator [i'kweitə]	*n.*	赤道
equip [i'kwip]	*v.*	(with)装备,配备
equipment [i'kwipmənt]	*n.*	设备,器材,装置
equivalent [i'kwivələnt]	*a.*	(to)相等的,等价的　*n.* 相等物,等价物
era ['iərə]	*n.*	时代,年代,阶段,纪元
erase [i'reiz]	*v.*	擦掉;删去

erect [i'rekt]	v.	树立,建立,使竖立　a. 直立的,垂直的
erosion [i'rəuʒən]	n.	腐蚀,磨损;削弱,减少
erroneous [i'rəunjəs]	a.	错误的,不正确的
error ['erə]	n.	错误,过失
erupt [i'rʌpt]	v.	(尤指火山)爆发
escalate ['eskəleit]	v.	(使)逐步增长(或发展),(使)逐步升级
escape [is'keip]	n.	逃跑,逃脱　v. 逃跑;避开,避免
escort [is'kɔːt]	vt.	护送(卫);陪同　n. 警卫,护送者;仪仗兵
especially [is'peʃəli]	ad.	特别,尤其
essay ['esei, 'esi]	n.	文章,短文
essence ['esns]	n.	本质,实质
essential [i'senʃəl]	a.	本质的,基本的;(to)必要的,必不可少的
establish [is'tæbliʃ]	v.	建立,设立;安置,使定居
establishment [is'tæbliʃmənt]	n.	建立,设立,建立的机构(或组织)
estate [i'steit]	n.	房地产;不动产
esteem [is'tiːm]	n.	尊敬,尊重　vt. 尊重,敬重;把……看做
estimate ['estimeit]	v./n.	估计,估价;评估
eternal [i(ː)'təːnl]	n.	永久的,永恒的
ethnic ['eθnik]	a.	种族的;人种学的
evacuate [i'vækjueit]	vt.	撤离,疏散,排泄,剥夺
evade [i'veid]	vt.	逃避,回避;避开,躲避
evaluate [i'væljueit]	v.	估价,评价;求……的值
evaporate [i'væpəreit]	v.	蒸发,挥发
eve [iːv]	n.	(节日等的)前夜,前夕
even ['iːvən]	ad.	甚至(更)　a. 均匀的;平的,平坦的;偶数的
evening ['iːvniŋ]	n.	傍晚,晚上;晚会
event [i'vent]	n.	事件,事情
eventually [i'ventjuəli]	ad.	终于,最后
ever ['evə]	ad.	曾经;永远;在任何时候;究竟
every ['evri]	a.	每一个的,每个的;每隔……的;全部的,一切的,所有的
everybody ['evribɔdi, 'evribədi]	pron.	(everyone)每人,人人
everyday ['evridei]	adj.	每日的,日常的
everyone ['evriwʌn]	pron.	(everybody)每人,人人,各人
everything ['evriθiŋ]	pron.	每件事,一切
everywhere ['evrihwɛə]	ad.	到处,各处,无论何处
evidence ['evidəns]	n.	根据;证据;迹象,形迹

evident ['evidənt]	a.	明显的,明白的
evil ['i:vl]	a.	邪恶的,罪恶的 n. 邪恶,罪恶
evoke [i'vəuk]	vt.	唤起(回忆、感情等);引起
evolution [ˌi:və'lu:ʃən, ˌevə-]	n.	进化,演变,发展,进展
evolve [i'vɔlv]	v.	(使)发展;(使)进化
exact [ig'zækt]	a.	确切的,正确的,精确的
exaggerate [ig'zædʒəreit]	v.	夸大,夸张
exam [ig'zæm, eg-]	n.	考试,测验
/examination [igˌzæmi'neiʃən]		
examine [ig'zæmin]	v.	检查,调查;对……进行考试
example [ig'zɑ:mpl, ig'zæm-]	n.	例子,实例;模范,榜样
exceed [ik'si:d]	v.	超过,胜过;越出
exceedingly [ik'si:diŋli]	ad.	极端地,非常
excel [ik'sel]	vi.	胜过其他;擅长 vt. 胜过,优于
excellent ['eksələnt]	a.	卓越的,极好的
except [ik'sept]	prep.	除……之外
exception [ik'sepʃən]	n.	例外,除外
exceptional [ik'sepʃənl]	a.	例外的,异常的
excerpt ['eksə:pt]	n./vt.	摘录;引用
excess [ik'ses, 'ekses]	a.	过量的,额外的 n. 过量;过剩
excessive [ik'sesiv]	a.	过多的,过分的
exchange [iks'tʃeindʒ]	v./n.	(for)交换,兑换;交流,交易;交换台,交易所
excite [ik'sait]	v.	刺激,使激动;激发,激励
excitement [ik'saitmənt]	n.	刺激,激动,兴奋
exciting [ik'saitiŋ]	a.	令人兴奋的,使人激动的
exclaim [iks'kleim]	v.	呼喊,惊叫,大声说
exclude [iks'klu:d]	v.	拒绝,把……排除在外,排斥
exclusive [iks'klu:siv]	a.	独占的,专有的,除外的;排他的;唯一的
excursion [iks'kə:ʃən]	n.	短途旅行,游览
excuse [iks'kju:z]	v.	原谅,宽恕,免除 n. 借口,辩解
execute ['eksikju:t]	v.	实行;实施;执行
executive [ig'zekjutiv]	n.	总经理,董事,行政负责人 a. 执行的,实施的
exemplify [ig'zemplifai]	v.	举例证明;示范;作……的范例(榜样)
exempt [ig'zempt]	a.	免除的 v. 免除 n. 免税者;被免除义务者
exercise ['eksəsaiz]	n.	练习,习题;训练,锻炼 v. 训练,锻炼;行使
exert [ig'zə:t]	v.	尽(力),施加(压力等),努力
exhaust [ig'zɔ:st]	v.	使筋疲力尽,耗尽;抽完 n. 排气装置;废气

exhibit [igˈzibit]	v.	展出,陈列
exhibition [ˌeksiˈbiʃən]	n.	展览会;陈列,展览
exile [ˈeksail, ˈegz-]	n.	流放;被流放者　vt. 流放,放逐,把……充军
exist [igˈzist]	v.	存在;生存;生活
existence [igˈzistəns]	n.	存在,实在;生存,生活(方式)
exit [ˈeksit, -zit]	n.	出口,通道
exotic [igˈzɔtik]	a.	奇异的;异国情调的;外(国)来的
expand [iksˈpænd]	v.	(使)膨胀,(使)扩张;张开,展开
expansion [iksˈpænʃən]	n.	扩张,膨胀;张开,伸展
expect [iksˈpekt]	v.	预期;期望,指望
expectation [ˌekspekˈteiʃən]	n.	预期,期望,指望
expedition [ˌekspiˈdiʃən]	n.	远征(队),探险(队)
expel [iksˈpel]	v.	把……开除;驱逐;排出;发射
expend [iksˈpend]	v.	消费,花费
expenditure [iksˈpenditʃə, eks-]	n.	花费;(时间,金钱等)支出,消耗
expense [ikˈspens]	n.	花费,消费,消耗
expensive [iksˈpensiv]	a.	花费的,昂贵的
experience [iksˈpiəriəns]	n./vt.	经验;经历;体验;阅历
experiment [iksˈperimənt]	n.	实验;试验　v. (on)进行实验;做试验
experimental [eksˌperiˈmentl]	a.	实验(性)的,试验(性)的
expert [ˈekspəːt]	n.	专家,能手　a. 熟练的,有经验的;专门的
expertise [ˌekspəˈtiːz]	n.	专门知识(或技能等),专长
expire [iksˈpaiə, eks-]	v.	期满,(期限)终止;呼气;断气,死亡
explain [iksˈplein]	v.	解释,说明
explanation [ˌekspləˈneiʃən]	n.	解释,说明
explicit [iksˈplisit]	a.	详述的,明确的;坦率的;显然的
explode [iksˈpləud]	v.	(使)爆炸,(使)爆发
exploit [iksˈplɔit]	v.	开拓;开发;剥削
explore [iksˈplɔː]	v.	勘探,探测;探究,探索
explosion [iksˈpləuʒən]	n.	爆炸,爆发
explosive [iksˈpləusiv]	a.	爆炸(性)的,爆发(性)的　n. 爆炸物,炸药
export [ˈekspɔːt]	v./n.	输出,出口　n. 出口商品
expose [iksˈpəuz]	v.	(to)使暴露,受到;使曝光
exposure [iksˈpəuʒə]	n.	暴露,揭露;(to)受到
express [iksˈpres]	v.	表达,表示　a. 特快的,快速的　n. 快车,快运
expression [iksˈpreʃən]	n.	表达;表示;词句,措辞;式;符号
exquisite [ˈekskwizit]	a.	优美的,高雅的,精致的;剧烈的,异常的

extend [iks'tend]	v.	延长,延伸
extension [iks'tenʃən]	n.	延长,扩大,伸展;电话分机
extensive [iks'tensiv]	a.	广大的,广阔的
extent [iks'tent]	n.	广度,宽度,长度;程度,限度
exterior [eks'tiəriə]	a.	外部的,外面的 n. 外部
external [eks'təːnl]	a.	外部的,外面的
extinct [iks'tiŋkt]	a.	灭绝的;熄灭了的
extinguish [iks'tiŋgwiʃ]	v.	熄灭;消灭,扑灭
extra ['ekstrə]	a.	额外的,附加的 n. 附加物,额外的东西
extract [iks'trækt]	v./n.	拔出,抽出;摘录 n. 抽取物;精华;选集
extraordinary [iks'trɔːdnri, iks'trɔːdinəri]	a.	非常的;格外的
extravagant [iks'trævəgənt]	a.	奢侈的;过分的;(言行等)放肆的
extreme [iks'triːm]	a.	末端的,尽头的;极度的,极端的 n. 极端;最大程度;极度(状态)
eye [ai]	n.	眼(睛);视力;眼力;眼状物 vt. 看,审视
eyebrow ['aibrau]	n.	眉毛
eyesight ['aisait]	n.	视力

F

fable ['feibl]	n.	寓言
fabric ['fæbrik]	n.	织物;织品;结构
fabricate ['fæbrikeit]	v.	捏造,编造(谎言、借口等);建造,制造
fabulous ['fæbjuləs]	a.	极好的;极为巨大的;寓言中的,传说中的
face [feis]	n.	脸,面貌;表情;正面 v. 面对着;朝,面向
facilitate [fə'siliteit]	v.	使变得(更)容易;使便利
facility [fə'siliti]	n.	灵巧,熟练;(pl.)设备,设施,便利条件
fact [fækt]	n.	事实,实际
factor ['fæktə]	n.	因素,要素
factory ['fæktəri]	n.	工厂
faculty ['fækəlti]	n.	才能;学院,系;(学院或系的)全体教学人员
fade [feid]	v.	褪色;衰减,消失
fail [feil]	v.	失败,不及格;衰退,减弱
failure ['feiljə]	n.	失败,不及格;失败者;故障,失灵;未能
faint [feint]	a.	微弱的;不明显的;暗淡的 n./v. 昏倒;昏晕
fair [fɛə]	a.	公平的,合理的;相当的,尚好的;晴朗的;金发的 n. 集市,交易会,博览会

fairly [ˈfɛəli]	ad.	公正地,正当地;相当,还算
fairy [ˈfɛəri]	a.	幻想中的;虚构的;优雅的 n. 仙女;精灵
faith [feiθ]	n.	信任,信用;信仰,信条
faithful [ˈfeiθful]	a.	守信的,忠实的,如实的,可靠的
fake [feik]	n.	假货,赝品 a. 假的,冒充的 v. 伪造;伪装
fall [fɔːl]	v.	跌倒;下降;减弱;坠落;变成,陷于 n. 秋季
false [fɔːls]	a.	谬误的,虚伪的,伪造的,假的
fame [feim]	n.	名声;名望
familiar [fəˈmiljə]	a.	(with, to)熟悉的;通晓的;亲近的
family [ˈfæmili]	n.	家,家庭成员;氏族,家庭;族,科
famine [ˈfæmin]	n.	饥荒,饥馑
famous [ˈfeiməs]	a.	著名的
fan [fæn]	n.	扇子,风扇;(影、球等)迷 v. 扇,扇动,激起
fancy [ˈfænsi]	n.	爱好,迷恋 v. 想象,幻想 a. 花式的,奇特的,异样的
fantastic(al) [fænˈtæstikəl]	a.	奇异的,幻想的,异想天开的,极好的
fantasy [ˈfæntəsi, ˈfæntəzi]	n.	幻想,空想;空想的产物,幻想作品
far [fɑː]	a./ad.	远的(地),久远的(地),遥远的(地)
	ad.	到……程度,……得多
fare [fɛə]	n.	车费,船费 v. 过活;进展
farewell [ˈfɛəˈwel]	int.	再会,别了 n. 告别
farm [fɑːm]	n.	农场,饲养场 v. 种田,经营农牧业
farmer [ˈfɑːmə]	n.	农民,农场主
farther [ˈfɑːðə]	ad.	更远地,再往前地 a. 更远的
fascinate [ˈfæsineit]	v.	迷住,强烈吸引
fashion [ˈfæʃən]	n.	流行式样(或货品),风尚,风气;样子,方式
	vt.	形成,制作,塑造
fashionable [ˈfæʃənəbl]	a.	流行的,时髦的
fast [fɑːst]	a.	快的,迅速的,(钟表)快的;紧的,牢的;坚固的
	ad.	紧紧地,牢固地;迅速地,快
fasten [ˈfɑːsn]	v.	扎牢,使固定
fat [fæt]	a.	多脂肪的,肥胖的;丰厚的 n. 脂肪,肥肉
fatal [ˈfeitl]	a.	致命的,毁灭性的
fate [feit]	n.	命运
father [ˈfɑːðə]	n.	父亲;(Father)神父
fatigue [fəˈtiːg]	n./v.	(使)疲劳
fault [fɔːlt]	n.	过失,过错;缺点,毛病
faulty [ˈfɔːlti]	a.	有错误的,有缺点的

favour/favor ['feivə]	n.	好感;喜爱;恩惠,帮助 v. 赞成,支持,偏爱,偏袒
favourable/favorable ['feiərəbl]	a.	赞许的,有利的,讨人喜欢的;良好的
favourite/favorite ['feivərit]	n.	最喜欢的人或物 a. 喜爱的,特别喜欢的
fax [fæks]	n./v.	传真(机);传真传输
fear [fiə]	n.	害怕,恐惧;危险 vt. 畏惧,害怕,担心
fearful ['fiəful]	a.	可怕的,吓人的;害怕,担心,惊恐
feasible ['fi:zəbl]	a.	可行的
feast [fi:st]	n.	节日;宴会
feat [fi:t]	n.	功绩,伟业,技艺
feather ['feðə]	n.	羽毛
feature ['fi:tʃə]	n.	特征;特色;特写 v. 以……为特色
February ['februəri]	n.	二月
federal ['fedərəl]	a.	联邦的;联邦制的;联合的;同盟的
federation [ˌfedə'reiʃən]	n.	同盟;联邦;联合;联盟;联合会
fee [fi:]	n.	费(会费、学费等);酬金
feeble ['fi:bl]	a.	虚弱的,无力的
feed [fi:d]	v.	(on, with)喂养,饲养;(with)向……供给
feedback ['fi:dbæk]	n.	反馈
feel [fi:l]	v.	触;认为 vi. 摸上去有……感觉;摸索;觉得
feeling ['fi:liŋ]	n.	感情;心情;知觉;同情
fell [fel]	v.	击倒;打倒(疾病等);砍伐
fellow ['feləu]	n.	人,家伙;伙伴,同事 a. 同样的,同伴的
fellowship ['feləuʃip]	n.	伙伴关系;联谊会,团体
female ['fi:meil]	a.	女性的;雌的;柔弱的
feminine ['feminin]	a.	女性的;娇柔的
fence [fens]	n.	篱笆;围栏 n./v. 击剑
ferry ['feri]	n.	摆渡;渡船;渡口 v. 渡运(人、车或物等)
fertile ['fə:tail]	a.	肥沃的,富饶的;能繁殖的
fertiliser/fertilizer ['fə:tiˌlaizə]	n.	肥料
festival ['festəvəl]	n.	节日;音乐节;戏剧节
fetch [fetʃ]	v.	取来;接来
feudal ['fju:dl]	a.	封建的
fever ['fi:və]	n.	发热,狂热
few [fju:]	n./a.	[表肯定]有些,几个;[表否定]几乎没有的
fibre/fiber ['faibə]	n.	纤维;构造;纤维制品
fiction ['fikʃən]	n.	虚构,编造;小说
field [fi:ld]	n.	田野;运动场;(电或磁)场;领域,范围

fierce [fiəs]	a.	凶猛的,残忍的;狂热的,强烈的
fifteen ['fif'ti:n]	num.	十五　pron./a. 十五(个,只……)
fifty ['fifti]	num.	五十,五十个
fight [fait]	v./n.	打(仗),搏斗,斗争,战斗
figure ['figə]	n.	体形;数字;图形;人物　v. (out)算出,估计;推测
file [fail]	n.	锉刀;文件,档案　v. 锉
fill [fil]	v.	(with)填满,充满
film [film]	n.	电影;胶片;薄膜,薄层　vt. 把……拍成电影
filter ['filtə]	n.	滤器,滤纸
final ['fainəl]	a.	最终的,决定性的　n. 结局;决赛;期末考试
finally ['fainəli]	ad.	最后,最终
finance [fai'næns, fi-]	n.	财政,金融　v. 为……提供资金
financial [fai'nænʃəl]	a.	财政的,金融的
find [faind]	v./n.	(found,found)找到;发现;发觉,感到
finding ['faindiŋ]	n.	发现,发现物;(常 pl.)调查/研究结果
fine [fain]	a.	晴朗的,美好的,细致的　v./n. 罚金,罚款
finger ['fiŋgə]	n.	手指
finish ['finiʃ]	n.	完成;结束;最后阶段　v. 完成;结束;用完;毁掉
finite ['fainait]	a.	有限的
fire ['faiə]	n.	火;火灾,失火;热情,激情　vi. 开火　vt. 放(枪)
fireman ['faiəmən]	n.	消防队员
fireplace ['faiəpleis]	n.	壁炉
firm [fə:m]	a.	坚固的;坚决的,坚定的;稳固的　n. 公司,商号
first [fə:st]	a./ad.	第一;最初;首次　n. 开始　pron. 第一名
	num.	第一
fish [fiʃ]	n.	(pl. fish(es))鱼;鱼肉　v. 捕鱼;钓鱼
fisherman ['fiʃəmən]	n.	渔夫,捕鱼人
fist [fist]	n.	拳头
fit [fit]	a.	(for, to)适合的,恰当的;健康的,强健的　v. 使适合,使配合,适应;安装,装配
fitting ['fitiŋ]	a.	适当的,恰当的　n. (常 pl.)配件,附件;装配,安装
five [faiv]	num.	五　pron./a. 五(个,只……)
fix [fiks]	v.	(使)固定,安装;决定
fixture ['fikstʃə]	n.	固定,固定物
flag [flæg]	n.	旗
flame [fleim]	n.	火焰,火苗;热情;光辉　v. 发火焰,燃烧
flap [flæp]	n.	垂下物,帽沿,袋盖　n./v. 拍打,拍动

flare [flɛə]	v./n.	闪耀,闪烁
flash [flæʃ]	n./a.	闪光(的)　v. 发闪光,闪亮;闪现
flat [flæt]	a.	平坦的,扁平的,平淡的,乏味的　n. 一套房间;平面,平坦部分
flatter ['flætə]	vt.	奉承;使高兴
flavour/flavor ['fleivə]	n.	情味;风味;滋味　v. 给……调味
flaw [flɔ:]	n.	裂缝;缺陷
flee [fli:]	v.	逃走;逃避
fleet [fli:t]	n.	舰队,船队
flesh [fleʃ]	n.	肉,肌肉
flexible ['fleksəbl]	a.	柔韧的,易弯曲的,灵活的,能变形的
flight [flait]	n.	飞翔,飞行;航班;航程;逃跑;楼梯的一段
fling [fliŋ]	v.	(用力地)扔,抛,丢
float [fləut]	n.	飘浮;漂流物　v. 浮动;漂浮
flock [flɔk]	n.	(一)群,(禽,畜等的)群;大量　v. 群集,成群
flood [flʌd]	n.	洪水,水灾　v. 淹没,发大水,泛滥
floor [flɔ:, fləə]	n.	地板,(楼房)的层
flour ['flauə]	n.	面粉
flourish ['flʌriʃ]	n./v.	繁荣,茂盛,兴旺
flow [fləu]	v.	流,流动　n. 流量,流速
flower ['flauə]	n.	花　vi. 开花
flu [flu:]	n.	(influenza)流行性感冒
fluctuate ['flʌktjucit]	v.	(使)波动;(使)起伏
fluent ['flu(:)nt]	a.	流利的,流畅的
fluid ['flu(:)id]	a.	流动的,液体的　n. 流体,液体
flush [flʌʃ]	n./v.	脸红　v. 冲洗,奔流　a. (with)齐平的,同高的
fly [flai]	n.	飞行;苍蝇　v. 飞行;飞逝,飞奔,驾驶(飞机)
foam [fəum]	v./n.	泡沫,起泡沫
focus ['fəukəs]	n.	焦点,(活动、兴趣等的)中心　v. (on)使聚集,集中
fog [fɔg]	n.	雾气,雾
fold [fəuld]	v.	折叠　n. 褶,褶痕
folk [fəuk]	n.	人们　a. 民间的
follow ['fɔləu]	v.	跟随,接着;领会;沿着……前进,遵循;结果是
following ['fɔləuiŋ]	a.	下列的,下述的,其次的,接着的
fond [fɔnd]	a.	(of)喜爱的,爱好的
food [fu:d]	n.	食物,粮食,养料
fool [fu:l]	n.	傻子,笨蛋　vt. 欺骗,愚弄　vi. 干蠢事

foolish [ˈfuːliʃ]	a.	愚笨的,愚蠢的
foot [fut] ([pl.]feet)	n.	脚,足;英尺;底部
football [ˈfutbɔːl]	n.	足球
footstep [ˈfutstep]	n.	脚步(声),足迹
for [fɔː; fə]	prep.	为了;给;代替;向;支持 conj. 因为
forbid [fəˈbid]	v.	禁止,不许
force [fɔːs]	n.	力量,力;势力;(pl.)(总称)军队;兵力 v. 强迫,迫使
fore [fɔː; fɔə]	ad.	在前面 a. 先前的;在前部的 n. 前部
forecast [ˈfɔːkɑːst]	v./n.	预测,预报
forehead [ˈfɔrid]	n.	前额;(任何事物的)前部
foreign [ˈfɔrin]	a.	外国的,(to)无关的;外来的;异质的
foreigner [ˈfɔrinə]	n.	外国人
foremost [ˈfɔːməust]	a.	最先的;最初的;主要的 ad. 首要地
foresee [fɔːˈsiː]	v.	预见,预知
forest [ˈfɔrist]	n.	森林
forever [fəˈrevə]	ad.	(for ever)永远;常常
forge [fɔːdʒ]	v.	锻造,伪造 n. 锻工车间;锻炉
forget [fəˈget]	v.	忘记,遗忘
forgive [fəˈgiv]	v.	原谅,饶恕
fork [fɔːk]	n.	叉,耙;叉形物;餐叉 v. 交出,交付
form [fɔːm]	n.	形状,形式;表格 v. 组成,构成;形成
formal [ˈfɔːməl]	a.	正式的;形式的
format [ˈfɔːmæt, -mɑːt]	n.	(出版物的)开本,版式,格式,设计,安排 v. 使格式化
formation [fɔːˈmeiʃən]	n.	形成;构成
former [ˈfɔːmə]	a.	以前的,在前的 pron. 前者
formidable [ˈfɔːmidəbl]	a.	强大的;令人敬畏的;可怕的;艰难的
formula [ˈfɔːmjulə]	n.	(pl. formulae)公式;程式
formulate [ˈfɔːmjuleit]	v.	构想;规划;系统地阐述
forth [fɔːθ]	ad.	向前;向外,往外
forthcoming [fɔːθˈkʌmiŋ]	a.	即将到来的
fortnight [ˈfɔːtnait]	n.	两星期
fortunate [ˈfɔːtʃənit]	a.	幸运的,侥幸的
fortune [ˈfɔːtʃən]	n.	运气;命运;财产;财富
forty [ˈfɔːti]	num./a.	四十 pron. 四十(个,只……)
forum [ˈfɔːrəm]	n.	论坛,讨论会

forward [ˈfɔːwəd]	*ad.*	(also: forwards)向前　*a.* 向前的,前部的;进步的
	v.	转交,转递
fossil [ˈfɔsl]	*n.*	化石
foster [ˈfɔstə]	*vt.*	养育;收养;怀抱;鼓励　*a.* 收养的　*n.* 养育者
foul [faul]	*a.*	污秽的;邪恶的　*v.* 弄脏;妨害;犯规　*n.* 犯规
found [faund]	*vt.*	建立;创立;创办
foundation [faunˈdeiʃən]	*n.*	基础,根本,建立,创立;地基,基金,基金会
fountain [ˈfauntin]	*n.*	泉水,喷泉,源泉
four [fɔː]	*num.*	四　*pron.* /*a.* 四(个,只……)
fourteen [ˈfɔːˈtiːn]	*num.*	十四,十四个
fox [fɔːks]	*n.*	狐狸
fraction [ˈfrækʃən]	*n.*	碎片,小部分,一点儿;分数
fracture [ˈfræktʃə]	*n.*	裂缝(痕);骨折　*v.* (使)断裂,(使)折断
fragile [ˈfrædʒail]	*a.*	易碎的,脆的,易损坏的;虚弱的,脆弱的
fragment [ˈfrægmənt]	*n.*	碎片,小部分,片断
fragrant [ˈfreigrənt]	*a.*	香的;芬芳的
frame [freim]	*n.*	框架;体格;骨架;组织;机构　*v.* 设计;制定;装框子
framework [ˈfreimwəːk]	*n.*	构架;框架;结构
frank [fræŋk]	*a.*	坦白的,直率的
fraud [frɔːd]	*n.*	欺诈,诈骗;欺骗(行为);骗子;假货
free [friː]	*a.*	自由的;免费的;免税的;空闲的　*vt.* (from, of)使自
		由,免除
frccdom [ˈfriːdəm]	*n.*	自由,自主,免除,特权
freeze [friːz]	*v.*	使结冰,使凝固
freight [freit]	*n.*	货物,货运,运费
frequency [ˈfriːkwənsi]	*n.*	频率,周率
frequent [ˈfriːkwənt]	*a.*	时常发生的,频繁的
fresh [freʃ]	*a.*	新鲜的,无经验的
friction [ˈfrikʃən]	*n.*	摩擦,摩擦力
Friday [ˈfraidi]	*n.*	星期五
fridge [fridʒ]	*n.*	冰箱
/refrigerator [riˈfridʒəreitə]		
friend [frend]	*n.*	朋友
friendly [ˈfrendli]	*a.*	友好的,友谊的
friendship [ˈfrendʃip]	*n.*	友谊,友好
fright [frait]	*n.*	恐怖
frighten [ˈfraitn]	*v.*	使惊恐

fringe [frindʒ]	n.	边缘;(窗帘)缘饰;额前垂发 vt. 饰……的边
frog [frɔg]	n.	蛙
from [frɔm, frəm, frm]	prep.	从,自从;由于;离;根据,按;去除
front [frʌnt]	a.	前面的,前部的 n. 正面;前线,战线 v. 面对,朝向
frontier ['frʌntjə]	n.	国境,边境;尖端,新领域
frost [frɔst, frɔ:st]	n.	霜,霜冻,严寒
frown [fraun]	v.	皱眉
fruit [fru:t]	n.	水果,果实;成果,效果
fruitful ['fru:tful]	a.	多产的;果实累累的,富有成效的
frustrate [frʌs'treit]	vt.	挫败,阻挠,使灰心
fry [frai]	v.	油煎,油炸
fuel [fjuəl]	n.	燃料 vt. 给……加燃料
fulfil/fulfill [ful'fil]	v.	完成,履行,实践,满足
full [ful]	a.	(of)满的,充满的 a./ad. 完全,充分
fume [fju:m]	n.	(浓烈或难闻的)烟,气,汽
fun [fʌn]	n.	玩笑,娱乐;有趣的人(或事物)
function ['fʌŋkʃən]	n.	功能,作用;(pl.)职务,职责;函数 v. 起作用
fund [fʌnd]	n.	资金,基金
fundamental [ˌfʌndə'mentl]	a.	基础的,基本的 n.(pl.)基本原则,基本原理
funeral ['fju:nərəl]	n.	丧葬,葬礼
funny ['fʌni]	a.	滑稽的,可笑的
fur [fə:]	n.	毛,毛皮
furious ['fjuəriəs]	a.	狂怒的,狂暴的,猛烈的
furnace ['fə:nis]	n.	炉子,熔炉
furnish ['fə:niʃ]	v.	供应,提供;装备,布置
furniture ['fə:nitʃə]	n.	家具
further ['fə:ðə]	ad./a.	更远,更往前;进一步 v. 促进,增进
furthermore [fə:ðə'mɔ:(r)]	ad.	而且,此外
fuse [fju:z]	n.	保险丝,导火线,引信 v. 熔化,熔合
fuss [fʌs]	n./v.	忙乱,大惊小怪
futile ['fju:tail, -til]	a.	无效的,无用的,无希望的
future ['fju:tʃə]	n.	将来,未来;前途,前景 a. 将来的,未来的

G

gain [gein]	v.	获得;增加;表等走快 n. 收益,得益
galaxy ['gæləksi]	n.	星系;(the Galaxy)银河(系);一群显赫的人
gallery ['gæləri]	n.	长廊,画廊,美术馆

gallon [ˈgælən]	n.	加仑
gallop [ˈgæləp]	v./n.	奔驰,飞奔
gamble [ˈgæmbl]	n./v.	投机,冒险;赌博
game [geim]	n.	游戏,娱乐;比赛;(pl.)运动会;猎物　vi. 赌博
gang [gæŋ]	n.	一帮,一群,一伙
gaol [dʒeil, dʒel]/jail [dʒeil]	n.	监狱;(不加冠词)监禁　vt. 使……坐牢
gap [gæp]	n.	缺口;间隙
garage [ˈgærɑː(d)ʒ]	n.	车库,飞机库;修车厂
garbage [ˈgɑːbidʒ]	n.	垃圾
garden [ˈgɑːdn]	n.	(菜,花)园;公园
garlic [ˈgɑːlik]	n.	蒜,大蒜粉
garment [ˈgɑːmənt]	n.	(一件)衣服
gas [gæs]	n.	气体;煤气;汽油
gasolene/gasoline [ˈgæsəliːn]	n.	汽油
gasp [gɑːsp]	n.	喘息,气喘　v. 喘息;气吁吁地说
gate [geit]	n.	大门
gather [ˈgæðə]	v.	聚集,聚拢
gauge [geidʒ]	n.	标准尺寸;规格;量规,量表　v. 测量
gay [gei]	a.	快乐的,愉快的,色彩鲜艳的　n. 同性恋
gaze [geiz]	v./n.	凝视,注视
gear [giə]	n.	齿轮,传动装置　v. (to)调整,使适合
gender [ˈdʒendə]	n.	(生理上的)性;(名词、代词等的)性
gene [dʒiːn]	n.	基因
general [ˈdʒenərəl]	a.	一般的,普通的;总的,大体的　n. 将军
generalise/generalize [ˈdʒenərəlaiz]	v.	归纳,概括;推广,普及
generate [ˈdʒenəˌreit]	vt.	产生,发生
generation [ˌdʒenəˈreiʃən]	n.	产生,发生;一代(人)
generator [ˈdʒenəreitə]	n.	发电机,发生器
generous [ˈdʒenərəs]	a.	宽宏大量的,慷慨的
genetic [dʒiˈnetik]	a.	遗传(学)的　n.[-s]遗传学
genius [ˈdʒiːnjəs]	n.	天才
gentle [ˈdʒentl]	a.	和蔼的,文雅的,有礼貌的
gentleman [ˈdʒentlmən]	n.	绅士,先生
gently [ˈdʒentli]	ad.	文雅地,有礼貌地;轻轻地
genuine [ˈdʒenjuin]	a.	真正的,名副其实的
geography [dʒiˈɔgrəfi, ˈdʒiɔg-]	n.	地理(学)
geology [dʒiˈɔlədʒi]	n.	地质(学)

geometry [dʒiˈɔmitri]	n.	几何(学)
germ [dʒəːm]	n.	微生物,细菌
gesture [ˈdʒestʃə]	n.	姿势,姿态,手势　v. 做手势
get [get]	v.	获得,得到;使,使得;变得,成为;到达
ghost [gəust]	n.	鬼魂,幽灵
giant [ˈdʒaiənt]	n.	巨人　a. 巨大的
gift [gift]	n.	礼品,赠品;天赋,才能
gigantic [dʒaiˈgæntik]	a.	巨大的,庞大的
giggle [ˈgigl]	vi./n.	痴笑;咯咯地笑　vt. 咯咯地笑着说
girl [gəːl]	n.	少女,姑娘,女孩
give [giv]	v.	给,授予;供给;献出,让步;捐赠;发表
glad [glæd]	a.	高兴的,快活的;乐意的,情愿的
glamour/glamor [ˈglæmə]	n.	魅力;魔法　vt. 迷惑
glance [glɑːns]	v.	(at,over)扫视　n. 匆匆看,一瞥,一眼
glare [glɛə]	vi.	怒目而视;发射强光　n. 强光;怒视;炫耀
glass [glɑːs]	n.	玻璃;玻璃杯;镜子;(pl.)眼镜
glide [glaid]	n./v.	溜,滑行;(时间)消逝
glimpse [glimps]	n./v.	一瞥,瞥见
glitter [ˈglitə]	n.	光辉,灿烂　v. 闪闪发光;闪耀
global [ˈgləubəl]	a.	球形的;全球的,全世界的;全面的
globe [gləub]	n.	球体,地球仪;地球,世界
gloomy [ˈgluːmi]	a.	阴暗的,阴沉的,令人沮丧的,阴郁的
glorious [ˈglɔːriəs]	a.	壮丽的,辉煌的;光荣的
glory [ˈglɔːri]	n.	光荣,荣誉
glove [glʌv]	n.	手套
glow [gləu]	v.	发热,发光,发红　n. 白热
glue [gluː]	n.	胶,胶水　v. 胶合,粘贴
go [gəu]	v.	去,离开;走;放置;变成;运转　n. 围棋
goal [gəul]	n.	目的,目标;守门员;球门;进球
goat [gəut]	n.	山羊
God [gɔd]	n.	上帝(小写god泛指所有的"神,神像")
gold [gəuld]	n.	金,黄金;金币;金黄色　a. 金的,金制的
golden [ˈgəuldən]	a.	金黄色的;贵重的,极好的
golf [gɔlf]	n.	高尔夫球
good [gud]	a.	好的;善良的;擅长的;乖的　n. 好处;利益
goodby/goodbye [ˌgudˈbai]	int.	再见
goodness [ˈgudnis]	n.	善良,仁慈　int. 天哪

goods [gudz]	n.	(pl.)货物,商品
goose [guːs]	n.	(pl. geese)鹅,雌鹅,鹅肉
gorgeous ['gɔːdʒəs]	a.	华丽的;灿烂的;美丽的;宜人的;棒的
gossip ['gɔsip]	n./v.	(说)闲话,闲聊
govern ['gʌvən]	v.	统治,管理;决定,支配
government ['gʌvənmənt]	n.	政府,内阁;管理,支配;政治,政体
governor ['gʌvənə]	n.	总督,州(省)长
gown [gaun]	n.	长袍,特殊场合穿的长服
grab [græb]	v./n.	(at)抓(住);夺(得)
grace [greis]	n.	优美,文雅;恩惠,恩泽
graceful ['greisful]	a.	优美的,文雅的,大方的
gracious ['greiʃəs]	a.	亲切的,客气的;宽厚的,仁慈的
grade [greid]	n.	等级,级别;年级;分数 v. 分等,分级
gradual ['grædjuəl]	a.	逐渐的,逐步的
graduate ['grædjueit, -dʒueit]	n.	(大学)毕业生,获(学士)学位者　v. 使(大学)毕业获学位　a. 毕了业的;研究生的
grain [grein]	n.	谷物,谷类;颗粒,细粒
gramme/gram [græm]	n.	克
grammar ['græmə]	n.	语法,语法书
grand [grænd]	a.	盛大的,豪华的;重大的,主要的
grandmother ['grænd,mʌðə]	n.	祖母,外祖母
grant [grɑːnt]	v.	同意,准予;给予授予　n. 授予物
grape [greip]	n.	葡萄
graph [grɑːf]	n.	图表,曲线图
graphic ['græfik]	a.	绘画似的,图解的,生动的
grasp [grɑːsp]	v./n.	抓住,抓紧;掌握,领会
grass [grɑːs]	n.	草,草地
grateful ['greitful]	a.	(to,for)感激的,感谢的
gratitude ['grætitjuːd]	n.	感激,感谢
grave [greiv]	n.	坟墓　a. 严肃的,庄重的
gravity ['græviti]	n.	重力,引力;严肃,庄重
graze [greiz]	vi.	吃青草　vt. 放牧;擦伤;掠过　n. 擦伤(处)
grease [griːs]	n.	动物脂,油脂,润滑脂　v. 抹油,润滑
great [greit]	a.	伟大的;重要的;大量的;很好的;美好的
greedy ['griːdi]	a.	贪吃的,贪婪的,渴望的
green [griːn]	a.	绿色的;生的;未成熟的,嫩的　n. 绿色;(pl.)蔬菜;植物

greenhouse [ˈgri:nhaus]	n.	温室
greet [gri:t]	v.	致敬,敬意,迎接;扑(鼻),入(耳),触(目)
greeting [ˈgri:tiŋ]	n.	问候,致敬
grey/gray [grei]	n./a.	灰色(的)
grief [gri:f]	n.	悲伤,悲痛;悲伤的事,悲痛的缘由
grieve [gri:v]	v.	使悲伤,使伤心
grim [grim]	a.	严酷的,令人害怕的;不愉快的,讨厌的
grin [grin]	n./vi.	露齿而笑,咧嘴一笑
grind [graind]	v.	磨(碎),碾(碎)
grip [grip]	v./n.	紧握,抓紧;掌握
groan [grəun]	v./n.	呻吟
grocer [ˈgrəusə]	n.	食品商,杂货商
grope [grəup]	n./v.	摸索,探索
gross [grəus]	a.	总的,毛(重)的;粗鲁的,粗俗的 n. 总额
ground [graund]	n.	地,地面,土地;场地,场所;理由,根据
group [gru:p]	n.	群,组,团体,集团 v. 分组
grow [grəu]	v.	生长,成长;渐渐变成;栽培,种植;发展
grown-up	a.	成长的,成熟的,成人的 n. 成年人
growth [grəuθ]	n.	生长,增长,发展
guarantee [ˌgærənˈti:]	n.	保证,保证书 v. 保证,担保
guard [gɑ:d]	v./n.	保卫,守卫,提防 n. 哨兵,警卫,看守
guess [ges]	v./n.	猜测,推测;以为;猜想[同]surmise
guest [gest]	n.	客人,宾客,旅客
guidance [ˈgaidəns]	n.	引导,指导
guide [gaid]	n.	领路人;指南,导游 v. 领路;指导;支配;管理
guideline [gaidlain]	n.	指导方针,指导原则,准则,标准
guilt [gilt]	n.	罪过,内疚
guilty [ˈgilti]	a.	(of)有罪的,内疚的
guitar [giˈtɑ:]	n.	吉他 vi. 弹吉他
gulf [gʌlf]	n.	海湾
gum [gʌm]	n.	树胶;口香糖
gun [gʌn]	n.	枪,炮,手枪
gut [gʌt]	n.	(pl.)胆量;内脏 a. 本能的 vt. 取出内脏
guy [gai]	n.	家伙,人
gym [dʒim]	n.	体育馆,健身房
/gymnasium [dʒimˈneiziəm, gimˈnɑ:ziəm]		

H

habit ['hæbit]	n.	习惯,习性,脾性
habitat ['hæbitæt]	n.	(动物的)栖息地,(植物的)产地
hail [heil]	v.	下雹;欢呼,欢迎　n. 雹
hair [hɛə]	n.	毛发,头发,汗毛;绒毛,毛状物
half [hɑːf]	n.	半,一半　a. 一半的,不完全的　ad. 一半地
hall [hɔːl]	n.	礼堂,会堂,办公大楼,门厅
halt [hɔːlt]	n.	止步,停步,停止前进　v. 止步,(使)停止
ham [hæm]	n.	火腿
hamburger ['hæmbəːgə]	n.	汉堡包,牛肉饼
hammer ['hæmə]	n.	铁锤,槌,榔头　v. 锤击,敲打
hamper ['hæmpə]	v.	妨碍,阻碍,牵制
hand [hænd]	n.	手,人手,雇员;船员;指针　v. 交给,传递
handbook ['hændˌbuk]	n.	手册,指南
handful ['hændful]	n.	一把;少数;一小撮
handicap ['hændikæp]	v.	妨碍,使不利　n. (身体或智力方面的)缺陷;不利 条件,障碍
handkerchief ['hæŋkətʃiːf]	n.	手帕
handle ['hændl]	n.	柄,把手,拉手　v. 处理,对待,操纵;触,抚养
handsome ['hænsəm]	a.	漂亮的,英俊的;慷慨的,数量可观的
handwriting ['hændˌraitiŋ]	n.	笔迹,手迹,书法
handy ['hændi]	a.	手边的,近便的;方便的
hang [hæŋ]	v.	悬挂,垂吊,吊死,绞死
happen ['hæpən]	v.	(偶然)发生;碰巧,恰好
happy ['hæpi]	a.	快乐的,幸福的;乐意的;令人满意的
harassment ['hærəsmənt]	n.	骚扰,扰乱;烦恼,烦乱
harbour/harbor ['hɑːbə]	n.	港口,海港,避难所,藏身处　v. 隐匿,窝藏,包庇
hard [hɑːd]	a.	坚硬的;结实的;困难的;难忍的;严厉的;冷酷无情的; 烈性的,含酒精多的　ad. 努力地;猛烈地;困难地
harden ['hɑːdn]	v.	(使)变硬
hardly ['hɑːdli]	ad.	几乎不,简直不;仅仅
hardship ['hɑːdˌʃip]	n.	艰难,困苦
hardware ['hɑːdwɛə]	n.	五金,金属制品;硬件
harm [hɑːm]	n./v.	伤害,损害,危害
harmony ['hɑːməni]	n.	协调,和谐;融洽
harness ['hɑːnis]	v.	治理,利用

harsh [hɑːʃ]	a.	粗糙的;(声音)刺耳的;苛刻的,严酷的
harvest ['hɑːvist]	n.	收获,收成;成果,后果 v. 收获,收割
haste [heist]	n.	匆忙,急速;草率 v. 赶快;匆忙
hasty ['heisti]	a.	匆忙的,仓促的;草率的
hat [hæt]	n.	帽子(一般指有边的帽子)
hatch [hætʃ]	v.	孵,孵出;策划,图谋 n. 舱口,小门
hate [heit]	v.	恨,憎恨;不愿,不喜欢 n. 恨,憎恶
hatred ['heitrid]	n.	憎恨,憎恶,怨恨
haul [hɔːl]	v.	拖曳,拖运,用力拖
have [hæv]	v.	有,具有;体会,经受;从事;使;吃,喝;[与名词连用,表示与该名词相应的动词意义] aux. v. [加过去分词,构成完成时态]已经,曾经
hawk [hɔːk]	n.	鹰,隼
hay [hei]	n.	干草
hazard ['hæzəd]	n.	危险,冒险,危害 v. 冒险,拼命
he [hiː; iː, hi, i]	pron.	他;(不论性别的)一个人
head [hed]	n.	头,顶部;领导,首脑,头脑,才智 v. 率领,站在……前头;用头撞,顶(球);前进
headache ['hedeik]	n.	头痛
heading ['hediŋ]	n.	标题
headline ['hedlain]	n.	大字标题,新闻标题
headmaster [hed'mɑːstə(r)]	n.	校长
headquarters ['hed,kwɔːtəz]	n.	司令部,指挥部;总部,总局
heal [hiːl]	v.	治愈,愈合
health [helθ]	n.	健康,健康状况;卫生
healthy ['helθi]	a.	健康的,健壮的;有益健康的,卫生的
heap [hiːp]	n.	(一)堆,大量,许多 v. (up)堆,堆起
hear [hiə]	v.	听见;审讯;(from)收到……的信/电话;听说,得知
hearing ['hiəriŋ]	n.	听,倾听;听力;审讯
heart [hɑːt]	n.	心(脏);内心,感情;热忱;中心,要点
heat [hiːt]	n.	热,热度;热烈,激烈 v.(给)加热,(使)变热
heave [hiːv]	v.	(用力)举,提,拉;扔;拖;呕吐 n. 举起
heaven ['hevən]	n.	天,天空,天堂;(Heaven)上帝,神
heavy ['hevi]	a.	重的,重型的;沉重的,大量的,猛烈的
hedge [hedʒ]	n.	篱笆,树篱,障碍物 v. 用树篱围住
heel [hiːl]	n.	脚后跟,踵,鞋跟
height [hait]	n.	高,高度;(常 pl.)高地,高处

heighten [ˈhaitn]	v.	提高,升高
heir [ɛə]	n.	继承人
helicopter [ˈhelikɔptə]	n.	直升(飞)机
hell [hel]	n.	地狱,阴间;苦境;极大痛苦
hello [ˈheləu, heˈləu]	int.	喂,你好(用来打招呼或引起注意)
helmet [ˈhelmit]	n.	头盔,钢盔
help [help]	v.	帮(援)助;有助于;(呼救)救命　n. 帮助(手)
helpful [ˈhelpful]	a.	(to)有帮助的,有益的,有用的
hemisphere [ˈhemisfiə]	n.	半球
hen [hen]	n.	母鸡
hence [hens]	ad.	从此,今后;因此
henceforth [hensˈfɔːθ]	ad.	今后
her [həː; əˌhə, ə]	pron.	[she 的宾格]她;[she 的所有格]她的
herb [həːb]	n.	药草,(调味用的)香草,草本植物
herd [həːd]	n.	群,兽群,牛群　v. 放牧,群集
here [hiə]	ad.	在(到,向)这里;这时;在这一点上,这时
heritage [ˈheritidʒ]	n.	遗产,继承物;传统
hero [ˈhiərəu]	n.	英雄,勇士;男主角,男主人公
heroic [hiˈrəuik]	a.	英雄的,英勇的,崇高的
heroin [ˈherəuin]	n.	海洛因
heroine [ˈherəuin]	n.	女英雄;女主角
hers [həːz]	pron.	[she 的物主代词]她的(所有物)
herself [həːˈself, həˈself]	pron.	[反身代词]她自己;她亲自,她本人
hesitate [ˈheziteit]	v.	犹豫,踌躇;含糊,支吾
hi [hai]/hey [hei]	int.	[表示惊讶,喜悦,疑问等]嗨! 喂!
hide [haid]	v.	隐藏,躲藏;隐瞒　n. 皮革,兽皮
hierarchy [ˈhaiərɑːki]	n.	等级制度;统治集团,领导层
high [hai]	a.	高的,高度的,高级的,高尚的　ad. 高高地
highland [ˈhailənd]	n.	高地,高原
highlight [ˈhailait]	v.	使显著,使突出;强调　n. 最精彩的部分,最重要的事件
highly [ˈhaili]	ad.	高度地,很,非常;赞许地
highway [ˈhaiwei]	n.	公路,大路
hijack [ˈhaidʒæk]	v.	劫持
hike [haik]	n.	徒步旅行;增加　vi. 徒步旅行　vt. 提高
hill [hil]	n.	小山,山冈,高地;(pl.) 丘陵(地带)
him [him]	pron.	他(he 的宾格形式)
himself [himˈself]	pron.	[反身代词]他自己;他本人

hinder ['hində]	v.	(from)阻止,妨碍
hinge [hindʒ]	n.	合页,铰链
hint [hint]	n.	暗示,提示,线索 v. 暗示,示意
hip [hip]	n.	臀部,髋;屋脊
hire ['haiə]	n./v.	雇用,租借
his [hiz;iz]	pron.	[he 的所有格/物主代词]他的(所有物)
historian [his'tɔːriən]	n.	历史学家
historic [his'tɔrik]	a.	有历史意义的;历史的
historical [his'tɔrikəl]	a.	历史的;有关历史的
history ['histəri]	n.	历史,历史学;来历,经历
hit [hit]	v.	打,击;碰撞,到达,完成 n. 击中;成功而风行一时的事物
hitherto [ˌhiðə'tuː]	ad.	到目前为止,迄今
hobby ['hɔbi]	n.	业余爱好,嗜好,兴趣
hoist [hɔist]	v.	举起,升起,吊起
hold [həuld]	v.	拿着;保有;托住;举行;继续,容纳,装得下;有效,适用 n. 握住;船舱
holder ['həuldə]	n.	持有者,占有者;(台、架等)支持物
hole [həul]	n.	洞,孔
holiday ['hɔlədi, 'hɔlidei]	n.	假日,节日,假期,休假
hollow ['hɔləu]	a.	空的,中空的;空洞的,空虚的 v. 挖空,凿空
holy ['həuli]	a.	神圣的,圣洁的
home [həum]	ad.	回家,在家 n. 家;家乡,本国 a. 家庭的;家乡的,本国的
homework ['həumwəːk]	n.	(学生的)家庭作业、课外作业
homogeneous [ˌhɔməu'dʒiːnjəs]	a.	同种类的,同性质的,有相同特征的
honest ['ɔnist]	a.	诚实的,正直的,老实的
honey ['hʌni]	n.	蜜,蜂蜜
honour/honor ['ɔnə]	n.	尊敬,敬意;荣誉,光荣 v. 尊敬,给以荣誉
honourable/honorable ['ɔnərəbl]	a.	可敬的;荣誉的,光荣的
hook [huk]	n.	钩,吊钩,钩状物 v. 钩住
hop [hɔp]	v.	人单足跳;跳上(车等) n. 蹦跳;短程飞行
hope [həup]	n.	希望,期望;希望的人或事 v. 希望,期望
hopeful ['həupful]	a.	给人希望的,抱有希望的
horizon [hə'raizn]	n.	地平线;眼界,见识;(思想等的)范围,限度;(on the ~)即将发生
horizontal [ˌhɔri'zɔntl]	a.	地平线的;水平的

horn [hɔːn]	n.	(牛、羊等的)角;号,喇叭;角状物;角制品
horrible ['hɔrəbl]	a.	令人恐惧的,可怕的;极讨厌的,糟透的
horror ['hɔrə]	n.	恐怖,战栗
horse [hɔːs]	n.	马
horsepower ['hɔːsˌpauə]	n.	[发动机的动力单位]马力
hose [həuz]		水龙带,软管　v. 用软管(淋浇、冲洗)
hospital ['hɔspitl]	n.	医院
hospitality [ˌhɔspi'tæliti]	n.	好客,殷勤,款待
host [həust]	n.	主人;旅店老板;节目主持人;一大群,许多
	v.	举行;主持;主办
hostage ['hɔstidʒ]	n.	人质
hostess ['həustis]	n.	女主人,女主持人
hostile ['hɔstail]	a.	敌对的,敌方的,敌意的
hot [hɔt]	a.	(炎)热的;辣的;急躁的;激动的;热衷的,热烈的
hotel [həu'tel]	n.	旅馆
hound [haund]	n.	猎狗;卑鄙的人　vt. 用猎狗追,追逐
hour ['auə]	n.	小时,钟点;时刻;课时,工作时间
house [haus]	n.	房屋;商业机构;[H-]议院　v. 给……房子住,供宿
household ['haushəuld]	n.	家庭,家人　a. 家庭(务)的,家常的
housewife ['hauswaif]	n.	家庭主妇
housework ['hauswɔːk]	n.	[不可数]家务,家事
housing ['hauziŋ]	n.	住房,住房供给;(外、阀)壳,防护罩
hover ['hɔvə]	vi.	(鸟)盘旋,翱翔;(人)逗留在附近徘徊
how [hau]	ad.	(表示方法、手段、状态)怎样;如何;多么,多少
however [hau'evə]	ad.	然而,可是,不过,无论如何　conj. 无论,不管用什
		么方法,然而,可是,不过
howl [haul]	n.	怒吼,嗥叫　vi. 狂吠;(风等)怒吼,咆哮
huddle ['hʌdl]	n./v.	拥挤;聚集　v. (因寒冷、害怕而)缩成一团
hug [hʌg]	v./n.	热烈拥抱,紧抱
huge [hjuːdʒ]	a.	巨大的,庞大的
hum [hʌm]	v.	哼曲子;发嗡嗡声;忙碌　n. 嗡嗡声,嘈杂声
human ['hjuːmən]	a.	人的,人类的　n. 人
humanity [hju(ː)'mæniti]	n.	人类,人性,人情;(pl.)人文科学
humble ['hʌmbl]	a.	谦卑的,恭顺的;地位低下的,卑贱的　v. 降低,贬低
humid ['hjuːmid]	a.	湿的,湿气重的
humidity [hjuː'miditi]	n.	湿气,湿度
humiliate [hju(ː)'milieit]	v.	使羞辱,使丢脸[同]disgrace

humorous [ˈhjuːmərəs]	a.	富于幽默感的,幽默的;滑稽的
humour/humor [ˈhjuːmə]	n.	幽默,诙谐
hundred [ˈhʌndrəd, ˈ-drid]	num.	百,一百;(pl.)许多 a. 一百的;许多
hunger [ˈhʌŋgə]	n./v.	饥饿;渴望
hungry [ˈhʌŋgri]	a.	饥饿的,渴望的
hunt [hʌnt]	v./n.	打猎,猎取;(for)搜索;寻找
hurl [həːl]	vt.	猛投,力掷;大声叫骂
hurricane [ˈhʌrikən, -kin]	n.	飓风
hurry [ˈhʌri]	vi.	匆忙 vt. 催促;急运(派) n. 急(匆)忙
hurt [həːt]	n.	伤痛,伤害 v. 刺痛,伤害;伤……的感情
husband [ˈhʌzbənd]	n.	丈夫
hut [hʌt]	n.	小屋,棚屋
hydrogen [ˈhaidrəudʒən]	n.	氢
hypocrisy [hiˈpɔkrəsi]	n.	伪善,虚伪
hypothesis [haiˈpɔθisis]	n.	假说,假设,前提
hysterical [hisˈterikəl]	a.	情绪异常激动的,歇斯底里的

I

ice [ais]	n.	冰;冰冻甜食 vt. 冰冻,使成冰
ice-cream [ˈaiskriːm]	n.	冰淇淋
idea [aiˈdiə]	n.	想法,念头;概念,观念;意见,主意
ideal [aiˈdiəl]	a.	理想的;空想的;理想主义的;唯心的 n. 理想
identical [aiˈdentikəl]	a.	(to. with)同一的,同样的
identification [aiˌdentifiˈkeiʃən]	n.	识别,鉴别
identify [aiˈdentifai]	v.	识别,鉴别;(with)把……和……看成一样,打成一片
identity [aiˈdentiti]	n.	身份;本体;特征;同一(性);一致;国籍;等式
ideology [ˌaidiˈɔlədʒi, id-]	n.	意识形态,(政治或社会的)思想意识
idiom [ˈidiəm]	n.	习语
idiot [ˈidiət]	n.	白痴;极蠢的人;笨蛋
idle [ˈaidl]	a.	空闲的,闲置的;懒散的,无用的,无效的 v. 空费,虚度
if [if]	conj.	(用于连接宾语从句)是否;是不是;如果,假使
ignite [igˈnait]	v.	点火,引燃
ignorance [ˈignərəns]	n.	无知,愚昧;不知道
ignorant [ˈignərənt]	a.	无知的,愚昧的;不知道的
ignore [igˈnɔː]	v.	不理,不顾,忽视
ill [il]	a.	有病的;坏的;恶意的 ad. 坏地;不利地
illegal [iˈliːgəl]	a.	不合法的,非法的

illiterate [i'litərit]	a.	文盲的,未受教育的
illness ['ilnis]	n.	病,疾病
illuminate [i'lju:mineit]	vt.	照亮,照明;用灯光装饰;说明,阐释
illusion [i'lu:ʒən]	n.	幻想,错误的观念;错觉,幻觉,假象
illustrate ['iləstreit]	v.	举例说明,阐明;图解,加插图
illustration [,iləs'treiʃən]	n.	说明;例证,插图;举例说明
image ['imidʒ]	n.	形象,声誉;印象;像;形象的描述,比喻
imaginary [i'mædʒinəri]	a.	想象的,虚构的
imagination [i,mædʒi'neiʃən]	n.	想象(力);空想,幻觉;想象出来的事物
imaginative [i'mædʒinətiv]	a.	富有想象力的,爱想象的
imagine [i'mædʒin]	v.	想象,设想,料想
imitate ['imiteit]	v.	模仿,仿效;仿造,伪造
imitation [imi'teiʃən]	n.	模仿,仿效;仿制;仿造品
immediate [i'mi:djət]	a.	立即的,即时的;直接的,最接近的
immense [i'mens]	a.	广大的,巨大的
immerse [i'mə:s]	v.	使沉浸在;使浸没
immigrant ['imigrənt]	a.	(从国外)移来的,移民的 n. 移民,侨民
immune [i'mju:n]	a.	免疫的,有免疫力的;不受影响的;豁免的,免除的
impact ['impækt]	n.	冲击,碰撞;影响,效果 v. 影响;挤入,压紧
impair [im'pɛə]	v.	损害,损伤;削弱,减少
impart [im'pa:t]	vt.	传授,给予;告知,通知
impatient [im'peiʃənt]	a.	不耐烦的,急躁的
imperative [im'perətiv]	n.	命令;需要;规则;祈使语气 a. 强制的;紧急的
imperial [im'piəriəl]	a.	帝国的,帝王的;(度量衡)英制的
impetus ['impitəs]	n.	推动(力),促进
implement ['implimənt]	n.	(pl.)工具,器具 v. 贯彻,实现
implication [,impli'keiʃən]	n.	含意,暗示,暗指;牵连
implicit [im'plisit]	a.	含蓄的;(in)固有的;无疑问的;绝对的;无保留的
imply [im'plai]	v.	意指,含……意思,暗示
import [im'pɔ:t]	v./n.	进口,输入,(pl.)进口商品;要旨,含意
importance [im'pɔ:təns]	n.	重要,重要性
important [im'pɔ:tənt]	a.	重要的,重大的;有地位的,有权力的
impose [im'pəuz]	v.	征(税);(on)把……强加给
impossible [im'pɔsəbl]	a.	不可能的;难以忍受的,很难对付的
impress [im'pres]	v.	(on)印,盖印;留下印象,引人注目 n. 印记
impression [im'preʃən]	n.	印象,感想,盖印,压痕
impressive [im'presiv]	a.	给人深刻印象的,感人的

improve [im'pru:v]	v.	改善,改进,增进;好转,进步
improvement [im'pru:vmənt]	n.	改进,进步,增进;改进措施
impulse ['impʌls]	v. 推动 n. 推动;冲动,刺激	
in [in]	prep. 在……里(内,上);用……(表示) ad. 进,入	
incentive [in'sentiv]	n.	刺激;动力;鼓励;诱因;动机
inch [intʃ]	n.	英寸
incidence ['insidəns]	n.	发生率
incident ['insidənt]	n.	事件,事变
incidentally [insi'dentəli]	ad.	附带地,顺便提及
incline [in'klain]	v.	(使)倾斜;(使)倾向于 n. 斜坡,斜面
include [in'klu:d]	v.	包括,包含,计入
inclusive [in'klu:siv]	a.	(of)包括的,包含的;范围广的
income ['inkəm]	n.	收入,收益,所得
incorporate [in'kɔ:pəreit]	v.	合并,纳入,结合 a. 合并的
increase [in'kri:s]	v./n.	增加,增长,增进
increasingly [in'kri:siŋli]	ad.	不断增加地,日益
incredible [in'kredəbl]	a.	不可相信的,惊人的,不可思议的
incur [in'kə:]	v.	招致,惹起,遭受
indeed [in'di:d]	ad.	确实,实在;真正地,多么
independence [ˌindi'pendəns]	n.	独立,自主
independent [indi'pendənt]	a.	(of)独立的,自主的
index ['indeks]	n.	(pl. indexes, indices)索引,指标,标志,指数
	v.	附以索引,编入索引
indicate ['indikeit]	v.	指出,指示;表明,暗示
indication [ˌindi'keiʃən]	n.	指出,指示;表明,暗示
indicative [in'dikətiv]	a.	(of)指示的,暗示的
indifferent [in'difərənt]	a.	冷漠的,不关心的,不积极的
indignant [in'dignənt]	a.	愤慨的,愤慨不平的
indignation [ˌindig'neiʃən]	n.	愤怒,愤慨
indispensable [ˌindis'pensəbl]	a.	(to,for)必不可少的,必需的
individual [ˌindi'vidjuəl]	a.	个人的,单独的;独特的 n. 个人,个体
indoor ['indɔ:]	a.	室内的,户内的
induce [in'dju:s]	v.	引诱,劝使;引起,导致;感应
indulge [in'dʌldʒ]	v.	放任,纵容,沉溺,使(自己)纵情享受
industrial [in'dʌstriəl]	a.	工业的,产业的
industrialise/industrialize [in'dʌstriəlaiz]	v.	(使)工业化
industry ['indəstri]	n.	工业,产业;勤劳,勤奋

inertia [i'nəːʃjə]	n.	不活动,惰性;惯性
inevitable [in'evitəbl]	a.	不可避免的,必然发生的
infant ['infənt]	n.	婴儿,幼儿
infect [in'fekt]	vt.	传染,感染;影响(思想等)
infectious [in'fekʃəs]	a.	传染的,传染性的,有感染力的
infer [in'fəː]	v.	推论,推断
inference ['infərəns]	n.	推论,推理,推断;结论
inferior [in'fiəriə]	a.	(to)下等的,下级的;劣等的,差的 n. 下级,晚辈
infinite ['infinit]	a.	无限的,无穷的 n. 无限
inflation [in'fleiʃən]	n.	通货膨胀
influence ['influəns]	n.	(on)影响,感化;势力,权势 v. 影响,感化
influential [,influ'enʃəl]	a.	有影响的;有权势的
inform [in'fɔːm]	v.	(of,about)通知,告诉,报告;告发,告密
information [,infə'meiʃən]	n.	通知,报告;情报,资料,消息;信息
infrared ['infrə'red]	a./n.	红外线(的)
infrastructure ['infrə'strʌktʃə]	n.	基础结构,基础设施
ingenious [in'dʒiːnjəs]	a.	机敏的;有独创性的;精致的
ingredient [in'griːdiənt]	n.	(混合物的)组成部分,配料;成分,要素
inhabit [in'hæbit]	vt.	居住于,存在于;栖息于
inhabitant [in'hæbitənt]	n.	居民,住户
inhale [in'heil]	v.	吸入(气体等),吸(烟)
inherent [in'hiərənt]	a.	固有的,内在的,天生的
inhorit [in'hcrit]	vt.	继承(金钱等),经遗传而得(性格、特征)
inhibit [in'hibit]	vt.	抑制,约束
initial [i'niʃəl]	a.	最初的,开头的;词首的 n. 词首大写字母
initiate [i'niʃieit]	vt.	开始,创始,发动;启蒙,使入门;引入
initiative [i'niʃiətiv]	a.	创始的,起始的 n. 第一步,创始,主动精神
inject [in'dʒekt]	vt.	注射(药液等);注入
injure ['indʒə]	v.	损害,损伤,伤害
injury ['indʒəri]	n.	伤害,损害
ink [iŋk]	n.	墨水,油墨
inland ['inlənd]	a./ad.	国内,内地,内陆
inlet ['inlet]	n.	水湾,小湾;进口,入口
inn [in]	n.	小旅馆,客栈
inner ['inə]	a.	内部的,里面的;内心的
innocent ['inəsnt]	a.	(of)清白的,无罪的;无害的;单纯的,无知的
innovation [,inəu'veiʃən]	n.	改革,革新

innumerable [i'nju:mərəbl]	a.	无数的,数不清的
input ['input]	n./v.	输入
inquiry/enquiry [in'kwaiəri]	n.	(of, what)询问,打听;调查,查问
insect ['insekt]	n.	昆虫
insert [in'sə:t]	v.	插入,嵌入
inside ['in'said]	a.	里面的 ad. 在里面 n. 内部 prep. 在……里
insight ['insait]	n.	洞察力,见识
insist [in'sist]	vi.	(on)坚持要求,坚决主张,坚持
inspect [in'spekt]	vt.	检查,调查,视察
inspiration [ˌinspə'reiʃən]	n.	灵感,鼓舞,激励
inspire [in'spaiə]	vt.	鼓舞,激起;使产生灵感
instal/install [in'stɔ:l]	vt.	安装,设置,安置;使就职,任命
installation [ˌinstə'leiʃən]	n.	安装,设置;装置,设备
instalment/installment [in'stɔ:lmənt]	n.	分期付款;(连载的)一期
instance ['instəns]	n.	例子,事例,例证
instant ['instənt]	a.	立即的;紧迫的;(食品)速溶的,方便的 n. 瞬间,时刻
instantaneous [ˌinstən'teinjəs]	a.	瞬间的,即刻的
instead [in'sted]	ad.	代替,顶替
instinct ['instiŋkt]	n.	本能,直觉,天性
institute ['institju:t]	n.	学会,研究所;学院 v. 设立,设置,制定
institution [ˌinsti'tju:ʃən]	n.	公共机构;协会;学校;研究所;制度;惯例
instruct [in'strʌkt]	v.	教,教授;命令,指示
instruction [in'strʌkʃən]	n.	教授;指导,指示;(pl.)用法说明(书),操作指南
instrument ['instrumənt]	n.	工具,仪器,器械;乐器
instrumental [ˌinstru'mentl]	a.	仪器的;器械的;乐器的;起作用的;有帮助的
insulate ['insjuleit]	vt.	隔离,孤立;使绝缘,使绝热
insult ['insʌlt]	vt./n.	侮辱,凌辱
insurance [in'ʃuərəns]	n.	保险,保险费,保险业
insure [in'ʃuə]	vt.	保险,给……保险;保证
intact [in'tækt]	a.	完整无缺的,未经触动的,未受损伤的
integral ['intigrəl]	a.	构成整体所必需的;完整的
integrate ['intigreit]	v.	(into, with)(使)成为一体,(使)结合在一起
integrity [in'tegriti]	n.	正直,诚实;完整,完全
intellectual [ˌintə'lektʃuəl]	n.	知识分子
intelligence [in'telidʒəns]	n.	智力,聪明;理解力;情报,消息,报导
intelligent [in'telidʒənt]	a.	聪明的,明智的,理智的
intelligible [in'telidʒəbl]	a.	可理解的,明白易懂的,清楚的

intend [in'tend]	vt.	想要,打算,企图
intense [in'tens]	a.	强烈的,剧烈的;热烈的,热情的
intensity [in'tensiti]	n.	强烈,剧烈;强度
intensive [in'tensiv]	a.	加强的,集中的,深入细致的,精耕细作的
intention [in'tenʃən]	n.	意图,意向,目的
interact [ˌintər'ækt]	v.	互相作用,互相影响
intercourse ['intə(ː)kɔːs]	n.	交流,交往,交际,性交
interest ['intrist]	n.	(in) 兴趣;影响;利息;重要性;(pl.) 利益,利害
	v.	(in) 使发生兴趣
interesting ['intristiŋ]	a.	有趣的,引人入胜的
interface ['intə(ː)ˌfeis]	n.	接合部位,分界面 v. (使)互相联系
interfere [ˌintə'fiə]	v.	(in) 干涉,干预;(with) 妨碍,打扰
interference [ˌintə'fiərəns]	n.	(in) 干涉,干预;(with) 妨碍,打扰
interim ['intərim]	a.	中间的,暂时的,临时的 n. 过渡时期,暂定
interior [in'tiəriə]	a.	内部的,里面的 n. 内部,内地
intermediate [ˌintə'miːdjət]	a.	中间的,居间的;中级的 n. 中间体,媒介物
intermittent [ˌintə(ː)'mitənt]	a.	间歇的,断断续续的
internal [in'təːnl]	a.	内部的,内的;国内的,内政的
international [ˌintə(ː)'næʃənəl]	a.	国际的,世界(性)的,跨国的
Internet ['intənet]	n.	[the ~] 国际互联网,因特网
interpret [in'təːprit]	vt.	解释,说明;口译
interrupt [ˌintə'rʌpt]	v.	中断,遮断,阻碍;打断(话),打扰
intersection [ˌintə(ː)'sekʃən]	n.	相交,交叉;道路交叉口,十字路口
interval ['intəvəl]	n.	间隔,间歇;(幕间或工间)休息
intervene [ˌintə'viːn]	v.	(in) 干涉,干预;插入,介入
interview ['intəvjuː]	v./n.	接见,会见;采访;面试
intimate ['intimit]	a.	亲密的,密切的 n. 熟友,熟人
intimidate [in'timideit]	vt.	胁迫,威胁(某人做某事)
into ['intu, 'intə]	prep.	到……里面,进入;成为(表示变化)
intricate ['intrikit]	a.	复杂的,错综的,难以理解的
intrigue [in'triːg]	n.	阴谋 v. 密谋,私通;激起……的兴趣;诡计取得
intrinsic [in'trinsik]	a.	(指价值、性质)固有的,本质的,内在的
introduce [ˌintrə'djuːs]	vt.	介绍;引进,传入;提出(议案等)
introduction [ˌintrə'dʌkʃən]	n.	(to) 介绍;传入,引进;导言,导论,绪论
intrude [in'truːd]	vi.	闯入,侵入 vt. 把(思想等)强加于人;强挤入
intuition [ˌintju(ː)'iʃən]	n.	直觉,直观;凭直觉而知的事物
invade [in'veid]	vt.	入侵,侵略,侵袭,侵扰

invalid [in'vælid]	n.	病人,伤残人 a. 有病的,伤残的;供病人用的;无效的
invaluable [in'væljuəbl]	a.	非常宝贵的,无价的
invariable [in'vɛəriəbl]	n.	不变的,永恒的 adj. [数]不变的,不变量
invasion [in'veiʒən]	n.	入侵,侵略,侵犯
invent [in'vent]	v.	发明,创造;捏造,虚构
invention [in'venʃən]	n.	发明,创造,发明物
inventory ['invəntri]	n.	详细目录,存货,财产清册,总量
inverse ['in'vəːs]	a.	相反的,倒转的,反转的 n. 相反之物 v. 倒转
invert [in'vəːt]	v.	倒置,倒转,颠倒
invest [in'vest]	vt.	投资,投入(精力、时间等)
investigate [in'vestigeit]	v.	调查,调查研究
investment [in'vestmənt]	n.	投资,投资额
invisible [in'vizəbl]	a.	看不见的,无形的
invitation [ˌinvi'teiʃən]	n.	邀请,招待;请柬
invite [in'vait]	vt.	邀请,招待
involve [in'vɔlv]	v.	卷入,陷入,连累;包含,含有,涉及
inward ['inwəd]	ad.	向内,在内 a. 向内的,在内的,里面的
iron ['aiən]	n.	铁,铁制品,烙铁,熨斗 v. 熨(衣),熨平
irony ['aiərəni]	n.	反话,讽刺,讽刺之事
irrespective [ˌiris'pektiv]	a.	(of)不顾的,不考虑的,无关的
irrigate ['irigeit]	vt.	灌溉,修水利 vi. 进行灌溉
irritate ['iriteit]	vt.	激怒,恼火,使急躁
island ['ailənd]	n.	岛,岛屿
isle [ail]	n.	小岛(用于诗歌中)
isolate ['aisəleit]	vt.	隔离,孤立
issue ['isjuː]	n.	问题,争端;发行(物),期号 vt. 发行;流出
it [it]	pron.	它;[作无人称动词的主语]
item ['aitem, 'aitəm]	n.	条(款),项目;一则(新闻),(戏剧的)节目
its [its]	pron.	[it 的所有格]它的
itself [it'self]	pron.	[it 的反身代词]它自己,它本身

J

jacket ['dʒækit]	n.	短上衣,茄克衫
jam [dʒæm]	n.	阻塞,轧住;果酱 v. (使)阻塞,(使)轧住不动
January ['dʒænjuəri]	n.	一月
jar [dʒɑː]	n.	罐坛,广口瓶

jargon ['dʒɑ:gən]	n.	行话
jaw [dʒɔ:]	n.	颌,颚
jazz [dʒæz]	n.	爵士乐
jealous ['dʒeləs]	a.	(of)妒忌的;猜疑的,警惕的
jeans [dʒi:ns]	n.	牛仔裤(又称 blue jeans, dungarees 等)
jet [dʒet]	n.	喷气发动机,喷气式飞机;喷口,喷嘴　v. 喷出,喷射
jewel ['dʒu:əl]	n.	宝石,宝石饰物
jewellery/jewelry ['dʒu:əlri]	n.	(总称)珠宝
job [dʒɔb]	n.	工作,职位;零活,一件工作;任务,职责
jog [dʒɔg]	v.	慢跑
join [dʒɔin]	v.	参加,加入;联合,连接;和……在一起
joint [dʒɔint]	n.	接合处,接头;关节　a. 联合的,共同的,连接的
joke [dʒəuk]	n.	笑话,玩笑　v. 说笑话,开玩笑
jolly ['dʒɔli]	a.	欢乐的,高兴的　ad. 非常
journal ['dʒə:nl]	n.	定期刊物,杂志,日报;日志,日记
journalist ['dʒə:nəlist]	n.	记者,新闻工作者
journey ['dʒə:ni]	n.	旅行,旅程　v. 旅行
joy [dʒɔi]	n.	欢乐,喜悦,乐事,乐趣
judge [dʒʌdʒ]	n.	法官;裁判员;鉴定人　vt. 审判;评论,裁判;断定,判断
judgement/judgment ['dʒʌdʒmənt]	n.	审判,判决;判断(力);看法,意见
judicial [dʒu(:)'diʃəl]	a.	司法的,法庭的,审判的;明断的,公正的
jug [dʒʌg]	n.	(有柄,小口,可盛水等的)大壶,罐,盂
juice [dʒu:s]	n.	(水果等)汁,液
July [dʒu(:)'lai]	n.	七月
jump [dʒʌmp]	v./n.	跳跃,跳动,跳过;暴涨,猛增
junction ['dʒʌŋkʃən]	n.	连接,接合,交叉点,枢纽站,接头,中继线
June [dʒu:n]	n.	六月
jungle ['dʒʌŋgl]	n.	丛林,生死地带
junior ['dʒu:njə]	a./n.	年少的/者,三年级的/学生,下级(的)
junk [dʒʌŋk]	n.	废物,旧货;舢板
jury ['dʒuəri]	n.	陪审团;全体评审员
just [dʒʌst]	ad.	正好地;刚才;只不过　a. 公正的,公平的;恰当的,应得的
justice ['dʒʌstis]	n.	公正,公平;审判,司法
justify ['dʒʌstifai]	v.	证明……正当(或有理、正确),为……辩护
juvenile ['dʒu:vinail]	n.	青少年,少年读物　a. 青少年的,幼稚的

K

keen [kiːn]	*a.*	锋利的;敏锐的;敏捷的;(on)热心的,渴望的
keep [kiːp]	*v.*	保持,保存,遵守,经营,看守,拘留,维持;(from)防止
kettle ['ketl]	*n.*	水壶
key [kiː]	*n.*	钥匙;(to)答案;关键;键 *a.* 主要的,关键的
keyboard ['kiːbɔːd]	*n.*	键盘
kick [kik]	*n./v.*	踢
kid [kid]		小孩,儿童 *v.* 戏弄,取笑
kidnap ['kidnæp]	*vt.*	诱拐,绑架,劫持
kidney ['kidni]	*n.*	肾,肾脏
kill [kil]	*vt.*	杀死,消灭;破坏;毁灭;消磨(时间)
kilo ['kiːləu, 'ki-]	*n.*	千克
/kilogramme ['kiləugræm]		
/kilogram ['kiləgræm]		
kilometre ['kiləumiːtə(r)]	*n.*	公里,千米(略作 km.)
/kilometer ['kiləmiːtə]		
kin [kin]	*n.*	家族,亲属,血缘关系 *a.* 亲属关系的,同类的
kind [kaind]	*a.*	仁慈的,友好的,亲切的,和蔼的 *n.* 种类
kindergarten ['kindəˌgɑːtn]	*n.*	幼儿园
kindness ['kaindnis]	*n.*	仁慈,亲切;好意;友好行为
king [kiŋ]	*n.*	君主,国王
kingdom ['kiŋdəm]	*n.*	王国,领域
kiss [kis]	*n./v.*	吻,接吻
kit [kit]	*n.*	成套工具,用具包,工具箱
kitchen ['kitʃin]	*n.*	厨房
kite [kait]	*n.*	风筝
knee [niː]	*n.*	膝,膝盖
kneel [niːl]	*v.*	跪,下跪
knife [naif]	*n.*	刀,餐刀 *v.* 用刀切,用匕首刺
knit [nit]	*v.*	编织,编结;接合,粘合
knob [nɔb]	*n.*	门把,(球形)把手,旋纽
knock [nɔk]	*v.*	敲,敲打,碰撞 *n.* 敲,击
knot [nɔt]	*n.*	(绳)结;(树)节;节(=海里/小时) *v.* 打结
know [nəu]	*vt.*	知道,了解;认识;识别 *vi.* 知道,了解
knowledge ['nɔlidʒ]	*n.*	知识,学识;知道,了解

L

lab [læb]	n.	实验室
/laboratory [ləˈbɔrətəri, ˈlæbərətəri]		
label [ˈleibl]	n.	标签,标记,符号　v. 把……称为;用标签于;用标签标明
labour/labor [ˈleibə]	n.	工作,劳动;劳力,劳工,劳方　v. 劳动,苦干
lace [leis]	n.	花边;带子,鞋带　v. 系带,扎带
lack [læk]	n./v.	缺乏,不足
lad [læd]	n.	男孩,小伙子
ladder [ˈlædə]	n.	梯子,阶梯
lady [ˈleidi]	n.	女士,夫人
lag [læg]	v./n.	落后,滞后
lake [leik]	n.	湖泊,湖水
lamb [læm]	n.	羔羊,小羊;羔羊肉
lame [leim]	a.	跛的,(辩解、论据等)无说服力的,站不住脚的,有缺陷的
lamp [læmp]	n.	灯
land [lænd]	n.	陆地,土地,国家　v. (使)靠岸(登陆,降落)
landlady [ˈlændleidi]	n.	女房东,女地主
landlord [ˈlændlɔːd]	n.	房东,地主
lane [lein]	n.	小路,小巷,行车道
language [ˈlæŋgwidʒ]	n.	语言
lantern [ˈlæntən]	n.	灯,灯笼
lap [læp]	n.	大腿
lapse [læps]	n.	失误,流逝,丧失,下降　v. 失效,偏离,流逝
laptop	n.	膝上型电脑,手提电脑
large [lɑːdʒ]	a.	大的,广大的,大规模的
largely [ˈlɑːdʒli]	ad.	主要地,基本上;大量地,大规模地
laser [ˈleizə]	n.	激光
lash [læʃ]	v.	鞭打,摆动,捆扎　n. 鞭子,鞭打,睫毛,讽刺
last [lɑːst]	a.	最后的;刚过去,上一个的　ad. 最后　n. 最后　v. 持续
late [leit]	a.	迟的,晚的,晚期的;已故的　ad. 迟,晚
lately [ˈleitli]	ad.	最近,不久前
latent [ˈleitənt]	a.	潜在的,潜伏的,不易察觉的
later [ˈleitə]	ad.	后来,过后

lateral [ˈlætərəl]	a.	侧面的,旁边的,横(向)的
Latin [ˈlætin]	a.	拉丁的,拉丁文的 n. 拉丁语
latitude [ˈlætitjuːd]	n.	纬度
latter [ˈlætə]	a.	后者的;后一半的,接近终了的 pron. 后者
laugh [lɑːf]	v.	笑;(at)讥笑 n. 笑,笑声
laughter [ˈlɑːftə]	n.	笑,笑声
launch [lɔːntʃ, lɑːntʃ]	v.	发射;使(船)下水,发动,开展 n. 发射,下水
laundry [ˈlɔːndri]	n.	洗衣房(店);待洗衣物,所洗衣物
lavatory [ˈlævəˌtəri]	n.	厕所,盥洗室
law [lɔː]	n.	法律,法规,法学,规律,定律
lawn [lɔːn]	n.	草地,草坪
lawyer [ˈlɔːjə]	n.	律师
lay [lei]	v.	放,搁;下(蛋);铺设,敷设;设置,布置
layer [ˈleiə]	n.	层,层次
layman [ˈleimən]	n.	外行
layoff [ˈleiˌɔːf]	n.	临时解雇,操作停止,活动停止期间,失业期
layout [ˈleiˌaut]	n.	安排,布局,设计
lazy [ˈleizi]	a.	懒惰的,懒散的
lead [liːd]	v.	领导;领先;(to)通向,导致,引起 n. 带领,引导;[led]铅
leadership [ˈliːdəʃip]	n.	领导
leading [ˈliːdiŋ]	a.	领导的,指导的;第一位的;最主要的
leaf [liːf]	n.	叶子;(书刊的)一页,一张;金属薄片
leaflet [ˈliːflit]	n.	小叶,嫩叶;传单,活页
league [liːg]	n.	同盟,联盟;联合会,社团
leak [liːk]	v.	漏,泄漏 n. 漏洞,漏隙;泄漏,漏出
lean [liːn]	v.	倾斜,屈身;倚,靠,依赖 a. 瘦的,无脂肪的;精干的,效率高的;贫瘠的
leap [liːp]	v.	跳,跳跃 n. 跳跃,飞跃
learn [ləːn]	v.	学习,学,学会;(of,about)听到,获悉
learned [ˈləːnid]	a.	博学的,有学问的
learning [ˈləːniŋ]	n.	知识,学问;学习
lease [liːs]	vt.	出租,租用 n. 租借,租期,租赁物
least [liːst]	a.	最小的;最少的 ad. 最小;最少
leather [ˈleðə]	n.	皮革,皮革制品
leave [liːv]	v.	离开;留下,忘带;让,听任;交付 n. 许可;假期
lecture [ˈlektʃə]	n./v.	演讲,讲课

left [left]	*n.*	左面,左方 *a.* 左边的,左面的;在左方的
leg [leg]	*n.*	腿,腿部
legacy ['legəsi]	*n.*	遗产,遗赠;先人(或过去)留下的东西
legal ['liːgəl]	*a.*	法律的,法定的;合法的,正当的
legend ['ledʒənd]	*n.*	传说,传奇
legislation [ˌledʒis'leiʃən]	*n.*	法律(规);立法,法律的制定(或通过)
legitimate [lə'dʒitimit]	*a.*	合法的;合理的,合乎逻辑的 *vt.* 使合法
leisure ['leʒə; 'liːʒə]	*n.*	空闲,闲暇;悠闲,安逸
lemon ['lemən]	*n.*	柠檬
lend [lend]	*vt.*	借给,贷(款)
length [leŋθ]	*n.*	长,长度;一段,一节,程度,范围
lens [lenz]	*n.*	透镜,镜头
less [les]	*a./ad.*	更少的(地),更小的(地)
lesson ['lesn]	*n.*	(功)课;(*pl.*)课程;教训
lest [lest]	*conj.*	惟恐,免得
let [let]	*v.*	让,允许,听任;设,假设;出租,租给
letter ['letə]	*n.*	信,函件;字母,文字
level ['lev(ə)l]	*n.*	水平,水准,等级 *v.* 弄平,铺平 *a.* 水平的
lever ['liːvə, 'levə]	*n.*	杆,杠杆
levy ['levi]	*n.*	征收,征税,征兵 *v.* 征收,征集,征用
liability [ˌlaiə'biliti]	*n.*	责任,义务;(*pl.*)债务
liable ['laiəbl]	*a.*	(to + inf.)有……倾向的;可能遭受……的;(for)有责任的,有义务的
liberal ['libərəl]	*a.*	慷慨的,大方的;富足的;自由的,思想开放的
liberate ['libəreit]	*vt.*	解放,释放
liberty ['libəti]	*n.*	自由,自由权;特权
librarian [lai'brɛəriən]	*n.*	图书管理员
library ['laibrəri]	*n.*	图书馆;藏书室;藏书,丛书,文库
licence/license ['laisəns]	*n.*	许可证,执照 *v.* 准许,认可
lick [lik]	*vt./n.*	舔
lid [lid]	*n.*	盖
lie [lai]	*vi.*	躺,平放;处于;位于 *v.* 说谎 *n.* 谎话
life [laif]	*n.*	生命,生存;一生,寿命;生活;生物
lifetime ['laiftaim]	*n.*	一生,终生
lift [lift]	*v.*	升起,举起;消散 *n.* 电梯;上升;举起;免费搭车
light [lait]	*n.*	光;灯 *v.* 点燃;照亮 *a.* 轻(快)的;淡的;明亮的
lightning ['laitniŋ]	*n.*	闪电 *a.* 闪电般的,快速的
like [laik]	*v.*	喜欢 *prep.* 像;比如 *a.* 相像的 *n.* 像……一样,

		相似的人(物) *conj.* 如同,好像
likelihood ['laiklihud]	*n.*	可能性
likely ['laikli]	*a.*	很可能的,有希望的 *ad.* 大概,多半
likewise ['laik‚waiz]	*ad.*	同样地,照样地;又,也,而且
limb [lim]	*n.*	肢,翼,大树枝
limit ['limit]	*n.*	界限,限度,范围 *v.* (to)限制,限定
limitation [‚limi'teiʃən]	*n.*	限制,局限性
limited ['limitid]	*a.*	有限的,被限制的
limp [limp]	*a.*	柔软的,易曲的 *v./n.* 蹒跚,跛行
line [lain]	*n.*	线;路线,航线,排;线路;界线 *v.* 排队;加衬,作里子
linear ['liniə]	*a.*	线的,直线的,线状的;长度的;线性的
linen ['linin]	*n.*	亚麻布,亚麻布制品
liner ['lainə]	*n.*	班机,定期轮船,邮船
linger ['liŋgə]	*v.*	逗留,徘徊,拖延
linguistic [liŋ'gwistik]	*a.*	语言的,语言学的
link [liŋk]	*v.*	连接,联系 *n.* 环节,链环
lion ['laiən]	*n.*	狮子
lip [lip]	*n.*	嘴唇
liquid ['likwid]	*n.*	液体 *a.* 液体的,液态的
liquor ['likə]	*n.*	酒;溶液,液剂
list [list]	*n.*	表,目录,名单 *v.* 把……编列成表,列入表内
listen ['lisn]	*vi.*	倾听(与介词 to 并用,方可置宾语)
literacy ['litərəsi]	*n.*	有文化,有教养,有读写能力
literally ['litərəli]	*ad.*	照字面意义,逐字地;确实
literary ['litərəri]	*a.*	文学上的,文学的;精通文学的,从事写作的
literature ['litəritʃə]	*n.*	文学,文学作品,文献
litre [li:tə(r)]/liter ['li:tə]	*n.*	升;公升(容量单位)
litter ['litə]	*n.*	垃圾,(杂乱的)废物 *v.* 使杂乱,乱丢
little ['litl]	*a.*	小的,幼小的;不多的;矮小的,渺小的 *ad./n.* 不多,几乎没有
live [liv]	*v.*	活着,生活,居住 *a.* 活的,生动的,直播的
lively ['laivli]	*a.*	活泼的,活跃的;栩栩如生的,真实的
liver ['livə]	*n.*	肝,肝脏
living ['liviŋ]	*a.*	活的,有生命的,天然的,逼真的 *n.* 生活,生计
living-room	*n.*	起居室
load [ləud]	*v.*	装(货),装载 *n.* 装载(量),负荷(量);(一)担,(一)车

loaf [ləuf]	*n.*	一个面包
loan [ləun]	*n.*	贷款;出借,借出　*v.* 借出
lobby ['lɔbi]	*n.*	门廊,门厅,(会议)休息厅
local ['ləukəl]	*a.*	地方的,当地的;局部的
locality [ləu'kæliti]	*n.*	位置,地点
locate [ləu'keit]	*v.*	查出,探出,查找……地点,使……坐落于,位于
location [ləu'keiʃən]	*n.*	位置,场所
lock [lɔk]	*n.*	锁　*v.* 锁,锁上
locker ['lɔkə]	*n.*	更衣箱
locomotive [ˌləukə'məutiv]	*n.*	机车,火车头　*a.* 运动的,移动的,运载的
lodge [lɔdʒ]	*v.*	临时住宿,寄宿,寄存,容纳
lofty ['lɔ(:)fti]	*a.*	崇高的,高尚的;高傲的;极高的
log [lɔg]	*n.*	原木,圆木;航海日志
logic ['lɔdʒik]	*n.*	逻辑,逻辑学
logical ['lɔdʒikəl]	*a.*	逻辑的,符合逻辑的
lonely ['ləunli]	*a.*	孤独的,寂寞的;荒凉的,人迹稀少的
long [lɔŋ]	*a.*	长的,长时间的,长期的　*ad.* 长久,长期地
	v.	(for)渴望,极想
longitude ['lɔndʒitjuːd]	*n.*	经度
look [luk]	*vi./n.*	(at)看,注视　*v.* 好像,显得　*n.* 外表,脸色;
		(at)看,望
loom [luːm]	*n.*	织布机,织机　*v.* 隐现,(危险、忧虑等)迫近
loop [luːp]	*n.*	圈,环
loose [luːs]	*a.*	(宽)松的;不精确的;自由的,散漫的
loosen ['luːsn]	*v.*	解开,放松
lord [lɔːd]	*n.*	(Lord)上帝,主;主人,长官,君主,贵族
lorry ['lɔri]	*n.*	卡车,运货汽车
lose [luːz]	*v.*	丢失,迷路;输掉,亏本,失败;(钟表)走慢;使沉湎于
loss [lɔs]	*n.*	丧失,遗失;损失,损耗,亏损;失败
lot [lɔt]	*n.*	许多,大量;签,抽签;命运;场地
lottery ['lɔtəri]	*n.*	抽彩;碰运气的事,难于算计的事
loud [laud]	*a.*	大声的,响亮的;吵闹的,喧嚣的
loudspeaker ['laud'spiːkə]	*n.*	扬声器,扩音器
lounge [laundʒ]	*n.*	休息室,起居室,客厅
love [lʌv]	*n.*	爱,爱情,喜欢　*vt.* 爱,热爱;爱好,喜欢
lovely ['lʌvli]	*a.*	可爱的,好看的;令人愉快的,美好的
lover ['lʌvə]	*n.*	爱好者;(*pl.*)情侣

low [ləu]	a.	低的,矮的;低级的,下层的,卑贱的;低声的
lower [ˈləuə]	a.	较低的,下级的,下游的 v. 降下,放低
loyal [ˈlɔiəl]	a.	(to)忠诚的,忠贞的
loyalty [ˈlɔiəlti]	n.	忠诚,忠心
lubricate [ˈljuːbrikeit]	v.	润滑,加润滑油
luck [lʌk]	n.	运气;好运,侥幸
lucky [ˈlʌki]	a.	幸运的,侥幸的
luggage [ˈlʌgidʒ]	n.	行李,皮箱
lumber [ˈlʌmbə]	n.	木材,木料
lump [lʌmp]	n.	团,块 v.(使)成团,(使)成块
lunar [ˈljuːnə]	a.	月亮的
lunch [lʌntʃ]	n.	午餐,(美)便餐
lung [lʌŋ]	n.	肺
lure [ljuə]	n.	吸引力,魅力,诱惑物 vt. 引诱,吸引
luxury [ˈlʌkʃəri]	n.	奢侈,华贵;奢侈品

M

machine [məˈʃiːn]	n.	机器,机械 v. 用机器加工
machinery [məˈʃiːnəri]	n.	(总称)机器,机械
mad [mæd]	a.	发疯的;狂热的,着迷的;恼火的,生气的
madame/madam [ˈmædəm]	n.	[常作 M-]夫人,太太,女士
magazine [ˌmægəˈziːn]	n.	杂志,期刊
magic [ˈmædʒik]	n.	魔术,魔(魅)力,巫术 a. 有魔力的,魔术的
magistrate [ˈmædʒistrit, -treit]	n.	地方行政官,地方法官,治安官
magnet [ˈmægnit]	n.	磁体,磁铁
magnetic [mægˈnetik]	a.	磁的,有磁性的;有吸引力的
magnificent [mægˈnifisnt]	a.	华丽的,高尚的,宏伟的
magnify [ˈmægnifai]	vt.	放大,扩大,夸大,夸张
magnitude [ˈmægnitjuːd]	n.	大小,数量;巨大,广大
maid [meid]	n.	少女,处女,女仆
maiden [ˈmeidn]	n.	少女,处女 a. 未婚的,纯洁的,无经验的
mail [meil]	n.	邮件 v. 邮寄
main [mein]	a.	主要的,总的 n. 总管道;干线
mainland [ˈmeinlənd, -lænd]	n.	大陆,本土
maintain [menˈtein]	v.	维修,保养;维持,供养;坚持,主张,支持
maintenance [ˈmeintinəns]	n.	维修,保养;维持,保持;生活费用
majesty [ˈmædʒisti]	n.	雄伟,壮丽,庄严,威严;最高权威,王权

major ['meidʒə]	a.	主要的 n. 少校;成年人,专业学生;专业,主修课程 v. (in)主修,专攻
majority [mə'dʒɔriti]	n.	多数,大多数
make [meik]	n.	(产品)来源,制法;牌子 vt. 制造,做成,准备,布置;使,使得;获得;总计,等于
male [meil]	n./a.	男性(的),雄性(的)
malignant [mə'lignənt]	a.	恶性的,致命的;恶意的,恶毒的
mammal ['mæməl]	n.	哺乳动物
man [mæn]	n.	(pl. men)人;[单数,不加冠词]人类;男人
manage ['mænidʒ]	v.	经营,管理,处理;设法,对付;操纵,运用
management ['mænidʒmənt]	n.	经营,管理;处理,操纵;管理部门
manager ['mænidʒə]	n.	经理,管理人
manoeuvre/maneuver [mə'nu:və]	n.	方式;举止;(pl.)风度,礼貌,规矩;风俗
manifest ['mænifest]	v.	表明,证明,显示 a. 明白的,明了的
manipulate [mə'nipjuleit]	vt.	(熟练地)使用,操作;(巧妙地)处理
mankind [mæn'kaind]	n.	人类
manner ['mænə]	n.	(pl.)礼貌,风度;方式,样式;习惯,风俗;规矩;举止
manual ['mænjuəl]	a.	手的,手工做的,体力的 n. 手册,指南
manufacture [,mænju'fæktʃə]	v.	制造,加工 n. 制造,制造业;产品
manuscript ['mænjuskript]	n.	手稿,原稿
many ['meni]	a.	许多的,多的 pron. 许多人或物,许多
map [mæp]	n.	地图,图
marble ['mɑ:bl]	n.	大理石,云石
march [mɑ:tʃ]	v.	(使)行军,(使)行进 n. 行军,行程
March [mɑ:tʃ]		三月(略作 Mar.)
margin ['mɑ:dʒin]	n.	页边空白;边缘;余地;幅度
marginal ['mɑ:dʒinəl]	a.	记在页边的,旁注的;(意识)边缘的
marine [mə'ri:n]	a.	海的,海生的;船舶的,航海的
marital ['mæritl]	a.	婚姻的,夫妻之间的
mark [mɑ:k]	n.	痕迹;记号;分数 v. 标记,打分,使有特色
market ['mɑ:kit]	n.	集市,市场;销路,需求(量) v. 销售
marriage ['mæridʒ]	n.	结婚,婚姻;结婚仪式
married ['mærid]	a.	已婚的,夫妇的;(to)与……结婚的
marry ['mæri]	v.	结婚,嫁,娶
marvellous/marvelous ['mɑ:viləs]	a.	惊人的,奇迹般的,妙极的
Marxist ['mɑ:ksist]	a.	马克思主义的 n. 马克思主义者
masculine ['mɑ:skjulin]	a.	男性的,似男性的;[语法]阳性的

mask [mɑːsk]	n.	面具,面罩;假面具,伪装 v. 掩饰,化装
mass [mæs]	n.	大量,众多;团,块;(pl.)群众,民众;质量
massacre ['mæsəkə]	vt.	残杀,集体屠杀 n. 残杀,大屠杀
massive ['mæsiv]	a.	大而重的,厚实的,粗大的;大规模的,大量的
master ['mɑːstə]	n.	男主人;师傅;[M-]硕士 v. 精通,控制 a. 主要的
masterpiece ['mɑːstəpiːs]	n.	杰作,名著
mat [mæt]	n.	席子,垫子
match [mætʃ]	n.	火柴;比赛,竞赛;对手,配偶 v. 匹配,相称
mate [meit]	n.	伙伴,同事,同伴,配偶 v. 结伴,配对,交配
material [mə'tiəriəl]	n.	材料,原料,资料 a. 物质的,实体的,实质性的
mathematical [ˌmæθi'mætikəl]	a.	数学的;数学上的
maths [mæθs]	n.	数学
/math [mæθ]		
/mathematics [ˌmæθi'mætiks]		
matter ['mætə]	n.	物质,物体;毛病,麻烦;事情 v. 有关系,要紧
mature [mə'tjuə]	a.	成熟的,熟的;成年人的 v.(使)成熟
maximum ['mæksiməm]	n.	最大值,极限 a. 最大的,最高的
may [mei]	aux./v.	可能,也许;可以,被允许;祝,愿
May [mei]	n.	五月
maybe ['meibi]	adv.	可能;大概;也许
mayor [mɛə]	n.	市长
me [miː; mi]	pron.	[I 的宾格]我
meadow ['medəu]	n.	草地,牧场
meal [miːl]	n.	膳食,一餐
mean [miːn, min]	v.	表示……的意思;意欲,打算 a. 卑鄙的;平均的,吝啬的,小气的,低劣的 n. 平均值
meaning ['miːniŋ]	n.	意思,意义,含义
means [miːnz]	n.	方法,手段
meantime ['miːn'taim]	n.	(meanwhile)其间,其时 ad. 同时,当时
meanwhile ['miːnwail, 'minhwail]	n.	其时,其间 ad. 当时,与此同时
measure ['meʒə]	v.	测量 n. 尺寸;量度器;(pl.)措施,办法
meat [miːt]	n.	(食用)肉类
mechanic [mi'kænik]	n.	技工,机修工
mechanical [mi'kænikl]	a.	机械的,由机构制成的;机械似的,呆板的

mechanism ['mekənizəm]	n.	机械装置,机构;机制
medal ['medl]	n.	奖章,勋章,纪念章
medical ['medikəl]	a.	医学的,医疗的,医药的;内科的
medicine ['medsin, -disin]	n.	内服药,医药;医术;医学,内科学
medieval [ˌmedi'i:vəl]	a.	中世纪的,中古(时代)的,老式的,原始的
meditate ['mediteit]	v.	想,考虑,(尤指宗教上的)沉思,冥想
meditation [medi'teiʃən]	n.	熟虑;(尤指宗教的)默想,沉思;(pl.)冥想录
medium ['mi:djəm]	n.	(pl. media)媒体,方法,媒介,介质;中间,适中
	a.	中等的,适中的
meet [mi:t]	n.	会,集会 v. 遇见;(with)碰到,会见,会谈;迎接;满足;符合
meeting ['mi:tiŋ]	n.	会议,集合;汇合,会见,接见,汇合点
melody ['melədi]	n.	旋律,曲调;悦耳的音乐
melon ['melən]	n.	甜瓜
melt [melt]	v.	(使)融化,(使)熔化
member ['membə]	n.	成员,会员
membership ['membəʃip]	n.	会员资格,成员资格
memo ['meməu]	n.	(memorandum)备忘录
memorial [mi'mɔ:riəl]	a.	记忆的,纪念的 n. 纪念物,纪念碑,纪念馆
memory ['meməri]	n.	记忆,记忆力;回忆;存储(器)
menace ['menəs]	vt./n.	有危险性的人(或物);威胁,威吓
mend [mend]	v.	修理,缝补;改正,改进
mental ['mentl]	a.	精神的,思想的,心理的,智力的,脑力的
mention ['menʃən]	v./n.	提及,说起
menu ['menju:]	n.	菜单
merchandise ['mə:tʃəndaiz]	n.	商品,货物
merchant ['mə:tʃənt]	n.	商人,零售商
mercury ['mə:kjuri]	n.	水银,汞
mercy ['mə:si]	n.	仁慈,怜悯,宽恕
mere [miə]	a.	纯粹的;仅仅,只不过
merely ['miəli]	ad.	仅仅,只不过
merge [mə:dʒ]	v.	(使)结合,(使)合并,(使)合为一体
merit ['merit]	n.	优点,价值,功绩 v. 值得,应得
merry ['meri]	a.	欢乐的,愉快的
mess [mes]	n.	混乱,混杂,脏乱 v. 弄脏,弄乱,搞糟
message ['mesidʒ]	n.	消息,信息,通讯;启示,要旨
messenger ['mesindʒə]	n.	送信者,使者,传令兵

metal [ˈmetl]	n.	金属,金属制品
metaphor [ˈmetəfə]	n.	隐喻,暗喻
method [ˈmeθəd]	n.	方法,办法
metre/meter [ˈmiːtə]	n.	米,公尺;仪表,计量器
metric [ˈmetrik]	a.	米制的,公制的
metropolitan [metrəˈpɔlit(ə)n]	a.	首都的,主要都市的,大城市
microphone [ˈmaikrəfəun]	n.	话筒,扩音器
microscope [ˈmaikrəskəup]	n.	显微镜
middle [ˈmidl]	n./a.	中间(的),当中(的)
midst [ˈmidst]	n.	中间,当中
might [mait]	aux./v.	可能,也许　n. 力量,威力,权力
migrate [maiˈgreit, ˈmaigreit]	v.	迁移,移居(国外)
mild [maild]	a.	温和的,轻微的,(烟,酒)味淡的,不含有害物质的;温暖的,暖和的
mile [mail]	n.	英里,哩,海里
militant [ˈmilitənt]	a.	好战的,富于战斗性的　n. 斗士
military [ˈmilitəri]	a.	军事的,军用的,军队的
milk [milk]	n.	牛奶;(植物流出的)白色乳液　v. 挤奶
mill [mil]	n.	磨粉机,磨坊;作坊,工厂
millimetre/millimeter [ˈmilimiːtə(r)]	n.	毫米
million [ˈmiljən]	num./n.	百万,百万个
millionaire [ˌmiljəˈneə]	n.	百万富翁
mind [maind]	n.	头脑,精神;理智,智能;想法,意见,心情,记忆　v. 注意,介意,反对
mine [main]	pron.	[I 的物主代词]我的(东西)　n. 矿　v. 采矿;布雷
mineral [ˈminərəl]	n.	矿物,矿石　a. 矿物的,矿质的
mingle [ˈmiŋgl]	v.	(使)混合
miniature [ˈminjətʃə]	n.	缩小的模型,缩图　a. 微型的,缩小的
minimise/minimize [ˈminimaiz]	v.	使减少到最少,使降到最低
minimum [ˈminiməm]	n.	最小值,最低限度　a. 最小的,最低的
minister [ˈministə]	n.	部长,大臣
ministry [ˈministri]	n.	(政府的)部;牧师
minor [ˈmainə]	a.	较少的,较小的,较次要的　n. 兼修学科　v. (in)兼修
minority [maiˈnɔriti, mi-]	n.	少数,少数派,少数民族
minus [ˈmainəs]	a.	负的,减的　prep. 减去　n. 负号,减号

minute [mai'nju:t]	n.	分,分钟;一会儿,片刻;(pl.)会议记录　a. 微小的,微细的,详细的
miracle ['mirəkl]	n.	奇迹,令人惊奇的人(或事)
mirror ['mirə]	n.	镜子;反映,反射　v. 反映,反射
mischief ['mistʃif]	n.	损害,伤害,危害;恶作剧,胡闹;灾祸
miserable ['mizərəbl]	a.	痛苦的,悲惨的
misery ['mizəri]	n.	痛苦,悲惨,不幸
misfortune [mis'fɔ:tʃən]	n.	不幸,灾祸,灾难
mislead [mis'li:d]	v.	把……带错路,使误入歧途
miss [mis]	n.	[M-]小姐　v. 思念;未击中,错过;(out)漏掉,逃脱,省去
missile ['misail, -səl]	n.	导弹,发射物
missing ['misiŋ]	a.	漏掉的,失去的,失踪的
mission ['miʃən]	n.	使命,任务;使团,代表团
missionary ['miʃənəri]	a.	教会的,传教(士)的　n. 传教士
mist [mist]	n.	薄雾,霭
mistake [mis'teik]	n.	错误,过失,误解　v. 弄错;(for)把……误认为
mistress ['mistris]	n.	女主人;主妇;情妇,情人
misunderstand ['misʌndə'stænd]	v.	误解,误会
mix [miks]	v.	使混合;混淆
mixture ['mikstʃə]	n.	混合;混合物,混合剂
moan [məun]	n.	呻吟声,悲叹声　v. 呻吟,抱怨,悲叹
mob [mɔb]	n.	乌合之众(尤指暴力者)　vi. 围攻,聚众闹事
mobile ['məubail]	a.	可动的,活动的,运动的
mobilise/mobilize ['məubilaiz]	v.	动员,赋予可动性
mock [mɔk]	v.	嘲笑,讥笑　a. 仿制的,假装的;模拟的　n. (常pl.)模拟考试
mode [məud]	n.	方式,式样
model ['mɔdl]	n.	样式,型;模范;模型,原型;模特　v. (on,after)模仿
moderate ['mɔdərit]	a.	有节制的,中等的,适度的,温和的,稳健的
modern ['mɔdən]	a.	现代的,近代的,新式的
modernisation/modernization ['mɔdənai'zeiʃən]	n.	现代化
modest ['mɔdist]	a.	谦虚的,谦让/逊的
modify ['mɔdifai]	v.	更改,修改,修饰
module ['mɔdju:l]	n.	组件,模块,模件;(航天器的)舱
moist [mɔist]	a.	潮湿的,湿润的,多雨的

moisture ['mɔistʃə]	n.	潮湿,湿气,湿度
molecule ['mɔlikjuːl, 'məu-]	n.	分子
moment ['məumənt]	n.	片刻,瞬间,时刻
momentum [məu'mentəm]	n.	动力,要素
monarch ['mɔnək]	n.	帝王,君主,最高统治者
Monday ['mʌndi, 'mʌndei]	n.	星期一
monetary ['mʌnitəri]	a.	金融的,货币的
money ['mʌni]	n.	货币,钱
monitor ['mɔnitə]	n.	班长;监听器,监视器 v. 监控,监测
monkey ['mʌŋki]	n.	猴子
monopoly [mə'nɔpəli]	n.	垄断,专卖
monotonous [mə'nɔtənəs]	a.	单调的,无变化的
monster ['mɔnstə]	n.	怪物,妖怪
month [mʌnθ]	n.	月,月份
monthly ['mʌnθli]	a.	每月的 ad. 每月一次,按月 n. 月刊
monument ['mɔnjumənt]	n.	纪念碑,纪念馆
mood [muːd]	n.	心情,情绪;语气
moon [muːn]	n.	[the-]月球,月亮;卫星
moral ['mɔrəl]	a.	道德(上)的,道义的 n. 寓意,教育意义
morality [mɔ'ræliti]	n.	道德,美德
more [mɔː(r)]	a.	更多的 n. 更多的人(或东西) ad. 更,更多
moreover [mɔː'rəuvə]	conj./ad.	再者,加之,而且
morning ['mɔːniŋ]	n.	早晨,上午
mortal ['mɔːtl]	a.	致命的;终有一死的;人世间的 n. 凡人
mortgage ['mɔːgidʒ]	n./v.	抵押(借款)
mosaic [mə'zeiik]	n.	马赛克;镶嵌体
mosquito [məs'kiːtəu]	n.	蚊子
moss [mɔs]	n.	苔,藓,地衣
most [məust]	a.	最多的;大多数的 ad. 最;极其,很,十分,极 n. 大多数
mostly ['məustli]	ad.	几乎全部地;主要地,大部分,基本上
motel [məu'tel]	n.	(附有停车场的)汽车旅馆
mother ['mʌðə]	n.	母亲
motion ['məuʃən]	n.	运动,动;提议,动议 v. 提议,动议
motivate ['məutiveit]	vt.	促动;激励,鼓励,作为……的动机
motive ['məutiv]	n.	动机,目的 a. 发动的,运动的
motor ['məutə]	n.	发动机,电动机

mould/mold [məuld]	*n.*	模子,铸型;霉菌 *v.* 浇铸,造型,塑造
mount [maunt]	*v.*	登上;安装,装配,固定,镶嵌 *n.* 支架,底板;[M-] (用于山名前)山峰
mountain ['mauntin]	*n.*	山
mourn [mɔ:n]	*v.*	哀悼,忧伤
mouse [maus]	*n.*	(*pl.* mice)鼠,耗子
mouth [mauθ]	*n.*	口,嘴
move [mu:v]	*v.*	移动,迁移;活动;感动 *n.* 移动,活动,行动
movement ['mu:vmənt]	*n.*	运动,活动;移动,迁移
movie ['mu:vi]	*n.*	电影,电影院
much [mʌtʃ]	*a.*	多的,大量的 *ad.* 十分,非常;到极大程度 *n.* 许多,大量
mud [mʌd]	*n.*	泥,泥浆
mug [mʌg]	*n.*	(有柄的)大茶杯
multiple ['mʌltipl]	*a.*	多样的,多重的 *n.* 倍数
multiply ['mʌltiplai]	*v.*	(by)乘,使相乘;倍增,增加,繁殖
multitude ['mʌltitju:d]	*n.*	众多,大量
municipal [mju(:)'nisipəl]	*a.*	市(立,政)的;地方性的,地方自治的
murder ['mə:də]	*v./n.*	谋杀,凶杀
murmur ['mə:mə]	*v./n.*	小声说(话);小声抱怨,咕哝
muscle ['mʌsl]	*n.*	肌肉,体力
muscular ['mʌskjulə]	*a.*	肌肉的;肌肉发达的;强健的
museum [mju(:)'ziəm]	*n.*	博物馆,展览馆
mushroom ['mʌʃrum]	*n.*	蘑菇 *vt.* 迅速生长,迅速增加,采蘑菇
music ['mju:zik]	*n.*	音乐,乐曲,乐谱
musical ['mju:zikəl]	*a.*	音乐的;有音乐才能的,悦耳的 *n.* 音乐片;音乐喜剧
musician [mju:'ziʃən]	*n.*	音乐家,乐师
must [mʌst; məst]	*aux./v.*	必须,应当;很可能,一定要 *n.* 必须做的事
mute [mju:t]	*a.*	哑的,缄默的 *n.* 哑巴;弱音器 *v.* 减弱……的声音
mutter ['mʌtə]	*n.*	喃喃而语,小声低语;抱怨 *v.* 低声说,抱怨,咕哝
mutton ['mʌtn]	*n.*	羊肉
mutual ['mju:tjuəl, 'mju:tʃuəl]	*a.*	相互的,彼此的;共同的,共有的
my [mai; mi]	*pron.*	[I 的所有格]我的
myself [mai'self]	*pron.*	[反身代词]我自己;我亲自
mysterious [mis'tiəriəs]	*a.*	神秘的,可疑的,难理解的
mystery ['mistəri]	*n.*	神秘,神秘的事物;神秘小说,侦探小说
myth [miθ]	*n.*	神话;虚构的理论

N

nail [neil]	n.	指甲,爪;钉 v. 将……钉牢,钉住
naive [nɑ:'i:v]	a.	天真的
naked ['neikid]	a.	裸体的,无遮蔽的,无掩饰的
name [neim]	n.	名字,名称,名声,名义 vt. (after)给……取名;列举;提名
namely ['neimli]	ad.	即,也就是
nap [næp]	n.	小睡,打盹
napkin ['næpkin]	n.	餐巾,餐巾纸;[英]尿布
narrative ['nærətiv]	a.	叙述性的 n. 叙述
narrow ['nærəu]	a.	狭窄的,狭的,狭隘的 v. 限制,限定;变窄,收缩
nasty ['næsti]	a.	肮脏的,卑劣的,下流的;令人厌恶的
nation ['neiʃən]	n.	民族,国家
national ['næʃənəl]	a.	民族的,国家的,国立的
nationality [ˌnæʃə'næliti]	n.	国籍,民族
native ['neitiv]	a.	本地的,本国的;天生的 n. 本地人,本国人
natural ['nætʃərəl]	a.	正常的;自然界的,天然的;天赋的,固有的
nature ['neitʃə]	n.	自然界,大自然;性质,本性,天性
naughty ['nɔːti]	a.	顽皮的,淘气的
naval ['neivəl]	n.	海军的,军舰的
navigation [ˌnævi'geiʃən]	n.	航海,航空;导航,领航
navy ['neivi]	n.	海军
near [niə]	a.	近的,接近的;亲近的 prep. 靠近 ad. 接近
nearby ['niəbai]	a.	附近的 ad. 在附近 prep. 在……附近
nearly ['niəli]	ad.	差不多,几乎
neat [ni:t]	a.	整洁的,干净的,优美的,精致的
necessary ['nesisəri]	a.	必需的,必要的;必然的 n. 必需品
necessitate [ni'sesiteit]	v.	使成为必要,需要
necessity [ni'sesiti]	n.	必要性,需要;必然性;(pl.)必需品
neck [nek]	n.	颈脖
necklace ['neklis]	n.	项链,项圈
need [ni:d]	aux. v./v.	需要;必须 n. 需要;贫困,困窘
needle ['ni:dl]	n.	针,指针,针状物
negative ['negətiv]	a.	否定的,消极的,阴性的 n. 负数;(摄影)底片
neglect [ni'glekt]	v./n.	忽视;疏忽,漏做,忽略
negligible ['neglidʒəbl]	a.	可忽略不计的,微不足道的

negotiate [ni'gəuʃieit]	v.	商订;谈判,洽谈,交涉
Negro ['ni:grəu]	n.	黑人　a. 黑人的
neighbour/neighbor ['neibə]	n.	邻居
neighbourhood/neighborhood ['neibəhud]	n.	邻居;四邻,街道
neither ['naiðə, 'ni:ðə]	a.	两者都不　pron. 两者都不,两者中无一　ad. 也不
nephew ['nevju(:), 'nefju(:)]	n.	侄子,外甥
nerve [nə:v]	n.	神经;勇气,胆量
nervous ['nə:vəs]	a.	神经的;神经过敏的,紧张不安的
nest [nest]	n.	窝,巢　v. 筑巢
net [net]	n.	网,网状物　v. 用网捕,使落网　a. 纯净的;净的
network ['netwə:k]	n.	网状物;广播网,电视网;网络
neutral ['nju:trəl]	a.	中立的;中性的,中和的
never ['nevə]	ad.	永不,从不,决不;从来没有;不,没有
nevertheless [ˌnevəðə'les]	conj.	(nonetheless)然而,不过　ad. 仍然,不过
new [nju:]	a.	新(近)的;新来的;不熟悉的;没经验的
news [nju:z]	n.	新闻,消息;新闻报道,新闻广播
newspaper ['nju:speipə]	n.	报纸
next [nekst]	a.	紧接的,其次的;贴近的,隔壁的　ad. 其次;居后,贴近
nice [nais]	a.	美好的,令人愉快的;友好的,亲切的;精微的,需要慎重和精确的
nickel ['nikl]	n.	镍;镍币;五美分
nickname ['nikneim]	n.	绰号,浑名　vt. 给……起绰号
niece [ni:s]	n.	侄女,甥女
night [nait]	n.	夜间;夜;晚(上)
nightmare ['naitmɛə(r)]	n.	恶梦;可怕的事物,无法摆脱的恐惧
nine [nain]	num.	九　pron./ad. 九(个,只……)
nineteen ['nain'ti:n]	num./a.	十九　pron. 十九(个,只……)
ninety ['nainti]	num.	九十,九十个
nitrogen ['naitrədʒən]	n.	[化]氮
no [nəu]	ad.	不是,不　a. 没有的;不允许　n. 不,拒绝
noble ['nəubl]	a.	高尚的;贵族的,高贵的　n. 贵族
nobody ['nəubədi]	pron.	谁也不,无人　n. 小人物
nod [nɔd]	v.	点(头),点头招呼　n. 点头招呼;打盹,瞌睡
noise [nɔiz]	n.	喧闹声,噪声,吵嚷声
noisy ['nɔizi]	a.	吵闹的,喧闹的

nominal ['nɔminl]	a.	名义上的;(金额、租金)微不足道的
nominate ['nɔmineit]	v.	提名,任命
none [nʌn]	pron.	没有任何人(东西);都不 ad. 一点也不
nonetheless [,nʌnðə'les]	conj./ad.	(nevertheless)虽然如此,但是
nonsense ['nɔnsəns]	n.	胡说,废话
noodle ['nu:dl]	n.	(常用复数)面条
noon [nu:n]	n.	中午,正午
nor [nɔ:]	conj./ad.	也不,也没有
norm [nɔ:m]	n.	准则,规范,准则,平均数
normal ['nɔ:məl]	a.	正常的,普通的;正规的,标准的
normalisation/normalization [,nɔ:məlai'zeiʃən]	n.	正常化,标准化
north [nɔ:θ]	n.	北,北方 a. 北方的,北部的 ad. 向北方,在北方
northeast ['nɔ:θ'i:st]	n.	东北 a. 东北方的 ad. 向东北,在东北
northern ['nɔ:ðən]	a.	北方的,北部的
northwest ['nɔ:θ'west]	n.	西北方,西北部 a. 西北的 ad. 向西北,在西北
nose [nəuz]	n.	鼻子;(飞机、船等的)前端,突出部分
not [nɔt]	ad.	不,不是,不会;没有
notable ['nəutəbl]	a.	口气;调子;成分;值得注意的,显著的,著名的
note [nəut]	n.	笔记;按语,注释;钞票,纸币,便条,短笺 v. 记下,摘下;表明,认为
notebook ['nəutbuk]	n.	笔记本
nothing ['nʌθiŋ]	n.	没有东西;什么也没有;无关紧要的人或事;无,零,小事 ad. 毫不
notice ['nəutis]	n.	通知,通告,布告;注意,认识 v. 注意到,注意
noticeable ['nəutisəbl]	a.	显而易见的,值得注意的,重要的
notify ['nəutifai]	v.	通知,告知,报告
notion ['nəuʃən]	n.	概念,想法,意念,看法,观点
notorious [nəu'tɔ:riəs]	a.	臭名昭著的,声名狼藉的
notwithstanding [,nɔtwiθ'stændiŋ]	prep./ad./conj.	尽管
noun [naun]	n.	名词
nourish ['nʌriʃ]	v.	提供养分,养育,怀有(希望,仇恨等)
novel ['nɔvəl]	n.	(长篇)小说 a. 新奇的,新颖的
novelty ['nɔvəlti]	n.	新奇,新颖,新奇的事物
November [nəu'vembə]	n.	十一月
now [nau]	conj.	既然,由于 ad. 现在,如今,目前;当时,于是,然后[表示语气为命令或不满];立刻,马上

nowadays [ˈnauədeiz]	ad.	现今,现在
nowhere [ˈnəuhwɛə]	ad.	任何地方都不,没有地方
nuclear [ˈnjuːkliə]	a.	核心的,中心的;原子核的,核能的
nucleus [ˈnjuːkliəs]	n.	(pl. nuclei)核,核心,原子核
nuisance [ˈnjuːsns]	n.	讨厌的人(或东西);麻烦事
numb [nʌm]	a.	麻木的,失去感觉的　v. 使麻木
number [ˈnʌmbə]	n.	数,数字,数量;[通常略作 NO.]号码,(报刊等的)期　v. 共计;编号,加号码
numerical [nju(ː)ˈmerikəl]	a.	数字的,用数字表示的,数值的
numerous [ˈnjuːmərəs]	a.	众多的,许多的,大批的
nurse [nəːs]	n.	护士,保姆　v. 护理,看护
nursery [ˈnəːsəri]	n.	托儿所
nurture [ˈnəːtʃə]	n./v. 养育,教育,教养　n. 营养品　v. 给予营养物
nut [nʌt]	n.	坚果;螺母,螺帽
nutrition [njuːˈtriʃən]	n.	营养,营养学
nylon [ˈnailɔn]	n.	尼龙

O

oak [əuk]	n.	橡树,橡木,栎树　a. 橡木的
oar [ɔː, ɛə]	n.	桨,橹　v. 划,划动,划行
oath [ˈəuθ]	n.	誓言,誓约;诅咒,咒骂,诅咒语
obedience [əˈbiːdjəns, -diəns]	n.	服从,顺从
obedient [əˈbiːdjənt, -diənt]	a.	服从的,顺从的
obey [əˈbei]	v.	服从,顺从;听由,听从摆布
object [ˈɔbdʒikt]	n.	物体;客体,对象;目标;宾语　v. (to)反对
objection [əˈbdʒekʃən]	n.	(to)反对,异议;不喜欢,反对的理由
objective [əˈbdʒektiv]	n.	目标,目的　a. 客观的,真实的
obligation [ˌɔbliˈgeiʃən]	n.	义务,责任
oblige [əˈblaidʒ]	v.	强迫,迫使;责成;(使)感激,施恩于
obscure [əˈbskjuə]	a.	暗的,朦胧的;模糊的,晦涩的
observation [ˌɔbzəːˈveiʃən]	n.	观察,观测,监视;(pl.)观察资料或报告,言论
observe [əˈbzəːv]	v.	观察,观测,注意到;监视;遵守;评述,说
obsession [əˈbseʃən]	n.	迷住,困扰
obsolete [ˈɔbsəliːt]	a.	已废弃的,过时的
obstacle [ˈɔbstəkl]	n.	障碍(物),妨碍,阻碍,干扰
obstruct [əbˈstrʌkt]	v.	阻隔,阻塞(道路、通道等)　n. 阻碍物,障碍物
obstruction [əbˈstrʌkʃən]	n.	妨碍,障碍物

obtain [əb'tein]	v.	获得,得到
obvious ['ɔbviəs, -vjəs]	a.	明显的,显而易见的
occasion [ə'keiʒən]	n.	场合,时节,时刻;时机,机会
occasional [ə'keiʒənəl]	a.	偶然的,非经常的,特殊场合的;临时的;不时的
occupation [ˌɔkju'peiʃən]	n.	占领,占据;占用;职业,工作
occupy ['ɔkjupai]	v.	占,占用;占据,占领,使忙碌,使从事
occur [ə'kə:]	v.	发生,出现;存在;想起,想到
occurrence [ə'kʌrəns]	n.	发生,出现;事件,事故,发生的事情
ocean ['əuʃən]	n.	海洋
o'clock [əu]	ad.	……点钟(与 1 至 12 数字连用)
October [ɔk'təubə]	n.	十月
odd [ɔd]	a.	奇数的;奇怪的;单只的;临时的;带零头的,余的
odds [ɔdz]	n.	不平等,差异;机会
odour/odor ['əudə]	n.	气味,香味,臭味,名声
of [ɔv, əv, v, f]	prep.	[表示所属,性质,主客体]……的;关于,对于;由……制成的;由于,因为;来自……的,从;引出不定式的逻辑主语;表示同位关系;在……方面
off [ɔːf, ɔf]	ad.	离开;在远处;脱开,表示完成,结束;表示分离,中断 prep. 从,从……离开,脱离
offend [ə'fend]	v.	犯罪,冒犯,违反,得罪,使……不愉快
offensive [ə'fensiv]	a.	冒犯的,攻击的 n. 攻势,进攻
offer ['ɔfə]	v.	提供,提议,出现 n. 出价,提议,意图
office ['ɔfis]	n.	办公室,办事处;职务,公职;部,局,处
officer ['ɔfisə]	n.	官员,办事员;工作人员;军官
official [ə'fiʃəl]	n.	官员,行政官员 a. 官方的,官方的,正式的,公务的
offset ['ɔːfset]	n.	分支,补偿 v. 抵消,补偿
offspring ['ɔfspriŋ, 'ɔːf-]	n.	子孙,后代;结果,产物
often ['ɔ(ː)fn, 'ɔːftən]	ad.	常常,经常,通常
oil [ɔil]	n.	油,石油 v. 给……加润滑油;涂油,上油
okay/O. K. /OK [əu'kei]	a.	好,行,不错 n. 同意
old [əuld]	a.	年老的;……岁的;长时间的,老的;过去的
omit [ə'mit]	v.	省略,删去,遗漏,忽略
on [ɔn]	prep.	在……上;在……旁,靠近;根据,由于……;向……;朝着;在……时候;关于,论述 ad. 向前,继续下去;在上,穿上;接通;(是)……的成员;在……供职;在从事……中;处于……情况
once [wʌns]	ad.	一次,曾经 conj. 一(旦)……就…… n. 一次

one [wʌn]	*num.* 一　*pron.* 一个(只)[表示代替可数的东西];一个 人,任何人　*a.* 某一	
oneself [wʌn'self]	*pron.* [反身代词]自己;亲自,本人	
onion ['ʌnjən]	*n.* 洋葱	
only ['əunli]	*ad.* 仅仅,只不过　*a.* 唯一的　*conj.* 可是,不过	
onto ['ɔntu]	*prep.* 在……上面;到……上面	
opaque [əu'peik]	*a.* 不透明(光)的;难理解的,晦涩的	
open ['əupən]	*a.* 开阔的,空旷的;公开的,坦率的,自由出入的 *v.* 打开;开始,开业,开张	
opening ['əupniŋ]	*n.* 开,开放,开始,空缺,机会,口子,孔　*a.* 开始的,开 幕的	
opera ['ɔpərə]	*n.* 歌剧	
operate ['ɔpəreit]	*v.* 操作,运转,开动,起作用,动手术	
operation [ˌɔpə'reiʃən]	*n.* 运转,开动,操作;(on)手术;运算,经营	
operational [ˌɔpə'reiʃənl]	*a.* 操作的,运转的,起作用的,经营的	
operator ['ɔpəreitə]	*n.* 操作人员,(电话)接线员	
opinion [ə'pinjən]	*n.* 意见,看法,主张	
opponent [ə'pəunənt]	*n.* 对手,反对者,敌手　*a.* 对立的,对抗的	
opportunity [ˌɔpə'tjuːniti]	*n.* 机会	
oppose [ə'pəuz]	*v.* 反对,使对立,使对抗,使相对	
opposite ['ɔpəzit]	*a.* (to)对面的,相对的,相反的　*n.* 对立面 *prep.* 在……的对面	
oppress [ə'pres]	*v.* 压迫,压制	
opt [ɔpt]	*vi.* 抉择,选择	
optical ['ɔptikəl]	*a.* 眼的,视力的;光学的	
optimistic [ˌɔpti'mistik]	*a.* 乐观主义的	
optimum ['ɔptiməm]	*a.* 最适宜的　*n.* 最适宜(条件)	
option ['ɔpʃən]	*n.* 选择(权);[商]选择买卖的特权	
optional ['ɔpʃənl]	*a.* 可以任选的,随意的,非强制的	
or [ɔː,ə]	*conj.* 或,或者(表示选择);即,大约;[常和 else 连用]否 则,要不然	
oral ['ɔːrəl]	*a.* 口头的	
orange ['ɔrindʒ]	*n.* 柑,橘,橙	
orbit ['ɔːbit]	*n.* 轨道　*v.* (使)沿轨道行	
orchard ['ɔːtʃəd]	*n.* 果园,果园里的全部果树,[美俚]棒球场	
orchestra ['ɔːkistrə, -kes-]	*n.* 管弦乐队	
order ['ɔːdə]	*n.* 命令;次序;整齐;订货单;等级　*v.* 定制,订购,制	

orderly [ˈɔːdəli]	a.	整齐的,有秩序的,有条理的 n. 勤务兵
ordinary [ˈɔːdinəri]	a.	普通的,平凡的,平常的;平庸的
ore [ɔː(r)]	n.	矿石,矿砂
organ [ˈɔːgən]	n.	器官;机构,机关;风琴
organic [ɔːˈgænik]	a.	器官的;有机的;有机体的
organisation/organization [ˌɔːgənaiˈzeiʃən]	n.	组织,团体,机构
organise/organize [ˈɔːgənaiz]	v.	组织,编组
organism [ˈɔːgənizəm]	n.	生物,有机体
orient [ˈɔːriənt]	n.	[the O-]东方,亚洲 v. 使朝东,为……定位,使适应
oriental [ˌɔː(ː)riˈentl]	a.	东方的,东方诸国的 n. 东方人
orientation [ˌɔː(ː)rienˈteiʃən]	n.	方向,方位;定位,倾向性,向东方;熟悉,适应,认识环境
origin [ˈɔridʒin]	n.	起源,由来;出身,来历
original [əˈridʒənəl]	a.	最初的,原文的;新颖的,有独创性的 n. 原物,原作,原文
originate [əˈridʒineit]	v.	(in,from)起源,发生;首创,创造
ornament [ˈɔːnəmənt]	v.	装饰,美化 n. 装饰,装饰物
orphan [ˈɔːfən]	n.	孤儿
orthodox [ˈɔːθədɔks]	a.	传统的,正统的,习惯的,保守的
other [ˈʌðə]	a.	另外的,其他的 n./pron. 另一个人(或事)
otherwise [ˈʌðəwaiz]	ad.	另样,用别的方法;在其他方面 conj. 要不然,否则
ought [ɔːt]	aux.	应该(使用时,之后应接to,再接动词原形)
ounce [auns]	n.	盎司,英两
our [ˈauə]	pron.	[we的所有格]我们的
ours [ˈauəz]	pron.	[we的物主代词]我们的(所有物)
ourselves [ˌauəˈselvz]	pron.	[反身代词]我们自己;我们亲自
out [aut]	ad.	出去;离家;突出来;发表;熄灭 a. 外面的,往外去的
outbreak [ˈautbreik]	n.	(战争、愤怒、火灾等的)爆发,(疾病的)发作
outcome [ˈautkʌm]	n.	结果,成果
outdoor [ˈautdɔː]	a.	室外的,野外的
outer [ˈautə]	a.	外部的,外面的,外层的
outfit [ˈautfit]	n.	用具,机构,全套装配,供给 v. 配备,(得到)装备
outing [ˈautiŋ]	n.	外出,旅行,散步
outlet [ˈautlet, -lit]	n.	出路,出口;销路,市场;发泄方法;电源插座;经销店

outline [ˈautlain]	n.	轮廓,略图;大纲,梗概　v. 概述,略述
outlook [ˈautluk]	n.	景色,风光;观点,见解;展望,前景
output [ˈautput]	n.	产量,输出(量)
outrage [ˈautreidʒ]	n.	暴行,侮辱,愤怒　v. 凌辱,引起……义愤,强奸
outset [ˈautset]	n.	开始,开端
outside [ˈautˈsaid]	ad.	向外面　n. 外部　a. 外部的　prep. 在……外
outskirts [ˈautskəːts]	n.	郊区
outstanding [autˈstændiŋ]	a.	突出的,显著的,杰出的
outward [ˈautwəd]	a.	外面的,公开的,向外的　ad. 向外,在外
oval [ˈəuvəl]	a.	卵形的,椭圆形的　n. 卵形,椭圆形
oven [ˈʌvən]	n.	炉,灶,灶箱
over [ˈəuvə]	ad.	翻转过来;结束,完了;越过;在那边,向那边;太过分;再,重复地　prep. 在……上方;在……上面;越过;多于,……以上;在……期间;遍及,到处
overall [ˈəuvərɔːl]	a.	全面的,综合的　n.(pl.)(套头)工作服,工装裤
overcoat [ˈəuvəkəut]	n.	外衣,大衣
overcome [ˌəuvəˈkʌm]	v.	战胜,克服
overflow [ˈəuvəˈfləu]	v.	(使)外溢,(使)溢出;溢出,流出,漫出
overhead [ˈəuvəhed]	a.	在头顶上的;架空的　ad. 在头顶上
overhear [ˌəuvəˈhiə]	v.	偶然听到,从旁听到
overlap [ˈəuvəˈlæp]	v.	重叠,与……交叠　n. 重叠
overlook [ˌəuvəˈluk]	v.	看漏,忽略,俯瞰,眺望;宽容,放任
overnight [ˈəuvəˈnait]	a.	通宵的,晚上的　ad. 在咋夜,一夜工夫,突然
overpass [ˈəuvəˈpɑːs]	n.	过街天桥
overseas [ˈəuvəˈsiːz]	a.	外国的,海外的　ad. 在海外
overtake [ˈəuvəˈteik]	v.	追上,超过;突然降临,压倒,袭击
overthrow [ˌəuvəˈθrəu]	v./n.	推翻,颠覆
overtime [ˈəuvətaim]	a.	超时的,加班的　ad. 加班
overturn [ˈəuvəˈtəːn]	n.	倾覆,破灭,革命　v. 打翻,推翻,颠倒,翻倒
overwhelm [ˈəuvəˈwelm]	v.	压倒,制服
overwhelming [ˌəuvəˈwelmiŋ]	a.	势不可挡的,压倒的
owe [əu]	v.	欠(债等),应向……付出;(to)归功于,得感谢
owing [ˈəuiŋ]	a.	欠的,未付的
owl [əul]	n.	猫头鹰
own [əun]	a.	[用在所有格后面,加强语气]自己的　v. 拥有,有
owner [ˈəunə]	n.	物主,所有者
ownership [ˈəunəʃip]	n.	所有(权),所有制

ox [ɔks]	n.	牛,公牛
oxide ['ɔksaid]	n.	[化]氧化物
oxygen ['ɔksidʒən]	n.	氧,氧气
ozone ['əuzəun, əu'z-]	n.	臭氧;(海岸等的)新鲜空气

P

pace [peis]	n.	步,步伐,步调,速度 v. 踱步,用步测
pack [pæk]	v.	捆扎,打包;塞满,挤满 n. 包裹,背包,一群/副
package ['pækidʒ]	n.	包装,包裹,箱
packet ['pækit]	n.	小包裹,小捆,盒;一捆,一扎;邮船,班轮
pact [pækt]	n.	合同,条约,公约,协定
pad [pæd]	n.	垫,衬垫,便笺簿;拍纸簿 v. 加上衬垫,填塞
paddle ['pædl]	n.	桨 v. 用桨划
page [peidʒ]	n.	页 vt. 给……标页码
pail [peil]	n.	桶,提桶
pain [pein]	n.	痛,痛苦;(pl.)努力,劳苦 vt. 使痛苦
painful ['peinful]	a.	疼痛的,使痛苦的,费力(心)的,棘手的
paint [peint]	n.	油漆,颜料 v. 油漆;涂,涂漆;画;描绘,描述
painter ['peintə]	n.	漆工,画家
painting ['peintiŋ]	n.	上油漆,着色;绘画;油画;画法
pair [pɛə]	n.	一对,一双;一副;夫妇 v. 配对,成对
palace ['pælis]	n.	宫,宫殿
pale [peil]	a.	苍白的,灰白的;浅的,暗淡的
palm [pɑːm]	n.	手掌;掌状物;棕榈 vt. 与……握手,藏……于掌中
pamphlet ['pæmflit]	n.	小册子
pan [pæn]	n.	平底锅,盘子,面板
panda ['pændə]	n.	熊猫
panel ['pænl]	n.	面,板;控制板,仪表盘;专门小组
panic ['pænik]	n./a.	恐慌(的),惊慌(的) vt. 使惊慌,使害怕
panorama [ˌpænə'rɑːmə]	n.	全景,全景画,全景摄影,全景照片(装置)
pant [pænt]	n.	喘气 v. 喘,气喘吁吁地说
pants [pænts]	n.	裤子,短裤
paper ['peipə]	n.	纸;纸制品;报纸;(pl.)文件;试卷;论文,文章
paperback ['peipəbæk]	n.	平装本,简装本
parachute ['pærəʃuːt]	n.	降落伞 v. 跳伞
parade [pə'reid]	n./v.	游行,夸耀 n. 检阅,阅兵式 v. 使列队行进
paradise ['pærədaiz]	n.	天堂

paradox [ˈpærədɔks]　　　　*n.* 似非而是的话,自相矛盾的话,反论

paragraph [ˈpærəɡrɑːf]　　　*n.* 段,节;小新闻,短评

parallel [ˈpærəlel]　　　　　*a.* (to,with)平行的,并联的;(to)相同的,类似的
　　　　　　　　　　　　　　　n. 平行线,相似物,类似;对比,纬线

paralyse/paralyze [ˈpærəlaiz]　*v.* 使瘫痪(麻痹);使丧失作用

parameter [pəˈræmitə]　　　　*n.* 参数,参量

parasite [ˈpærəsait]　　　　　*n.* 寄生虫

parcel [ˈpɑːsl]　　　　　　　*n.* 包裹,邮包 *v.* 打包,捆扎

pardon [ˈpɑːdn]　　　　　　 *n.* 原谅,宽恕;请再说一遍 *v.* 原谅,饶恕,赦免

parent [ˈpɛərənt]　　　　　　*n.* 父母,母亲;(*pl.*)双亲;父母

park [pɑːk]　　　　　　　　 *n.* 公园,停车场 *v.* 停放(汽车等),寄放

parliament [ˈpɑːləmənt]　　　*n.* 国会,议会

part [pɑːt]　　　　　　　　　*n.* 部分,角色,一方,零件,地区,部,篇 *v.* 使分开

partial [ˈpɑːʃəl]　　　　　　*a.* 部分的,不完全的;偏袒的,不公平的,偏爱的

participant [pɑːˈtisipənt]　　 *n.* 参加者,参与者 *a.* 有份的,参与的

participate [pɑːˈtisipeit]　　 *v.* (in)参与,参加;分享,分担

particle [ˈpɑːtikl]　　　　　 *n.* 粒子,微粒;小品词,虚词

particular [pəˈtikjulə]　　　 *a.* 特殊的,苛求的;个别的 *n.* (常 *pl.*)详情,细节,特色

partly [ˈpɑːtli]　　　　　　　*ad.* 部分地,不完全地,在一定程度上

partner [ˈpɑːtnə]　　　　　　*n.* 合作者,合伙人,合股人;伙伴,舞伴;配偶

party [ˈpɑːti]　　　　　　　 *n.* 聚会,政党;一方,当事人 *v.* 举行(参加)社交聚会

pass [pɑːs]　　　　　　　　 *v.* 经/通/穿/度过;传递;通过(考试等) *n.* 通行证;
　　　　　　　　　　　　　　　考试及格;关隘,关口

passage [ˈpæsidʒ]　　　　　 *n.* 通过,经过;通路,走廊;(一)段落,(一)节

passenger [ˈpæsindʒə]　　　 *n.* 乘客,旅客

passerby [pɑːsəˈbai]　　　　 *n.* (*pl.* passers-by)过路人

passion [ˈpæʃən]　　　　　　*n.* 热情,激情,爱好;激怒;强烈感情

passive [ˈpæsiv]　　　　　　*a.* 被动的,消极的

passport [ˈpɑːspɔːt]　　　　 *n.* 护照

past [pɑːst]　　　　　　　　 *a.* 过去的 *ad.* 过 *n.* 过去,昔日 *prep.* (经)过

paste [peist]　　　　　　　　*n.* 糊,浆糊 *v.* 粘,贴

pastime [ˈpɑːstaim]　　　　　*n.* 消遣,娱乐

pasture [ˈpɑːstʃə]　　　　　 *n.* 牧草地,牧场

pat [pæt]　　　　　　　　　 *v./n.* 轻拍,轻打,抚摸

patch [pætʃ]　　　　　　　　*n.* 补丁,斑点;碎片;小块 *v.* 补,修补,掩饰

patent [ˈpeitənt, ˈpætənt]　　 *a.* 专利的,特许的 *n.* 专利(权、品) *v.* 批准专利,
　　　　　　　　　　　　　　　获得专利

path [pɑːθ]	n.	小路,小径;路线,轨道
pathetic [pəˈθetik]	a.	可怜的,悲惨的
patience [ˈpeiʃəns]	n.	耐心,忍耐
patient [ˈpeiʃənt]	a.	有耐心的,能忍耐的 n. 病人,患者
patriotic [ˌpætriˈɔtik]	a.	爱国的
patrol [pəˈtrəul]	v.	巡逻,巡查 n. 巡逻,巡查;巡逻队
patron [ˈpeitrən]	n.	赞助人;资助人;老顾客,老主顾
pattern [ˈpætən]	n.	模式,式样;图案,图样 v. 仿制,模仿
pause [pɔːz]	v./n.	中止,暂停
pave [peiv]	v.	铺砌,铺(路)
pavement [ˈpeivmənt]	n.	人行道
paw [pɔː]	n.	爪
pay [pei]	v.	付款,付出代价,给予注意;值得;进行(访问等) n. 工资,薪金
payment [ˈpeimənt]	n.	支付,付款额
pea [piː]	n.	豌豆
peace [piːs]	n.	和平;平静,安宁
peaceful [ˈpiːsful]	a.	和平的,平静的,安宁的,爱好和平的
peach [piːtʃ]	n.	桃,桃树
peak [piːk]	n.	山顶,最高点;峰,山峰 a. 高峰的,最高的
peanut [ˈpiːnʌt]	n.	花生
pear [peə]	n.	梨子,梨树
pearl [pəːl]	n.	珍珠
peasant [ˈpezənt]	n.	[不用于英国或美国]小农;佃农;农民
pebble [ˈpebl]	n.	卵石
peculiar [piˈkjuːljə]	a.	古怪的,异常的;特殊的,特有的
pedal [ˈpedl]	n.	踏板 v. 踩踏板,骑自行车
pedestrian [peˈdestriən]	n.	步行者 a. 徒步的,呆板的,通俗的
peel [piːl]	v.	削皮,剥皮 n. 果皮
peep [piːp]	v.	偷看,窥视
peer [piə]	n.	同辈,同等地位的人;贵族 v. 凝视,隐约出现
pen [pen]	n.	钢笔
penalty [ˈpenlti]	n.	处罚,刑罚,惩罚,罚金
pencil [ˈpensl]	n.	铅笔 vt. 用铅笔写
pendulum [ˈpendjuləm]	n.	摆,钟摆
penetrate [ˈpenitreit]	v.	穿过,渗入,看穿
peninsula [piˈninsjulə]	n.	半岛

penny ['peni]	n.	便士,美分
pension ['penʃən]	n.	养老金,年金
people ['piːpl]	n.	人们,人;[the-]人民;一国人民,民族
pepper ['pepə]	n.	胡椒粉,胡椒;辣椒 vt. 连续投(发问等)
per [pəː, pə]	prep.	每;经,由
perceive [pəˈsiːv]	v.	察觉,感知;理解,领悟
percent/per cent [pəˈsent]	n.	百分之……的
percentage [pəˈsentidʒ]	n.	百分数,百分率,百分比
perfect ['pəːfikt]	a.	完善的;完全的; v. 使完美
perfection [pəˈfekʃən]	n.	尽善尽美,完美
perform [pəˈfɔːm]	v.	履行,执行;表演,演出;完成(事业)
performance [pəˈfɔːməns]	n.	履行,执行;表演,演出;性能,特性;成绩
perfume ['pəːfjuːm]	n.	香味,芳香;香料;香水 v. 使发香,洒香水于
perhaps [pəˈhæps]	ad.	也许,大概,恐怕
period ['piəriəd]	n.	时期,时代;学时;周期,一段时间;句点
periodical [ˌpiəriˈɔdikəl]	n.	期刊,杂志 a. 周期的,定期的
perish ['periʃ]	v.	丧生;凋谢;毁灭,消亡
permanent ['pəːmənənt]	a.	永久的,持久的
permeate ['pəːmieit]	v.	弥漫,遍布,散布;渗入,渗透
permission [pə(ː)ˈmiʃən]	n.	允许,同意
permit [pə(ː)ˈmit]	v.	许可,允许 n. 许可证,执照
perpetual [pəˈpetjuəl]	a.	永久的,永恒的,长期的
perplex [pəˈpleks]	v.	使困惑,使费解,使复杂化
persecute ['pəːsikjuːt]	v.	迫害
persevere [ˌpəːsiˈviə]	v.	坚持,不屈不挠
persist [pə(ː)ˈsist]	v.	(in)坚持,持续
person ['pəːsn]	n.	人;人物;人称;本人,自身
personal ['pəːsənl]	a.	个人的,私人的;亲自的;身体的,人身的
personality [ˌpəːsəˈnæliti]	n.	人格,个性
personnel [ˌpəːsəˈnel]	n.	全体人员,全体职员;人事(部门)
perspective [pəˈspektiv]	n.	透视画法,透视图;远景,前途;观点,看法;(in ~)正确地
persuade [pəˈsweid]	v.	说服,劝说;(of)使相信
persuasion [pə(ː)ˈsweiʒən]	n.	说服,说服力
pessimistic [ˌpesiˈmistik]	a.	悲观(主义)的
pest [pest]	n.	害虫
pet [pet]	n.	爱畜,宠儿 a. 宠爱的,表示亲昵的
petition [piˈtiʃən]	n.	请愿书,申请书 v. (向……)请愿,正式请求

petrol [ˈpetrəl]	n.	汽油
petroleum [piˈtrəuliəm]	n.	石油
petty [ˈpeti]	a.	小(器、规模)的,不重要的,细微的,卑鄙的;气量小的
pharmacy [ˈfɑːməsi]	n.	药房,药剂学,制药业,配药业,一批备用药品
phase [feiz]	n.	阶段,状态,时期;相,相位
phenomenon [fiˈnɔminən]	n.	现象
philosopher [fiˈlɔsəfə]	n.	哲学家,哲人;思想家
philosophy [fiˈlɔsəfi]	n.	哲学,哲理;人生观,价值观,世界观
phone [fəun]	n.	(telephone)电话,电话机,耳机 v. 打电话
photo [ˈfəutəu] /photograph [ˈfəutəgrɑːf, -græf]	n.	照片
phrase [freiz]	n.	短语,词语,习语
physical [ˈfizikəl]	a.	物质的;肉体的,身体的;自然科学的,物理的
physician [fiˈziʃən]	n.	内科医生
physicist [ˈfizisist]	n.	物理学家
physics [ˈfiziks]	n.	物理(学)
physiology [ˌfiziˈɔlədʒi]	n.	生理学
piano [piˈɑːnəu, ˈpjɑː-]	n.	钢琴
pick [pik]	v.	拾,采,摘;挑选,选择 n. 镐,鹤嘴锄
pickup [ˈpikʌp]	n.	拾起,获得
picnic [ˈpiknik]	n.	野餐 v. (去)野餐
picture [ˈpiktʃə]	n.	画,图片;影片;美景 v. 画,描述,想象
pie [pai]	n.	馅饼
piece [piːs]	n.	(一)件/片/篇;碎片 v. (together)拼合,拼凑
pierce [piəs]	v.	刺穿,刺破
pig [pig]	n.	猪,猪肉;猪一般的人(指肮脏,贪吃的人)
pigeon [ˈpidʒin]	n.	鸽
pile [pail]	n.	堆,大量,大数目 v. (up)堆,叠,堆积
pilgrim [ˈpilgrim]		(在国外)旅游者;朝圣者;最初的移民
pill [pil]	n.	药丸
pillar [ˈpilə]	n.	柱,台柱,栋梁
pillow [ˈpiləu]	n.	枕头
pilot [ˈpailət]	n.	飞行员;领港员 v. 驾驶(飞机等);领航,引水
pin [pin]	n.	钉;大头针,别针,徽章 v. (up)钉住,别住
pinch [pintʃ]	v.	捏,掐,拧 n. 捏,掐;(一)撮,微量
pine [pain]	n.	松树
pink [piŋk]	n.	粉红色 a. 粉红色的

pint [paint]	n.	品脱
pioneer [ˌpaiə'niə]	n.	先驱,倡导者,开拓者
pipe [paip]	n.	管子,导管;烟斗;笛
pirate ['paiərət]	n./v.	海盗,盗版(者)
pistol ['pistl]	n.	手枪
piston ['pistən]	n.	活塞
pit [pit]	n.	坑,陷阱;煤矿,矿井
pitch [pitʃ]	n.	沥青;掷 v. 用沥青覆盖;投掷,扔
pity ['piti]	v.	(觉得)可怜,惋惜 n. 憾事,怜悯
place [pleis]	n.	地方;名次;地位;寓所 v. 安排;放置;投(资)
plague [pleig]	n.	瘟疫,灾害;麻烦,苦恼 vt. 折磨,使苦恼
plain [plein]	a.	明白的;朴素的;坦率的;平凡的,普通的 n. 平原,旷野
plan [plæn]	n.	计划,规划;平面图,设计图 v. 计划
plane [plein]	n.	飞机;平面,水平面
planet ['plænit]	n.	行星
plant [plɑːnt]	n.	植物,作物;工厂;装置 v. 栽种,播种,栽培
plantation [plæn'teiʃən]	n.	种植园
plaster ['plɑːstə]	n.	灰泥;熟石膏;膏药
plastic ['plæstik, plɑːstik]	n.	(常 pl.)塑料,塑料制品 a. 可塑的,塑性的
plate [pleit]	n.	金属板,片;盘子,盆子;板,钢板 v. 镀,电镀
plateau ['plætəu, plæ'təu]	n.	高原,平稳状态(时期)
platform ['plætfɔːm]	n.	平台,台;站台,月台;政纲,党纲
plausible ['plɔːzəbl]	a.	似是而非的,似乎合理的,似乎可信的
play [plei]	v.	玩,做游戏;参加比赛;演奏,扮演 n. 游戏;玩耍;剧本
playground ['pleigraund]	n.	运动场,游戏场
plea [pliː]	n.	(法律)抗辩;请求,恳求,托词,口实
plead [pliːd]	v.	恳求,请求;为……辩护;提出……为理由
pleasant ['plezənt]	a.	令人愉快的
please [pliːz]	v.	请;使愉快,使满意;喜欢,愿意
pleasure ['pleʒə]	n.	愉快,快乐;乐事,乐趣
pledge [pledʒ]	n.	誓约;保证 v. 发誓;保证
plentiful ['plentiful]	a.	富裕的,丰富的
plenty ['plenti]	n.	丰富,大量
plight [plait]	n.	情况,状态,困境,盟誓(婚姻) v. 保证,约定
plot [plɔt]	n.	秘密计划;情节;小块土地 v. 标绘,绘制,密谋,策划

plow/plough [plau]	n.	犁,耕地,犁过的地 v. 犁,费力地前进
plug [plʌg]	n.	塞子,插头 v. 堵,塞,插上,插栓;(俚)借反复宣传使(某事物)为大众所知;为……作宣传
plumber ['plʌmbə]	n.	(装修水管的)管子工
plunge [plʌndʒ]	v.	(into)(使)投入,(使)插进,陷入;猛冲
plural ['pluərəl]	a.	复数的 n. 复数
plus [plʌs]	prep.	加上 a. 正的,加的 n. 加号,正号
pneumonia [nju(:)'məunjə]	n.	肺炎
pocket ['pɔkit]	n.	衣袋,小袋 a. 袖珍的,小型的 v. 把……装入袋内
poem ['pəuim]	n.	诗
poet ['pəuit, 'pəuet]	n.	诗人
poetry ['pəuitri, 'pəuetri]	n.	诗歌,诗集
point [pɔint]	n.	尖;点;条款;分数,得分;论点 v. (at,to)指,指向,表明
poison ['pɔizn]	n.	毒物,毒药 v. 放毒,毒害,污染
poisonous ['pɔiznəs]	a.	有毒的
poke [pəuk]	n.	刺,戳;懒汉;袋子 v. 戳,刺,伸出;刺探;闲荡
polar ['pəulə]	a.	两极的,极地的,南辕北辙的 n. 极线,极面
pole [pəul]	n.	柱,杆;地极,磁极,电极
police [pə'li:s]	n.	警察,警察机关
policeman [pə'li:smən]	n.	警察
policy ['pɔləsi]	n.	政策,方针
polish ['pɔliʃ]	v.	磨光,擦亮;使优美,润饰 n. 擦光剂,上光蜡
polite [pə'lait]	a.	有礼貌的,客气的;有教养的,文雅的
political [pə'litikəl]	a.	政治的
politician [pɔli'tiʃən]	n.	政治家,政客
politics ['pɔlitiks]	n.	政治,政治学;政纲,政见
poll [pəul]	n.	民意测验;(pl.)政治选举 v. 获得……选票;对……进行民意测验
pollute [pə'lu:t, -'lju:t]	v.	弄脏,污染
pollution [pə'lu:ʃən, -'lju:-]	n.	污染
pond [pɔnd]	n.	池塘
ponder ['pɔndə]	v.	沉思,考虑
pool [pu:l]	n.	水池,游泳池;合资经营 v. 合伙经营,联营
poor [puə]	a.	贫困的;可怜的;贫乏的;贫瘠的;低劣的
pop [pɔp]	a.	流行的 n. (发出)砰的一声 v. 突然出现,发生
pope [pu:p]	n.	罗马教皇,主教;大腿上要害部位

popular [ˈpɔpjulə]	a.	流行的,通俗的,大众的;广受欢迎的
population [ˌpɔpjuˈleiʃən]	n.	人口,(全体)居民
porcelain [ˈpɔːslin, -lein]	n.	瓷器　a. 精制的,瓷器的
porch [pɔːtʃ]	n.	门廊,入口处
pork [pɔːk]	n.	猪肉
port [pɔːt]	n.	港口
portable [ˈpɔːtəbl]	a.	轻便的,手提(式)的,可移动的
porter [ˈpɔːtə]	n.	守门人,门房;行李搬运工
portion [ˈpɔːʃən]	n.	一部分,一份
portrait [ˈpɔːtrit]	n.	肖像,画像
portray [pɔːˈtrei]	v.	描写,描述;画(人物、景象等)
pose [pəuz]	n.	姿势,姿态　v. 造成(困难等),提出(问题等),陈述(观点等);摆姿势,佯装,冒充
position [pəˈziʃən]	n.	位置;职位;姿势,姿态;见解,立场,形势
positive [ˈpɔzətiv]	n.	(摄影)正片　a. 肯定的,积极的,绝对的,无疑的,正的,阳性的,确实的,明确的
possess [pəˈzes]	v.	占有,拥有
possession [pəˈzeʃən]	n.	持有,拥有;所有权;所有物;(pl.)财产,财富
possibility [ˌpɔsiˈbiliti]	n.	可能,可能性;可能的事,希望
possible [ˈpɔsəbl]	a.	可能的,做得到的;合理的;可允许的
possibly [ˈpɔsəbli]	ad.	可能地,也许;无论如何
post [pəust]	v.	贴出;公告;投寄　n. (支)柱;邮政,邮寄;职位,岗位,哨所
postage [ˈpəustidʒ]	n.	邮费,邮资
postcard [ˈpəustkɑːd]	n.	明信片
poster [ˈpəustə]	n.	海报,张贴的大幅广告
postman [ˈpəustmən]	n.	邮递员
postpone [pəustˈpəun]	v.	推迟,延期
posture [ˈpɔstʃə]	n.	姿势,姿态,心态,态度　v. 作出某种姿势
pot [pɔt]	n.	罐,壶
potato [pəˈteitəu]	n.	马铃薯,土豆
potential [pəˈtenʃ(ə)l]	a.	潜在的,可能的;势的,位的　n. 潜能,潜力
poultry [ˈpəultri]	n.	家禽
pound [paund]	n.	磅;英镑　v. (连续)猛击,(猛烈)敲打,捣碎
pour [pɔː, pɔə]	v.	灌注,倾泻,涌入,流,倾盆大雨
poverty [ˈpɔvəti]	n.	贫穷,贫困
powder [ˈpaudə]	n.	粉末,药粉;火药,炸药

power ['pauə]	n.	力,精力;功率,电力;(数学)幂;权力,势力
powerful ['pauəful]	a.	强大的,有力的,有权的
practical ['præktikəl]	a.	实际的,实用的
practically ['præktikəli]	ad.	几乎,实际上,简直
practice ['præktis]	n.	练习,实践,实际,业务,惯例,习惯
practise ['præktis]	v.	练习,实习;实践;实行;使……练习,训练;业务,开业
practitioner [præk'tiʃənə]	n.	实践者,从事者;(医生或律师等)开业者
praise [preiz]	v.	赞扬,歌颂;表扬 n. 称赞,赞美;赞美的话
pray [prei]	v.	请求,恳求,祈祷,祈求
prayer [prεə]	n.	祈祷,祷告,祷文
preach [pri:tʃ]	v.	宣讲(教义),布道;竭力鼓吹,宣传;说教,讲道
precaution [pri'kɔ:ʃən]	n.	预防,谨慎,警惕
precede [pri(:)'si:d]	v.	领先(于),在(……之前);优先,先于
precedent [pri'si:dənt]	n.	先例
preceding [pri(:)'si:diŋ]	a.	在前的,在先的
precious ['preʃəs]	a.	珍贵的,贵重的
precise [pri'sais]	a.	精确的,准确的
precision [pri'siʒən]	n.	精确,精确度
preclude [pri'klu:d]	v.	排除,阻止,妨碍
predecessor ['pri:disesə]	n.	前辈,前任
predict [pri'dikt]	v.	预言,预测,预告
predominant [pri'dɔminənt]	a.	(over)占优势的;主要的,突出的
preface ['prefis]	n.	序言,引言,前言 v. 作序,写前言
prefer [pri'fə:]	v.	(to)更喜欢,宁愿
preferable ['prefərəbl]	a.	(to)更可取的,更好的
preference ['prefərəns]	n.	(for,to)偏爱,喜爱;优惠;优先选择
pregnant ['pregnənt]	a.	怀孕的,孕育的,充满的,意味深长的
prejudice ['predʒudis]	n.	偏见,成见;损害,侵害 v. 使抱偏见,损害
preliminary [pri'liminəri]	a.	预备的,初步的
premier ['premjə, -miə]	n.	首相,总理
premise ['premis]	n.	前提 v. 提论,预述,假定
premium ['primjəm]	n.	额外费用,奖金,奖赏,保险费
preparation [ˌprepə'reiʃən]	n.	准备,预备;制剂,制备品
prepare [pri'pεə]	v.	准备,预备
preposition [ˌprepə'ziʃən]	n.	介词
prescribe [pris'kraib]	v.	指示,规定;处(方),开(药)

prescription [pri'skripʃən]	n.	药方,处方
presence ['prezns]	n.	出席,到场,存在,在
present [pri'zent]	a.	出席的,现在的　n. 现在,礼物　v. 赠送;提出;呈献;介绍,陈述
presently ['prezəntli]	ad.	一会儿,不久;现在,目前
preserve [pri'zə:v]	v.	保护,维持;保存,保藏;腌渍
preside [pri'zaid]	v.	(at,over)主持
president ['prezidənt]	n.	总统,校长,会长,主席
press [pres]	v.	压;压榨;紧迫,催促　n. 报刊,通讯社;压榨机,压力机;压,揿,按
pressure ['preʃə(r)]	n.	压,压力,压迫,强制,紧迫,困苦,困难;压强
prestige [pres'ti:ʒ, -'ti:dʒ]	n.	声望,威望,威信
presumably [pri'zju:məbəli]	ad.	推测起来,大概
presume [pri'zju:m]	v.	假定,假设,认为;揣测
pretend [pri'tend]	v.	假装,假托
pretext ['pri:tekst]	n.	借口,托词
pretty ['priti]	ad.	相当,很　a. 漂亮的,俊俏的,标致的
prevail [pri'veil]	v.	(over,against)取胜,占优势;流行,盛行
prevalent ['prevələnt]	a.	流行的,普遍的
prevent [pri'vent]	v.	(from)预防,防止,阻止,制止,妨碍
previous ['pri:vjəs]	a.	先前的,以前的;(to)在……之前
prey [prei]	n.	被掠食者,牺牲者,掠食　v. 捕食,掠夺,折磨
price [prais]	n.	价格,价钱;代价　v. 标价
prick [prik]	n./v.	刺伤,刺痛,刺孔
pride [praid]	n.	自豪;自满;引以自豪的东西　v. 使自豪,使自夸
priest [pri:st]	n.	教士,神父
primary ['praiməri]	a.	最初的,初级的;首要的,主要的,基本的
prime [praim]	a.	首要的;最好的,第一流的　n. 青春,全盛期,青壮年时期
primitive ['primitiv]	a.	原始的,远古的,早期的;粗糙的,简单的
prince [prins]	n.	王子,亲王
princess [prin'ses, 'prinses]	n.	公主,王妃
principal ['prinsəp(ə)l, -sip-]	a.	最重要的,主要的　n. 负责人,校长;资本,本金
principle ['prinsəpl]	n.	原理,原则;主义,信念
print [print]	n.	印刷,印刷品,字体　v. 印刷,出版;洗印
prior ['praiə]	a./ad.	优先的,在前的;(to)在……之前
priority [prai'ɔriti]	n.	先,前;优先,重点,优先权

prison [ˈprizn]	n.	监狱
prisoner [ˈpriznə]	n.	囚犯
privacy [ˈpraivəsi]	n.	(不受干扰的)独处;自由;隐私;私生活
private [ˈpraivit]	a.	私人的,个人的,秘密的,私下的
privilege [ˈprivəlidʒ]	n.	特权,优惠,特许 v. 给予优惠,给予特权
prize [praiz]	n.	奖赏,奖金,奖品 v. 珍视,珍惜
probability [ˌprɔbəˈbiliti]	n.	可能性,或然性,概率
probable [ˈprɔbəbl]	a.	很可能的,大概的;有希望的,可能的
probe [prəub]	n.	探针,探测器 v.(以探针等)探查,穿刺,查究
problem [ˈprɔbləm]	n.	问题,疑难问题;思考题,讨论题
procedure [prəˈsiːdʒə]	n.	程序,手续,步骤
proceed [prəˈsiːd]	v.	进行,继续下去;发生
proceeding [prəˈsiːdiŋ]	n.	行动,进行,(pl.)会议录,学报
process [prəˈses]	n.	过程,进程;工序,制作法;工艺 v. 加工,处理
procession [prəˈseʃən, prəu-]	n.	队伍,行列
proclaim [prəˈkleim]	v.	宣告,声明
produce [prəˈdjuːs]	v.	生产,制造;显示;演出;导致 n. 产品,农产品
product [ˈprɔdəkt]	n.	产品,产物;乘积
production [prəˈdʌkʃən]	n.	生产;产品,作品;(研究)成果;总产量
productive [prəˈdʌktiv]	a.	生产(性)的,能产的,多产的
productivity [ˌprɔdʌkˈtiviti]	n.	生产率
profession [prəˈfeʃən]	n.	职业,专业
professional [prəˈfeʃənl]	a.	职业的,专门的 n. 自由职业者,专业人员
professor [prəˈfesə]	n.	教授
proficiency [prəˈfiʃənsi]	n.	(in)熟练,精通
profile [ˈprəufail]	n.	侧面(像);轮廓,外形;人物简介
profit [ˈprɔfit]	n.	利润,收益 v.(by,from)得利,获益;有利于
profitable [ˈprɔfitəbəl]	a.	有利可图的,有益的
profound [prəˈfaund]	a.	深刻的,意义深远的;渊博的,造诣深的
programme/program [ˈprəugræm]	n.	节目;计划;规划;程序 v. 编程序
progress [ˈprəugres]	v./n.	进步,进展;前进
progressive [prəˈgresiv]	a.	进步的,先进的;前进的
prohibit [prəˈhibit]	v.	禁止,不准;阻止
project [ˈprɔdʒekt]	n.	方案,工程,项目 v. 投射,放映;设计,规划;(使)凸出,(使)伸出
projector [prəˈdʒektə]	n.	放映机,幻灯机,投影仪
prolong [prəˈlɔŋ]	v.	拉长,延长,拖延

prominent [ˈprɔminənt]	a.	突起的,凸出的;突出的,杰出的
promise [ˈprɔmis]	v.	允许,答应;有……可能　n. 承诺;希望,出息
promising [ˈprɔmisiŋ]	a.	有希望的,有前途的
promote [prəˈməut]	v.	促进,发扬;提升,提拔;增进,助长
prompt [prɔmpt]	a.	敏捷的,迅速的,即刻的　v. 激起,促进,推动
prone [prəun]	a.	倾向于;俯伏的,倾斜的,陡的
pronoun [ˈprəunaun]	n.	代词
pronounce [prəˈnauns]	v.	发……的音;宣布,宣判
pronunciation [prəˌnʌnsiˈeiʃən]	n.	发音,发音方法
proof [pruːf]	n.	证据,证明,校样,样张
propaganda [ˌprɔpəˈgændə]	n.	宣传(机构);(天主教)传道总会
propel [prəˈpel]	vt.	推进,推动;激励,驱使
proper [ˈprɔpə]	a.	适合的;合乎体统的;固有的;有礼貌的;本身的
property [ˈprɔpəti]	n.	财产,资产,地产,房地产,所有物;性质,特性
prophet [ˈprɔfit]	n.	预言家;先知;提倡者
proportion [prəˈpɔːʃən]	n.	比例;部分;均衡,相称
proposal [prəˈpəuzəl]	n.	提议,建议;求婚
propose [prəˈpəuz]	v.	提议,建议;提名,推荐;求婚
proposition [ˌprɔpəˈziʃən]	n.	主张,建议;陈述,命题
prose [prəuz]	n.	散文　a. 散文的
prosecute [ˈprɔsikjuːt]	vt.	实行,从事　v. 起诉,告发　vi. 做检察官
prospect [ˈprɔspekt]	n.	景色;前景,前途,展望
prospective [prəsˈpektiv]	a.	预期的
prosper [ˈprɔspə]	v.	成功,兴隆,昌盛,使成功,使昌隆,繁荣
prosperity [prɔsˈperiti]	n.	繁荣,兴旺
prosperous [ˈprɔspərəs]	a.	繁荣的,兴旺的;茂盛的;顺利的
protect [prəˈtekt]	v.	(from)保护,保卫
protein [ˈprəutiːn]	n.	蛋白质
protest [prəˈtest]	v./n.	主张,断言,抗议,反对
prototype [ˈprəutətaip]	n.	原型;典型,范例
proud [praud]	a.	(of)自豪的;引以自豪的;妄自尊大的;得意的;骄傲的
prove [pruːv]	v.	证明,证实;检验;考验;鉴定;结果是,表明是
provide [prəˈvaid]	v.	(with,for)供应,供给
provided [prəˈvaidid]	conj.	倘若,只要,假如
province [ˈprɔvins]	n.	省;领域,范围,本分
provision [prəˈviʒən]	n.	供应,(一批)供应品;预备;条款;(pl.)给养,口粮

provoke [prə'vəuk]	v.	挑动;激发;招惹
prudent ['pru:dənt]	a.	谨慎的;智慧的;稳健的;节俭的
psychiatry [sai'kaiətri]	n.	精神病学,精神病疗法
psychology [sai'kɔlədʒi]	n.	心理,心理学,心理状态
pub [pʌb]	n.	[英]小酒店;小旅馆
public ['pʌblik]	a.	公共的,公用的;公开的,公然的 n. 公众,民众
publication [,pʌbli'keiʃən]	n.	出版物;出版,发行;公布,发表
publicity [pʌb'lisiti]	n.	公开,宣传;广告,推销;公众的注意,名声
publish ['pʌbliʃ]	v.	出版,刊印;公布,发布
puff [pʌf]	n.	一阵,一股(气味等);喘息;吹嘘 v. 喘息,鼓吹
pull [pul]	v.	拉,拖 n. 拉,拖;拉力,牵引力
pulse [pʌls]	n.	脉搏,脉冲
pump [pʌmp]	n.	泵 v. 用(泵)抽(水);打气,泵送
punch [pʌntʃ]	n.	冲压机,冲床;穿孔机 v. 冲压,穿孔
punctual ['pʌŋktjuəl]	a.	严守时刻的,准时的,正点的
punish ['pʌniʃ]	v.	惩罚,处罚
pupil ['pju:pl, 'pju:pil]	n.	学生,小学生;瞳孔
puppet ['pʌpit]	n.	木偶,傀儡
purchase ['pə:tʃəs]	v.	买,购买 n. 购买的物品
pure [pjuə]	a.	纯的,纯洁的;纯理论的,抽象的;完全的,十足的
purify ['pjuərifai]	v.	使纯净,提纯
purple ['pə:pl]	a.	紫的 n. 紫色
purpose ['pə:pəs]	n.	目的,意图;用途,效果
purse [pə:s]	n.	钱包
pursue [pə'sju:]	v.	追赶,追踪;继续,从事
pursuit [pə'sju:t]	n.	追赶,追求;职业,工作
push [puʃ]	v.	推;催逼,逼迫 n. 推,推力;促进,推进
put [pʌt]	vt.	放,搁,置;表达;使处于……状态,记下,写下,叙述
puzzle ['pʌzl]	n.	难题,谜,迷惑 v. (使)迷惑,(使)为难
pyramid ['pirəmid]	n.	金字塔

Q

qualification [,kwɔlifi'keiʃən]	n.	资格,合格;限定,条件;合格证
qualify ['kwɔlifai]	v.	(使)具有资格,证明合格;限制,限定;修饰
qualitative ['kwɔlitətiv]	a.	性质上的,定性的
quality ['kwɔliti]	n.	质量,品质,特性
quantify ['kwɔntifai]	v.	确定数量

quantitative ['kwɔntitətiv]	a.	数量的,定量的
quantity ['kwɔntiti]	n.	量,数量;大量
quarrel ['kwɔrəl]	v.	(about,over)争吵,争论　n. 争吵,争吵的原因
quart [kɑ:t]	n.	夸脱
quarter ['kwɔ:tə]	n.	四分之一;季;一刻钟;(pl.)方向,地区,方面;(pl.)住处
quarterly ['kwɔ:təli]	a.	每季的　ad. 每季一次　n. 季刊
quartz [kwɔ:ts]	n.	石英
queen [kwi:n]	n.	女王,皇后,王后
queer [kwiə]	a.	奇怪的,古怪的
quench [kwentʃ]	v.	熄灭,扑灭;压制,抑制;止渴
quest [kwest]	n.	探寻,探求;寻求,追求
question ['kwestʃən]	n.	问题;询问　v. 询问;怀疑,对……表示疑问
questionnaire [ˌkwestiə'nɛə, -tʃə-]	n.	调查表,问卷
queue [kju:]	n.	行列,长队　v. (up)排队,排队等待
quick [kwik]	a.	快的;灵敏的,伶俐的;敏锐的,性急的　ad. 快,迅速地
quiet ['kwaiət]	a.	安静的,平静的　n. 安静　v. 使安静,平静
quilt [kwilt]	n.	被子
quit [kwit]	v.	离开,退出;停止,放弃,辞职
quite [kwait]	ad.	十分,完全;相当,颇,的确,真正
quiver ['kwivə]	v./n.	颤抖,抖动
quiz [kwiz]	n.	小型考试,测验,问答比赛
quota ['kwəutə]	n.	(生产、进出口等的)配额,(移民的)限额
quote [kwəut]	v.	引用,援引

R

rabbit ['ræbit]	n.	兔子
race [reis]	n.	赛跑;人种,种族;属,种　v. 赛跑,全速行进
racial ['reiʃəl]	a.	种的,种族的
rack [ræk]	n.	挂物架,搁物架　v. 使痛苦,折磨
racket ['rækit]	n.	球拍
radar ['reidə]	n.	雷达
radiant ['reidjənt]	a.	发光的,辐射的;容光焕发的
radiate ['reidieit]	v.	放射,辐射;散布,传播
radical ['rædikəl]	a.	基本的,重要的;激进的,极端的;根本的
radio ['reidiəu]	n.	收音机;无线电报,无线电话　v. 用无线电通讯

radioactive [ˌreidiəuˈæktiv]	a.	放射性的,放射引起的
radius [ˈreidjəs]	n.	半径,半径范围
rag [ræg]	n.	抹布,破布,碎布
rage [reidʒ]	n.	愤怒
raid [reid]	n./v.	袭击,搜查
rail [reil]	n.	栏杆,围栏;(pl.)铁路;铁轨,横杆,栏杆
railway [ˈreilwei]/railroad [ˈreilrəud]	n.	铁路 v. 由铁道运输
rain [rein]	n.	雨;雨天;下雨 vi. 下雨 vt. 使大量落下
rainbow [ˈreinbəu]	n.	虹
raise [reiz]	v.	举起,提升;增加;饲养;引起;竖起;提出
rake [reik]	n.	耙子,耙机 v. 耙;搜索,探索
rally [ˈræli]	v.	重整,恢复,振作,集合,团结 n. 聚集,集会;公路汽车赛,拉力赛
random [ˈrændəm]	a.	随机的,随意的 n. 随机,随意
range [reindʒ]	n.	范围,领域;排列,连续;(山)脉,炉灶 v. 排列成行
rank [ræŋk]	n.	军衔,社会阶层;排,横列 v. 分等级,把……分类;排列
rap [ræp]	n.	叩击,轻拍,斥责 v. 敲,拍,打,斥责,使着迷
rape [reip]	n./vt.	掠夺,蹂躏,强奸
rapid [ˈræpid]	a.	快,急速的 n. (pl.)急流,湍滩
rare [rɛə]	a.	稀有的,难得的,珍奇的;稀薄的,稀疏的
rarely [ˈrɛəli]	ad.	很少,难得,非常地
rash [ræʃ]	a.	轻率的,鲁莽的 n. 皮疹
rat [ræt]	n.	鼠
rate [reit]	n.	速率;等级;价格,费用 v. 估价;评级,评价
rather [ˈrɑːðə]	ad.	相当,有一点儿;宁愿,宁可
ratio [ˈreiʃiəu]	n.	比,比率
rational [ˈræʃənl]	a.	理性的,合理的
raw [rɔː]	a.	未煮过的,生的;未加工过的;未经训练的
ray [rei]	n.	光线,射线
razor [ˈreizə]	n.	剃刀
reach [riːtʃ]	v.	抵达;(out)伸手,够到 n. 能达到的范围
react [riˈækt]	v.	反应,起作用;(against)反对,起反作用
read [riːd]	v.	朗读,阅读 vt. 辨认,观察 vi. 读到,获悉
reader [ˈriːdə]	n.	读者;读本,读物
readily [ˈredili]	ad.	容易地,乐意地,欣然地
reading [ˈriːdiŋ]	n.	读书;读物;(仪表等的)读数;阅读

ready ['redi]	a.	(for)准备好的,现成的;甘心的
real ['ri:əl]	a.	真的,真实的;实际的,现实的
realise/realize ['riəlaiz]	v.	认识到,体会到;实现
realistic [riə'listik]	a.	现实(主义)的
reality [ri(:)'æliti]	n.	现实,实际;真实
really ['riəli]	ad.	确实,实在,真正地,果然
realm [relm]	n.	王国,国土;领域
reap [ri:p]	v.	收割,收获
rear [riə]	n.	后面,背后,后方　v. 饲养,抚养,栽培;举起　a. 后方/部的;背后的
reason ['ri:zn]	n.	原因;理性,理智　v. 推理;说服,辩论,讨论
reasonable ['ri:znəbl]	a.	合理的,有道理的;通情达理的;适度的
reassure [ri:ə'ʃuə]	v.	使安心,使放心;使消除疑虑
rebel ['rebəl , ribel]	v.	反抗,反叛,起义　n. 叛逆者,起义者
rebellion [ri'beljən]	n.	叛乱,反抗,起义
recall [ri'kɔ:l]	v.	回忆,回想;撤销,收回
recede [ri'si:d]	v.	退回,后退;收回,撤回;跌落,缩减,贬值
receipt [ri'si:t]	n.	收据,收条;收到,接到
receive [ri'si:v]	v.	收到,接到;遭受,受到;接待,接见
recent ['ri:snt]	a.	新近的,近来的
reception [ri'sepʃən]	n.	接待,招待会;接收,接受,接收效果
recipe ['resipi]	n.	烹饪法,食谱;诀窍,方法
recipient [ri'sipiənt]	a.	接受的,感受性强的　n. 接受者,感受者,容器
reciprocal [ri'siprəkəl]	a.	相互的,往复的,互利的
recite [ri'sait]	v.	背诵,朗诵
reckless ['reklis]	a.	不注意的,大意的,鲁莽的,不顾后果的
reckon ['rekən]	v.	计算,总计,估计,猜想,依赖
reclaim [ri'kleim]	v.	要求归还,收回;开垦
recognise/recognize ['rekəgnaiz]	v.	认出,承认,公认,赏识,表扬
recognition [ˌrekəg'niʃən]	n.	认出,辨认;承认
recollect [ˌrekə'lekt]	v.	回忆,想起,记起,忆起,记得
recommend [rekə'mend]	v.	推荐,介绍;劝告,建议
reconcile ['rekənsail]	v.	使和好,调解,使调和;(to,with)使一致
record ['rekɔ:d]	n.	记录;最高记录;履历;唱片　v. 记录,录音
recorder [ri'kɔ:də]	n.	记录员;录音机
recover [ri'kʌvə]	v.	收回;(from)恢复,痊愈;重新获得
recovery [ri'kʌvəri]	n.	痊愈,复元;重获,恢复

recreation [ˌrekri'eiʃ(ə)n]	n.	娱乐,消遣
recruit [ri'kru:t]	v.	征募(新兵),吸收;补充 n. 新成员,新兵
rectangle ['rektæŋgl]	n.	[数]矩形,长方形
rectify ['rektifai]	v.	纠正,整顿
recur [ri'kə:]	v.	(尤指不好的事)一再发生;重现
recycle ['ri:'saikl]	v./n.	再循环,重复利用
red [red]	a.	红的,红色的 n. 红色;红色颜料
reduce [ri'dju:s]	v.	减少,缩小;简化,还原
reduction [ri'dʌkʃən]	n.	减小,减少,缩小
redundant [ri'dʌndənt]	a.	多余的,过剩的;(食物)丰富的;被解雇的
reed [ri:d]	n.	芦苇,苇丛;芦笛,牧笛
reel [ri:l]	n.	卷筒,线轴 v. 卷,绕;蹒跚
refer [ri'fə:]	v.	参考,查询;(to)提到,引用,涉及;提交,上呈
reference ['refrəns]	n.	提及,涉及;参考,参考书目;证明书(人);介绍(人)
refine [ri'fain]	v.	精炼,精制,提纯;使文雅,使高尚
reflect [ri'flekt]	v.	反射,反映,表现,反省,考虑
reflexion ['ri:fleks] /reflection [ri'flekʃən]	n.	映像,倒影;反省,沉思
reform [ri'fɔ:m]	v./n.	改革,改造,改良
refrain [ri'frein]	v.	节制,避免,制止
refresh [ri'freʃ]	v.	(使)精神振作,(使)精力恢复
refreshment [ri'freʃmənt]	n.	(pl.)点心,饮料;精力恢复,爽快
refuge ['refju:dʒ]	n.	避难处,藏身处
refugee [ˌrefju(:)'dʒi:]	n.	(政治上的)避难者,难民
refund [ri:'fʌnd]	n.	归还,偿还额,退款 v. 退还,偿还,偿付
refusal [ri'fju:zəl]	n.	拒绝,回绝
refuse [ri'fju:z]	v.	拒绝,谢绝 n. 废物,垃圾
refute [ri'fju:t]	v.	反驳,驳斥
regard [ri'gɑ:d]	v.	(as)把……看作为;考虑,注视 n. (pl.)敬重,问候,敬意
regarding [ri'gɑ:diŋ]	prep.	关于,有关
regardless [ri'gɑ:dlis]	a./ad.	(of)不管……的,不顾……的,不注意的,不留心的
regime [rei'ʒi:m]	n.	政体,制度
region ['ri:dʒən]	n.	地区,地带;行政区;(科学等)领域,范围
register ['redʒistə]	n./v.	登记,注册 v. (仪表等)指示,自动记下,(邮件)挂号

regret [ri'gret]	v./n.	遗憾,懊悔,抱歉
regular ['regjulə]	a.	有规律的;整齐的,匀称的;正规的,正式的
regulate ['regjuleit]	v.	管制,控制;调节,校准;调整
regulation [ˌregju'leiʃən]	n.	规则,规章;调节,校准;调整
rehearsal [ri'həːsəl]	n.	排练,排演,演习,预演,试演
reign [rein]	n./v.	(over)统治,支配,盛行　n. 统治时期;朝代
	v.	占优势
rein [rein]	n.	缰绳,统治,支配　v. 驾驭,控制,统治
reinforce [ˌriːin'fɔːs]	v.	增援,加强
reject [ri'dʒekt]	v.	拒绝,抵制,丢弃;排斥,退掉　n. 落选者
rejoice [ri'dʒɔis]	v.	(使)欣喜,(使)高兴
relate [ri'leit]	v.	叙述,讲述;使互相关联
relation [ri'leiʃən]	n.	关系,联系;亲属,亲戚
relationship [ri'leiʃənʃip]	n.	关系,联系
relative ['relətiv]	a.	(to)相对的,比较的,有关系的　n. 亲戚;关系词
relativity [ˌrelə'tiviti]	n.	相关(性);相对论
relax [ri'læks]	v.	(使)松弛,放松
relay ['riːlei]	v.	中继,转播,接力　n. 接替人员,替班
release [ri'liːs]	v.	释放,解放;发表,发行　n. 释放,豁免,放松
relevant ['relivənt]	a.	(to)有关的,相应的;中肯的;实质性的,有重大意义的
reliable [ri'laiəbl]	a.	可靠的,可信赖的
reliance [ri'laiəns]	n.	信任,信心,依靠,依靠的人或物
relief [ri'liːf]	n.	(痛苦等)减轻,解除,援救,救济
relieve [ri'liːv]	v.	(of)减轻,解除;援救,救济;换班,换岗
religion [ri'lidʒən]	n.	宗教,信仰;信念,信条
religious [ri'lidʒəs]	a.	宗教的,信教的,虔诚的
relish ['reliʃ]	n.	美味,味道,调味品,食欲,乐趣　v. 喜欢,品味
reluctant [ri'lʌktənt]	a.	不愿的,勉强的
rely [ri'lai]	v.	(on)依赖,依靠;信赖,信任
remain [ri'mein]	v.	剩下,余留;留待,尚须;仍然是,依旧是
remainder [ri'meində]	n.	剩余物,剩下的;余数,余项
remains [ri'meins]	n.	(pl.)剩余,残余,遗迹
remark [ri'maːk]	n.	(about,on)评语,意见　v. (on)评论;注意到,察觉
remarkable [ri'maːkəbl]	a.	值得注意的;显著的,异常的,非凡的
remedy ['remədi]	n.	药品;治疗措施,补救办法　v. 治疗,医治;纠正,补救
remember [ri'membə]	v.	记住;(to)转达问候,代……致意,代……问好

remind [ri'maind]	v.	(of)提醒,使想起
remnant ['remnənt]	n.	剩余(物),零料,遗迹(风) a. 剩余的,残留的
remote [ri'məut]	a.	远的,遥远的;疏远的;偏僻的;细微的
removal [ri'mu:vəl]	n.	移动,迁居,除去
remove [ri'mu:v]	v.	移动;脱掉;调动;免职
renaissance [rə'neisəns]	n.	[the R-]文艺复兴(时期);新生,复兴
render ['rendə]	v.	使得,致使;提出,提供,呈报
renew [ri'nju:]	v.	(使)更新,恢复,重新开始,继续
renovate ['renəveit]	v.	更新,修复
rent [rent]	v.	租,租赁 n. 租金
repair [ri'pɛə]	n.	修理,修补 v. 补救,纠正;修理
repay [ri(:)'pei]	v.	偿还;报答
repeat [ri'pi:t]	v.	重复,重说,重做 n. 重复
repeatedly [ri'pi:tidli]	ad.	重复地,再三地
repel [ri'pel]	v.	击退,抵制;使厌恶,使不愉快;拒绝,排斥
repertoire ['repətwɑ:]	n.	节目,全部剧目,保留剧目,全部技能
repetition [,repi'tiʃən]	n.	重复,反复
replace [ri(:)'pleis]	vt.	取代,替换,代替;把……放回原处
replacement [ri'pleismənt]	n.	取代,替换,替换物,代替物
reply [ri'plai]	v./n.	(to)回答,答复,以……作答
report [ri'pɔ:t]	n./v.	报告,汇报;传说,传闻
reporter [ri'pɔ:tə]	n.	报告人,通讯员;记者,报道者
represent [,re:pri'zent]	v.	描述,表示;代表,代理;阐明,说明
representative [,repri'zentətiv]	n.	代表,代理人 a. (of)典型的,有代表性的
repression [ri'preʃən]	n.	压抑,压制;镇压
reproach [ri'prəutʃ]	v./n.	责备,指责
reproduce [,ri:prə'dju:s]	v.	生殖;翻版;繁殖;复制,仿造
reptile ['reptail]	n.	爬行动物
republic [ri'pʌblik]	n.	共和国,共和政体
republican [ri'pʌblikən]	a.	共和的
reputation [,repju(:)'teiʃən]	n.	名誉,名声,声望
request [ri'kwest]	v./n.	请求,要求
require [ri'kwaiə]	v.	需要;(of)要求,命令
requirement [ri'kwaiəmənt]	n.	(for)需要,需要的东西,要求
rescue ['reskju:]	v./n.	营救,援救
research [ri'sə:tʃ]	v./n.	(into,on)研究,调查
resemblance [ri'zembləns]	n.	相似,相似性(点,物)

resemble [ri'zembl]	v.	像,类似
resent [ri'zent]	v.	对……表示忿恨,怨恨
reservation [ˌrezə'veiʃən]	n.	保留,保留意见;预定,预订
reserve [ri'zə:v]	n.	储备(物),储备金;缄默,谨慎;保留 v. 保留,储备;预定,预约
reservoir ['rezəvwɑ:]	n.	水库,蓄水池
residence ['rezidəns]	n.	住处,住宅
resident ['rezidənt]	n.	居民,常住者 a. 居住的
resign [ri'zain]	v.	辞去,辞职
resist [ri'zist]	v.	抵抗,反抗;抗,忍得住,抵制
resistance [ri'zistəns]	n.	(to)抵抗,反抗;抵抗力,阻力;电阻
resistant [ri'zistənt]	a.	(to)抵抗的,有抵抗力的
resolute ['rezəlu:t]	a.	坚决的,果断的
resolution [ˌrezə'lu:ʃən]	n.	坚决,决心;决定,决议
resolve [ri'zɔlv]	v.	决心;(使)分解,溶解;决议 n. 解决;决心;决议
resort [ri'zɔ:t]	v.	(to)凭借,求助,诉诸 n. 度假胜地,常去之处;手段
resource [ri'sɔ:s]	n.	(pl.)资源,财力;办法,智谋;应变之才
respect [ris'pekt]	n./v. 尊敬,尊重 n.(pl.)敬意,问候;关系,方面
respective [ris'pektiv]	a.	各自的,各个的
respond [ris'pɔnd]	v.	回答;(to)响应,作出反应
response [ris'pɔns]	n.	回答;响应,反应
responsibility [risˌpɔnsə'biliti]	n.	责任,责任心;职责,任务
responsible [ris'pɔnsəbl]	a.	(for,to)应负责的;可靠的;责任重大的,重要的
rest [rest]	n.	休息,睡眠,停止,静;剩余部分,其余;[the-]其余的人(或物) v. 休息;睡;放,靠,搁
restaurant ['restərɔŋ, -rɔnt]	n.	餐馆,饭店
restless ['restlis]	a.	得不到休息的;不平静的;坐立不安的
restore [ris'tɔ:]	v.	恢复,使回复;归还,交还;修复,重建
restrain [ris'trein]	v.	(from)抑制,制止
restraint [ris'treint]	n.	抑制,制止
restrict [ris'trikt]	v.	限制,约束
result [ri'zʌlt]	n.	结果,成绩 v.(in)结果,致使,导致;(from)由……而造成,起因于
resultant [ri'zʌltənt]	a.	作为结果而发生的;合成的
resume [ri'zju:m]	n.	个人简历 v. 再继续,重新开始;再用;恢复
retail ['ri:teil]	n.	零售
retain [ri'tein]	v.	保持,保留

retention [ri'tenʃən]	n.	保留,保持;保持力,记忆力
retire [ri'taiə]	v.	退休,引退;退却,撤退;就寝
retort [ri'tɔ:t]	n./v.	报复,反击,反驳
retreat [ri'tri:t]	v.	撤退,退却
retrieve [ri'tri:v]	vt.	重新得到,取回;挽回,补救;检索
retrospect ['retrəuspekt]	v./n.	回顾,回想,追溯 [反]foresee
return [ri'tə:n]	v./n.	返回,回来;归还,送还;回答
reveal [ri'vi:l]	v.	展现,显示,揭示,揭露,告诉,泄露
revelation [ˌrevi'leiʃən]	n.	揭示,揭露,显示,启示,新发现,被揭露的事
revenge [ri'vendʒ]	n.	报复,复仇 v. 替……报仇
revenue ['revənju:]	n.	财政收入,税收
reverse [ri'və:s]	n.	相反,反转,颠倒;背面 a. 相反的 v. 颠倒,倒转
review [ri'vju:]	v.	回顾,复习 n. 回顾,复习;评论
revise [ri'vaiz]	v.	修订,校订;修正,修改
revive [ri'vaiv]	v.	恢复;(使)复苏
revolt [ri'vəult]	v./n.	反抗,起义
revolution [ˌrevə'lu:ʃən]	n.	革命;旋转,转数
revolutionary ['revə'lu:ʃənəri]	a.	革命的,革新的 n. 革命者
revolve [ri'vɔlv]	v.	(使)旋转
reward [ri'wɔ:d]	n.	(for)报酬,赏金 v. (for)酬劳;酬谢,报答
rhythm ['riðəm, 'riθəm]	n.	节奏,韵律
rib [rib]	n.	肋骨,肋状物
ribbon ['ribən]	n.	缎带,丝带,带,带状物
rice [rais]	n.	稻,米
rich [ritʃ]	a.	富的,有钱的;富饶的;(in)充足的,丰富的
rid [rid]	v.	(of)使摆脱,使去掉
riddle ['ridl]	n.	谜,谜语
ride [raid]	v./n.	骑,乘
ridge [ridʒ]	n.	岭,山脉;屋脊;鼻梁
ridiculous [ri'dikjuləs]	a.	荒谬的,可笑的
rifle ['raifl]	n.	步枪
right [rait]	a.	右的,正确的,合适的,恰当的;正常的,健康的;直角的,直的 n. 右,权利 ad. 在右边;正确地,对,不错;直接地,径直地;正好,完全
rigid ['ridʒid]	a.	刚性的;刻板的;严厉的
rigorous ['rigərəs]	a.	严格的,严厉的;严酷的;严密的;严谨的
rim [rim]	n.	(圆物的)边,边缘;(眼镜)框;边界

ring [riŋ]	*n.*	戒指;环;铃声;(打)电话　*v.* 按(铃),敲(钟);(up)打电话
riot ['raiət]	*n.*	暴(骚)乱;蔓延;彩色缤纷　*v.* 骚乱,暴动
rip [rip]	*v.*	撕,剥,劈,锯,裂开,撕裂　*n.* 裂口,裂缝
ripe [raip]	*a.*	熟的,成熟的;(for)时机成熟的
rise [raiz]	*v.*	升起;起立;上涨;起义　*n.* 上涨,增高;起源,发生
risk [risk]	*v.*	冒……的危险　*n.* 冒险;风险
ritual ['ritjuəl]	*a.*	宗教仪式的,典礼的　*n.* (宗教)仪式,典礼
rival ['raivəl]	*n.*	竞争者,对手　*v.* 竞争,对抗　*a.* 竞争的
river ['rivə]	*n.*	河流
road [rəud]	*n.*	路,道路,途径
roar [rɔ:]	*n./v.*	吼叫,怒号;轰鸣,咆哮
roast [rəust]	*v.*	烤,炙,烘
rob [rɔb]	*v.*	(of)抢劫,盗取;非法剥夺
robe [rəub]	*n.*	长袍,长衣
robot ['rəubɔt, 'rɔbət]	*n.*	机器人,自动机械
robust [rə'bʌst]	*a.*	强健的,雄壮的;精力充沛的;坚固的;浓的
rock [rɔk]	*n.*	岩石,石块　*v.* 摇,摇动
rocket ['rɔkit]	*n.*	火箭
rod [rɔd]	*n.*	杆,棒
role [rəul]	*n.*	角色;作用,任务;职责
roll [rəul]	*v.*	滚动;使摇摆;卷,卷起;辗,轧　*n.* 卷,卷形物;名单
romance [rə'mæns, rəu-]	*n.*	传奇,爱情故事
romantic [rə'mæntik]	*a.*	浪漫的,传奇式的;不切实际的,好幻想的
roof [ru:f]	*n.*	屋顶,顶
room [ru:m, rum]	*n.*	房间,室,空间,地方;余地
root [ru:t]	*n.*	根,根部;根本,根源　*v.* (使)生根,(使)扎根
rope [rəup]	*n.*	绳,索
rose [rəuz]	*n.*	玫瑰,蔷薇
rot [rɔt]	*v.*	(使)腐烂,(使)腐败,腐朽
rotary ['rəutəri]	*a.*	旋转的
rotate [rəu'teit]	*v.*	(使)旋转
rotten ['rɔtn]	*a.*	腐烂的,腐朽的
rough [rʌf]	*a.*	粗糙的;粗略的,大致的;粗野的,粗暴的
round [raund]	*a.*	圆的　*prep.* 围绕　*ad.* 在周围　*v.* 绕行,使成圆形,弄圆　*n.* (一)回合,(一)场,(一)圈,(一)周,巡回

roundabout [ˈraundəbaut]	a.	迂回的,转弯抹角的 *n.* 环状交叉路口
rouse [rauz]	*vt./vi.*	唤醒,唤起;激励;激起
route [ruːt]	*n.*	路线,路程
routine [ruːˈtiːn]	*n.*	例行公事,常规 *a.* 常规的,例行的
row [rəu/rau]	*n.*	(一)排,(一)行;吵嚷 *v.* 划(船等),荡桨
royal [ˈrɔiəl]	*a.*	王室的,皇家的;第一流的,高贵的
royalty [ˈrɔiəlti]	*n.*	皇家,皇族
rub [rʌb]	*v.*	擦,摩擦
rubber [ˈrʌbə]	*n.*	橡皮,橡胶;橡胶制品,胶鞋
rubbish [ˈrʌbiʃ]	*n.*	垃圾,废物;废话
ruby [ˈruːbi]	*n.*	红宝石
rude [ruːd]	*a.*	粗鲁的;猛烈的,残暴的;粗糙的,粗陋的
rug [rʌg]	*n.*	(小)地毯;围毯
ruin [ruin; ˈruːin]	*v.*	毁灭;(使)破产;(使)堕落 *n.* 毁灭,崩溃;(*pl.*)废墟,遗迹
rule [ruːl]	*v.*	统治;支配;裁定 *n.* 规章,条例;习惯;统治,管辖
ruler [ˈruːlə]	*n.*	统治者,支配者;尺,直尺
rumour/rumor [ˈruːmə]	*n.*	传闻,谣言
run [rʌn]	*v.*	奔,跑;流,淌;蔓延,伸展;经营;运转,开动;行/驾驶
	n.	运行,运转;普通的形式或种类
rural [ˈruər(ə)l]	*a.*	乡下的,田园的,乡村风味的
rush [rʌʃ]	*v.*	(使)冲;奔 *n.* 冲,急速行进 *a.*(交通)繁忙的
rust [rʌst]	*n.*	铁锈 *v.*(使)生锈
ruthless [ˈruːθlis]	*a.*	残酷的,无情的

S

sack [sæk]	*n.*	袋,包,麻袋 *v.* 解雇
sacred [ˈseikrid]	*a.*	神圣的;宗教的;庄严的
sacrifice [ˈsækrifais]	*n.*	牺牲,牺牲品;祭品 *v.*(for,to)牺牲,献出
sad [sæd]	*a.*	悲哀的,忧愁的
saddle [ˈsædl]	*n.*	鞍,马鞍,鞍状物
safe [seif]	*a.*	安全的,牢靠的;谨慎的,可靠的 *n.* 保险箱
safeguard [ˈseifˌgɑːd]	*v.*	维护,保护,捍卫 *n.* 安全装置,安全措施
safety [ˈseifti]	*n.*	安全,保险;安全设备,保险装置
sail [seil]	*n.*	帆,航行 *v.* 航行
sailor [ˈseilə]	*n.*	水手,海员
saint [seint, sənt]	*n.*	圣人,基督教徒;(S-或 St. 用于人,地名前)圣

sake [seik]	n.	缘故,理由
salad ['sæləd]	n.	色拉,凉拌菜
salary ['sæləri]	n.	薪金,薪水
sale [seil]	n.	出售,上市;贱卖,廉价出售;销售额
salesman ['seilzmən]	n.	售货员,推销员
salt [sɔːlt]	n.	盐,盐类 v. 腌,盐渍
salute [sə'luːt, -'ljuːt]	v./n.	敬礼,鸣礼炮;迎接,欢迎
salvation [sæl'veiʃn]	n.	拯救,救助;救济(者、品),救助工具;救世主
same [seim]	a.	相同的,一样的;上述的,刚才提到的 pron. 相同的人(或物) ad. 同样地
sample ['sæmpl]	n.	样品,实例;标本,抽样检查 v. 取样,采样
sanction ['sæŋkʃən]	n./v.	批准,同意,支持,认可 n. 处罚,制裁
sand [sænd]	n.	沙;(pl.)沙滩,沙地
sandwich ['sænwidʒ, -tʃ]	n.	三明治,夹肉面包 v. 夹入,挤进
sane [sein]	a.	心智健全的,神志清醒的,明智的,稳健的
sarcastic [sɑː'kæstik]	a.	讽刺的
satellite ['sætəlait]	n.	卫星,人造卫星
satire ['sætaiə]	n.	讽刺,讽刺文学,讽刺作品
satisfaction [ˌsætis'fækʃn]	n.	满足,满意;乐事,愉快
satisfactory [ˌsætis'fæktəri]	a.	令人满意的
satisfy ['sætisfai]	v.	满意,使满意;使相信,说服
saturate ['sætʃəreit]	vt.	使湿透,浸透;使充满,使饱和
Saturday ['sætədi]	n.	星期六
sauce [sɔːs]	n.	酱汁,调味汁
saucer ['sɔːsə]	n.	茶托,碟子
sausage ['sɔsidʒ]	n.	香肠,腊肠
savage ['sævidʒ]	a.	野蛮的;未开化的;凶恶的,残暴的 n. 野人,未开化的人
save [seiv]	v.	救,拯救;储蓄,储存;节省
saving ['seiviŋ]	n.	储蓄;(pl.)储蓄金,存款
saw [sɔː]	n.	锯子,锯床 v. 锯,锯开
say [sei]	vt.	说,讲;说明;比如说 vi. 说,发表意见 n. 发言权,意见
scale [skeil]	n.	刻度;天平,磅秤;比例尺;规模;音阶;鱼鳞
scan [skæn]	v.	细看,审视;浏览;扫描 n. 扫描
scandal ['skændl]	n.	丑闻,诽谤;耻辱;流言蜚语;反感,公愤
scar [skɑː]	n.	疤,疤痕;创伤 v. 使留下伤痕,创伤

scarce [skɛəs]	a.	缺乏的,不足的;稀少的,罕见的
scarcely ['skɛəsli]	ad.	几乎不,简直没有,勉强
scare [skɛə]	n.	惊恐,恐慌 v. 惊吓,受惊
scarf [skɑːf]	n.	围巾,头巾
scatter ['skætə]	v.	散开,驱散;散布,散播
scene [siːn]	n.	景色,景象,舞台;(戏)一场
scenery ['siːnəri]	n.	风景,舞台布景
scent [sent]	n.	气味,香味,香水
schedule ['ʃedjuːl; 'skedʒul]	n.	时间表,进度表 v. 安排,预定
scheme [skiːm]	n.	计划,方案;阴谋;配置;安排 v. 计划,策划;阴谋
scholar ['skɔlə]	n.	学者
scholarship ['skɔləʃip]	n.	奖学金;学问,学识
school [skuːl]	n.	学校,(大学里的)学院,系;上学,学业,学派,流派
science ['saiəns]	n.	科学;学科
scientific [saiən'tifik]	a.	科学上的
scientist ['saiəntist]	n.	科学家
scissors ['sizəz]	n.	剪子
scold [skəuld]	v.	责骂,训斥
scope [skəup]	n.	(活动)范围;机会,余地
score [skɔː, skɛə]	n.	得分,分数;二十 v. 得(分),记(……的)分数
scorn [skɔːn]	v./n.	轻蔑,藐视
scout [skaut]	n.	侦察员,侦察机(舰) v. 搜索,侦察
scramble ['skræmbl]	vi.	(快速地)爬,攀登;互相争夺,争先
scrap [skræp]	n.	碎片;废料 v. 废弃,报废
scrape [skreip]	v.	刮(掉);(through)擦过,勉强通过 n. 刮,擦痕;刮擦声
scratch [skrætʃ]	v.	抓,搔,扒 n. 抓,搔,抓痕;起跑线
scream [skriːm]	v./n.	尖声叫,喊叫着说出,(风)呼啸
screen [skriːn]	n.	屏幕,屏风;帘 v. 掩蔽,包庇;筛选
screw [skruː]	n.	螺旋,螺丝(钉) v. 拧,拧紧
script [skript]	n.	剧本(原稿);手稿,原稿;笔迹,手迹
scrutiny ['skruːtini]	n.	周密的调查;仔细看;监视
sculpture ['skʌlptʃə]	n.	雕刻(术),雕塑(术);雕刻作品
sea [siː]	n.	海,海洋;大量
seal [siːl]	n.	封铅,封条;印,图章;海豹 v. 封,密封
seam [siːm]	n.	缝,接缝
search [səːtʃ]	v./n.	(for)搜索,寻找,探查

seaside ['si:said]	*n.*	海滨,海边
season ['si:zn]	*n.*	季,季节,时节
seat [si:t]	*n.*	座位,底座;所在地,场所　*v.* 使坐下
second ['sekənd]	*a.*	第二;次等的,二等的　*n.* 秒　*v.* 赞成,附和
secondary ['sekəndəri]	*a.*	次要的,二级的;中级的,第二的
secret ['si:krit]	*a.*	秘密的,机密的　*n.* 秘密
secretary ['sekrətri]	*n.*	秘书,书记;部长,大臣
section ['sekʃən]	*n.*	章节,部分;地区,部门,科;截面,剖面
sector ['sektə]	*n.*	部门,部分;防御地段,防区;扇形
secure [si'kjuə]	*a.*	(from, against)安全的,放心的　*v.* 得到;防护,保卫
security [si'kjuəriti]	*n.*	安全(感);防御(物);保证(人);(*pl.*)证券
see [si:]	*vt.*	看见;会面;探望;知道,获悉;送行;理解,领会,明白;目睹,经历
seed [si:d]	*n.*	种子　*v.* 播种;结实,结籽
seek [si:k]	*v.*	(after, for)寻找,探索;试图,企图
seem [si:m]	*v.*	好像,似乎
seemingly ['si:miŋli]	*ad.*	外观上,表面上
segment ['segmənt]	*n.*	段,片,节,部分
segregate ['segrigeit]	*vt.*	使……分开,隔离(病患等)
seize [si:z]	*v.*	抓住,逮住;夺取,占领;没收,查封
seldom ['seldəm]	*ad.*	很少,不常
select [si'lekt]	*v.*	选择,挑选　*a.* 精选的,选择的;(指学校,会社等)选择分子严格的;挑剔的
selection [si'lekʃən]	*n.*	选择,挑选;选集,精选物
self [self]	*n.*	(*pl.* selves)自我,自己
selfish ['selfiʃ]	*adj.*	自私的,利己的
sell [sel]	*v.*	卖,出售
semester [si'mestə]	*n.*	学期
semiconductor ['semikən'dʌktə]	*n.*	半导体
seminar ['seminɑ:]	*n.*	(大学的)研究班,研讨会
senate ['senit]	*n.*	参议院,上院
senator ['senətə]	*n.*	参议员
send [send]	*v.*	(sent, sent)打发;派遣;送;寄出
senior ['si:njə]	*a.*	年长的;地位较高的,资格老的　*n.* (大学)四年级学生
sensation [sen'seiʃən]	*n.*	感觉,知觉;激动,轰动,轰动一时的事情
sense [sens]	*n.*	感官,官能;感觉;判断力;意义;见识　*v.* 觉得,意

识到

sensible ['sensəbl]	a.	明智的,达理的;可觉察的,明显的
sensitive ['sensitiv]	a.	(to)敏感的,易受伤害的;灵敏的
sentence ['sentəns]	n.	句子;判决,宣判 v. 宣判,判决
sentiment ['sentimənt]	n.	感情,柔情;看法;感觉
separate ['sepəreit]	a.	(from)分离的,分开的
September [səp'tembə]	n.	九月
sequence ['siːkwəns]	n.	先后,次序;连续,数列
serial ['siəriəl]	n.	连载小说,连续剧;连载刊物 a. 连续的
series ['siəriːz]	n.	一系列,连续;丛书
serious ['siəriəs]	a.	严肃的;主要的;严重的,危急的;认真的
servant ['səːvənt]	n.	仆人
serve [səːv]	v.	服务,尽责;招待,侍候;符合,适用
service ['səːvis]	n.	服务;公共设施;维修保养;行政部门 v. 维修,保养
session ['seʃən]	n.	(一届)会议,一段时间
set [set]	n.	一套,一副;装置,接受机 v. 提出;调整;日落,下沉;放,安置;树立,创造 a. 不变的,固定的,规定的
setback ['setbæk]	n.	挫折;失效;复发;倒退
setting ['setiŋ]	n.	安置;落山;(固定东西的)柜架底座;环境
settle ['setl]	v.	安定,安顿;停息;定居;解决,调停
settlement ['setlmənt]	n.	解决,决定,调停;居留区,住宅区
seven ['sevən]	num.	七,七个(人或物)
several ['sevərəl]	a.	几个,若干,数个
severe [si'viə]	a.	严厉的;剧烈的,严重的,严峻的,艰难的
sew [səu]	v.	缝,缝纫
sex [seks]	n.	性别,性
shabby ['ʃæbi]	a.	简陋的,破旧的;卑鄙的;不公平的
shade [ʃeid]	n.	荫,阴影;遮光物,罩 v. 遮蔽,遮光
shadow ['ʃædəu]	n.	阴影,影子,荫,暗处,阴暗
shady ['ʃeidi]	a.	成荫的,多荫的;可疑的,靠不住的
shaft [ʃɑːft]	n.	轴;杆状物
shake [ʃeik]	n./v.	摇动,摇;颤抖,震动
shall [ʃæl, ʃəl, ʃl]	aux./v.	(我,我们)将要,会;必须,应该;就,该
shallow ['ʃæləu]	a.	浅的,浅薄的 n. 浅滩,浅处
sham [ʃæm]	n./a.	假冒(的),虚伪(的)
shame [ʃeim]	n.	羞耻,耻辱;可耻的人(或事物) v. 使羞愧
shampoo [ʃæm'puː]	n.	洗发膏,香波;洗发,洗头 v. 洗发,洗头

shape [ʃeip]	n.	形状,外形;情况,状态;种类 v. 成型,塑造
share [ʃɛə]	v.	(with)分配,共用;分担 n. 一份,份额;股份
shark [ʃɑ:k]	n.	鲨鱼
sharp [ʃɑ:p]	a.	锋利的;轮廓分明的;急转的;刺耳的;敏锐的,机警的 ad. (指时刻)正,准
shatter [ˈʃætə]	n.	碎片;粉碎 v. 粉碎;使疲惫;使震骇
shave [ʃeiv]	v.	剃,刮,刨,削 n. 刮脸
she [ʃi:, ʃi]	pron.	[主格]她
shear [ʃiə]	v.	剪,修剪
shed [ʃed]	v.	流出;发散,散发,脱落,脱去 n. 棚,小屋
sheep [ʃi:p]		(绵)羊;易受人摆布的人
sheer [ʃiə]	a.	纯粹的,十足的,全然的;陡峭的,险峻的
sheet [ʃi:t]	n.	被单;(一)张,(一)片,薄片;大片
shelf [ʃelf]	n.	架子,搁板
shell [ʃel]	n.	壳,贝壳;炮弹
shelter [ˈʃeltə]	n.	掩蔽处;掩蔽,保护 v. 掩蔽,躲避,庇护
shepherd [ˈʃepəd]	n.	牧民,牧羊人
shield [ʃi:ld]	n.	防护物,护罩;盾,盾状物 v. 保护,防护
shift [ʃift]	v.	替换;转移,移动 n. 转换,转变;(轮)班,(换)班
shilling [ˈʃiliŋ]	n.	先令
shine [ʃain]	v.	照耀,发光;擦亮 n. 光泽,光
ship [ʃip]	n.	船舶,舰艇 v. 装运,航运,运送;发货
shipment [ˈʃipmənt]	n.	装船,装运;装载的货物,装货量
shirt [ʃə:t]	n.	衬衫
shiver [ˈʃivə]	v./n.	战栗,发抖
shock [ʃɔk]	n.	震动,冲击;电击,触电,休克,震惊 v. (使)震动,(使)震惊;(使)休克
shoe [ʃu:]	n.	鞋
shoot [ʃu:t]	v.	发射;掠过,疾驰而过;发芽 n. 嫩枝,苗;射击
shop [ʃɔp]	n.	商店,店铺;工厂,车间 v. 买东西
shopkeeper [ˈʃɔpki:pə(r)]	n.	店主
shore [ʃɔ:, ʃɔə]	n.	海滨,湖滨
short [ʃɔ:t]	a.	短的,矮的;(of)缺乏,不足 n. (pl.)短裤
shortage [ˈʃɔ:tidʒ]	n.	不足,缺少
shortcoming [ˈʃɔ:tkʌmiŋ]	n.	短处,缺点
shorthand [ˈʃɔ:thænd]	n.	速记
shortly [ˈʃɔ:tli]	ad.	立刻,不久;简略地,简言之

shot [ʃɔt]	*n.*	开枪,射击;投篮;弹丸,炮弹,子弹
should [ʃud, ʃəd, ʃd]	*aux./v.*	shall 的过去式;[表示义务,责任]应该;[表示假设]万一;[表示可能,推测]可能;[表示说话者意愿]该,就
shoulder [ˈʃəuldə]	*n.*	肩,肩部 *v.* 肩负,承担
shout [ʃaut]	*v.*	大声叫,喊,呼出 *n.* 呼喊,叫
shove [ʃʌv]	*vt.*	乱推;乱塞 *vi.* 用力推,挤 *n.* 猛推
show [ʃəu]	*n.*	节目,表演,展览,展览会 *v.* 上演(戏剧等),放映(电影);呈现,显示;表明,证明
shower [ˈʃauə]	*n.*	阵雨;沐浴;(一)阵,(一)大批 *v.* 下阵雨,倾注
shrewd [ʃruːd]	*a.*	机灵的,敏锐的;精明的
shrink [ʃriŋk]	*v.*	起皱,收缩,退缩,畏缩
shrug [ʃrʌg]	*vt./n.*	耸肩(表示冷淡、怀疑、无奈、不满等)
shut [ʃʌt]	*v.*	关,关闭
shutter [ˈʃʌtə]	*n.*	百叶窗;(照相机)快门
shuttle [ˈʃʌtl]	*n.*	往返汽车/列车/飞机;穿梭 *v.* 往返穿梭
shy [ʃai]	*a.*	(of)怕羞的,腼腆的;胆怯的 *vi.* 惊退,畏缩
sick [sik]	*a.*	有病的,患病的;恶心的,想吐的
side [said]	*n.*	旁边,侧面;坡,岸;一边,一侧,一方 *vi.* (with)支持,同意,站在……的一边
sideways [ˈsaidweiz]	*ad./a.*	向旁边(的),侧身,横着(的),斜着(的)
siege [siːdʒ]	*n.*	包围,围攻,围困
sigh [sai]	*n.*	叹息,叹息声 *v.* 叹息,叹气
sight [sait]	*n.*	视力;望见,瞥见;视域;眼界;情景,奇观
sightseeing [ˈsaitsiːiŋ]	*n.*	观光,游览
sign [sain]	*n.*	标记,招牌;征兆,迹象 *v.* 签名(于),署名(于)
signal [ˈsignl]	*n.*	信号,暗号 *v.* 发信号,用信号通知
signature [ˈsignitʃə]	*n.*	签名,署名,签字
significance [sigˈnifikəns]	*n.*	意义,含义;重要性,重要的
significant [sigˈnifikənt]	*a.*	有意义的;重大的,重要的
signify [ˈsignifai]	*v.*	表示,意味;要紧,有重要性
silence [ˈsailəns]	*n.*	寂静,沉默 *v.* 使沉默,使安静
silent [ˈsailənt]	*a.*	寂静的,沉默的
silicon [ˈsilikən]	*n.*	硅
silk [silk]	*n.*	丝,绸
silly [ˈsili]	*a.*	傻的,糊涂的,愚蠢的
silver [ˈsilvə]	*n.*	银;银器;银币 *v.* 镀银

similar ['similə]	a.	(to)相似的,类似的
simple ['simpl]	a.	简单的;单纯的,直率的;迟钝的,头脑简单的,朴素的
simplicity [sim'plisiti]	n.	简单,简易;朴素;直率,单纯
simplify ['simplifai]	v.	简化,使单纯
simply ['simpli]	ad.	简单地;完全,简直;仅仅,只不过;朴素地
simulate ['simjuleit]	v.	模仿,模拟;假装,冒充
simultaneous [ˌsiməl'teinjəs]	a.	同时的,同时发生的
sin [sin]	n.	罪,罪恶　v. 犯罪
since [sins]	prep.	自从　conj. 自从;因为,既然　ad. 后来,自那以后
sincere [sin'siə]	a.	诚挚的,真实的,诚恳的
sing [siŋ]	v.	唱,演唱;鸡叫
single ['siŋgl]	a.	单人的;单一的,单个的;未婚的,独身的
singular ['siŋgjulə]	a.	非凡的,卓越的;单数的
sink [siŋk]	v.	(使)下沉,下落　n. 水槽,水池
sip [sip]	v.	小口地喝,抿,呷　n. 一小口的量
sir [səː, sə]	n.	先生,长官;[S- 用于姓名前]……爵士
siren ['saiərin]	n.	警报声,警报器
sister ['sistə]	n.	姐,妹
sit [sit]	vi.	坐,坐下;位于;栖息;孵卵　vt. 使就坐
site [sait]	n.	位置,场所,地点
situated ['sitʃueitid]	a.	坐落在……的
situation [ˌsitʃu'eiʃən]	n.	形势,处境,状况;位置,场所;职位,职务
six [siks]	num.	六　pron. /a. 六(个,只……)
size [saiz]	n.	大小,尺寸,规模;尺码
skate [skeit, skit]	v.	溜冰,滑冰　n. 冰鞋
skeleton ['skelitən]	n.	骨骼;骨架,框架;梗概,提要
skeptical/sceptical ['skeptikəl]	a.	怀疑的
sketch [sketʃ]	n.	素描;略图,草图;梗概　v. 绘略图,速写,写生
ski [skiː, ʃiː]	n.	雪橇　v. 滑雪
skill [skil]	n.	技能,技巧,手艺;熟练
skilled [skild]	a.	(in)熟练的,有技能的;需要技能的
skillful/skilful ['skilful]	a.	(in,at)灵巧的,娴熟的
skim [skim]	vt.	撇去(液体表面)之漂浮物　vi. 轻轻掠过
skin [skin]	n.	皮,皮肤;兽皮,皮毛;外皮,外壳　v. 剥皮
skip [skip]	vi.	略过,跳过　n. 跳跃　vt. 故意忽略;略过
skirt [skəːt]	n.	裙子;边缘,郊区

skull [skʌl]	*n.*	头盖骨,颅骨
sky [skai]	*n.*	天空;(*pl.*)天色;气候
skyscraper ['skaiskreipə(r)]	*n.*	摩天大楼
slack [slæk]	*a.*	懈怠的,松弛的;萧条的 *n.* 淡季;萧条;(*pl.*)便裤;运动裤
slam [slæm]	*v.*	(门、窗等)砰地关上 *n.* 猛然关闭的声音
slap [slæp]	*n./v.*	拍,掌击
slaughter ['slɔːtə]	*n.*	屠杀,屠宰 *vt.* 屠杀,宰杀
slave [sleiv]	*n.*	奴隶,苦工 *v.* 做苦工,拼命地干
sleep [sliːp]	*v.*	(slept,slept)睡 *n.* 睡眠
sleeve [sliːv]	*n.*	袖子
slender ['slendə]	*a.*	修长的,细长的,苗条的;微小的,微薄的
slice [slais]	*n.*	薄片,切片;一份;部分切(片)
slide [slaid]	*v.*	(使)滑动 *n.* 滑坡,滑道,滑,滑动;幻灯片
slight [slait]	*a.*	轻微的,微小的;纤细的,瘦弱的
slim [slim]	*a.*	苗条的;(机会)少的,薄的 *v.*(用运动、节食等)减轻体重,变苗条
slip [slip]	*v.*	滑,滑倒;滑掉;溜走 *n.* 疏忽,小错,口误,笔误
slipper ['slipə]	*n.*	便鞋,拖鞋
slippery ['slipəri]	*a.*	滑的,滑溜的
slit [slit]	*v.*	切开,截开,纵割 *n.* 细长裂缝,狭长切口
slogan ['sləugən]	*n.*	标语,口号
slope [sləup]	*n.*	斜坡,斜面;倾斜,斜度 *v.*(使)倾斜
slot [slɔt]	*n.*	狭缝;空位 *vt.* 放入狭缝中;把……纳入
slow [sləu]	*a.*	慢的,迟钝的,不活跃的 *v.*(down)(使)放慢,减速
slum [slʌm]	*n.*	(*pl.*)贫民窟,贫民区,陋巷
sly [slai]	*a.*	狡猾的,偷偷摸摸的
small [smɔːl]	*a.*	小的;年幼的;不重要的;小规模(经营)的;少的
smart [smɑːt]	*a.*	漂亮的;聪明的;巧妙的 *v.* 剧痛,刺疼
smash [smæʃ]	*v./n.*	打碎,粉碎
smell [smel]	*n.*	气味;嗅觉 *v.* 嗅,闻到;散发(……的)气味,有(……的)气味
smile [smail]	*n.*	微笑,笑容 *vi.* 微笑,露出笑容
smog [smɔg]	*n.*	烟雾
smoke [sməuk]	*n.*	烟,烟尘;吸烟,抽烟 *v.* 抽(烟);冒烟,冒气
smooth [smuːð]	*a.*	光滑的;顺利的;柔和的;平稳的;平静的;流畅的 *v.*(over)掩饰,调停,平息

smuggle [ˈsmʌgl]	v.	走私;偷运
snack [snæk]	n.	快餐,小吃,点心
snake [sneik]	n.	蛇
snap [snæp]	v.	啪地移动;(使)突然断开,断开(成两截)
snatch [snætʃ]	n./v.	攫取,抢夺
sneak [sni:k]	vi.	偷偷地走,溜　vt. 偷偷地做/拿/吃
sneeze [sni:z]	vi.	打喷嚏,打喷嚏声　n. 喷嚏
sniff [snif]	vi.	嗅……味道;擤鼻涕;对嗤之以鼻,蔑视
snow [snəu]	n.	雪,下雪　vi. 下雪;如雪一般地落下
snowstorm [ˈsnəustɔ:m]	n.	暴风雪
so [səu; sə]	ad.	[表示程度]如此,那么;非常,很;[表示方式]这样,那样　conj. 因此;以便;那么,这样看来
soak [səuk]	v.	浸泡,浸湿,浸透
soap [səup]	n.	肥皂
soar [sɔ:, sɔə]	vi.	(指鸟等)高飞,翱翔;飞涨;高耸
sob [sɔb]	v./n.	哭泣,鸣咽
sober [ˈsəubə]	a.	清醒的;认真的,冷静的,适度的
so-called[ˈsəukɔ:ld]	a.	[贬]所谓的,号称的
soccer [ˈsɔkə]	n.	足球
sociable [ˈsəuʃəbl]	a.	好交际的,友好的,合群的
social [ˈsəuʃəl]	a.	社会的;交际的
socialism [ˈsəuʃəlizəm]	n.	社会主义
society [səˈsaiəti]	n.	社会;社团,协会,社;社交界,上流社会
sociology [ˌsəusiˈɔlədʒi]	n.	社会学
sock [sɔk]	n.	(pl.)短袜
soda [ˈsəudə]	n.	苏打,汽水
sofa [ˈsəufə]	n.	长沙发,沙发
soft [sɔft]	a.	软的;温柔的;细嫩的,光滑的;不含酒精的
software [ˈsɔftwɛə]	n.	软件
soil [sɔil]	n.	泥土,土地,土壤　v. 弄脏,(使)变脏
solar [ˈsəulə]	a.	太阳的,日光的
soldier [ˈsəuldʒə]	n.	士兵,军人
sole [səul]	a.	单独的,唯一的　n. 脚垫,鞋底
solemn [ˈsɔləm]	a.	庄严的,隆重的;严肃的
solid [ˈsɔlid]	a.	固体的;结实的,稳固的,可靠的　n. 固体
solidarity [ˌsɔliˈdæriti]	n.	团结;休戚相关
solitary [ˈsɔlitəri]	a.	(好)孤独的;偏僻的;单一的,唯一的

solo [ˈsəuləu]	n.	独奏 a./ad. 单独的(地);独唱的(地)
soluble [ˈsɔljubl]	a.	可溶的
solution [səˈljuːʃən]	n.	解答,解决办法;溶解,溶液
solve [sɔlv]	v.	解决,解答
some [sʌm, səm, sm]	a.	几个;一些;有些;某(人或物) pron. 一些,若干
	ad.	大约,稍微
somebody [ˈsʌmbədi]	pron.	某人,有人 n. 重要人物
somehow [ˈsʌmhau]	ad.	以某种方式,用某种方法;不知怎么地
someone [ˈsʌmwʌn]	pron.	某人(= somebody)
something [ˈsʌmθiŋ]	pron.	某事,某物;被视为有意义的事物
sometime [ˈsʌmtaim]	ad.	将来(或过去)某个时候,曾经,有一天 a. 以前的
sometimes [ˈsʌmtaimz]	ad.	不时,有时,间或
somewhat [ˈsʌm(h)wɔt]	ad.	一点儿,几分,稍微
somewhere [ˈsʌm(h)ɛəw]	ad.	某地,在某处;在附近,前后,大约
son [sʌn]	n.	儿子;孩子(长者对年轻或年幼男子的称呼)
song [sɔŋ]	n.	歌唱,(虫、鸟等)鸣声;歌曲,歌词
soon [suːn]	ad.	不久,即刻;快,早
sophisticated [səˈfistikeitid]	a.	尖端的,复杂的,先进的;老练的,老于世故的
sophomore [ˈsɔfəmɔː, -mɔr]	n.	(大学)二年级学生
sore [sɔː]	a.	疼痛的;痛心的 n. 痛处,疮口
sorrow [ˈsɔrəu]	n.	悲衰,悲痛
sorry [ˈsɔːri]	a.	(for, about) 遗憾的,对不起,抱歉的;难过,悔恨的;
		使人伤心;可怜的
sort [sɔːt]	n.	种类,类别 v. 分类,整理
soul [səul]	n.	灵魂,心灵;精神,精力;人
sound [saund]	n.	声音 v. 发声,响;听起来 a. 健全的,完好的;正
		当的,有根据的;彻底的,充分的
soup [suːp]	n.	汤
sour [ˈsauə]	a.	酸的;发酸的;酸痛的;脾气坏的;刻薄的
source [sɔːs]	n.	源,源泉;来源,出处
south [sauθ]	n.	南,南方,南部 a. 南方的,南部的
southeast [ˈsauθˈiːst]	n./a.	东南(的),东南部(的)
southern [ˈsʌðən]	a.	南方的,南部的
southwest [ˈsauθˈwest]	n./a.	西南(的),西南部(的)
sovereign [ˈsɔvrin]	a.	独立的,有主权的 n. 君主,国王,统治者
sow [sau]	v.	播种
space [speis]	n.	间隔;空地,余地;空间 v. 留间隔,隔开

spacecraft [ˈspeiskrɑːft]	n.	宇宙飞船
spaceship [ˈspeisʃip]	n.	宇宙飞船
spacious [ˈspeiʃəs]	adj.	广阔的,宽敞的
spade [speid]	n.	铁锹,铲子
span [spæn]	n.	跨度,跨距
spare [spɛə]	a.	多余的,备用的,剩下的　v. 节约,节省;抽出(时间)
spark [spɑːk]	n.	火花,火星　v. 发火花,发电花
sparkle [ˈspɑːkl]	v.	发火花,闪耀
speak [spiːk]	v.	说话,讲话;演说,发言;表示意见;(in)说某种语言
speaker [ˈspiːkə]	n.	说话者,发言者;说某种语言者;扬声器
spear [spiə]	n.	矛,枪
special [ˈspeʃəl]	a.	特殊的,专门的;附加的,额外的
specialise [ˈspeʃəˌlaiz] /specialize [ˈspeʃəlaiz]	v.	(in)专攻,专门研究,专业化
specialist [ˈspeʃəlist]	n.	专家
speciality [ˌspeʃiˈæliti] /specialty [ˈspeʃəlti]	n.	特性,性质;专业,专长;特产
species [ˈspiːʃiz]	n.	(物)种,种类
specific [spiˈsifik]	a.	明确的,具体的;特定的,特有的
specification [ˌspesifiˈkeiʃən]	n.	详述;(常 pl.)规格,说明书,规范
specify [ˈspesifai]	v.	指定,详细说明
specimen [ˈspesimin, -mən]	n.	标本,样本
spectacle [ˈspektəkl]	n.	(pl.)眼镜;场面,景象;奇观,壮观
spectacular [spekˈtækjulə]	a.	壮观的,引人注目的　n. 壮观的演出
spectator [spekˈteitə;ˈspekteitə]	n.	观众,旁观者
spectrum [ˈspektrəm]	n.	谱,光谱,频谱;范围,幅度,系列
speculate [ˈspekjuˌleit]	vi.	(about,on)思索;推测　vt. 投机;思索,推测
speech [spiːtʃ]	n.	演说,讲话;言语,语言
speed [spiːd]	n.	速度,快　v. 迅速,前进,急行;加速,使加速
spell [spel]	v.	拼写;导致,招致　n. 一段时间
spelling [ˈspeliŋ]	n.	拼法,拼写法
spend [spend]	v.	花费;消耗,用尽;度过,消磨
sphere [sfiə]	n.	球,球体;范围,领域
spicy [ˈspaisi]	a.	加很多香料的;(口味)浓郁的
spider [ˈspaidə]	n.	蜘蛛
spill [spil]	v.	溢出,溅出　n. 摔下,跌下
spin [spin]	v.	旋转;纺纱;织网,吐丝　n. 旋转;自转

spine [spain]	n.	脊柱,脊椎;(动植物的)刺;书脊
spiral ['spaiərəl]	a.	螺旋形的 n. 螺旋,螺线 v. 螺旋上升;盘旋
spirit ['spirit]	n.	精神;志气;(pl.)情绪,心情;(pl.)酒精,烈酒
spiritual ['spiritʃuəl]	a.	精神(上)的,心灵的
spit [spit]	v.	吐(唾沫),吐痰 n. 唾液
spite [spait]	n.	恶意;怨恨
splash [splæʃ]	v.	溅,泼 n. 溅,飞溅声
splendid ['splendid]	a.	壮丽的,辉煌的;极好的
split [split]	v.	裂开,劈开;分裂,分离 n. 分化,分裂,裂口
spoil [spoil]	v.	损坏,搞错;宠坏,溺爱
spokesman ['spəuksmən]	n.	发言人
sponge [spʌndʒ]	n.	海绵
sponsor ['sponsə]	n.	发起人,主力者,保证人 v. 发起,主办
spontaneous [spon'teinjəs, -niəs]	a.	自发的,自然产生的
spoon [spuːn]	n.	匙,调羹
sport [spoːt]	n.	(体育)运动;(pl.)运动会
sportsman ['spoːtsmən]	n.	爱好运动的人;运动员
spot [spot]	n.	斑点;地点,场所 v. 认出,认清,发现;玷污,弄脏;用点作记号
spouse [spauz]	n.	配偶(指夫或妻)
spray [sprei]	n.	喷雾,飞沫,浪花,水花 v. 喷,喷射
spread [spred]	v./n.	伸开,伸展;散布,传播
spring [spriŋ]	n.	春;跳;泉,源泉;弹簧,发条 v. 跳,跳跃
sprinkle ['spriŋkl]	n.	洒,喷,淋
sprout [spraut]	vi.	发芽,抽条 vt. 使发芽 n. 新芽,嫩苗
spur [spəː]	n.	靴刺,马刺,刺激,刺激物 v. 刺激,激励
spy [spai]	n.	间谍 v. 当间谍,刺探;察觉,发现
square [skwɛə]	n.	正方形;广场 a. 正方形的;平方的 v. 使成方形;求平方;求……的面积
squeeze [skwiːz]	v.	压榨,挤 n. 榨取,勒索
squirrel ['skwirəl]	n.	松鼠
stab [stæb]	v./n.	刺,戳
stability [stə'biliti]	n.	稳定,安定
stable ['steibl]	a.	稳定的,安定的 n. 马厩,马棚
stack [stæk]	n.	堆,一堆 v. 堆积,堆起
stadium ['steidiəm]	n.	体育场
staff [staːf]	n.	全体职工;杠,棒;参谋部 v. 配备工作人员

stage [steidʒ]	n.	舞台,戏剧;阶段,时期
stagger [ˈstægə]	vi.	摇晃着移动;蹒跚 n. 摇晃不稳的动作;蹒跚
stain [stein]	n.	污点,瑕疵 v. 沾污;染色
stair [stɛə]	n.	(pl.)楼梯
staircase [ˈstɛəkeis] /stairway [ˈstɛəwei]	n.	楼梯
stake [steik]	n.	桩,标桩;赌注,利害关系
stale [steil]	n.	变质的,不新鲜的;陈旧的,陈腐的
stalk [stɔːk]	n.	茎,梗 vt. 悄悄地跟踪 vi. 高视阔步地走
stall [stɔːl]	n.	货摊;畜栏,厩 v. (使)停转,(使)停止
stamp [stæmp]	n.	邮票;印;踩脚;标志 v. 踩脚,顿足;盖章
stand [stænd]	vi.	站立;位于;经受;坚持,维持原状 n. 台,座,货摊;立场
standard [ˈstændəd]	n.	标准,规则 a. 标准的
standpoint [ˈstændpɔint]	n.	立场,观点
staple [ˈsteipl]	n.	主要产品;名产;纤维;主要成分,主食
star [stɑː]	n.	星;恒星;明星 v. 用星号标出;扮演主角
stare [stɛə(r)]	v.	(at)盯,凝视
start [stɑːt]	v.	开始;动身;吃惊;开办,开动 n. 开端;惊起
startle [ˈstɑːtl]	v.	惊吓,使吃惊
starve [stɑːv]	v.	(使)饿死,饿得慌,挨饿
state [steit]	n.	状态,情况;国,州 v. 陈述,说明
statement [ˈsteitmənt]	n.	声明,陈述
statesman [ˈsteitsmən]	n.	政治家,国务活动家
static(al) [ˈstætik(ə)l]	a.	静态的,静力的
station [ˈsteiʃən]	n.	车站;所,站,局;身份,地位 v. 安置,驻扎
stationary [ˈsteiʃ(ə)nəri]	a.	静止的,固定的
stationery [ˈsteiʃ(ə)nəri]	n.	文具
statistical [stəˈtistikəl]	a.	统计的,统计学的
statue [ˈstætjuː]	n.	塑像,雕像
status [ˈsteitəs]	n.	地位,身份;情形,状况
statute [ˈstætjuːt]	n.	成文法,法令,法规;章程,规则,条例
stay [stei]	vi.	逗留;保持 vt. 停止,延缓 n. 逗留,停留
steady [ˈstedi]	a.	稳定的,不变的;坚定的,扎实的 v. (使)稳固/稳定
steak [steik]	n.	牛排;大块肉(或鱼)片
steal [stiːl]	v.	偷,窃取;偷偷地做,巧取
steam [stiːm]	n.	水汽,蒸汽,水蒸气 v. 蒸发;蒸;用蒸汽开动

steamer [ˈstiːmə]	n.	汽船,轮船
steel [stiːl]	n.	钢
steep [stiːp]	a.	陡峭的;险峻的
steer [stiə]	vt.	驾驶,为……操舵;引导　vi. 驾驶
stem [stem]	n.	茎,干;词干
step [step]	n.	步;台阶,梯级;步骤,措施　v. 踏,走,举步
stereo [ˈstiəriəu]	n.	立体声音响;立体声装置;立体声　a. 立体声的
stereotype [ˈstiəriəutaip]	n.	陈规,老套,模式化　vt. 使定型,使模式化
stern [stəːn]	a.	严厉的;苛刻的;坚决的,坚定的　n. 船尾,舟尾
steward [ˈstjuəd]	n.	乘务员,服务员
stick [stik]	n.	棍,棒,手杖　v. 刺,戳,扎;粘贴
sticky [ˈstiki]	a.	粘的,粘性的
stiff [stif]	a.	硬的,僵直的;拘谨的;呆板的;艰难的
still [stil]	a.	静止的,寂静的　ad. 还,仍然;更;安静地　n. 寂静
stimulate [ˈstimjuleit]	v.	刺激,使兴奋;激励,鼓舞
sting [stiŋ]	v./n.	刺,刺痛,剧痛;刺,叮
stir [stəː]	v.	搅拌,搅动;动,摇动;激动;轰动;煽动,鼓动
stitch [stitʃ]	n.	一针;针脚,缝
stock [stɔk]	n.	备料,库存,现货;股票,公债　v. 储存
stocking [ˈstɔkiŋ]	n.	长(统)袜
stomach [ˈstʌmək]	n.	胃,胃口
stone [stəun]	n.	石,石头;岩石,矿石;(水果的)核、子
stool [stuːl]	n.	凳子
stoop [stuːp]	v.	弯腰,俯身　n. 弯腰,曲背
stop [stɔp]	v.	停止;塞住;阻止,阻挠;逗留　n. 停车站;停止
storage [ˈstɔridʒ]	n.	贮藏(量),保管;库房
store [stɔː, stɔə]	n.	商店,店铺;贮藏,贮备品　v. 贮藏,贮备
storey/story [ˈstɔːri]	n.	楼,层;描述;故事;报道;谎话
storm [stɔːm]	n.	暴风雨,暴风雪;激动,爆发　v. 猛攻,直捣
story [ˈstɔːri]	n.	故事,传说,小说;(= storey)楼层
stove [stəuv]	n.	炉子,火炉
straight [streit]	a.	直的;整齐的,端正的;正直的　ad. 直接;正直,直率
straightforward [streitˈfɔːwəd]	a.	正直的;简单的,易懂的　ad. 坦率地
strain [strein]	v.	拉紧;紧张;扭伤;竭尽全力　n. 拉紧;负担;过多的疲劳,紧张;张力,应变
strange [streindʒ]	a.	奇怪的,奇异的;陌生的,生疏的;外地的,异乡的

stranger [ˈstreindʒə]	n.	陌生人,生客;外地人,外国人
strap [stræp]	n.	皮带,带子 v. 用带扣住,束牢;用绷带包扎
strategy [ˈstrætidʒi]	n.	战略,策略
straw [strɔː]	n.	稻草,麦秆;吸管
strawberry [ˈstrɔːbəri]	n.	草莓
stream [striːm]	n.	小河,溪流;流,一股,一串 v. 流出,涌
streamline [ˈstriːmlain]	a.	流线型的 vt. 使成流线型;使合理化
street [striːt]	n.	街,街道;行车道
strength [streŋθ]	n.	力,力量;实力;长处,优点
strengthen [ˈstreŋθən]	v.	加强,巩固
strenuous [ˈstrenjuəs]	a.	费力的,艰辛的;奋发的,努力的
stress [stres]	n.	压力;重要性;应力;重音 vt. 强调,重读
stretch [stretʃ]	v.	伸展,延伸 n. 拉长;伸展;一段时间/路程
strict [strikt]	a.	(with)严格的,严厉的;严谨的,精确的
stride [straid]	vi.	大踏步走;跨越 n. 一大步;迈/阔步;(pl.)长足进步
strife [straif]	n.	争吵;冲突,斗争;竞争
strike [straik]	n.	罢工 vt. 攻击;给⋯⋯深刻印象,打动;冲撞;罢工;极点;发现,找到
striking [ˈstraikiŋ]	a.	显著的;惹人注目的,容貌出众的
string [striŋ]	n.	弦,线,细绳;(一串),(一行) v. 缚,捆
strip [strip]	v.	剥,剥去 n. 窄条,条纹
stripe [straip]	n.	长条,条纹
strive [straiv]	v.	奋斗,努力
stroke [strəuk]	n.	击;报时的钟声;一击/划/笔;中风;一次努力;抚摸 v. 抚摸
stroll [strəul]	n./v.	漫步;散步;游荡
strong [strɔŋ]	a.	强壮的,强大的;强烈的,浓的
structure [ˈstrʌktʃə]	n.	结构,构造;建筑物 v. 构造,建造
struggle [ˈstrʌgl]	n./v.	斗争,奋斗,努力
stubborn [ˈstʌbən]	a.	顽固的,倔强的;难对付的,难以克服的
student [ˈstjuːdənt]	n.	(大中学校的)学生;研究者,学者
studio [ˈstjuːdiəu]	n.	画室;播音室;(电影)制片厂
study [ˈstʌdi]	vt.	学习;研究;细看,细察,仔细端详 vi. 读书 n. 学习;研究;书房
stuff [stʌf]	n.	原料,材料,东西 v. 填满,塞满
stumble [ˈstʌmbl]	n.	跌倒,绊倒 vi. 绊(摔)倒;结结巴巴说
stun [stʌn]	vt.	使⋯⋯失去知觉;使目瞪口呆,使吃惊

stupid ['stju:pid]	*a.*	愚蠢的,迟钝的
sturdy ['stə:di]	*a.*	强健的,结实的
style [stail]	*n.*	风格,文体;式样,时式,类型
subject ['sʌbdʒikt]	*n.*	主题;学科;主语;调查对象,研究对象 *a.* (to)隶属的;易遭受……的
	v.	(to) 使隶属,使服从
subjective [sʌ'bdʒektiv]	*a.*	主观(上)的,个人的
submarine ['sʌbməri:n, sʌbmə'ri:n]	*n.*	潜水艇 *a.* 水底的,海底的
submerge [sə'bmə:dʒ]	*v.*	沉没,淹没,潜入
submit [səb'mit]	*v.*	(to)使服从,屈服;(to)呈送,提交
subordinate [sə'bɔ:dinit]	*a.*	(to)次要的,从属的;下级的
subscribe [səb'skraib]	*vi.*	(to)订阅,订购;同意 *vt.* 捐助,赞助
subsequent ['sʌbsikwənt]	*a.*	随后的,后来的
subsidy ['sʌbsidi]	*n.*	补助金;津贴费
substance ['sʌbstəns]	*n.*	物质;实质,本质;主旨;财产,资产
substantial [səb'stænʃəl]	*a.*	实质的;相当的;显著的;坚固的;富裕的
substitute ['sʌbstitju:t]	*n.*	代替者;替身;代用品 *v.* (for)代替,替换
subtle ['sʌtl]	*a.*	精巧的,巧妙的;细微的,微妙的
subtract [səb'trækt]	*v.*	(from)减(去)
suburb ['sʌbə:b]	*n.*	市郊,郊区
subway ['sʌbwei]	*n.*	地铁;地下行人隧道
succeed [sək'si:d]	*vi.*	(in)成功;继承,接替 *vt.* 接替;继……之后
success [sək'ses]	*n.*	成就,成功;成功的事物,有成就的人
successful [sək'sesful]	*a.*	圆满的;顺利的;成功的
succession [sək'seʃən]	*n.*	连续,系列;继任,继承
successive [sək'sesiv]	*a.*	接连的,连续的
successor [sək'sesə]	*n.*	接替的人或事物,继任者
such [sʌtʃ, sətʃ]	*a.*	这样的;上述的 *ad.* 那么 *pron.* 这样的人/事物
suck [sʌk]	*v./n.*	吸,舐;吸收(取)
sudden ['sʌdn]	*a.*	出乎意料的,突然的
sue [sju:, su:]	*v.*	控告,对……提出诉讼,起诉
suffer ['sʌfə]	*v.*	(from)受痛苦,患病;受损失;遭受;忍受
suffice [sə'fais]	*vi.*	足够,有能力 *vt.* (食物等)使(某人)满足
sufficient [sə'fiʃənt]	*a.*	(for)足够的,充分的[比 enough 拘谨、正式]
sugar ['ʃugə]	*n.*	糖,食糖 *vt.* 加糖于
suggest [sə'dʒest]	*v.*	建议,提出;暗示;使联想,使想起……
suggestion [sə'dʒestʃən]	*n.*	建议,意见;细微的迹象;暗示,联想

suicide ['sjuːisaid]	n.	自杀;给自己带来恶劣后果的行为
suit [sjuːt]	v.	合适,适合;相配,适应　n. 一套西服;诉讼
suitable ['sjuːtəbl]	a.	(for)合适的,适宜的
suite [swiːt]	n.	套间;一套家具;套,组,系列
sulphur/sulfur ['sʌlfə]	n.	硫
sum [sʌm]	n.	总数,和;金额;算术题　v. 合计,总计
summarise/summarize ['sʌməraiz]	v.	概括,总结
summary ['sʌməri]	n.	摘要,概要　a. 概括的,简略的
summer ['sʌmə]	n.	夏天,夏季　a. 夏季的
summit ['sʌmit]	n.	顶,最高点;巅峰,高峰;最高级会议
summon ['sʌmən]	v.	召唤;召集;传讯,传唤;鼓起(勇气),振作(精神)
sun [sʌn]	n.	太阳;恒星
Sunday ['sʌndi]	n.	星期日
sunrise ['sʌnraiz]	n.	日出,拂晓;朝霞
sunset ['sʌnset]	n.	日落,傍晚;晚霞
sunshine ['sʌnʃain]	n.	日光,日照;晴天;
super ['sjuːpə]	a.	极好的,超级的
superb [sjuːˈpəːb]	a.	极好的,杰出的;华丽的;高质量的
superficial [sjuːpəˈfiʃəl]	a.	表面的;肤浅的,浅薄的
superfluous [ˌsjuːˈpəːfluəs]	a.	多余的,过剩的
superior [sjuːˈpiəriə]	a.	优良的,卓越的;上级的;(to)较……多的,优于
	n.	上级;长者;高手
superiority [sjuː(ː)piəriˈɔriti]	n.	优越(性),优势,优等;高傲,傲慢
supermarket ['sjuːpəmɑːkit]	n.	超级市场
supersonic ['sjuːpəˈsɔnik]	a.	超音速的,超声波的　n. 超声波,超声频
superstition [ˌsjuːpəˈstiʃən]	n.	迷信,迷信的观念习俗
supervise ['sjuːpəvaiz]	v.	管理,监督
supper ['sʌpə]	n.	晚餐
supplement ['sʌplimənt]	n.	补遗;增刊;附录　v. 增刊,补充
supply [səˈplai]	v.	(with,to)供给,供应,补足,满足(需要)　n. 供应,供应量
support [səˈpɔːt]	n./vt.	支撑;支持;拥护;赡养;维持　n. 支持者;支柱
suppose [səˈpəuz]	v.	料想,猜想;假定,以为;[用于祈使语句]让,设
	conj.	假使……结果会怎样
suppress [səˈpres]	v.	镇压,压制;抑制,忍住;查禁
supreme [sjuːˈpriːm]	a.	极度的,最重要的;至高的,最高的
sure [ʃuə]	a.	(of)肯定的,确信的;一定会……的,必然的;有信心

的,有把握的,可靠的,稳当的

surface [ˈsəːfis]	n.	表面;外表　a. 表面的,肤浅的
surge [səːdʒ]	vi.	汹涌;彭湃;蜂拥而至　n. 巨浪;汹涌;澎湃
surgeon [ˈsəːdʒen]	n.	外科医生
surgery [ˈsəːdʒəri]	n.	外科,外科学;手术室,诊疗室
surname [ˈsəːneim]	n.	姓
surpass [səːˈpɑːs]	vt.	超过,胜过
surplus [ˈsəːpləs]	n.	过剩,剩余,余款,余额　a. 过剩的,剩余的
surprise [səˈpraiz]	v.	使诧异,使惊异;奇袭　n. 诧异,惊异;奇袭
surrender [səˈrendə]	vi.	投降,屈服　vt. 放弃,交出　n. 投降,认输
surround [səˈraund]	vt.	包围,环绕
surroundings [səˈraundiŋz]	n.	周围的事物,环境
survey [səːˈvei]	v./n.	俯瞰,眺望;全面审视,调查;测量图,勘定
survival [səˈvaivəl]	n.	幸存,生存;幸存者,残存物
survive [səˈvaiv]	v.	幸免于,幸存;比……长命
susceptible [səˈseptəbl]	a.	易受影响的;易受感动的;易受感染的
suspect [səsˈpekt]	v.	猜想;怀疑;察觉　n. 嫌疑犯,可疑分子
suspend [səsˈpend]	v.	悬(浮),挂;暂停,取消;推迟
suspicion [səsˈpiʃən]	n.	怀疑,猜疑
suspicious [səsˈpiʃəs]	a.	(of)可疑的,多疑的,疑心的
sustain [səsˈtein]	vt.	支撑,撑住;维持,持续,经受,忍耐
swallow [ˈswɔləu]	n.	燕子;吞咽　vt. 吞,咽　vi. 咽口水
swamp [swɔmp]	n.	沼泽;湿地
swan [swɔn]	n.	天鹅
swarm [swɔːm]	n.	蜂群;一大群　vi. 涌往;挤满;云集;成群移动
sway [swei]	vi.	摇动;倾斜　vt. 使摇动　n. 摇动;影响力
swear [swɛə]	v.	(at)诅咒,骂人;宣誓,发誓
sweat [swet]	n.	汗　v. (使)出汗
sweater [ˈswetə]	n.	毛衣,绒衣,厚运动衫
sweep [swiːp]	v.	扫,打扫;席卷,冲光;扫过,掠过
sweet [swiːt]	a.	甜的;可爱的,美好的;芳香的　n. (pl.)糖果;甜食
swell [swel]	n./v.	肿胀;膨胀;增大;增加
swift [swift]	a./ad.	快的(地);敏捷的(地)　a. 立刻的
swim [swim]	vi.	游泳;游;漂浮;眩晕;充溢,浸,泡　vt. 游过　n. 游泳
swing [swiŋ]	v.	摇摆,摇荡,回转,旋转　n. 秋千;摇摆,摆动
switch [switʃ]	n.	开关;转换;鞭子　v. 转变,转换;抽打;(off)关断;(on)接通

sword [sɔːd]	n.	剑,刀
symbol ['simbəl]	n.	符号,标志;象征
symmetry ['simitri]	n.	对称(性);匀称,整齐
sympathetic [ˌsimpə'θetik]	a.	有同情心的;赞同的
sympathise/sympathize ['simpəθaiz]	v.	(with)同情;共鸣,同感;赞成
sympathy ['simpəθi]	n.	同情,同情心;赞同,同感
symphony ['simfəni]	n.	交响乐,交响曲;(色彩等的)和谐,协调
symposium [sim'pəuziəm, -'pɔ-]	n.	讨论会,专题报告会;专题论文集
symptom ['simptəm]	n.	(疾病的)症状;(不好事情的)征兆,表征
syndrome ['sindrəum]	n.	综合病征
synthesis ['sinθisis]	n.	(pl. syntheses)综合,合成
synthetic [sin'θetic]	a.	合成的,人造的;综合的
system ['sistəm]	n.	系统,体系;制度;方法,方式,步骤
systematic(al) [ˌsistə'mætik(əl)]	a.	系统的,有组织的

T

table ['teibl]	n.	桌子;餐桌;工作台;表格,目录
tablet ['tæblit]	n.	药片;碑,匾
tackle ['tækl]	n.	滑车;用具,器械 v. 处理,解决;抱住,抓住;对付
tactic(s) ['tæktik(s)]	n.	策略,战术
tag [tæg]	n.	标签,货签; vt. 加标签于;附加 vi. 紧随
tail [teil]	n.	尾巴;尾部;跟踪者
tailor ['teilə]	n.	裁缝 v. 缝制,剪裁
take [teik]	v.	拿取;吃;记录;取得;花费;捕获;认为;做(一次动作);携带;拍摄;抓住
tale [teil]	n.	故事,传说
talent ['tælənt]	n.	才能,天资;人才
talk [tɔːk]	n.	谈话;聊天;讲话;演讲 v. 说话;交谈;(over)讨论,议论
tall [tɔːl]	a.	(身材)高的,高大的
tame [teim]	a.	驯服的,温顺的;沉闷的,乏味的 vt. 驯服
tan [tæn]	n./a.	(皮肤因日晒而成)棕褐色(的) vt. 晒黑
tangle ['tæŋgl]	n.	纠缠;缠结;混乱 v. (使)缠绕;变乱
tank [tæŋk]	n.	罐,槽,箱;坦克
tanker ['tæŋkə]	n.	油船
tap [tæp]	n.	塞子;水龙头;轻叩/拍 n./v. 轻打,轻敲 vt. 开发,利用

tape [teip, tep]	n.	带(子);录音带,磁带 v. 录音;系,捆
tar [tɑː]	n.	柏油,焦油
target ['tɑːgit]	n.	目标,对象,靶子
tariff ['tærif]	n.	关税,税率;(旅馆、饭店等)价目表,收费表
task [tɑːsk]	n.	任务,作业,工作
taste [teist]	v.	品尝,辨味;(of)有……味道;体验 n. 滋味;味觉;(趣)味,鉴赏力;爱好,嗜好
tax [tæks]	n.	税(款),负担 v. 对……征税,使负重担
taxi ['tæksi]	n.	出租汽车
tea [tiː]	n.	茶(叶);午后茶点
teach [tiːtʃ]	vt.	教,讲授;教导(训) vi. 讲课,当教师
teacher ['tiːtʃə]	n.	教师,教员,老师,导师
team [tiːm]	n.	小队,小组 v. 协同工作
tear [tiə]	n.	(pl.)眼泪 vt. 撕裂;使……分裂 vi. 破裂
tease [tiːz]	v.	戏弄,取笑;挑逗,撩拨 n. (爱)戏弄他人者;戏弄,挑逗
technical ['teknikəl]	a.	技术(性)的,工艺的;专门性的,专业性的
technician [tek'niʃ(ə)n]	n.	技术员,技师,技工
technique [tek'niːk]	n.	技巧,手艺,技能;技术,工艺
technology [tek'nɔlədʒi]	n.	科学技术;工业技术;应用科学
tedious ['tiːdiəs]	a.	乏味的,单调的,冗长的
teenager ['tiːnˌeidʒə]	n.	十几岁的青少年
telegram ['teligræm]	n.	电报
telegraph ['teligrɑːf]	n.	电报机,电报 v. 打电报,发电报
telephone ['telifəun]	n.	电话,电话机 v. 打电话
telescope ['teliskəup]	n.	望远镜
tell [tel]	vt.	告诉,讲述;告诫;吩咐,命令;(from)辨别,区别;泄露,吐露
temper ['tempə]	n.	脾气;韧度,回火度 vt. 调和,使缓和;使回火
temperament ['tempərəmənt]	n.	气质,性格,性情;资质
temperature ['tempritʃə(r)]	n.	温度,体温;热度,发烧
temple ['templ]	n.	庙宇,神殿,寺;太阳穴
tempo ['tempəu]	n.	节奏,行进速度;(音乐的)速度
temporary ['tempərəri]	a.	暂时的,临时的
tempt [tempt]	v.	诱惑,引诱;吸引,使感兴趣
temptation [temp'teiʃən]	n.	引诱,诱惑;诱惑物
ten [ten]	num.	十 pron./a. 十(个,只……)

tenant [ˈtenənt]	n.	承租人;房客;佃户　vt. 租借,承租
tend [tend]	v.	趋向,往往是;照料,看护
tendency [ˈtendənsi]	n.	趋势,趋向;倾向
tender [ˈtendə]	a.	嫩的;敏感的;温柔的　v. 提出,提供;投标
tennis [ˈtenis]	n.	网球
tense [tens]	n.	时态　v. 拉紧,(使)紧张　a. 绷紧的,紧张的
tension [ˈtenʃən]	n.	(紧张)状态;拉(绷)紧;张力,拉力
tent [tent]	n.	帐篷
tentative [ˈtentətiv]	a.	试探性的,暂时的;试验(性)的
term [tə:m]	n.	学期;期限,期间;(pl.)条件,条款;术语
terminal [ˈtə:minl]	a.	晚期的;终点的;期末的　n. 终点(站);终端,接线端;计算机终端
terminate [ˈtə:mineit]	vi.	(使)结束,(使)停止
terrible [ˈterəbl]	a.	很糟的;可怕的,骇人的;极度的,厉害的
terrific [təˈrifik]	a.	极好的,非常的,极度的
terrify [ˈterifai]	v.	使害怕,使惊恐
territory [ˈteritəri]	n.	领土;版图;领域,范围
terror [ˈterə]	n.	恐怖;可怕的人(事)
test [test]	n./vt.	试验;检验;测验
testify [ˈtestifai]	v.	作证,证明;(to)表明,说明
testimony [ˈtestiməni]	n.	证据,证词,表明,说明
text [tekst]	n.	正文,文本;原文;教科书;课文
textbook [ˈtekstbuk]	n.	课本,教科书
textile [ˈtekstail]	n.	纺织品　a. 纺织的
texture [ˈtekstʃə]	n.	(织物)质地;(材料)构造;结构;肌理
than [ðæn; ðən, ðn]	conj.	[用于形容词,副词的比较级之后]比
thank [θæŋk]	vt.	感谢　int. [-s]谢谢　n. (pl.)感谢,谢意
Thanksgiving [θæŋksˈgiviŋ]	n.	感恩节
that [ðæt]	a./pron.	那,那个　ad. 那么　conj. [引导从句]
the [ði:, ði; ðə, ð]	art.	这(那)个;这(那)些(指特定的人或物)
theatre/theater [ˈθiətə(r)]	n.	戏院;戏剧;阶梯教室
theft [θeft]	n.	偷窃(行为),偷窃罪
their [ðɛə, ðər]	pron.	[they 的所有格]他(她、它)们的
theirs [ðɛəz]	pron.	[they 的物主代词]他(她、它)们的
them [ðem]	pron.	[they 的宾格形式]他们/她们/它们
theme [θi:m]	n.	题目,主题;主旋律,基调
themselves [ðəmˈselvz]	pron.	他(她、它)们自己;他(她、它)们亲自

then [ðen]	*ad.*	当时,在那时;然后;于是;那么,因而;另外
theoretical [θiə'retikəl]	*a.*	理论(上)的
theory ['θiəri]	*n.*	理论,原理;学说,见解,看法
therapy ['θerəpi]	*n.*	治疗,(不需要药物或手术的)物理疗法
there [ðɛə, ðə]	*ad.*	在那儿;往那儿;[作引导词表示"存在"];在这方面,在这点上;[用以引起注意];[与 be 连用,表示"有"];[放在句首用以加强语气]
thereafter [ðɛər'ɑːftə]	*ad.*	此后,以后
thereby ['ðɛə'bai]	*ad.*	因此,从而
therefore ['ðɛəfɔː]	*ad.*	因此,所以 *conj.* 因此
thermal ['θəːməl]	*a.*	热的,热力的;保暖的
thermometer [θə'mɔmitə(r)]	*n.*	温度计
these [ðiːz]	*pron./a.*	[this 的复数]这些;这些人(东西)
thesis ['θiːsis]	*n.*	(*pl.* theses)论文;论题;论点
they [ðei; ðe]	*pron.*	他(她它)们
thick [θik]	*a.*	厚的,粗的,稠的,浓的 *ad.* 厚,浓,密
thief [θiːf]	*n.*	(thieves)贼;小偷
thigh [θai]	*n.*	大腿;股骨
thin [θin]	*a.*	薄的,细的;稀薄的,淡的;瘦的 *v.* 变薄;变稀
thing [θiŋ]	*n.*	物,东西;事,事情;(*pl.*)所有物,用品;(*pl.*)局面,情况,事态
think [θiŋk]	*v.*	想,思索;认为,以为;想要;料想,预料;考虑,打算
third [θəːd]	*num.*	第三(个),三分之一(的)
thirst [θəːst]	*n.*	渴,口渴;(for)渴望,热望
thirsty ['θəːsti]	*a.*	口渴的;(for)渴望的,热望的
thirteen ['θəː'tiːn]	*num./a.*	十三 *pron.* 十三(个,只……)
thirty ['θəːti]	*num.*	三十,三十个(人或物)
this [ðis]	*pron.*	这(个) *a.* 这(个);今 *ad.* 这(样)
thorn [θɔːn]	*n.*	刺,荆棘
thorough ['θʌrə]	*a.*	彻底的,完全的;精心的
those [ðəuz]	*pron./a.*	[that 的复数]那些;那些人(东西)
though [ðəu; ðə]	*ad.*	可是,然而,不过 *conj.* 尽管,虽然
thought [θɔːt]	*n.*	思想,思考,思维;意图,打算;想法
thoughtful ['θɔːtful]	*a.*	认真思考的,沉思的;体贴的,关心的
thousand ['θauzənd]	*num./n./a.*	一千;(*pl.*)许许多多,成千上万
thread [θred]	*n.*	线,细丝;线索,思路;螺纹 *v.* 穿线,穿过
threat [θret]	*n.*	恐吓,威胁;坏兆头,危险迹象

threaten [ˈθretn]	v.	恐吓,威胁;有……危险,快要来临
three [θriː]	num. 三　pron. /a. 三(个,只……)	
threshold [ˈθreʃhəuld]	n.	门槛;入门,开端
thrift [θrift]	a.	节约,节俭
thrill [θril]	n.	一阵激动(恐惧)　v. 激动;(使)毛骨悚然
thrive [θraiv]	v.	兴旺,繁荣
throat [θrəut]	n.	咽喉,嗓子
throne [θrəun]	n.	御座,宝座;王位,王权
through [θruː]	prep. /ad. 穿过;自始至终;由,以　a. 直达的,直通的	
throughout [θru(ː)ˈaut]	prep. 遍及,贯穿　ad. 到处,自始至终,彻底	
throw [θrəu]	vt.	扔;使突然陷入;使困惑　n. 投掷(距离)
thrust [θrʌst]	vi.	刺,戳,冲　vt. 插入;猛推　n. 插入;推力
thumb [θʌm]	n.	拇指　v. (~ through)翻阅
thunder [ˈθʌndə]	n.	雷(声);轰隆声　v. 打雷;大声说,吼叫
Thursday [ˈθəːzdi]	n.	星期四
thus [ðʌs]	ad.	如此;像这样;于是;因此
tick [tik]	n.	滴答声;勾号　v. 滴答响;打勾号于
ticket [ˈtikit]	n.	票,入场券;票签;(交通违章)罚款传票
tide [taid]	n.	潮,潮汐,潮流,趋势
tidy [ˈtaidi]	a.	整洁的,整齐的　v. 整理,收拾
tie [tai]	n.	领带;联系,关系,纽带;束缚　v. 扎,系,捆
tiger [ˈtaigə]	n.	虎;老虎
tight [tait]	a.	紧的;紧身的,装紧的;密封的,不透……的　ad. 紧紧地
tile [tail]	n.	瓦片,瓷砖　vt. 铺瓦于,贴砖于
till [til]	prep. 直到,直到……为止,与 until 意思相同	
tilt [tilt]	v.	(使)倾侧;(使)倾斜　n. 倾侧;倾斜
timber [ˈtimbə]	n.	木材,木料
time [taim]	n.	时间;时刻;次,回;(pl.)时代,时期;倍,乘;时机,机会
timely [ˈtaimli]	a.	及时的,适时的
timid [ˈtimid]	a.	胆怯的,怯懦的
tin [tin]	n.	罐头;锡　a. 锡制的　vt. 镀锡于
tiny [ˈtaini]	a.	极小的,微小的
tip [tip]	n.	尖端,末端;小费;提示;建议　n. /v. 轻击;倾斜;给小费
tire [ˈtaiə]	v.	(使)疲倦,(使)厌倦　n. (=tyre)轮胎,车胎
tired [ˈtaiəd]	a.	疲劳的;厌倦的

tiresome ['taiəsəm]	a.	使人厌倦的,讨厌的
tissue ['tisju:]	n.	织物,薄绢,纸巾;(动,植物的)组织
title ['taitl]	n.	书名,标题;头衔,称号
to [tu:; tə, tu]	prep.	[表示方向]到;向;[表示间接关系]给;[表示终点,程度,范围]到达;[不定式符号];[表示对比,比例,选择]比,对;直到……为止;在……之前
toast [təust]	n.	烤面包,吐司;祝酒(词) v. 烘,烤;(向……)祝酒
tobacco [tə'bækəu]	n.	烟草,烟叶
today [tə'dei]	ad.	在今天;现今,在当代 n. 今天;现在
toe [təu]	n.	脚趾,足尖
together [tə'geðə]	ad.	共同,一起;合起来,集拢地
toilet ['tɔilit]	n.	厕所,盥洗室
token ['təukən]	n.	表示;标志;记号;代用硬币,礼券,代价券;信物;纪念品;筹码 a. 象征性的
tolerance ['tɔlərəns]	n.	宽容;容忍,忍受;耐药力;公差
tolerant ['tɔlərənt]	a.	容忍的,宽容的;有耐药力的
tolerate ['tɔləreit]	vt.	容忍,默许;对(药物、毒品等)有耐力
toll [təul]		(道路、桥等的)通行费;牺牲;死伤人数
tomato [tə'mɑ:təu, tə'meitəu]	n.	西红柿
tomb [tu:m]	n.	坟,冢
tomorrow [tə'mɔrəu, tu'mɔrəu]	n.	明天;来日,未来 ad. 在明天,在明日
ton [tʌn]	n.	吨;(pl.)大量,许多
tone [təun]	n.	音调,音色;风气,气氛;腔调,语气;色调
tongue [tʌŋ]	n.	舌;语言
tonight [tə'nait]	ad.	在今晚;在今夜 n. 今晚,今夜
too [tu:]	ad.	也,还;太,过于;很,非常
tool [tu:l]	n.	工具,用具;方法,手段
tooth [tu:θ]	n.	(pl. teeth)牙齿;齿状物
top [tɔp]	n.	顶,顶端;首位;顶点,上边,上面 a. 最高的;顶上的 v. 高过,超过;到达……顶部
topic ['tɔpik]	n.	话题,主题,题目
torch [tɔ:tʃ]	n.	手电筒;火炬,火把
torment ['tɔ:ment]	n.	折磨;令人痛苦的东西(人) vt. 折磨;纠缠
torrent ['tɔrənt]	n.	激流,洪流;爆发,(话语等的)连发
torture ['tɔ:tʃə]	v.	拷问,拷打;折磨,磨难 n. 拷问;折磨,痛苦
toss [tɔs]	vt.	向上掷/扔;摇摆,颠簸;辗转反侧 n. 投,扔;摇动
total ['təutl]	n.	总数,合计 a. 总的,全部的,完全的 v. 合计,总

数达

touch [tʌtʃ]	v.	触,碰,摸;感动,触动;涉及 n. 触动,碰到;少许,一点
tough [tʌf]	a.	坚韧的,棘手的;强健的,吃苦耐劳的;粗暴的,凶恶的
tour [tuə]	n.	旅游,旅行;巡回演出/比赛 v. 旅游
tourist ['tuərist]	n.	旅游者,观光客
tow [təu]	vt.	(用绳、链等)拖(车、船等),牵引 n. 拖,牵引
toward(s) [tə'wɔːdz]	prep.	朝,向;将近;对于;为了
towel ['tauəl, taul]	n.	毛巾 vt. 用毛巾擦或擦干
tower ['tauə]	n.	塔 v. 高耸
town [taun]	n.	市镇;市民;城市商业区,闹市区
toxic ['tɔksik]	a.	有毒的;中毒的
toy [tɔi]	n.	玩具 vi. (with)漫不经心地考虑;摆弄
trace [treis]	n.	痕迹,踪迹;极少量,微量 v. 描绘;跟踪,追踪
track [træk]	n.	跑道,小路;轨迹,轮迹 v. 跟踪,追踪
tractor ['træktə]	n.	拖拉机,牵引车
trade [treid]	n.	贸易,商业;职业,行业 v. 经商,交易
trademark ['treidmɑːk]	n.	商标;特征 vt. 注册的……商标
tradition [trə'diʃən]	n.	传统,惯例
traffic ['træfik]	n.	交通,交通量
tragedy ['trædʒidi]	n.	悲剧;惨事,灾难
tragic ['trædʒik]	a.	悲剧的,悲惨的
trail [treil]	n.	踪迹,痕迹;小路 v. 追踪,跟踪;拖,拖曳
train [trein]	n.	列车;行列,系列,一串 v. 训练,培养
training ['treiniŋ]	n.	训练,培养
trait [treit]	n.	特征,特点,特性
traitor ['treitə]	n.	叛徒,卖国贼
tram [træm]	n.	有轨电车
tramp [træmp]	n./v.	步行;沉重的脚步声(走) v. 践踏 n. 流浪者;步行,跋涉
transaction [træn'zækʃən]	n.	办理,处理;交易,事务;(pl.)会报,学报
transcend [træn'send]	vt.	超出,超越(经验、知识、能力的范围等),跨越
transfer [træns'fəː]	vt./n.	转移;转换;转让;过户;迁移;改乘;调动工作;转学,转业;转账
transform [træns'fɔːm]	vt.	改变,变换;变压;转化;改造,改革
transient ['trænziənt]	a.	短暂的,转瞬即逝的;临时的,暂住的
transistor [træn'zistə]	n.	晶体管,晶体管收音机

transition [træn'ziʒən, -'siʃən]	n.	转变,变迁,过渡(时期)
translate [træns'leit]	v.	翻译,解释;转化
translation [træns'leiʃən]	n.	翻译;译文,译本
transmission [trænz'miʃən]	n.	播送,发射;传动,传送
transmit [trænz'mit]	vt.	传输,传导;转送;发射 vi. 发射信号;发报
transparent [træns'pɛərənt]	a.	透明的,透光的;易理解的;明显的
transplant [træns'plɑːnt]	n./v.	移植(植物;组织,器官等);迁移
transport [træns'pɔːt]	v.	运输,运送,搬运 n. 运输,运送;运输系统,运载工具
trap [træp]	n.	陷阱,圈套 vt. 诱捕;使中圈套 vi. 设圈套
trash [træʃ]	n.	垃圾;拙劣的作品;渣滓,败类
travel ['trævl]	n.	旅行 v. 旅行;行进,传播
tray [trei]	n.	盘,碟,托盘
treason ['triːzn]	n.	谋反,通敌,叛国
treasure ['treʒə]	n.	财宝,财富;珍品 v. 珍爱,珍惜
treat [triːt]	v.	对待;治疗;论述;款待,请客;处理 n. 款待,请客
treaty ['triːti]	n.	条约;协议,协商
tree [triː]	n.	树,树状物 vi. 爬上树
tremble ['trembl]	n.	战栗,颤抖 v. 发抖,颤抖;摇动;焦虑
tremendous [tri'mendəs]	a.	巨大的,极大的
trench [trentʃ]	n./v.	(挖)沟,(挖)战壕
trend [trend]	n.	倾向,趋势 vi. 伸向,倾向
trial ['traiəl]	n.	讯问,审讯;试验;试用;尝试
triangle ['traiæŋgl]	n.	三角(形)
tribe [traib]	n.	种族,部落;(植物,动物)族,类
tribute ['tribjuːt]	n.	贡品;颂词,称赞,(表示敬意的)礼物
trick [trik]	n.	诡计,骗局;恶作剧;窍门,诀窍 vt. 欺骗,哄骗
trifle ['traifl]	n.	少量;小事,琐事 v. (with)玩弄;嬉耍
trigger ['trigə]	n.	扳机 vt. 触发,引起
trim [trim]	a.	整齐的,整洁的 v./n. 整理,修整,装饰
trip [trip]	n.	旅行,远足 v. 绊倒;失足;犯错
triple ['tripl]	n.	三倍数 a. 三倍的,三重的,三方的;三部分构成的 v. 使成三倍
triumph ['traiəmf]	n.	胜利,成功 v. 得胜,战胜
trivial ['triviəl]	a.	琐碎的;无足轻重的
trolly/trolley ['trɔli]	n.	手推车,小车;[英]无轨电车,[美]有轨电车
troop [truːp]	n.	(pl.)部队,军队;(一)群/队 v. 群集,集合

tropic ['trɔpik]	n.	回归线;(the Tropics)热带地区
tropical ['trɔpikl]	a.	热带的
trouble ['trʌbl]	n.	烦恼;动乱;疾病;故障;辛苦　v.(使)烦恼
troublesome ['trʌblsəm]	a.	令人烦恼的,讨厌的
trousers ['trauzəz]	n.	裤子
truck [trʌk]	n.	卡车,载重汽车
true [truː]	a.	真实,不假的;忠实,可靠的;正确无误的
trumpet ['trʌmpit]	n.	喇叭,小号
trunk [trʌŋk]	n.	大衣箱,皮箱;(汽车后部)行李箱;树干,躯干
trust [trʌst]	vt.	信任;盼望;委托　n.(in)信任,依赖;委托
truth [truːθ]	n.	真实,真相;真实性;真理
try [trai]	v.	尝试,试图;试验,试用;审讯　n. 尝试
tub [tʌb]	n.	木盆,澡盆
tube ['tjuːb]	n.	管,软管;电子管,显像管;地铁
tuck [tʌk]	v.	卷起;塞进
Tuesday ['tjuːzdi]	n.	星期二
tug [tʌg]	v.	用力拖(或拉);苦干　n. 猛拉,牵引;苦干;拖船
tuition [tjuːˈiʃən]	n.	学费;(某一学科的)教学,讲授,指导
tumble ['tʌmbl]	v.	(使)摔倒;打滚,翻腾　n. 摔跤,跌倒
tumour/tumor ['tjuːmə]	n.	(肿)瘤,肿块
tune [tjuːn]	n.	调子,曲调;和谐,协调　vt. 调音,调节,调整
tunnel ['tʌnl]	n.	隧道,山洞
turbine ['təːbin, -bain]	n.	汽轮机,涡轮机
turbulent ['təːbjulənt]	a.	狂暴的,无秩序的
turkey ['təːki]	n.	火鸡(肉)
turn [təːn]	v./n.	(使)转动;(使)旋转;(使)转变　n. 机会;轮流, (顺)次
turnover ['təːnˌəuvə]	n.	翻倒(物);人员调整;(资金等)周转;营业额
tutor ['tjuːtə]	n.	导师;家庭教师　v. 辅导;当导师;当家庭教师
TV/television ['teliviʒən]	n.	电视;电视机
twelve [twelv]	num.	十二　pron./a. 十二(个,只……)
twenty ['twenti]	num.	二十　pron./a. 二十(个,只……)
twice [twais]	ad.	两次,两倍
twin [twin]	a.	双的,成对的,孪生的　n. 孪生子,双生子
twinkle ['twiŋkl]	vi.	(星等)闪烁,(眼睛)发亮　n. 闪烁,闪光
twist [twist]	v.	捻;拧;扭曲;蜿蜒曲折而行　n. 拧;歪曲;曲折
two [tuː]	num.	二,两个　n. 两个(人或物)

type [taip]	n.	型式,类型;印刷字体;活字,铅字 v. 打字
typewriter ['taipraitə]	n.	打字机
typhoon [tai'fu:n]	n.	台风
typical ['tipikəl]	a.	(of)典型的,有代表性的
typist ['taipist]	n.	打字员

U

ugly ['ʌgli]	a.	丑陋的,难看的;丑恶的,讨厌的
ultimate ['ʌltimit]	a.	最后的,最终的;根本的
ultraviolet ['ʌltrə'vaiəlit]	a./n.	紫外线(的)
umbrella [ʌm'brelə]	n.	伞
unanimous [ju(:)'næniməs]	a.	全体一致的,一致同意的
uncle ['ʌŋkl]	n.	伯父,叔父,舅父,姑父,姨父
uncover [ʌn'kʌvə]	v.	揭开,揭露
under ['ʌndə]	prep.	在……下面,少于,低于;在……情况下,在……中
	ad.	在下面;少于
underestimate ['ʌndər'estimeit]	vt.	低估,看轻
undergo [ˌʌndə'gəu]	vt.	遭受,经历,承受
undergraduate [ˌʌndə'grædjuit]	n.	大学生,大学肄业生
underground ['ʌndəgraund]	a.	地下的;秘密的 n. 地铁 ad. 在地下;秘密地
underlie [ˌʌndə'lai]	vt.	位于……之下;成为……的基础
underline [ˌʌndə'lain]	vt.	在……下画线;强调
underlying ['ʌndə'laiiŋ]	a.	含蓄的,潜在的;在下面的
undermine [ˌʌndə'main]	v.	暗中破坏,逐渐削弱;侵蚀……的基础
underneath [ˌʌndə'ni:θ]	prep.	在……下面 ad. 在下面,在底下
understand [ˌʌndə'stænd]	v.	懂,理解;获悉,听说;揣测,认为
understanding [ˌʌndə'stændiŋ]	n.	理解,理解力;谅解 a. 了解的,通情达理的
undertake [ˌʌndə'teik]	v.	承担,担任,许诺,保证;着手,从事
undo ['ʌn'du:]	v.	松开,解开
undoubtedly [ʌn'dautidli]	ad.	无疑,必定
uneasy [ʌn'i:zi]	a.	不安的,焦虑的
unemployment ['ʌnim'plɔimənt]	n.	失业,失业人数
unexpected ['ʌniks'pektid]	a.	想不到的,意外的,未预料到的
unfold [ʌn'fəuld]	vt.	打开;显露,展示 vi. 呈现;显示,展示
unfortunately [ʌn'fɔ:tjunətli]	ad.	不幸地
uniform ['ju:nifɔ:m]	n.	制服,军服 a. 相同的,一律的
unify ['ju:nifai]	v.	使联合,统一;使相同,使一致

union [ˈjuːnjən]	n.	联合,团结;联盟,联邦;协会,社团;和谐,一致,融洽
unique [juːˈniːk]	a.	唯一的,独一无二的
unit [ˈjuːnit]	n.	单位,单元;部件,元件;机组,装置
unite [ju(ː)ˈnait]	vi.	联合,团结;统一,合并 vt. 使联合
unity [ˈjuːniti]	n.	团结;统一,一致,整体
universal [ˌjuːniˈvəːsəl]	a.	普遍的,全体的,通用的;宇宙的,世界的
universe [ˈjuːnivəːs]	n.	宇宙,万物
university [ˌjuːniˈvəːsiti]	n.	(综合)大学
unless [ənˈles, ʌnˈles]	conj.	除非,如果不 prep. 除……外
unlike [ˈʌnˈlaik]	a.	不同的,不相似的 prep. 不像,和……不同
unlikely [ʌnˈlaikli]	a.	未必的,靠不住的
unload [ˈʌnˈləud]	vi.	卸货,卸下 vt. 摆脱……之负担;倾销
until [ənˈtil, ʌnˈtil]	conj./prep.	直到……为止,在……以前;直到……
unusual [ʌnˈjuːʒuəl]	a.	不平常的,与众不同的
up [ʌp]	ad.	向上,在上面;往上游,往北方,往城里;[表示发生、增强、激化等];……起来;……完;起床 prep. 向……上,直至
update [ʌpˈdeit]	v.	更新,使现代化
upgrade [ˈʌpgreid]	v.	提升,使升级
uphold [ʌpˈhəuld]	vt.	支持,赞成;举起;坚持
upon [əˈpɔn]	prep.	在……上;在……旁(=on)
upper [ˈʌpə]	a.	上面的;上部的,较高的
upright [ˈʌpˈrait]	u.	垂直的,直立的;正直的,诚实的 ad. 竖立着
uproar [ˈʌprɔː]	n.	骚动,喧器,鼎沸
upset [ʌpˈset]	v.	使……心烦意乱;打翻,推翻 a. 难过的;不安的
upstairs [ˈʌpˈstɛəz]	ad.	向楼上;在楼上;上楼 a. 楼上的
up-to-date [ˈʌptəˈdeit]	a.	现代化的,最新的;跟上时代的
upward [ˈʌpwəd]	a.	向上的,上升的 ad. (~s) 向上,往上
urban [ˈəːbən]	a.	城市的,市内的
urge [əːdʒ]	vt.	催促;怂恿;强调;强烈愿望;鼓励,促进 n. 强烈欲望,迫切要求
urgent [ˈəːdʒnət]	a.	急迫的,紧要的,紧急的
us [ʌs; əs]	pron.	[we的宾格形式]我们
usage [ˈjuːzidʒ]	n.	使用,用法;习惯,习俗;惯用法
use [juːs]	n.	使用,应用;用法,用途;益处,用处 vt. 用;消耗
used [juːzd]	a.	用旧了的,旧的;(to)习惯于……;过去惯常,过去经常 v. (to + inf.)过去常常,过去经常

useful [ˈjuːsful]	a.	有用的,实用的;有益的,有帮助的
usual [ˈjuːʒuəl]	a.	通常的,平常的
usually [ˈjuːʒuəli]	ad.	通常,平常
utilise [ˈjuːtilaiz]/utilize [juːˈtilaiz]	vt.	利用
utmost [ˈʌtməust]	a.	最远的;极度的　n. 极限,极度,最大可能
utter [ˈʌtə]	v.	说,发出(声音)　a. 彻底的,完全的

V

vacant [ˈveikənt]	a.	空的,未占用的;空缺的;神情茫然的
vacation [vəˈkeiʃən]	n.	休假,假期
vacuum [ˈvækjuəm]	n.	真空,真空吸尘器
vague [veig]	a.	不明确的,含糊的,暧昧的
vain [vein]	a.	徒劳的,徒然的;自负的,爱虚荣的　n. 徒劳,白费
valid [ˈvælid]	a.	有效的;有根据的;正当的
valley [ˈvæli]	n.	(山)谷;流域
valuable [ˈvæljuəbl]	a.	贵重的,有价值的　n. (pl.)贵重物品,财宝
value [ˈvæljuː, -ju]	n.	价格;价值;实用性;重要性　v. 评价,估价;尊重,重视
valve [vælv]	n.	阀;[英]电子管,真空管
van [væn]	n.	有篷汽车;有篷货运车厢
vanish [ˈvæniʃ]	vi.	突然不见;消失,消散
vanity [ˈvæniti]	n.	虚荣心,浮华
vapour/vapor [ˈveipə]	n.	汽,(水)蒸气
variable [ˈvɛəriəbl]	a.	易变的;可变的;变量的　n. 变量
variation [ˌvɛəriˈeiʃən]	n.	变化,变动;变种,变异
variety [vəˈraiəti]	n.	种种,多种多样;种类,品种
various [ˈvɛəriəs]	a.	各种各样的;不同的
vary [ˈvɛəri]	vt.	改变,变化;使多样化
vase [vɑːz, veis]	n.	花瓶,瓶
vast [vɑːst]	a.	巨大的,辽阔的,大量的;巨额的
vegetable [ˈvedʒitəbl]	n.	蔬菜,植物　a. 植物的,蔬菜的
vegetarian [ˌvedʒiˈtɛəriən]	n.	素食主义者
vegetation [ˌvedʒiˈteiʃən]	n.	植物,草木
vehicle [ˈviːikl]	n.	车辆,交通工具;媒介,载体
veil [veil]	n.	面纱,遮蔽物　v. 用面纱掩盖,掩饰
vein [vein]	n.	血管;静脉;叶脉;纹理;情绪　vt. 使成脉络
velocity [viˈlɔsiti]	n.	速度,速率

velvet ['velvit]	n.	丝绒,天鹅绒 a. 丝绒制的,柔软的
ventilate ['ventileit]	vt.	使通风;给……装通风设备
venture ['ventʃə]	v.	冒险,拼;大胆表示;敢于 n. 冒险事业,拼,闯
verb [və:b]	n.	动词
verbal ['və:bəl]	a.	用言辞的,用文字的;口头的;动词的
verdict ['və:dikt]	n.	(陪审团的)裁决,判决;判断;定论
verge [və:dʒ]	n.	边,边缘 v. 濒临,接近
verify ['verifai]	vt.	证实,查证;证明
versatile ['və:sətail]	a.	通用的;多才多艺的,多方面的
verse [və:s]	n.	韵文,诗;诗节,诗句
version ['və:ʃən]	n.	版本;译本,译文;说法,看法
versus ['və:səs]	prep.	(vs.)……对……(在诉讼,比赛等);与……相对,以……为对手
vertical ['və:tikəl]	a.	垂直的,竖的 n. 垂线
very ['veri]	ad.	很,非常;完全,真正地 a. [加强名词的语气]正是的;真正的,真实的
vessel ['vesl]	n.	容器,器皿;船,舰;管,血管
vest [vest]	n.	背心,马甲;汗衫,内衣
veteran ['vetərən]	n.	老手,老兵
veto ['vi:təu]	n. /v.	否决
via ['vaiə, 'vi:ə]	prep.	经;通过;凭借
vibrate [vai'breit]	v.	(使)振动,(使)摇摆
vice [vais]	n.	邪恶;坏事;恶习;(pl.)台钳,老虎钳 a. 副的
vicinity [vi'siniti]	n.	邻近,附近
vicious ['viʃəs]	a.	恶毒的,凶残的,邪恶的
victim ['viktim]	n.	牺牲品,受害者
victory ['viktəri]	n.	胜利
video ['vidiəu]	n.	电视,视频,录像 a. 电视的,视频的;录像的
view [vju:]	n.	视野;风景;观察;见解;照片;眼界 vt. 观察;认为;考虑
viewpoint ['vju:point]	n.	观点
vigorous ['vigərəs]	a.	朝气蓬勃的,精力旺盛的
village ['vilidʒ]	n.	村,村庄
vinegar ['vinigə]	n.	醋
violate ['vaiəleit]	vt.	违背;冒犯;妨碍;侵犯
violence ['vaiələns]	n.	猛烈,强烈;暴力,暴行;强暴
violent ['vaiələnt]	a.	猛烈的,激烈的;暴力引起的,强暴的

violet [ˈvaiəlit]	n.	紫罗兰,紫色 a. 紫色的
violin [ˌvaiəˈlin]	n.	小提琴
virgin [ˈvəːdʒin]	n.	处女 a. 处女的;纯洁的;原始的;未使用的;未经开发的
virtual [ˈvəːtjuəl, -tʃuəl]	a.	实际上的,事实上的
virtue [ˈvəːtjuː]	n.	德行,美德;贞操;优点;功效,效力
virus [ˈvaiərəs]	n.	病毒;(精神、道德方面的)有害影响
visa [ˈviːzə]	n.	(护照等的)签证;维萨信用卡 vt. 签证
visible [ˈvizəbl]	a.	看得见的;明显的,显著的
vision [ˈviʒən]	n.	视力,视觉;远见,洞察力;幻想,幻影;想象力
visit [ˈvizit]	n.	访问,参观 v. 访问,参观;视察;降临;闲谈
visitor [ˈvizitə]	n.	访问者,客人,来宾,参观者
visual [ˈviʒuəl]	a.	看的,看得见的;视觉的
vital [ˈvaitl]	a.	生死攸关的,重大的;生命的,生机的
vitamin [ˈvaitəmin, ˈvi-]	n.	维生素
vivid [ˈvivid]	a.	鲜艳的;生动的,栩栩如生的
vocabulary [vəˈkæbjuləri]	n.	词汇,词汇量;词汇表
vocal [ˈvəukl]	a.	声音的;有声的;歌唱的 n. 元音;声乐作品
vocation [vəuˈkeiʃən]	n.	职业;行业
voice [vɔis]	n.	声音,嗓音;发音能力;意见,发言权;语态 v. 说出,表达
void [vɔid]	a.	空虚的;(of)没有的,缺乏的;无效的
volcano [vɔlˈkeinəu]	n.	火山
volleyball [ˈvɔlibɔːl]	n.	排球
volt [vəult, vɔlt]	n.	伏特
voltage [ˈvəultidʒ]	n.	电压
volume [ˈvɔljuːm, -jəm]	n.	容积,体积;卷,册;音量,响度
voluntary [ˈvɔləntəri; -teri]	a.	自愿的,志愿的
volunteer [vɔlənˈtiə(r)]	n./v.	自愿(者、兵);自愿(提供)
vote [vəut]	n.	投票,表决;选票,选票数 v. 投票,表决
vowel [ˈvauəl]	n.	元音,元音字母
voyage [ˈvɔiidʒ]	n.	航海;航行;旅行
vulgar [ˈvʌlgə(r)]	a.	粗俗的,庸俗的;本土的;通俗的,普通的
vulnerable [ˈvʌlnərəb(ə)l]	a.	易受攻击的

W

| wage [weidʒ] | n. | (常 pl.)工资,报酬 vt. 进行,开展 |
| waggon/wagon [ˈwægən] | n. | 运货马车,运货车;敞篷车厢 |

waist [weist]	n.	腰,腰部
wait [weit]	v.	(for)等待;(on)侍候　n. 等候,等待时间
waiter ['weitə]	n.	侍者,服务员
waitress ['weitris]	n.	女侍者,女服务员
wake [weik]	v.	醒来,唤醒,使觉醒,激发,引起
waken ['weikən]	v.	醒,弄醒,唤醒
walk [wɔːk]	v.	走,步行,散步;走遍　n. 走,步行,散步;步行道
wall [wɔːl]	n.	墙,壁,围墙　vt. 筑墙围住,用墙隔开
wallet ['wɔlit]	n.	皮夹,钱包
wander ['wɔndə]	v.	漫步,徘徊;迷路,迷失方向;离题
want [wɔnt]	vt.	想要;希望;需要;缺,缺少　n. 需要,必需品;短缺,缺少
war [wɔː]	n.	战争(状态);冲突　vi. 作战
ward [wɔːd]	n.	病房;行政区;监护;被监护人　vt. 挡住;保护,守卫
wardrobe ['wɔːdrəub]	n.	衣柜,衣橱;衣服;行头;剧装
warehouse ['wɛəhaus]	n.	仓库,货栈
warfare ['wɔːfɛə]	n.	战争(状态);斗争;冲突
warm [wɔːm]	a.	温暖的,热心的,热情的　v. (使)变暖
warmth [wɔːmθ]	n.	暖和,温暖;热心,热情
warn [wɔːn]	vt.	警告　vi. 发出警告
warrant ['wɔrənt]	n.	正当理由;许可证;委任状　v. 保证,担保
wash [wɔʃ]	n.	洗;洗的衣物　vt. 冲刷,洗;(浪涛)冲刷,拍打　vi. 洗澡
waste [weist]	v.	浪费　a. 无用的;荒芜的　n. 浪费;废物
watch [wɔtʃ]	v.	观看;看守;(for)窥伺,等待　n. 看管;表
water ['wɔːtə]	n.	水　vt. 浇灌;给……饮水　vi. 流泪,加水
waterfall ['wɔːtəfɔːl]	n.	瀑布
waterproof ['wɔːtəpruːf]	a.	防水的,耐水的
watt [wɔt]	n.	瓦,瓦特
wave [weiv]	n.	波浪;(挥手)示意;飘扬　v. (挥手)示意,致意;波动,飘动
wax [wæks]	n.	蜡,蜂蜡　v. 打蜡
way [wei]	n.	道路,路程;方法,方式,手段;习惯,作风,状况;方向,方面
we [wiː; wi]	pron.	[主格]我们
weak [wiːk]	a.	虚弱的,软弱的;不够标准的;淡薄的,稀的
wealth [welθ]	n.	财富,财产;大量

wealthy ['welθi]	a.	富有的,丰裕的,充分的　　n. 富人,有钱人
weapon ['wepən]	n.	武器,兵器
wear [wiə]	v.	穿着,戴着;磨损,用旧　　n. 穿,戴;磨损
weary ['wiəri]	a.	疲倦的;令人厌烦的　　v. 使疲倦,使厌倦
weather ['weðə]	n.	天气,气象
weave [wi:v]	v.	编(织)　　n. 编织法,编织式样
web [web]	n.	网,蜘蛛网
wedding ['wediŋ]	n.	婚礼
wedge [wedʒ]	n.	楔,楔形　　vt. 楔牢,楔入,挤进
Wednesday ['wenzdei, 'wenzdi]	n.	星期三
weed [wi:d]	n.	杂草,野草　　v. 除草,锄草
week [wi:k]	n.	星期,周
weekday ['wi:kdei]	n.	平常日,工作日
weekend [wi:k'end, 'wi:kend]	n.	周末
weekly ['wi:kli]	a.	每星期的,一周的　　ad. 每周一次　　n. 周刊,周报
weep [wi:p]	v.	(over)为……哭泣,流泪;滴下　　n. 哭泣;(for)悲叹,哀悼,为……伤心
weigh [wei]	v.	称……重量,称;重达;考虑,权衡
weight [weit]	n.	重量;负荷,重担;重要性,分量;砝码,秤砣
weird [wiəd]	a.	古怪的,离奇的;怪诞的,神秘而可怕的
welcome ['welkəm]	int.	欢迎,迎接时的招呼语　　a. 受欢迎的　　vt./n. 欢迎;迎接
weld [weld]	v.	焊接　　n. 焊接,焊缝
welfare ['welfɛə]	n.	福利;幸福;福利事业
well [wel]	ad.	好,令人满意地;很　　int. [表示宽慰,惊讶等]哎呀,好啦,嗯　　a. 健康的　　n. 井,小井
well-known[wel-nəun]	a.	有名的,著名的
west [west]	n./a.	西,西方(的),西部(的)　　ad. 向西
western ['westən]	a.	西方的,西部的
wet [wet]	a.	湿的,潮湿的;有雨的,多雨的　　v. 弄湿,沾湿
whale [weil, hw-]	n.	鲸;庞然大物
what [(h)wɔt]	pron.	什么;[引出定语从句]所……的事物(或人)　　a. 多么,何等;什么;尽可能多的;[引出定语从句]所……的
whatever [wɔt'evə, hw-]	pron.	[引出状语从句或名词从句]无论什么　　a. 无论什么样的
whatsoever [wɔtsəu'evə(r)]	ad.	[用于否定句中以加强语气]任何

wheat [wiːt]	*n.*	小麦
wheel [wiːl, hw-]	*n.*	轮,车轮
when [(h)wen]	*ad./pron.* 何时;当时　*conj.* 那时;然后;而;可是,然而
whenever [(h)wen'evə]	*conj.* 无论何时,随时;每当
where [(h)wɛə]	*ad.* 在哪/那里,在……的(地方)　*conj./pron.* 哪里　*conj.* 在……地方,到……地方
whereas [(h)wɛər'æz]	*conj.* 而,却,反之
wherever [(h)wɛər'evə]	*conj.* 无论在哪里　*ad.* 无论在哪里,究竟在哪里
whether ['(h)weðə]	*conj.* 是否,会不会,不管,无论
which [(h)witʃ]	*a./pron.* 哪个,哪些;什么样的;那个,那些
whichever [(h)witʃ'evə]	*pron./a.* 无论哪个,无论哪些
while [(h)wail]	*conj.* (=whilst)当……的时候;而;虽然;尽管　*n.* 一会儿,一段时间　*v.* (away)消磨(时间)
whip [(h)wip]	*n.* 鞭子;车夫　*v.* 鞭打,抽打;突然移动;搅打,打成泡沫
whirl [(h)wəːl]	*v.* (使)旋转,打转　*n.* 旋转;一连串快速的活动
whisky/whiskey ['(h)wiski]	*n.* 威士忌酒
whisper ['(h)wispə]	*v.* 耳语;私下说,偷偷告诉　*n.* 耳语;传闻
whistle [(h)wisl]	*n.* 口哨,汽笛;口哨声,汽笛声　*v.* 吹口哨;鸣笛
white [(h)wait]	*a.* 白色的;苍白的;白种的　*n.* 白色;白种人
who [huː]	*pron.* 谁,什么人;……的人;[引出定语从句]他,她,他们
whoever [huː'evə(r)]	*pron.* [引导名词从句]谁;无论谁;究竟是谁
whole [həul]	*n.* 全部　*a.* 全体的,全部的;完整的,无缺的
wholesome ['həulsəm]	*a.* 卫生的;有益的;健康的,有益健康的
wholly ['həuli]	*ad.* 完全地,全部,一概
whom [huːm, hum]	*pron.* [who 的宾格]谁;哪个人
whose [huːz]	*pron.* 谁的;[引出定语从句]哪(个)人的,那些(人)的
why [(h)wai]	*ad./conj.* 为什么;[引出定语从句]……的理由　*int.* 咳,哎呀
wicked ['wikid]	*a.* 坏的;邪恶的;不道德的;恶劣的;淘气的
wide [waid]	*a.* 宽阔的;睁大的;远离的;广泛的　*ad.* 广阔地;偏差地;完全地,充分地
widespread ['waidspred, -'spred]	*a.* 分布广泛的,普遍的
widow ['widəu]	*n.* 寡妇
width [widθ]	*n.* 宽度;宽阔,广阔
wife [waif]	*n.* 妻子,夫人,太太

wild [waild]	*a.*	野性的,野生的;野蛮的;狂热的,疯狂的;荒芜的
will [wil]	*aux./v.*	将;会;愿意;总是,经常是;决心要,下决心
	n.	意志,决心;愿望;遗嘱
willing ['wiliŋ]	*a.*	愿意的,乐意的,心甘情愿的
win [win]	*vi.*	获胜,赢 *vt.* 赢得;在……中获胜;达到,赶上
	n.	胜利
wind [waind]	*n.*	风;气息 *v.* 转动;缠绕;上发条;蜿蜒而行
window ['windəu]	*n.*	窗,窗口
wine [wain]	*n.*	葡萄酒,果酒
wing [wiŋ]	*n.*	翅,翅膀;翼,机翼;派别 *vt.* 给装备翼部
wink [wiŋk]	*v.*	(使)眨眼;眨眼示意 *n.* 眨眼;小睡,打盹
winter ['wintə]	*n.*	冬季,冬天
wipe [waip]	*v./n.*	擦,揩,抹
wire ['waiə]	*n.*	金属线,电线;电报,电信 *v.* 发电报(给)
wisdom ['wizdəm]	*n.*	智慧,明智;名言,格言
wise [waiz]	*a.*	有智慧的,聪明的
wish [wiʃ]	*v.*	希望;但愿;祝 *n.* 愿望,希望;(*pl.*)祝愿
wit [wit]	*n.*	智力,才智,智慧
witch [witʃ]	*n.*	女巫,巫婆,巫师
with [wið]	*prep.*	跟……一起;用;具有;关于;因;随着,虽然,尽管
withdraw [wið'drɔ:]	*v.*	收回,撤销;缩回,退出;提取(钱)
withhold [wið'həuld]	*vt.*	使停止;拒给;保留;抑制 *vi.* 忍住
within [wið'in]	*prep.*	在……里面,在……以内 *ad.* 在内
without [wið'aut]	*prep.*	无,没有 *n.* 外面,外部
withstand [wið'stænd]	*vt.*	抵抗,经受住
witness ['witnis]	*n.*	目击者,证人;证据,证明 *v.* 目击,目睹;作证
wolf [wulf]	*n.*	狼
woman ['wumən]	*n.*	(*pl.*)women 妇女,成年女子
wonder ['wʌndə]	*n.*	惊奇,惊异;奇迹,奇事 *v.*(at)诧异;想知道
wonderful ['wʌndəful]	*a.*	惊人的,奇妙的;极好的
wood [wud]	*n.*	木材,木头,木料;(*pl.*)森林,林地
wooden ['wudn]	*a.*	木制的;呆笨的
wool [wul]	*n.*	羊毛,毛线,毛织品
word [wə:d]	*n.*	词,词语;(常 *pl.*)谎言,保证;言语,话;谈话;消息,信息
work [wə:k]	*n.*	职业;产品,成品,工艺品;工作(量);(*pl.*)著作,作品;(*pl.*)工厂 *v.* 工作;运转

worker [ˈwəːkə]	n.	工人,工作者,工作人员
workshop [ˈwəːkʃɔp]	n.	车间,工场,修理厂;研讨会,讲习班
world [wəːld]	n.	世界,地球;……界,领域;世间;全世界,世人
worldwide [ˈwɜːldwaid, -ˈwaid]	a.	全世界的,世界范围的　ad. 遍及全世界
worm [wəːm]	n.	虫,蠕虫
worry [ˈwʌri]	v.	烦恼;(about)对……感到烦恼　n. 烦恼,焦虑,担忧
worse [wəːs]	a./ad.	更坏,更差(的/地)
worship [ˈwəːʃip]	n.	礼拜,礼拜仪式;崇拜　v. 崇拜,敬仰;做礼拜
worst [wəːst]	a./ad.	最坏(的),最差(的)
worth [wəːθ]	n.	价值　a. 值……的,价值……的,值得……的
worthwhile [ˈwəːθˈ(h)wail]	a.	值得(做)的
worthy [ˈwəːði]	a.	(of)值得……的,配得上……的;有价值的,可尊敬的
would [wud]	aux./v.	will 的过去时;[表示语气婉转的请求]愿;[表示过去的习惯]常常;大概
wound [wuːnd]	n.	创伤,伤口　v. 伤,伤害
wrap [ræp]	v.	裹,缠,卷,包　n. 披肩,围巾
wreath [riːθ]	n.	花环,花圈
wreck [rek]	n.	失事船(或飞机),残骸;失事　v. (船等)失事,遇难;破坏,拆毁
wrench [rentʃ]	v.	猛拧;挣脱;使扭伤　n. 扳手;痛苦,难受
wretched [ˈretʃid]	a.	可怜的;悲惨的;肮脏的;恶劣的
wrinkle [ˈriŋkl]	n.	皱纹　v. 起皱,皱眉
wrist [rist]	n.	腕,腕关节
write [rait]	v.	写,书写,写字;写作;写信(给),函告
writer [ˈraitə]	n.	作者,作家
writing [ˈraitiŋ]	n.	写,写作;著作,作品
wrong [rɔŋ]	a.	错的;不道德的,不正当的　ad. 错误地,不正确地　n. 错误　v. 委屈

X

X-ray [ˈeksˈrei]	n.	X 射线,X 光

Y

yard [jɑːd]	n.	院子,场地;码
yawn [jɔːn]	v.	打呵欠　n. 呵欠

year [jəː, jiə]	*n.*	年,年度,学年　*a./ad.* 每年,一年一次
yearly [ˈjəːli]	*a.*	每年的,一年一度的　*ad.* 每年,一年一次地
yell [jel]	*vi.*	大叫;呼喊　*vt.* 叫着说　*n.* 叫声;喊声
yellow [ˈjeləu]	*a.*	黄的,黄色的　*n.* 黄色
yes [jes]	*ad.*	[用于肯定句前]是,是的
yesterday [ˈjestədi]	*n./ad.*	昨天;前不久
yet [jet]	*ad.*	还,尚,仍然;已经,更　*conj.* 然而
yield [jiːld]	*v.*	出产,生长;(to)屈服,服从　*n.* 产量,收获
you [juː, ju]	*pron.*	你;你们
young [jʌŋ]	*a.*	年轻的,幼小的;没经验的　*n.* 青年人
youngster [ˈjʌŋstə]	*n.*	小伙子,年轻人;少年,儿童
your [jɔː, juə]	*pron.*	[you 的所有格]你的,你们的
yours [jɔːz, juəz]	*pron.*	[you 的物主代词]你(们)的(所有物)
yourself [jɔːˈself, juə-, jə-]	*pron.*	(*pl.* yourselves)[反身代词]你(们)自己;你(们)亲自
youth [juːθ]	*n.*	青春;年轻人

Z

zeal [ziːl]	*n.*	热心,热忱,热情
zebra [ˈziːbrə, ˈzebrə]	*n.*	斑马
zero [ˈziərəu]	*n.*	零点,零度　*num.* 零
zigzag [ˈzigzæg]	*n./a.*	之字形(的)　*v.* 使曲折,曲折盘旋
zinc [ziŋk]	*n.*	锌
zip [zip]	*v.*	(用拉链或像拉链那样)合上或打开
zone [zəun]	*n.*	地区,区域　*v.* 分区,划分地带
zoo [zuː]	*n.*	动物园
zoom [zuːm]	*vi.*	(飞机)陡升　*n.* 陡升;嗡嗡声

第三篇　10 天考研熟词僻义词汇突破

常考熟词僻义单词（真题部分）

abuse [əˈbjuːz] *vt./n.* 滥用；辱骂；**虐待**

　真题例句　Other identifiable causes of offensive acts include frustration or failure in school, the increased availability of drugs and alcohol, and the growing incidence of child **abuse** and child neglect.【2004 年完形】产生冒犯行为的其他显而易见的原因如下：在校学业受挫或成绩不好，吸毒或酗酒，**虐待**儿童或儿童照管不良等事件日益增多。

academic [ˌækəˈdemik] *a.* 学校的，学院的；**学术的** *n.* 学者，大学教师

　真题例句　Mr. McWhorter's **academic** specialty is language history and change, and he sees the gradual disappearance of "whom", for example, to be natural and no more regrettable than the loss of the case-endings of Old English.【2005 年阅读 4】麦克沃特先生的**学术**专长在于语言史和语言变化，举例来说，他认为"whom"一词的逐渐消失是很自然的，并不比旧式英语中词格的消失更让人惋惜。

　真题例句　Leonard Schlesinger, a Harvard **academic** and former chief executive of Au Bong Pain, a rapidly growing chain of bakery cafes, says that much "reengineering" has been crude.【1998 年阅读 2】莱昂纳德·施莱辛格是一位哈佛大学**学者**，同时也是一家发展迅速的面包连锁店 Au Bong Pain 的前任总裁，他说："大多数公司的重组都进行得不顺利。"

accommodate [əˈkɔmədeit] *v.* 留宿，收容；供应，供给；**使适应**；使符合

　真题例句　And they also need to give serious thought to how teenagers can be best **accommodate** such changes.【2003 年完形】他们也应该认真思考一下青少年应当如何**适应**这些变化。

acknowledge [əkˈnɔlidʒ] *v.* 承认，认为；**致谢**；确认

　真题例句　I **acknowledge** with thanks the help of my colleagues in the preparation of this new column.【1996 年词汇】我**感谢**在筹备这个栏目时，我的同事们给予我的帮助。

act [ækt] *v.* 行动，做事；(on)起作用；表演；(**for**)**代表，代替**；*n.* 行为，动作；(一)幕；**法令，条例**

【真题例句】 The paid manager **acting for** the company was in more direct relation with the men and their demands, but even he had seldom that familiar personal knowledge of the workmen which the employer had often had under the more patriarchal system of the old family business now passing away. 【1996 年阅读 3】**代表**公司进行管理的领薪经理们与工人和工人的需求形成更加直接的关系,但甚至他们也很少像正在被淘汰的旧式家族企业的家长制中的雇主那样熟悉和了解工人的情况。

【真题例句】 The commercial TV channels—ITV and Channel 4— were required by the Thatcher Government's Broadcasting **Act** to become more commercial, competing with each other for advertisers, and cutting costs and jobs. 【1996 年阅读 2】按撒切尔政府广播**法**的要求,商业电视频道——第一频道和第四频道——正在进行商业化,彼此竞争广告业务,降低成本,裁减员工。

acute [ə'kju:t] *a.* **敏锐的**;精锐的;(疾病)急性的

【真题例句】 **Acute** foreign observers related American adaptiveness and inventiveness to this educational advantage. 【1996 年阅读 4】**敏锐的**外国观察家把美国人这种适应性和创造力与教育优势联系起来。

address [ə'dres] *n.* 地址,通讯处,致词 *v.* 致函,写姓名地址;**向……讲话**;**处理**

【真题例句】 Depending on whom you are **addressing**, the problems will be different. 【2002 年阅读 1】针对**不同的听众**,要谈的问题也应该不同。

【真题例句】 *Boston Globe* reporter Chris Reidy notes that the situation will improve only when there are comprehensive programs that **address** the many needs of the homeless. 【2006 年完形】《波士顿环球日报》记者克里斯·雷迪认为只有通过全面规划来**解决**这些无家可归者的各种需求,这种局面才有可能得到改善。

admit [əd'mit] *vt.* 承认,供认,**准许……进入**,准许……加入

【真题例句】 No married women were **admitted** even as a spectator. 【1987 年阅读 2】已婚妇女都不**准进入**,甚至做旁观者都不行。

advance [əd'vɑ:ns] *n.* **前进**,预付 *vt.* 提前;前进,进展;推进,促进,提出(建议等)

【真题例句】 Americans flocked to these fairs to admire the new machines and thus to renew their faith in the beneficence of technological **advance**. 【1996 年阅读 4】美国人蜂拥到这些集市和博览会去欣赏这些新的机械,这也更坚定了他们对科技**进步**带来的益处的信心。

afford [ə'fɔ:d] *vt.* 担负得起(损失、费用、后果等),买得起,花得起(时间);供给,**给予**

【真题例句】 While history once revered its affinity to literature and philosophy, the emerging social sciences seemed to **afford** greater opportunities for asking new questions and providing rewarding approaches to an understanding of the past. 【1999 年阅读 5】当历史学重视其与

文学和哲学的密切关系时,不断发展的社会科学对了解过去似乎可以**给予**更多的机会来提出新问题并且提供有价值的研究方法。

aggressive [ə'gresiv] *a.* 侵略的,好斗的;**大胆的,积极的**

真题例句 Now it is a social policy, the most important and **aggressive** promoter of gambling in America is the government.【2006 年阅读 Part B】现在这是一种社会政策,赌博业最重要的和**最激进的**支持者是美国政府。

anchor ['æŋkə] *n.* 锚;**新闻节目主持人** *v.* 抛锚,**停泊**

真题例句 Fast-food eaters, news **anchors**, text messengers, are all smiling.【2006 年阅读 4】快餐食客、新闻主播、发短信的人,都在微笑。

真题例句 Hot spots, **anchored** in the deeper layers of the earth, provide the measuring instruments needed to resolve the question.【1998 年阅读 5】位于地壳深处的热点提供了解决该问题的测量依据。

appreciate [ə'priːʃieit] *v.* **感谢,感激**;正确评价,欣赏,赏识

真题例句 I **appreciated** the opportunity having been given to study abroad two years ago.【1994 年词汇】我**感激**两年前给我出国学习的机会。

approach [ə'prəutʃ] *v.* 靠近,**接近** *n.* 方法;途径;探讨

真题例句 The most advanced computer systems on Earth **can't approach** that kind of ability, and neuroscientists still don't know quite how we do it.【2002 年阅读 2】即使世界上最先进的计算机系统恐怕也**达不到**这样的水平,而且,就连神经学专家也还没有弄明白人类大脑是怎样做到这一点的。

argue ['ɑːgjuː] *v.* 争论,辩论,**认为,主张**,论证;说服

真题例句 He is not **arguing**, as many do, that we can no longer think straight because we do not talk proper.【2005 年阅读 4】不像其他大多数人,他并不**认为**我们说话方式不规范就不能使我们直接思考。

arm [ɑːm] *n.* 手臂,扶手,臂状物,衣袖;(*pl.*)(总称)武器,武装 *v.* **武装;配备**

真题例句 Some use them to keep a close watch on the demand for their line of work or gather information on compensation to **arm** themselves when negotiating for a raise.【2004 年阅读 1】有人便借它密切关注自己所从事行业的需求情况,或是搜索有关薪水变化的信息以便在和老板协商加薪时**有所准备**。

article ['ɑːtikl] *n.* 文章,论文;项目条款;**物品**,商品;冠词

真题例句 He might fool some people for a little while through misleading advertising. But he will not do so for long, for mercifully the public has the good sense not to buy the inferior **article** more than once.【1995 年阅读 1】他通过误导性的广告可能会短暂地愚弄一些人,但这不会长久,因为幸运的是,公众的眼光是敏锐的,他们决不会再上劣质**物品**

的当。

attach [əˈtætʃ] *v.* (to) 缚上，系上，贴上；使依附，使隶属，使依恋；**附加，附带；认为有；使与……相关联**

真题例句 They (particularly Quebec and Alberta) just want Ottawa to fork over additional billions with few, if any, strings **attached**.【2005 年阅读 Part B】即便有，也没有任何**附带**条件，这些官员(尤其是魁北克省和阿伯塔省)只希望渥太华政府当局额外出钱。

真题例句 The modern school that hails technology argues that such masters as Galileo, Newton, Maxwell, Einstein, and inventors such as Edison **attached great importance to**, and derived great benefit from, craft information and technological devices of different kinds that were usable in scientific experiments.【1994 年英译汉】推崇技术的现代学派认为，像伽利略、牛顿、麦克斯韦、爱因斯坦这样的大师以及像爱迪生这样的发明家都非常**重视**各种各样可用于科学实验的技术信息及技术设施，并从中受益颇深。

beam [biːm] *n.* (横)梁，桁条；(光线的)束，柱 *v.* **微笑**；发光

真题例句 Our magazines feature **beaming** celebrities and happy families in perfect homes.【2006 年阅读 4】我们的杂志是以刊登**满面春风**的名人和美满幸福的家庭为特色的。

betray [biˈtrei] *v.* 背叛，出卖；暴露，**流露**，泄露

真题例句 Computer-education advocates forsake this optimistic notion for a pessimism that **betrays** their otherwise cheery outlook.【1999 年阅读 3】计算机教育的倡导者们抛弃了乐观主义的看法，而接受了一种悲观主义的观点，而这种观点又**流露出**他们另一方面比较积极向上的人生观。

blind [blaind] *a.* 盲的，瞎的；**盲目的** *vt.* 使失明；蒙蔽 *n.* 百叶窗

真题例句 But to be fascinated is also, sometimes, to be **blind**.【1998 年阅读 1】但有时，过于着迷也许就是**盲目**。

board [bɔːd] *n.* 板，木板；**全体委员**；伙食；船舷 *v.* 上船(车，飞机)

真题例句 The 15 member Time Warner **board** is generally supportive of Levin and his corporate strategy.【1997 年阅读 4】时代华纳公司**董事会**的 15 位成员基本上是支持莱文和他的经营策略的。

bound [baund] *v./n.* 跳(跃) *a.* 被束缚的，**一定的**，准备(或正在)到……去的，开往……的

真题例句 We are **bound** to see UFOs sooner or later.【1989 年阅读 1】我们**肯定**迟早会看到不明飞行物的。

breed [briːd] *v.* (使)繁殖，生殖；**产生**；教养，抚养 *n.* 品种，种类

真题例句 According to the author, recent Olympic Games have **bred** only false national pride.【1992 年阅读 3】作者认为，最近的奥林匹克运动会只是**引起**了不应有的民族自豪感。

capital [ˈkæpitəl] *n.* 首都；大写字母；**资本** *a.* 主要的，最重要的，基本的

真题例句 When the United States built its industrial infrastructure, it didn't have the **capital** to do so.【2001 年阅读 2】当初美国建设自己的工业基础设施时缺乏所需**资金**。

cause [kɔːz] *n.* **原因**；事业，事件，奋斗目标 *v.* 使产生，引起

真题例句 During the discussion of rock singing verses at last month's stockholders' meeting, Levin asserted that "music is not the **cause** of society's ills."【1997 年阅读 4】在上个月召开的一场主题为"摇滚音乐的歌词创作"的股东会议上，莱文仍坚定地断言说："音乐并不是社会问题的**根源**。"

casual [ˈkæʒjuəl] *a.* 偶然的，碰巧的；临时的，**非正式的**

真题例句 The **casual** friendliness of many Americans should be interpreted neither as superficial nor as artificial, but as the result of a historically developed cultural tradition.【1997 年阅读 2】很多美国人**随意的**友善行为并不应被看成是肤浅的或做作的举动，而应该看成是有历史根源的文化传统。

cement [siˈment] *n.* 水泥；胶泥，胶结剂 *v.* 胶合；**巩固，加强**

真题例句 Egypt's leadership in the Arab world was **cemented** by the Aswan High Dam.【1998 年阅读 1】埃及在阿拉伯世界的领导地位因阿斯旺大坝而得以**巩固**。

chair [tʃɛə] *n.* 椅子；**主席（席位）** *vt.* **主持，担任**

真题例句 "It's your dream," says Rosalind Cartwright, **chair** of psychology at Chicago's Medical Center, "If you don't like it, change it."【2005 年阅读 3】"这就是你们的梦，"芝加哥医疗中心心理部**首席医生**罗斯林德·卡特莱特说，"如果你不喜欢它，就去改变它。"

真题例句 Declaring that he was opposed to using this unusual animal husbandry technique to clone humans, he ordered that federal funds not be used for such an experiment—although no one had proposed to do so—and asked an independent panel of experts **chaired** by Princeton President Harold Shapiro to report back to the White House in 90 days with recommendations for a national policy on human cloning.【1999 年阅读 4】他宣称反对利用这种非常规的畜牧学技术去克隆人类，并下令禁止使用联邦资金从事类似的实验——尽管还没有人提出那样的要求——并责令成立一个由普林斯顿大学校长哈罗德·夏皮罗**主持**的独立专家小组。这个小组负责在 90 天内向白宫提供一份有关克隆人的国策建议。

claim [kleim] *v.* 要求；声称，主张，索赔 *n.* 要求；主张，断言，**索赔**；权利

真题例句 As personal injury **claims** continue as before, some courts are beginning to side with defendants.【1999 年阅读 1】由于个人伤害**索赔**像以往一样源源不断，一些法庭开始站到了被告的立场上。

climate [ˈklaimit] *n.* 气候；**风气，社会思潮**

【真题例句】 When the work is well done, a **climate** of accident-free operations is established where time lost due to injuries is kept at a minimum.【1999 年完形】当这些任务圆满完成的时候,就会创造出一种无事故的作业氛围,在这种作业**氛围**中因工伤而损失的时间就会被控制在最低限度。

code [kəud] *n.* 代码,代号,密码;法典,法规,**规范**

【真题例句】 But his primary task is not to think about the moral **code**, which governs his activity, any more than a businessman is expected to dedicate his energies to an exploration of rules of conduct in business.【2006 年英译汉】但是,他的首要任务并不是考虑支配自己行动的道德**规范**,就如同不能指望商人专注于探索行业规范一样。

column [ˈkɔləm] *n.* 圆柱,柱状物;列;(报刊中的)**专栏**

【真题例句】 "The test of any democratic society," he wrote in a *Wall Street Journal* **column**, "lies not in how well it can control expression but in whether it gives freedom of thought and expression the widest possible latitude, however disputable or irritating the results may sometimes be."【1997 年阅读4】他在《华尔街日报》一篇**专栏**文章中写道:"考验一个社会是否真的民主,并不是看它能够多么出色地控制言论,而是看它是否真的给了人们思想和言论的最大限度的自由,无论这些言论可能引发怎样的争论和愤怒。"

company [ˈkʌmpəni] *n.* 公司;**陪伴**;宾客;连(队),(一)群,队,伙

【真题例句】 As was discussed before, it was not until the 19th century that the newspaper became the dominant pre-electronic medium, following in the wake of the pamphlet and the book and **in the company of** the periodical.【2002 年完形】正如以前所讨论的那样,直到 19 世纪,继小册子和书本之后,报纸才与期刊一**起**,成为电子时代之前最重要的媒体。

complex [ˈkɔmpleks] *a.* 复杂的;合成的,综合的 *n.* **联合体**

【真题例句】 The huge **complex** will probably have all the usual problems of big dams. But Slovakia is bidding for independence from the Czechs, and now needs a dam to prove itself.【1998 年阅读1】这个大型工程可能会出现建设大坝中常见的所有问题,但斯洛伐克正在要求从捷克独立出来,现在需要建设一个大坝来证明自己的实力。

contend [kənˈtend] *v.* 竞争,斗争;坚决主张,**声称**,认为

【真题例句】 It is the playgoers, the RSC **contends**, who bring in much of the town's revenue because they spend the night (some of them four or five nights) pouring cash into the hotels and restaurants.【2006 年阅读2】皇家莎士比亚公司(RSC)**声称**正是那些戏迷给镇里带来收入,因为他们即使住一晚(他们中的有些人会住四五个晚上)就会给酒店和餐馆带来赢利。

content [kənˈtent] *n.* 容量,内容,(*pl.*)目录,满足,愿意 *a.* (with)**满足的**,愿意的

【真题例句】 84% of their group were married and seemed **content** with their lives.【1990 年

阅读3】这个群体的84%的成员已婚,并且似乎对自己的生活挺**满意**。

convention [kən'venʃən] *n.* 大会,会议;**惯例,常规**,习俗;**公约**,协定

真题例句 The European **convention** on Human Rights laid down that everybody was entitled to privacy.【2001年完形】欧洲人权**公约**规定人人都有隐私权。

真题例句 It takes more than a brief encounter on a bus to distinguish between courteous **convention** and individual interest.【1997年阅读2】仅靠在公共汽车上瞬间相遇来区别礼貌**习惯**与个人的兴趣是不够的。

cook [kuk] *n.* 炊事员,厨师 *v.* 烹调,煮,烧;**伪造**

真题例句 Like other human beings, the average scientist encounters moral issues even in everyday performance of his routine duties—he is not supposed to **cook** his experiments, manufacture evidence, or doctor his reports.【2006年英译汉】像其他人群一样,普通科学家甚至在每天日常的工作中都遭遇到了道义上的问题——他不应该**伪造**他的实验、制造证据或改动他的报告。

coverage ['kʌvəridʒ] *n.* **新闻报道(范围)**;保险项目

真题例句 With the start of BBC World Service Television, millions of viewers in Asia and America can now watch the Corporation's news **coverage**, as well as listen to it.【1996年阅读2】随着BBC(英国广播公司)全世界电视节目的开播,亚洲和美洲的数以百万计的人不仅可以听到它的新闻广播,而且也能看到它的电视**新闻报道**了。

crack [kræk] *n.* 裂纹,缝隙;破裂声 *v.* (使)开裂;解决;(**get ~ing**)开始

真题例句 So when the premiers gather in Niagara Falls to assemble their usual complaint list, they should also **get cracking** about something in their jurisdiction that would help their budgets and patients.【2005年阅读Part B】所以,当官员们聚集在尼亚加拉瀑布像往常一样不停地抱怨时,他们也应该在自己的权限范围内**开始**做些有利于他们的预算和病人的事情。

craft [krɑ:ft] *n.* 工艺,手艺,技巧;飞机,飞船;**行业** *v.* 精工制作

真题例句 The irony of the historian's **craft** is that its practitioners always know that their efforts are but contributions to an unending process.【1999年英译汉】具有讽刺意味的是,在历史学**领域**,历史学家都知道,他们所做的努力只不过是为一个永无止境的研究过程做一些贡献罢了。

credit ['kredit] *v./n.* 信用,信任 *n.* 信用贷款,赊欠;名誉,名望;**光荣**,功劳;学分

真题例句 The Portuguese give great deal of **credit** to one man who lived in the 15th century.【1995年词汇】葡萄牙人赋予了这个生活在15世纪的人大量的**荣誉**。

critical ['kritikəl] *a.* 批评的,评论的;**危急,紧要的**;临界的

真题例句 Is language, like food, a basic human need without which a child at a **critical** period of life can be starved and damaged? 【1993 年阅读 1】语言是否像食物一样是人的基本需求,离开了它,处于生命发展**关键**时期的孩子就会挨饿、受摧残呢?

current ['kʌrənt] *n.* (水、气、电)**流**;潮流,趋势 *a.* 当前的;流通的,通用的,流行的

真题例句 This cold **air current** from the land is so forceful that it makes the nearby seas the stormiest in the world. 【1986 年阅读 2】这股来自地面的冷**气流**如此强劲以至于它周围的海洋成了世界上最多风暴的水域。

decline [di'klain] *v.* 下降,衰落;拒绝,谢绝 *n.* 下降;斜面,倾斜,**衰落**

真题例句 But increasingly the Japanese are seeing a **decline** of the traditional work moral values. 【2000 年阅读 4】但日本人目睹了传统工作道德观的日渐**衰落**。

deliver [di'livə] *v.* 交付,递送;**发表,表达,陈述**;释放;接生

真题例句 Include a few casual and apparently off-the-cuff remarks which you can **deliver** in a relaxed and unforced manner. 【2002 年阅读 1】(练习幽默)包括一些很随便的、看上去是即兴的话,你可以用轻松的、不做作的方式把它们**说**出来。

discipline ['disiplin] *n.* 纪律;**学科;训练,训导;惩罚,处罚** *vt.* 训练,训导;惩罚,约束

真题例句 Interest in historical methods has arisen less through external challenge to the validity of history as an intellectual **discipline** and more from internal quarrels among historians themselves. 【1999 年英译汉】人们对历史研究的方法论关注程度的提高,主要是因为史学界内部意见不统一,其次外界对历史学研究的不理解也是原因之一。

真题例句 As a member of a British commission visiting here in 1853 reported, "With a mind prepared by thorough school **discipline**, the American boy develops rapidly into the skilled workman." 【1996 年阅读 4】正如 1853 年访美的一个英国访问团成员所报道的那样,"由于有了学校彻底**训练**过的头脑,美国孩子迅速地成为技术熟练的工人"。

真题例句 The cruel **discipline** of the strike and lockout taught the two parties to respect each other's strength and understand the value of fair negotiation. 【1996 年阅读 3】罢工和封厂的无情**惩罚**使双方学会了互相尊重对方的力量,理解公正谈判的价值。

dismiss [dis'mis] *v.* 免职,解雇,开除;解散;**不理会,不考虑**

真题例句 He **dismisses** a lot of the work of reengineering consultants as mere rubbish——"the worst sort of ambulance-chasing." 【1998 年阅读 2】他对重组顾问们所作的大量工作**不屑一顾**,认为那些完全是垃圾——"这真正是完完全全地劳而无获"。

doctor ['dɔktə] *n.* 博士;医生 *v.* **伪造,篡改**

真题例句 Like other human beings, the average scientist encounters moral issues even in everyday performance of his routine duties——he is not supposed to cook his experiments, manufacture evidence, or **doctor** his reports. 【2006 年英译汉】像其他人群一样,普通科学家甚至在每天日常的工作中都遭遇到了道义上的问题——他不应该伪造他的实验、制

造证据或**改动**他的报告。

document ['dɔkjumənt] *n.* 公文,文献 *vt.* 记载,**证明**

真题例句 Illustrated with an entertaining array of examples from both high and low culture, the trend that Mr. McWhorter **documents** is unmistakable.【2005 年阅读 4】通过大量关于高雅和粗俗文化的有趣例子的阐述,麦克沃特先生对语言发展这一趋势的**分析**并没有错误。

draft [drɑ:ft] *n.* 草稿,草案,草图 *v.* **起草,草拟**

真题例句 "Important information can get buried in a sea of trivialities," says a law professor at Cornell Law School who helped **draft** the new guidelines.【1999 年阅读 1】康奈尔大学法学院一位帮助**起草**这份新指南的法学教授说,"重要的信息会淹没在细枝末节的汪洋大海之中"。

dramatic [drə'mætik] *a.* 戏剧的,戏剧性的;剧烈的,**激进的**;**显著的,引人注目的**

真题例句 As a physician, I know the most costly and **dramatic** measures may be ineffective and painful.【2003 年阅读 4】作为一名医生,我深知最昂贵和**最激进**的治疗方法也可能是无效和痛苦的。

真题例句 Straitford's briefs don't sound like the usual Washington back-and-forthing, whereby agencies avoid **dramatic** declarations on the chance they might be wrong.【2003 年阅读 1】Straitford 公司的简报与华盛顿当局常常提供给公众的含糊其辞的东西不同,因为他们不会像政府部门那样由于怕出错而避免作出**惊人的**论断。

element ['elimənt] *n.* 元素;组成部分;**人员,分子**

真题例句 The change met the technical requirements of the new age by engaging a large professional **element** and prevented the decline in efficiency that so commonly spoiled the fortunes of family firms in the second and third generation after the energetic founders.【1996 年阅读 3】通过聘用大量专业**人员**来适应新时代的技术要求,并防止了效率的降低,而在过去这种低效率曾使得许多旧式家族企业在精力充沛的创业者之后的第二、第三代手中破产倒闭。

engage [in'geidʒ] *v.* (in)从事,忙于;(to)与……订婚;聘用;**吸引**

真题例句 To see an animal in pain is enough, for most, to **engage** sympathy.【1997 年英译汉】对于大多数人来说,看见一个动物在受苦,足以**引起**他们同情。

entertain [ˌentə'tein] *v.* 招待,**款待**;使娱乐;使欢乐

真题例句 Families in frontier settlements used to **entertain** strangers to improve their hard life.【1997 年阅读 2】边疆地区的家庭常常通过**款待**陌生的旅客来改善自己的艰苦生活。

entitle [in'taitl] *v.* **给以权利**(或资格);给……称号(题名);授权

真题例句 Unless you sign a contract with the insurance company for your goods, you are not **entitled to** a repayment for the goods damaged in delivery.【2000 年词汇】除非你与保险公司签订了货物保险合同,否则你将无权对货物在托运中出现的损坏进行索赔。

even ['iːvən] *ad.* 甚至(更) *a.* (-ly)**均匀的**;平的,平坦的;偶数的

真题例句 English names are fairly **evenly** spread between the halves of the alphabet.【2004 年阅读2】英国人的姓名很**均匀地**分布于字母表的前、后部分。

exhaust [ig'zɔːst] *v.* 使筋疲力尽,耗尽;抽完 *n.* **排气装置**;废气

真题例句 As more and more cars are produced and used, so the emission from their **exhaust-pipes** contains an ever larger volume of poisonous gas.【1989 年阅读2】随着越来越多的汽车被生产并投入使用,因此,从**排气管**排放的尾气将包含更大量的有毒气体。

fabricate ['fæbrikeit] *v.* **捏造,编造(谎言、借口等)**;建造,制造

真题例句 The newly described languages were often so strikingly different from the well studied languages of Europe and Southeast Asia that some scholars even accused Boas and Sapir of **fabricating** their data.【2004 年英译汉】这些新近被描述的语言和已被研究十分透彻的欧洲和东南亚地区的语言往往差别显著,以至于有些学者甚至指责鲍尔斯和萨皮尔**编造**了材料。

fair [fɛə] *a.* 公平的,合理的;相当的,尚好的;晴朗的;金发的 *n.* **集市,交易会,博览会**

真题例句 In the United States, multitudes of premiums for new devices were awarded at country **fairs** and at the industrial **fairs** in major cities.【1996 年阅读4】在美国,奖励新发明的大量奖品在乡村**集市**和大城市的工业**博览会**上颁发。

fashion ['fæʃən] *n.* 流行式样(或货品),风尚,风气;**样子,方式** *vt.* **形成,制作,塑造**

真题例句 His colleague, Michael Beer, says that far too many companies have applied reengineering in a mechanistic **fashion**, chopping out costs without giving sufficient thought to long-term profitability.【1998 年阅读2】他的同事迈克·比尔说,太多的公司以机械的**方式**进行重组,虽然降低了成本,但没有充分考虑到长远效益。

真题例句 If the Administration won't take the legislative initiative, Congress should help to begin **fashioning** conservation measures.【2005 年阅读2】如果政府没有先行立法限制,国会就应**倡导**保护措施。

feature ['fiːtʃə] *n.* 特征,特色;(报纸或杂志)特写;容貌,面貌 *v.* 给显著地位;**以……为特色**

真题例句 Our magazines **feature** beaming celebrities and happy families in perfect homes.【2006 年阅读4】我们的杂志是**以**刊登满面春风的名人和美满幸福的家庭**为特色**的。

field [fiːld] *n.* 田,田野;运动场;**领域,方面**;实地,野外

真题例句 The point is that the players who score most are the ones who take the most shots at the goal—and so it goes with innovation in any **field** of activity.【1994 年阅读5】关键在

于得分最多者正是那些射门次数最多的球员,而任何**领域**的创新活动都是如此。

figure [ˈfigə] *n.* 体形;数字;图形;**人物** *v.* (out)算出,估计,推测

真题例句 Americans no longer expect public **figures**, whether in speech or in writing, to command the English language with skill and gift. Nor do they aspire to such command themselves.【2005 年阅读 4】无论演说或写作,美国人再也不期待公众**人物**熟练地运用英语这门语言了。同时他们也不再苛求自己达到这样的目标。

film [film] *n.* 电影;胶片;**薄膜**,薄层 *vt.* 把······拍成电影

真题例句 There are newsletters, such as *The Tightwad Gazette*, that give hundreds of thousands of Americans useful tips on anything from recycling their cling-**film** to making their own soap.【2001 年阅读 5】还有一些时事通讯,如《守财奴报》,给成千上万的美国人提供包罗万象的实用小窍门,包括如何重复利用食品**保鲜膜**到如何自己制造肥皂等。

final [ˈfainəl] *a.* 最终的,决定性的 *n.* 结局;**决赛**;期末考试

真题例句 One country received its second-place medals with visible indignation after the hockey **final**.【1992 年阅读 3】在曲棍球**决赛**之后,其中有一个国家队员明显带着愤怒的情绪接受排名第二的奖牌。

finance [faiˈnæns] *n.* 财政,金融;资金 *v.* 为······**提供资金**

真题例句 The English, the Germans, the Dutch and the French were investing in Britain's former colony. They **financed** them. Immigrant Americans built them. Guess who owns them now? The Americans.【2001 年阅读 2】英国人、德国人、荷兰人和法国人正在为这块从前属于英国的殖民地投资。他们**提供资金**并由美洲移民建造。想想看,现在谁拥有这一切?美国人。

fine [fain] *a.* (-ly)晴朗的,美好的,**细致的** *v.* /*n.* **罚金,罚款**

真题例句 Ted has told me that he always escapes to be **fined** as he has got a very fast sports car.【1993 年词汇】Ted 告诉我说,因为他有一辆跑得特快的赛车,他经常逃脱**罚款**。

真题例句 And the operations of a chemist in performing a difficult and complex analysis by means of his balance and **finely** graded weights.【1993 年英译汉】化学家借助他的天平和刻度**精细的**秤来完成困难复杂的分析过程。

firm [fə:m] *a.* 坚固的,稳固的;坚决的,坚定的 *n.* **公司,商号**

真题例句 Many an old **firm** was replaced by a limited liability company with a bureaucracy of salaried managers.【1996 年阅读 3】许多旧式**公司**被有限责任公司所取代,这些公司雇用拿薪水的经理人来进行管理。

fork [fɔ:k] *n.* 叉,耙;叉形物;餐叉 *v.* **交出,交付**

真题例句 They (particularly Quebec and Alberta) just want Ottawa to **fork** over additional billions with few, if any, strings attached.【2005 年阅读 Part B】即便有,也没有任何附带条件,这些官员(尤其是魁北克省和阿伯塔省)只希望渥太华政府当局额外**出钱**。

further [ˈfəːðə] *ad. /a.* 更远,更往前;进一步 *v.* **促进**,增进

|真题例句| The pursuit of leisure on the part of the employees will certainly not **further** their prospect of promotion.【1998 年词汇】部分雇员贪图安逸,这肯定不会**促进**他们的晋升前景。

game [geim] *n.* 游戏,娱乐;比赛;(*pl.*)运动会;**猎物** *vi.* 赌博

|真题例句| The large, slow-growing animals were easy **game**, and were quickly hunted to extinction.【2006 年阅读 3】由于体形庞大、生长缓慢的动物是很容易捕杀的**猎物**,他们很快就被猎杀殆尽。

gift [gift] *n.* 礼品,赠品;**天赋**,才能

|真题例句| American no longer expect public figures, whether in speech or in writing, to command the English language with skill and **gift**.【2005 年阅读 4】无论演说或写作,美国人再也不期待公众人物熟练、**有天分地**运用英语这门语言了。

goal [gəul] *n.* 目的,目标;守门员,**球门**;**进球**

|真题例句| The point is that the players who score most are the ones who take the most shots at the **goal**—and so it goes with innovation in any field of activity.【1994 年阅读 5】关键在于得分最多者正是那些射**门**次数最多的球员,而任何领域的创新活动都是如此。

|真题例句| Innovation is like soccer; even the best players miss the **goal** and have their shots blocked much more frequently than they score.【1994 年阅读 5】创新就像踢足球,即使是最出色的球员也会痛失**进球**机会,其射门被挡出的机会大大多于进球得分的机会。

grant [grɑːnt] *v.* 同意,准予;**给予,授予** *n.* 授予物

|真题例句| At the age of sixteen the adolescent is **granted** certain adult right which increases his social status by providing him with more freedom and choices.【1991 年阅读 2】青春期的孩子们到 16 岁时会**得到**具有更高社会地位的某些成人权利,从而享受更多的自由和选择。

home [həum] *ad.* 回家,在家 *n.* 家;家乡,本国 *a.* 家庭的;家乡的,**本国的**

|真题例句| It serves directly to assist a rapid distribution of goods at reasonable prices, thereby establishing a firm **home** market and so making it possible to provide for export at competitive prices.【1995 年阅读 1】它直接帮助货物以合理的价格快速配送出去,以此在**国内**市场站稳脚跟,并能以有竞争力的价格提供出口。

horizon [həˈraizn] *n.* 地平线;眼界,见识;(**思想等的**)范围,限度;(**on the ~**)即将发生

|真题例句| According to the new school of scientists, technology is an overlooked force in expanding the **horizons** of scientific knowledge.【1994 年英译汉】新学派科学家们认为,

在拓展科学知识的**范围**方面技术是被忽视的力量。

真题例句 For many of us, the "cashless society" is not **on the horizon** —it's already here.【1994 年阅读 2】对于我们很多人来说，"无现金的社会"不是**即将来临**，而是已经到来了。

host [həust] *n.* 主人；主持人；东道主；(**a ~ of**)许多 *v.* 举行；主持；主办

真题例句 In any case, basic computer skills are only complementary to **the host** of real skills that are necessary to becoming any kind of professional.【1999 年阅读 3】但无论在什么样的情况下，计算机基础技能都只能是对成为专业人才所需的**各种**实际技能的补充。

真题例句 There will be television chat shows **hosted** by robots, and cars with pollution monitors that will disable them when they offend.【2001 年英译汉】届时，将出现由机器人**主持**的电视访谈节目以及装有污染监控器的汽车，一旦这些汽车排污超标（违规），监控器就会让汽车停止行驶。

immediate [i'mi:djət] *a.* 立即的，即时的；**直接的**，最接近的

真题例句 But a decision among projects none of which has **immediate** utility is more difficult.【1996 年英译汉】但是在没有**直接**效用的项目中做抉择就难多了。

import [im'pɔːt, 'impɔːt] *v.* 进口，输入 *n.* 进口，输入；(*pl.*) 进口商品，进口物资；**重要性**

真题例句 The full **import** may take a while to sink in.【1997 年阅读 1】要充分理解这一决议的**重要意义**可能还需要一段时间。

key [kiː] *n.* 钥匙；(to)答案；关键；键 *a.* **主要的，关键的**

真题例句 Annas says lawyers can play a **key** role in insisting that these well-meaning medical initiatives translate into better care.【2002 年阅读 4】Annas 说，在坚持将这些善意的治疗动机转化为良好的医疗护理手段方面，律师能扮演一个十分重要的角色。

knowledge ['nɔlidʒ] *n.* 知识，学识；知道，**了解**

真题例句 The "shareholders" as such had no **knowledge** of the lives, thoughts or needs of the workmen employed by the company in which he held shares, and his influence on the relations of capital and labour was not good.【1996 年阅读 3】这种股东不**了解**他们所持股的公司里工人们的生活、思想和需求。他们对劳资关系也不会产生积极的影响。

late [leit] *a.* 迟的，晚的，晚期的；**已故的** *ad.* 迟，晚

真题例句 At the core of this debate is chairman Gerald Levin, 56, who took over for the **late** Steve Ross in 1992.【1997 年阅读 4】论战的核心人物是公司的现任董事长杰拉德·莱文，他现年 56 岁，1992 年接替**已故的**斯蒂夫·罗斯成为公司的新任董事长。

lean [liːn] *v.* 倾斜，屈身；倚，靠，依赖 *a.* **瘦的**，无脂肪的；**精干的**，效率高的；贫瘠的

真题例句 They all seem to look alike (though they come from all over)—**lean**, pointed, dedicated faces...【2006 年阅读 2】他们看起来都一个样（虽然他们从各个地方而

来)——瘦削、率直、专注的脸庞……

真题例句 Friedman relies on a **lean** staff of 20 in Austin.【2003 年阅读 1】弗里德曼在奥斯汀市只有 20 人的**精干**职员队伍。

lesson ['lesn] n. 功课,课程;**教训**

真题例句 The **lesson** from dams is that big is not always beautiful.【1998 年阅读 1】建造大坝的**教训**是:大的未必总是好的。

local ['ləukəl] a. 地方的,当地的;**局部的**

真题例句 Thus, in the nineteenth century, **local** geological studies represented worthwhile research in the own right.【2001 年阅读 1】因此,19 世纪**局部的**地质研究本身就代表了一种有价值的研究。

locate [ləu'keit] v. **查找**;使……坐落于,位于

真题例句 Computer technology makes it possible to store vast amounts of data in machine-readable files, and to program computers to **locate** specific information.【1995 年阅读 3】电脑技术能够将大量的数据储存在机器可以阅读的文件里,程序使电脑能够**找到**某条特定的信息。

meet [mi:t] n. 会,集会 v. 遇见;(with) 碰到,会见,会谈;迎接;**满足**;符合

真题例句 Many see that the country is getting ready to build lots of new power plants to **meet** our energy needs.【2005 年阅读 2】许多人都已发现,国家正准备修建许多新型的能源工厂以**满足**我们的能源需求。

minute [mai'nju:t] n. 分,分钟;一会儿,片刻;(pl.) 会议记录 a. 微小的,**微细的**,详细的

真题例句 The leaf surface is not solid but contains great numbers of **minute** openings, through which the carbon dioxide enters.【1991 年阅读 3】树叶的表面并不是严实无缝的,它包含很多**细微的**开口,二氧化碳就是借助这些开口进入叶面的。

model ['mɔdl] n. 样式,型;模范,典型;模型;原型,模特 v. (**on**, **after**) **模仿**,**构造**

真题例句 What researchers found, in attempting to **model** thought, is that the human brain's roughly one hundred billion nerve cells are much more talented—and human perception far more complicated—than previously imagined.【2002 年阅读 2】在探索**模拟**人脑思维的过程中,研究人员发现,事实上人脑比预想的要聪明灵活——大脑中的近 1,000 亿个神经细胞蕴藏着无限的才能,而且,人类的感觉器官也比以前想象的更复杂。

mo(u)ld [məuld] n. 模子,铸型;**霉菌** v. 形成,成形

真题例句 Sir Alexander Fleming did not, as legend would have it, look at the **mold** on a piece of cheese and get the idea for penicillin there and then.【1994 年阅读 5】亚历山大·弗莱明爵士可不是像传说中的那样,看了一眼奶酪上的**霉菌**就立刻想到了青霉素。

narrow ['nærəu] *a.* 狭窄的,狭隘的; *v.* **限制,限定;变窄,收缩**

真题例句 **Narrowing** your criteria, for example, may work against you: "Every time you answer a question you eliminate a possibility." says one expert.【2004 年阅读 1】比如个人求职要求越**具体明确**就有可能对你越不利,一位专家说:"你每回答一次问题你就丧失一次机会。"

真题例句 It was inevitable that this primacy should have **narrowed** as other countries grew richer.【2000 年阅读 1】随着其他国家日益强盛,(美国的)优势不可避免地**变小了**。

nature ['neitʃə] *n.* 自然界,大自然;**性质,本性,天性**

真题例句 The jury agreed that the **nature** of the game, not the helmet, was the reason for the athlete's injury.【1999 年阅读 1】陪审团也认为造成该运动员受伤的是这项运动**本身**的危险性,而不是头盔。

net [net] *n.* 网,网状物 *v.* 用网捕,使落网 *a.* 纯净的;**净的**

真题例句 Conrail's **net** railway operating income in 1996 was just $427 million, less than half of the carrying costs of the transaction.【2003 年阅读 3】而 Conrail 公司 1996 年的铁路运营**纯**收入仅为四亿二千七百万美元,还不足这总交易运作成本的一半。

note [nəut] *n.* 口气;调子;**成分**;笔记,记录;按语,注释;便条,短笺;钞票,纸币;暗示,建议 *v.* 记下,摘下;表明,**认为**

真题例句 There is a heavy **note** of hypocrisy in this, a case of closing the barn door after the horses have escaped—with the educated themselves riding on them.【2000 年阅读 5】他们的说法有很明显的虚伪**成分**,显著的例子就是:马儿跑掉之后再关上马厩的门,而受过良好教育的人自己正骑在那些马背上。

真题例句 *Boston Globe* reporter Chris Reidy **notes** that the situation will improve only when there are comprehensive programs that address the many needs of the homeless.【2006 年完形】《波士顿环球日报》记者克里斯·雷迪**认为**只有通过全面规划来解决这些无家可归者的各种需求,这种局面才有可能得到改善。

novel ['nɔvəl] *n.* (长篇)小说 *a.* **新奇的,新颖的**

真题例句 When a **novel** literary idea appears, people should try to determine its purposes.【2000 年阅读 3】当出现**新的**艺术思潮时,人们应该尽力确定其目的。

objective [əb'dʒektiv] *n.* **目标,目的** *a.* 客观的,真实的

真题例句 A unity of **objectives** that nonetheless respect the varied peculiarities of each country.【2005 年英译汉】也就是说,既能达到我们共同的**目的**,又能兼顾不同国家各自的特色。

oblige [ə'blaidʒ] *v.* 强迫;责成;**(使)感激**,施恩于

真题例句 We are **obliged** to them because some of these languages have since vanished, as the peoples who spoke them died out or became assimilated and lost their native languages.【2004 年英译汉】我们之所以**感激**他们（两位先驱），是因为在此之后，这些（土著）语言中有一些已经不复存在了，这是由于说这些语言的部族或是消亡了，或是被同化而丧失了自己的本族语言。

observe [əbˈzɜːv] v. 观察，观测，注意到；监视；**遵守**；评述，说

真题例句 Others stress safe work practices by **observing** rules or regulations.【1999 年完形】另一些人则强调通过**遵守**各种规章制度来进行安全生产。

opening [ˈəupniŋ] n. **口子，孔**；开始，开端；**空缺，机会** a. 开始的，开幕的

真题例句 The leaf surface is not solid, but contains great numbers of minute **openings**, through which the carbon dioxide enters.【1991 年阅读 1】树叶的表面并不是严实无缝的，它包含很多细微的**口子**，二氧化碳就是借助这些口子进入叶面的。

真题例句 Three weeks later, he got his first notification of an **opening**.【2004 年阅读 1】过了三个星期，他接到第一份有**职位空缺**的通知。

outlet [ˈautlet] n. 出路，出口；发泄方法，排遣；**经销店**

真题例句 From car dealerships to Gap **outlets**, sales have been lagging for months as shoppers temper their spending.【2004 年阅读 3】由于购物者削减支出，从汽车代理商到 Gap **品牌专卖店**，数月以来销售一直滞缓。

panel [ˈpænl] n. 面，板；控制板，仪表盘；**专门小组**

真题例句 The **panel** then informally accepted several general conclusions, although some details have not been settled.【1999 年阅读 4】随后，该**小组**非正式地接受了几条一般的结论，尽管一些细节的东西还没有最后敲定。

paper [ˈpeipə] n. 纸；纸制品；报纸；(pl.)文件；试卷；**论文，文章**

真题例句 A comparison of British geological publications over the last century and a half reveals not simply an increasing emphasis on the primacy of research, but also a changing definition of what constitutes an acceptable research **paper**.【2001 年阅读 1】将英国过去一个半世纪出版的地质学著作进行比较，你将发现，人们不仅对研究的重视程度不断增强，而且，学术**文章**的出版标准也发生了变化，不再是从前的定义了。

passage [ˈpæsidʒ] n. 段落，节；**通过，经过**；通路，走廊

真题例句 The hot spots and their volcanic trails are milestones that mark the **passage** of the plates.【1998 年阅读 5】热点及其火山痕迹也就因此成了板块**移动**的标志。

pattern [ˈpætən] n. 模式，式样；图案，图样 v. **仿制，模仿**

真题例句 Implicit within Tylor's definition is the concept that culture is learned, shared, and **patterned** behavior.【2003 年英译汉】泰勒的文化定义蕴含着这一概念，即文化是后天习得的、人类共有的、被**模仿**的行为。

pepper ['pepə] *n.* 胡椒粉, 胡椒; 辣椒 *vt.* **连续投(发问等)**

【真题例句】Although no such evidence was preserved, the casino's marketing department continued to **pepper** him with mailings. And he entered the casino ad used his Fun Card without being detected.【2006年阅读Part B】虽然并没有证据, 但是赌场的市场部门继续向他**提供**邮件。他进入赌场并使用他的卡片, 并且没有人发觉。

perfect ['pə:fikt] *a.* 完善的, 无瑕的; 完全的, 十足的 *v.* **使完美, 改进**

【真题例句】However, there are still no forecasts for when faster-than-light travel will be available, or when human cloning will be **perfected**, or when time travel will be possible.【2001年英译汉】然而, 对何时能够进行超光速旅行, 何时人类克隆技术能够**完善**, 何时时间旅行成为可能, 仍未作出预测。

perspective [pə'spektiv] *n.* 视角; 透视法; **(in ~)正确地**

【真题例句】Not everyone sees that process **in perspective**. It is important to do so.【2002年完形】并不是每个人都能**正确**看待这一进程, 虽然了解这一点非常重要。

plant [plɑ:nt] *n.* 植物, 作物; 工厂; 装置 *v.* 栽种, 播种, 栽培

【真题例句】Before the new computerized equipment was introduced, there were 940 workers at the **plant**.【1989年英译汉】在新的计算机的设备引进之前, 在**工厂**有940位工人。

pool [pu:l] *n.* 水池, 游泳池; 合资经营 *v.* 合伙经营, **联营**

【真题例句】Instead of each province having its own list of approved drugs, bureaucracy, procedures and limited bargaining power, all would **pool** resources, work with Ottawa, and create a national institution.【2005年阅读4】各省不需要确定各自批准的药品清单、建立办事机构、采取一定的措施以及提高有限的讨价还价能力, 所有的省份都应该**集中资源**, 同渥太华政府合作, 成立一个国家级机构。

post [pəust] *v.* 贴出; 公告; 投寄 *n.* (支)柱; 邮政, 邮寄; 职位, **岗位**, 哨所

【真题例句】According to what you have just said, am I to understand that his new **post** shoulders no responsibility with it at all?【1998年词汇】根据你刚才说过的内容, 我能不能理解成他在新**岗位**上对这件事不承担任何责任?

present [pri'zent] *a.* 出席的, 现在的 *n.* 现在, 礼物 *v.* 赠送; 提出; **呈献**; 介绍, 陈述

【真题例句】The manager was very polite, but he explained that someone with exactly the same name had **presented** them with a worthless check not long ago.【1987年完形】那个经理很客气地说, 不久以前, 也曾有一个同名的人给他们呈递过一张毫无价值的支票。

property ['prɔpəti] *n.* 财产, 资产, 地产, 房地产, 所有物; **性质, 特性**

【真题例句】A thorough study of biology requires familiarity with the **properties** of trees and plants, and the habit of birds and beasts.【1998年词汇】对生物学的透彻研究要求熟悉动植物的**属性**和鸟兽的习性。

put [pʌt] vt. 放,搁,置;表达;使处于……状态,记下,写下,叙述

真题例句 This is how the question is usually **put**.【1997 年阅读 5】问题通常就是这样被**搁置**起来的。

reason ['riːzn] n. 理由,原因;**理性,理智** v. 推论,推理;说服,评理;讨论,辩论

真题例句 And so it does—and all would be well were **reason** the only judge in the creationism/evolution debate.【1996 年阅读 5】的确如此——如果**理性**是创世纪论和进化论之争的唯一标准,一切问题也就迎刃而解了。

reduce [ri'djuːs] v. 减少,缩小;**简化,还原**

真题例句 An invention will not benefit the inventor unless it is **reduced** to commercial practice.【1993 年阅读 3】除非**转化**为一种商业操作,否则,一项发明并不能为发明者带来利益。

review [ri'vjuː] v. 回顾,复习 n. 回顾,复习;**评论**

真题例句 However, the typical teenage lifestyle is already filled with so much competition that it would be wise to plan activities in which there are more winners than losers, for example, publishing newsletters with many student-written book **reviews**, displaying student artwork, and sponsoring book discussion clubs.【2003 年完形】然而,青少年的生活已经充满竞争,所以为他们安排赢家多于输家的各种活动是明智的。例如,出版由学生自己编写书评的新闻小册子,展出学生的艺术品和赞助成立读书俱乐部等。

rocket ['rɔkit] n. 火箭 v. **剧增**

真题例句 The reason, of course, is that costs have **rocketed** and ticket prices have stayed low.【2006 年阅读 2】理所当然,虽然成本**急剧上升**,但票价仍维持在低水平。

run [rʌn] v. 奔,跑;流,淌;蔓延,伸展;**经营**;运转,开动;行/驾驶 n. 运行,运转;**普通的形式或种类**

真题例句 That doesn't mean lying down and becoming fooled, or letting foreign corporations **run** uncontrolled.【2001 年阅读 2】这并不意味着屈膝和被愚弄,也不意味着让外国公司自由**经营**不受控制。

真题例句 He adds humbly that perhaps he was "superior to **the common run of men** in noticing things which easily escape attention, and in observing them carefully."【2008 年英译汉】他谦卑地补充道,或许他"和**普通人**比起来,更能够注意到那些别人不容易注意到的细节,更能够对此加以详细的观察"。

scale [skeil] n. 刻度;天平,磅秤;比例尺;**规模**;音阶;鱼鳞

真题例句 A warming on the **scale** that will possibly take place in the next fifty years from the burning of fuels.【1992 年阅读 2】由于燃料的使用,那种**规模**的全球升温,50 年后可能会出现。

真题例句 It is not that the **scales** in the one case; and the balance in the other, differ in the principles of their construction or manner of working; but that the latter is much finer apparatus and of course much more accurate in its measurement than the former. 【1993 年英译汉】这并不是说面包师或卖肉者所用的**磅秤**和化学家所用的天平在构造原理和工作上存在差别,而是说与前者相比,后者是一种更精密得多的装置,因而在计量上必然更准确得多。

school [skuːl] n. 学校;(大学里的)学院,系;**学派,流派**

真题例句 According to the new **school** of scientists, technology is an overlooked force in expanding the horizons of scientific knowledge. 【1994 年英译汉】新**学派**科学家们认为,在拓展科学知识的范围方面技术是被忽视的力量。

score [skɔː] n. 得分,分数;二十 v. 得(分),记(……的)分数

真题例句 Innovation is like soccer; even the best players miss the goal and have their shots blocked much more frequently than they **score**. 【1994 年阅读 5】创新就像踢足球,即使是最出色的球员也会痛失进球机会,其射门被挡出的机会大大多于进球**得分**的机会。

select [siˈlekt] v. 选择,挑选 a. 精选的,第一流的;**(指学校、会社等)选择分子严格的**;苛择的;挑剔的

真题例句 In a letter to Gerald Kaufman, chairman of the House of Commons media **select** committee, Lord Irvine said he agreed with a committee report this year which said that self regulation did not offer sufficient control. 【2001 年完形】在写给众议院新闻媒体**特别**委员会杰拉德·考夫曼主席的信中,艾夫尼勋爵说,他赞同委员会今年的报告,该报告称,对自我约束并未予以足够的监控。

shield [ʃiːld] n. 防护物,护罩;盾,盾状物 v. **保护**,防护

真题例句 Nancy Dubler, director of Montefiore Medical Center, contends that the principle will **shield** doctors who "until now have very, very strongly insisted that they could not give patients sufficient mediation to control their pain if that might hasten death." 【2002 年阅读 4】蒙特非奥里医疗中心主任南希·达布勒认为,该原则将是**保护**医生——这些医生"到现在还坚定地认为如果大剂量的药物可能加速病人的死亡的话,他们就不能够给病人开大剂量的药物以便抑制病人的痛苦"。

sound [saund] n. 声音,声响 v. 发声,响;听起来 a. **健全的,完好的**;正当的,有根据的;彻底的,充分的

真题例句 If we are ever going to protect the atmosphere, it is crucial that those new plants be environmentally **sound**. 【2005 年阅读 2】假如我们要保护我们的大气层,关键一点是:新建的电厂必须是环保**安全型的**。

spectacle [ˈspektəkl] n. (pl.) 眼镜;场面,**景象**;奇观,壮观

真题例句 Instead, we are treated to fine hypocritical **spectacles**, which now more than ever seem in ample supply.【2000 年阅读 5】于是,我们现在看到的虚伪**现象**似乎比以前任何时候都多。

spell [spel] *v.* 拼写;**导致,招致** *n.* **一段时间**

【真题例句】 But the cult of the authentic and the personal, "doing our own thing," has **spelt** the death of formal speech, writing, poetry and music.【2005 年阅读 4】但是在真实和个性流行的今天,"做我们自己想做的事"却**宣判**了正式演讲、写作、诗歌和音乐的死刑。

【真题例句】 Despite **a spell of initial optimism** in the 1960s and 1970s when it appeared that transistor circuits and microprocessors might be able to copy the action of the human brain by the year 2010, researchers lately have begun to extend that forecast by decades if not centuries.【2002 年阅读 2】虽然在 20 世纪 60 年代和 70 年代人们最初有过一**段乐观的时期**——那时候仿佛晶体管电路和微处理器的发展将使它们在 2010 年能够模仿人类大脑的活动——但是最近研究人员已经开始将这个预测延后,没有数百年,也需要数十年。

stand [stænd] *vi.* 站立;位于;经受;坚持,维持原状 *n.* 台,座;货摊;**立场**

【真题例句】 Levin would not comment on the debate last week, but there were signs that the chairman was backing off his hard-line **stand**, at least to some extent.【1997 年阅读 4】对于上周的辩论,莱文可能不予置评,但有迹象表明,这位主席正在放弃他曾一贯主张的强硬**立场**,至少在某种程度上将会如此。

stock [stɔk] *n.* 备料,**库存**,现货;股票,公债 *v.* 储存

【真题例句】 Computers keep track of goods in **stock**, of raw materials on hand, and even of the production process itself.【1994 年阅读 2】电脑能够记录**库存**情况、手头原材料的多少,甚至生产过程本身。

stor(e)y ['stɔːri] *n.* 描述;故事;**报道**;谎话;楼层

【真题例句】 In other words, there is a conventional **story** line in the newsroom culture that provides a backbone and a ready-made narrative structure for otherwise confusing news.【2001 年阅读 3】换言之,在媒介机构的新闻采编室文化中存在着一套约定俗成的**写作模式**,为纷繁复杂的新闻报道提供撰写新闻稿的主干框架和现成的叙述模式。

stream [striːm] *n.* 小河,溪流;流,一股,一串 *v.* 流出,涌

【真题例句】 Most notably, the Pointcast Network uses a screen saver to deliver a continually updated **stream** of news and advertisements to subscribers' computer monitors.【1999 年阅读 2】其中最有名的有 Pointcast 网络公司,他们使用一种屏幕保护程序,不断将一**系列**最新的信息和广告传递到订阅者的电脑上。

suit [sjuːt] *v.* 合适,适合;相配,适应 *n.* 一套西服;**诉讼**

【真题例句】 David Williams' **suit** should trouble this gambling nation. But don't bet on it.【2006 年阅读 Part B】大卫·威廉姆斯的**起诉**或许会在这个赌博民族中引发一些问题,

但是也并不能确信。

suspend [səs'pend] *v.* 悬(浮),挂;暂停,**取消**;推迟

真题例句 After an uninterrupted history of almost 1,200 years, the Games were **suspended** by the Romans in 394 A. D.【1987 年阅读 2】在不间断地进行了大约 1200 年之后,公元 394 年,罗马人**终止**了奥运会。

temper ['tempə] *n.* 脾气;韧度,回火度 *vt.* **调和,使缓和**;使回火

真题例句 From car dealerships to Gap outlets, sales have been lagging for months as shoppers **temper their spending**.【2004 年阅读 3】由于购物者**削减支出**,从汽车代理商 到 Gap 品牌专卖店,数月以来销售一直滞缓。

thumb [θʌm] *n.* 拇指 *v.* (~ through)**翻阅**

真题例句 It has long been known that a taxi firm called AAAA cars has a big advantage over Zodiac cars when customers **thumb through** their phone directories. Less well known is the advantage that Adam Abbott has in life over Zoë Zysman.【2004 年阅读 2】人们早已知 道在客户**翻查**电话簿时,名叫 AAAA 的出租汽车公司要比 Zodiac 出租汽车公司有很大 的优越性。至于在生活方面 Adam Abbott 较之 Zoë Zysman 的优越性就不那么为人所知 了。

tip [tip] *n.* 尖端,末端;小费;**提示**;建议 *n./v.* 轻击;倾斜;给小费

真题例句 Instead, the best strategy is to use the agent as a kind of **tip** service to keep abreast of jobs in a particular database.【2004 年阅读 1】相反,最佳策略是把这种搜索工 具当做**提示**服务,以便与某个数据库中的职业信息保持同步。

touch [tʌtʃ] *v.* 触,碰,摸;感动,触动;**涉及** *n.* 触动,碰到;少许,一点

真题例句 There is one more point I feel I ought to **touch** on.【1995 年阅读 1】还有一点 我需要**指出**。

trace [treis] *n.* 痕迹,踪迹;**极少量**,微量 *v.* 描绘;**跟踪,追踪**

真题例句 Since carbon dioxide is presented in the air only **in trace quantities**.【1991 年 阅读 3】因为空气中的二氧化碳含量极少。

真题例句 Ravitch's latest book, *Left Back: A Century of Failed School Reforms*, **traces** the roots of anti-intellectualism in our schools, concluding they are anything but a counterbalance to the American distaste for intellectual pursuits.【2004 年阅读 4】拉维奇的最新作品《遗 留在后:一个世纪失败的学校改革》**探究**了我们学校中反才智主义的根源,并得出结 论:学校根本就不是美国人反感智慧追求的一种抗衡力。

track [træk] *n.* 跑道,小路;轨迹,轮迹 *v.* 跟踪,**追踪**

真题例句 The casino issued to him, as a good customer, a "Fun Card," which when used in the casino earns points for meals and drinks, and enables the casino to **track** the user's gambling activities.【2006 年阅读 Part B】赌场给他发了一张"娱乐卡",因为他是好顾客。在赌场里使用这张娱乐卡可以积分换餐饮,还可以让赌场追踪使用者的赌博行为。

train [trein] *n.* 列车;行列,系列,一串 *v.* 训练,培养

> 真题例句 Probably there is not one here who has not in the course of the day had occasion to set in motion a complex **train** of reasoning.【1993 年英译汉】可能在座的各位在一天中都曾进行过一**系列**复杂的推理活动。

weigh [wei] *v.* 称……重量,称;重达;考虑,**权衡**

> 真题例句 "Benefits" have been **weighed** against "harmful" outcomes. And generalizations have proved difficult.【2002 年完形】"益处"要针对产生的"害处"来**权衡**,这很难一概而论。

yield [ji:ld] *v.* 出产,生长;(to)屈服,服从 *n.* **产量**,收获

> 真题例句 That matters because theory suggests that the maximum sustainable **yield** that can be cropped from a fishery comes when the biomass of a target species is about 50% of its original levels.【2006 年阅读 3】这点很重要,因为理论表明在一个渔场内最大量的可持续捕鱼量要依赖于目标物种剩余量是原来水平的一半。

常考熟词僻义单词(经典例句部分)

abroad [ə'brɔːd] *ad.* 到国外,在国外;**在传播,在流传,到处**

> 经典例句 A rumor is **abroad**. 谣言在**传开**。An epidemic is **abroad** in America. 美国正**大规模流行疾病**。

abstract ['æbstrækt] *a.* 抽象的 *n.* **摘要**,梗概 *vt.* 提取;摘录要点

> 经典例句 The **abstract** of his thesis was presented in the meeting. 他在会上陈述了论文的**摘要**。

annual ['ænjuəl] *a.* 每年的,一年生的 *n.* **年刊**,年鉴

> 经典例句 Some **annuals** were put in the reading room. 阅览室里陈放着一些**年刊**。

anonymous [ə'nɔniməs] *a.* 匿名的,无名的;**无特色的**

> 经典例句 There are the grey **anonymous** streets in this town. 这个小城的街道外观**千篇一律**的灰暗。

appetite ['æpitait] *n.* 食欲,胃口;**欲望**,性欲;爱好,要求

> 经典例句 He has an **appetite** for learning. 他求知**欲望**强烈。

apprehensive [ˌæpri'hensiv] *a.* 有理解力的;**忧虑的,担心的**

> 经典例句 He is always **apprehensive** for his son's safety. 他经常**担心**儿子的安全。

army ['ɑːmi] *n.* 军队,陆军,军;**大群,大批**

经典例句 An **army** of waiters served at the banquet. 一**大批**服务员在宴会上服务。

associate [ə'səuʃieit] vt. 交往;使联合 n. 合作人,同事,同行,伙伴 a. **副的**

经典例句 He complained that he was still an **associate** professor when retiring. 他感叹他退休时仍然是一名**副**教授。

attack [ə'tæk] v./n. 攻击,抨击;**着手,开始** n. (病)发作

经典例句 He **attacked** the difficulties at once. 他立即**着手**处理难题。At the piano, his **attack** was full of life. 他弹奏钢琴时,一**开始**便充满活力。On hearing his failure in business, his father suddenly got heart **attack**. 他父亲在得知他生意失败的消息后心脏病突然**发作**了。

attribute [ə'tribju(:)t] v. (to)归因于,归属于 n. **属性,品质,特征**

经典例句 Politeness is an **attribute** of a gentleman. 彬彬有礼是绅士的**本色**。

back [bæk] a. 后面的 ad. 向后,在后;回,回复;以前 v. 倒退;**支持** n. 背;后面

经典例句 We **backed** our candidate with a warm welcome. 我们用热烈的欢迎来**支持**我们的候选人。

ball [bɔːl] n. 球(状物);(正式的)**舞会**

经典例句 How did you enjoy the **ball**? 你们在**舞会**上玩得高兴吗?

band [bænd] n. 条,带;等级;**乐队**;波段;**一群,一伙** v. 缚,绑扎

经典例句 The **band** played a lively tune. **乐队**演奏了一支轻快的乐曲。A **band** of robbers held up the train. 一**群**强盗抢劫了火车。

bed [bed] n. 床,床位;(苗)床,花坛;**河床,(湖、海的)底**,矿床

经典例句 If you dig here, you will find a **bed** of clay. 如果你在这里挖掘,你可以发现黏土层。

better ['betə] a. 较好的 ad. 更好(地) v. **改良** n. 较佳者

经典例句 They tried to **better** their living conditions. 他们试图**改善**生活条件。

bold [bəuld] a. 大胆的,勇敢的;冒失的;**黑体的,粗体的**

经典例句 This article is printed in **bold**. 这篇文章是用**黑体字**打印的。

border ['bɔːdə] n. 边界,国界;边(沿) v. **交界,与……接壤;接近**

经典例句 Canada **borders** the United States. 加拿大与美国**毗邻**。

bug [bʌg] n. 臭虫;小毛病;**窃听器** v. 窃听

经典例句 The police tested the room for **bugs**. 警察检查房间里是否放有**窃听器**。

can [kæn, kən] aux./v. 能,可以 n. **罐头;容器** vt. 把……装罐

经典例句 The fish is **canned** in the factory. 鱼在这家厂里**装成罐头**。There is only one **can** of meat left. 只剩下一**听**肉了。

capsule [ˈkæpsjuːl] *n.* 胶囊；**太空舱**

经典例句 The **capsule** of Shenzhou VI was effortlessly found soon. 神州六号**太空舱**没费多大努力很快就被找到了。

change [tʃeindʒ] *n.* 改变，变化；**零钱** *v.* 更换，调换，交换；改变，变化

经典例句 How much have you got in **change**? 你有多少**零钱**?

circle [ˈsəːkl] *n.* 圆，圆周；**圈子，集团**；周期，循环 *v.* 环绕，旋转

经典例句 He is part of an exclusive social **circle** and belongs to an exclusive club. 他所处的社交**圈子**很排外，而且参加的又是个很排外的社团。

cock [kɔk] *n.* 公鸡，雄鸡；**龙头，开关**

经典例句 He turned the **cock** off. 他把**水龙头**关掉了。

comb [kəum] *n.* 梳子 *v.* 梳(理)；**搜索**

经典例句 The police have **combed** the city for the murderer. 警察在全市到处**搜查**凶手。

concert [ˈkɔnsət] *n.* 音乐会，演奏会；**一齐，一致**

经典例句 They acted in **concert** on the issue. 他们在这个问题上保持行动**一致**。

concrete [ˈkɔnkriːt] *a.* 具体的，实质性的 *n.* 混凝土 *v.* **用混凝土修筑，浇混凝土**

经典例句 The **concrete** walls are reinforced with steel rods. 混凝土墙是用钢筋加固的。
The workman is still busy **concreting** the road. 工人还在忙着**用混凝土铺路**。

conduct [ˈkɔndʌkt, -dəkt] *n.* 行为，品行 *v.* 引导；管理；指挥(乐队)；**传导，传(热，电等)**

经典例句 Copper **conducts** electricity better than iron does. 铜的**导电**性比铁强。

constant [ˈkɔnstənt] *a.* 经常的，不断的，坚定的，永恒的，忠实的 *n.* **常数，恒量**

经典例句 In computer graphics, to enlarge or reduce all or part of a display image by multiplying their coordinate by **constant** values. 在计算机图形学中，以**常数**值乘以图像的坐标来放大或缩小全部或部分显示图像。

constitution [ˌkɔnstiˈtjuːʃən] *n.* 构成，构造，组成(方式)，成分；**体格；宪法**

经典例句 He has a **constitution** that defies any climate. 他有足以抵御任何气候的**体格**。The country's **constitution** embodies the ideals of freedom and equality. 这个国家的**宪法**体现了自由和平等的理念。

contain [kənˈtein] *v.* 包含，容纳；**容忍，抑制**

经典例句 I could hardly **contain** my curiosity. 我简直无法**克制**我的好奇心。

crazy [ˈkreizi] *a.* 疯狂的，古怪的，蠢的；(about)**狂热的，热衷的**

经典例句 The crowd at the game went **crazy**. 看比赛的人群变得**狂热**起来。

curiosity [ˌkjuəriˈɔsiti] *n.* 好奇心；**古董，古玩**

经典例句 He kept the carved bone and displayed it as a **curiosity**. 他保留那块雕刻过的

骨头并把它作为**古玩**展出。

diamond [ˈdaiəmənd] *n.* 金刚石,钻石;**菱形**

经典例句 Mary made a three **diamond** ear ring. 玛丽做了一个三**菱形**的耳环。

diplomatic [ˌdipləˈmætik] *a.* 外交的,从事外交的;**策略的,有手腕的**

经典例句 He tried to be **diplomatic** when he refused their invitation. 他在拒绝他们的邀请时,尽可能地注意**方式策略**。

draw [drɔː] *v.* 拉;画;汲取;引出;(to,towards)挨近 *n.* **平局**

经典例句 Our team has had five wins and two **draws** this season. 我们的队本季赢了五次,**打平二次**。

drink [driŋk] *v.* (drank,drunk)喝,饮 *n.* **饮料**

经典例句 I don't like soft **drinks**. 我不喜欢喝软**饮料**。

duck [dʌk] *n.* 鸭,鸭肉 *v.* **迅速俯身;快速低头;躲避**

经典例句 She had to **duck** her head to get through the low doorway. 她不得不**低下头**才能穿过低矮的门口。The children **ducked** each other in the swimming pool. 孩子们在游泳池里互相把对方**按入水中**。

ear [iə] *n.* 耳,耳朵;听力,听觉;穗 *vi.* **结穗**

经典例句 The corn will soon **ear**. 玉米不久就要**结穗**了。

edge [edʒ] *n.* 边,棱;刀口,刃;**优势** *v.* 侧身移动,挤进

经典例句 Our team had a slight **edge** over the opposition. 我们队比对手稍具**优势**。

express [iksˈpres] *v.* 表达,表示 *a.* **特快的,快速的** *n.* 快车,快运

经典例句 I'd rather travel by **express** train rather than by air. 我宁愿选择乘坐**特快**列车去旅行,也不愿坐飞机。

extension [iksˈtenʃən] *n.* 延长,扩大,伸展;**电话分机**

经典例句 She has an **extension** in the kitchen and in the bedroom. 她的厨房和卧室都有**电话分机**。

facility [fəˈsiliti] *n.* **灵巧,熟练**;(*pl.*)设备,设施,便利条件

经典例句 His **facility** of this piece of music makes it a pleasure to enjoy. 他这首曲子弹奏得很**熟练**,让人们乐于欣赏它。

faculty [ˈfækəlti] *n.* **才能**;学院,系;(学院或系的)全体教学人员

经典例句 This boy has a **faculty** of making friends easily. 这个男孩有交友的**能力**。

fare [fɛə] *n.* 车费,船费 *v.* **过活;进展**

经典例句 How are you **faring** with your project? 你怎样**进行**你的计划?How did you **fare** in London? 你在伦敦**过得**怎样?

fortune [ˈfɔːtʃən] n. 运气;命运;**财产**;财富

经典例句 His father left him a handsome **fortune** before death. 他父亲死之前留给他一笔可观的**财产**。

forward [ˈfɔːwəd] ad. (also: forwards)向前 a. 向前的,前部的;进步的 n. **前锋** v. **转交,转递**

经典例句 He dreamed of being the **forward** of this team. 他梦想成为这支球队的**前锋**。

Please **forward** my mail to my new address. 请把我的信件**转**到我的新地址。

frontier [ˈfrʌntjə] n. 国境,边境;**尖端,新领域**

经典例句 The **frontiers** of medical knowledge are being pushed forwards as time goes on. 医学知识的**新领域**正随着时间向前推进。

gay [gei] a. **快乐的,愉快的**,色彩鲜艳的 n. 同性恋

经典例句 He looked happy, even **gay**. 他看起来很高兴,甚至可以说**欢欣雀跃**。

handsome [ˈhænsəm] a. 漂亮的,英俊的;**慷慨的,数量可观的**

经典例句 He often does the **handsome** thing by others. 他经常**慷慨**资助别人。He got a **handsome** fortune. 他得到了一笔**可观的**财产。

hide [haid] v. 隐藏,躲藏;隐瞒 n. **皮革,兽皮**

经典例句 Many clothes are made of the **hide** of animals. 许多衣服都是**兽皮**做的。

hunger [ˈhʌŋgə] n./v. 饥饿;**渴望**

经典例句 The student has a **hunger** for learning. 这个学生有强烈的求知**欲**。

industry [ˈindəstri] n. 工业,产业;**勤劳,勤奋**

经典例句 Success comes with **industry**. 成功来自勤奋。

imitate [ˈimiteit] v. 模仿,仿效;**仿造,伪造**

经典例句 Wood is often painted to **imitate** stone. 木头常涂上油漆**仿造**石头。

inferior [inˈfiəriə] a. (to)下等的,下级的;劣等的,差的 n. **下级,晚辈**

经典例句 The **inferior** must learn to respect the elderly. **晚辈**一定要学会尊重长辈。

instant [ˈinstənt] a. 立即的;紧迫的;**(食品)速溶的,方便的** n. 瞬间,时刻

经典例句 I don't like to drink **instant** coffee. 我不喜欢喝**速溶**咖啡。

just [dʒʌst] ad. 正好地;刚才;只不过 a. **公正的,公平的;恰当的,应得的**

经典例句 He pursued a **just** cause in his life. 他一辈子追求**正义**的事业。You have received a **just** reward. 你已得到了应有的报酬。

kill [kil] vt. 杀死,消灭;破坏,毁灭;**消磨(时间)**

经典例句 We **killed** a few hours before the flight by sightseeing. 我们在飞行前观光**消磨**了几个小时。

lame [leim] *a.* 跛的;(辩解、论据等)无说服力的,站不住脚的;有缺陷的

经典例句 He gave a **lame** excuse for being absent. 他找了个站不住脚的理由来解释缺席的原因。

law [lɔ:] *n.* 法律,法规,法学,**规律,定律**

经典例句 We can't break the natural **law**. 我们不能破坏自然**规律**。

log [lɔg] *n.* 原木,圆木;**航海日志**

经典例句 The captain described the accident in the ship's **log**. 船长在**航海日志**中描述了这次事故。

long [lɔŋ] *a.* 长的,长时间的,长期的 *ad.* 长久,长期地 *v.* (for)**渴望,极想**

经典例句 She **longed** to be back in China. 她**渴望**回到中国。

lot [lɔt] *n.* 许多,大量;**签;抽签;命运;场地**

经典例句 They **drew lots** to decide which of them should go first. 他们以**抽签**来决定谁先去。My **lot** is a hard one. 我的**命运**坎坷。The parking **lot** is full. 停车场车位满了。

mean [mi:n, min] *v.* 表示……的意思;意欲,打算 *a.* 卑鄙的;平均的,**吝啬的,小气的**,低劣的 *n.* **平均值**

经典例句 The **mean** of 2, 5 and 8 is 5. 2,5 和 8 的**平均数**是5。He is rich but **mean**. 他很富有但很**小气**。

mine [main] *pron.* [I 的物主代词]我的(东西) *n.* **矿** *v.* **采矿;布雷**

经典例句 The **mine** was closed owing to exhaustion. 这个**煤矿**因矿源枯竭而被关闭。The cruiser was **mined**, and sank in five minutes. 这艘巡洋舰**触雷**,5 分钟后沉没了。

observation [ˌɔbzə:'veiʃən] *n.* 观察,观测,监视;(*pl.*) **观察资料或报告**,言论

经典例句 Weather service provided accurate **observations**. 气象观测组织给出了精确的**观察报告**。

organ [ˈɔ:gən] *n.* 器官;**机构,机关**;风琴

经典例句 Parliament is an **organ** of government. 议会是政府的一个**机构**。

pattern [ˈpætən] *n.* 模式,式样;图案,图样 *v.* 仿制,**模仿**

经典例句 He **patterned** himself upon a man he admired. 他**模仿**了一位他钦佩的人。

prescribe [pris'kraib] *v.* **指示,规定**;处(方),开(药)

经典例句 The law **prescribes** heavy penalties for this offence. 法律**规定**对这种不法行为从严惩处。

press [pres] *v.* 压;压榨;紧迫,催促 *n.* **报刊,通讯社**;压榨机,压力机;压,揿,按

经典例句 The power of the **press** is very great. **新闻界**的力量非常大。

product [ˈprɔdəkt] *n.* 产品,产物;**乘积**

经典例句 48 is the **product** of 6 and 8. 48 是 6 和 8 的**乘积**。

project ['prɔdʒekt] *n.* 方案,工程,项目 *v.* **投射,放映**;设计,规划;**(使)凸出,(使)伸出**

经典例句 Computers **projected** the slide onto a screen. 计算机把幻灯片**投映**到屏幕上。

The upper storey **projects** over the street. 二楼**伸出**街面。

prospect ['prɔspekt] *n.* 景色;**前景,前途,展望**

经典例句 I see little **prospect** of an improvement in his condition. 我看他的情况没有什么改进的**希望**。

pupil ['pjuːpl, 'pjuːpil] *n.* 学生,小学生;**瞳孔**

经典例句 The doctor carefully checked his **pupil**. 医生仔细地检查了他的**瞳孔**。

recipe ['resipi] *n.* 烹饪法,食谱;**诀窍,方法**

经典例句 What's your **recipe** for success? 你取得成功有什么**窍门**?

relieve [ri'liːv] *v.* (of)减轻,解除;援救,救济;**换班,换岗**

经典例句 The soldiers are **relieved** every four hours. 士兵们每四小时**换一次岗**。

religion [ri'lidʒən] *n.* 宗教,信仰;**信念,信条**

经典例句 Everyone has their own **religion** of life. 每个人都有自己人生的**信条**。

resume [ri'zjuːm] *n.* 个人简历 *v.* **再继续,重新开始**;再用;恢复

经典例句 His persistence was rewarded when they agreed to **resume** discussions. 他们终于同意**继续**谈判,这是他坚持不懈的结果。

retire [ri'taiə] *v.* 退休,引退;**退却,撤退**;**就寝**

经典例句 Our forces **retired** to prepared positions. 我们的部队**撤退**到既设阵地上。I decided to **retire** early. 我决定早点**就寝**。

room [ruːm, rum] *n.* 房间,室,**空间,地方**;**余地**

经典例句 There is not so much **room** for these books. 没有这么大的**地方**来放这些书。

His plan still had **room** for improvement. 他的计划仍有改善的**余地**。

sack [sæk] *n.* 袋,包,**麻袋** *v.* 解雇

经典例句 If you are late again the boss will **give you the sack**. 如果你再迟到,老板就会**解雇**你。

say [sei] *vt.* 说,讲;说明;比如说 *vi.* 说,发表意见 *n.* **发言权,意见**

经典例句 We are considering giving them greater **say** in such matters. 我们正考虑在这样的事情上给他们更多的**发言权**。

score [skɔː, skɔə] *n.* 得分,分数;**二十** *v.* 得(分),记(……的)分数

经典例句 According to the Bible, we can expect to live for **three score years and ten**. 根据圣经的说法,我们可以活到 **70 岁**。

sea [siː] n. 海,海洋;**大量**

经典例句 I stood amid a **sea** of corn. 我站在茫茫一**片**玉米地里。

secure [siˈkjuə] a. (from,against)安全的,放心的 v. **得到**;防护,保卫

经典例句 He **secured** a job yesterday. 他昨天**找到**了一份工作。

sheep [ʃiːp] n. (绵)羊;**易受人摆布的人**

经典例句 She is a **sheep** in the work or family. 无论在工作还是在家庭中她都是一个**易受人摆布的人**。

sink [siŋk] v. (使)下沉,下落 n. **水槽,水池**

经典例句 The dirty dishes are in the **sink**. 那些脏盘子在**洗涤槽**内。

skeleton [ˈskelitən] n. 骨骼;骨架,框架;**梗概,提要**

经典例句 I've written the **skeleton** of my report, but I have to fill in the details. 我已写出报告的**梗概**,但我必须补充细节。

skirt [skəːt] n. 裙子;**边缘,郊区**

经典例句 I decided to live in the **skirts** of the city. 我决定居住在**郊区**。

slim [slim] a. 苗条的;**(机会)小的**,薄的 v. (用运动、节食等)减轻体重,变苗条

经典例句 She has only a **slim** chance of winning. 她获胜的机会**很小的**。

slip [slip] v. 滑,滑倒;滑掉;溜走 n. **疏忽,小错,口误**,笔误

经典例句 The speaker had a **slip** of the tongue in his speech. 演讲者在讲演过程中出现了**口误**。

smart [smɑːt] a. 漂亮的;聪明的;巧妙的 v. / n. **剧痛,刺疼**

经典例句 The **smart** of his wound kept him awake. **伤痛**使他无法入睡。

soar [sɔː, sɔə] vi. (指鸟等)高飞,翱翔;**飞涨**;高耸

经典例句 Prices **soar** because of war. 由于战争,物价**飞涨**。

soil [sɔil] n. 泥土,土地,土壤 v. **弄脏,(使)变脏**

经典例句 His reputation was **soiled** by scandal. 丑闻**玷污**了他的名誉。

sole [səul] a. 单独的,唯一的 n. **脚垫,鞋底**

经典例句 The **soles** of my shoes are broken. 我的**鞋底**都断了。

sort [sɔːt] n. 种类,别 v. **分类,整理**

经典例句 I'll leave you to **sort** this problem out. 我把这个问题交给你来**处理**。

spirit [ˈspirit] n. **精神**;志气;(pl.)情绪,心情;(pl.)酒精,烈酒

经典例句 We need a **spirit** of enterprise if we are to overcome our difficulties. 如果我们要克服困难,我们就要有进取**精神**。

spot [spɔt] *n.* 斑点;地点,场所 *v.* **认出,认清,发现;玷污,弄脏**;用点作记号

经典例句 They were **spotted** by police as they were entering the bank. 他们走进银行时被警察**认出**来了。He **spotted** his reputation by lying repeatedly. 他因反复说谎而**败坏**了自己的名声。

spring [spriŋ] *n.* 春;跳;泉,源泉;弹簧,发条 *v.* 跳,**跳跃**

经典例句 The bed is made up of a **spring** mattress. 这张床是**弹簧**垫子做成的。He suddenly **sprung** out of bed. 他突然从床上**跳**了起来。

stick [stik] *n.* 棍,棒,手杖 *v.* 刺,戳,扎;粘贴

经典例句 I found a nail **sticking** in the tyre. 我发现一个钉子**扎**在车胎里。Someone **stuck** a label on the door. 有人在门上**贴**了标签。

storey /story ['stɔːri] *n.* **楼,层**

经典例句 That is a house of six **stories**. 那是一栋六**层楼**的房子。

strange [streindʒ] *a.* 奇怪的,奇异的;**陌生的,生疏的;外地的,异乡的**

经典例句 He stood in a **strange** street. 他站在一条**陌生的**街道上。She felt lonely in a **strange** land. 在**异国他乡**她觉得好孤独。

strong [strɔŋ] *a.* 强壮的,强大的;**强烈的,浓的**

经典例句 The kitchen had a smell of **strong** vinegar. 厨房里醋的味道很**浓**。

study ['stʌdi] *vt.* 学习;研究;细看,细察,仔细端详 *vi.* 读书 *n.* 学习;研究;**书房**

经典例句 We bedded our guests down in the **study**. 我们把我们的客人安置在**书房**睡觉。

succeed [sək'siːd] *vi.* (in)成功;**继承,接替** *vt.* 接替;继……之后

经典例句 When the duke dies, his eldest son will **succeed** to the title. 公爵去世之后,他的长子将**继承**他的爵位。

superior [sjuː'piəriə] *a.* 优良的,卓越的;**上级的**;(to)较……多的,优于 *n.* 上级;长者;高手

经典例句 I'll report you to your **superior** officer! 我要把你的情况报告给你的**上司**!

table ['teibl] *n.* 桌子;餐桌;工作台;**表格**,目录

经典例句 It can be seen from the **table**. 从**表格**中可看出。

tell [tel] *vt.* 告诉,讲述;告诫;吩咐,命令;(from)**辨/区别**;泄露,吐露

经典例句 It's difficult to **tell** Mary from Jane; they look so alike. 玛丽和简很难**分得出**来,她们长得太像了。

term [təːm] *n.* 学期;期限,期间;(*pl.*)**条件,条款**;术语

经典例句 Two countries finally offered favorable peace **terms**. 两国最后提出良好的和平

条件。

theatre/theater [ˈθiətə(r)] n. 戏院；戏剧；**阶梯教室**

经典例句 The teaching buildings have several **theatres**. 这栋教学楼有好几个**阶梯教室**。

thirsty [ˈθɜːsti] a. 口渴的；(for) **渴望的，热望的**

经典例句 He was **thirsty** for power. 他**渴望**拥有权力。

ticket [ˈtikit] n. 票，入场券；票签；**(交通违章) 罚款传票**

经典例句 The policeman gave **ticket** to the parked car. 警察给这辆停着的车发出**违章处罚通知单**。

tide [taid] n. 潮，潮汐；**潮流，趋势**

经典例句 The **tide** of public opinion seems to be turning against the government. 公众舆论的**趋向**看来是转向不利于政府的方向。

tight [tait] a. 紧的；紧身的，装紧的；**密封的，不透……的** ad. 紧紧地

经典例句 The cloth is **tight** enough to hold water. 这种布料**密封性好不透水**。

toll [təul] n. (道路、桥等的) 通行费；牺牲；**死伤人数**

经典例句 The government tried to keep the death **toll** at a lower level. 政府力图将**死亡人数**控制在较低标准。

tolerance [ˈtɔlərəns] n. 宽容；容忍，忍受；耐药力；**公差**

经典例句 Every machine has its **tolerance**. 每一部机器都有它的规定**公差**。

tone [təun] n. 音调，音色；风气，**气氛；腔调，语气；色调**

经典例句 Her friendly opening speech set the **tone** for the whole conference. 她友好的开幕词确定了整个会议的**基调**。The room has light **tones** of blue. 这间屋子透着淡淡的蓝**色**。

treat [triːt] v. 对待；治疗；论述；款待，请客；处理 n. **款待，请客**

经典例句 This meal is my **treat**, so put your money away. 这顿饭我**请客**，你把钱收起来吧。

trifle [ˈtraifl] n. 少量；小事，琐事 v. (with) **玩弄；嬉耍**

经典例句 He's just **trifling** with her affections. 他只是在**玩弄**她的感情。

trigger [ˈtrigə] n. 扳机 vt. **触发，引起**

经典例句 The odour of food may **trigger** man's appetite. 食物的香味能**引起**人的食欲。

trip [trip] n. 旅行，远足 v. **绊倒；失足；犯错**

经典例句 He **tripped** on a tree root. 他被一树根**绊倒**了。

uphold [ʌpˈhəuld] vt. 支持，赞成；举起；**坚持**

经典例句 The President swore to **uphold** the constitution. 总统宣誓维护宪法。The judge

upheld the lower court's decision. 法官**维持**初级法院的判决。

upright ['ʌp'rait] *a.* 垂直的,直立的;**正直的,诚实的** *ad.* 竖立着

经典例句 Few people considered him a **upright** man. 几乎没有人认为他为人**诚实**。

vehicle ['viːikl] *n.* 车辆,交通工具;**媒介,载体**

经典例句 Television has become an important **vehicle** for spreading political ideas. 电视已成为传播政治思想的重要**媒介**。

wage [weidʒ] *n.* (常 *pl.*)工资,报酬 *vt.* **进行,开展**

经典例句 The government has pledged itself to **wage** a war against poverty and disease. 政府发誓要**进行**一场消灭贫穷和疾病的斗争。

want [wɒnt] *vt.* 想要;希望;需要;缺,缺少 *n.* 需要,必需品;**短缺,缺少**

经典例句 The plants died from **want** of water. 这些植物因**缺**水而死。

ward [wɔːd] *n.* 病房;行政区;监护;**被监护人** *vt.* 挡住;**保护,守卫**

经典例句 Everyone was shocked when he married his young **ward**. 他跟他**监护**的年轻女子结婚,大家都感意外。He was **warded** by the bodyguard twenty four hours a day. 保镖一天 24 小时**保护**他。

weak [wiːk] *a.* 虚弱的,软弱的;不够标准的;**淡薄的,稀的**

经典例句 He likes **weak** coffee. 他喜欢喝**淡**咖啡。

well [wel] *ad.* 好,令人满意地;很 *int.* [表示宽慰、惊讶等] 哎呀,好啦,嗯 *a.* 健康的 *n.* **井,小井**

经典例句 The police found the lost treasure in an abandoned **well**. 警察在一口废弃的**井**里找到了丢失的财宝。

will [wil] *aux./v.* 将;会;愿意;总是,经常是;决心要,下决心 *n.* **意志;决心**;愿望;**遗嘱**

经典例句 Free **will** makes us able to choose our way of life. 自由的**意志**使我们可以选择自己的生活方式。The rich man left his son nothing in the **will**. 那位富翁在**遗嘱**中什么都没给他儿子留下。

wisdom ['wizdəm] *n.* 智慧,明智;**名言,格言**

经典例句 We often remember the **wisdom** at heart. 我们经常把**格言**记在心里。

workshop ['wəːkʃɒp] *n.* 车间,工场,修理厂;**研讨会,讲习班**

经典例句 She is studying in a theatre **workshop**. 她正在戏剧**研讨班**学习。

yard [jɑːd] *n.* 院子,场地;**码**

经典例句 Three feet make one **yard**. 三英尺为一**码**。

附　录

Ⅰ．常考词根

1. acu 尖的，锐利的

acute	*adj.*	尖的；敏锐的 ［医］急性的，剧烈的
acumen	*n.*	敏锐，聪明

2. act = to do，to drive 行动，做

activate	*vt.*	刺激，使活动
interact	*vi.*	相互作用
transaction	*n.*	处理；交易；和解

3. ag 做，代理做

agenda	*n.*	议程，应办事项
agitation	*n.*	鼓动，煽动；搅动

4. alter, altern = other, to change 其他的，改变

alter	*v.*	改变；
alternative	*n.*	二中择一，可供选择的小法，事物 *adj.* 选择性的，二中择一的
alternate	*adj.*	交替的，轮流的，预备的 *v.* 交替，轮流，改变
alternation	*n.*	交替，轮流，间隔

5. cord = heart 一致，心脏

cordial	*a.*	真诚的，诚恳的
accord	*vt.*	一致（ ~ with）；给予
discord	*n.*	不一致，意见不合，嘈杂声；［音乐］不和谐 *v.* 不和
concord	*n.*	和谐，一致，和睦
record	*n.*	履历，档案，诉状，最高纪录，报告，唱片 *vt.* 记录，标明，将……录音
	vi.	录音，被录音 *adj.* 创纪录的

6. ceed, ced, cess = go 走

proceeding	*n.*	程序，行动，事项
exceed	*vt.*	超越，胜过 *vi.* 超过其他
concede	*vt.*	承认，退让 *vi.* 让步
precede	*vt.*	先于…… *vi.* 领先

access	n. 通路，访问，入门 vt. 存取，接近
inaccessible	adj. 达不到的，难以接近的
excess	n. 过度，剩于，无节制，超过，超额 adj. 过度的，额外的
process	n. 过程，作用，方法，程序，步骤，进行，推移 vt. 加工，处理
success	n. 成功
accessory	n. 同谋 a. 附属的
concession	n. 让步，迁就
recession	n.（经济）衰退，不景气
successor	n. 继承人，继任者

7. claim = cry out, shout 喊

proclaim	vt. 宣告，宣布；表明
reclaim	vt. 开垦，开拓；回收
exclaim	v. 呼喊，惊叫，大声叫
acclaim	n. 喝彩，欢呼 v. 欢呼，称赞

8. clos. clud. clus = close 关闭

closet	n. 小房间；壁碗橱
disclose	vt. 揭开，揭发；透露
enclosure	n. 围绕；围场，围栏
preclude	vt. 预先排除，预防，阻止，妨碍
exclude	vt. 拒绝接纳，把……排除在外，排斥
exclusive	adj. 排外的，孤高的，唯我独尊的，独占的，唯一的，高级的
inclusive	a. 包围住的；包括的

9. cur, curs = run 跑

currency	n. 通货；通用；市价
curriculum	n. 课程
incur	vt. 招致，蒙受，遭遇
recur	vi. 复发，重现，再发生
excursion	n. 远足，游览，短程旅行
precursor	n. 先驱

10. dict = say, assert 说

contradict	vt. 反驳，否认
verdict	n. 裁决，结论，定论，判断
dictate	v. 口述，使听写，指示，命令，规定

11. duc, duct = bring, lead 带来

deduce	vt. 推论，演绎出
induce	vt. 劝诱；引起；感应
productive	a. 生产的；出产……的

productivity　　*n.* 生产率；多产

conduct　　　　*n.* 行为 *v.* 引导，管理，传导

12. flict = strike 击，打

afflict　　　　*vt.* 使痛苦，折磨

inflict　　　　*vt.* 施以，加害，使承受

conflict　　　　*n.* 斗争，冲突 *vi.* 抵触，冲突

13. gress = go 走

aggressive　　　*a.* 好斗的，敢作敢为的，侵略性的

congress　　　　*n.* 国会，议会

14. her hers = stick 坚持

adhere　　　　*vi.* (fml) 粘附；追随；坚持 (~ to sth)

coherent　　　　*a.* 粘着的；紧凑的

15. it = go 走

initiate　　　　*vt.* 开始，发动，传授

initial　　　　*adj.* 最初的，词首的，初始的

exit　　　　　*n.* 出口，退场 *vi.* 退出，脱离，

16. ject = throw, cast 扔

eject　　　　　*vt.* 逐出，排斥；喷射

inject　　　　　*vt.* 注射；注满；喷射

subjective　　　*a.* 主观的，个人的

objective　　　*n.* 目标，目的 *adj.* 客观的，[语法] 宾格的

subject　　　　*n.* 题目 主语 *adj.* 受制于……的，受……影响的 *vt.* 使屈从于……，使隶属

reject　　　　　*vt.* 拒绝，抵制，否决，驳回，丢弃

17. magn = big 大

magnificent　　*adj.* 华丽的，高尚的，宏伟的

magnify　　　　*vt.* 放大，扩大

magnitude　　　*n.* 大小；重大；星等

18. mini = small 小

administer　　　*vt.* 执行，管理，治理

diminish　　　　*vt.* 减少，减小，递减

miniature　　　*n.* 缩影 *a.* 缩小的

minimize　　　　*vt.* 使减到最小

19. miss, mit = send, cast 送出去

permissible　　*a.* 可允许的

transmission　　*n.* 播送，发射，传动，传送，传输，转播

commission　　　*n.* 委托，犯 (罪)，佣金 *vt.* 委任，委托

submission	n. 屈服，降服，服从，谦恭，投降
missionary	n. 传教士
commitment	n. 委托，实行，承担义务，赞助
intermittent	a. 间歇的，断断续续的
summit	n. 顶点，最高点；极度
submit	v. （使）服从，（使）顺从 vt. 提交，递交
admit	v. 容许，承认，接纳
omit	vt. 省略；删除（无意中）遗漏；忘记；怠慢
transmit	vt. 传输，发射，遗传，传播 vi. 发射，发报

20. nounce = speak 说话

denounce	vt. 谴责，声讨；告发
announce	vt. 宣布，通告
renounce	v. 断绝关系

21. ped = foot 脚

expedition	n. 探险；探险队
pedal	n. 踏脚，踏板，脚蹬
pedestrian	n. 行人，步行者

22. pel，puls = drive，push 推

expel	vt. 驱逐开除；排出
propel	vt. 推进，推动
repel	vt. 拒绝；使厌恶
compel	vt. 强迫，迫使
compelling	adj. 强制的，强迫的，引人注目的
compulsory	a. 强迫的，义务的
impulse	n. 冲动，推动，脉冲
repulsive	adj. 推斥的，令人厌恶的

23. pet = seek 追求

competence	n. 胜任，资格，能力
competitive	a. 竞争的，比赛的
impetus	n. 动力，推动力，激励
perpetual	a. 永久的；四季开花的
petition	n. 请愿 vt. 向……请愿
compete	vi. 比赛，竞争

24. ple，plen = full，fill 完成

complement	vt. 补充 n. 补足（物）
implement	n. 工具 vt. 实现，使生效，执行
supplementary	a. 补足的，补充的，追加的

25. plic = fold 折叠

complication	*n.*	复杂，混乱；并发症
duplicate	*n.*	复制品 *vt.* 复制
explicit	*a.*	明晰的；直率的
implicit	*a.*	暗示的，盲从的，绝对的，固有的
complicated	*adj.*	复杂的，难解的

26. pos posit = put 放

composite	*a.*	合成的 *n.* 合成物
disposition	*n.*	性情，处置，处理，布置
exposition	*n.*	曝露 说明，解释；陈列
pose	*vi.*	假装，摆姿势 *n.* 姿势
proposition	*n.*	命题，主题；提议
symposium	*n.*	酒会；座谈会
impose	*vt.*	征税，强加 *vi.* 利用，施影响
dispose	*v.*	处理，处置，部署

27. press = press 压

depression	*n.*	消沉；不景气，萧条期
oppress	*vt.*	压迫，压制；压抑
suppress	*vt.*	镇压；抑制；隐瞒
impress	*vt.*	印，盖印，留下印象

28. priv = single 单个的

deprive	*vt.*	夺去；使（人）失去
privacy	*n.*	隐私，隐居，秘密
private	*adj.*	私人的，私营的，秘密的
privilege	*n.*	特权，特免 *vt.* 给与……特权，特免

29. rupt = break 冲破

abrupt	*a.*	突然的，意外的，唐突的
bankrupt	*a.*	破产的 *vt.* 使破产
corrupt	*vt.*	贿赂 *a.* 腐败的
disrupt	*a.*	分裂的，分散的 *vt.* 使分裂，使瓦解
erupt	*vi.*	爆发 *vt.* 喷出
rupture	*n.*	破裂，决裂 *vt.*（使）破裂

30. scribe script = write 写

ascribe	*vt.*	把……归于
subscribe	*vi.*	订购，认购；预订
prescribe	*v.*	规定，处（方），开（药）
manuscript	*n.*	手稿，底稿，原稿

prescription	n.	药方，处方的药
script	n.	手迹，手稿，剧本，字母表
subscription	n.	捐献，订金，订阅

31. scend = climb 爬

ascend	vi.	攀登，登高；追溯
descendant	n.	子孙，后裔；弟子
transcend	vt.	超越，胜过
descend	vi.	下来，下降，遗传

32. serv = serve 服务

conserve	vt.	保存，保全
reservation	n.	保留；预定，预订
preserve	vt.	保护，保持，保存，保藏
reserve	vt.	储备，保存，保留，预定，预约

33. sid = sit 坐

preside	vi.	主持；主奏
reside	vi.	居住，驻扎；属于
residential	a.	住宅的，与居住有关的
subsidiary	a.	辅助的，补充的
subsidy	n.	补助金，津贴
considerate	adj.	考虑周到的
considerable	adj.	相当大（或多）的，值得考虑的

34. sign = mark 作标记

designate	vt.	指出，指示；指定
signify	vt.	表示，意味着
assign	vt.	分配，指派
insignificant	adj.	无关紧要的，可忽略的，无意义的
resign	n.	辞去（职务）v. 辞去，辞职

35. sist = stand 站

persistent	a.	固执的，坚持的，持续的
consistent	adj.	一致的，坚固的
assist	v.	援助，帮助
persist	vi.	坚持，持续
resist	vt.	抵抗，反抗

36. spect, spic = see, look 看

irrespective	a.	不考虑的，不顾的，无关的
prospective	a.	有希望的，预期的，将来的
retrospect	n.	回顾，追忆，回溯

spectacle	n. 场面；景象，奇观
spectacular	a. 公开展示的，惊人的 n. 展览物
spectator	n. 参观者，观众
spectrum	n. 系列，范围；波谱
respectable	adj. 体面的，可敬的
respectful	adj. 尊敬的，尊重人的，有礼貌的
respective	adj. 分别的，各自的
inspection	n. 检查，视察
perspective	n. 透视图，远景；看法，观点

37. spir = breath 呼吸

inspiration	n. 灵感；妙想；鼓舞
expire	v. 期满，终止，断气，届满
perspire	v. 出汗，流汗，分泌
conspire	v. 共谋，阴谋，（指事件）凑合起来

38. tend，tent = stretch 伸展

attendance	n. 到场；出席人数
attendant	n. 侍者；护理人员
contend	vi. 竞争 vt. 坚决主张
extend	v. 扩充，延伸，
intent	a. 目不转睛的，热切的
patent	a. 专利的 n. 专利
persistent	a. 固执的，坚持的，持续的
retention	n. 保留，保有，保持
tentative	n. 试验，假设 a. 试验性质的，暂时的
content	n. 内容，目录，满足 adj. 满足的，满意的

39. text = weave 编织

context	n. 上下文；来龙去脉
pretext	n. 借口，托辞
texture	n. 质地，纹理

40. tort = twist 扭

| distort | vt. 歪曲，曲解，扭曲 |
| retort | vt. & vi. 反击；反驳 |

41. tract = draw 拖，拉

distract	vt. 分散（心思）；打扰
extract	vt. 取出；榨取 n. 摘录
tract	n. 传单，小册子；大片（土地或森林）
subtract	v. (~ from) 减去，减

| extraction | n. 抽出物，摘要 |

42. tribut = give 给

contribution	n. 捐助，捐助之物，贡献
tribute	n. 贡物；献礼，贡献
attribute	n. 属性，品质，特征 v. 归结于
contributor	n. 贡献者，捐助者

43. vers, vert = turn 转

adverse	a. 不利的，敌对的，相反的，逆的
anniversary	n. 周年纪念日
controversial	a. 争论的，论争的，被议论的
controversy	n. 争论，辩论，争吵
diversion	n. 转移；改道；娱乐
traverse	vt. 横越，横切，横断
versatile	a. 多方面的；多才多艺的
verse	n. 诗，韵文；诗行
conversion	n. 变换，转化
irreversible	adj. 不能撤回的，不能取消的
avert	vt. 转开，避免，防止
divert	vt. 使转向 vi. 转移
invert	vt. 使反转，使颠倒，使转化
overt	a. 明显的，公然的
convert	n. 皈依者 vt. 使转变，转换，使……改变信仰

44. vok, voc = call, voice 声音

advocate	n. 辩护者，拥护者 vt. 拥护
provocative	a. 挑衅的，刺激的，挑逗的
vocal	a. 直言不讳的；嗓音的，有声的
evoke	vt. 唤起，引起
provoke	vt. 激怒，惹起，驱使

45. volv = roll, turn 旋转

revolve	vt. & vi. （使）旋转
involve	vt. 包括，使陷于
revolve	v. （使）旋转，考虑，循环出现

Ⅱ．常见的前缀和后缀

（一）常用前缀

1. aero-：concerning the air or aircraft 航空的，飞行的，飞机的
   - plane　aeroplane ['ɛərəplein] *n.* 飞机
   - space　aerospace *n.* 地球大气层及其外面的空间；太空

2. anti-：against；opposite of 反对的；与……相反
   - nuclear　antinuclear [,æntɪ'njuːklɪə (r)] *adj.* 反对使用核武器的
   - matter　antimatter ['ænti'mætə] *n.* 反物质
   - war　antiwar ['ænti'wɔː] *adj.* 反战的，反对战争的

3. auto-：of or by oneself 自动的
   - biography autobiography [,ɔːtəbai'ɔgrəfi] *n.* 自传
   - criticism autocriticism [,ɔːtəu'kritisizəm] *n.* 自我批评，自我反省

4. be-：to treat as the stated thing
   - friend　befriend [bi'frend] *vt.* 待人如友
   - little　belittle [bi'litl] *vt.* 轻视，使渺小，使……显得渺小

5. bi-：two；twice；double 两个；双
   - lingual　bilingual [bai'liŋgwəl] *adj.* 能说两种语言的
   - cycle　bicycle ['baisikl] *n.* 脚踏车，自行车

6. bio-：concerning living things 与生物相关的
   - chemistry biochemistry ['baiəu'kemistri] *n.* 生物化学
   - sphere　biosphere ['baiəsfiə] *n.* 生物圈

7. by-，bye-：less important 副的，次要的
   - product　byproduct ['bai'prɔdʌkt] *n.* 副产品
   - way　byway ['baiwei] *n.* 小道

8. centi-：hundredth part 百分之一
   - grade　centigrade ['sentigreid] *adj.* 分为百度的，百分度的，摄氏温度的
   - meter　centimeter ['sentimiːtər (r)] *n.* 厘米

9. co-：together，with 共同
   - author　coauthor [kəu'ɔːθə] *n.* 合著者，共同执笔者 *vt.* 合著
   - exist　coexist [kəuig'zist] *vi.* 共存

10. col-：(used beforel) together，with 共同
    - location collocation [,kɔlə'keiʃən] *n.* 排列，配置，词的搭配

11. com-：(used before b, m, p) together，with 共同

passion　compassion [kəmˈpæʃən] n. 同情，怜悯

12. con-: together, with 共同

centric　concentric [kɔnˈsentrik] adj. 同中心的

federation confederation [kənˌfedəˈreiʃən] n. 联邦

13. contra-: opposite 与……相反的

diction　contradiction [ˌkɔntrəˈdikʃən] n. 反驳，矛盾

natural　contranatural [ˌkɔntrəˈnætʃərəl] adj. 违背自然的

14. cor-: (used before r) together, with 共同

relate　correlate [ˈkɔrileit] vt. 使相互关联 vi. 和……相关

respond　correspond [kɔrisˈpɔnd] vi. 符合，协调，通信，相当，相应

15. counter-: opposite 与……相反的

act　counteract [ˌkauntəˈrækt] vt. 抵消，中和，阻碍

attack　counterattack [ˈkauntərəˌtæk] n. 反击，反攻 v. 反攻，反击

16. cross-: across; going between the stated things and joining them 越过

country　cross-country [ˈkrɔsˈkʌntri] adv. 越野地

breed　crossbreed [ˈkrɔsbriːd] n. [生物] 杂种 v. 异种交配，培育杂种，(使) 杂交

17. de-: showing an opposite; to remove; to reduce 相反的；减少

code　decode [ˌdiːˈkəud] vt. 解码，译解

value　devalue [diːˈvæljuː] v. (= devaluate) 减值，贬值

18. dis-: not; the opposite of 表 "否定"

advantage disadvantage [ˌdisədˈvɑːntidʒ] n. 不利，不利条件，缺点，劣势

agree　disagree [ˌdisəˈgriː] vi. 不一致，不适宜

honest　dishonest [disˈɔnist] adj. 不诚实的

19. em-: (used before b, m, p) to cause to become 使……

body　embody [imˈbɔdi] vt. 具体表达，使具体化，包含，收录

power　empower [imˈpauə] v. 授权与，使能够

20. en-: to cause to become; to make 使……

danger　endanger [inˈdeindʒə] vt. 危及

large　enlarge [inˈlɑːdʒ] v. 扩大，放大

21. ex-: former (and still living) 前的 (仍然活着的)

minister ex-minister n. 前部长

wife　ex-wife n. 前妻

21. extra-: outside; beyond 额外的

curricula extracurricular [eskstrəkəˈrikjulə (r)] adj. 课外的，业余的

ordinary extraordinary [iksˈtrɔːdnəri] adj. 非常的，特别的，非凡的，特派的

22. fore-: in advance, before; in or at the front 前面的

arm forearm [fɔrˈBːm] n. 前臂 vt. 准备战斗，预先武装，准备

warm   forewarm [fɔːˈwɔːm] 预热

23. il-: (used beforel) not 表 "否定"

    legal   illegal [iˈliːgəl] *adj.* 违法的，不合规定的

    literate   illiterate [iˈlitərit] *n.* 文盲 *adj.* 不识字的，没受教育的

24. im-: (used before b, m, p) not 表 "否定"

    moral   immoral [iˈmɔrəl] *adj.* 不道德的，邪恶的，放荡的，淫荡的

    possible   impossible [imˈpɔsəbl] *adj.* 不可能的，不会发生的，难以忍受的

25. in-: not 表 "否定"

    direct   indirect [ˌindiˈrekt, indaiˈrekt] *adj.* 间接的，迂回的

    sensitive   insensitive [inˈsensitiv] *adj.* 对……没有感觉的，感觉迟钝的

26. infra-: below in a range; beyond 下面的；超越的，以外的

    red   infrared [ˈinfrəˈred] *adj.* 红外线的 *n.* 红外线

    structure   infrastructure [ˈinfrəˈstrʌktʃə] *n.* 下部构造，基础下部组织

27. inter-: between; among 交互的

    change   interchange [ˌintəˈtʃeindʒ] *vt.* （指两人等）交换 *v.* 相互交换

    national   international [ˌintə(ː)ˈnæʃənəl] *adj.* 国际的，世界的 *n.* 国际性组织，国际比赛

28. intra-: inside, within; into 在里面；内部的

    city   intracity [ˌintrəˈsiti] *adj.* 市内的

    department intra-department *adj.* 部门内的

29. ir-: (used before r) not 表 "否定"

    regular   irregular [iˈregjulə] *adj.* 不规则的，无规律的

    responsible   responsible [ˌirisˈpɔnsəbl] *adj.* 不负责任的，不可靠的

30. kilo-: thousand 一千的

    gram   kilogram [ˈkiləgræm] *n.* [物] 千克，公斤

    meter   kilometer [ˈkiləmiːtə] *n.* [物] 千米，公里

31. macro-: large, esp. concerning a whole system rather than particular parts of 宏观的

    economics   macroeconomics [ˌmækrəuˌiːkəˈnɔmiks] *n.* [*pl.*] [用作单] 宏观经济学
    （研究经济体系中起作用的全部力量或经济部门间的相互关系的经济学）

    structure   macrostructure [ˌmækrəuˈstrʌktʃə] *n.* 宏观结构

32. mal-: bad or badly 坏的

    function   malfunction [mælˈfʌŋkʃən] *n.* 故障

    treat   maltreat [mælˈtriːt] *vt.* 虐待，滥用

33. micro-: extremely small 微型的

    computer   microcomputer [ˈmaikrəukəmpjuːtə(r)] *n.* 微型（电子）计算机

    electronics microelectronics [ˈmaikrəuiˌlekˈtrɔniks, -ˌiːlek-] *n.* [电子] 微电子学

34. mid-: middle 中间的

| day | midday ['middei] *n.* 正午 |
| night | midnight ['mid,nait] *n.* 午夜 |

35. mini-: small; short 小的；短的

| bus | minibus ['mini,bʌs] *n.* 中客车，小型公共汽车（我国俗称面包车，乘员 10 人左右） |
| skirt | miniskirt ['mini,skəːt] *n.* 迷你短裙，超短裙 |

36. mis-: bad or badly; wrong or wrongly 坏的；错的

| fortune | misfortune [mis'fɔːtʃən] *n.* 不幸，灾祸 |
| understand | misunderstand ['misʌndə'stænd] *vt.* 误解，误会 |

37. mono-: one; single 单个的

| plane | monoplane ['mɔnəuplein] *n.* 单翼机 |
| tone | monotone ['mɔnəutəun] *adj.* 单调的 *n.* 单调 |

38. multi-: more than one; many 多个的

| purpose | multipurpose ['mʌlti'pəːpəs] *adj.* 多种用途的，多目标的 |
| national | multinational [mʌlti'næʃn(ə)l] *adj.* 多国的，跨国公司的，多民族的 *n.* 多国籍公司，跨国公司 |

39. non-; not 否定

| resident | nonresident ['nɔn'rezidənt] *adj.* 不住在住所的 *n.* 不住在住所 |
| sense | nonsense ['nɔnsəns] *n.* 胡说，废话 |

40. out-: outside; beyond 外面的；超越的

| live | outlive [aut'liv] *v.* 比……长命，比……耐久，渡过……而存在，经受住 |
| door | outdoor ['autdɔː] *adj.* 室外的，户外的，野外的 |

41. over-: too much; above; additional 太多的；在……上面；额外的

| head | overhead ['əuvəhed] *adj.* 在头上的，高架的 *n.* 企业一般管理费用，天花板 *adv.* 在头顶上，在空中，在高处 |
| time | overtime ['əuvətaim] *n.* 超时，加班，延长时间 *adj.* 超时的，加班的 *adv.* 加班地 *vt.* 使超时 |

42. poly-: many 多的

| centric | polycentric [,pɔli'sentrik] *adj.* 多中心的 |
| syllabic | polysyllabic [,pɔlisi'læbik] *adj.* 多音节的 |

43. post-: later than; after 后面的

| graduate | postgraduate ['pəust'grædjuit] *n.* 研究所学生，研究生 *adj.* 毕业后的 |
| war | postwar ['pəust'wɔː] *adj.* 战后的 |

44. pre-: before; in advance 在……前面；提前

| pay | prepay ['priː'pei] *v.* 预付 |
| war | prewar ['priː'wɔː] *adj.* 战前的 *adv.* 在战前 |

45. pro-: in favor of, supporting 支持的；赞成的；亲善的

America pro-America *adj.* 亲美的

Abortion pro-abortion [ˌprəuəˈbɔːʃn] *adj.* 赞成人工流产合法化的

46. pseudo-: not real; false 假的

name pseudonym [ˈ(p)sjuːdənim] *n.* 假名, 笔名

science pseudoscience [(p)sjuːdəuˈsaiəns] *n.* 伪科学

47. re-: again; back to the former state 反复; 回到原来的状态

unite reunite [ˈriːjuːˈnait] *v.* (使) 再结合

use reuse [ˈriːˈjuːz] *vt.* 再使用 *n.* 重新使用

48. self-: by means of oneself or itself; of, to, with, for, or in oneself or itself 通过自己的

employed self-employed 非为雇主或不专为某一雇主而工作的 (如店主, 作零工的园丁等)

taught self-taught 自学的

49. semi-: half; partly 半的

circle semicircle [ˈsemiˈsəːkl] *n.* 半圈形

final semifinal [ˈsemiˈfainl] *n.* 半决赛

50. step-: not by birth but through a parent who has remarried 用以表示非血亲关系, 而系由再 婚产生的家庭关系

mother stepmother [ˈstepˌmʌðə] *n.* 继母

children stepchildren 与前妻或前夫所生的孩子

51. sub-: under, below; less important; part of the stated bigger whole 在……下面的; 次要的

divide subdivide [ˈsʌbdiˈvaid] *v.* 再分, 细分

section subsection [ˈsʌbˈsekʃən] *n.* 分部, 分段, 小部分, 小单位, 细分

52. super-: more, larger, greater than usual 超级的

market supermarket [ˈsjuːpəˌmБːkit] *n.* 超级市场

natural supernatural [ˌsjuːpəˈnætʃərəl] *adj.* 超自然的, 神奇的 *n.* 超自然物, 神奇人物, 不可思议的事

53. tele-: at or over a long distance; by or for television 远距离的; 通过……电视的

communication telecommunication [ˈtelikəmjuːniˈkeiʃn] *n.* 电讯, 长途通讯, 无线电通讯, 电信学

screen telescreen [ˈteliskriːn] *n.* 电视屏幕, 荧光屏

54. therm (o) -: concerning heat 与 "热" 相关的

chemistry thermochemistry [ˈθəːməuˈkemistri] *n.* 热化学

meter thermometer [θəˈmɔmitə (r)] *n.* 温度计, 体温计

55. trans-: across, on or to the other side of; between 跨越; 从一边到另一边; 在……之间

Atlantic transatlantic [ˈtrænzətˈlæntik] *adj.* 大西洋彼岸的

plant transplant [trænsˈplɑːnt] *v.* 移植, 移种, 移民, 迁移 *n.* 移植, 被移植物, 移居者

56. tri-: three; three times 三个

angular　triangular [trai'æŋgjulə] *adj.* 三角形的，三人间的

cycle　　tricycle ['traisikl] *n.* 三轮车，机器三轮车

57. ultra-：beyond；very，extremely 超越的；极度的

modern　ultramodern [,ʌltrə'mɔdən] *adj.* 超现代化的

sound　　ultrasound ['ʌltrə,saund] *n.* 超频率音响

58. un-：not 否定

certain　uncertain [ʌn'sə:tn] *adj.* 无常的，不确定的，不可预测的，靠不住的

fortunate unfortunate [ʌn'fɔ:tʃənit] *adj.* 不幸的，不合宜的，不吉利的，使人遗憾的

　　　　　　　　　　　　　　　　　　n. 不幸的人

59. under-：too little；below 太少的；在……下面

develop　underdevelop ['ʌndədi'veləp] *v.* （使）发展不完全，（使）显影不足

sea　　　undersea ['ʌndəsi:] *adj.* 海面下的

60. uni-：one；single 统一的；单向的

form　　uniform ['ju:nifɔ:m] *adj.* 统一的，相同的，一致的，始终如一的，均衡的

　　　　　　　　　　n. 制服 *vt.* 使成一样，使穿制服

directionalnidirectional [,ju:nidi'rekʃənəl，- dai-] *adj.* 单向的，单向性的

61. vice-；next in the rank；below 副的；下面的

chairman vice-chairman 副主席

president vice-president 副总统

（二）常用后缀
（1）名词后缀

1. -ability，-ibility

able　　ability [ə'biliti] *n.* 能力，才干

flexible　flexibility [,fleksə'biliti] *n.* 弹性，适应性，机动性

2. -age

post　　postage ['pəustidʒ] *n.* 邮资

short　　shortage ['ʃɔ:tidʒ] *n.* 不足，缺乏

3. -al

arrive　arrival [ə'raivəl] *n.* 到来，到达，到达者

refuse　refusal [ri'fju:zəl] *n.* 拒绝，推却，优先取舍权，优先取舍的机会

4. -an，-ian，-arian

library　librarian [lai'brɛəriən] *n.* 图书馆员，图书管理员

music　　musician [mju:'ziʃən] *n.* 音乐家

5. -ance，-ence

appear　appearance [ə'piərəns] *n.* 出现，露面，外貌，外观

refer　　reference ['refrəns] *n.* 提及，涉及，参考，参考书目，证明书（人），介绍

信（人）

6. -ancy, -ency
emerge　　emergency [i'mə:dʒnsi] n. 紧急情况，突然事件，非常时刻，紧急事件
expect　　expectancy [ik'spektənsi] n. 期待，期望

7. -ant, -ent
apply　　applicant ['æplikənt] n. 申请者，请求者
correspond　　correspondent [ˌkɔris'pɔndənt] n. 通讯记者，通信者

8. -cy
accurate　　accuracy ['ækjurəsi] n. 精确性，正确度
private　　privacy ['praivəsi] n. 独处而不受干扰，秘密

9. -dom
king　　kingdom ['kiŋdəm] n. 王国，[宗] 天国，上帝的统治，领域
free　　freedom ['fri:dəm] n. 自由，自主，直率，特权

10. -ee
employ　　employee [ˌemplɔi'i:, im'plɔii] n. 职工，雇员，店员
interview　　interviewee [intəvju:'i:] n. 被接见者，被访问者

11. -er, -or, -ar
paint　　painter ['peintə] n. 画家，油漆匠
beg　　beggar ['begə] n. 乞丐

12. -ery
brave　　bravery ['breivəri] n. 勇敢
slave　　slavery ['sleivəri] n. 奴隶身份，奴隶制度，苦役，束缚

13. -ess
actor　　actress ['æktris] n. 女演员
waiter　　waitress ['weitris] n. 女服务生

14. -ful
hand　　handful ['hændful] n. 一把，少数
spoon　　spoonful ['spu:nful] n. 一匙

15. -hood
child　　childhood ['tʃaildhud] n. 孩童时期
man　　manhood ['mænhud] n. 成年

16. -ics
electron　　electronics [ilek'trɔniks] n. 电子学
linguist　　linguistics [liŋ'gwistiks] n. 语言学

17. -ion, -ition, -ation
collect　　collection [kə'lekʃən] n. 收藏，征收，搜集品，捐款
observe　　observation [ˌɔbzə:'veiʃən] n. 观察，观测，观察资料（或报告）

18. -ism

Marx   Marxism [ˈmɑːksizəm] *n.* 马克思主义

Socialist   socialism [ˈsəuʃəlizəm] *n.* 社会主义，社会主义运动

19. -ist

psychiatry   psychiatrist [saiˈkaiətrist；(US)si-] *n.* 精神病医师，精神病学家

violin   violinist [ˈvaiəlinist] *n.* 小提琴演奏者，小提琴家

20. -ity，-ty

cruel   cruelty [ˈkruːəlti] *n.* 残忍，残酷

pure   purity [ˈpjuəriti] *n.* 纯净，纯洁，纯度

21. -ment

move   movement [ˈmuːvmənt] *n.* 运动，动作，运转，乐章

retire   retirement [riˈtaiəmənt] *n.* 退休，引退，退却，撤退

22. -ness

dark   darkness [ˈdɑːknis] *n.* 黑暗，漆黑

happy   happiness [ˈhæpinis] *n.* 幸福，快乐

23. -ology

climate   climatology [klaiməˈtɔlədʒi] *n.* 气候学

future   futurology [ˌfjuːtʃəˈrɔlədʒi] *n.* 未来学

24. -ship

friend   friendship [ˈfrendʃip] *n.* 友谊，友好

scholar   scholarship [ˈskɔləʃip] *n.* 奖学金，学问，学识

25. -sion，-ssion

decide   decision [diˈsiʒən] *n.* 决定，决心，决议，结果，果断，坚定

expand   expansion [iksˈpænʃən] *n.* 扩充，开展，膨胀，扩张物，辽阔，浩瀚

26. -th

grow   growth [grəuθ] *n.* 生长，种植，栽培，发育，等比级数

wide   width [widθ] *n.* 宽度，宽广，广博，有一定宽度的东西（如一块布料等）

27. -ure

close   closure [ˈkləuʒə] *n.* 关闭 *vt.* 使终止

expose   exposure [iksˈpəuʒə] *n.* 暴露，揭露，曝光，揭发，揭露，位向，方向，陈列

(2) 动词后缀

1. -en

deep   deepen [ˈdiːpən] *v.* 加深，深化

fast   fasten [ˈfɑːsn] *vt.* 扎牢，扣住，闩住，拴紧，使固定，系，集中于，强加于 *vi.* 扣紧，抓住

2. -ify

class   classify [ˈklæsifai] *vt.* 分类，分等

| simple | simplify ['simplifai] *vt.* 单一化，简单化 |

3. -ize，-ise

| modern | modernise/modernize ['mɔdə(:)naiz] *v.* 使现代化 |
| popular | popularise/popularize ['pɔpjuləraiz] *v.* 普及 |

（3）形容词后缀

1. -able，-ible

| suit | suitable ['sjuːtəbl] *adj.* 适当的，相配的 |
| question | questionable ['kwestʃənəb(ə)l] *adj.* 可疑的 |

2. -al

| nature | natural ['nætʃərəl] *adj.* 自然的，自然界的，关于自然界的，天生的，天赋的，普通的，正常的，简单自然的 |
| structure | structural ['strʌktʃərəl] *adj.* 结构的，建筑的 |

3. -an，-arian，-ian

| suburb | suburban [sə'bəːbən] *adj.* 郊外的，偏远的 |
| Canada | Canadian [kə'neidjən] *adj.* 加拿大的 *n.* 加拿大人 |

4. -ant，-ent

| differ | different ['difrənt] *adj.* 不同的 |
| please | pleasant ['plezənt] *adj.* 令人愉快的，舒适的 |

5. -ary，-ory

| advise | advisory [əd'vaizəri] *adj.* 顾问的，咨询的，劝告的 |
| custom | customary ['kʌstəməri] *adj.* 习惯的，惯例的 |

6. -ate

| consider | considerate [kən'sidərit] *adj.* 考虑周到的 |
| fortune | fortunate ['fɔːtʃənit] *adj.* 幸运的，幸福的 |

7. -en

| gold | golden ['gəuldən] *adj.* 金色的，金黄色的，贵重的，极好的，黄金的 |
| wood | wooden ['wudn] *adj.* 木制的 |

8. -ese

| China | Chinese ['tʃai'niːz] *adj.* 中国的，中国人的，中国话的，汉语 *n.* 中国人，中国话，汉语，中文 |
| Japan | Japanese [dʒæpə'niːz] *adj.* 日本的，日本人的，日语的 *n.* 日本人，日语，日文 |

9. -free

| care | carefree ['keəfriː] *adj.* 无忧无虑的，轻松愉快的 |
| duty | dutyfree ['djutifriː] *adj.* 免税的 |

10. -ful

| care | careful ['kɛəful] *adj.* 小心的，仔细的 |

| pain | painful ['peinful] adj. 疼痛的，使痛苦的 |

11. -ic, ical

| atom | atomic [ə'tɔmik] adj. 原子的，原子能的，微粒子的 |
| psychology | psychological [ˌsaikə'lɔdʒikəl] adj. 心理（上）的 |

12. -ish

| girl | girlish ['gəːliʃ] adj. 少女的，少女似的（男孩），适于女子的 |
| child | childish ['tʃaildiʃ] adj. 孩子气的，幼稚的 |

13. -ive

| create | creative [kri(ː)'eitiv] adj. 创造性的 |
| support | supportive [sə'pɔːtiv] adj. 支持的，支援的 |

14. -less

| hope | hopeless ['həuplis] adj. 没有希望的，绝望的，不可救药的 |
| pain | painless ['peinlis] adj. 无痛的，不痛的 |

15. -like

| child | childlike ['tʃaildlaik] adj. 孩子似的，天真烂漫的 |
| lady | ladylike ['leidilaik] adj. 风度雍容如贵妇的，温雅的 |

16. -ly

| man | manly ['mænli] adj. 男子气概的，果断的，雄赳赳的 adv. 雄赳赳地 |
| month | monthly ['mʌnθli] adj. 每月的 adv. 每月一次 n. 月刊 |

17. -ous, -ious

| danger | dangerous ['deindʒrəs] adj. 危险的 |
| poison | poisonous ['pɔiznəs] adj. 有毒的 |

18. -some

| tire | tiresome ['taiəsəm] adj. 无聊的，烦人的 |
| trouble | troublesome ['trʌblsəm] adj. 麻烦的，讨厌的，棘手的 |

19. -ward

| down | downward ['daunwəd] adj. 向下的 |
| up | upward ['ʌpwəd] adj. 向上的，（声调）声高的 adv. 以上 |

20. -y

| guilt | guilty ['gilti] adj. 犯罪的，有罪的，心虚的 |
| noise | noisy ['nɔizi] adj. 吵杂的，聒噪的 |

（4）副词后缀

1. -ly

| easy | easily ['iːzili] adv. 容易地，不费力地 |
| heavy | heavily ['hevili] adv. 很重地，沉重地 |

2. -ward, -wards

| east | eastward (s) ['iːstwəd] adv. 向东 adj. 向东的，朝东的 |

north	northward（s）［ˈnɔːθwəd］ *adv.* 向北 *adj.* 向北的

3. -wise

clock	clockwise［ˈklɔkwaiz］*adj.* 顺时针方向的 *adv.* 顺时针方向地
other	otherwise［ˈʌðəwaiz］*adv.* 另外，否则，不同地，别的方式 *adj.* 另外的，其他方面的

Ⅲ．学科名称词

1. biochemistry [ˈbaiəuˈkemistri] *n.* 生物化学
2. thermochemistry [ˈθəːməuˈkemistri] *n.* 热化学
3. climatology [klaiməˈtɔlədʒi] *n.* 气候学，风土学
4. futurology [ˌfjuːtʃəˈrɔlədʒi] *n.* 未来学
5. anthropology [ˌænθrəˈpɔlədʒi] *n.* 人类学
6. biomedical [ˌbaiəuˈmedikəl] 生物（学和）医学的
7. biology [baiˈɔlədʒi] *n.* 生物学，生物（总称）
8. micro-mechanics *n.* 微机械制造学委员
9. geology [dʒiˈɔlədʒi] *n.* 地质学，地质概况
10. molecularbiology *n.* 分子生物学 molecular [məuˈlekjulə] *adj.* ［化］分子的，由分子组成的
11. history [ˈhistəri] *n.* 历史，历史学，过去的事（的记载），来历，历史记录
12. geophysical [ˌdʒiːəuˈfizikəl] *adj.* 地球物理学的
13. astrophysics [æstrəuˈfiziks] *n.* 天体物理学
14. cosmology [kɔzˈmɔlədʒi] *n.* 宇宙哲学，宇宙论
15. psychiatry [saiˈkaiətri] *n.* 精神病学，精神病治疗法
16. architecture [ɑːkiˈtektʃə] *n.* 建筑，建筑学
17. chemistry [ˈkemistri] *n.* 化学
18. ecology [i(ː)ˈkɔlədʒi] *n.* 生态学，［社会］环境适应学，均衡系统
19. economics [ˌiːkəˈnɔmiks, ˌekə-] *n.* 经济学
20. electronics [ilekˈtrɔniks] *n.* 电子学
21. geography [dʒiˈɔgrəfi, ˈdʒiɔg-] *n.* 地理学，地理
22. archaeology [ˌɑːkiˈɔlədʒi] *n.* 考古学
23. statistics [stəˈtistiks] *n.* 统计学，统计表
24. geometry [dʒiˈɔmitri] *n.* 几何
25. logic [ˈlɔdʒik] *n.* 逻辑，逻辑学，逻辑性
26. mechanics [miˈkæniks] *n.*（用做单数）机械学、力学，（用做复数）技巧，结构
27. medicine [ˈmedsin, -disin] *n.* 药，医学，内科学，内服药 *vt.* 给……用药
28. philosophy [fiˈlɔsəfi] *n.* 哲学，哲学体系，达观，冷静
29. politics [ˈpɔlitiks] *n.* 政治，政治学，政纲，政见
30. psychology [saiˈkɔlədʒi] *n.* 心理学
31. sociology [ˌsəusiˈɔlədʒi] *n.* 社会学
32. ethics [ˈeθiks] *n.*（与单数动词连用）道德伦理学；（与复数动词连用）道德规范
33. optics [ˈɔptiks] *n.* 光学